KIRK DOUGLAS

Le fils du chiffonnier

Mémoires

TRADUIT DE L'AMÉRICAIN
PAR BERNARD FERRY

PRESSES DE LA RENAISSANCE

Titre original :

THE RAGMAN'S SON
publié par Simon and Schuster, New York.

© Kirk Douglas, 1988.
© Presses de la Renaissance, 1989, pour la traduction française.

Pour ma femme, Anne,
qui connaît Issur mieux que moi...

Linda Civitello a travaillé sans relâche pour m'aider à accoucher de cette histoire. Sans ses encouragements, ses recherches et sa collaboration, le bébé n'aurait peut-être jamais vu le jour. Je tiens à lui exprimer ma plus profonde gratitude.

REMERCIEMENTS

J'ai toujours su qu'un film était une œuvre collective, impliquant les talents de nombreuses personnes. Je croyais en revanche que pour écrire l'histoire de ma vie, il suffisait d'une seule personne : moi. Je me trompais.

Je voudrais remercier mon éditeur Michael Korda pour ses encouragements de tous les instants; Ursula Obst, pour ses critiques minutieuses; Mort Janklow et Larry Stein pour toute leur aide; Karen McKinnon, ma secrétaire dévouée; et Sonya Seigal, mon amie d'enfance.

Je les remercie tous de m'avoir appris qu'écrire l'histoire de sa vie est aussi une tâche collective.

AVANT-PROPOS

J'AI commencé à écrire ce livre il y a plus de vingt-cinq ans avec l'intention de raconter l'histoire de ma vie, ce qui a donné plus de cinq mille pages. Aujourd'hui, il s'agit avant tout d'une recherche de moi-même; le récit est le moteur de la découverte. C'est une tentative pour plonger dans mon passé et, plus important encore, au fond de moi-même, une tentative pour rassembler les morceaux épars de mon existence. Je vais m'efforcer de disposer ces morceaux de façon à former une mosaïque. Une mosaïque que je puisse contempler sans honte. Je veux donner une image vraie de moi-même, sans complaisance, une image que ma femme et mes fils pourront regarder en face. D'autres, peut-être, auront envie eux aussi de partager cette découverte.

Les plus grands mensonges sont ceux que nous nous faisons à nous-mêmes, déformant notre vision, occultant certains épisodes de notre vie, en embellissant d'autres. Ce qui reste, pourtant, ce ne sont pas les faits bruts de l'existence, mais la vision que nous en avons. Tel est notre être véritable.

Plus j'avance sur le chemin qui mène à la découverte et à l'accomplissement de moi-même, et plus je suis impatient. Le temps presse : j'ai peur de disparaître avant d'avoir pu réunir tous les morceaux de la mosaïque et contempler l'œuvre achevée.

LA BOÎTE EN OR

Je suis arrivé sur terre dans une magnifique boîte en or ornée de fleurs et de fruits délicatement ciselés, et suspendue au ciel par de fins rubans d'argent.

Par une belle matinée d'hiver, ma mère faisait cuire du pain dans la cuisine, lorsqu'il lui sembla voir quelque chose dehors. Après avoir essuyé la buée sur la vitre, elle aperçut la belle boîte en or qui brillait dans la neige. Elle jeta un châle sur ses épaules, se précipita dans le jardin et... me découvrit. Un beau bébé! Un petit garçon tout nu, qui souriait. Elle me prit avec infiniment de précautions et me serra contre sa poitrine pour me réchauffer. Puis elle m'emmena à l'intérieur.

C'est ainsi que je naquis. Je sais que c'est vrai parce que c'est ma mère qui me l'a dit.

Lorsque l'on me raconta cette histoire pour la première fois, je m'inquiétai de la boîte en or. « Qu'est-ce qu'elle est devenue, maman, cette boîte en or avec les rubans d'argent?

— Je n'en sais rien. Lorsque j'ai regardé par la fenêtre, elle avait disparu.

— Mais pourquoi tu n'avais pas pris la boîte?

– *Mais parce que, quand je t'ai trouvé, j'étais si heureuse que je ne pouvais penser à rien d'autre. »*

Je regrettais que ma mère eût ainsi laissé disparaître la magnifique boîte en or. Mais j'étais aussi très heureux de représenter aux yeux de ma mère quelque chose de plus important qu'une boîte en or avec des rubans d'argent qui montaient jusqu'au ciel. Depuis ce jour-là, j'ai toujours su que je serais quelqu'un.

Mais pendant longtemps, je ne fus rien.

1

46 EAGLE STREET

« RIEN », cela voulait dire être le fils d'un immigrant juif de Russie, illettré, dans la ville *WASP*[1] d'Amsterdam, Etat de New York, à 55 kilomètres au nord-ouest d'Albany. Cela voulait dire vivre dans l'East End, de l'autre côté de la ville, loin de Market Hill où vivaient les riches. « Rien », cela voulait dire vivre au 46 Eagle Street, une minuscule maison en planches grises, de deux étages, la dernière maison d'une rue en pente, près des usines, des voies de chemin de fer et de la Mohawk.

Mon père, Herschel Danielovitch, était né à Moscou vers 1884, et il avait fui la Russie vers 1908 pour ne pas partir à la guerre contre le Japon. A cette époque, lorsque les paysans ignorants comme mon père étaient enrôlés, on leur attachait du foin sur une manche et de la paille sur l'autre, pour leur apprendre à distinguer leur main droite de leur main gauche. Ma mère, Bryna Sanglel, issue d'une famille de paysans Ukrainiens, demeura en Russie et travailla dans une boulangerie pour économiser de l'argent. Au bout de deux ans, elle put rejoindre mon père en Amérique. Elle voulait que ses enfants voient

---

1. WASP : initiales de *White, Anglo-Saxon, Protestant* : quintessence de la normalité respectable aux Etats-Unis, *(NdT)*.

le jour dans ce pays merveilleux où les rues étaient pavées d'or (ce sont ses propres mots!).

A présent, l'île d'Ellis a été transformée en musée, mais entre 1892 et 1924, c'est là que débarquèrent plus de seize millions d'émigrants. Entassés dans des entreponts dans une effroyable odeur de vomissures, ils contemplaient en silence, les yeux écarquillés, la statue de « La Liberté éclairant le monde », sur l'île voisine de Bedloes.

« Donnez-moi vos pauvres, vos épuisés, vos masses agglutinées qui cherchent à respirer librement. » Quels mots admirables, mais les émigrants, Polonais, Italiens, Juifs russes, étaient parqués comme du bétail, grossièrement traités par des fonctionnaires, contraints d'arborer, épinglées à leurs vêtements, des cartes portant leurs noms, ou du moins le nom qu'avait compris un quelconque employé. Il fallait avoir des papiers en règle, passer des visites médicales. Mais quelque dur que fût l'accueil, ceux-là avaient encore de la chance. Tout valait mieux que ce qu'ils avaient quitté. Ils abordaient l'Amérique avec espoir, détermination, et un peu de peur. On n'en renvoya que deux cent cinquante mille. Trois mille préférèrent se suicider en Amérique plutôt que de retourner vivre dans le pays qu'ils avaient fui.

Mon père et ma mère faisaient partie de ceux qui avaient de la chance : ils fuyaient la Russie des pogroms, les jeunes Cosaques excités par la vodka, qui s'amusaient à fendre le crâne des Juifs dans les rues des ghettos, au grand galop de leurs chevaux. L'un des frères de ma mère fut ainsi tué dans la rue, sous ses yeux.

Mon père avait appris le métier de tailleur, mais ses mains étaient si grandes et si épaisses qu'il ne pouvait manier l'aiguillle avec délicatesse. Alors on lui liait le pouce et l'index pendant toute sa journée de travail. Il faisait froid en Russie, en hiver, et il n'avait pas de chaussures, seulement de la toile à sac pour envelopper ses pieds. Il sautait d'un pied sur l'autre, frottant le pied contre la jambe pour se réchauffer.

Herschel et Bryna Danielovitch finirent par échouer à Amsterdam, dans l'Etat de New York, et se mirent en devoir de procréer. En 1910, 1912 et 1914, naquirent mes sœurs Pesha, Kaleh et Tamara. Puis ce fut moi, Issur, en 1916. Puis trois autres filles : les jumelles Hashka et Siffra en 1918, puis finalement Rachel en 1924 : ma mère avait alors quarante ans.

Danielovitch signifie « fils de Daniel », j'en déduis donc que mon grand-père paternel devait s'appeler Daniel, mais je n'en suis pas sûr. Plus tard, nous nous sommes appelés « Demsky », parce que le frère aîné de mon père, Avram, qui l'avait précédé à Amsterdam, avait été pour une raison inconnue appelé « Demsky ». Mon père devint donc Harry Demsky. Un autre de ses frères avait acheté une petite boutique de cordonnier à un dénommé Greenwald. Le nom figurait sur l'enseigne. Un jour, un client entra dans la boutique : « C'est bien vous, le patron du magasin? – Oui. – Eh bien, monsieur Greenwald... » Pour le reste de sa vie, il conserva le nom de Greenwald.

Mes sœurs et moi sommes tous nés le 7 ou le 14 du mois. Comme cela nous semblait tout de même étrange, nous décidâmes un jour de vérifier nos certificats de naissance : pas un seul d'entre nous n'était né un 7 ou un 14. En fait, ma mère, illettrée, savait seulement que nous étions nés au cours de la première ou de la deuxième semaine du mois. C'est ainsi que mon anniversaire, le 9 décembre, fut toujours célébré le 14.

Ma vie m'apparaît comme une pierre jetée à la surface d'un étang. Les premières rides seraient la sécurité de la cuisine. Je me souviens de merveilleux moments de tranquillité dans la cuisine, havre de paix et refuge pour moi. Mes trois sœurs aînées étaient à l'école, les trois plus jeunes dormaient ou... n'étaient pas encore nées. Seulement maman et moi. Quelle paix, quel bonheur douillet! Parfois, dans cette cuisine si calme, le soleil se mettait à danser sur les murs, au rythme des mouvements de ma mère qui pétrissait le challah, le pain du sabbat.

« C'est quoi sur le mur, maman?
— Les anges qui font du pain. »

Je croyais ce que ma mère me disait. Le tonnerre, c'étaient les anges qui jouaient aux boules. La neige, c'étaient les anges qui balayaient la terrasse du ciel.

J'étais heureux dans la cuisine, avec le poêle à bois. Il n'y avait que ma mère, les anges et moi.

Finalement, il a bien fallu que je quitte la cuisine. J'ai vécu parfois des aventures, tôt le matin : cul nu, vêtu seulement d'une chemise, je sortais de la maison et courais jusqu'à la porte donnant sur la rue. Ma mère me courait après, m'enlevait sous le bras et me ramenait à l'intérieur! Je me faisais l'effet d'un vrai coquin, hardi et même téméraire.

Je me souviens de mon premier jour d'école, mon premier voyage loin de la maison. Non loin de chez moi, je trébuchai et tombai dans une flaque de boue. Je dus rentrer me changer pour pouvoir aller à l'école. Que de dangers quand on quitte la maison! Je songe à cela lorsque je me souviens de mon fils Peter me disant : « Je veux pas aller à l'école maternelle, papa! Je veux rester à la maison! Je veux rester à la maison! » Eh oui, il veut rester à la maison, où il se sent tellement au chaud, en sécurité. Pourtant, la vie est là, qui pousse les enfants hors de chez eux, pour leur apprendre à se débrouiller par eux-mêmes. Mais en chacun de nous, il existe un être qui ne veut pas quitter sa maison. Un être qui ne veut pas être jeté dans le tourbillon de la vie, un être satisfait, peut-être, comme je l'étais, de la vie qu'il mène dans la quiétude de la cuisine.

Le jour de la rentrée, ce furent mes sœurs aînées qui me conduisirent au jardin d'enfants, à un pâté de maisons de là. Cette école se nommait la *Fourth Ward School*, mais nous l'appelions « *Fort Wart* ». Elles me laissèrent à la porte, et l'institutrice me prit par la main. Je me souviens encore du regard que je jetai en coin à mes sœurs qui montaient à l'étage supérieur : comme elles me semblaient grandes! On me tira dans la salle de classe, au milieu des petits enfants, loin de mes sœurs, loin de ma mère.

Il me fallut m'adapter à l'anglais parlé à l'école, bien différent du sabir anglo-yiddish pratiqué à la maison. Un jour que ma maîtresse me demandait où se trouvait mon carnet de notes, je lui répondis que je l'avais laissé dans l'*almer* (le garde-manger). Je ne connaissais pas d'autre mot, mais cela ne me semblait nullement un manquement de ma part. De retour à la maison, je déclarai : « Tu sais quoi, maman? La maîtresse est tellement bête qu'elle ne sait même pas ce que c'est un *almer*! » J'avais probablement laissé là mon carnet parce que mes parents ne l'avaient pas signé. Ma mère ne savait signer que d'un X. Des années plus tard, je lui appris à écrire son nom. Elle s'exerça longtemps, et avec beaucoup de difficultés finit par savoir l'écrire : Bryna.

A l'école, je ne m'appelais plus Issur Danielovitch. A l'époque, tout le monde dans le quartier nous connaissait sous le nom de Demsky. Mon père était Harry. Quant à Bryna, le nom de ma mère, il s'était transformé en Bertha. Mes sœurs avaient toutes, elles aussi, des noms américains : Pesha était devenu Betty, Kaleh était devenu Kay, et Tamara Marion. Les jumelles s'appelaient désormais Ida et Frieda, et Rachel s'était transformée en Ruth. Mon nouveau nom à moi était Isadore, mais ce nom je le détestais, bien qu'on eût cherché à me consoler en m'expliquant que cela voulait dire *Isis adorer*, adorateur d'Isis. Le surnom était pire encore : Izzy.

C'est ainsi que fut oublié le petit Issur Danielovitch, avec son côté timide, rêveur, sensible, un peu passif, un petit garçon qui croyait aux anges. Place désormais à Izzy Demsky, qui allait apprendre à se montrer dur, à affronter la vie dans la cité d'Amsterdam.

Amsterdam, 31 000 habitants, était une ville industrielle de première importance. Avec trois grandes usines de tapis, dont Sanford et Mohawk, qui sortaient plus de 12 000 kilomètres chaque année, sa production était la première des Etats-Unis. La ville était le premier producteur de sous-vêtements tricotés du pays, et le deuxième pour l'ensemble de la production d'articles tricotés. Elle s'enorgueillissait de la plus grande usine de boutons de nacre jamais construite. Chaque année, neuf usines produisaient 1,75 million de balais, plus que partout ailleurs dans le monde, tandis que deux ateliers de soieries produisaient 100 000 paires de gants. Dans toutes ces entreprises, il n'y avait pas un seul ouvrier juif. Les Juifs ne pouvaient travailler dans les filatures.

Mon père, qui avait fait du négoce de chevaux en Russie, dénicha un cheval et une petite carriole, et devint chiffonnier, ramassant vieux chiffons, morceaux de métal et bric-à-brac de toute sorte en échange de menue monnaie. Ramasser ce dont les autres ne veulent plus : dure façon de gagner sa vie! Même dans Eagle Street, dans le quartier le plus pauvre de la ville, là où les gens luttaient durement pour survivre, le chiffonnier était tout en bas de l'échelle. Et moi, j'étais le fils du chiffonnier.

Mon père était rarement à la maison. Il partait tôt le matin pour aller se faire raser ou couper les cheveux. Il était toujours très soigné, mais ne se rasait jamais lui-même. Ensuite, il allait prendre son petit déjeuner dans un café voisin : soit chez Carmel, soit chez DiCaprio's Diner, dans East Main Street. Carmel était un Italien nerveux, de très petite taille. Mon père commandait une tasse de café à cinq *cents*, en buvait la moitié, puis déclarait : « Carmel, ce café est trop chaud. Tu pourrais mettre un peu plus de lait ? » Carmel s'exécutait, et mon père obtenait ainsi une demi-tasse gratuite. Le lendemain, mon père s'exclamait : « Carmel, il est trop froid. Tu pourrais remettre un peu plus de café chaud ? » Au bout d'un certain temps de ce manège, Carmel se mettait à faire les cent pas derrière son comptoir en grommelant : « Trop chaud, trop froid, trop chaud, trop froid ! » Un jour, mon père se plaignit que le café était trop froid. Carmel versa alors le contenu de sa tasse dans un petit pot et le réchauffa. Mon père prit la mouche et s'en alla au café voisin, chez DiCaprio's Diner. Il finit par être mal vu chez DiCaprio's, retourna chez Carmel : c'était le début d'une histoire sans fin.

Tous les jours, mon père parcourait les rues sur sa carriole en criant : « Chiffons ? Qui a des chiffons ? » Il était généralement de retour en début d'après-midi : il ne travaillait jamais une journée entière. Souvent, lorsque je rentrais de l'école, je le voyais conduire sa carriole pleine de vieux objets et de chiffons. Je sautais alors sur la carriole, escaladais le bric-à-brac et allais m'asseoir à côté de lui. Une fois ou deux je me suis dit que je le gênais, mais je tenais surtout à ce qu'il sache que je n'avais pas honte de lui. Je voulais qu'il sache que je l'aimais.

J'aidais ensuite mon père à fourrer les chiffons dans des sacs de toile. Je ménageais quatre trous en haut des sacs, glissais un vieux bas de femme dans les trous et entassais les sacs en piles. Je finis par devenir très habile au bourrage des sacs et je crois que même aujourd'hui je n'ai pas perdu la main. Les métaux, cuivre, zinc, plomb, laiton, étaient triés, découpés et entassés dans la cour en attendant d'être vendus. Notre cour était toujours pleine de fourbi.

Mon père, un grand buveur, passait une grande partie de son temps dans les bars, et une fois là-bas, une grande partie de son temps à se battre. Un jour, il se battit contre sept hommes à la fois. Il en jeta un par une fenêtre, sauta par-dessus le comptoir et en estourbit quelques autres à coups de bouteille. Ils restèrent tous sur le carreau. Au tribunal, le juge considéra d'un air songeur les blessures qu'on lui présentait : yeux au beurre noir, nez cassés, côtes fêlées, et débouta les plaignants : il lui paraissait impossible qu'un individu ait pu seul rosser autant d'hommes à la fois. D'autres histoires couraient sur mon père, qui finissaient par lui donner la stature d'un héros de légende : il décapsulait les bouteilles et broyait du verre avec ses dents; il faisait la tournée des bars avec une barre de fer et pariait, contre des verres, qu'il parviendrait à la tordre : bien sûr, il réussissait; on le disait imbattable au bras de fer. C'était probablement le Juif le plus bagarreur et le plus costaud de toute la ville, le *Bulvan*. Il y avait d'autres camelots juifs, mais aucun n'osait se rendre sur Cork Hill, le quartier irlandais. Aucun, sauf mon père. Ma mère me mettait en garde : elle n'avait aucune envie que je lui ressemble.

Mon père se débrouillait toujours pour trouver de l'alcool, même pendant la Prohibition. Il avait parmi ses amis beaucoup d'Italiens qui fabriquaient du vin ou des Ukrainiens qui fabriquaient de l'alcool de grains. Lorsque ces sources étaient taries, il parvenait à en trouver ailleurs. Un jour, lors d'une cérémonie à la synagogue, le rabbin prit la bouteille de vin. Vide. Tous les regards se tournèrent vers mon père, assis au premier rang. « Harry, c'est toi qui as bu le vin ? – Mais de quoi parlez-vous ? » Son haleine empestait l'alcool. Ils voulaient l'exclure de la synagogue, mais un ami de mon père, Stan Rimkunas, un Lituanien, mécanicien auto qui vivait dans la même rue que nous, lui trouva un avocat. D'après cet avocat, mon père ne risquait rien, mais la synagogue, elle, pouvait avoir des ennuis parce qu'elle laissait de l'alcool à portée des fidèles. Elle risquait même la fermeture. Le rabbin prit mon père à part et lui offrit 50 dollars pour qu'il ne porte pas plainte. Mon père accepta. En apprenant la transaction, l'avocat lui dit : « J'espérais que vous alliez en tirer trois ou quatre cents dollars, car l'affaire était bien engagée. » Mon père se montra furieux d'avoir soldé la plainte pour si peu. « Oy! Oy! J'aurais pu en tirer trois ou quatre cents dollars! Et j'en ai pris que cinquante! Vous auriez dû me dire combien ça valait. Oy! »

Mon pauvre père! Pauvre Harry! Pourquoi était-il chiffonnier? Il avait une personnalité très forte, et lorsqu'il racontait ses histoires, les gens étaient littéralement hypnotisés. Jamais il ne laissait indifférent. Chiffonnier ou pas, tout le monde le connaissait. Il ressemblait à certains des personnages que j'incarnerais plus tard au cinéma. Il aurait fait un merveilleux acteur.

J'aimais mon père et le haïssais tout à la fois. C'était un chiffonnier, il conduisait une carriole et il ne savait ni lire ni écrire. Mais pour moi, c'était un grand homme. Il était si fort. C'était un homme. J'avais envie qu'il m'accepte, qu'il me fasse des compliments. Le soir, je passais devant le bar dont les rideaux étaient remontés haut, de façon à ce que les enfants ne pussent voir à l'intérieur. J'entendais la voix de mon père, la façon qu'il avait de rouler les r : il devait être en train de raconter à ses copains de beuverie quelque histoire arrivée en Russie : je les entendais tous éclater de rire. C'était un monde d'hommes. Ni les femmes ni les enfants n'y étaient acceptés. J'attendais avec impatience que mon père me prenne par la main pour me conduire dans ce monde d'hommes.

Un jour, il m'en donna un avant-goût. Par une chaude journée d'été, il me prit par la main et me conduisit dans un bar. Je m'en souviens encore comme si c'était hier : la lumière violente du soleil se déversant à travers les vitres, les ombres noires qui offraient un tel contraste... exactement comme dans les films que j'allais tourner plus tard. L'établissement était désert, il n'y avait que le barman. Mon père m'offrit un verre de framboise de Logan. Nectar des dieux! Un bref instant, j'avais pénétré dans le monde des hommes, même si ceux-ci n'étaient pas encore là. Mais j'étais dans leur antre. Plus tard, je fréquenterais souvent de tels lieux en compagnie de Burt Lancaster ou de John Wayne, et chaque fois je ne pourrais m'empêcher de sourire tant il me semblait que nous étions encore des enfants jouant à être des hommes.

En descendant East Main Street pour rentrer chez lui, Issur voulait voler. Ah! défier la pesanteur et franchir les limites de la Terre. Il se mit à courir, vite, de plus en plus vite. Avec suffisamment d'élan, peut-être pourrait-il s'élever au-dessus du sol et gagner les nuages. Alors, il pourrait observer de très haut les habitants d'Amsterdam. Il serait complètement libéré de son environnement. Des années plus tard, Issur atteindrait le même détachement en se fondant dans l'âme de ses personnages, comme Vincent van Gogh peignant ses tourbillons de couleur dans la lumière aveuglante de la ville d'Arles.

Issur est allongé sur la berge herbeuse de la rivière, la main abandonnée dans l'eau : il regarde la fuite des nuages blancs. Il est si apaisant de ne rien faire, à l'insu de tous. Il est heureux d'avoir échappé pour un moment au tumulte de la maison du 46 Eagle Street, avec sa mère et ses six sœurs... des femmes, seulement des femmes. Souvent, il se sent étouffer. Toutes ces femmes : et lui, qui était-il? Que devait-il être? Oh!

comme il avait besoin que son père l'accepte, l'encourage! Mais, comme d'habitude, son père était loin, occupé à quelque mystérieuse occupation d'homme. Issur hait son père... et l'aime tout à la fois.

On ne peut pas dire que mon père s'occupait particulièrement bien de sa famille, et la nourriture manquait toujours à la maison. Souvent, nous n'avions rien à manger. Je me souviens encore parfaitement de notre petite glacière : le tiroir du bas destiné à recueillir l'eau qui s'égoutte était généralement sec : pas d'argent pour acheter de la glace. Mais ce n'était pas grave car la plupart du temps, nous n'avions rien à garder au frais. Sauf, dans un coin sombre, une petite boîte d'huile Mazola, le plus petit modèle. Nous avions faim.

Je me souviens de ma mère suppliant si souvent mon père : « Hershe, Hershe, les enfants ont besoin de manger. » En haussant les épaules, il répondait : « *Hob nit* », une abréviation yiddish signifiant : je n'ai rien. Un jour que ma mère le suppliait encore, il jeta cinquante *cents* sur la table. Quelles exclamations! Tout le monde avait son avis sur ce qu'il fallait acheter. « Achetons du lait! » « Des œufs! » « Non, plutôt... » « C'est insupportable! hurla mon père. Je vais reprendre ces cinquante *cents* et partir d'ici! » Finalement, il quitta la maison mais laissa les cinquante *cents*. Nous achetâmes du lait et des cornflakes : un festin! « Qu'est-ce qu'il voulait dire, papa? demandai-je à ma mère. S'il avait pris les cinquante *cents*, qu'est-ce qu'on serait devenus? » Ma mère me répondit par un sourire énigmatique.

Je volais de la nourriture. Je me glissais dans le poulailler des voisins, chipais un œuf et le gobais sur-le-champ. Je me glissais dans la cave sombre et fraîche où ma mère gardait les pickles qu'elle fabriquait elle-même, ôtais la pierre posée sur le couvercle, plongeais la main dans le tonneau, fouillais dans la saumure et en retirais un pickle. Ah! quel plaisir de mordre dans le légume dur et croquant! Les tomates dérobées dans le potager de nos voisins italiens me valurent tant de fessées que j'optai rapidement pour l'étal des magasins. Un jour, un homme me surprit et me fit longuement la morale. Je réfléchis et ne recommençai plus.

Pour gagner de l'argent, je me livrais à de petits travaux d'enfant : je faisais des courses, j'allais acheter des friandises et des sodas pour les ouvriers de la filature voisine. Cela, c'était longtemps avant l'apparition des distributeurs automatiques. Ils me descendaient de l'argent au bout de longues ficelles et je leur renvoyais les bouteilles par le même moyen. Avec l'argent que je gagnais, nous pouvions nous offrir le luxe d'avaler de temps à autre du lait et des cornflakes.

Petit à petit, mon négoce prit de l'ampleur. Je trouvai une carriole, achetai mes friandises et mes sodas en gros et me mis à vendre ma marchandise à travers les fenêtres des ateliers. Mes sœurs m'aidaient, notamment les jumelles, Ida et Fritzi. Nous vivions si près des ateliers que souvent les ouvriers venaient frapper à la fenêtre de notre chambre pour nous demander quand nous allions passer avec notre carriole. Je me débrouillais bien; je donnais à ma mère les deux tiers de mes bénéfices et le dernier je le conservais pour mon école buissonnière.

Puis l'un des ouvriers eut l'idée de confier à quelqu'un de l'usine la vente des friandises. On ne me laissa plus entrer. Je voulus continuer ma vente à l'extérieur, mais on me chassa. C'était ma première confrontation avec les dures réalités de la concurrence économique. Je mis un terme à mon petit commerce.

Imaginez donc ma joie le jour où je découvris quelques pièces de monnaie dans un placard de la cuisine! Je courus acheter des glaces chez un marchand de la rue : une pour moi et une pour chaque enfant qui se trouvait dans le magasin. Mon trésor ne tarda pas à disparaître. De retour à la maison, mon père me flanqua une raclée mémorable.

Parfois ma mère nous envoyait, ma sœur Kay et moi, chez Meisel, le boucher casher. Nous attendions, assis, qu'il eût fini de servir les autres clients. Après tout, c'est nous qui achetions le moins. Généralement, nous achetions une livre de viande, deux au maximum. « Deux livres de viande et beaucoup d'os, s'il vous plaît. » Oui, beaucoup d'os, avec lesquels ma mère nous préparait des soupes et faisait en sorte que cette livre ou deux de viande nourrissent toute la famille.

En quittant la boucherie, Kay et moi jouions à un jeu terrible : Qui c'est qui ramasse la viande? D'abord, il y avait une discussion serrée : Qui allait prendre le paquet? Je voulais que ce soit elle, et elle, bien sûr, exigeait que ce soit moi. Le paquet de viande tombait alors sur le trottoir et nous nous éloignions. C'était à qui céderait le premier et irait ramasser le paquet. Un chien pouvait fort bien s'en emparer, ou un enfant, ou n'importe quel passant. Nous poursuivions notre chemin, attendant que l'autre craque. Le plus souvent, c'était moi qui me précipitais pour aller le ramasser.

J'étais encore bien jeune, mais il me semble que c'étaient là mes premières manifestations de « machisme » : mon père était rarement présent pour m'aider, et en voulant forcer Kay à ramasser la viande, c'était moi, petit mâle, qui cherchais à m'imposer. Je voulais être un homme : j'acceptais d'aller acheter la viande, mais c'était aux filles de la porter. L'homme doit être fort, actif. C'est lui qui doit assurer la subsistance des femmes et les protéger. Quelle foutaise! A présent, tous les mouvements sociaux encouragent les femmes à se montrer plus fortes. Pour ma part, j'aimerais participer à un mouvement qui encouragerait les hommes à plus de faiblesse. Le droit à la faiblesse, le droit à la passivité, le droit au non-agir. Pourquoi les hommes doivent-ils toujours être forts? Nous ne le sommes pas et nous le savons. Pourquoi se forcer à jouer ces rôles et pourquoi les hommes et les femmes se le jouent-ils les uns aux autres?

Ma sœur aînée Marion et moi étions bons amis, et nous nous promenions souvent en ville bras dessus, bras dessous. Un jour, nous décidâmes d'aller faire un pique-nique dans un petit bois aux limites de la ville : nous emportâmes quelques tranches de pain avec un petit peu de beurre et une petite bouteille d'eau. Alors que nous étions occupés à déguster notre festin, nous vîmes arriver deux filles qui faisaient de l'auto-stop. Elles avaient du lait et des gâteaux et nous en donnèrent une partie. Quelle joie! Elles nous semblaient si riches. En réalité, ces deux filles avaient fort peu d'argent, mais elles nous apparaissaient semblables à des princesses de contes de fées. Pensez donc : du lait et des gâteaux!

Un jour, à l'occasion de la fête de Thanksgiving, nous sommes allés demander des vivres à l'Armée du Salut. Ils sont venus un peu plus tard chez nous livrer cette nourriture à un certain « Harry Denton ». Ils avaient pris le prénom de mon père et le nom de famille de nos voisins du dessus. Nos deux familles réclamèrent le paquet. Ce furent les voisins qui l'obtinrent.

Notre rue était une véritable Société des Nations en miniature : Italiens, Polonais, Irlandais, Russes, Allemands, Britanniques, Lituaniens, et probablement bien d'autres encore. On y trouvait des noms comme Stosh, Ginga ou Yabo. Et encore, c'était *après* leur américanisation. Aucun d'entre nous ne s'éloignait beaucoup de la maison : nous jouions d'habitude dans la rue. Parfois, nous demandions des pommes de terre à notre mère (ou nous en volions), nous faisions un feu dans le caniveau et les faisions cuire sous la braise.

Un jour, des années plus tard, je réprimandai mon fils Eric : « Pourquoi est-ce que tu ne fais pas des choses toutes simples, comme j'en faisais à ton âge?
– Oui, bien sûr, me répondit-il. Ça me plairait beaucoup de te voir expliquer à la police de Beverly Hills que je faisais cuire des patates dans le caniveau. »

Les temps ont changé...

Nous avions des rites d'initiation pour les nouveaux venus dans notre rue. L'un de ces rites s'appelait « Balancez! ». Nous disions au nouveau de se tenir tout seul d'un côté de la rue, tandis que nous nous rassemblions de l'autre côté. Il devait nous tourner le dos, compter jusqu'à dix puis se retourner en criant : « Balancez! » Pendant qu'il comptait, nous ramassions tout ce qui nous tombait sous la main. Alors, quand il se retournait et criait : « Balancez! »...

Un autre de ces rituels était plus sophistiqué. Le nouveau devait s'appuyer contre la bouche d'incendie, compter jusqu'à dix, puis s'écrier : « L'église est en feu! » Nous nous précipitions tous alors pour l'éteindre... en pissant sur l'imprudent.

J'aimais beaucoup un garçon surnommé Wolfie, de son vrai nom Wilfred Churchett. Il avait trois ou quatre ans de plus que moi, et sa gentillesse me reposait de la dureté de ma bande de copains. Souvent, assis sur sa véranda, je jouais avec lui à un jeu de base-ball, un jeu de société qu'il avait inventé. Sur un morceau de carton, il avait tracé différentes sections : « Base des balles », « pavillon de sacrifice », « frappe aux deux bases », « mauvais tour au lanceur », « erreur au champ extérieur », etc., toutes appellations rappelant de manière facétieuse les diverses parties d'un terrain de base-ball. Il disposait ensuite une flèche qui faisait le tour du terrain. Nous étions sept enfants dans la famille, plus mon père et ma mère, cela faisait neuf : il transformait ainsi toute la famille Demsky en équipe de base-ball. J'étais ravi quand ma mère, dans le rôle du lanceur, parvenait à gagner.

J'avais environ huit ans lorsqu'ils entreprirent la construction d'une nouvelle filature près de ma maison. On creusa une large et profonde tranchée pour les fondations. Un tuyau se rompit et la tranchée se remplit d'eau. Un samedi, vêtu de mes plus beaux habits (un petit complet), je me mis dans la tête de traverser la tranchée sur une perche jetée en travers. Bien entendu, je tombai dans le trou. Les autres gamins s'enfuirent, effrayés. Je n'avais pas pied : j'allais me noyer. Soudain, Wolfie, qui ne savait pas nager, se précipita et parvint à me hisser hors du trou. Il me ramena chez moi, trempé et en larmes. Croyant que Wolfie m'avait poussé dans la tranchée inondée, mon père se mit à le frapper. Lorsqu'il se rendit compte que j'étais seulement tombé, c'est moi qu'il frappa.

Wolfie était un garçon gentil et agréable. Je ne l'ai jamais oublié. Pendant des années je lui ai régulièrement envoyé de l'argent, ce qui l'étonnait fort. S'il ne m'avait pas tiré de ce bourbier, je n'aurais été qu'un petit garçon de huit ans, issu d'une famille nombreuse, et disparu prématurément. Wolfie est mort en 1986. Il me manque.

Parfois, mon père vendait des fruits et des légumes en paniers. Je préférais ce commerce-là, mais il ne le faisait pas souvent. Il chargeait parfois sa carriole de pommes de terre, et j'entends encore sa voix : « Yeaaaa, pom'de teeerre! pom'de teeerre! » Un jour, il avait empilé des paniers neufs dans la cour, contre le mur arrière de la maison. J'étais seul. Désœuvré, je m'amusais à enflammer des bouts de papier dans la cour. Le feu prit aux paniers. Tout l'arrière de la maison s'enflamma. Je courus prévenir mon père qui se trouvait chez mon oncle Morris, un peu plus loin dans la rue. Mon père sauta sur sa carriole et dévala la rue. Lorsqu'il arriva sur les lieux, les voisins avaient déjà éteint les flammes. Je reçus l'une des plus belles raclées de toute mon existence. Mon père toucha un peu d'argent de l'assurance, mais il ne songea jamais à remplacer les planches qui avaient brûlé.

Je me suis toujours dit que ce n'était pas un accident, mais qu'inconsciemment, j'avais bel et bien voulu mettre le feu à cette maison. Une rage effroyable couvait en moi, rage que je ne pouvais pas exprimer car elle visait mon père. Ma mère me disait toujours : « Ne sois pas comme ton père. Conduis-toi comme un bon garçon. » Cela me rendait furieux. Comment fallait-il se conduire? Comme ma mère? Comme mes sœurs?

Un jour, on me fit quitter le lit de ma sœur aînée et on m'installa sur un canapé dur, tout seul dans le salon. J'avais peur. Je regrettais le corps chaud de Betty tout contre moi, je regrettais les histoires qu'elle me lisait : *The Bobbsey Twins*, ou les histoires de Frank Merriwell. Personne ne dormait seul : mon père et ma mère dormaient ensemble, trois de mes sœurs occupaient une chambre et les trois autres une autre chambre. Et moi, j'étais tout seul dans le salon.

J'étais seul, mais il y avait les clochards, sales et lugubres, vagabonds inconnus qui sautaient des trains où ils voyageaient clandestinement et, la nuit, venaient reluquer par la fenêtre du salon. Ils m'effrayaient.

Issur est étendu dans le noir, yeux grands ouverts scrutant le plafond. Il songe au gaz : il est inquiet. Issur sait bien que des gens sont morts, asphyxiés par des émanations de gaz. Il les a vus, emportés sur des civières.

Est-ce que toutes les arrivées de gaz ont bien été éteintes? Issur se lève, et sur la pointe des pieds gagne la cuisine. Il vérifie les deux brûleurs du petit fourneau. Il agit avec précaution, de façon à ce que le gaz ne s'échappe pas et ne gagne pas la chambre où dorment ses parents, ou les chambres de ses sœurs.

Tranquillement, Issur place une chaise sous la lampe à gaz, au milieu de la pièce. Avec soin, il s'assure que la clé est bien tournée à fond, et il prend bien garde de ne pas briser le manchon à incandescence, une pièce délicate. Si on le casse, plus de lumière. En outre, un manchon à incandescence coûte quinze cents!

Toutes les arrivées de gaz sont bien fermées : Issur peut retourner à son canapé. Parfois il se relève, terrifié à l'idée qu'il ait pu en oublier une. Toutes les nuits, ce rituel se répète.

Une nuit, peut-être Issur va ouvrir les clés et laisser le gaz se répandre silencieusement dans la maison. Alors, tout le monde mourra.

Dans le nord de l'Etat de New York, il fait froid l'hiver. Pour isoler la maison, nous utilisions une vieille méthode paysanne, particulièrement économique. Près de l'écurie où mon père abritait Bill, le cheval qui tirait sa carriole, nous entassions le fumier. L'écurie et son tas de fumier se trouvaient dans la cour. A l'automne, j'aidais mon père à construire un muret en bois tout autour de la maison. Nous remplissions l'espace ainsi ménagé avec le fumier, ce qui aidait à conserver la chaleur de la maison pendant l'hiver.

Souvent, pendant les soirées d'hiver, je me tenais contre la barrière devant la maison, le menton appuyé contre le bois. Quel bonheur d'échapper pour quelques instants au tohu-bohu qui régnait à l'intérieur! Je contemplais les amas de neige dans le caniveau, sur lesquels la lumière de l'atelier voisin jetait une lueur bleutée. Là, le visage engourdi par le froid, je me prenais à rêver. Que deviendrais-je, où vivrais-je quand je serais grand? Je songeais à des lieux lointains, je me demandais ce que faisaient en cet instant précis les gens que j'allais connaître plus tard. Le hurlement strident de la sirène de l'usine m'arrachait à mes rêveries. Six heures. La vapeur blanche jaillie de la sirène déchirait l'obscurité. Je me disais que c'était la vapeur de toutes ces usines qui formaient les nuages blancs dans le ciel; quant aux nuages noirs annonciateurs de pluie, ils provenaient des cheminées de ces mêmes usines. Le flot des ouvriers se déversait par les portes : ils rentraient chez eux. Mes rêves s'étaient dissipés : moi aussi je rentrais chez moi.

Nous ne célébrions pas la fête de Noël, mais nous sentions bien que le Père Noël ne passait jamais chez nous. Pourtant, un 25 décembre, au réveil, nous trouvâmes nos chaussettes remplies de fruits, noix, friandises et... de jouets. Enfin, ce qui était encore mieux que tout : papa était là. « Qu'est-ce qui s'est passé? » avons-nous demandé en chœur. Avec emphase, il nous répondit qu'en rentrant à la maison la nuit dernière, il avait entendu comme un bruissement dans l'air; levant les yeux, il avait aperçu un traîneau tiré par des rennes qui se posait doucement sur le toit. Un homme grand et gros, les joues rosies par le froid, la barbe blanche, vêtu d'un costume rouge, était descendu du traîneau et lui avait dit : « Bonjour. C'est vous, Danielovitch? » Mon père avait répondu : « oui », et le Père Noël lui avait alors laissé tout cela. Je nous revois encore, assis, les yeux écarquillés, écoutant l'histoire de ce premier Noël où le Père Noël ne nous avait pas oubliés. Ah! tous ces fruits secs, ces bonbons, ces pommes... Rien ne nous a jamais semblé meilleur.

C'est un des rares moments où mon père s'est un

peu abandonné. Cela fait mal. S'il était capable d'agir ainsi, pourquoi ne le faisait-il pas plus souvent ?

Un jour, j'ai trouvé un chien bâtard, moitié doberman, moitié chien courant : je l'ai appelé Tigre. C'était un beau chien, puissant, et il est devenu mon ami. Je n'oublierai jamais la façon qu'il avait de passer la tête par la barrière pour me regarder quand je revenais de l'école. Dès qu'il m'apercevait, il remontait la rue en courant et se précipitait sur moi pour me lécher le visage. Je riais. C'était un merveilleux garde du corps. Quand je jouais avec mes camarades, si l'un d'entre eux avait la mauvaise idée de s'adresser à moi en criant ou de me menacer, Tigre se mettait à gronder, prêt à bondir à mon secours.

Pendant l'hiver, je l'attelais à mon « traîneau », un couvercle de poubelle ou des douves de tonneau. Mon traîneau et son chien faisaient l'envie des autres enfants. J'adorais ce chien. Et puis, un jour, quelqu'un me dit : « Je crois que ton chien s'est fait écraser. » Je me précipitai dans la rue et je trouvai mon Tigre un peu plus loin, dans le caniveau : du sang lui sortait par la bouche. Il était mort. J'étais hébété, comme foudroyé par la mort de mon meilleur ami. J'avais l'impression de ne rien ressentir et je ne versai pas une larme. Trente ans plus tard, sur le divan d'un psychiatre, j'éclatai en sanglots en racontant cette histoire.

Au printemps, nous vidions notre muret de fumier (qui ne sentait plus rien) et le répandions dans le jardin, notamment au pied d'un grand massif de lilas blanc, dans le jardin de devant. Dans Eagle Street, tout le monde avait des lilas mauves, nous étions les seuls à posséder des lilas blancs. C'était la seule belle chose que nous ayons et j'en étais fier.

Bill était un cheval gris, de haute taille. Une fois dételé de la carriole, il regagnait tout seul son écurie.

Mon père ne l'attachait jamais. Je lui donnais du foin et de l'avoine, et bataillais pour soulever son seau à eau, ce que mon père faisait avec une déconcertante facilité.

Parfois, sur le chemin du retour, mon père s'arrêtait chez O'Shaughnessey, un bar au coin d'Eagle Street. Il descendait de voiture et donnait une tape sur la croupe de Bill. Le cheval trottinait alors gentiment jusqu'à la maison et attendait tranquillement dans la cour que mon père vienne le dételer.

Certaines nuits d'été, quand il faisait très chaud, Bill partait se promener. Il sortait tout seul de son écurie et marchait tranquillement sur le trottoir (jamais sur la chaussée) jusqu'à la moitié de la rue, puis rentrait de sa même allure tranquille. Les gens avaient l'habitude de voir Bill se promener sur le trottoir.

Pendant l'hiver, mon père ne travaillait pas beaucoup, en sorte que Bill restait la plupart du temps à l'écurie; il s'accordait pourtant quelques promenades qui le conduisaient en général dans la cour de la filature voisine : il en faisait plusieurs fois le tour à vive allure, se roulait dans la neige et s'en retournait.

Une nuit, l'écurie prit feu. Ce n'était pas moi, c'est juré! Mon père voulut faire sortir le cheval, mais Bill refusa de bouger, terrorisé par les flammes. Les seaux d'eau que l'on jetait ne parvinrent pas à éteindre l'incendie. En toussant, mon père ressortit de l'écurie. Seul, Bill fut englouti par les flammes. Nous entendions le grésillement de la chair brûlée, mais je ne me souviens pas d'avoir entendu le moindre hennissement.

A l'arrivée des pompiers, tout était déjà fini. Bill, notre cheval blanc, était étendu sur le sol, raide, carbonisé.

Un soir, alors que je jouais à chat, je tombai et m'ouvris le crâne. Mes camarades me ramenèrent chez moi : je saignais et je pleurais beaucoup. Sur le chemin, j'aperçus mon père qui rentrait à la maison. En m'apercevant, il s'exclama : « Voilà ce qui arrive quand on va tout le temps jouer dehors! » Ah! que n'aurais-je donné pour qu'il se penche vers moi en disant : « Alors, fiston, ça va? Comment te sens-tu? » Mais il en était bien incapable.

Un jour, une de ces rares fois où mon père prenait un repas avec nous, nous buvions du thé dans des verres, à la manière russe. Mon père croqua un morceau de sucre et avala une gorgée de thé par-dessus. Il était là, fort, imposant, nous ignorant avec superbe. Plus je le regardais et plus je me sentais faible : si je ne faisais pas quelque chose, c'est sûr, j'allais mourir. Soudain, tel David face à Goliath, je remplis ma cuiller de thé. Mes sœurs m'observaient, retenant leur respiration. Je soulevai doucement la cuiller et projetai le thé au visage de mon père. Il poussa un rugissement de lion, m'attrapa par la peau du cou et me projeta dans la pièce voisine par la porte ouverte. J'atterris sur le lit. Je préfère croire qu'il savait que le lit amortirait ma chute. Toute la famille, y compris ma mère, était terrifiée.

C'était un triomphe. J'avais affronté la mort et j'en étais sorti vivant. Il me semble avoir vécu là l'un des moments les plus importants de ma vie. Si je n'avais pas fait cela, je crois que j'aurais fini par mourir étouffé au milieu de toutes ces femmes. En balançant cette cuiller de thé à la figure de mon père, je me distinguais de mes sœurs : j'étais un homme. Il ne pouvait plus m'ignorer. A partir de ce moment-là, il savait que j'étais vivant. Je n'ai jamais rien fait de plus courageux dans aucun de mes films.

Je me souviens fort bien des vendredis soir. C'était le sabbat. Pendant la journée, ma mère travaillait plus dur qu'à l'accoutumée : elle nettoyait la maison de fond en comble, rangeait, pétrissait les tendres challah aux œufs, qu'elle décorait ensuite avec des mains jointes sculptées dans la pâte, le tout recouvert d'un vernis d'œuf battu. Elle préparait des soupes au poulet avec des pâtes aux œufs roulées et découpées à la main, et qu'elle mettait à sécher sur des draps propres étendus sur les lits. Parfois il y avait du poisson : une grosse carpe qui gigotait dans la baignoire en attendant d'être accommodée. Préparer une cuisine casher pour une famille entière de Juifs orthodoxes représente un travail gigantesque pour une femme. Il faut que la viande, vidée de son sang, soit préparée d'une façon particulière. Il faut prévoir deux vaisselles différentes : l'une pour la viande et l'autre pour les laitages. Il existe même un troisième service qui ne doit servir que pour la Pâque.

Le vendredi soir, ma mère allumait les bougies. Je me souviens de nos quatre chandeliers. Il y en avait deux qui étaient petits, mais les deux autres étaient imposants et fort anciens, puisque ma mère les tenait de sa mère à elle et de Dieu sait combien de générations avant elle. Nous nous rendions ce jour-là à la synagogue orthodoxe qui faisait le coin de Grove et de Liberty Streets. J'observais les vieux Juifs avec leurs grandes barbes, qui priaient et chantaient d'antiques chants hébreux. Pour moi, Dieu devait être un très, très vieil homme, avec une longue barbe, parce que ces vieillards semblaient si proches de lui et si éloignés de moi.

Le sabbat était le seul moment où ma mère n'était pas constamment en mouvement : la lessive, le repassage, la cuisine, le ménage. Le samedi, elle le passait dans son fauteuil à bascule, avec sa Bible juive : c'était le seul livre qu'elle était capable de lire, même si elle n'en comprenait pas les mots. Un sourire serein s'épanouissait sur son visage.

Que de temps un Juif orthodoxe passe en prières! Tous les matins, j'attachais à mon front et à mon avant-bras gauche des phylactères, sortes d'amulettes contenant des passages des Ecritures, et priais pendant au moins un quart d'heure ou vingt minutes. Et encore, les jours où je me dépêchais! Tous les jours, après l'école, je devais me rendre à l'école juive où je passais une heure et demie. En outre, je faisais ce trajet au milieu des bandes de gamins hostiles. Tous les vendredis soir il fallait se rendre à la synagogue pour accueillir le sabbat. On retournait à la synagogue le samedi matin pendant trois heures. Et le dimanche matin : l'école du dimanche. Tout ceci pour la récompense suprême : la bar-mitzvah à l'âge de treize ans.

Ce qui pour moi était une corvée devait représenter le paradis pour ma mère : pensez donc, pouvoir s'asseoir tranquillement et prier ouvertement sans craindre que des Cosaques lancés au grand galop viennent vous fracasser le crâne à coups de gourdin! Mais bien qu'en Amérique ils aient joui de leur liberté religieuse, les Juifs comme ma mère ne songeaient nullement à imposer à d'autres leurs convictions. C'était ce que l'on avait tenté de leur faire en Russie. Voilà quelque chose que même aujourd'hui je ne comprends pas : pourquoi certains veulent-ils à toute force que l'on fasse la prière dans les écoles publiques? Puisque ces gens sont si religieux, pourquoi ne prient-ils pas le matin chez eux, en famille, et ne laissent-ils pas les professeurs se consacrer exclusivement à leurs tâches?

Les histoires de la Bible m'effrayaient. Jéhovah me semblait un vieillard cruel. Je le redoutais et ne l'aimais pas. Inutile de dire que je ne faisais part de cette pensée à personne. Une image de mon livre à l'école du dimanche est restée gravée dans ma mémoire : Abraham maintenant son fils d'une main, tandis que dans l'autre il brandit un couteau. Il parle avec l'ange qui tente de le dissuader d'accomplir la volonté de Dieu (« Sacrifie ton fils en holocauste pour moi »). Isaac a les yeux grands ouverts : il est terrifié. Ce jeune garçon me ressemblait tellement!

Dieu dut venir à la rescousse de l'ange et assurer à Abraham qu'il ne cherchait qu'à le mettre à l'épreuve.

Est-ce une manière de se conduire pour Dieu? Ne trouvez-vous pas qu'il profite de sa position? Ne le trouvez-vous pas cruel? Et si Dieu le lui demandait, mon père se servirait-il, pour me trancher la gorge, du couteau qu'il utilisait pour dépecer ses sacs de chiffons? Tout cela me terrorisait.

Je n'aimais pas non plus la façon dont Dieu traitait Moïse : celui-ci ne pouvait parler et il devait avoir recours à son frère Aaron pour s'exprimer. Et pourtant, Dieu ordonnait à Moïse de délivrer les Juifs de leur esclavage en Egypte et de les conduire dans le pays où coulent le lait et le miel : Canaan, Israël. Moïse erra pendant quarante ans. Il monta au sommet de la montagne et aperçut la face de Dieu lorsque celui-ci lui donna les Tables de la Loi. A son retour, il s'aperçut que son peuple adorait un veau d'or. Fou de rage, il brisa les Tables de la Loi. J'ai toujours admiré cette colère de Moïse : elle le rendait humain. Puis il dut remonter sur la montagne pour recevoir de nouveau les Commandements. Et quelle fut sa récompense? Dieu lui dit qu'il n'entrerait point à Jérusalem parce qu'il avait vu la face de Dieu. Il est difficile d'aimer quelqu'un qui agit de cette façon!

Il est déjà dur d'être Juif, mais c'était encore plus dur à Amsterdam. Aucun Juif ne travaillait dans les usines de tapis. Aucun Juif ne travaillait au journal local. Aucun garçon juif ne vendait de journaux. A tous les coins de rue, des gamins nous rossaient. Pourquoi? Qui le leur avait appris? Leurs parents, bien sûr! Tous les jours, après l'école, je me rendais à l'école juive, distante d'environ une dizaine de rues. Je devais littéralement me frayer un passage, car à tous les coins de rue, il y avait des bandes qui s'attaquaient aux enfants juifs. Il y avait la bande de

Lark Street, celles de John Street, de Kline Street. Ils me jetaient des projectiles et j'étais obligé de faire un détour. Parfois ils arrivaient à m'attraper et me rossaient. Je n'oublierai jamais la première fois où j'ai été rossé par une bande de gamins qui hurlaient : « Tu as tué Jésus-Christ ! » Le nez en sang, je courus jusque chez moi. « Pourquoi est-ce qu'ils font ça, maman ? Ils disent que j'ai tué Jésus-Christ, mais je ne sais même pas qui c'est ! » Quelle terrible existence ! Mais j'étais bien obligé de m'y faire. Je me souviens encore des paroles de ma mère : « Tu es Juif, et pour faire ton chemin dans la vie, il faudra que tu sois deux fois meilleur que les autres. »

Il y avait très peu de Juifs à Amsterdam. Nous ne menacions personne. Dans Eagle Street, nous ne devions être que deux familles juives. Pourtant, on haïssait les Juifs.

Mais on ne pouvait blâmer les enfants. Ils ne faisaient que répéter ce qu'ils entendaient dire à table par leurs parents : « Les youpins par-ci, les youtres par-là... » Plus tard, à ma grande stupéfaction, j'entendis des gens faire des remarques telles que : « Rapiat comme un Juif », etc. Ils ne faisaient, là aussi, que répéter ce qu'ils tenaient de leurs parents.

Et que dire de leurs Eglises ? Il a fallu attendre 1965 pour que l'Eglise catholique déclare que les Juifs ne pouvaient être blâmés collectivement pour la mort de Jésus, et pour qu'elle admette publiquement le fait que Jésus était Juif. A peu près à la même époque, elle finit par reconnaître que Galilée avait eu raison de dire que les planètes tournaient autour du soleil et non de la Terre, et rapporta l'excommunication prononcée contre lui trois siècles auparavant.

Mes camarades vendaient souvent à la criée le journal local, *The Amsterdam Evening Recorder*, mais moi, je ne pouvais obtenir aucune concession. Je mis longtemps à comprendre pourquoi. Je me rabattis donc sur le journal de la ville voisine, Schenectady, mais c'était beaucoup plus difficile. A Amsterdam, tout le monde lisait le *Recorder*, alors il suffisait de parcourir deux rues pour vendre son lot de journaux, mais comme personne ne lisait le journal de Schenectady, je devais couvrir la moitié de la ville pour me débarrasser de mes exemplaires.

Tous les Juifs sont seuls. Je crois que nous portons tous des cicatrices cachées. Je crois aussi que tous les Juifs ont à un moment ou un autre de leur vie renié leur judéité. Je n'ai pas échappé à la règle. A une époque, quand on me demandait si j'étais Juif, je me raidissais et répondais : « A moitié. » C'était tantôt mon père tantôt ma mère qui était à blâmer, jamais les deux ensemble. Etre à moitié Juif ne me semblait pas aussi détestable que l'être tout à fait. Quelle misère !

J'ai le sentiment que l'antisémitisme le plus virulent se pratique parfois chez les Juifs eux-mêmes. De nos jours encore, les Juifs allemands détestent souvent les Juifs russes ou polonais. Il existe aux Etats-Unis des clubs juifs allemands qui au départ n'acceptaient pas de Juifs russes ou polonais. Certains se sont assouplis, mais pas tous. Je suis sûr qu'aux premiers temps du nazisme, de nombreux Juifs allemands se préoccupaient peu de ce qu'Hitler faisait subir aux autres Juifs. Ils ne s'attendaient pas à ce qu'il se retourne contre eux. N'est-ce pas ridicule? Alors si l'antisémitisme existe parmi les Juifs eux-mêmes, pourquoi n'existerait-il pas ailleurs?

A l'âge de douze ans, je chantais les offices du vendredi soir. « *L'chu Nerauany, l'adonai, Nariyah, Yshur, Mishenu.* » Avant même ma bar-mitzvah, les gens de la synagogue voulaient m'envoyer à l'école pour que je devienne rabbin. C'était considéré comme une chance pour un petit Juif pauvre. Mais comment expliquer à ces braves Juifs que je ne voulais pas devenir rabbin, que mon ambition était de devenir acteur?

J'ai toujours voulu devenir acteur, et il me semble que cela a débuté du jour où, au jardin d'enfants, j'ai récité un poème : *Le rouge-gorge du printemps*. Les gens ont applaudi. J'ai aimé le bruit que cela faisait. Je l'aime toujours.

A l'école secondaire, je jouai le savetier dans *Le savetier et les lutins*. Ce fut un véritable événement. Les enfants de différentes écoles étaient venus dans notre école d'East Main Street pour assister à cette représentation donnée en soirée. Mon père, qui semblait ne jamais s'intéresser à ce que faisaient ses enfants, était pourtant venu, à mon insu. Il assista à la représentation. Après, il m'acheta un cornet de glace. Il ne dit pas grand-chose, mais il m'acheta un cornet de glace. Le souvenir est encore vivace en moi. Tel était l'homme qui quelques années auparavant avait joué les Père Noël. Je n'ai jamais reçu de récompense qui m'ait plus touché que ce cornet de glace.

Un été, je devais avoir onze ou douze ans, je me rendis en auto-stop jusqu'à la ville voisine de Schenectady, distante de trente kilomètres environ. C'était mon premier voyage, ma première aventure loin d'Amsterdam. Comme elle était grande, cette ville! Comme les rues étaient larges! Quant au cinéma Proctor, il était plus grand que tout ce que j'avais vu jusqu'alors. Il y avait quelque chose d'effrayant dans ce monde nouveau. Je rentrai chez moi précipitamment. Ma vie, je l'ai dit, je la voyais comme une pierre jetée dans l'eau, et je n'avais qu'une envie : que les cercles à la surface s'élargissent de plus en plus. Parviendrais-je un jour à quitter ma ville?

J'aimais le cirque, les fêtes foraines, cet univers étrange d'hommes et d'animaux qui arrivaient en ville le soir et changeaient instantanément un terrain désert en un monde fascinant de bruits et de lumières. J'adorais observer les racoleurs faisant miroiter la chance aux chalands : avec trois balles on pouvait abattre des poupées! Les poupées étaient vêtues de larges robes froufroutantes et les balles sifflaient en passant à côté d'elles.

J'étais à la fois effrayé et fasciné par les monstres. Un jour, je me bagarrai avec un fils de forain. Il me frappa au visage et me fit saigner du nez : autour de lui, sa famille l'encourageait. Moi, je me sentais très seul. Personne ne m'encourageait. De toute façon, je ne voulais pas me battre : je voulais devenir l'ami de ce garçon et faire partie de sa famille.

Mais les fêtes foraines s'en allaient, elles partaient en pleine nuit, aussi soudainement qu'elles étaient arrivées. Je parcourais alors le terrain déserté, au milieu des débris de toute sorte qui jonchaient le sol. Où allaient-elles? Où sont-elles à présent?

A l'âge de douze ans, je fus opéré des amygdales. L'opération n'eut pas lieu à l'hôpital mais au cabinet du médecin. Il fit tout lui-même, sans l'aide d'aucune infirmière. Ma mère m'accompagna, mais je ne voulais pas qu'elle restât dans la pièce pendant l'opération. Le médecin m'administra l'anesthésie et je sombrai dans le sommeil. Je fis un rêve très prégnant. Je me dédoublais : il y avait Izzy et Issur. Izzy se moquait de façon hystérique et méprisante d'Issur, effrayé, recroquevillé. Issur avait le nez qui coulait, et il cherchait à se cacher. Il détestait qu'on se moque de lui, mais Izzy finit par le retrouver : « Je te vois, là-bas, caché derrière la poubelle. Allez, sors!

— S'il te plaît, laisse-moi tranquille. Je ne veux pas sortir. »

Mais Izzy continuait de persécuter Issur en riant de façon hystérique.

Lorsque je revins à moi, j'aperçus ma mère. J'étais pris de vertiges. Le médecin avait quitté la salle. Je crus que j'allais m'évanouir. « S'il te plaît, maman, laisse-moi seul. »

Avant de perdre conscience, je l'entendis appeler le médecin.

Je me souviens fort bien de cet épisode. Le petit Issur ne m'a jamais quitté. Il est toujours quelque part en moi, souvent hors de vue, mais jamais très loin. Parfois, je l'aperçois qui trotte un peu partout : il ne porte qu'une petite chemise et il va le cul nu. Il a le visage sale, barbouillé de larmes. Voilà Issur, et il n'a pas changé. Je m'efforce bien souvent de le tuer, mais jamais il ne meurt. Je le hais... et parfois je l'aime, parce qu'il ne m'a jamais quitté.

Treize ans, c'est l'âge de la bar-mitzvah, l'âge où un jeune garçon juif devient un homme. Je récitai les paroles consacrées en hébreu et fis un petit discours en yiddish. Je reçus aussi en présent quelques pièces d'or. Avec ces pièces et ce que j'avais pu économiser grâce à mon travail, je me trouvais à la tête de 313 dollars : une véritable fortune pour l'époque. Mon père me demanda de lui prêter cet argent : il comptait acheter du métal à bas prix et le revendre beaucoup plus cher. C'était une occasion unique. Ma mère me supplia de ne pas le lui donner, car elle savait bien que j'économisais pour pouvoir aller à l'université. Mais rien n'aurait pu me dissuader de prêter de l'argent à mon père. J'en étais fier.

Finalement, mon père s'en alla négocier avec les récupérateurs de vieux métaux. Le cuivre se négociait alors autour de 24 *cents* la livre. Malheureusement, on était en 1929 et les cours du métal s'effondrèrent comme s'effondrait toute l'économie américaine. Une semaine plus tard, on lui proposa 20 *cents* la livre. « Hein ? Qu'est-ce que vous racontez ? hurla mon père. Jusque-là vous achetiez à 24 *cents* la livre ! » Quelques jours plus tard, on ne lui en proposait plus que 18 *cents*, puis 16, 14, 12, 8, 4 *cents* la livre. Mon père dut finalement revendre son stock à 2 *cents* la livre. Pour moi, la crise de 1929 ce fut cela : mon père avait perdu toutes mes économies. Quoi qu'il en fût, notre niveau de vie ne changea pas beaucoup, ni pendant ni après la crise.

Mais mes sœurs aînées voulaient vivre mieux. Betty, alors âgée de vingt ans, avait quitté l'école en quatrième pour aller travailler et c'était elle qui en grande partie faisait vivre la famille. Nous travaillions tous, nous avions troqué le gaz pour l'éclairage électrique et possédions le téléphone. Nous nous cotisâmes pour offrir des dents à notre mère. D'aussi loin qu'il me souvienne, j'avais toujours connu ma mère sans dents. Ce fut un véritable choc de la voir avec ses nouvelles dents. Kay sortit de la maison en s'écriant : « Ce n'est pas maman ! » Mais notre maison était toujours un taudis accolé aux filatures, et mes sœurs, qui à présent avaient des amoureux, ne supportaient plus de vivre dans de telles conditions.

Dans la cuisine du 46 Eagle Street, il commença à y avoir des discussions orageuses. Mon père ne voulait pas déménager. En y repensant, il me semble qu'il s'accrochait à quelques lambeaux de dignité. Pauvre papa, chef d'une drôle de famille, avec sa femme, six filles et un garçon !

Jamais je n'ai entendu mon père appeler ma mère par son nom, Bryna. Il disait toujours : « Hé, toi ! », ou bien : « Allez dire à madame que... », ou alors : « Où est donc la Mama ? » Je ne me souviens pas non plus de discussions qu'il aurait pu avoir avec elle, non plus d'ailleurs qu'avec aucun d'entre nous. Pourtant, ils dormaient dans le même lit... quand il rentrait à la maison. Et puis, avec sept enfants, ils devaient bien avoir une manière de communication.

Souvent, quand il était à la maison, il faisait les cent pas dans la cuisine. Il s'immobilisait devant la fenêtre, observait la cour. Puis il reprenait son manège, les mâchoires serrées.

Je ne le quittais pas des yeux. Il ne semblait pas s'apercevoir de ma présence. A quoi pouvait-il bien penser? A sa jeunesse en Russie, lorsqu'il était *balegale*, cocher d'un traîneau tiré par un cheval? Ou aux rêves de cette période : l'Amérique, terre de toutes les chances, terre d'abondance. Pensait-il avoir échoué, puisqu'il n'avait pu nourrir correctement toute cette famille?

Maintenant, elles le menaçaient de s'en aller, de prendre une meilleure maison, dans une plus belle rue. Que faire? Si seulement mon père m'avait dit : « Reste avec moi, mon fils. » Mais mon père ne disait rien. Il quittait la maison comme une tornade et allait se réfugier chez O'Shaughnessey ou chez Boggi, dans ces bars où les hommes buvaient pour oublier leurs problèmes. Il me laissait dans un monde de femmes.

Je laissai mon père arpenter la cuisine du 46 Eagle Street et suivis ma mère et mes six sœurs. J'avais l'impression d'être circoncis à nouveau et de perdre un autre petit bout de prépuce. Jusqu'à mon départ d'Amsterdam, j'eus le sentiment de manquer d'air.

En quittant la maison, ma dernière pensée fut : c'est l'automne. Qui va aider papa à disposer le fumier autour des murs?

2

AU LYCÉE

« En tout cas, l'université ça n'est pas pour toi », me dit un jour mon professeur de français. Cela me désespéra. Peut-être était-elle mortifiée que je fusse le chouchou d'un autre professeur : Mme Louise Livingston, chef du département d'anglais. Grande, d'allure patricienne, Mme Livingston était diplômée du Mount Holyoke College, et membre des Filles de la Révolution américaine; veuve, elle était aussi mère d'un garçon de cinq ans plus âgé que moi. Elle a changé le cours de ma vie. Elle devint mon confesseur et elle écoutait le récit de ces rêves que je n'osais confier à personne d'autre, car j'aurais été chassé de l'East End si j'avais reconnu aimer la poésie ou déclaré que je voulais devenir un grand acteur.

« Pour être un grand acteur, me dit Mme Livingston, il faut d'abord être quelqu'un d'accompli. Tu dois d'abord être cultivé et ensuite apprendre ton métier. » Elle me convainquit : je commandai des catalogues d'universités et d'écoles d'art dramatique et me mis à économiser sou à sou pour pouvoir un jour poursuivre mes études.

La plupart des élèves (dont moi) redoutaient Mme Livingston. Je fis sa connaissance un jour qu'un professeur m'avait envoyé à elle pour raison disciplinaire : je n'avais pas remis de rapport de lecture sur *David Copperfield*, le roman de Charles Dickens. J'avais pourtant lu le livre. Elle me questionna longuement et fut impressionnée par ma mémoire et ma compréhension de l'œuvre. Elle ne m'en donna pas moins une mauvaise note pour n'avoir pas rédigé mon compte rendu de lecture.

Mme Livingston était toujours si calme, si détendue. Elle possédait une voix mélodieuse qui jamais ne s'élevait. L'émotion semblait ne s'emparer d'elle que lorsqu'elle lisait de la poésie :

> *Dieu le sait : j'eusse préféré*
> *La tombe profonde*
> *Dans la soie et l'aube parfumée,*
> *Lorsque l'amour palpite*
> *Au sommeil merveilleux.*
> *Le cœur contre le cœur,*
> *Le souffle contre le souffle.*

Je me sentais tout drôle quand elle lisait ces vers, et je la regardais avec admiration. Je composai un jour mon premier poème et le récitai en classe avec beaucoup de sentiment.

LE NAVIRE ABANDONNÉ

par Izzy Demsky

J'ai vu flotter tant de pavillons
Mais à présent mes voiles ne sont que chiffons.
Ma proue a blanchi à l'écume
Des océans où j'erre.
Mais il ne reste rien
Que le souvenir d'avoir été.

Mme Livingston trouva mon poème merveilleux. Elle me félicita et me retint après la sortie. Cela me plut. J'allais arriver en retard à mon travail, mais j'aimais bien me retrouver en sa compagnie. Nous nous assîmes à son bureau, près de la fenêtre, admirant le magnifique paysage d'automne baigné de cette douce lumière qui précède le crépuscule. Une flamme dansait dans ses yeux tandis qu'elle me lisait des poèmes, assise à côté de moi. « *Oh, je suis amoureuse du fils du concierge/Et le fils du concierge m'aime lui aussi.* »

Sous le bureau, elle saisit ma main et l'approcha de sa cuisse. Les couleurs des feuilles d'automne dansaient dans mon esprit. Pourvu qu'elle n'entende pas les battements de mon cœur! Ma main, qui à présent reposait sur sa cuisse, était moite. J'espérais ne pas avoir taché sa fine robe de soie. Je voulus dégager ma main lentement, mais elle l'étreignit plus fort encore en prononçant ces vers : « *Et il me construira une île verte/ Une île verte dans la mer.* »

Je finis par partir au travail, très en retard. En dévalant l'escalier de l'école, recouvert de feuilles mortes, je me retournai : elle me regardait par la fenêtre. Le fils du concierge, ce devait être moi!

Je n'attendais pas qu'elle vienne me chercher dans la classe. Tous les jours nous nous parlions, usant pour cela les mots des poètes : Keats, Byron, Shelley. Je l'entends encore :

La beauté est vraie, le vrai est beauté.
C'est tout ce que vous savez,
Tout ce que vous avez besoin de savoir.

Elle me demandait aussi de lire, et je m'exécutais, avec un petit peu trop d'émotion.

Tu étais tout cela pour moi, ô amour,
Et pour toi mon âme se languissait.
Une île verte sur la mer,
O amour, une fontaine et une châsse

Tout ornée de beaux fruits et de fleurs,
Et toutes ces fleurs étaient miennes.

Elle me demanda alors de venir la voir le soir et de l'aider à corriger certains devoirs d'anglais. Elle vivait dans une maison de trois étages, transformée en immeuble de rapport, au 34 Pearl Street. Elle occupait une pièce qui à l'époque me sembla immense, mais elle partageait une salle de bain, dans le couloir, avec plusieurs professeurs qui vivaient là également.

Ce premier soir, j'étais assis sur le lit... elle m'embrassa. Mes lèvres brûlaient : je crus qu'elles allaient s'enflammer. Elle me serrait contre elle et voulait aller plus loin; mais je n'étais qu'un collégien de quatorze ans et j'étais terrorisé. Je ne cessais de répéter : « Non, non, non! » J'étais encore puceau. Oh, bien sûr, je connaissais la masturbation. Tout seul dans le noir, avec ses fantasmes, c'était facile. Mais là, il en allait autrement. Trop de peau blanche... et puis, et puis ce vaste endroit, sombre et touffu. Si mystérieux. Le cœur battant à tout rompre, je m'enfuis de la chambre avant d'avoir éclairci le moindre mystère. Il n'était pas très tard. Les rues étaient tranquilles et la lune pleine : je fis en courant le chemin jusqu'à chez moi.

J'étais furieux contre moi-même. Pourquoi n'avoir rien fait? J'en avais envie, pourtant. Pourquoi avoir peur? Tous les mots des grands poètes ne m'étaient d'aucun secours. J'étais sûr qu'elle ne m'inviterait plus jamais.

Je me trompais. J'y retournai souvent et notre relation se poursuivit tout au long de mes études secondaires, d'université, et à Hollywood. Petit à petit pourtant, ces relations s'espacèrent avec le temps, et notre correspondance se raréfia. Je pris néanmoins soin d'elle jusqu'à sa mort. J'étais pour elle « le fils du concierge », et elle publia un recueil de poèmes qu'elle avait écrits tout au long de nos années d'amour et d'amitié.

L'un de mes meilleurs amis au collège se nommait Pete Riccio, un bel Italien. Il ne vivait pas très loin de chez moi, avec sa mère et ses huit jeunes frères et sœurs. Il me disait souvent en plaisantant : « Evidemment, toi tu viens d'une petite famille de sept enfants, alors tu ne connais rien aux problèmes des familles nombreuses. » Pete avait environ cinq ans de plus que moi. A la mort de son père, il avait dû quitter le collège (il était en première année de secondaire) pour aller travailler dans une filature, dix heures par jour à 35 *cents* de l'heure. Il y travailla cinq ans, et lorsqu'il reprit ses études, nous nous retrouvâmes dans la même classe.

Sa mère était une femme merveilleuse. Je dînais souvent chez eux : elle préparait délicieusement les pâtes et le poulet. J'aime les pâtes depuis lors. Pete venait aussi chez nous et partageait notre repas : en général des œufs brouillés accompagnés d'eau claire.

Pete et moi étions très souvent ensemble. Nous passions des soirées entières à discuter. Alors que nos camarades jouaient autour de nous, nous allions dans un parc et nous installions sur un banc pour discuter. Nous évoquions nos rêves les plus fous : moi je deviendrais un grand acteur de théâtre à Broadway, et lui serait gouverneur de l'Etat de New York. Aucun de nous deux n'a réalisé son rêve.

J'avais une autre amie au collège, une fille nommée Sonya. Elle était très brillante, mignonne, et ne se maquillait pas. Je me rendais parfois chez elle, le soir, en dévorant des pommes en chemin, et nous passions aussi de longues heures à discuter. Nous sommes demeurés amis par la suite, nous écrivant régulièrement. Sonya a suivi mes faits et gestes mieux que moi-même; son énergie, sa mémoire et ses carnets de notes se sont révélés précieux le jour où je me suis décidé à écrire ce livre.

Issur longeait la voie ferrée pour récupérer tous les matins les quotidiens et les magazines de New York que l'on balançait sur le quai. Il était 5 h 30. New York... 350 kilomètres de là. Autant dire une autre planète. Mais Issur était plus fasciné encore par les trains qui ne s'arrêtaient pas à Amsterdam, comme le fameux Twentieth Century. *Parfois, lorsque le vent soufflait dans la bonne direction, Issur les regardait s'avancer silencieusement vers lui, jusqu'à en être hypnotisé. Pas un bruit. Puis ils passaient devant lui avec fracas, et l'espace d'un instant, Issur apercevait des nappes d'un blanc étincelant, des maîtres d'hôtel en veste blanche, de l'argenterie brillante. Puis le silence absorbait à nouveau le fracas du métal. Ah! comme il aurait voulu voyager à bord de ce train, vers quelque lointaine destination. Où s'en allaient donc tous ces trains?*

Peut-être en Californie. L'oncle Morris était allé en Californie. Lorsque Issur lui demandait : « C'est où, la Californie? » l'oncle montrait du doigt la direction de l'ouest, là où le soleil disparaissait derrière les nuages roses du couchant. « Quel endroit merveilleux, se disait Issur. Est-ce que j'irai un jour en Californie? »

Nous chargions les journaux régionaux et les magazines étrangers dans un camion, puis nous allions les distribuer aux dépositaires en ville. J'étais de retour chez moi à sept heures du matin, prenais un rapide petit déjeuner et parcourais ensuite à pied les trois kilomètres et demi me séparant de l'école. Un jour, ma mère me considéra d'un air navré : « Tu travailles tellement dur! » Mais pour moi, ce n'était pas un travail pénible : seulement un boulot qu'il fallait bien faire. Toute ma vie, j'ai pensé ainsi. Un jour, bien des années plus tard, alors que je tournais un film, mon chauffeur, un peu amusé, me dit : « Est-ce que je peux vous poser une question, monsieur Douglas? – Bien sûr, répondis-je. – Je voudrais seulement savoir pourquoi quelqu'un d'aussi riche que vous travaille autant. » La question me semblait bien étrange : pour lui, travailler dur ne pouvait vouloir dire que gagner de l'argent, et non aimer son travail. Evidemment, distribuer des journaux n'avait rien de bien passionnant, mais j'avais besoin d'argent pour pouvoir m'offrir des études à l'université.

Et puis je voulais aussi jouer d'un instrument de musique. J'achetai à crédit un banjo bon marché. Pour cinquante *cents* la leçon, j'appris à jouer du banjo... assez médiocrement. Mais je ne payais pas régulièrement mes traites, et un jour, des gens vinrent chez nous, en mon absence, pour réclamer l'argent. Ils menacèrent de me faire jeter en prison, et ma sœur Kay, effrayée, leur rendit le banjo. Je fus consterné en apprenant la nouvelle.

Une année, au collège, je remportai le prix Sanford de joute oratoire avec un récit extrêmement dramatique sur la mort d'un soldat. Cela s'appelait *De l'autre côté de la frontière*. On me donna une médaille d'or. J'avais eu peur de ne pas pouvoir gagner, car ma sœur Marion avait remporté le prix deux ans auparavant. A l'époque, je travaillais dans une épicerie, la Goldmeer Wholesale Grocery Company. Ce samedi-là, le patron, M. Goldmeer, me demanda de réciter devant tous les employés le morceau qui m'avait valu le prix. Nous étions tous rassemblés dans le bureau du patron et je commençai ma déclamation. Le téléphone sonna. M. Goldmeer me fit signe de continuer, tandis que l'un des vendeurs allait répondre. Mais tandis que je dépeignais avec lyrisme les dernières pensées du soldat mourant sur le champ de bataille, on entendait le vendeur au téléphone : « Oui, deux cents livres de sucre, trois caisses de betteraves... » J'en vins presque à haïr cette médaille d'or!

Un jour, j'avais quatorze ans, je goûtai à l'un de ces mets délicieux interdits aux Juifs orthodoxes : le bacon. Je ne l'avouai pas à ma mère. Ce fut l'un des moments les plus terrifiants de mon existence. Je m'attendais à ce que le vieux Jéhovah à la longue barbe me foudroie sur place. Mais rien ne se produisit. Je continuai donc à en manger. Il me semble que c'est de cette époque-là que date mon éloignement du judaïsme.

J'ai été marié deux fois, et chaque fois avec une *shiksa*, une non-Juive. Mes enfants ont été élevés de façon à pouvoir choisir leur propre religion. Mais une fois par an, pour Yom Kippour, le jour du Grand Pardon, je reviens à la religion de mon enfance. Ce jour-là, il est écrit dans le Grand Livre qui vivra et qui mourra, qui par l'eau et qui par le feu. Je ne vais pas à la synagogue, comme doit le faire tout bon Juif, mais ce jour-là, je sais au fond de moi que quelque chose me relie aux esclaves qui ont fui l'esclavage en Egypte, et que ceux qui aujourd'hui s'efforcent de faire d'Israël la terre où coulent le lait et le miel, ceux-là sont mes frères. J'entends la lamentation du *Kol Nidre* même si je chevauche aux côtés de Burt Lancaster, et j'entends sonner le *shofar* au milieu d'une scène d'amour avec Faye Dunaway. Et je jeûne. Oui, je suis Juif. Et ce sentiment perdure en moi jusqu'au Yom Kippour de l'année suivante.

Au cours de ma dernière année de secondaire, il se produisit un événement merveilleux. Katharine Cornell, une très grande actrice de Broadway, faisait une tournée dans le pays avec un de ses plus grands succès, *The Barretts of Wimpole Street*. La troupe devait jouer à Albany, et j'économisais de l'argent pour pouvoir y aller. J'étais transporté à l'idée de cette représentation où allaient se mêler le talent de l'actrice et la poésie de Robert et Elizabeth Barrett Browning. Mme Schuyler, notre professeur d'art dramatique, organisa le voyage scolaire. C'était la première fois que j'assistais à une véritable représentation théâtrale, et je fus enchanté. J'étais loin de me douter qu'un jour, non seulement je ferais la connaissance de Katharine Cornell, mais encore je travaillerais avec elle.

Parfois, à l'heure du déjeuner, nous dansions dans le gymnase, mais je n'étais jamais allé à un cours de danse le soir, car je n'avais ni l'argent ni les vêtements nécessaires. J'étais un excellent danseur, notamment pour une danse appelée le *glide and dip*. Arrivé en dernière année, je décidai de mettre de l'argent de côté pour le bal des terminales, le *Senior Prom*. Ce devait être un grand jour pour moi : mon premier bal.

Je connaissais une fille nommée Ann Brown. Elle était jolie et portait toujours de belles robes. Elle vivait à Market Hill, le quartier riche de la ville. Je dansais parfois avec elle à l'heure du déjeuner. J'avais l'impression que je lui plaisais et je l'invitai au bal. Elle accepta. Quelle joie! Je comptai et recomptai avec soin mon argent : j'avais de quoi acheter le billet d'entrée et un joli petit bouquet de fleurs qu'elle mettrait à son corsage. Il faudrait aussi que je repasse mon complet avec soin.

Le lendemain, j'arrivai à l'école tout heureux. Je l'aperçus, elle, ma future cavalière, et je lui fis un grand signe. Elle ne me le rendit pas. Curieux...! Peut-être ne m'avait-elle pas vu. A l'heure du déjeuner, tandis que les autres dansaient, je ne parvins même pas à attirer son attention. Je ne comprenais pas. Je me précipitai vers elle mais elle me tourna le dos. Je finis par la rattraper dans le couloir.

« Que se passe-t-il? »

Elle hésita, puis finit par lancer :

« Je ne peux pas aller au bal avec toi. »

Mon cœur chavirait. J'étais médusé. Elle semblait si heureuse, la veille.

« Pourquoi? »

Elle refusa de répondre. J'insistai.

« Pourquoi? J'ai fait quelque chose de mal?

– Non. »

Un long silence.

« Mon père ne veut pas me laisser sortir.

– Mais le bal ne se terminera pas trop tard. Je te ramènerai chez toi à l'heure qu'il voudra.

– Non, non, dit-elle, ce n'est pas ça.

– Bon, alors, qu'est-ce qu'il y a?

– C'est parce que tu es Juif et que ton père est un chiffonnier! »

Elle s'enfuit.

J'étais cloué sur place, bouche bée. Etre persécuté parce que j'étais Juif, voilà qui n'était pas nouveau pour moi, mais je ne m'attendais pas à cela de la part de cette fraîche Américaine avec ses jolies robes. Je savais que sa famille était riche et que son père était allé à l'université, et jusque-là je croyais que la haine des Juifs était le fait de mes voisins immigrants, des gens incultes ayant toujours connu la misère.

La nuit du bal arriva. J'avais déjà dit à tout le monde que j'irais, et on m'y attendait car je faisais partie du comité d'organisation. Mais je n'y allai pas. Je me recroquevillai dans ma coquille. Cette attitude de défense, je l'avais si souvent adoptée! D'ordinaire, elle prenait la forme de rêves éveillés ou de fantasmes. Issur ne pouvait supporter la douleur. Mais parfois, lorsque la douleur était trop vive, Izzy ne parvenait pas non plus à la supporter.

Je cherchais toujours une façon de m'échapper, fût-ce seulement en rêve. Tous les soirs, avant d'aller me coucher, je m'efforçais à quelque pensée heureuse, comme un chien qui enterre un os pour le retrouver plus tard. S'il me venait une pensée heureuse au cours de la journée, je la mettais de côté pour le souvenir : « Il faut que je pense à ça ce soir. » Ainsi, plusieurs soirs de suite, j'avais songé à ce bal où j'irais. A présent, l'espoir s'était envolé.

Nous étions 322 pour la promotion 1934, et la distribution des prix du collège Wilbur H. Lynch eut lieu le 27 juin, à dix heures du matin, dans un cinéma : le Rialto Theatre. Plusieurs de mes films devaient passer plus tard dans ce cinéma. Pete Riccio était président de la classe, et moi j'en étais le trésorier. Ma mère et toutes mes sœurs étaient présentes, mais je ne sais pas où se trouvait mon père. Maman rayonnait de fierté lorsqu'on me décerna le prix du meilleur acteur et celui du meilleur discours lors de la remise des diplômes. Je remportai également un prix pour mon essai sur *La grandeur du théâtre,* dans lequel j'écrivais : « L'art ne peut s'atteindre qu'à travers un désir effréné... désir de beauté, d'harmonie, de vérité ou de justice. » Voilà qui était bien idéaliste, et pourtant je le crois encore.

Aussitôt après la distribution des prix, je courus à mon nouveau travail : j'étais concierge à l'école du cinquième arrondissement. J'avais besoin de travailler, et en pleine dépression économique j'étais heureux de gagner 21 dollars par semaine. J'étais un bon concierge, mais au bout d'une semaine je fus renvoyé. Je n'y comprenais rien. Louise Livingston m'apprit que c'était Wilbur H. Lynch lui-même qui m'avait renvoyé. Cela non plus je ne le comprenais pas. C'était un homme si distingué, si courtois, il était administrateur général des écoles et le collège lui devait même son nom. Je ne lui avais rien fait, je ne le connaissais même pas. Pourquoi avait-il fait ça ?

J'avais absolument besoin de trouver un emploi pour l'été et je me résolus à faire la tournée des hôtels de villégiature dans le nord de l'Etat de New

York. Louise me proposa de venir passer une fin de semaine chez elle, sur les bords du lac George, et de prospecter dans la région. Je fis de l'auto-stop, marchai des kilomètres à la recherche d'un travail : en vain. Je fis le tour de Saratoga qui se préparait à sa saison d'été et où les hôtels étaient déjà remplis par une clientèle fort riche, mais il n'y avait aucun travail pour moi.

Un soir, il commençait à se faire tard : je ne savais où aller et n'avais bien entendu pas le premier *cent* pour m'offrir une chambre d'hôtel. Quelqu'un m'avait parlé d'un garde forestier qui habitait une maison dans les bois. Il faisait nuit. Je parvins à trouver mon chemin à la lueur de la lune, escaladai les quelques marches du perron et frappai à la porte de la cabane. La porte s'ouvrit, et je me retrouvai avec le canon d'un Colt 45 sous le nez. De derrière le revolver, me parvint une voix empâtée par l'alcool : « Qu'est-ce que vous voulez? » J'expliquai poliment que je cherchais un endroit où dormir. La réponse fut éloquente : « Tire-toi de là ou j'te fais sauter la cervelle! » Je ne me le fis pas dire deux fois et je dégringolai les marches. Ma nuit se passa de façon fort inconfortable au pied d'un arbre.

Le lendemain, les refus succédèrent aux refus. Serveur, aide-serveur, chasseur : personne ne voulait engager Izzy Demsky. Nouvelle marche, nouveau trajet en auto-stop : je décidai de changer mon fusil d'épaule. Arrivé devant un petit hôtel baptisé Orchard House, la gorge un peu serrée, je me présentai sous le nom de Don Dempsey. Je fus engagé.

A l'Orchard House, on n'admettait pas les Juifs. Il y avait là quelques familles, mais l'essentiel de la clientèle se composait de jeunes dames non-juives qui avaient économisé suffisamment d'argent pendant l'année pour pouvoir s'offrir deux semaines au bord du lac George... et l'espoir d'une aventure amoureuse. La femme qui dirigeait l'hôtel était attirante et je semblais lui plaire. Elle me confiait souvent qu'il y avait chez les Juifs quelque chose qu'elle ne pouvait supporter; elle les repérait tout de suite, quels que fussent leur nom ou leur apparence. Ils avaient une odeur particulière.

J'étais le seul chasseur de l'hôtel et le travail ne manquait pas. Régulièrement, ma dernière course avant la fin de mon service, le soir, consistait à apporter des glaçons dans sa chambre à une cliente... une cliente qui n'avait pas noué d'idylle lors de son séjour sur les rives du lac George et qui était bien heureuse de son aventure avec le chasseur de l'hôtel.

Alors qu'approchait la fin de la saison, la patronne s'intéressait de plus en plus ouvertement à moi. Moi, jusque-là, je m'étais efforcé de garder mes distances. La veille de la fermeture, ma patronne se fit plus pressante. Elle me proposa d'aller prendre un dernier verre d'adieu dans sa chambre. Evidemment, je me doutais bien de ce qu'elle voulait. Elle parla de me réembaucher la saison suivante, mais moi je ne pouvais m'empêcher de songer à tout ce qu'elle m'avait dit cet été-là : « Hitler a raison, les Juifs, il faudrait tous les détruire », ou bien : « Aucun Juif ne mettra jamais les pieds dans cet hôtel. » Après quelques verres, nous nous retrouvâmes tous les deux au lit. Curieux comme la haine peut se révéler un véritable aphrodisiaque. Ma haine se changea en une érection formidable, et je la pénétrai. Son sexe ruisselait, elle gémissait, ployait sous moi avec passion. Je suis certain que tout le bruit que nous faisions ne l'empêcha pas d'entendre ce que je lui dis à l'oreille : « C'est une bite circoncise que tu as à l'intérieur. Tu crois que tu vas être contaminée? Que tu vas en mourir? Je suis Juif. Tu es baisée par un Juif! » J'explosai en elle. Elle haletait et ne prononça pas une parole lorsque je quittai la chambre.

Le lendemain matin, je rentrai à Amsterdam en auto-stop. En chemin, je m'arrêtai pour rendre visite à Louise dans sa petite maison de campagne. Je fis plusieurs kilomètres à pied autour du lac et finis par atteindre sa maison. Au moment où j'allais frapper à la porte, j'aperçus par la fenêtre mon cher ami Wilbur H. Lynch, cet homme si respectable qui m'avait renvoyé de l'école où j'étais concierge. Je comprenais à présent la raison de son geste. Il traversait la pièce en sous-vêtements, suivi de ma chère Louise vêtue d'une robe de chambre. Je m'en retournai à Amsterdam. Jamais je ne le lui dis.

On était en septembre, certains collégiens partaient pour l'université. Pete Riccio, lui, allait à la Saint Lawrence University. Moi, je n'avais pas assez d'argent. L'université... c'était pour moi un mot magique. Là était ma liberté : échapper à Amsterdam, à ma mère, à mes six sœurs. Ce pouvait être aussi une façon d'échapper à mon père, qui ne semblait avoir aucun désir de me voir. Et, aussi, une façon d'échapper à Louise. Tandis que je devenais de plus en plus distant, elle redoublait de jalousie, venant parfois me voir à mon travail, furieuse, me demandant où j'étais allé, avec qui, ce que j'avais fait, parlant à voix basse de façon à ne pas être entendue.

Il me fallait de l'argent. Ma sœur Betty me trouva un travail au rayon prêt-à-porter pour hommes du grand magasin M. Lurie. J'y passai une année mortellement ennuyeuse, me réfugiant dans le rêve. Je possédais en tout et pour tout un complet et un manteau de fine étoffe. Tous les soirs, je repassais mon complet : la patte-mouille sur les plis, puis le fer chaud. Je rêvais : j'étais tout le monde sauf moi. Comme le temps s'étirait! Je m'efforçais de rester le plus longtemps possible sans regarder l'horloge. Puis je risquais un coup d'œil : quatre heures. Encore deux heures avant la fermeture! Il ne serait donc jamais six heures!

Je commençai à voler, de petites sommes. Si quelqu'un achetait un article à 2,98 dollars et me donnait trois dollars, je tapais 1,98, laissais tomber un dollar par terre et allais le récupérer plus tard. J'étais très effrayé. Je n'avais encore jamais volé d'argent. Un jour, après l'une de mes petites combines, je surpris le regard soupçonneux de l'un des employés. Jamais plus je ne recommençai.

Cette année-là, je jouai le rôle de John Barrymore dans la pièce *The Royal Family*, montée par le Little Theatre. Je me voyais déjà cloué à Amsterdam pour le restant de mes jours. Au bout de quelques années, j'aurais pu devenir chef du rayon Hommes chez Lurie and Co. Je m'occuperais de la troupe du Little Theatre. Je pourrais même devenir membre du club de golf... enfin, de celui qui admettait les Juifs.

Un réseau de grossistes en épicerie m'offrit un jour une place intéressante : m'occuper de leur publicité. Ils m'assuraient que rapidement je pourrais gagner jusqu'à cent dollars par semaine. Cela me semblait une somme fabuleuse. Je me voyais déjà dans une belle voiture, avec des filles et de beaux vêtements. Je me demande encore aujourd'hui ce qui me poussa à refuser, à échapper au piège. Mon désir d'être acteur devait être plus puissant encore que je ne m'en rendais compte.

Une année passa donc, en complet impeccablement repassé et manteau de fine étoffe. Un nouveau mois de septembre arriva. Des jeunes gens partaient à nouveau à l'université. Pete Riccio retournait à la Saint Lawrence University pour sa deuxième année, et il me pressait de l'y accompagner.

Mais comment l'aurais-je pu? Mes économies se montaient à 163 dollars, bien moins que ce que je possédais à l'époque de ma bar-mitzvah, les 313 dollars que j'avais prêtés à mon père.

« Tente ta chance », me dit-il.

Je rassemblai mes cahiers de notes, les prix que

j'avais remportés et fourrai mes 163 dollars dans ma poche. Pete et moi nous mîmes en route, en auto-stop, pour la Saint Lawrence University de Canton, dans l'Etat de New York, à quatre cents kilomètres de là environ, non loin de la frontière canadienne.

Fières de moi, mes sœurs m'encouragèrent. Elles auraient aussi bien pu s'y opposer, car j'étais le seul homme de la maison et notre père ne nous donnait rien. Elles auraient pu me demander de rester à Amsterdam pour aider la famille. Elles ne pouvaient pas m'aider, mais elles me laissèrent partir. Merci, Betty, Kay, Marion, Ida, Fritzi et Ruth.

Au moment de mon départ, ma mère avait les larmes aux yeux. Elle ne se doutait pas que je ne reviendrais qu'en visite, que jamais plus je ne vivrais sous son toit. Elle m'embrassa et me dit doucement en yiddish quelques mots qui me surprirent de sa part : « Un garçon est un garçon, mais une fille est une *drek* (une merde). » Pauvre maman : elle restait seule avec six filles.

Mon père demeurait toujours au 46 Eagle Street. Je le trouvai assis à la table de la cuisine : il frottait d'ail une tranche de pumpernickel, qui devait accompagner un morceau de hareng. Il ne manifesta aucune émotion et ne me dit presque rien lorsque je vins lui dire au revoir. il me donna un baiser rapide sur la bouche et grommela quelque chose qui pouvait ressembler à « bonne chance ». Je le laissai dans la cuisine.

Pete et moi n'arrivâmes pas le premier jour à Canton. Nous dûmes demander l'hospitalité dans une maison, sur le chemin. Le lendemain, ce fut un camion de fumier qui accepta de nous prendre. Installés sur les bâches qui claquaient, le visage giflé par le vent, pleins de cette odeur puissante que je connaissais si bien, nous quittâmes les environs d'Amsterdam en direction de l'inconnu...

Et Issur ? Oublions-le ! J'en étais désolé pour lui,

mais j'étouffais toute compassion à son égard. Je devais m'en débarrasser. M'enfuir. Non, je ne veux plus retourner là-bas. Plus jamais. Je veux poursuivre ma route. Je veux trouver mon « île verte dans la mer ».

Le crottin de cheval a toujours joué un rôle important dans ma vie, et c'est tout parfumé de ses effluves que j'arrivai à l'université.

3

LA VEDETTE DU CAMPUS

Le camion ralentit en pénétrant dans la petite ville de Canton, Etat de New York. Pete et moi nous nous glissâmes en bas et saluâmes le chauffeur d'un grand « Merci! », mais déjà le camion s'éloignait sur la route. Je promenai le regard autour de moi. De l'autre côté de la rue, au coin, se trouvaient une cafétéria et un marchand de glaces, le Sugar Bowl. Je voyais de grands jeunes gens accompagnés de jolies filles. Certains garçons portaient des chandails immaculés frappés d'un grand L écarlate. Pete m'expliqua qu'ils avaient acquis le droit de porter cette lettre pour leur excellence dans certains sports. Ils avaient l'air si sûrs d'eux en pénétrant au Sugar Bowl avec leurs petites amies!

Tandis que nous marchions en direction de l'université, je me demandai si moi aussi, un jour, je porterais un de ces chandails blancs marqués d'un L rouge. Tout cela semblait encore si lointain. En outre, nous arrivions quelques jours après la rentrée des cours. Les étudiants de première année avaient déjà pris connaissance du programme d'orientation qui devait leur permettre de percer les arcanes de ce monde mystérieux, un monde qui devait me libérer. Moi j'étais, au sens propre du terme, désorienté.

La première vision que j'eus de l'université Saint

Lawrence était impressionnante. Un tapis de feuilles de différentes couleurs recouvrait d'immenses pelouses vertes. Le clocher de la chapelle Gunnison s'élançait vers le ciel. Pete me montra du doigt d'autres merveilles : la bibliothèque, le bâtiment de chimie, et, au loin, la résidence universitaire. Nous nous dirigeâmes vers le bâtiment administratif : je devais parler au doyen pour tenter d'obtenir mon admission. En chemin, je ne pouvais m'empêcher d'envier ces étudiants heureux, déjà inscrits en toute quiétude. L'expérience était nouvelle pour moi. J'étais effrayé.

Le doyen Hewlitt avait le visage ridé et des cheveux gris d'acier. Il me regarda par-dessus ses lunettes. Sur son bureau étaient étalés mes relevés de notes et mes attestations de prix. Mon dossier était bon.

« Alors, vous voulez entrer à l'université !
— Oui, monsieur.
— Combien d'argent avez-vous ?
— Cent soixante-trois dollars. »

Il me considéra avec attention. Ses narines frémirent sous les effluves de crottin de cheval. Il m'étudia longuement. Je me sentais mal à l'aise. Puis, d'un ton bougon, il dit :

« D'accord. Nous allons essayer d'obtenir un prêt d'études. Ma secrétaire va vous expliquer comment vous inscrire. »

J'étais étudiant. Enfin !

On m'autorisa à demeurer quelques jours à la résidence universitaire, jusqu'à ce que j'aie trouvé une chambre et un travail. Avec un salaire et un prêt, je pouvais me payer mes études. J'avais dormi si longtemps seul dans une pièce que je me sentais gêné de partager une chambre, même avec Pete. L'impression était étrange.

Le premier après-midi, Pete sortit rendre visite à des amis. Je demeurai seul dans la chambre, étendu sur le lit, songeant à la rapidité des événements de ces derniers jours, aux bouleversements de mon univers, à la petite cuisine du 46 Eagle Street. Il était cinq heures; les cloches de la chapelle se mirent à sonner, mélancoliques. J'appris par la suite qu'il s'agissait de l'*alma mater*. Je ne pouvais détacher mes pensées d'Amsterdam; déjà, la tristesse et la nostalgie m'envahissaient. Pourquoi regretter un endroit que j'avais tellement cherché à fuir? Pourquoi n'être pas heureux, tout simplement? Mais mes yeux s'emplissaient de larmes. J'avais peur. Je craignais de ne pas être à la hauteur de ce que l'on exigeait des étudiants.

J'entendis alors une voix forte dans le couloir : « Allez vous faire enculer, bande de trous du cul! » J'étais stupéfait. J'avais peine à croire qu'il pût s'agir d'un étudiant. Il me semblait qu'à l'université, l'on était digne et sérieux. Je songeais sérieusement à fumer la pipe. Ma sœur Kay m'en avait acheté une pour se faire pardonner l'histoire du banjo. Quand on est étudiant, on a des discussions élevées, on discute philosophie, poésie, littérature. La littérature la plus noble prenait sa source à l'université. Mais une autre voix répondait à la première : « Va d'abord torcher le tien, branleur! » Cela était pire que le langage utilisé par les bandes qui cherchaient à me coincer quand j'allais à l'école juive.

Ce « mal du pays » me tarauda longtemps. Mais ce sentiment ne laissait pas en même temps de m'étonner, car j'avais toujours voulu m'échapper, fuir ma ville, la maison d'Eagle Street, ma famille, fuir pour trouver mon identité. J'avais réussi à fuir, mais je me faisais l'effet d'un prisonnier incarcéré trop longtemps qui, lorsque s'ouvrent devant lui les portes de la prison, ne peut supporter la liberté et regagne sa cellule.

Je mourais de faim. Dans la soirée, je fis le tour des chambres sous prétexte de faire connaissance avec les étudiants, mais je cherchais surtout à me faire offrir de ces douceurs que leur envoyaient les familles. L'un de mes condisciples s'étonna de la quantité de fruits secs que j'engloutis. Un autre avait reçu des fruits, et je me gavai de pommes.

Je me débrouillai ensuite pour pouvoir déjeuner. Je m'installais à la cafétéria, non loin du comptoir, et chaque étudiant qui passait avec son plateau me donnait quelque chose : quelques haricots, une pomme de terre, des navets. Je réussis à me nourrir ainsi pendant quelque temps.

Mais la responsable de la cafétéria, une vieille fille grande et sèche, finit par remarquer mon manège. Un jour, à l'heure du déjeuner, alors que je mangeais ce que mes amis m'avaient mis sur mon plateau, elle vint vers moi en hurlant. Le brouhaha des voix, le tintement des fourchettes et des couteaux s'éteignirent.

« Espèce de pique-assiette ! Comment osez-vous ? Allez, fichez-moi le camp d'ici ! Et ne vous avisez pas de revenir ! »

Tout le monde me regardait. Honteux, le regard baissé, je sortis.

Je voulais faire partie de quelque chose. Sur le campus se trouvaient les bâtiments des associations étudiantes, les fraternités et sororités, des bâtiments fort imposants pour la plupart. Les jolies filles riches appartenaient à la Tri Delta. Un autre bâtiment était réservé aux bons étudiants. L'élite se rassemblait à Alpha Tau Omega. Tous ces clubs avaient leurs réunions secrètes, leurs poignées de main particulières, ils organisaient des réceptions, des bals. Ils formaient un groupe, une famille.

Il existait aussi des brimades pour les nouveaux venus : ils devaient se plier aux quatre volontés des anciens. Pete, par exemple, me faisait réciter des poèmes ou des scènes de Shakespeare, ce que je pouvais faire pendant des heures. Ces performances firent une certaine impression sur les membres d'une de ces fraternités, et je fus invité à dîner à Alpha Tau Omega à l'occasion du *rushing*[1]. Un ancien devait venir me chercher à six heures pour me conduire au local de la fraternité : je dînerais avec les membres, ce qui me permettrait de mieux les connaître. J'étais fier, tout excité; je pris une douche, me récurai de fond en comble, empruntai quelques vêtements convenables, et me mis à attendre, assis dans ma chambre. J'entendais les autres étudiants de première année qui partaient pour d'autres fraternités ou descendaient dîner.

J'attendis longtemps. Le silence se fit autour de moi. Plus personne à l'étage. Personne ne vint. Petit à petit, les étudiants qui étaient descendus dîner remontaient dans leurs chambres. Toujours personne.

Ce soir-là, je me couchai sans manger : cela n'avait rien d'exceptionnel pour moi, mais tout de même, j'étais étonné. J'appris plus tard qu'ils m'avaient d'abord cru Polonais, mais qu'en apprenant que j'étais Juif, ils m'avaient tout simplement laissé tomber. Personne n'était même venu risquer une explication, ou raconter qu'une autre fois, peut-être... Ils se contentèrent de m'ignorer. Personne n'y fit plus jamais allusion.

Un tel rejet fait mal. Et moi qui avais cru que l'université était au-delà de l'antisémitisme! J'apprenais douloureusement qu'il n'en était rien. J'aurais dû me rappeler le père d'Ann Brown. Après tout, ces associations d'étudiants étaient imbues de ce que leurs membres avaient appris chez eux, à la maison. L'explication invariable était : « Ce n'est pas nous, c'est le caractère national. »

La première année était très difficile. Il fallait s'adapter, survivre. Moi, je n'avais aucune idée de ce

---

[1]. Concours organisé par les fraternités étudiantes pour le recrutement de leurs nouveaux membres *(NdT)*.

que pouvait être la vie à l'université. Quelqu'un me suggéra de faire une demande de bourse. Je ne savais pas ce qu'était une bourse. On m'en accorda pourtant une. Elle n'était toutefois pas suffisante pour que je puisse loger en résidence universitaire. J'emménageai dans une maison en compagnie de deux garçons qui comme moi travaillaient au service d'entretien de l'université. Le doyen Hewlitt m'avait promis un travail, et je m'étais retrouvé ouvrier d'entretien à vingt-cinq *cents* de l'heure. Concierge, balayeur : je retrouvais le travail que j'avais exercé un temps au collège : je me demandais si Louise Livingston rêvait encore à son petit concierge. Dans mon souvenir, il me semble que mes années d'université se sont passées à balayer les couloirs.

J'avais un besoin irrépressible de me dépenser physiquement. A Amsterdam, je travaillais tout le temps et n'avais donc jamais eu l'occasion de pratiquer un sport. Je n'avais été que *cheerleader*[1], et j'en avais souffert. Je ne voulais pas applaudir aux exploits des autres... je voulais moi-même réaliser ces exploits. Je voulais le risque, le danger. J'avais besoin de *faire* quelque chose.

Mes horaires étaient très chargés et je travaillais pour payer mes études, mais je trouvai néanmoins le temps de me consacrer à l'un des sports les plus en vogue à Saint Lawrence, la lutte à mains plates. Des rencontres étaient organisées avec des universités infiniment plus grandes : Syracuse, Cornell, Columbia, Rutgers, Princeton... et Saint Lawrence les remportaient parfois. A présent, l'université de Saint Lawrence excelle en hockey, un sport qui était dans les limbes à l'époque où je m'y trouvais.

J'étais très bon à la lutte. J'avais facilement intégré l'équipe grâce à mon habileté, mais je manquais de

---

1. Personne chargée de diriger (en rythme) les encouragements du public lors des compétitions sportives *(NdT)*.

temps pour m'entraîner. Je concourais généralement dans la catégorie des 145 livres. Un soir, une bande de costauds se mit à me chercher noise. Un grand gaillard d'un mètre quatre-vingt-dix, membre de l'équipe de football américain, se montrait le plus décidé.

« Alors t'es un lutteur, c'est ça?
– Ouais.
– Très bien. Alors on va lutter!
– Qu'est-ce que tu veux, au juste? »

Il finit par me mettre tellement en colère que je retrouvai l'état d'esprit qui avait été le mien le jour où j'avais jeté une cuiller de thé à la figure de mon père. On me menaçait. Il fallait courir le risque.

« Eh bien c'est d'accord », dis-je.

La nouvelle se répandit aussitôt, et un groupe d'étudiants nous accompagna dans le grenier de la résidence, où l'on avait installé les nattes pour la lutte.

Il était beaucoup plus grand et plus fort que moi : s'il parvenait à me saisir, c'en était fini de moi. Ma seule chance, c'était de prendre le dessus immédiatement. Il se précipita vers moi avec un grand sourire. Je fis une feinte à la tête, tombai à genoux, lui attrapai les jambes et le projetai sur le tapis. Je lui fis alors rapidement un ciseau avec les jambes et m'installai à califourchon sur son dos. Il était très fort, mais il avait beau essayer de se débarrasser de moi, je tenais bon. Lorsqu'il roulait sur le sol, je roulais avec lui, mes jambes toujours serrées autour de lui. Il finit par s'aplatir sur le sol. Puis il se mit à se relever, alors que j'étais toujours sur son dos, les jambes enserrant son ventre. J'attendis qu'il fût à genoux, les bras tendus, paumes sur le sol. De toutes mes forces, je le frappai du plat de la main sur les coudes. Il s'effondra sur le tapis. Son nez se mit à saigner. Il devint fou furieux, s'agita en tous sens pour se débarrasser de moi, mais en vain. Il ruait, battait l'air de ses jambes. Moi, je serrais. Finalement, je serrai tellement fort qu'il vomit sur le tapis. Cela mit un terme à notre rencontre. J'avais gagné. Les étudiants me considéraient avec plus de respect désormais, notamment le garçon que j'avais vaincu. Nous devînmes amis, mais plus jamais il ne me défia à la lutte.

Paul Wolf était un grand garçon de Rochester, dans l'Etat de New York, costaud mais très doux; son père, un rabbin réformé, était mort peu de temps auparavant. Nous étions assez amis. Je dis « assez », car j'ai toujours imposé des limites précises à mes amitiés. Et puis je n'ai jamais eu beaucoup d'amis. J'étais toujours seul, et pourtant je désirais ardemment faire partie d'un groupe d'amis, de camarades. Je n'ai jamais permis à personne de s'approcher du noyau sensible, vulnérable, qui en moi s'appelait Issur.

Paul me demanda si je voulais rejoindre la fraternité Phi Psi, dont il était « hôte privilégié ». Cette histoire d'hôte privilégié m'avait toujours fait rire : il fallait payer une cotisation, payer ses repas à la fraternité, et l'on pouvait assister aux manifestations publiques. Mais pas question d'assister aux sacrosaintes réunions et d'apprendre leur secrète poignée de main. Participer aux réunions? Vous n'y pensez pas! Aucun Juif n'y était admis! Mais lorsque les fraternités avaient besoin d'argent, ils acceptaient les Juifs comme hôtes privilégiés. Qu'ils aillent se faire foutre avec leurs hôtes privilégiés!

Un jour, Paul me proposa : « Pourquoi ne pas former notre propre fraternité? Une fraternité juive. »

Je me mis à rire.

« Pourquoi former une fraternité juive? Pour tenir les gentils à l'écart? Cela nous rendrait aussi mauvais qu'eux, et nous ne ferions cela que par dépit. Pas question d'une fraternité juive! »

Il ne comprenait pas.

« Mais alors pourquoi n'es-tu pas membre du groupe des "non-adhérents aux fraternités"? »

Il y avait quelque chose de pathétique dans cette volonté qu'ils avaient tous de faire partie d'un groupe. Cela dit, je ne prétends pas que j'étais si fort et indépendant que je ne ressentisse pas le besoin d'appartenir à un groupe. C'était exactement le contraire. De la même façon par la suite, à Hollywood, j'étais un acteur indépendant alors que tout le monde appartenait à une compagnie. Mais je me sentais seul. D'un côté je les enviais : tous les jours, ils savaient où aller, ils avaient un endroit où ils pouvaient prendre des leçons, étudier, où on s'occupait d'eux. Mais je voyais aussi le ridicule de la situation : puisque vous ne voulez pas m'accepter, je vais former mon propre club. Je restai donc celui qui ne voulait pas appartenir à une fraternité, n'acceptait pas de devenir hôte privilégié, ne voulait pas former de fraternité juive, et n'avait aucune intention de rejoindre le groupe des « non-affiliés aux fraternités ». Mais j'aimais bien Paul, et je crois que le compromis qu'il faisait en acceptant d'être hôte privilégié le rendait assez malheureux.

La résidence des filles se trouvait à une distance respectable de celle des garçons, et ces derniers ne pouvaient venir chercher leurs amies qu'à des heures bien précises. En outre, toutes les filles devaient être de retour avant dix heures du soir. Les choses ont bien changé, depuis! Je m'en suis rendu compte le jour où j'ai aidé mon fils Eric à s'installer dans sa chambre du Claremont College : la chambre en face de la sienne, de l'autre côté du couloir, était occupée par une fille. J'étais stupéfait. Je ne m'étais pas rendu compte à quel point les choses avaient changé depuis mon époque.

Dans la petite ville de Canton, il y avait également un autre établissement d'enseignement supérieur : un institut agronomique dont les frais de scolarité étaient beaucoup moins élevés et la discipline moins rigide. La plupart de ses étudiants logeaient dans des maisons autour du campus. Souvent, les étudiants de Saint Lawrence avaient une petite amie de Saint Lawrence qu'ils raccompagnaient ponctuellement à dix heures, et une autre, une étudiante d'agro, qu'ils pouvaient voir après dix heures.

J'avais une petite amie à l'agro, une grande fille aux rondeurs généreuses, du nom de Liz. Un de mes amis possédait une vieille voiture bringuebalante, et après dix heures nous allions chercher nos compagnes de l'agro pour aller boire une bière : je me souviens d'une de ces doubles aventures amoureuses, en cette première année d'université. Non loin de Saint Lawrence se trouvait une ancienne carrière inondée qui formait un merveilleux étang. Un soir, nous sommes allés nous y baigner, à la clarté de la lune. Puis nos deux couples se séparèrent, chacun avec ses couvertures. Nous fîmes l'amour à la lueur des étoiles, puis demeurâmes blottis l'un contre l'autre jusqu'à l'aube. Je me souviens parfaitement de cette nuit chaude et délicieuse. J'aimais la douceur de Liz, je me sentais si bien avec elle.

Et puis je fis la connaissance d'une étudiante de Saint Lawrence, Isabella Phelps. Une fille adorable, un teint de pêche et une admirable chevelure d'un blond vénitien. Elle était toujours très calme, avec un doux sourire, et se tenait très doite. Elle semblait inaccessible, comme les filles de Market Hill, à Amsterdam. En cours d'allemand, elle était assise devant moi. J'admirais ses beaux cheveux aux reflets acajou tandis que le lecteur d'allemand récitait : « *Ich bin, du bist, er ist.* » Moi, silencieusement, je murmurais : « *Ich liebe dich, ich liebe dich.* » Longtemps, je n'osai rien tenter. Puis un jour, alors que j'étais assis derrière elle, je composai un poème :

> *Maintes fois, derrière toi assis*
> *J'admirai ta blondeur vénitienne*
> *Resplendissant dans les rayons d'or*
> *Du soleil matinal.*
> *Quelle joyeuse sarabande*
> *Dansait pour toi l'astre du jour!*
> *Chaque rayon ciselait*
> *Un joyau à ce diadème,*
> *Te couronnant, toi, reine de beauté.*
> *Puis, gaiement, tu te tournais vers moi,*
> *Changeant en extase la fadeur de mes jours.*

Je lui glissai le poème et étudiai ses réactions tandis qu'elle le lisait. Son visage ne révélait rien. Les WASP possèdent une capacité extraordinaire à dissimuler leurs sentiments. Ma femme me dit toujours que je suis un acteur exécrable, car dans mon répertoire je n'ai pas le « visage de poker ». On devine tout de suite ce que je pense ou ce que je ressens. Ma voix également me trahit : lorsque j'essaie de mentir au téléphone, elle me traite d'incapable.

Mais ce poème dut toucher Isabelle, car nous devînmes de grands amis. Nous passions beaucoup de temps ensemble, mais il demeurait en elle comme une zone d'ombre. Je n'ai jamais su ce qu'elle pensait réellement. On l'appelait Izzy, comme moi, en sorte que l'on disait toujours Izzy et Izzy. Pendant toutes nos années d'université elle représenta souvent un refuge pour moi, et je lui suis reconnaissant de l'affection qu'elle me portait. Souvent, j'ai envie de revoir les filles qui m'ont donné de l'affection plus encore que du plaisir, les revoir et leur dire combien je leur suis reconnaissant de cette affection. Mais j'ai toujours su qu'Isabelle n'était pas destinée à demeurer dans ma vie. Il y avait toujours quelque chose en moi qui tendait vers autre chose, loin d'Amsterdam, loin de l'université.

Je me pris d'amitié avec un professeur d'économie, un homme agréable, aux manières très policées, avec un léger accent du Sud, qui bondissait toujours sur ses pieds quand quelqu'un, homme ou femme, pénétrait dans la pièce où il se trouvait. Je n'ai jamais suivi aucun de ses cours, mais nous allions souvent discuter, en général de musique, dans sa chambre de la résidence universitaire. Je me souviens qu'il aimait particulièrement le deuxième mouvement de la *Symphonie inachevée* de Schubert, qu'il tenait pour un des plus beaux morceaux de la musique classique. Il m'apprenait beaucoup, et j'aimais écouter de la musique avec lui.

Tous les étés, il partait en voyage. L'année précédente, il avait emmené un étudiant avec lui en Europe. Comme j'aurais aimé être à sa place! J'avais très envie de voyager. Il promit de m'emmener au Mexique l'été suivant, et il tint parole.

Ce fut un voyage extraordinaire. Tout était nouveau pour moi. Il fallut d'abord traverser les Etats-Unis. Je fus surpris par la chaleur et l'humidité régnant à Washington. J'admirai le monument à Washington, le Lincoln Memorial et le Capitole, et je dois dire que tout cela m'enthousiasme encore à l'heure actuelle. Dans le Sud, je découvris avec ravissement les premiers champs de coton. Je le forçai à s'arrêter et je courus ramasser quelques capsules, songeant à toutes ces chansons si célèbres aux Etats-Unis : *I'm Alabamy Bound, Mammy, Old Man River, Carry Me Back to Old Virginy*.

Puis un jour il me dit : « Voilà le Mississippi.

– Arrêtez la voiture! »

Je me précipitai dehors pour admirer ce fleuve gigantesque qui coupe le pays en deux. Je fus déçu : devant moi coulait un fleuve étroit et paresseux. Le Mississippi peut être très large en certains endroits, mais là où nous nous trouvions, ce n'était pas le cas.

Mais pour moi, le comble de l'excitation ce fut le franchissement de la frontière, près de Laredo, au Texas. Nous nous trouvions à Monterey, et, ne sachant pas exactement où se trouvait la route de Mexico, mon compagnon voulut demander son chemin. Très fier des quelques mots d'espagnol que j'avais appris dans un guide de conversation, j'insistai pour demander moi-même le renseignement. J'avisai un passant, feuilletai rapidement mon guide et lui demandai : « *Donde está el camino a Mexico?* » Dans un anglais parfait, l'homme me répondit : « Continuez tout droit, et ensuite prenez à gauche. » J'étais très mortifié à l'idée que ma qualité d'Américain fût à ce point reconnaissable, mais secrètement soulagé en songeant que j'aurais pu ne rien comprendre s'il m'avait répondu en espagnol. Mais enfin, je m'étais tout de même exprimé dans une langue étrangère, à l'étranger!

Nous finîmes par arriver à Mexico, fourbus. Dans notre chambre d'hôtel, il n'y avait qu'un grand lit, alors que d'habitude nous avions deux lits jumeaux. « On se repose un peu », proposa-t-il. Mais à peine nous étions-nous étendus qu'il se tourna vers moi et me dit : « Allez, viens que je te caresse. »

Je bondis sur mes pieds. Je ne savais comment faire face à cette situation. L'homosexualité était quelque chose de complètement nouveau pour moi, et je n'en avais que vaguement entendu parler. J'aurais dû rire ou m'en tirer par une plaisanterie, mais j'étais fou furieux. Quant à ce pauvre homme si timide, il était effroyablement gêné. Le reste du voyage fut plutôt maussade.

De Mexico, nous gagnâmes Taxco, une jolie petite ville à flanc de montagne; les étoiles semblaient plus proches, le soir, et l'on y jouait de la guitare. Je passai une soirée dans un bar, sans lui, mais en compagnie d'une Américaine que j'avais rencontrée là-bas. Puis je retournai à la chambre d'hôtel que je partageais avec lui. Il y avait des lits jumeaux. A partir de ce jour-là, tout ce qu'il faisait m'exaspérait. S'il ouvrait une porte devant moi, je m'exclamais : « C'est pas fini de me traiter comme une femme! J'ai pas besoin que vous m'ouvriez les portes! » Il se raidissait, blessé, ce qui ne faisait qu'accroître ma fureur. La dernière partie du voyage fut bien désagréable, mais je lui étais tout de même reconnaissant de m'avoir fait faire mon premier voyage en dehors des Etats-Unis.

En deuxième année, je voulus faire partie de l'équipe de lutte de l'université. Dans ma catégorie de poids, mon adversaire était le seul étudiant qui avait décroché une bourse pour la lutte à mains plates. Il venait d'un collège où ce sport était particulièrement à l'honneur, et il était considéré comme un véritable champion. Je fus vainqueur. L'entraîneur était sidéré. Cette victoire, je l'avais acquise par un combat désespéré. Mon adversaire avait combattu pour décrocher une place dans l'équipe, mais moi, c'était ma vie même qui était en jeu. Lorsque j'avais pris l'avantage, je m'étais accroché à lui par tous mes muscles, et il n'avait pu se débarrasser de mon étreinte. Dès le premier match, j'ai lutté au sein de l'équipe de l'université. Mon adversaire tenta à nouveau sa chance dans la catégorie des 155 livres, et remporta la victoire. Je ne le vainquis plus jamais. J'étais presque honteux de cette victoire. Comment avais-je osé battre le seul étudiant qui avait obtenu une bourse pour ses qualités de lutteur?

Un de mes amis à l'université se nommait Wally Thompson, et il avait l'air d'un Indien. J'appris un jour (lui-même ne m'en parla jamais) qu'il s'était battu parce qu'on m'avait insulté. Il avait réagi violemment à une quelconque remarque antisémite. Wally s'occupait de la cafétéria. C'était un garçon merveilleux, et des années plus tard, après avoir quitté l'université, il fut l'un des rares que j'eus envie de revoir. Malheureusement, j'étais tellement pris dans le tourbillon de mes activités que je ne parvins jamais à réaliser ce désir. Il faut dire que lui non plus ne m'a jamais écrit. Etait-ce parce que j'étais devenu célèbre qu'il ne voulait pas avoir l'air d'en profiter ? Je n'en sais rien. Puis un jour, je reçus une lettre de sa fille m'annonçant sa mort. Je regrettai amèrement de n'avoir jamais fait l'effort de lui écrire, de le remercier pour l'amitié qu'il m'avait témoignée à une époque où j'en avais tellement besoin.

A l'université, j'eus, brièvement, un autre ami. Bob Irwin, un sculpteur de talent, était beaucoup plus âgé que les autres étudiants. Il était chaleureux, aimait la boxe, et faisait comme moi des petits boulots : livraison de journaux, déblayage de la neige sur les trottoirs, etc. J'aimais ses sculptures et j'appréciais sa compagnie, mais il avait un caractère violent. Un jour, il voulut m'offrir un milkshake. Je refusai, car il n'avait pas beaucoup plus d'argent que moi et que j'estimais plus convenable de payer chacun notre part. Mais il insista avec tant de véhémence que je dus plier et accepter son offre. Peu de temps après, il quitta l'université. Quelques semaines plus tard, la tranquille petite ville de Canton fut envahie par des inspecteurs du FBI qui recherchaient partout Robert Irwin. C'était la plus grande chasse à l'homme depuis le rapt du petit Lindbergh. Trois personnes avaient été assassinées le dimanche de Pâques 1937, à New York. Une fille qui posait pour des artistes et sa mère avaient été étranglées ; leur logeuse, elle, avait été frappée avec un outil de sculpteur semblable à un pic à glace. Irwin fut finalement capturé, jugé, puis envoyé dans un asile d'aliénés à Dannemora. En jouant le rôle de Van Gogh, je songeai à Bob Irwin.

L'été suivant ma deuxième année, j'avais besoin de

travailler. Paul Wolf me proposa de travailler comme jardinier chez ses parents, à Rochester; je pourrais même loger dans la maison. Tout se passa bien au début, mais sa mère et moi finîmes par ne plus nous entendre, et je décidai de chercher un autre travail à Rochester.

C'était la crise économique et le travail était rare. Je finis par trouver de l'embauche dans un atelier de métallurgie qui fabriquait des tonneaux et des bidons. Le patron était un homme agréable. « Vous êtes sûr que vous voulez travailler ici? me demanda-t-il. Parce que voyez ce qui arrive. » Il leva la main : il lui manquait deux doigts. Ce genre d'accidents étaient fréquents dans la métallurgie, car les machines étaient mal entretenues et dépourvues des protections qui existent à l'heure actuelle. Mais j'avais absolument besoin de travail, et j'acceptai.

Tous les matins, on nous donnait des gants pour pouvoir saisir les feuilles d'acier et les rouleaux de fil métallique. Fasciné, je regardais les ouvriers placer dans les massicots les doigts de gants correspondant à ceux qu'ils avaient perdus. Il me semblait qu'un ouvrier sur deux, au moins, avait perdu un ou deux doigts. C'était terrifiant. J'étais bien décidé à faire preuve de prudence et à ne pas laisser traîner mes doigts du côté des machines à découper le métal.

Le travail était très dur, et la première semaine je revenais éreinté dans la petite chambre meublée que j'avais louée près de l'usine. Mais l'effort physique ne me déplaisait pas, et au cours de ce séjour, je fis la connaissance d'une amie de Paul, une fille mignonne qui s'appelait Peggy. Elle était toujours très gaie, plaisantait sans cesse et possédait un rire parfaitement communicatif. Elle rayonnait. Elle était de petite taille, et sa poitrine était presque trop grosse pour elle. Sa famille était aisée et possédait une très belle maison. J'étais souvent invité à dîner, et la cuisine était délicieuse.

A l'atelier, nous n'avions qu'une demi-heure pour déjeuner, et nous mangions en général sur les marches de l'usine, face à la rue. Souvent, Peggy, élégamment vêtue, venait au volant de sa Cadillac m'apporter de gros sandwiches enveloppés de papier huilé. Les ouvriers me considéraient d'un œil soupçonneux tandis que j'allais partager mon repas avec cette jolie fille. Les ouvriers ne risquaient pratiquement aucune remarque, ce qui ne laissait pas de m'étonner. Ils m'acceptaient parmi eux, mais ils devaient se poser des questions : n'étais-je pas le fils du patron, ou quelque chose comme ça? Au début, j'étais gêné, et je voulus lui demander de ne plus venir, mais ces magnifiques sandwiches à la mayonnaise étaient bien tentants. Elle finit par venir presque tous les jours.

A l'atelier, j'étais le plus jeune. Dans l'ensemble, les ouvriers étaient de chics types. L'un d'entre eux avait le corps entièrement tatoué de drapeaux, d'aigles et de Dieu sait quoi. J'étais fasciné par les tatouages et cette fascination ne m'a pas quitté. J'ai toujours voulu m'en faire faire un, et je ne sais pas ce qui m'a retenu. Si je vis suffisamment longtemps, je finirai peut-être par me décider.

Un jour, il s'aperçut que je le regardais. « T'aimes les tatouages, hein? Allez, viens, je vais t'en montrer un. »

Je le suivis dans les toilettes. Il baissa son pantalon et me montra ses fesses. Stupéfait, je découvris un dessin admirablement réalisé représentant un chat sauvage poursuivant un rat qui se réfugiait dans l'anus de l'homme. Je ne pouvais en détacher mon regard. Je lui demandai comment cela avait été fait.

« Dans la marine, un soir que j'étais soûl », me répondit-il.

Il remonta son pantalon.

« Ma femme m'a presque assassiné. Elle veut que je le fasse enlever, mais c'est trop compliqué. »

Dès lors, chaque fois que je le voyais, je me disais que toute sa vie cet homme aurait un rat, poursuivi par un chat sauvage, qui viendrait se réfugier dans son anus.

Peggy et moi passions presque toutes nos soirées ensemble. L'été touchait à sa fin et j'allais retourner à l'université. Nous discutâmes de mes projets. Elle savait que je voulais aller suivre des cours d'art dramatique à New York. Un soir, après avoir fait l'amour dans un endroit retiré d'un parc de Rochester, elle me dit :

« Pourquoi ne pas se marier? »

J'étais stupéfait.

« Nous marier? Mais je ne songe pas au mariage. J'ai à peine de quoi m'offrir mon repas de la journée.

– Mais pourquoi te préoccuper de ça?

– Que veux-tu dire?

– Mes parents nous aideront. On pourrait aller à New York. Ils nous donneraient un bel appartement.

– Je ne pourrais pas faire ça. Je ne veux pas la charité.

– Ça ne serait pas de la charité. Vois ça plutôt comme un investissement dans ta carrière. Tu aurais un appartement confortable. Je m'occuperais de toi. Tout ce que je veux, c'est m'occuper de toi, faire en sorte qu'il n'y ait pas de trous à tes chaussettes, que tu manges bien, et pouvoir te cajoler quand tu auras besoin de ma tendresse. »

Elle présentait sa proposition de façon tentante. « Laisse-moi y réfléchir », répondis-je.

Elle ne tenta pas de me forcer la main.

« D'accord, réfléchis. Mais pourquoi refuser le confort alors que tu feras ce que tu veux faire? »

Pourquoi pas? me disais-je. Jusqu'à ce jour, j'avais

durement lutté pour me procurer le strict nécessaire : la nourriture, les vêtements, des études, un travail. Plus j'y réfléchissais, et plus l'offre de Peggy me paraissait tentante. Elle était attirante, sensuelle. N'était-ce pas la chance de ma vie ? Les arguments qu'elle avait avancés en faveur de notre mariage me semblaient tout à fait convaincants. « Mais je ne l'aime pas vraiment, me disais-je. Elle me plaît, mais je ne suis pas amoureux d'elle. »

En y songeant, maintenant, je me demande ce qui m'a fait comprendre qu'il ne fallait pas l'épouser. De telles décisions ont représenté un véritable tournant pour moi, car à l'époque je connaissais si peu la vie, et je me connaissais si peu moi-même. Mais il y avait en moi une manière d'instinct de survie artistique qui me faisait comprendre que je courais à ma perte en acceptant une telle proposition.

Je déclinai poliment son offre. Mais je lui ai toujours été reconnaissant du merveilleux été qu'elle m'a offert, et de cette proposition qui était dictée, j'en suis sûr, par une affection profonde et sincère. Longtemps, je me suis demandé si j'avais pris la bonne décision.

Avant de retourner à l'université, Issur s'arrêta à Amsterdam. Sa mère et ses sœurs étaient parties s'installer à Schenectady, mais son père vivait toujours au 46 Eagle Street, seul. Issur revit l'endroit où sa mère l'avait découvert dans une boîte en or, et pénétra dans la cuisine. La maison était plus à l'abandon que jamais ; il y avait des chats partout, chargés de limiter la population de rats qui avaient élu domicile dans les tas de chiffons et de ferrailles que son père entassait au deuxième étage.

Son père était assis à table, frottant une gousse d'ail sur une tranche de pumpernickel. Le pain accompagnait un peu de hareng. Il grommela un vague « bonjour » et continua son repas. Lorsqu'il eut terminé, il s'essuya la bouche d'un revers de manche et dit : « Viens ». Issur et son père remontèrent la rue jusqu'au garage de Rimkunas. Stan Rimkunas les fit alors monter dans sa voiture et ils commencèrent la tournée des bars. Issur était très excité. Quand ils pénétraient dans un bar, son père annonçait d'une voix forte : « Hé, je vous présente mon garçon. Il va à l'université. » Et ils buvaient ensemble. Verre après verre. Des alcools raides. Issur s'efforçait de maintenir le contact avec son père, de rassembler en une soirée tout le temps qu'il avait voulu passer avec lui. Mais il finit par devenir soûl et malade. Rimkunas et son père le ramenèrent à Schenectady. Arrivés devant la maison de sa mère, son père conduisit Issur jusqu'à la porte d'entrée, tira la sonnette et s'en alla. Issur gagna la salle de bain en titubant. Sa mère se mit à maudire le père en yiddish tandis qu'Issur vomissait, mais elle souriait aussi : le père et le fils étaient sortis ensemble.

De retour à l'université, je pris une autre décision importante : abandonner les cours de pédagogie. On m'avait conseillé d'intégrer une telle matière à mes études de façon à avoir « quelque chose pour me retourner ». Mais je ne voulais justement pas avoir de quoi me retourner. Je ne voulais pas être piégé au cas où il m'aurait été difficile de travailler comme acteur. Il ne me manquait qu'un seul cours pour obtenir ce certificat qui m'aurait permis d'enseigner. Je ne le pris pas. Délibérément, je me coupai toute possibilité de retraite.

En troisième année, on me désigna sur la liste des candidats à la présidence du collège étudiant. Je savais pourtant que n'étant membre d'aucune fraternité ni d'aucun groupe, je n'avais aucune chance d'être élu. Mais j'avais quelque chose à dire, et je le dis devant l'assemblée générale des étudiants.

Mon amie Isabelle et moi étions occupés à danser,

sur des disques, dans le local de sa sororité, lorsqu'on m'annonça que j'avais été élu. Je crus d'abord à une plaisanterie. La situation était délicate. J'acceptai donc de présider le collège étudiant, et finis par me retrouver sur un podium, en ignorant tout de ceux qui avaient bien pu voter pour moi. Pour la première fois, un étudiant non affilié à une fraternité était élu président du collège étudiant à l'université Saint Lawrence. Et il était Juif!

Les anciens élèves, furieux, menacèrent de supprimer leurs contributions au budget. Un Juif président du collège étudiant!

Visiblement, j'avais de nombreux amis non-juifs à l'université. L'un d'entre eux, récemment diplômé, était professeur associé. Il s'appelait Fred, c'était un homme brillant, passionné de théâtre. Nous parlions beaucoup. Un soir, devant une bière, il me regarda d'une étrange façon. Puis il s'exclama : « Comme c'est horrible d'être Juif! » A mon tour, je regardai cette tête de cadavre, ses joues creuses, son nez informe. J'éclatai d'un rire tonitruant. Je ne pouvais plus m'arrêter de rire. J'étais l'étudiant le plus populaire du campus, président du collège étudiant, président du club de mime, président du club d'allemand; sollicité d'entrer à la Kixioc, la société d'honneur des étudiants de dernière année; j'arborais un grand L sur mon chandail, que j'avais gagné à la lutte à mains plates. Ma petite amie était la plus belle fille du campus. Je disposais d'une voiture appartenant au professeur d'espagnol avec qui j'avais une aventure amoureuse, bien que je n'eusse jamais pris le moindre cours d'espagnol. Elle vivait dans une maison située derrière l'une des maisons des sororités. Le soir, elle laissait sa porte ouverte. Je me glissais silencieusement chez elle, et là, elle m'attrapait par le bras et me conduisait jusqu'à son lit. Mais ce pauvre homme si laid, incapable d'avoir la moindre petite amie, parvenait à trouver en moi quelque chose qui le confirmait dans son sentiment de supériorité.

Une fois encore, je partis travailler pendant l'été. Chaque année, j'allai rendre visite à ma mère et à mes sœurs. Ma mère me regardait tristement, se demandant pourquoi je ne trouvais pas du travail dans les environs, ce qui lui aurait permis de me voir plus souvent. Je ne pouvais pas lui fournir de réponse très claire, mais je crois qu'elle devait savoir. Mon père, quand je parvenais à le trouver, avait très peu de chose à me dire. Louise et moi étions toujours amis; elle était fière de ma réussite et m'encourageait.

Mes premières expériences d'acteur, je les eus en luttant dans les foires. Je m'affrontais à un autre étudiant de Saint Lawrence, un géant nommé « Pinky » Plumadore, affublé du sobriquet de « Prodige masqué ». Sur l'estrade, dehors, l'aboyeur de service chatouillait la foule, l'excitait : qui oserait se mesurer, ne serait-ce que cinq minutes, avec le redoutable Prodige masqué? Moi, perdu dans la foule, je jouais le quidam qui acceptait de relever le défi. Au bon moment, sous les applaudissements de la foule entraînée par un autre compère, Pete Riccio, je bondissais sur l'estrade. Pendant que j'allais enfiler un maillot, les gens achetaient des tickets pour assister au spectacle. Pinky et moi faisions alors une nouvelle apparition sur l'estrade, enveloppés de couvertures, l'air féroce. On vendait de nouveaux tickets. Enfin, la partie de catch pouvait commencer. Cinq minutes de comédie, de drame, grognements, ahanements, corps qui s'abattent sur le sol à grand bruit, à l'issue de quoi j'étais déclaré vainqueur. La foule était prise de folie. Pinky, enragé, réclamait sa revanche en hurlant. On vidait le chapiteau tandis que nous nous reposions un peu. Nouvelle vente de tickets. Venait ensuite le deuxième acte (le combat mortel) : Pinky se montrait plus vicieux, nous échangions des regards plus meurtriers encore, le combat était plus spectaculaire. Je gagnais encore... dix dollars et une avalanche de bleus.

Je finis par trouver un emploi de machiniste au théâtre Tamarack, à Lake Pleasant, dans les monts Adirondacks. Pour moi, c'était une nouvelle planète. Enfin je travaillais avec une troupe professionnelle. Le théâtre avait été construit par Malcolm Atterbury, héritier d'une grande fortune des chemins de fer. Lui et sa femme Ellen jouaient la plupart des rôles principaux. Tout pour moi était excitant, passionnant, même planter des clous. Tout le monde s'occupait de tout, y compris un gars qui avait débuté dans la ville industrielle de Gary, dans l'Indiana, sous le nom de Mladen Sekulovich, mais qui s'appelait désormais Karl Malden.

Déjà à l'époque, Karl était bourré de talent. Lorsque mon fils Michael a fait sa première série télévisée, *The Streets of San Francisco*, il a travaillé avec Karl, et j'en ai été heureux. Je lui ai dit : « Michael, tu vas beaucoup apprendre. Tu ne seras jamais capable d'être au diapason de Karl. » Je ne m'étais pas trompé : ses longues années de pratique lui permettaient de soutenir un rythme de travail souvent difficile à suivre pour les jeunes acteurs. Et Michael reconnaît volontiers qu'il a beaucoup appris en travaillant avec Karl Malden.

La plupart des acteurs du Tamarack venaient de l'école de théâtre Goodman, près de Chicago. L'ingénue était attirante, et c'était une garce. Son compagnon jouait de petits rôles ou travaillait en coulisses avec les machinistes, mais la plupart du temps il devait conduire le camion. Cela le rendait fort amer, car il voulait être acteur, et il avait du talent. L'ingénue me trouva à son goût, et nous fîmes souvent l'amour ensemble. Elle ne disait rien à son compagnon, mais moi je me sentais un peu coupable et m'étonnais toujours de la facilité avec laquelle elle menait cette double aventure.

En plus de mon travail de machiniste je tenais parfois de petits rôles, et puis je prenais mes repas avec les acteurs, je construisais les décors, et si l'on ajoute que l'ingénue était tombée amoureuse de moi, on comprendra que j'avais hâte d'en avoir fini avec l'université.

Pour ma quatrième et dernière année, j'eus droit, en ma qualité de président du collège étudiant, à une chambre double en résidence universitaire, pour moi tout seul; c'était la seule à être équipée d'un téléphone. Et j'étais toujours le champion invaincu de lutte à mains plates.

Roy Clarkson, l'entraîneur de l'équipe de lutte, tenait à ce que les étudiants se consacrent entièrement au sport qu'ils avaient choisi, ainsi... qu'à sa personne. Il enseignait le football américain et la lutte, et il était obéi comme un maître par ses esclaves. Pour ma part, mon allégeance était double : je m'intéressais avant tout au théâtre, et je jouais toujours dans les pièces que donnait la troupe de l'université. Souvent, les répétitions tombaient pendant les heures d'entraînement à la lutte, et il m'arrivait de manquer des séances d'entraînement. Clarkson se fâchait quand je manquais un entraînement, car il avait l'espoir de me voir entrer dans l'équipe olympique. « Mais enfin, qu'est-ce que tu veux devenir ? Lutteur ou acteur ? » Je ne pouvais m'empêcher de rire. Jamais je n'avais voulu devenir un véritable lutteur. La lutte m'était nécessaire sur le plan émotionnel, c'était une manière pour moi de conquérir le chandail frappé du grand L cramoisi. Moi, je voulais être acteur.

Je voulais suivre des cours d'art dramatique à New York, et j'avais entendu dire que la meilleure école était l'Académie américaine d'Art dramatique. C'était la plus ancienne école de ce genre dans le monde; même la Royal Academy of Dramatic Arts avait été créée sur son modèle. Mais il me fallait trouver un moyen de gagner ma vie tout en suivant ces cours. Je songeais alors à la proposition de Peggy. Avais-je commis une erreur? J'aurais eu un bel appartement et de l'argent pour payer mes cours. Au lieu de cela, je me retrouvais sans rien.

J'économisai suffisamment d'argent pour pouvoir aller passer quelques jours à New York. Auparavant, j'avais écrit à différentes écoles d'art dramatique pour solliciter un rendez-vous. D'abord, je me rendis à l'Académie américaine où je passai plusieurs auditions dans l'espoir d'obtenir une bourse. On me dit que mes performances avaient été excellentes et que j'avais de l'avenir. Ils m'auraient volontiers accueilli, malheureusement ils n'accordaient pas de bourses. J'étais très déçu : j'avais eu un coup de cœur pour l'Académie américaine. J'étais pourtant bien décidé à poursuivre mes auditions jusqu'à l'obtention d'une bourse. En même temps, je cherchais un travail. Quelqu'un d'autre me dit que le Centre d'œuvres sociales de Henry Street et le Centre Greenwich pourraient m'aider.

J'eus un entretien au Centre Greenwich et trouvai un travail : monter de petits spectacles et des sketches avec les enfants immigrés du quartier. En échange, j'avais une chambre et deux repas par jour : le petit déjeuner et le dîner.

Ma charge de président du collège étudiant de Saint Lawrence ne tarda pas à me devenir odieuse. Un groupe important d'étudiants s'opposait à moi, et cette lutte stérile me prenait beaucoup d'énergie. J'étais l'objet d'articles diffamatoires dans le journal de l'université. Depuis lors, j'ai toujours refusé les présidences, quelles qu'elles fussent. Je me contente de participer à des comités, de jouer les conciliateurs. Une manière d'égocentrisme m'avait poussé à devenir président du collège étudiant à l'université Saint

Lawrence, mais tout cela est bien fini, l'expérience m'en a guéri. C'est ma femme qui est président de ma propre société. J'ai donc quitté l'université sans regrets. Jamais je n'ai possédé cet « esprit de fac » partagé par tant d'étudiants. Ceux qui partaient éprouvaient déjà de la nostalgie en songeant aux années qu'ils avaient passées là-bas et parlaient déjà des réunions d'anciens élèves. Pour moi, c'était fini et bien fini. Pourtant, j'aimais bien Wally Thompson, ce grand gaillard au long nez. Avant mon départ pour New York, il me donna son manteau qui m'arrivait aux chevilles. Ce sont des moments qu'on n'oublie pas. Paul Wolf, le garçon qui m'avait aidé à trouver du travail à Rochester et m'avait présenté à Peggy, fut tué sur les plages d'Anzio pendant la deuxième guerre mondiale; et il est mort jeune et c'était un brave garçon. Et il y avait eu l'adorable Isabelle, avec son sourire énigmatique, Isabelle qui ne demandait jamais rien. Je crois que je lui ai manqué. Elle devait savoir que je sortais de sa vie pour toujours. J'espère qu'elle a fait un mariage heureux. Elle a beaucoup compté dans ma vie d'étudiant. Mais je devais partir.

A présent, je songe à Saint Lawrence avec plus de chaleur; je me rends mieux compte de ce que m'ont apporté ces quatre années d'études, cette transition qu'avait voulue Louise entre mon travail de concierge au lycée et celui d'acteur. Si j'avais tenté de passer directement d'Amsterdam à New York, le fossé aurait été trop large.

Ma dernière année là-bas se perd un peu dans le brouillard. Je ne me souviens même pas de la remise des diplômes. Un vieux programme m'apprend que cette 77e remise de diplômes a eu lieu le 12 juin 1939. Il me semble que la séance était présidée par le maire La Guardia, mais je ne m'en souviens pas avec certitude. J'avais déjà un pied dehors. Je ne devais revenir que bien des années plus tard, lorsque l'université me remit le titre de docteur honoris causa. En général, je ne m'arrête pas pour savourer ma victoire. Lorsqu'elle est acquise, je m'en vais.

Cet été-là, je me rendais vaguement compte que le monde était à la veille de quelque chose. Hitler s'emparait de la Tchécoslovaquie et de l'Autriche. Mais moi, je ne pensais qu'au théâtre, à l'école d'art dramatique, à mon travail, à Greenwich Village. New York était le prochain grand tournant qu'allait prendre ma vie, et j'étais impatient. J'attrapai mon diplôme à la façon d'un coureur de relais saisissant le témoin, et je fonçai tête baissée.

4

NEW YORK, NEW YORK

Je revins au théâtre Tamarack l'été suivant la fin de mes études. Tous les jours, la troupe entière jouait au même jeu : quel nom me fallait-il pour atteindre gloire et fortune? On proposa Norman Dems. Je voulais un nom de famille commençant par D, mais qui ne fût ni Danielovitch ni Demsky. Quelqu'un suggéra Douglas. Cela me plut. Le choix du prénom fut plus difficile. A la fin, quelqu'un proposa Kirk. Cela sonnait bien. J'aimais la dureté de son « K ». Je ne m'étais pas rendu compte que je venais d'accepter un nom écossais.

Quelle joie de voir mon nouveau nom sur le programme : Kirk Douglas. J'étais un acteur professionnel. Ma nouvelle vie commençait. En quittant Amsterdam, Izzy avait laissé Issur derrière lui (je ne me rendais pas compte qu'en fait Issur ne m'avait jamais quitté). A présent Izzy, qui avait fait tant de choses, qui avait connu son heure de gloire à l'université, Izzy était tué au théâtre Tamarack, pour laisser la place à Kirk Douglas.

D'être passé d'Issur à Izzy puis à Kirk m'a rendu, je crois, relativement indifférent aux prénoms. J'ai toujours confondu les noms de mes quatre fils. J'en appelais un Peter, mais je me faisais vertement rappeler à l'ordre : « Mais enfin, papa, je suis

Michael! » Ils en sont venus à ne plus me corriger, sachant bien auquel d'entre eux je m'adresse, même s'il m'arrive d'en appeler un Kirk.

Je devais donc travailler au Centre Greenwich, une maison d'œuvres sociales, mais j'arrivai à New York trois jours en avance, car je ne savais où aller. Je n'avais envie d'aller ni chez ma mère à Schenectady ni chez mon père à Amsterdam. Et je ne voulais plus voir non plus Louise Livingston. Je me sentais un peu coupable, comme si je l'avais utilisée. D'un autre côté, cependant, j'ai toujours eu tendance à sous-estimer ce que j'apportais à quelqu'un; il ne me venait pas à l'esprit que je pouvais offrir autant que ce que je recevais. Peut-être nous sommes-nous servis l'un de l'autre. En tout cas, j'arrivai à New York trois jours avant la date prévue et pris une petite chambre, presque une alcôve, au Mills Hotel, pour un dollar la nuit.

La première chose que je fis, ce fut d'aller voir un avocat pour faire officialiser mon changement de nom. Les démarches furent d'une remarquable simplicité : l'avocat rédigea une requête en bonne et due forme, puis nous nous présentâmes devant un tribunal où j'expliquai les raisons de ma demande. Désormais, je me nommais légalement Kirk Douglas, nom que j'allais porter pour le restant de mes jours.

Maintenant que je portais un nom tout à fait WASP, je connus l'antisémitisme d'une autre façon. Je me retrouvais au milieu de gens qui ne sachant pas que j'étais Juif, exprimaient ouvertement des vues courantes dans la population non-juive. De tels propos hantent les cauchemars des Juifs, et je ne tardai pas à me rendre compte que ce n'était pas sans raisons.

Mon travail n'avait pas encore commencé et je n'avais strictement rien à faire. Ces trois jours semblaient s'étirer indéfiniment. Je ne connaissais personne à New York et me sentais bien seul. Je déambulais dans les rues, et rentrais dans les magasins de vêtements parler avec les vendeurs des rayures de leurs chemises, simplement pour pouvoir adresser la parole à quelqu'un. Je faisais le tour de Times Square, parcourais Manhattan du nord au sud. J'admirai l'immense Chrysler Building, de style art déco, et l'Empire State Building, qui était à l'époque le plus haut gratte-ciel de New York. Tout le monde semblait se presser vers un endroit bien déterminé, tandis que moi j'errais sans but.

Finalement, je me rendis à Greenwich Village pour commencer mon travail. On m'installa dans une petite chambre dans un grenier, au troisième étage d'une maison sise au 20 Jones Street. C'était une rue étroite, bordée d'immeubles de rapport, non loin du Centre Greenwich. Quant à Greenwich Village, c'était un endroit coloré, plein d'artistes, où se côtoyaient des Américains de souche et des immigrants de fraîche date. Pour aider ces innombrables enfants d'immigrants à s'adapter à leur nouvelle vie, il existait des centres d'œuvres sociales, comme le Centre Greenwich. Au nombre des gens que de tels centres ont aidés, citons les noms de Sam Levene, Alan King, Sammy Cahn ou Burt Lancaster. Le Centre Greenwich était facilement accessible en métro. Ce magnifique métro faisait la fierté de New York. A cette époque, bien entendu, on ne parlait pas des choses terribles qui y arrivent de nos jours.

Au rez-de-chaussée du Centre Greenwich se trouvaient un auditorium avec une scène, un gymnase, et des ateliers en sous-sol. Au premier étage, il y avait une grande et agréable salle à manger où le matin l'on trouvait servi un bon petit déjeuner : céréales, jus de fruits, café, etc. Le repas du soir était plus convivial : nous le prenions tous en commun. La directrice du Centre Greenwich, Mme Simkovich, était issue d'une famille WASP de Nouvelle-Angleterre. Elle prenait place à un bout de la longue table, tandis que son mari, le Dr Simkovich, un homme d'origine russe, au fort accent, professeur à l'université de Columbia, s'asseyait à l'autre extrémité. Les autres convives étaient des travailleurs sociaux qui étudiaient, travaillaient et vivaient au Centre Greenwich. L'une des figures les plus importantes était un anthropologue du nom de Bill Henderson. On m'avait parlé de lui lors de mon installation, mais il n'était pas encore arrivé. Il devait rentrer de Los Angeles : c'était son deuxième voyage à travers les Etats-Unis, passager clandestin à bord des trains, car il menait une étude sur les *hoboes*, ces vagabonds jetés sur les routes par la crise économique.

Je me rappelle la première fois, où j'ai vu Bill, un solide Ecossais, descendant Jones Street. Il portait une casquette. Son visage dur, chiffonné, était incrusté de crasse. Après un sérieux nettoyage il semblait un autre homme. Il possédait un grand sens de l'humour et il me plut immédiatement. Sa chambre se trouvait en face de la mienne, et nous devînmes d'excellents amis. Certains des meilleurs moments de mes débuts à New York, je les ai passés en compagnie de Bill Henderson.

Nous avions aussi peu d'argent l'un que l'autre, mais nous sortions parfois prendre une bière, et Bill m'apprenait des chansons écossaises, comme *I Belong to Glasgow*, sa ville natale. Avec un nom comme Kirk Douglas, me disait-il, il fallait quand même connaître quelques chansons écossaises. J'évoquais en plaisantant la possibilité qu'un jour j'aille chanter en Ecosse. Des années plus tard, j'acceptai un gala de bienfaisance à Edimbourg, destiné à rassembler de l'argent pour les Jeux olympiques. La reine d'Angleterre devait y assister. Il n'y avait pas de répétitions; j'arrivai là-bas juste avant le gala, ne sachant absolument pas ce que j'allais faire. « Inventez quelque chose », me dirent seulement les attachés de presse. Je songeai alors à mon ami Bill Henderson, qui avait trouvé la mort en Alaska au cours de la deuxième guerre mondiale, et qui m'avait parlé de la traditionnelle rivalité entre les villes d'Edimbourg et de Glasgow. Ce fut le sujet de mon discours. Puis, à capella, je chantai la chanson que Bill Henderson m'avait apprise plus de quarante-cinq ans auparavant. Cela me rendit triste, car j'aimais beaucoup Bill et nous avions vécu de merveilleux moments ensemble.

J'étais déçu de ne pouvoir entrer à l'Académie américaine d'Art dramatique (les frais de scolarité s'élevaient à cinq cents dollars!), mais je m'inscrivis dans une école qui avait accepté de m'octroyer une bourse. Je suivis les cours pendant trois jours, puis l'Académie américaine me fit savoir qu'elle m'offrait tout de même une bourse. J'étais un peu gêné vis-à-vis de l'école qui m'avait accueilli, mais ils prirent la chose avec beaucoup d'élégance.

A l'époque, l'Académie américaine d'Art dramatique avait ses locaux dans le Carnegie Hall Building, au coin de la 57e Rue et de la 7e Avenue. Il suffisait de prendre le métro express de Greenwich Village à Colombus Circle, et de là marcher jusqu'à Carnegie Hall. L'entrée de l'Académie se trouvait à côté de l'entrée principale, et j'aimais m'attarder là, risquant un œil par une porte entrebâillée, pour écouter quelqu'un jouer du piano ou répéter un récital de chant : c'étaient les seuls concerts que je pouvais m'offrir. A côté, se trouvait le célèbre Russian Tea Room, où l'on servait de la grande cuisine russe; inutile de dire que mes moyens ne me permettaient pas non plus d'y prendre mes repas. A présent, ce restaurant est très fréquenté par les gens du spectacle.

Nous avions deux ans d'étude. Au cours de la première année, nous avions une demi-journée de cours de pantomime, voix, maquillage, costume, analyse théâtrale, escrime, etc. La deuxième année, nous travaillions des pièces, puis nous les répétions, en costumes, dans le petit théâtre en sous-sol. Ces répétitions avaient lieu avec le célèbre et redouté Dr Charles Jehlinger (on l'appelait « Jelly », derrière son dos), qui avait été le mentor de tant d'acteurs célèbres, à la scène comme à l'écran.

J'étais un petit peu plus âgé que la majorité des autres étudiants. La plupart n'étaient pas allés à l'université. Moi, j'avais non seulement un diplôme universitaire, mais j'avais déjà une expérience du spectacle : mes séjours d'été au théâtre Tamarack. En outre, j'avais l'avantage d'être un homme. A cette époque, nous étions fort prisés car peu nombreux. Au cours de la première année, j'étais le chouchou des metteurs en scène. Ils me confiaient en général les rôles principaux. Je commençais à me dire que j'étais de la graine dont on fait les vedettes.

Ma vie fut heureuse jusqu'au jour de Thanksgiving. Ce jour-là, le Centre Greenwich était fermé et on ne servait donc aucun repas, et en outre je n'avais que vingt-cinq *cents* en poche. Il n'y avait personne pour m'aider. La plupart des gens que je connaissais étaient allés passer les vacances chez eux. Je ne savais que faire. Je me souvins alors de l'Armée du Salut, sur Bowery. C'était loin du Centre Greenwich, mais je fis le chemin à pied. Je fis ensuite la queue au milieu des paumés de toutes sortes pour obtenir le ticket me donnant droit à un repas de Thanksgiving gratuit. Après avoir retiré le ticket, je fis une nouvelle fois la queue pour le repas. J'avais des crampes d'estomac en regardant les gens revenir du comptoir avec leur festin : des morceaux de dinde et beaucoup de purée de pommes de terre arrosés d'une sauce brune. Maintenant, on appellerait ça une pâtée. Lorsque j'arrivai au comptoir, affamé, on m'annonça brutalement qu'il n'y avait plus rien à servir. Plus de repas. Je me retrouvais avec un petit bout de papier inutile dans la main, et le ventre vide. Je retournai à pied jusqu'au Centre Greenwich, triste et solitaire. J'utilisai mes derniers vingt-cinq *cents* pour m'acheter quelque chose à manger en attendant d'aller me coucher. Le lendemain matin, au petit déjeuner, je dévorai comme un ogre.

À l'Académie, c'était M. D'Angelo qui dirigeait le travail de la voix et le cours d'improvisation. Un jour, nous devions jouer un hibou.

> *Un vieux hibou était perché sur un chêne,*
> *Plus il en voyait et moins il parlait.*
> *Moins il parlait et plus il entendait.*
> *J'aimerais être semblable à ce vieil oiseau.*

Je réfléchis, et pour le cours je décidai de jouer le vieux hibou. Le professeur demanda alors à chacun de jouer son interprétation du hibou. C'était le tour de Paul Wilson, mon ami, qui était assis à côté de moi. Il s'avança au centre de la pièce, s'accroupit et devint un hibou. M. D'Angelo eut l'air surpris; du regard, il fit le tour de la salle, imposant le silence. Puis il se tourna vers Paul. Lui parlant comme à un hibou, il lui dit : « Queeeeeeeeel âââââââââge as-tu, hiiiiiibou? » Paul, qui de façon hallucinante avait véritablement pris l'apparence d'un hibou, fit mine d'ébouriffer ses plumes et répondit : « Trèèèèèèèès vieux. » A nouveau, D'Angelo promena le regard autour de la pièce. Sur ses lèvres, on pouvait lire : « Un génie, un génie. » Puis il poursuivit sa conversation avec le vieux hibou. J'attendais impatiemment mon tour, mais M. D'Angelo fut tellement impressionné par la performance de Paul qu'il interrompit le cours. Par la suite, il rassembla toute l'école pour admirer l'interprétation de Paul en vieux hibou. Paul n'avait jamais montré autant de talent auparavant et n'avait jamais fait l'objet d'autant d'attention. Il créait un chef-d'œuvre : la gloire lui était acquise. Mais moi, de mon côté, je n'étais pas loin de penser que j'aurais pu mieux jouer le hibou que lui. Mais jamais je n'en ai eu l'occasion. Jusqu'à aujourd'hui, je regrette que M. D'Angelo ne m'ait jamais donné la chance de jouer le hibou. A la suite de l'interprétation de Paul, nous passâmes à autre chose. Jamais il ne me dit : « Monsieur Douglas, j'aimerais vous voir en hibou. » Je crois que mon interprétation aurait été magistrale. Le monde a perdu quelque chose.

A l'Académie, je tombai amoureux. Amoureux fou ! Elle était grande, mince, des cheveux d'ébène, la peau d'ivoire, de magnifiques yeux bleus et un petit nez en trompette. Elle s'appelait Peggy Diggins et elle était Miss New York. Le vote en sa faveur avait dû être unanime. Elle était calme, parlait doucement, et avait toujours l'air de se moquer gentiment. Elle était toujours vêtue avec élégance, car quoique étudiante à l'Académie, elle gagnait bien sa vie en travaillant comme mannequin. Moi, j'étais tellement subjugué que j'arrivais à peine à parler en sa présence. Je ne me souviens même pas de notre première rencontre, de ce qu'elle a dit ou de ce que j'ai dit. Mais à ma stupéfaction, elle partageait mes sentiments. Ce que j'éprouvais pour Peggy Diggins n'était pas de l'amour. C'était de la folie. Je me sentais si vulnérable, j'attachais une telle importance à ses regards, à ses paroles. De temps en temps, nous avions l'autorisation d'amener un invité aux dîners du Centre Greenwich, et je n'oublierai jamais la première fois où j'amenai Peggy. J'étais si fier de la façon dont tout le monde l'admirait ! Derrière ses verres épais, les yeux du Dr Simkovich papillonnaient. Il insista pour qu'elle s'assoie à côté de lui, et il lui prit la main. Mme Simkovich ne semblait pas le moins du monde troublée par cette démonstration d'affection, ni par l'attitude ultérieure de son mari qui ne cessait de me demander quand Peggy reviendrait dîner. Je l'invitai plusieurs fois, car c'étaient les seules sorties que je pouvais lui offrir. Peggy, elle, m'emmenait souvent au cinéma ou au restaurant.

Un jour, Burgess Meredith, une jeune vedette de Broadway et d'Hollywood, invita Peggy à passer la soirée avec lui. Elle me demanda mon autorisation. « Bien sûr, répondis-je, ça peut être intéressant pour toi. » Mais comme je souffrais! J'étais couché dans ma mansarde, ce soir-là. Je ne voulais pas sortir avec Bill : je voulais demeurer seul. Lui était sorti avec sa petite amie, et moi je songeais à ma belle Peggy qui dansait avec une vedette de Broadway. Qu'avais-je à lui offrir?

Puis, vers minuit, comme dans un conte de fées, j'entendis des craquements dans l'escalier. Des craquements familiers. La porte, que je n'avais pas verrouillée, s'ouvrit. Comme Cendrillon, elle se tenait là, devant moi, dans sa magnifique robe de bal. Elle défit les attaches, laissa glisser la robe sur ses épaules et se coula dans le lit à côté de moi. Des larmes de joie me brouillèrent le regard. Penser qu'elle avait pu quitter les mille feux d'une salle de bal pour venir me rejoindre dans ma mansarde! Je fus emporté par un torrent d'amour et lui dis que je voulais l'épouser. Elle accepta. Allongé à côté d'elle, j'avais peine à croire que moi, le petit Issur, je tenais dans mes bras cette créature merveilleuse et qu'elle acceptait de m'épouser.

J'avais entendu dire qu'à Newark, les démarches en vue du mariage étaient plus simples qu'ailleurs. Je réussis à convaincre Bill Henderson de nous servir de témoin, et nous voilà partis. Malheureusement, nous nous trompâmes dans certaines réponses au questionnaire et ne pûmes obtenir les papiers. Retour donc à New York, en se jurant bien que la prochaine fois serait la bonne.

Et puis Peggy reçut une proposition d'Hollywood : participer au Navy Blue Sextet, les six plus jolies filles du monde. Mon cœur chavira à nouveau.

Je ne parvenais pas à croire qu'elle allait me quitter : Hollywood semblait si loin. Elle avait beau protester, j'avais peur de la perdre. La veille de son départ, le soir, j'étais triste à mourir mais je tentais de le dissimuler. Après tout, c'était pour elle une chance inespérée.

Le lendemain, elle était partie. Je me traînai jusqu'à ma petite chambre et m'écroulai sur mon lit comme un zombi. Vers midi, l'heure de son départ, j'entendis le vrombissement d'un avion dans le ciel. J'imaginai Peggy dans cet avion, s'éloignant de moi. Le bruit de l'avion décrut. J'avais le cœur brisé.

Le malheur ne fit que s'aggraver. Elle ne téléphonait pas, n'écrivait pas, et moi je ne connaissais pas son adresse. La nuit, je n'arrivais pas à dormir, j'étais persuadé que j'allais mourir. Cette mort, je l'acceptais avec calme : on ne pouvait demeurer ainsi indéfiniment, sans dormir, à regarder le plafond, torturé par la douleur. J'attendais la mort. Cet été-là, mon troisième au théâtre Tamarack, je le passai dans un brouillard de douleur, hanté par le souvenir de Peggy. Je parvenais à faire mon travail, mais le soir je demeurais éveillé dans mon lit et je pensais à elle.

A mon retour à New York, à l'automne, je n'avais plus où loger. Mon travail au centre d'œuvres sociales était terminé. Bill Henderson y travaillait toujours, mais ils estimaient sans doute que mes petites saynètes ne valaient pas une chambre et deux repas par jour. Paul Wilson (le hibou) m'invita chez lui jusqu'à ce que j'aie trouvé une chambre. Le père de Paul était un médecin de grande réputation et il possédait une maison magnifique dans l'East Side. J'avais ma chambre à moi; le matin, le valet de chambre venait ouvrir les rideaux et m'apporter le petit déjeuner. Tout cela me plaisait fort et je serais bien resté là jusqu'à la fin de l'année. Mais au bout de quinze jours, je sentis que Mme Wilson craignait que le camarade de son fils ne se mue en invité permanent.

J'en parlai à Peyton Price, un ancien élève de l'école qui y travaillait désormais en qualité de professeur associé, mais qui était surtout chargé du travail technique en coulisses. Il avait un petit appartement dans Greenwich Village, avec des lits superposés. Il me proposa la couchette supérieure pour deux mois, le temps de trouver un travail et une chambre. Lorsque je voulus lui donner un peu d'argent, il me dit quelque chose que je n'ai jamais oublié et qui fit sur moi une impression profonde : « Tu ne me dois rien. D'autres m'ont aidé, et c'est à toi que je le rends. A toi maintenant de le rendre à quelqu'un d'autre. » Quelle belle philosophie! Souvent, lorsque j'ai eu l'occasion d'aider quelqu'un, je l'ai ressenti comme une dette que j'acquittais vis-à-vis de Peyton. Et eux, à leur tour, devront s'en acquitter auprès de quelqu'un d'autre. Cela pourrait s'accroître de façon géométrique, comme ces fameuses chaînes. A la fin, cela pourrait même se traduire par un monde plus solidaire.

Il me fallait aussi trouver un travail. Bill Van Sleet me fut alors d'une aide précieuse. Bill était le plus bel homme de l'école, et il était mannequin. Pour moi, il n'avait rien d'un étudiant d'art dramatique. Il me faisait plutôt l'effet d'un homme d'affaires quittant son bureau : il portait chapeau et pardessus, et lorsqu'il prenait le métro il avait toujours un journal plié sous le bras. C'était un garçon très franc, doté d'un merveilleux sens de l'humour. Un très bon camarade. Outre ses cours d'art dramatique et son travail de mannequin, il avait un emploi de serveur qui lui permettait de faire vivre sa mère et sa sœur avec qui il vivait à Greenwich Village. Son père était mort. Il m'avait raconté que son père avait voulu être incinéré, et que l'on dispersât ses cendres près de l'endroit où ils vivaient, dans le nord de l'Etat. Bill et sa sœur s'en allèrent donc disperser les cendres de leur père dans les champs, selon sa volonté. Le vent soufflait fort ce jour-là, et leur rabattait les cendres dans les yeux. Le frère et la sœur se mirent à rire comme des fous, s'écriant : « J'ai papa dans les yeux! » Je les aimais bien, et Bill m'invitait souvent à partager leur modeste dîner. Il revenait de son restaurant les poches pleines de pourboires. Bill se montrait très généreux avec moi.

Il me présenta au directeur du restaurant Schrafft, au coin de Broadway et de la 86e Rue. Les Schrafft n'existent plus à présent, mais c'était une chaîne de restaurants qui servaient des repas légers : sandwiches, steaks et steaks hachés accompagnés de frites, café, milkshakes, etc. Il y avait aussi dans ces établissements une cafétéria très prisée. Je fus embauché. Nous travaillions surtout au pourboire. De nombreux serveurs étaient étudiants en art dramatique. John Forsythe y a travaillé quelque temps. Ainsi que John Hargreaves. Travailler le soir permettait de suivre des cours dans la journée, et, par la suite, de chercher du travail d'acteur. Grâce à Bill, j'avais pu trouver un tel travail en soirée.

Pour trois dollars par semaine, je trouvai une chambre dans le West Side. La chambre était si petite que la porte, en s'ouvrant, venait buter contre le lit. Il était difficile d'inviter une fille. Comment dire : « Si on montait bavarder un peu? » Car dès qu'on ouvrait la porte, le but de la manœuvre devenait évident.

Et puis un jour je reçus un coup de téléphone de Peggy Diggins. Je la croyais à Hollywood, mais non, elle m'appelait de New York, où elle était venue pour une quelconque affaire de publicité. Elle s'excusa : elle aurait bien voulu écrire ou téléphoner, mais elle travaillait très dur. Elle voulait me voir. J'étais prêt à venir sur-le-champ. Non, c'était impossible, elle avait des interviews à donner, des séances de photos, mais je pouvais passer la voir le lendemain matin, vers onze heures. Elle était descendue au Waldorf Astoria. Cet hôtel, pour moi, c'était une autre planète. J'en avais entendu parler, j'étais même passé devant, mais qui pouvait bien y prendre une chambre? Le lendemain matin, pourtant, à onze heures précises, je m'y rendis. J'appelai sa chambre de la réception. D'une voix ensommeillée, elle me dit de monter. Elle était encore au lit, dans une suite magnifique. Alors je la regardai. Elle ne s'était pas démaquillée, et le mascara autour de ses magnifiques yeux bleus avait coulé. Le chagrin me tordit l'estomac. Elle n'avait même pas eu l'idée de s'arranger un peu pour ma visite. Je me demandais ce qui avait bien pu se passer la veille pour qu'elle ne se démaquille pas avant d'aller se coucher. C'était la faute d'Hollywood, et je me mis à détester Hollywood. Elle me dit qu'elle avait sommeil la veille, qu'elle n'avait pas eu le temps de se démaquiller, qu'elle avait couru toute la journée, mais que lorsque tout cela serait fini... En l'écoutant, je savais qu'elle était définitivement sortie de ma vie. « Comment ça va, pour toi? » me demanda-t-elle. Et elle me tendit un peu d'argent. Quelque chose en moi me poussait à le lui jeter à la figure. Pourquoi ne le fis-je pas? Parce que je m'aperçus qu'il s'agissait de cinquante dollars. Cinquante dollars, cela représentait un grand nombre de repas. Je pris l'argent. Négligemment, comme l'aurait fait un maquereau. Cet acte m'a toujours hanté. Je n'avais pas eu la force de refuser. Mon amour pour elle est mort ce matin-là dans cette chambre du Waldorf Astoria. Il est mort mais il a laissé une cicatrice terrible. A dater de ce jour, j'ai toujours eu très peur de tomber amoureux, car cela signifie devenir vulnérable, faible, enchaîné. J'étais bien décidé à ne plus me laisser prendre.

Je ne revis plus jamais Peggy Diggins, mais je me suis toujours efforcé d'avoir de ses nouvelles. Elle eut un petit rôle dans un film de série B de la Warner, *Lady Gangster*. Elle fut un temps auxiliaire féminine dans l'armée, puis épousa un riche médecin. J'appris ensuite qu'elle trouva la mort, encore jeune, dans un accident de voiture.

Mais parfois, le soir, quand j'avais besoin d'un souvenir agréable avant de m'endormir, je songeais au bruit de ses pas dans l'escalier, je revoyais sa silhouette dans l'encadrement de la porte, les cheveux dénoués, la robe glissant sur ses épaules nues, puis sur sa taille, ses chevilles... le bruissement de l'étoffe. C'était là une vision agréable avant de s'endormir.

Sur les 168 élèves présents en première année, nous n'étions plus, à l'issue des auditions finales, que 80 à entrer en deuxième année. Je brûlais d'impatience, car c'était à partir de ce moment-là que nous allions travailler avec Charles Jehlinger. C'était un grand metteur en scène et un grand professeur d'art dramatique, qui avait formé Spencer Tracy, Rosalind Russell, Katharine Hepburn, Sam Levene, et qui plus tard enseigna à des gens comme Jason Robards, Jennifer Jones, Anne Bancroft, Grace Kelly et tant d'autres. Il avait près de quatre-vingts ans, les cheveux gris, des yeux perçants derrière des lunettes aux verres épais, surmontés de sourcils noirs, et il était un peu sourd. Tout le monde était très intimidé par lui.

On travaillait une pièce avec l'un des metteurs en scène de l'école, puis les répétitions proprement dites avaient lieu dans le petit théâtre qui se trouve dans les sous-sols de Carnegie Hall, avec « Jelly » en personne. Pendant plusieurs semaines, nous travaillâmes sur notre première pièce, *Bachelor Born*. C'était moi qui jouais le personnage principal, un vieux bonhomme. Le metteur en scène était une femme qui me trouvait extraordinaire, et je brûlais d'éblouir le grand Jehlinger. Finalement, le moment arriva de présenter notre pièce dans le petit théâtre. Nous attendions en coulisses, anxieux. Au bout d'un certain temps, ce fut à mon tour d'entrer en scène. A ce moment-là, j'entendis une voix venue du fond du théâtre, plongé dans l'obscurité : « Retournez! » J'obtempérai, un peu surpris tout de même, et fis à nouveau mon entrée en scène. « Retournez! » Je commençai à transpirer. Nouvelle entrée. « Je n'ai pas dit plus vite. Retournez! » Mes mains étaient moites. Nouvelle entrée. « Je n'ai pas dit plus lentement. Retournez! » Et encore. Et encore. Dix-sept fois! Chaque fois, mon arrivée était saluée par le même ordre, aboyé depuis les derniers rangs : « Retournez! » J'avais le vertige. Je ne savais plus que faire. Soudain, je vis arriver un petit bonhomme qui sauta sur la scène en agitant le texte de la pièce. « Douglas! » hurlait-il.

« Oui, monsieur Jehlinger. »

Il ouvrit le cahier et me le fourra sous le nez.

« Montrez-moi où il y a marqué " M. Douglas ", dans le texte.

– Non, monsieur, il n'y a nulle part marqué " M. Douglas ". »

Il se planta devant moi et plongea son regard dans le mien.

« Alors je ne veux pas voir M. Douglas sur scène! »

Et il entreprit alors de me mettre en pièces méthodiquement. Il ne comprenait pas pourquoi je perdais mon temps et mon argent à l'Académie, alors que visiblement je n'avais aucune envie de devenir un artiste. Pourquoi faire perdre son temps à tout le monde si je ne travaillais pas, si je me contentais de faire de la figuration, sans travailler mon rôle? Il me traita d'acteur de seconde zone. J'étais effondré.

En quittant la scène, atterré, effondré, j'aperçus l'ingénue, Diana Dill, qui sanglotait, assise sur une marche.

« Que se passe-t-il ? lui demandai-je.

— C'est affreux, ce qui t'arrive. Quel salaud, celui-là ! »

Sa compassion me toucha. Nous sortîmes prendre une tarte aux pommes arrosée d'un verre de lait, et elle se ressaisit. Mais moi, j'étais hagard. Tout mon univers s'était écroulé. Jehlinger m'avait fait comprendre que je n'étais pas fait pour être acteur. Diana s'efforçait de me consoler. Nous allâmes faire un tour dans Central Park et je me mis à pleurer. Je lui parlai de toutes ces années où j'avais rêvé de devenir acteur, mon premier poème récité en public, les prix de récitation au collège, les pièces que j'avais jouées au collège et à l'université, mon travail l'été dans un théâtre, et tout cela pour m'entendre dire que la profession d'acteur n'était pas pour moi. J'avais toujours cru que j'avais du talent, mais il n'en était rien. J'allais probablement rentrer à Amsterdam et vendre des chaussures.

« Mais enfin, tu as compris ce que cherche Jelly, non ? me dit-elle.

— Visiblement je n'ai aucun talent. A quoi ça sert de rester ici ? Il faut que je fasse autre chose, c'est tout.

— Mais non. Il te met à l'épreuve. Il est simplement fou furieux parce que tu n'as pas travaillé ton rôle. Il veut savoir si tu es suffisamment ouvert pour travailler avec lui, si tu ne montres pas trop de résistance. Il fait ça tout le temps : il cherche à briser les gens. »

C'était un rayon d'espoir. Peut-être avait-elle raison. J'étais reconnaissant à Diana du réconfort qu'elle m'apportait. Nous nous sommes embrassés. Il fallait que je persévère à l'Académie. Le lendemain, je retournai au petit théâtre.

« Ah, vous êtes de retour, jeune homme ! s'exclama Jelly.

— Oui.

– Vous avez envie de travailler, à présent ?
– Oui, monsieur Jehlinger », répondis-je avec beaucoup d'humilité.

Ces répétitions avec Jehlinger durèrent trois jours. Nous ne dépassâmes jamais la moitié du deuxième acte. Le retard était dû uniquement aux critiques incessantes qu'il me faisait. Alors que j'abordais une scène particulièrement dramatique, une voix forte venue du fond du théâtre m'interrompait :

« Nya, nya, nya, nya, nya, nya ! Pourquoi est-ce que ce garçon se croit obligé de proférer des sons aussi horribles ! »

Alors, je recommençais.

Je vivais un des moments les plus affreux de mon existence, mais j'étais bien décidé à ne pas abandonner. Le bruit s'était répandu dans toute l'école, et de nombreux élèves venaient assister à ces répétitions. Beaucoup étaient enchantés de voir rabattre son caquet à l'arrogant Kirk Douglas, celui qui avait tellement brillé en première année et à qui on confiait toujours les premiers rôles. J'entendais des rires étouffés tandis que Jehlinger me clouait au pilori. Un jour, il m'interrompit en hurlant au beau milieu d'une réplique. Il bondit sur scène.

« Nya, nya, nya, nya, nya, nya ! Qu'est-ce qu'il se passe, mon garçon ? Vous avez mal au ventre ? »

Je devins comme fou. Je saisis une chaise, prêt à la lui fracasser sur le crâne. Il me regarda, et me dit calmement :

« Si vous croyez qu'en frappant un vieil homme vous deviendrez meilleur acteur, alors allez-y, mon garçon. »

Jelly était connu pour rendre complètement fous certains de ses élèves. On racontait à l'Académie l'histoire d'un élève qui lui avait jeté une table depuis la scène, et l'avait fait tomber de tout son long sur le dos. Cela n'avait pas arrêté Jelly, qui avait poursuivi ses critiques allongé sur le sol. On disait que cet élève anonyme, probablement dépourvu de talent, avait quitté l'Académie et qu'on n'en avait plus jamais entendu parler depuis. Bien plus tard, j'appris qu'il s'agissait d'Edward G. Robinson et que son seul regret était de ne pas avoir tué Jelly.

Mais Jelly ne se comportait pas de la même façon avec tous ses élèves. Il se montrait très doux et prévenant avec Diana, par exemple, et un jour il lui proposa de lui prêter de l'argent pour acheter des caoutchoucs : elle était venue en cours avec des chaussures mouillées, et il estimait que les acteurs devaient veiller à leur santé.

Diana était une fille très attirante, charmante et très appréciée par tout le monde. Il m'a toujours semblé qu'elle avait le béguin pour Bill Van Sleet. Mais Diana et moi nous nous voyions de temps à autre, un peu au hasard; j'avais la réputation d'un séducteur et elle gardait ses distances. Notre attirance était celle de deux pôles opposés. Elle venait d'une vieille famille bourgeoise des Bermudes, où son père était ministre de la Justice. Elle était née du bon côté de la barrière, et je pris l'habitude de l'appeler « Mademoiselle-tout-va-bien ». Intrigués l'un par l'autre, nous avons beaucoup parlé de notre enfance, de nos expériences.

En 1940, les sujets de conversation ne manquaient pas. Il y avait la guerre en Europe. Des réfugiés commençaient à arriver aux Etats-Unis, ceux qui avaient eu la chance d'échapper aux camps de concentration. Le Schrafft, là où je travaillais, devint un lieu de rendez-vous pour beaucoup de ces réfugiés, et je les entendais parler allemand. Mais ce qui me choquait, particulièrement en tant que Juif, c'était la richesse que tant d'entre eux arboraient, leurs fourrures et leurs bijoux. Alors que le monde entier souffrait de cette guerre atroce, alors que les Etats-Unis étaient à la veille d'entrer en guerre, ces riches Juifs allemands étalaient leurs richesses chez Schrafft d'une manière bien insolente.

Je m'étonne à présent du peu de souvenirs que j'ai conservés de cette période, des premiers temps de la guerre. On entendait parler du blitz de Londres, de l'héroïsme des Anglais qui tenaient tête aux nazis. On lisait dans la presse le compte rendu des discours de Hitler. On entendait parler de la guerre éclair dans les régions qui se trouvent à présent derrière le rideau de fer. On entendait parler, plutôt vaguement, de la guerre menée contre les Juifs. Mais la guerre elle-même semblait si lointaine. Et quand on est jeune, quand on a un peu plus de vingt ans, on songe plus à décrocher un premier rôle qui fera de vous une vedette de Broadway.

Après Peggy Diggins, je n'eus pas pendant longtemps de liaison amoureuse qui comptât vraiment. Il y eut beaucoup de filles, mais rien de sérieux. Je sortais parfois avec Betty Bacall, qui devint plus tard Lauren Bacall. Elle était en première année à l'Académie, et ne devait pas avoir plus de quinze ou seize ans. Moi j'étais en deuxième année, j'avais joué le répertoire d'été, et Betty me regardait avec admiration; je crois même qu'elle éprouvait pour moi une sorte de béguin de collégienne. Elle habitait non loin de chez Schrafft, là où je travaillais, et elle venait parfois, seule, s'asseyait à une de mes tables et berçait pendant une heure une tasse de café. Comme nous étions payés au pourboire, nous cherchions à ce que les clients ne s'éternisent pas, mais Betty restait là longtemps, faisant semblant de déguster son café, et elle m'observait. Un soir que je lui présentais sa note, elle me répondit : « Je n'ai pas d'argent », avec son célèbre rire de gorge. J'étais plutôt ennuyé. Mais elle avait une telle personnalité que l'on ne pouvait rester longtemps fâché avec elle.

Betty se moquait souvent de mon manteau trop long, celui que m'avait offert Wally Thompson.

Lorsqu'elle comprit que je n'avais pas les moyens de m'en acheter un autre, elle demanda à l'un de ses oncles un manteau plus à ma taille et me le donna. J'en fus très touché. Un peu plus tard, par une chaude soirée de printemps, sur un toit en terrasse de Greenwich Village, je tentai de la séduire. En vain. Lauren Bacall est une fille intègre.

Je parvins à terminer ma deuxième année à l'Académie. Jehlinger ne se montra jamais aussi cruel avec moi que lors de la première pièce. Il lui arrivait même de me complimenter. Je comprenais ce qu'il cherchait, et en fait il m'a beaucoup aidé. Il luttait contre une certaine désinvolture, une facilité naturelle que je possédais, un manque de profondeur. Et il s'acharnait. Jelly m'apprit à construire un personnage. Je finis par comprendre ce qu'il voulait : pas que je me contente d'entrer sur scène, mais que j'aille d'une pièce à une autre avec une motivation, que je sache pourquoi je le faisais. Jelly faisait en sorte que l'on trouve soi-même. Il ne disait pas explicitement ce qu'il voulait, mais il laissait faire, encore et encore, jusqu'à ce que l'on soit au bord de la folie, jusqu'à ce que l'on comprenne que ce qu'il voulait, c'était un comportement vrai. La pire insulte qu'il pouvait proférer était « amateur » : un tel mot faisait l'effet d'un coup de massue. Après avoir été ainsi méprisé par Jelly, on ne se montrait plus jamais un amateur.

Parfois, au cours de cette deuxième année, il m'arrivait d'éprouver quelque chose d'inhabituel, quelque chose qu'éprouvent parfois les acteurs. J'avais l'impression d'avoir deux cerveaux dans le crâne, deux personnalités différentes dont l'une observait l'autre. Celui qui joue la pièce est complètement dans son rôle, avec tous les sentiments et la chaleur nécessaires, tandis que l'autre observe et guide. D'une certaine façon, cela me rappelait mon opération des amygdales, et mon cauchemar d'être deux à la fois, dont l'un observait le petit Issur, de derrière la poubelle.

J'en ai parlé avec d'autres acteurs. Je me souviens d'en avoir un jour parlé avec Laurence Olivier qui m'a dit que cela était souvent vrai pour lui. Bien que l'on dise toujours aux acteurs : « Laissez-vous aller », il y a toujours en soi une partie qui dirige. Se laisser aller, cela veut dire que le public ne doit pas avoir l'impression que l'acteur se dit : « Et maintenant, je vais m'asseoir. Maintenant je vais prendre une cigarette. » La partie de l'être qui dirige les opérations doit se tenir en retrait. C'est aussi la partie qui en soi doit continuer à fonctionner, aussi dramatique que puisse être la scène à jouer. Par exemple, quand je jouais Van Gogh dans *Lust for Life* (La vie passionnée de Vincent Van Gogh), je devais regarder dans un miroir lors de la scène où je me coupe l'oreille. La caméra regardait dans le miroir et captait le reflet. Moi, je ne pouvais pas me voir dans le miroir, mais il fallait faire semblant. Il fallait que j'exécute des gestes précis de manière à ce que mon visage soit éclairé de façon convenable. Ainsi, on peut jouer quelqu'un qui a perdu la raison, mais il faut qu'il y ait toujours en soi une partie qui dirige le jeu. Et il arrive parfois que soudain, quand on est en train de jouer, la partie de soi qui dirige les opérations se rende compte que la scène est réussie. C'est une sensation merveilleuse. Mais je dois dire que cela ne m'est pas arrivé suffisamment souvent. Bien que rares, de tels moments sont une véritable récompense.

Le travail chez Schrafft était agréable. Lorsqu'un client ne terminait pas un sandwich, on se le fourrait dans la bouche en le ramenant à la cuisine. Avec les serveurs, nous formions une bonne bande de copains. Souvent après le travail, vers minuit, les poches pleines de pourboires, nous allions vider quelques chopes. Je me souviens d'une chaude soirée de printemps; je me sentais un peu gris. Nous rentrions à travers Central Park en direction de Columbus Circle pour aller prendre le métro. J'avisai alors Hampshire House, qui représentait pour moi un summum de l'élégance, et déclarai : « Vous voyez ça, là-bas? Un jour, les gars, je deviendrai quelqu'un, je reviendrai à New York, je prendrai une suite au vingt-quatrième étage de Hampshire House, et je vous verrai, vous tous, en bas, dans le parc. » Nous éclatâmes tous de rire.

En juin 1941, je quittai l'Académie américaine d'Art dramatique, mon diplôme en poche. J'avais fait quatre ans d'université et deux ans d'art dramatique pour pouvoir devenir acteur de théâtre. En dernière année, des agents artistiques venaient assister aux représentations de l'Académie. Aucun ne voulut m'engager, mais six agents se précipitèrent sur Bill Van Sleet. Ces agents-là avaient sûrement en tête d'en faire une vedette de cinéma. Et comme j'ai pu souvent le constater par la suite, les agents artistiques se trompaient. Malgré ses six propositions de contrat, Bill n'a jamais travaillé ni à Broadway ni au cinéma. C'était un garçon merveilleux, et il a continué de bien gagner sa vie comme mannequin. Mais aucun agent ne semblait trouver la moindre qualité chez moi. Diana Dill fut la seule à qui l'on offrit un travail au cinéma : un contrat d'un an à Hollywood. J'étais furieux. Après Peggy Diggins, elle allait être la prochaine victime d'Hollywood. Je lui écrivis une lettre de douze pages pour lui expliquer qu'elle ne devait sous aucun prétexte se rendre à Hollywood, que c'était un endroit abominable, artificiel, et que si elle possédait ne fût-ce qu'un peu de courage, elle resterait à New York et chercherait un rôle au théâtre. Elle ne me répondit pas, mais j'appris ce qui s'était passé : elle était partie à Hollywood.

Je me mis alors à faire le tour des agences artistiques de New York. Je me souviens d'un agent qui avait un bureau minable, avec des canapés effondrés. Il consentit à m'accorder un rendez-vous. Je devais jouer une scène en duo avec une fille de mon cours. Nous répétâmes donc une scène particulièrement dramatique et arrivâmes au rendez-vous à l'heure dite. Nous attendîmes longtemps dans la salle d'attente miteuse avant de pénétrer dans un bureau un tout petit peu moins miteux. Assis sur des chaises, nous faisions face à une caricature d'agent artistique, mâchonnant son cigare et trônant derrière un bureau délabré. « Allez-y. » Nous commençâmes de jouer notre scène. Le téléphone sonna. Nous nous interrompîmes. « Non, non, continuez. » et nous poursuivîmes, tandis qu'il parlait au téléphone. Il nous jetait un coup d'œil de temps à autre puis retournait à sa conversation téléphonique. Cela me rappelait ce samedi matin à l'épicerie Goldmeer, lorsque je déclamais le morceau m'ayant valu un prix de récitation dans le vacarme de la circulation, la sonnerie du téléphone et le vendeur qui passait ses commandes d'épicerie.

Tel est le côté pathétique de notre profession : le rejet. Il a un effet terrible, dévastateur. La douleur ne disparaît jamais : on croit qu'on va obtenir le rôle; on rappelle; on reçoit des promesses. Et puis ce rôle, on ne l'a pas. Quelle humiliation! J'ai tenté de dissuader mes quatre fils de s'engager dans ce métier. De toute évidence, ils ne m'ont pas écouté. Mais à mon sens, il n'y a qu'une seule manière de rentrer dans cette profession : avoir le dos au mur, ne rien pouvoir faire d'autre. La meilleure chose que puisse faire un acteur, c'est de dissuader les autres d'exercer le même métier. Pour réussir, il faut surmonter des obstacles presque insurmontables. Ruth Gordon a suivi pendant un an les cours de l'Académie américaine d'Art dramatique, et puis on l'a renvoyée en lui conseillant de ne pas s'entêter à devenir actrice car elle ne montrait aucune disposition. Quelques mois plus tard, elle faisait ses débuts à Broadway. Mais si on ne possède pas cet allant, et si l'on n'a pas le cuir assez épais pour supporter ces rejets, ces refus incessants... mieux vaut s'abstenir. Et il ne faut pas croire qu'une grande vedette n'essuie plus de tels refus. Le rejet se manifeste à un autre niveau. On tient par exemple à obtenir tel rôle, et c'est à une autre vedette qu'on le confie. Aimer être rejeté : telle pourrait être l'une des définitions de l'acteur.

Au faîte de sa carrière, le grand John Barrymore jouait dans *My Dear Children*. Ses escapades d'ivrogne, en ville, défrayaient la chronique, et il finissait par devenir une véritable caricature de lui-même. Mais je voulais tout de même le voir sur scène. J'achetai un ticket d'étudiant à moitié prix et pris place au poulailler, tremblant d'impatience.

Je fus surpris de sa petite taille, mais en le voyant jouer je m'aperçus que c'était un acteur immense, un géant. Sa nouvelle femme, toute jeune, lui donnait la réplique. Au beau milieu d'une scène particulièrement dramatique, un spectateur se mit à interrompre grossièrement la jeune femme. Barrymore s'approcha alors des feux de la rampe et apostropha le malotru : « Ferme-la, espèce d'abruti, ou bien alors monte sur la scène! »

L'homme demeura bouche bée.

Barrymore l'acheva. « Tu es bien tranquille, on dirait. Eh bien continue! » Et Barrymore reprit son texte là où il l'avait laissé, retrouvant intacte toute l'émotion de la scène. J'étais stupéfait.

Mais moi je n'avais ni agent ni travail. Je retournai au répertoire d'été. Je trouvai du travail au théâtre de Nuangola, un petit théâtre de saison, en Pennsylvanie. Il était dirigé par un couple de vieux acteurs, Royal Stout et sa femme qui jouait elle-même encore de nombreux rôles. La saison était inhabituellement longue : dix-huit semaines. Un jour que les acteurs se plaignaient de leurs maigres salaires (25 dollars par semaine), Royal Stout répondit : « Le répertoire d'été, ça sert seulement à empêcher les acteurs de mourir de faim. » Je commençai par travailler comme machiniste ou dans de petits rôles, et ne cessai de leur demander un rôle plus important. Finalement, on m'en confia un dans la pièce *Broadway* et je fis bonne impression.

A dater de ce jour, on me confia les premiers rôles. Nous répétions une semaine et jouions ensuite la pièce pendant une semaine. Je ne tardai pas à me rendre compte qu'il était extrêmement difficile de jouer un rôle principal chaque soir tout en répétant un autre rôle principal dans la journée. A présent, je peux me permettre d'en rire. J'avais une envie folle de jouer les rôles principaux, mais trois ou quatre expériences semblables à la suite, j'étais épuisé. Tous les lundis matin, on nous donnait les « extraits », des pages imprimées où se trouve la dernière réplique du partenaire suivie du texte que l'on doit prononcer. Je finis par accueillir avec désespoir les gros paquets de feuilles : encore un rôle principal. Au bout de quelques semaines, je les suppliais à nouveau de me confier les rôles secondaires, de façon à ce que je puisse me reposer.

De retour à New York en automne, je repris mon travail de serveur chez Schrafft en soirée, tout en continuant à faire la tournée des agences dans la journée. Je déjeunais de beignets et de jus d'orange pour quinze *cents* chez Nedick, puis je me rendais au rendez-vous des acteurs, le drugstore Walgreen, au coin de Broadway et de la 144ᵉ Rue. Là-bas, je dépensais à nouveau dix *cents* pour acheter l'*Actor's Cue*, une feuille publiée par un homme nommé Léo Shull, et qui donnait la liste des pièces en préparation et des lieux d'audition.

Un jour, au cours de mes recherches, j'aboutis au bureau de Katharine Cornell et Guthrie McClintic, à Radio City. Les productions Katharine Cornell et

Guthrie McClintic représentaient le nec plus ultra en matière de théâtre. Stanley Gilkey, l'assistant de McClintic, m'envoya au théâtre Booth où se déroulaient des auditions pour un show de Grace George et C. Aubrey Smith, *Spring Again*. Guthrie McClintic était à la fois producteur et metteur en scène. J'attendis un certain temps, puis ce fut mon tour. On me tendit alors un papier avec quatre lignes d'écriture. « Apprenez cela sur l'air de *Yankee Doodle*. » Je demeurai donc quelques instants en coulisse, fredonnant « *Yankee Doodle came to town, a-riding on a pony* ». Puis, au bout d'une heure, on m'appela. Le régisseur me dit de faire mon entrée par la porte principale en chantant le télégramme que j'avais entre les mains sur l'air de *Yankee Doodle*. Je fis donc mon entrée en chantant aussi fort que je le pouvais, et j'obtins le rôle : le télégraphiste chantant. J'allais enfin jouer à Broadway ! J'allais être payé pour faire quelque chose que j'aurais été ravi de faire pour rien : jouer à Broadway !

Au cours des répétitions, je ne me trouvais jamais loin de Guthrie McClintic. Je me mettais en quatre pour lui. S'il avait besoin de quelque chose, je le lui apportais sur-le-champ : allumettes, cigarettes, milkshake, café. Le deuxième jour, j'étais nommé assistant-régisseur. Je fis également tout ce que je pouvais pour le régisseur. Il leur suffisait d'appeler : « Kirk ! » et j'étais là, à leur disposition. On me confia également la doublure de quatre autres rôles que je dus apprendre ; enfin, nous partîmes pour une série de cinq représentations uniques en Nouvelle-Angleterre (Northampton, Bridgeport, etc.) et je fus nommé régisseur. Pour moi, il n'y avait jamais assez à faire. J'étais donc régisseur, télégraphiste chantant, doublure de quatre rôles, et désormais je dirigeais aussi les répétitions des doublures. Enfin, je travaillais au bureau.

J'étais le premier étudiant de ma promotion de

l'Académie à trouver du travail sur une scène de Broadway. Le soir de la première, Lauren Bacall se trouvait là en compagnie de sa mère. J'étais ravi, mais surpris. Après la représentation, je gagnai la loge que je partageais avec quatre ou cinq autres acteurs, trois étages plus haut, et à laquelle on accédait par un escalier métallique en colimaçon. Il y avait la fièvre des soirs de première, les amis de Grace George et C. Aubrey Smith dans les coulisses, mais soudain, j'entendis une voix qui hurlait : « Douglas! » Cette voix, je la reconnus aussitôt : je l'avais si souvent entendue. Je descendis les escaliers en courant, le cœur battant. « Oui, monsieur Jehlinger », dis-je hors d'haleine. Il vrilla ses yeux dans les miens :

« Vous êtes sur la bonne voie, mon garçon, continuez comme ça. »

Ce fut l'un des plus beaux moments de ma vie.

Grace George et C. Aubrey Smith étaient des gens charmants, délicieux, de véritables professionnels de la vieille école. Le rideau s'ouvrait sur Grace George assise sur un divan, et tous les soirs, dix minutes environ avant le lever du rideau, elle se trouvait déjà à sa place sur son divan, comme si elle vivait là. Elle me parlait pendant cinq minutes environ avant le lever du rideau, et généralement me demandait un demi-verre de Coca-Cola. Cela m'amusait. Ce verre de Coca lui donnait comme un coup de fouet. Parfois, elle fredonnait *Bewitched, Bothered, and Bewildered*. Elle adorait ces mots-là. Elle était toujours là, toujours à temps. Et moi je me trouvais dans les parages. Je chérissais ces moments avec elle.

Puis je fus invité au dîner de Thanksgiving chez Guthrie McClintic et Katharine Cornell, au 23 place Beekman. C'était un endroit merveilleux, avec des baies vitrées donnant sur l'East River, et de beaux objets sur les murs. Les deux étages inférieurs servaient de séjour et de salle à manger. Katharine Cornell disposait du troisième étage pour elle et Guthrie McClintic du quatrième. Le cinquième étage était occupé par leur amie Gertrude Macy. J'étais au comble de l'excitation. Il y avait du champagne. Du caviar. Il y avait Tallulah Bankhead qui me regardait en me disant de sa voix si grave : « Ne me regardez pas ainsi, jeune homme. » Deux ans auparavant, à la même époque, j'étais sur le Bowery et n'avais même pas pu obtenir un repas à l'Armée du Salut. Je me rappelai alors les paroles de ma mère : « L'Amérique est un pays merveilleux. »

Et soudain ce fut Pearl Harbor. Le choc. Les Japonais pouvaient donc traverser le Pacifique, larguer leurs bombes sur Pearl Harbor, déchiqueter nos hommes, détruire nos navires. Jusque-là, les combats s'étaient déroulés très loin, contre d'autres pays, d'autre peuples. A présent, c'était nous qu'ils attaquaient. On redoutait de nouvelles attaques. Les gens abandonnaient leurs maisons le long des plages. Le black-out s'abattit sur la Californie.

Les acteurs se rassemblaient en unités, jouaient *This Is The Army*; certains, comme Moss Hart, écrivaient des pièces. On me proposa de rejoindre une de ces unités. J'étais jeune, fort et en bonne santé. Je ne voulais pas devenir membre d'un de ces groupes de théâtre. Le patriotisme m'enflammait, et avec ce que les Juifs subissaient en Europe, j'étais emporté par une vague de judaïsme. Nous ne connaissions pas exactement les atrocités qui avaient lieu, mais nous en savions assez. Hitler voulait éradiquer les Juifs de la face du monde... *Deutschland über Alles*. Je voulais me battre, déverser des bombes sur la tête des nazis.

Je voulus m'engager dans l'aviation, mais je ratai les épreuves psychologiques : je réfléchissais trop soigneusement aux questions. « Pour piloter nos avions, il nous faut des hommes jeunes, qui sachent prendre des décisions rapidement. » L'armée de l'air me trouvait trop âgé, trop mûr, trop rationnel : pourtant, je n'avais que vingt-cinq ans.

Pendant ce temps-là, Guthrie McClintic s'intéressait personnellement à moi, et j'en étais flatté. A l'automne, il allait diriger Katharine Cornell et une pléiade de vedettes dans *Les trois sœurs*. Il y avait deux rôles de jeunes soldats russes, et il me proposa d'en tenir un. J'étais ravi.

Un soir où nous jouions encore *Spring Again*, McClintic m'invita chez lui en début de soirée, avant la représentation. Nous étions seuls. Il me parla de Katharine Cornell, me raconta de merveilleuses histoires de théâtre. Au bout d'un certain temps, je lui dis : « Je crois que je devrais aller au théâtre. » McClintic continua de parler. « Euh... il se fait tard, dis-je, je suis régisseur, il faut que j'y aille. » Il se mit alors à me caresser. Effrayé, je me précipitai vers la sortie et gagnai le théâtre en courant. Pour la première fois depuis que j'étais régisseur, j'arrivai après la sonnerie annonçant qu'il ne restait plus qu'une demi-heure avant le spectacle. « Je suis en retard parce que j'avais une réunion avec M. McClintic. » Il y eut de petits rires chez les plus anciens. J'étais au comble de l'embarras.

Vint alors la tournée d'été de *Spring Again*. Le premier jour, toute la troupe, y compris de nouveaux comédiens, était rassemblée dans le théâtre, attendant l'arrivée de McClintic qui devait diriger cette répétition. Le téléphone sonna : c'était McClintic. Il était en retard et me demandait de diriger la répétition parce que je connaissais la mise en scène. Je m'acquittai donc de cette tâche pendant trois quarts d'heure, puis McClintic fit soudain son apparition. Il était en coulisses depuis une demi-heure. « Continue, Kirk, me dit-il, c'est bien. » A dater de ce jour, c'est moi qui dirigeai les répétitions.

McClintic rassemblait à présent la troupe pour *Les*

trois sœurs, et c'était moi qui devais jouer l'un des jeunes soldats russes. Puis il m'annonça qu'il avait réfléchi, et qu'il ne me voyait dans aucun des rôles de la pièce. J'étais effondré : s'il y avait un rôle que je pouvais jouer, c'était bien celui d'un jeune soldat russe. Mon refus face à Guthrie devait être la cause de ma soudaine disgrâce, car l'acteur qui prit le rôle qui devait m'être confié était assez efféminé.

McClintic me donna le choix : soit jouer le jeune premier dans la tournée de *Spring Again*, soit travailler sur *Les trois sœurs* comme deuxième assistant metteur en scène (pas assistant metteur en scène, *deuxième* assistant!) et jouer un rôle muet de figurant derrière Edmund Gwenn (je devais porter un samovar). Il rajouta également pour moi une voix en écho que je devais faire depuis les coulisses.

Je me trouvais à nouveau devant un choix crucial. J'avais vingt-cinq ans. Devais-je partir en tournée et jouer les jeunes premiers, un rôle dont j'avais tellement envie? Jayne Meadows était l'ingénue : une aventure pourrait peut-être se nouer au cours de la tournée. Ou devais-je travailler avec ces grandes vedettes : Katharine Cornell, Ruth Gordon, Edmund Gwenn, Judith Anderson, Dennis King et Alexander Knox? J'avoue être assez fier de mon choix : rester à New York et travailler aux côtés de ces acteurs de talent, même si cela voulait dire demeurer en coulisses et observer tous les soirs deux jeunes acteurs élégamment costumés en soldats russes jouer les rôles que je désirais.

La première des *Trois sœurs* eut lieu au théâtre Ethel Barrymore le 21 décembre 1942, et la pièce tint l'affiche le temps de 122 représentations. Tous les soirs, je me trouvais en coulisses, et lorsque le jeune soldat russe (celui dont on m'avait promis le rôle) partait à la guerre, il se tournait vers la forêt et criait : « Yo ho! » Moi, l'écho, je répondais, un peu plus faiblement : « Yo ho! »

J'étais humilié. Amer. Mais je m'efforçais de bien tenir mon rôle de figurant au samovar. J'étais maquillé, vêtu d'un splendide uniforme russe. Sur l'une des photos de *Time*, on me voyait avec ma tunique blanche et mon samovar, l'air très important, entouré de Katharine Cornell, Judith Anderson, Ruth Gordon et tous les autres. Sur scène, j'étais censé suivre simplement Edmund Gwenn, mais j'attendais un peu, puis faisais une entrée majestueuse en brandissant le samovar. Le public, qui me prenait pour un personnage important, s'attendait à me voir dire quelque chose, mais en réalité mon rôle se bornait à cela. Un acteur débutant a tellement envie de faire impression qu'il ne lui vient pas à l'esprit qu'il peut fausser l'esprit d'une scène.

Katharine Cornell était une femme absolument charmante. Elle résolut le problème de mon entrée de façon toute diplomatique. N'importe quel metteur en scène m'aurait botté les fesses en me disant : « Ecoute, n'entre pas en scène en te haussant du col ! » Elle suggéra de me maquiller de façon à ce que j'aie davantage l'air d'un paysan russe. Avec ce nouveau maquillage, j'eus enfin l'air d'un moujik abruti et je me contentai de suivre Edmund Gwenn sans forfanterie.

Tous les soirs, je suivais avec passion le jeu de ces grands acteurs. Judith Anderson était douce et tendre. Garson Kanin venait parfois en coulisses, et il courtisait Ruth Gordon. Elle-même était très distante, comme si elle ne se rendait pas compte de l'existence des gens. Mais quelle actrice ! Je ne me lassais pas d'admirer son jeu, notamment dans le troisième acte. Travailler aux côtés de ces grands artistes et pour *Les trois sœurs* de Tchekhov valait bien un maquillage de paysan abruti.

Je désirais toujours me battre pour mon pays, mais après avoir été rejeté par l'aviation, je ne savais où postuler. On me dit que c'était dans la marine qu'il était le plus difficile de s'engager, alors je fis une demande pour la marine. Là encore, une mauvaise surprise m'attendait : aux tests d'aptitude, ma vue ne se révéla pas suffisamment bonne. J'étais à la limite. J'achetai donc un livre intitulé *Voir sans lunettes*, et pratiquai les exercices recommandés pendant un mois. Puis je subis un nouvel examen de vision et fus engagé dans la marine.

De la guerre, je n'avais que des notions venues de la poésie. Il y avait des poèmes cyniques, comme celui-ci :

> *Perdre ses jambes? Quelle importance?*
> *Les gens, toujours, seront prévenants.*
> *Et pourquoi s'attrister*
> *Lorsque les autres, après la chasse,*
> *Se goinfrent d'œufs et de petits pains?*

Je me souvenais aussi d'un homme qui vivait dans notre rue, à Amsterdam; il parlait avec difficulté et l'on disait qu'il avait été gazé au cours de la première guerre mondiale. Mais tout cela se mêlait dans mon souvenir à la chanson guerrière que me fredonnait ma mère pour m'endormir, avec son fort accent russe : « *It's a long way to Tipperary...* » A l'école, la guerre était toujours dépeinte sous des couleurs romantiques : « *J'ai rendez-vous avec la mort/Derrière quelque barricade disputée...* » Le poème se terminait par : « *Lorsqu'à nouveau le printemps, cette année, trébuchera contre le nord/Fidèle à la parole donnée/Je serai là au rendez-vous.* » Quelle glorieuse aura de romantisme!

Tels étaient les sentiments qui m'agitaient tandis que je me dirigeais vers South Bend, dans l'Indiana. Je rejoignais l'école navale Notre-Dame où je devais recevoir une formation d'officier de marine.

5

L'ENSEIGNE DOUGLAS

L'ARMÉE de terre formait ses nouveaux officiers en trois mois : c'étaient les « merveilles des 90 jours ». La marine, elle, les formait en 120 jours, et personne ne nous appelait « les merveilles ». La difficulté de l'école navale Notre-Dame me surprit. On y trichait beaucoup. Personne n'hésitait, quand c'était possible, à se procurer à l'avance les épreuves d'examen. Malgré tout, ils étaient nombreux à échouer. Pour être tout juste accepté, il fallait avoir des résultats extraordinaires. J'avais déjà passé quatre ans à l'université, et j'éprouvais de la difficulté à étudier tant de sujets qui ne m'intéressaient pas : navigation, tir au canon, réparations à bord, etc. J'étais particulièrement mauvais pour l'identification des avions. On nous projetait rapidement sur un écran une silhouette d'avion, et il fallait l'identifier immédiatement : ami, ennemi, type d'appareil. La première fois, l'image était projetée pendant une seconde. Je pouvais alors identifier la plupart des avions, mais ensuite la projection ne dura plus qu'une demi-seconde, et là, je perdis pied. Nous devions être capables d'identifier les appareils en un dixième de seconde, ce qui ne semblait poser de problème à personne. Moi, j'étais atterré à l'idée qu'un équipage devrait compter sur moi pour identifier un avion dans le ciel. J'étais incapable de distinguer un Messerschmitt d'un Mercedes.

Nous faisions tout au pas de course : le trajet jusqu'aux salles de cours, jusqu'au terrain d'entraînement, au réfectoire, aux quartiers. Nous dormions à six par chambre. J'avais horreur de ça. Je restais éveillé la nuit pour le seul plaisir d'avoir un peu de temps à moi.

Mais ces souvenirs sont vagues, car j'ai tenté de chasser de ma mémoire tout ce qui se rapporte à la deuxième guerre mondiale. Même les gens qui me connaissent bien seront surpris d'apprendre que j'étais officier de transmissions dans les unités de lutte anti-sous-marine au cours de la guerre. Je n'en parle jamais. Je ne sais pas ce que sont devenus mon uniforme ou les médailles que j'ai reçues pour ma présence dans l'Atlantique, le Pacifique ou Dieu sait où. Tout cela doit être rangé quelque part. Il n'existe qu'une seule photo de moi à cette époque : je suis en short, assis sur le bastingage d'un bateau, un fusil à la main. La guerre est une perte de temps imbécile : des jeunes gens sur un bateau qui traquent d'autres jeunes gens et cherchent à les envoyer par le fond.

A l'école navale, j'appris que la production de Katharine Cornell, *Les trois sœurs* de Tchekhov, allait être donnée à Chicago, pas très loin de là où je me trouvais. Je profitai d'une permission en fin de semaine pour aller les voir. Mon petit hôtel minable se trouvait à trente blocs environ du luxueux Ambassador East où ils étaient descendus et où nous devions déjeuner. On était en hiver mais il y avait du soleil, aussi ne portais-je qu'un fin imperméable noir par-dessus mon uniforme. Je ne savais pas que dans la Cité du vent, le soleil et la température de l'air n'ont guère de corrélation. Je crois que de ma vie entière je n'ai jamais eu aussi froid. A chaque inspiration, j'avais l'impression d'avaler une pelote d'épingles. Je croyais mourir. Mais je parvins à l'hôtel. Et là, assise à la première table de la salle à manger de l'Ambassador East, se tenait la grande Katharine Cornell. J'étais fier de mon uniforme d'aspirant de marine. Tout le monde me considérait avec admiration comme si, avec des hommes tels que moi, le pays n'avait rien à redouter.

Quelque temps après, je tombai par hasard sur la couverture de *Life*. « Hé, je connais cette fille! » m'exclamai-je. « Et ta sœur! » rétorquèrent mes camarades de chambrée. Mais sur la couverture, vêtue d'un chemisier à carreaux et portant un parasol, j'avais reconnu Diana Dill. Je n'avais pas reçu de nouvelles d'elle depuis deux ans, depuis qu'elle était partie à Hollywood malgré ma lettre. « Parfaitement, je la connais. Et vous savez quoi, les gars? Je vais l'épouser. » Ils ne me croyaient pas. J'écrivis une lettre à Diana, aux bons soins de *Life*. Quelque temps plus tard, je reçus une réponse... favorable. La lettre avait été transmise à l'agence de mannequins John Robert Powers, puis à Diana. Son séjour à Hollywood avait été aussi terrible que ce que j'avais prédit et elle était à présent de retour à New York : elle travaillait comme mannequin dans la journée, et comme aide-soignante à l'hôpital Bellevue pendant la nuit. Je lui proposai de nous revoir lors de mon prochain passage à New York. Elle accepta.

Après quatre mois passés à Notre-Dame, je revins à New York avec, cousu sur ma manche, le galon d'enseigne de vaisseau. Je me précipitai chez Diana. Elle était aux Bermudes. Ce n'était pas bien... et dénotait un manque certain de patriotisme. J'allais partir à la guerre, je risquais d'être tué, et elle n'était pas à New York!

Tous les gens que je connaissais étaient partis. Je passai une triste permission, tout seul avec mon uniforme d'enseigne. Je me rendis à Amsterdam et à Albany pour voir ma famille. En me voyant en uniforme, leurs sentiments étaient partagés. Après tout, mon père avait quitté la Russie pour ne pas faire son service militaire. Mais rapidement, je reçus l'ordre de gagner Miami, où je devais recevoir une formation à la lutte anti-sous-marine.

A Miami, nous vivions confortablement. Les autres marins me disaient que cela pouvait durer un certain temps : après la fin des cours, on pouvait traîner jusqu'à un an avant d'être affecté à un bâtiment. Tout cela me convenait fort car j'avais rencontré une ravissante divorcée avec un bel appartement et une Cadillac. Je m'apprêtais à passer une année formidable.

Quinze jours après la fin des cours, je fus affecté à La Nouvelle-Orléans, où je devais recevoir un complément de formation et être nommé sur un navire. Pourtant, des hommes qui se trouvaient à Miami depuis des mois n'avaient encore reçu aucune affectation. Avant de rejoindre La Nouvelle-Orléans, je bénéficiai de deux semaines de permission. Je prévins Diana et me rendis à New York.

Nous nous rencontrâmes en ville, déjeunâmes ensemble et eûmes une longue conversation. A Hollywood, elle avait posé en pin-up sur des bateaux de guerre, vêtue d'un gilet de sauvetage : plutôt démoralisant pour quelqu'un qui avait passé deux ans à étudier Sophocle et Shakespeare. Aussi, pour ne pas perdre complètement pied, avait-elle beaucoup lu. J'avais des billets pour une pièce qui se jouait en matinée, *Kiss and Tell*, puis nous allâmes dîner au Penthouse Club, dans Central Park South. « Tu ne le sais peut-être pas, mais tu seras bientôt ma femme », lui annonçai-je. L'idée ne semblait pas lui déplaire, mais... après la guerre.

La guerre... Tout était si intense. Nous avions si peu de temps... Nous le passions toujours ensemble. Diana, qui allait souvent faire du cheval dans Central Park, me demanda un jour si je voulais l'accompagner. Aux écuries de Central Park South, je voulus impressionner Diana et répétai une phrase que j'avais entendue quelque part : « Donnez-moi un bourrin qui crache des flammes. » On m'amena un gigantesque étalon, piaffant, renâclant. A Diana, on donna une monture fort docile et nous nous mîmes en route. Comme Diana montait à cheval depuis son enfance, ce fut elle qui prit la tête. Elle ne pouvait donc me voir batailler avec le monstre que je chevauchais. Arrivés près du réservoir, elle me dit : « S'il n'y a pas de flics dans le coin, on peut faire le tour du réservoir au grand galop. C'est fabuleux. » Elle éperonna son cheval et partit au grand galop. J'éperonnai le mien, mais il me jeta par terre. Puis il partit lui aussi au grand galop, les étriers lui battant les flancs. Un peu plus loin, sur l'allée, j'entendis une femme hurler. Je me relevai, ôtai la poussière de mes vêtements et attendis. Diana finit par faire son apparition, tenant mon cheval par les rênes. J'étais furieux qu'elle eût d'abord songé au cheval avant de s'inquiéter de moi. Elle le maintint tandis que je remontais en selle. Mais ce démon savait désormais à qui il avait affaire, et tournait obstinément dans la direction contraire de celle que je voulais lui faire prendre. Je tournais en rond. J'échangeai donc mon cheval contre celui de Diana. Mais de retour à l'écurie, je me fis engueuler : « Qu'est-ce que ça veut dire? Vous montez un cheval de femme, vous? Allez, descendez de là! » C'était l'humiliation finale, mais Diana n'en pouvait plus de rire.

Nous vîmes aussi un grand nombre de pièces de théâtre. Ou plutôt les deuxièmes actes d'un grand nombre de pièces, car nous étions devenus experts dans l'art de nous mêler à la foule qui rentrait dans la salle après l'entracte. Et puis, trop rapidement, vint le jour où je dus rejoindre La Nouvelle-Orléans, tandis que Diana partait poser pour des photos en Arizona. Nous nous téléphonions et nous écrivions tous les jours, profitant de chaque instant avant mon départ en mer. Finalement, nous décidâmes de nous marier. Ainsi, Diana pourrait me retrouver aux hasards de notre navigation, et peut-être me suivre en qualité d'épouse d'officier. Elle prit le train en Arizona pour La Nouvelle-Orléans, et le lendemain, le 2 novembre 1943, l'aumônier de la base navale bénissait notre union. Nous étions bien anxieux tous les deux sur le bateau qui nous conduisait sur l'île d'Algiers, où se trouvait la chapelle de la base. « Il n'est pas trop tard pour faire machine arrière, tu sais. – Non, non, ça va. » Ce fut une fort belle cérémonie, avec les officiers en tenue de gala formant avec leurs épées une voûte d'acier sous laquelle nous passions. La réception se déroula dans l'atelier d'une femme sculpteur, Angela Gregory, et l'allée menant à la porte d'entrée avait été bordée de bougies.

Nous nous mariâmes aussi devant un rabbin qui nous fit signer une déclaration selon laquelle nos enfants seraient élevés dans la foi juive; j'assurai pourtant à Diana qu'il n'en serait rien. Nous estimions que si nous avions des enfants, ils seraient élevés comme bon nous semblerait. Je trouvais stupide de la part du rabbin de refuser de nous marier si nous ne signions pas un contrat que personne ne pouvait nous forcer à observer et qui en outre ne regardait que nous.

Nous passâmes un mois délicieux à La Nouvelle-Orléans dans un endroit des plus romantiques, l'un des deux immeubles Pontalba, de ces bâtiments ornés des merveilleuses grilles en fer forgé typiques de La Nouvelle-Orléans. Nous vivions au dernier étage, dans un petit grenier donnant sur la cathédrale Saint-Louis et Jackson Square. Il n'y avait pas de pendule dans l'appartement, et quand nous voulions voir l'heure à l'horloge de la cathédrale, nous devions nous aplatir par terre, car les fenêtres étaient à quarante centimètres du sol. Nous mangeâmes des huîtres, de la cuisine créole et cajun. Tous les matins, je prenais le bateau pour la base navale d'Algiers, où nous procédions à l'armement de notre navire.

Finalement, le jour du départ vint pour notre navire, le *PC* (initiales de *Patrol Craft*, patrouilleur) *1139*. Il faisait environ 54 mètres de long. L'équipage se composait de 72 marins et 5 officiers, dont moi. A vingt-six ans, je devais être l'officier le plus âgé. L'équipage était entièrement novice. Deux officiers du contingent étaient déjà sortis en mer auparavant; le capitaine avait déjà navigué une fois. Les autres officiers, dont moi, et la plupart des hommes d'équipage n'avaient jamais navigué. J'avais été nommé officier des transmissions, ce dont j'étais fier, et également officier de pont, ce qui m'autorisait à porter une arme à feu à la ceinture. Notre navire était amarré au milieu d'autres bateaux, et le jour du départ, nos épouses et petites amies, dont Diana, vinrent nous dire adieu. Une petite fanfare joua une marche militaire, l'aumônier bénit le navire et le capitaine lança ses ordres : « La barre à droite toute! Larguez les amarres! » La poupe du navire rebondit contre le quai. Des marins se précipitèrent avec des bouées pour la protéger. Puis ce fut au tour de la proue d'aller cogner contre le quai, et les marins se précipitèrent avec d'autres bouées. Puis la marche arrière fut exécutée trop rapidement, et nous heurtâmes le navire derrière nous avec une telle violence qu'il coula. Nous parvînmes finalement à nous éloigner du quai, mais au cours de la manœuvre nous défonçâmes un radeau pneumatique qui se trouvait devant nous. Tous les spectateurs étaient fort embarrassés, sauf Diana qui était pliée en deux de rire sous l'œil offusqué de la femme du capitaine.

Nous descendîmes pacifiquement le Mississippi et devions ensuite gagner Miami pour y recevoir du matériel radar. Prenant mes nouvelles fonctions très au sérieux, je réunis dans le carré mon groupe de transmissions, les quatre marins sous mes ordres, pour leur expliquer la façon dont je comptais organiser le service. Tandis que je parlais, le bateau se mit à bouger. Tanguer. Rouler. Tanguer. Rouler. Mon estomac, lui, était le siège de manifestations bizarres. J'ignorai le phénomène aussi longtemps que je le pus, continuant imperturbablement mon exposé. Mais les sensations bizarres au fond de l'estomac prirent de l'ampleur, et finalement je bondis hors du carré, me précipitai sur le pont et vomis par-dessus bord. Je fus le premier à être malade. Nous n'étions pas encore entrés dans le golfe du Mexique.

En revenant, pâle comme un linge, je vis mes matelots réprimer leurs sourires, mais je n'en poursuivis pas moins mes explications. Le reste de la traversée de La Nouvelle-Orléans à Miami fut un désastre. La mer était forte. La plupart du temps, j'étais dans un état de détresse indescriptible. Impossible d'expliquer le mal de mer à celui qui ne l'a jamais éprouvé. On a envie de mourir. De se jeter par-dessus bord et d'en finir une bonne fois pour toutes. Mais pour un officier, le mal de mer n'est en aucun cas une excuse : il doit accomplir sa tâche. Heureusement pour moi, l'importance de mes responsabilités, qui m'effrayait, me faisait un peu oublier mon mal de mer.

Un jour où j'étais officier de pont et où la mer n'était pas trop forte, je décidai de procéder à un exercice d'alerte et sonnai le branle-bas de combat. Tout le monde se précipita à son poste.

Le capitaine arriva, hors d'haleine, l'œil étincelant.

« Que se passe-t-il?

– Oh, rien. Je faisais simplement un exercice d'alerte.

– Espèce d'abruti! Ne me refaites jamais un coup pareil! Ne faites jamais d'exercice sans m'en aviser auparavant! »

Il ne m'était même pas venu à l'idée que le

capitaine pouvait avoir son mot à dire : la guerre ne semblait pas encore très réelle. Cela ressemblait un peu à un film. Au cinéma, j'avais vu des exercices, des hommes courir dans tous les sens, coiffer leurs casques, se précipiter à leurs postes de combat. Voilà qui mettait un peu de piquant dans une morne journée de navigation. Mais jamais je ne recommençai.

Début décembre nous arrivâmes à Miami : j'étais heureux. Je le fus encore plus en voyant Diana sur le quai : elle avait pris le train à La Nouvelle-Orléans. Mais en nous dirigeant à pied vers l'appartement qu'elle nous avait trouvé sur Miami Beach, je me sentis à nouveau malade. Le sol était trop ferme : c'était le mal de terre. J'étais en uniforme d'officier de marine, et tandis que nous marchions (enfin... Diana marchait, moi je tanguais) dans la rue, un autre officier de marine s'approcha de nous.

« Dick! Dick Goddard! s'écria Diana. Comment vas-tu? »

Et elle le serra dans ses bras.

« Ah, ça fait plaisir de te revoir », poursuivit-elle. Puis, se tournant vers moi : « Dick, je te présente mon mari, euh... euh...

— Kirk, dis-je.

— Euh, oui, bien sûr. Kirk... »

Un nouveau silence.

« Et mon nom de famille c'est Douglas, ma chérie. »

Elle était un peu embarrassée.

Nous devions rester quinze jours à Miami, le temps d'équiper le navire. Diana et moi nous disions que ce serait pourtant bien agréable de passer Noël ensemble. Non seulement nous passâmes les fêtes de Noël ensemble, mais également le Nouvel An, et manquâmes de peu l'anniversaire de Diana, le 22 janvier. Chaque fois que nous prenions la mer, nous heurtions un quai ou un autre bateau et devions rentrer au port pour des réparations. Notre première victime fut un destroyer soviétique. Nous sommes donc partis en bordée avec les marins soviétiques et nous nous sommes appris des mots les uns aux autres. Un des Russes montrait la route et disait : « *Droga.* » Moi, je répondais : « La rue ». « Bois de la bière »... « *Piet peva* ». Nous nous entendions fort bien.

Au bout de presque un mois et demi à Miami, les appareils radars furent installés et nous quittâmes enfin la cale sèche. Diana s'en alla vivre chez sa sœur qui possédait une maison dans le New Jersey. Moi, je pris le chemin de Cristobal, sur le côté atlantique du canal de Panama. Nous devions ensuite traverser le canal et gagner le Pacifique-Sud. La mer fut mauvaise jusqu'à Cristobal et je fus à nouveau malade. Lorsque les messages arrivaient on faisait toujours appel à moi pour les décoder. C'était un travail que je détestais. En outre, pourquoi faire appel à moi puisque tous les officiers étaient censés connaître les techniques de décodage? Un de ces codes me déprimait particulièrement. Toutes les lettres de l'alphabet se trouvaient mélangées sur des bandes étroites et il fallait les placer en différentes positions avant de former un message lisible. Et il fallait se livrer à cette besogne l'estomac retourné, sur un bateau qui n'arrêtait pas de remuer!

Sur ce navire, deux marins ne cessaient de se battre. Le premier était d'origine italienne et parlait l'anglais avec l'accent; le second, plus jeune, ne cessait de se moquer de lui. Un jour, ils en vinrent aux mains alors que j'étais de quart. Je ne savais comment les séparer, et je commis l'erreur stupide de sortir mon pistolet. « Arrêtez tout de suite ou je tire!

— Allez, tirez! Mais tirez donc! » lança l'Italien.

Je me retrouvai tout bête, avec mon pistolet braqué dans sa direction. Je dus battre en retraite. Je venais de prendre une leçon qui me serait profitable plus tard, lorsque je tournerais des films : si l'on veut jouer les durs, il ne faut sortir son arme que si l'on a l'intention de s'en servir.

A Cristobal, nous devions embarquer du ravitaillement, puis gagner les îles Galapagos où nous devions procéder à des manœuvres avec un sous-marin. La mer avait été si mauvaise qu'il me semblait que notre voyage avait duré une éternité. Quelle merveille de retrouver la terre ferme! Lavés, rasés, nous enfilâmes nos uniformes fripés et prîmes un taxi pour goûter un peu de luxe au club des officiers. Le luxe, en effet, ne manquait pas. Cristobal était un endroit bien tranquille : des uniformes pimpants, un magnifique club des officiers donnant sur l'Atlantique, de belles auxiliaires féminines de l'armée, les WAC's, des officiers qui bourdonnaient en tous sens à bord de Jeeps ou sur des Vespas. Ils nous considéraient de haut et ne se mêlaient pas à nous. Nous nous sentions exclus, mortifiés comme des gamins. Nous étions si jeunes, des gosses qui s'apprêtaient à partir à la guerre. Plus nous buvions, et plus la jalousie nous étreignait.

Quelques verres plus tard, en sortant, nous découvrîmes un Vespa garé devant le club. Le capitaine et moi échangeâmes un regard. Nous enfourchâmes le Vespa, et en route vers le port! Quelques instants plus tard, nous roulions sur la passerelle de notre bateau. Visiblement, l'équipage partageait nos sentiments. Des marins avisèrent non loin de là un bateau équipé d'un moteur hors-bord. Notre chaloupe à nous était énorme et il fallait la manœuvrer à la rame; en outre, il fallait quatre hommes pour la tirer au sec. Ils volèrent le moteur hors-bord. Un autre groupe de marins se montra encore plus entreprenant : ils réussirent à s'emparer d'un tonneau de bière. Je les vois encore escalader la passerelle et aller porter le tonneau dans l'un des réfrigérateurs du bord. Aucun des officiers ne pipa mot.

Le lendemain matin, nous traversâmes le canal pour nous rendre à Panama City. Puis nous fixâmes le moteur sur notre chaloupe et commençâmes de faire des navettes jusqu'à la ville. A ce moment-là, une vedette militaire vint se ranger à côté de nous et des officiers de marine nous demandèrent si nous n'avions pas entendu parler d'un Vespa, d'un baril de bière et d'un moteur hors-bord. Nous jouâmes les ignorants, mais au beau milieu de nos dénégations, nous entendîmes le put-put-put de notre chaloupe qui approchait. Nous eûmes beau jouer les innocents, ils nous forcèrent à restituer le moteur. Nous prétendions ne rien savoir du baril de bière et du Vespa, mais, méfiants, les officiers organisèrent une perquisition du navire. Heureusement, nos hommes avaient eu le temps de démonter le Vespa et de le cacher. La bière fut également dissimulée quelque part. Satisfaits d'avoir au moins retrouvé le moteur, l'équipe de recherches finit par quitter le bord. Quant à nous, nous étions bien fâchés d'avoir perdu notre moteur, car pendant une demi-heure nous nous étions fait l'effet d'un gros navire de guerre.

Nous avions vingt-quatre heures d'escale à Panama. En compagnie de quelques officiers, je partis faire un tour à Panama City, et au bout de quelque temps, on nous indiqua un club situé en dehors de la ville. C'était un endroit élégant, avec un grand bar, de belles tables, des serveurs, de la musique. Il y avait des femmes ravissantes, vêtues de belles robes, et des couples qui buvaient, assis à des tables. Naïvement, nous nous croyions dans un night-club panaméen. C'était particulièrement stupide de notre part si l'on considère le nom de l'établissement : « Maison d'Amour ». Accoudé au bar avec le capitaine, j'aperçus à l'autre bout de la salle une jeune et belle Panaméenne vêtue d'une jupe courte et songeai au moyen de l'aborder. Elle vit que je la regardais et me sourit. Je lui rendis son sourire. Elle vint vers moi en ondulant et me murmura à l'oreille : « La baise et les sucettes? » Surprise. Peut-être avais-je mal entendu. « Pardon? » Elle s'approcha plus près : « La baise et les sucettes, ça te dit? » Cette fois-ci, elle ponctua son discours d'un petit coup de langue dans mon oreille. Même moi, je parvins à saisir le message. La proposition manquait peut-être de subtilité, mais quelques instants plus tard, les autres officiers et moi-même nous retrouvions en haut pour assister au défilé de mode que cette jeune personne organisa à notre intention. Nous répondîmes avec empressement aux propositions de ces demoiselles, et rentrâmes à bord de notre navire d'excellente humeur.

L'amour est un bon moyen de lutter contre la solitude, de s'accrocher à quelqu'un, d'être proche de quelqu'un, même pour un court laps de temps. Nous étions jeunes, et notre situation était effrayante. Nous avions vécu cette période d'entraînement sans trop réfléchir, mais à présent, au seuil de la guerre, nous nous retrouvions seuls et il nous fallait quelqu'un pour nous aider à surmonter notre peur.

Nous quittâmes Panama à regret, un peu désemparés : on nous avait toujours dit que l'affectation sur ces petits patrouilleurs était une planque, car on restait parfois à terre pendant des mois. Dès que nous arrivions quelque part, nous recevions l'ordre de nous rendre ailleurs. Nous devions aller retrouver un sous-marin dans les îles Galapagos pour des manœuvres de lutte anti-sous-marine. Nous nous exerçâmes à nous poursuivre à tour de rôle et à lancer des attaques simulées. Le sous-marin prenait son départ à une vingtaine de miles de nous. Au cours de la manœuvre d'approche, nous devions déterminer l'emplacement du sous-marin, le chemin qu'il suivait, et la meilleure façon de lâcher nos explosifs; il y avait une façon de déterminer si nous avions réussi ou non.

J'étais mauvais pour l'identification des avions, mais pire encore pour le repérage des périscopes. Au cours de ces manœuvres, j'étais souvent chargé de la surveillance du sous-marin, mais c'était toujours l'un des matelots qui s'écriait le premier : « Périscope à 12 h 45! » Je regardais intensément dans la direction indiquée, tâchant d'apercevoir un périscope fendant les flots, mais je ne voyais rien. A voix basse, je demandais : « Où ça? Où ça? »

Etonné, le marin répondait : « Là-bas, mon lieutenant, à 12 h 45. »

Je fouillais du regard la zone qu'il m'indiquait, puis demandais à nouveau : « Où ça? Où ça? »

– Juste là, mon lieutenant! » Et un énorme sous-marin, comme une gigantesque baleine grise, jaillissait de l'eau juste devant nous. Cette quasi-infirmité m'embarrassait fort, et l'équipage commençait à s'en rendre compte.

Mais cet aspect de mes tâches m'amusait : cela me rappelait le théâtre. Le soir, nous jetions l'ancre face à une petite île déserte, et parfois nous gagnions la rive en chaloupe, à la rame; je goûtais fort les beautés de ces îles et la faune extraordinaire qui les peuplait. Un soir, alors que nous étions à l'ancre après une journée d'exercices et que tous les officiers étaient rassemblés dans le carré, quelqu'un frappa à notre porte. La porte s'entrebâilla et un bras tatoué déposa sur le sol une grosse cruche de bière glacée. Nous échangeâmes un regard, ramassâmes la cruche et la porte se referma immédiatement. Nous ne posâmes jamais la moindre question. Le mystérieux bras tatoué réapparut plusieurs soirs de suite, jusqu'à ce que la bière de contrebande fût épuisée.

Désormais, nous étions prêts pour la guerre. Nous reçûmes pour mission d'escorter un cargo jusqu'à Hawaii. Notre mission débuta de façon tout à fait humiliante, car bien que chargés de l'escorte, nous ne pouvions pas emporter suffisamment de carburant pour naviguer jusqu'à Hawaii, et le cargo nous remorquait. La façon de procéder était sage, mais on imagine combien moi, jeune officier, j'étais mortifié de servir à bord d'un navire de guerre remorqué par un vulgaire cargo. Quant à l'équipage du cargo, il nous considérait avec dédain. Leur navire était deux fois grand comme le nôtre et je suis sûr qu'ils ne devaient pas nourrir beaucoup d'illusions sur nos capacités à les défendre en cas d'attaque ennemie. Après Hawaii, nous devions continuer vers de plus petites îles, à la recherche de sous-marins japonais.

Durant plusieurs jours, notre navigation fut des plus paisibles. J'aimais les eaux du Pacifique, tellement plus calmes que celles de l'Atlantique. J'appréciais particulièrement le quart de 4 h à 8 h du matin : la solitude dans l'obscurité, le bruit des poissons volants qui plongeaient dans l'eau, les lueurs de l'aube qui envahissaient l'océan.

Un jour, au cours d'un exercice, les hommes d'équipage prirent pour cibles les mouettes qui tournoyaient autour du bateau. Je regardais les hommes tirer sur ces oiseaux vifs et gracieux. Soudain, il y eut une explosion. L'un de ces oiseaux fut foudroyé en plein vol; quelques plumes descendirent lentement vers les vagues. J'avais envie de pleurer face à la mort de cet oiseau magnifique, mais c'était impossible devant l'équipage. Ils se félicitaient de leur meurtre, de leur grande victoire sur la beauté et la vie. J'imaginais ces balles pénétrant dans le corps d'un homme, sa vie éteinte à jamais. Fini le théâtre et le jeu. Tout cela était trop réel.

Après avoir été remorqués pendant une semaine, nous avions suffisamment de carburant pour poursuivre notre route tout seuls, et nous larguâmes nos amarres. Désormais, nous devenions un véritable navire d'escorte et nous nous mîmes à utiliser le sonar pour repérer d'éventuels sous-marins japonais. Toute la journée, sur la passerelle, on entendait l'écho : « Ping, ping, ping... » Lorsque les ondes rencontraient un obstacle sous l'eau, le « ping » rebondissait et l'on entendait alors : « ping-*ping*, ping-*ping* ». Ayant moi-même joué l'écho, ce système m'était familier. L'écho était parfois renvoyé par un banc de poissons, mais on apprenait rapidement à détecter la différence. Plus on approchait de l'objet sous-marin, et plus l'écho était rapproché : « ping-*ping*, ping*ping*, ping*ping* ».

Un jour, il n'y eut plus de doute : le calme ping, ping, ping, s'était transformé en ping*ping*, ping*ping*. Nous étions à la fois excités et un peu nerveux : ce ne pouvait être qu'un sous-marin ennemi. Le cargo s'éloigna, tandis que son équipage nous observait à la jumelle préparer notre attaque. A l'endroit où nous avions repéré le sous-marin japonais, nous lançâmes ce que nous appelions les pièges à souris. Il s'agissait de petites bombes fixées à un râtelier à l'avant du navire. En entendant l'explosion, ce fut l'enthousiasme : ces bombes explosaient au contact. A ce moment-là, nous étions réellement excités. Je me croyais dans un film de série B. Cela semblait tout à fait irréel, mais en même temps je songeais aux jeunes marins japonais qui devaient se trouver à bord du sous-marin. Je ne pouvais m'empêcher de penser en termes de drame. Je m'entendis murmurer : « On y est, les gars! » Tout le monde rejoignit son poste de combat. J'étais l'officier d'artillerie en poupe. Le capitaine coupa les moteurs et le navire glissa silencieusement jusqu'au lieu de l'explosion. Je l'entendis donner l'ordre dans les écouteurs : « Déposez le marqueur de grenade sous-marine. » Il s'agissait d'une flaque de pétrole verte à la surface de l'eau, qui devait indiquer l'endroit où lancer les grenades sous-marines, des bombes qui ressemblaient à des poubelles remplies de dynamite. Je transmis ce message, de la façon la plus martiale possible, à un marin nerveux posté à la poupe. Soudain, il y eut une énorme explosion. Le navire se souleva hors de l'eau. Les gens étaient projetés un peu partout. Moi, je fus jeté contre la cloison, me heurtant violemment le ventre contre les équipements qui s'y trouvaient. J'étais sur le pont, plié en deux de douleur. Une torpille! Une torpille! La plus grande confusion régnait à bord. Mais nous ne tardâmes pas à nous rendre compte que nous n'avions pas été frappés par une torpille ennemie : nous nous étions nous-mêmes fait sauter. Au lieu de lâcher le *marqueur* de grenades sous-marines, le marin nerveux avait lâché une grenade sous-marine. Le servomoteur du gouvernail était endommagé. Nous tâchâmes de retrouver notre position pour poursuivre l'attaque, mais notre engagement avec l'ennemi avait bel et bien pris fin. Nous ne vîmes jamais le sous-marin. Une vive discussion s'éleva parmi les officiers. Fallait-il annoncer à Washington que nous avions coulé un sous-marin japonais? Peut-on recevoir une *purple heart*[1] en cas de blessure infligée à soi-même? Nous décidâmes finalement de déclarer avoir peut-être touché un sous-marin ennemi, puis nous nous occupâmes du gouvernail.

Un des marins fut atteint d'une crise aiguë d'appendicite, et bien que je fusse plié en deux de souffrance, je demandai des instructions par radio à Washington. J'avais d'énormes ecchymoses sur le ventre. Nous reçûmes l'ordre de faire demi-tour et de rejoindre le port de Manzanilla, au Mexique; le cargo poursuivait sa route tout seul. L'équipage du cargo devait être soulagé de voir s'éloigner le navire le plus dangereux de tout le Pacifique.

Il n'y avait pas d'avions japonais sur le chemin de

---

1. *Purple heart* : décoration décernée pour les blessures reçues en temps de guerre *(NdT)*.

Manzanilla, mais nos avions à nous étaient plus dangereux. La nuit, d'en haut, la silhouette de notre navire ressemblait à s'y méprendre à celle d'un sous-marin. Très souvent, nous entendions le vrombissement d'un avion américain dans l'obscurité, puis le bruit des moteurs se modifiait : l'avion plongeait vers nous. Nous nous hâtions de signaler que nous étions un navire ami. Les signaux changeaient tous les jours, et nous lancions désespérément nos avertissements lumineux en espérant que le jeune pilote de Kansas City ou de Dieu sait où, parti à la recherche d'un bel objectif, comprenne bien le sens de ce que nous lui faisions savoir. L'avion descendait en piqué, puis virait au dernier moment : nous retenions notre souffle. Je me demandai si ces pilotes ne s'amusaient pas un peu pour tromper l'ennui de leurs longues et monotones patrouilles. J'espérais tout de même qu'ils étaient meilleurs pour l'identification des navires que je ne l'étais pour l'identification des avions.

Manzanilla : des falaises immenses et magnifiques jaillies de l'eau. Le marin fut conduit dans un petit hôpital naval. Au cours de ces vingt-quatre heures d'escale, je bus et mangeai tout ce qui me tombait sous la main. Nous remontâmes ensuite vers le nord, en direction de San Diego; je me sentais mal fichu et mes ecchymoses commençaient à me faire réellement souffrir. J'essayais de les ignorer.

Pour la première fois à San Diego, la plupart des marins et des officiers étaient descendus à terre. Moi, j'étais l'officier de pont, et il ne me restait qu'un équipage squelettique. Il n'y avait rien à faire, et l'un des matelots me demanda l'autorisation d'aller faire un tour avec le Vespa que nous avions volé à Panama. Ce Vespa était une bénédiction. Comme j'étais l'officier de transmissions, c'était moi qui m'en servais le plus. Dès que nous relâchions quelque part, je sautais sur le Vespa et j'allais au quartier général chercher les nouveaux codes. Comme nous étions solidement amarrés au quai, je donnai au marin l'autorisation de prendre le Vespa. Il sauta dessus avec la joie d'un gamin et se mit à faire le tour du quai. En approchant du bateau, il ne trouva plus les freins. J'assistai au vol gracieux du Vespa et du marin jusque dans l'eau du port. Trente secondes plus tard, il réapparaissait à la surface et me criait : « Je l'ai envoyé par le fond ! Nous avions perdu notre unique moyen de transport à terre, et je ne goûtais guère la plaisanterie. Nous réussîmes pourtant à le ramener sur le pont. Il fallut ensuite le vider de toute son eau, ce qui ne fut pas une mince affaire, mais le Vespa finit par se retrouver en état de marche.

Ce qui n'était pas mon cas. Je tombai sérieusement malade, j'avais des crampes affreuses et une forte fièvre. On me transporta à l'hôpital naval de San Diego. Le navire repartit à la guerre sans moi. On me fit passer toutes sortes d'examens. En plus de mes blessures, j'avais une dysenterie amibienne.

Je finis par recevoir des mois de courrier accumulé; il y avait là la première lettre de ma femme depuis mon départ de Miami : « ... *et lorsque le bébé sera là...* » Le *bébé*? Quel bébé? Je faillis tomber du lit. Je téléphonai à Diana, dans le New Jersey. Elle travaillait à la société chimique Squibb, où elle procédait aux tests d'un nouveau médicament, la pénicilline; elle voulait quitter ce travail et me rejoindre sur-le-champ, mais je pensais reprendre la mer sous peu et lui dis de ne pas venir.

Puis je me rendis compte que j'allais rester à San Diego pendant encore un certain temps. Diana prit donc le train pour me rejoindre. J'étais déjà à l'hôpital depuis quelques semaines et j'étais désormais un malade ambulatoire. Nous prîmes un appartement, nous allions nous baigner sur la plage de l'hôtel del Coronado, et passions nos soirées au club des officiers. J'étais seulement tenu de pointer tous les jours à l'hôpital. Ce n'était pas la mauvaise vie. Un matin, je me levai avec une terrible gueule de bois. « Je me sens trop mal pour aller à l'hôpital aujourd'hui », grommelai-je. Nous ne savions pas combien de temps durerait cette situation, ni quand je devrais retourner en mer, aussi Diana retourna-t-elle chez sa sœur dans le New Jersey, où elle voulait accoucher.

En juin 1944, après plusieurs mois d'hôpital naval en qualité de malade alité ou ambulatoire, les médecins conclurent que ma dysenterie amibienne pouvait réapparaître. On m'octroya une réforme honorable. Je pris mes trois mois de solde et mes indemnités et gagnai Los Angeles, d'où je pris un avion pour la côte Est.

A Hollywood, je retrouvai Betty Bacall, désormais connue sous le nom de Lauren Bacall : elle devait tourner le film *To Have and Have Not* (Le port de l'angoisse). Nous dînâmes au restaurant Frascati, sur Wilshire Boulevard. Betty avait amené le scénario. Elle était surexcitée. Elle ouvrit une page et me dit : « Et alors là, je m'avance vers la porte, je me tourne vers Bogart et je dis : " Si vous avez besoin de quelque chose, vous n'avez qu'à siffler. Vous savez siffler, n'est-ce pas, Steve ? Il suffit de serrer les lèvres et de souffler. " » Après avoir entendu Betty prononcer sa réplique, je m'écriai : « Tu vas certainement réussir ! » Je trouvais que ce rôle lui convenait à merveille. Ce fut également l'avis du public. Et d'Humphrey Bogart.

Le lendemain, je partais rejoindre ma femme sur la côte Est, et voir si je pouvais trouver du travail dans le civil.

6

CIVIL

Je retrouvai Diana à New York. Nous prîmes le train jusqu'à New Brunswick, dans le New Jersey, puis Diana nous conduisit en voiture jusque chez sa sœur, où nous devions rester un certain temps. Sur une route de campagne, nous longions un haut mur de pierre qui s'étendait sur des kilomètres. « C'est le début de la propriété de ma sœur », dit Diana. Sa plaisanterie me fit rire. Enfin, nous pénétrâmes par l'entrée principale du domaine : des petites maisons de gardiens flanquaient une énorme arche de pierre. Nous empruntâmes ensuite une allée qui courait au milieu d'un bois. Je la regardais d'un air interrogateur, mais ne dis rien. A la sortie d'un tournant, j'avisai une belle maison.

« C'est la maison de ta sœur?
– Non, c'est la maisonnette du jardinier. »
Une *maisonnette*?

« C'est ma sœur qui y vit à présent. Son mari vit là-bas, dans la maisonnette du chauffeur. Ils sont en train de divorcer. Jusqu'à ce que ça soit terminé, nous pourrons habiter dans la grande maison. »

La grande maison? Nous continuâmes de rouler sur la route sinueuse, jusqu'à un grand plateau surplombant la rivière Ratiran. Devant nous, se dressait un château anglais avec des tourelles et un toit d'ardoises. J'étais stupéfait. « Nous allons occuper l'aile ouest », annonça Diana. Nous franchîmes la lourde porte de l'une des tours, grimpâmes un escalier de pierre en colimaçon, et suivîmes un long couloir où s'alignaient des objets d'art et des armures; le couloir donnait sur un grand nombre de pièces vides. A l'extrémité du couloir se trouvait une suite magnifique. C'est là que nous devions passer plusieurs mois.

Ruth, la sœur de Diana, avait épousé Seward Johnson, de la famille Johnson & Johnson, propriétaire d'une grande usine dans le New Brunswick, de l'autre côté de la rivière. C'était un multi-multimillionnaire. En 1987, le nom de Seward Johnson fit la une des journaux pendant plusieurs semaines : la bataille faisait rage autour de la succession. Sa récente épouse polonaise, qui avait débuté chez lui comme femme de chambre, prétendait récupérer la totalité de l'héritage... presque un milliard de dollars. Les enfants s'y opposaient. A l'époque, je ne me doutais pas que les trois mignonnes petites filles et le petit garçon que je voyais tous les jours seraient un jour les protagonistes d'un tel imbroglio.

Ruth fut d'une très grande bienveillance à notre égard. Elle nous aida énormément et nous permit d'économiser un peu d'argent en nous hébergeant chez elle. Diana n'avait pas cherché à faire une plaisanterie lorsqu'elle m'avait dit que sa sœur possédait une maison à la campagne. Strictement parlant, il s'agissait bien de cela. Elle ne m'avait jamais parlé d'une petite maison blanche entourée d'une barrière : c'était moi qui avais interprété ainsi la chose. Je me rendais à New York tous les jours pour trouver du travail, en uniforme blanc, espérant ainsi mettre plus de chances de mon côté. Guthrie McClintic et Kathárine Cornell étaient partis en Europe, jouer *The Barretts of Wimpole Street* pour les GI's. Pas de travail pour moi de ce côté-là.

Je passai une audition pour Mae West, qui donnait un spectacle avec six hommes. Un petit homme maniéré me fit entrer dans un salon aux lumières tamisées, me fit asseoir et disparut. J'attendis ainsi, seul, pendant un moment. Puis dans un bruit de frou-frou, Mae West, cinquante-deux ans, trop maquillée, fit son entrée dans la pièce. Elle était vêtue d'un long déshabillé noir dont la traîne balayait le sol derrière elle; devant, un profond décolleté, et des seins très blancs qui lui remontaient presque jusqu'au menton. Elle me toisa, me posa quelques questions : elle me fit l'effet d'être sa propre caricature. Puis elle disparut. Le petit homme (son secrétaire, sans doute) entra en minaudant et me dit que je ne faisais pas l'affaire. Je n'ai plus jamais entendu parler d'elle. Visiblement, je n'étais pas son type d'homme.

A nouveau, je fis la tournée des agences et des stations de radio. C'était avant la télévision, et la radio avait une importance considérable. J'enviais les acteurs de la radio, surtout la bande qui jouait la plupart des feuilletons. Ils gagnaient beaucoup d'argent et le travail était facile : à la radio, pas besoin d'apprendre son texte, il suffisait de le lire. La plupart travaillaient toute la journée, passant d'une émission à l'autre, s'interrompant seulement pour aller déjeuner au 21, chez Sardi ou dans d'autres endroits trop chers pour moi. Des années plus tard, lorsque je retournai à la radio pour une émission en compagnie de Bette Davis, ils étaient toujours là, jouant les rôles secondaires de mon émission.

Mais obtenir un rôle dans une émission de radio n'était pas sans risque. L'aspect positif, c'était un bon salaire qui tombait régulièrement. Mais par ailleurs, il était difficile de quitter l'émission si on décrochait un rôle intéressant au théâtre. Le risque était grand parce qu'au théâtre, les répétitions n'étaient pas payées. On répétait pendant trois ou quatre mois sans être payés, puis l'on partait roder la pièce à demi-salaire, généralement à Washington, Boston ou New Haven. Puis l'on jouait à New York à plein salaire, mais si les deux principaux journaux, le *New York Times* et le *Herald Tribune* n'aimaient pas le spectacle, c'était la condamnation à mort. La pièce était retirée de l'affiche le lendemain soir.

Mais j'avais de la chance. *Kiss and Tell,* une comédie simple et légère, tenait l'affiche à Broadway depuis plus d'un an. J'y avais emmené Diana lors d'une de mes permissions. Richard Widmark, qui jouait le rôle d'un lieutenant, partait jouer dans une autre pièce, et l'on me proposa de passer une audition. Je fus surpris en apprenant que j'avais été choisi. A l'époque, c'était toujours comme ça : j'étais surpris chaque fois que j'obtenais un rôle. Il était bien agréable d'avoir un travail régulier au théâtre.

Les parents de Diana vinrent des Bermudes pour une visite à leurs filles. Sa mère était une femme vive, charmante, d'un caractère espiègle, qui pépiait sans cesse avec gaieté. Mais Diana avait prédit que je ne m'entendrais pas du tout avec son père, le ministre de la Justice des Bermudes, un homme de haute taille, fort bourru. Il était imposant, conservateur, et redouté de tous. A la surprise et au soulagement de Diana, nous nous entendîmes fort bien.

Tous les soirs, après la fin de *Kiss and Tell*, je me précipitais pour prendre le métro à Penn Station. Ensuite le train jusqu'à New Brunswick, puis un taxi jusqu'à la cour de notre château. Je rentrais chez moi aux alentours d'une heure du matin. Je poussais la porte de l'immense château noir, puis, dans l'obscurité, je grimpais silencieusement l'escalier en colimaçon, suivais le long couloir menant à notre suite. Je retrouvais Diana, profondément endormie, parfaitement rassurée. Je ne lui en ai jamais parlé, mais moi, à sa place, j'aurais eu du mal à trouver le sommeil, tout seul dans un château désert de soixante pièces, perché en haut d'une colline et entouré de bois.

Un soir, en rentrant, je trouvai Diana éveillée, ses affaires toutes prêtes : le moment était venu de se rendre à l'hôpital. A l'époque, les maris n'avaient pas le droit d'assister à l'accouchement, et comme celui-ci allait vraisemblablement durer longtemps, on me renvoya chez moi. Je dormis un peu puis me précipitai à nouveau à l'hôpital : Diana attendait toujours. Je me rendis à la gare, pris le train pour New York et fis une émission de radio toute la matinée. Lorsque j'appelai l'hôpital, on m'annonça que mon fils était né à 10 h 30 du matin. Nous étions le 25 septembre 1944. Je fis la matinée de *Kiss and Tell*, me jetai dans le métro à Penn Station, pris le train pour New Brunswick, arrivai à l'hôpital vers six heures du soir, embrassai Diana et mon fils, puis me précipitai à nouveau à la gare, juste à temps pour attraper le train de New York : je devais faire la soirée de *Kiss and Tell*.

Diana voulait appeler notre fils Kirk Douglas Junior. Je n'ai jamais aimé cette façon d'appeler ses enfants junior. C'est un diminutif, cela fait d'une personne la réplique de quelqu'un d'autre, moins que lui-même. Il serait à jamais marqué par ce junior, ne deviendrait jamais un senior. Dans la religion juive orthodoxe, on ne donne jamais à un enfant le nom d'une personne de la famille encore vivante. Quand je considère le succès qu'a mon fils à présent, je frémis à l'idée qu'il ait pu s'appeler Kirk Douglas Junior. Nous finîmes par arriver à un compromis : le deuxième nom de Michael se réduirait à l'initiale K : Michael K. Douglas.

Les premières nuits à la maison avec Michael furent effroyables. S'il pleurait, nous étions pétrifiés. S'il ne pleurait pas, nous craignions qu'il ne fût mort. Cela dura un certain temps, puis les choses finirent par se calmer et nous pûmes dormir un peu.

J'étais très heureux avec ma femme et mon fils, et je commençais à gagner un peu d'argent au théâtre. Comme je ne voulais pas abuser plus longtemps de l'hospitalité de ma belle-sœur, nous déménageâmes alors que Michael devait avoir à peu près trois semaines. Nous partîmes par une morne journée d'automne. En me retournant vers le château, je me dis : « Eh bien, je n'aimerais pas avoir à construire un muret autour de ça et le remplir de crottin de cheval! »

Nous avions trouvé un appartement dans la 11ᵉ Rue Ouest, dans Greenwich Village, non loin du Centre Greenwich où je vivais lors de mes études à l'Académie. Les plafonds étaient hauts et des jardinières étaient accrochées à l'extérieur des grandes fenêtres. A l'arrière, un balcon donnait sur un jardin. L'appartement se composait d'un salon (avec une cheminée), une chambre à coucher (avec une cheminée), une minuscule salle à manger, une petite pièce à côté de la chambre, dont nous fîmes la chambre de Michael, une cuisine et une salle de bains. Le loyer s'élevait à 90 dollars par mois. Ruth, qui possédait de magnifiques meubles anciens, nous dit de prendre tout ce dont nous avions besoin. Ces meubles convenaient parfaitement à notre appartement du Village.

Ce fut un véritable choc pour ma famille de me voir épouser une *shiksa,* une non-Juive. Les Juifs orthodoxes considèrent avec horreur une telle union, et renient souvent le fils ou la fille qui se rend coupable d'un tel forfait. J'ai toujours été reconnaissant à ma mère (et aussi à mon père) d'avoir gentiment accueilli Diana et de ne m'avoir jamais reproché d'avoir épousé une non-Juive. C'était une attitude particulièrement généreuse, car ma mère, surtout, avait été élevée dans les plus strictes traditions religieuses, mais elle possédait suffisamment d'amour en elle pour ne pas s'opposer à ma volonté.

Une fin de semaine, elle vint nous rendre visite. C'était un vendredi soir, et nous avions également invité Barbara Van Sleet, qui vivait dans le quartier. Je demandai à Diana de disposer sur la table quatre bougies pour les prières. Nous prîmes place, et ma mère me tendit un *sidder*, un livre de prières, pour que je lise les prières. Mais lorsqu'on lit les prières, il faut avoir la tête couverte. Traditionnellement, on porte un *yarmulke*. Mais je n'en avais pas. Et je ne portais jamais de chapeau. Je cherchai du regard quelque chose pour me couvrir la tête, et finis par dire à Diana : « Il doit bien y avoir un chapeau quelque part. Quelque chose pour me couvrir la tête. Un de tes chapeaux, par exemple. » Elle me tendit quelque chose dont je me coiffai. Diana et Barbara retinrent leur fou rire tout au long de la prière en me voyant arborer une drôle de casquette en dentelles avec de petites ailes sur le côté. Ma mère me couva d'un œil adorateur lorsque je repoussai le livre : je connaissais par cœur tout le *kiddish* du vendredi soir. Lorsque j'eus terminé, Diana et Barbara éclatèrent de rire. Ma mère ne comprit jamais pourquoi.

Tout en tenant mon rôle dans *Kiss and Tell*, je continuais de passer des auditions, car j'espérais bien créer un rôle dans une pièce. Un jour, je passai une audition pour une pièce que venaient d'écrire un auteur hongrois, Laci Bus-Fekete, et sa femme, en collaboration avec un jeune écrivain plein de talent, Sidney Sheldon. La pièce se nommait *Star in the Window*. J'avais à peine lu quelques répliques que l'on m'interrompit : « Ce sera suffisant. Merci. » Je quittai l'audition fort déprimé. Je commençais à remporter des records de vitesse dans le refus! Une heure plus tard, ils m'appelaient pour m'annoncer que j'avais le rôle. Des années plus tard, Sidney

Sheldon me raconta qu'à l'instant où j'étais entré dans la pièce, ils avaient su que j'étais leur homme. Je donnai immédiatement mon congé pour *Kiss and Tell*. Ils étaient ennuyés : cela ne faisait pas longtemps que je jouais avec eux. Mais j'avais hâte de débuter véritablement une carrière. Après quelques semaines de rodage en province, la pièce fut présentée à New York. Trois jours plus tard, elle était retirée de l'affiche.

George Abbott montait à l'époque un nouveau spectacle, et il me demanda si je savais chanter : « Je ne crois pas, répondis-je. – Pourquoi ne pas essayer ? » Lors de l'audition, cet après-midi-là, outre George Abbott, se trouvaient dans l'assistance Leonard Bernstein, Betty Comden, Adolph Green et Sono Osato. Je fis mon entrée sur scène.

« Qu'allez-vous chanter ? » me demanda-t-on.

Je n'avais pas pensé à préparer une chanson.

« Je n'en sais rien. »

Je réfléchis un moment, puis me rappelai une chanson que m'avaient apprise les ouvriers d'entretien de l'université avec qui je vivais, lors de ma première année à Saint Lawrence; cette chanson, je l'avais chantée une fois lors d'un spectacle de *minstrels* à l'université. Je me tournai vers le pianiste :

« Je connais une chanson appelée *I'm Red Hot Henry Brown*.

– Eh bien, pas moi.

– Tant pis, je chante quand même. »

Je n'avais même pas songé que j'allais être accompagné au piano. Lors de mon audition pour le rôle du télégraphiste chantant, on m'avait dit : « Si vous ne chantez pas bien, chantez fort. » Alors je chantai très fort ce vieil air archiconnu : « I'm red hot Henry Brown/The hottest man in town. » Des applaudissements saluèrent la fin de la chanson, et George Abbott m'annonça qu'on me confiait le rôle de Gaby. La pièce s'appelait *On the Town*.

J'étais très excité. Une comédie musicale ! Chanter, danser, faire rire le public, tout cela sur une musique de Leonard Bernstein, une chorégraphie de Jerome Robbins, un livret de Betty Comden et Adolph Green...

J'appris alors ce que voulait dire l'expression « maladie psychosomatique ». Plus je travaillais les chansons et plus j'avais peur ; ma voix devenait de plus en plus ténue. Je finis par attraper une laryngite et ne pus plus prononcer un seul mot. A l'époque, Diana et moi commencions à nous disputer un peu. On m'avait recommandé de ne pas parler, de ménager ma voix, alors je gardais toujours un gros rouleau de papier à portée de la main. Lorsque Diana disait quelque chose, je répondais : « Ummmmmmmmmmmmmm », et déchirais une feuille de papier pour griffonner une réponse. Les producteurs attendaient, attendaient, mais ma laryngite ne disparaissait pas. Le jour de la première approchait (le 29 décembre 1944) et ils commençaient à s'inquiéter sérieusement. Finalement, après plusieurs semaines d'attente, ils confièrent mon rôle à John Battles... et je retrouvai ma voix. Ce fut une grosse déception pour moi. Je me sentais lâche. On m'avait donné ma chance, et j'avais très envie de la jouer dans une comédie musicale. Lorsque la pièce fut portée à l'écran, ce fut Gene Kelly qui interpréta mon rôle.

Un jour, je passai une audition pour une pièce intitulée *Truckline Cafe,* mais je n'obtins pas le rôle. Dépité, j'allai quand même à une séance pour voir comment s'en sortait celui à qui l'on avait confié mon rôle. Les deux premiers actes me ravirent : il mangeait ses mots, en sorte qu'on n'entendait rien de ce qu'il disait. En moi-même, je me félicitais : j'aurais été incomparablement meilleur. Et puis soudain, au troisième acte, ce fut l'éruption, le public électrifié. « Il est extraordinaire », me dis-je. Je regardai son nom sur le programme : Marlon Brando. Il avait vingt et un ans. Je quittai le théâtre très impressionné.

J'allai voir la troupe de *Kiss and Tell*, et, à ma grande surprise, ils me reprirent pour le même rôle. Mais j'avais toujours envie d'une création, et je ne cessai pas pour autant de courir les auditions. Un jour, dans la rue, je tombai sur Karl Malden : il avait l'air fort déprimé. Après seize échecs d'affilée, il était prêt à abandonner le théâtre et à rentrer chez lui à Gary, dans l'Indiana. Moi, je n'en étais pas encore là. Au moins, j'avais un travail régulier.

Je n'avais pas repris *Kiss and Tell* depuis bien longtemps que l'on m'offrit à nouveau de remplacer Richard Widmark : cette fois-ci c'était dans *Trio,* l'histoire d'un professeur lesbienne qui tente de séduire une jeune étudiante. Je jouais le rôle de l'amoureux de l'étudiante. Je travaillai d'arrache-pied pendant trois jours pour apprendre le rôle. Tout se passa bien jusqu'à la scène principale, au troisième acte, lorsque je découvre ma petite amie dans l'appartement de la lesbienne. J'ouvris la porte avec fracas et me précipitai dans la chambre. Le public éclata de rire. Je pus à peine terminer ma scène.

Cette nuit-là, étendu dans le lit à côté de Diana, je ne parvenais pas à trouver le sommeil. « Ils se sont moqués de moi! » Je redoutais la représentation suivante. Mais la solution me vint dans ma loge. Je compris que la veille, lorsque j'avais fait violemment irruption sur la scène, toutes mes tensions avaient explosé, et que l'effet était des plus comiques. Cette fois-ci, lorsque vint le moment le plus intense, je pénétrai silencieusement dans la chambre et regardai les deux femmes avec le plus grand calme. Pas un mot dans la salle : le public retenait son souffle. Malheureusement, le sujet de la pièce était trop osé pour l'époque, et la pièce fut interdite pour outrage aux bonnes mœurs.

En juin 1945, je jouai dans une pièce intitulée *The Wind Is Ninety*, écrite par Ralph Nelson, qui plus tard devint réalisateur au cinéma (*Lilies of the Field, Soldier in the Rain, Charly,* etc.). Je me suis souvent demandé pourquoi il avait cessé d'écrire, car il faisait preuve d'un immense talent. *The Wind Is Ninety* était une de ces pièces à revenants qui avaient tellement de succès vers la fin de la deuxième guerre mondiale. Je jouais le rôle du soldat inconnu de la première guerre mondiale, qui reconduisait chez lui un pilote de chasse de la deuxième guerre, Wendell Corey, qui avait été tué. Tandis que nous observions sa famille recevant la nouvelle de sa mort, nous demeurions invisibles pour les autres acteurs sur scène. Mes relations avec Corey furent très difficiles. Dans la pièce, il devait avoir besoin de mon aide, mais il jouait en m'ignorant, comme si je n'étais même pas sur scène. Parfois, il me jetait un regard par-dessus son épaule. Je me sentais comme un chien suivant son maître. Lorsque j'essayais d'en discuter avec lui, il se mettait en colère et m'injuriait. Le metteur en scène ne voulait pas s'en mêler. Lors du rodage de la pièce, dans d'autres villes, Wendell m'ignora avec tant d'application que je me sentais réellement invisible. Les critiques, d'ailleurs, ne me remarquèrent pas. Wendell, lui, faisait l'objet de nombreux éloges. Il était heureux. Je me sentais misérable.

Le jour même de la première, à New York, je trouvai la solution. Je jouerais le rôle d'un air mystérieux, comme perdu dans un univers intérieur. Au lieu de dialogues avec Wendell qui de toute façon n'écoutait pas, je soliloquerais, et forcerais le public à s'intéresser à moi. Lorsque les critiques parurent il y avait une photo, ma photo, ainsi légendée : « Rien de moins que superbe. » Cette nuit-là, couché dans mon lit auprès de Diana, je ne pus dormir. « Qu'est-ce qu'ils veulent dire par " rien de moins "? S'ils me trouvent superbe, pourquoi ne pas le dire tout simplement? »

Déplaisant face à moi, Wendell l'était encore plus derrière mon dos. On me rapportait ce que ce brave apôtre disait de moi, par exemple : « Ce sale Juif. » Nous sommes allés à Hollywood à peu près en même temps et nous avons même fait le film *I Walk Alone* (L'homme aux abois), mais nous n'avions pas beaucoup de scènes ensemble. Wendell devint ivrogne et de plus en plus réactionnaire. A sa mort, en 1968, sa femme Alice m'appela en pleurant.

« Voudriez-vous prononcer son éloge funèbre, à l'enterrement? »

Je m'efforçai de répondre avec tact.

« Vous ne croyez pas que quelqu'un d'autre serait plus indiqué?

– Non, non. Vous êtes le seul à pouvoir le faire. Vous avez commencé ensemble à New York. »

C'était une femme douce et pathétique : j'acceptai.

Après deux mois dans *The Wind Is Ninety*, je commençai de répéter une production de David Merrick, *Raincheck for Joe,* dans laquelle je devais jouer du saxophone. Je m'exerçais à la maison, ce qui rendait fous Diana et Michael, qui avait alors près d'un an. Diana et moi avions des problèmes. Comme tant d'autres jeunes pendant la guerre, nous nous étions mariés à la hâte, craignant que je ne fusse tué, nous accrochant l'un à l'autre pour le peu de temps qui nous restait. Nous nous étions peu fréquentés avant notre mariage, et la vie quotidienne partagée nous démontrait que nous ne nous connaissions pas très bien. Diana avait, et a toujours, un merveilleux sens de l'humour, et elle est d'un caractère facile; et bien qu'elle soit une actrice de talent, elle n'a ni mon allant, ni mes tensions, ni mon sentiment d'insécurité. A cette époque, le père de Diana mourut et elle décida d'aller aux Bermudes avec Michael. *Raincheck for Joe* devait se jouer pendant dix jours à Detroit à la fin du mois de septembre. Cette comédie romantique, mettant en scène un boxeur-joueur de saxophone rappelé au ciel par erreur avant d'avoir accompli son temps, avait été tournée pour le cinéma en 1941 sous le titre *Here Comes Mr. Jordan,* avec Robert Montgomery; elle a été à nouveau portée à l'écran en 1978 sous le titre *Heaven Can Wait* (Le ciel peut attendre), avec Warren Beatty. Mais le contrat ne fut pas signé et la pièce ne fut pas montée.

Sans m'en faire part, Lauren Bacall avait œuvré en ma faveur. Elle avait parlé de moi à Hal Wallis, et celui-ci m'avait pressenti pour jouer dans un film qu'il produisait, *The Strange Love of Martha Ivers* (L'emprise du crime). La vedette en était Barbara Stanwick, qui connaissait un énorme succès après sa récente apparition dans *Double Indemnity*. Je commençai par refuser, parce que je faisais ce que j'avais envie de faire : jouer au théâtre. Le cinéma était très loin de mon esprit. Je n'avais jamais songé à devenir acteur de cinéma : pour moi, c'étaient des monstres sacrés et je ne pensais pas en avoir la carrure. En revanche, j'ambitionnais de devenir un grand acteur de théâtre. Mais je me retrouvais sans travail et j'avais femme et enfant. L'offre de Wallis semblait dès lors plus intéressante. Pourtant... je continuais d'arpenter pensivement les rues de Greenwich Village. Un dimanche matin, très tôt, j'aperçus une autre âme en peine qui faisait la même chose. Elle était toute vêtue de noir et marchait lentement. Il y avait quelque chose de familier dans sa silhouette, dans ses cheveux très légèrement ondulés. Je me rendis compte alors qu'il s'agissait d'Eleanor Roosevelt. Le président Franklin D. Roosevelt était mort peu de temps auparavant. Je songeai au courage qu'ils avaient tous deux manifesté au cours de leur vie. Ma vie à moi était encore à venir. J'étais jeune, fort, en bonne santé, j'avais la vie devant moi. J'appelai Hal Wallis. « Venez », me dit-il. Je pensais faire un bout d'essai à Hollywood et retrouver ensuite les planches. Diana et Michael pourraient me rejoindre directement à Los Angeles après leur séjour aux Bermudes.

David Merrick m'accompagna à Grand Central Station.

« Qui va s'occuper de vous auprès de Hal Wallis?

– Je n'en sais rien. Vous avez quelqu'un à me proposer?

– Charlie Feldman, le directeur de Famous Artists, peut être un excellent agent... s'il s'en donne la peine. Mais il peut être aussi une vraie peau de vache. Je l'appellerai. »

Je montai à bord du Twentieth Century... le célèbre train New York-Chicago, celui qu'Issur avait si souvent vu passer à Amsterdam, éclair de nappes blanches et serveurs noirs. L'image d'Amsterdam se brouillait dans ma mémoire... dans le rugissement de la locomotive, Kirk Douglas partait pour Hollywood.

7

HOLLYWOOD

La chaleur qui me brûla les poumons lorsque je débarquai du train à Los Angeles en 1945 montait directement de l'enfer. Dans l'Est, le mois de septembre signifiait le début de l'automne, du froid, du givre. J'étais surpris qu'il pût faire si chaud quelque part en cette période de l'année. C'était donc cela, Hollywood, bâti sur la faille de San Andrea. Tremblements de terre, glissements de terrain, incendies de forêts, inondations. Le rêve de millions de gens.

A la gare, j'eus la surprise de trouver quelqu'un qui m'attendait : Michael Pearman, de l'agence Famous Artists. Se sentant peut-être coupable de m'avoir fait quitter *The Wind Is Ninety,* David Merrick avait tout arrangé.

Pearman m'emmena jusqu'à un hôtel où il avait réussi à me trouver une petite chambre, ce qui n'était pas une mince affaire à Los Angeles à la fin de la deuxième guerre mondiale. J'avais un endroit où dormir, un agent et un travail. Je me sentais bien et je devais jouer un dur dans *The Strange Love of Martha Ivers*. Et puis ce fut la mauvaise surprise. Le rôle avait été confié à Van Heflin, qui venait de rentrer de la guerre. A la place, on me proposait le rôle du mari de Barbara Stanwyck, un ivrogne au caractère faible. Le rôle n'était pas aussi intéressant, mais enfin j'avais quelque chose. Deuxième mauvaise surprise : on ne me le donnait pas. Il me fallait d'abord tourner un bout d'essai en même temps que quatre autres acteurs, qui, comme moi, avaient l'expérience du théâtre mais n'avaient encore jamais joué au cinéma : John Lund, Montgomery Clift, Richard Widmark et Wendell Corey.

J'étais très nerveux. J'étais un acteur de théâtre, j'avais l'habitude de jouer devant des gens, pas devant des machines. La caméra peut être un objet effrayant. J'avais à jouer un texte de six pages. Nous fîmes plusieurs répétitions, jusqu'à ce que le réalisateur, Lewis Milestone, s'écrie : « Vous êtes prêt à tourner, maintenant? » Je pris une profonde inspiration et répondis : « Oui. – Eh bien vous pouvez rentrer chez vous. C'est déjà en boîte. » Quelle merveilleuse façon de tourner un bout d'essai! Je lui en étais fort reconnaissant.

Pendant plusieurs jours, je fus sur des charbons ardents. Je finis par recevoir un coup de téléphone : j'avais le rôle. Pour célébrer cet engagement, l'un de mes agents, Milt Grossman, m'invita à une grande réception que donnait Atwater Kent. La tenue de soirée étant de rigueur, je dus louer un smoking. Milt avait également arrangé un rendez-vous avec une jeune Allemande, très belle et très sexy, qui comme tant d'autres, était venue à Hollywood dans l'espoir de devenir une vedette. En vain, d'ailleurs. J'allai la chercher chez elle. Elle jeta un regard à ma voiture et me proposa de prendre la sienne. Je laissai donc ma voiture en bas de chez elle.

Devant l'entrée de l'immense maison d'Atwater Kent, des valets ouvraient les portières puis allaient garer la voiture. La maison était un véritable palais; il y avait un orchestre et des tables chargées de langoustes et de caviar. Que n'avais-je été invité à de telles réceptions quand je mourais de faim à New York! Les gens riaient, semblaient heureux. Tout le monde semblait se connaître. Même la fille avec qui j'étais connaissait beaucoup de monde. Moi je ne connaissais personne et j'étais assez timide. Mais je me plaisais bien, surtout lorsque dans l'assistance, je reconnus Jimmy Stewart! Puis quelqu'un devant moi se retourna : Henry Fonda! Tout le monde était joyeux, riait. Moi, le gamin d'Amsterdam, je contemplais bouche bée toutes ces vedettes que j'avais vues sur les écrans.

Il commençait à se faire tard; la fête languissait. Je demandai à ma cavalière si elle ne voulait pas rentrer. « Oui, bien sûr », me dit-elle. Au même moment, la femme d'Henry Fonda lui adressa un signe. Les deux femmes s'éloignèrent un peu pour bavarder. Je me demandais pourquoi elles pouffaient de rire. Frances Fonda était une femme toujours tendue, qui riait sans cesse nerveusement. Cinq ans plus tard, Henry Fonda demandait le divorce. Elle fit une dépression nerveuse, passa des mois en sanatorium, et au moment où elle semblait aller mieux, elle se trancha la gorge avec une lame de rasoir, le jour de ses quarante-deux ans.

Ma cavalière revint. « On y va? demandai-je. – Une minute, je vais me refaire une beauté. » Elle se dirigea donc vers les toilettes et j'attendis. Je vis Henry Fonda et Jimmy Stewart discuter avec Frances Fonda. Ils riaient. Comme j'aurais aimé me trouver parmi eux! Peut-être, un jour... Les minutes passaient. Il y eut un départ massif. Tout le monde s'en allait, et moi j'attendais encore que ma cavalière sorte des toilettes. Je commençai à m'inquiéter : peut-être était-elle malade. Je demandai à l'une des servantes d'aller voir si tout allait bien. Elle revint me dire qu'il n'y avait personne dans les toilettes des femmes.

Les musiciens rangeaient tous les instruments et l'équipe de nettoyage faisait son entrée. Je ne savais que faire. Puis l'un des serveurs s'avança vers moi et

me demanda : « Est-ce que vous n'attendriez pas la jeune fille blonde avec qui vous êtes venu ?
– Oui.
– Oh, elle est partie il y a une demi-heure en compagnie de Jimmy Stewart et d'Henry Fonda. Ils sont sortis par la porte de derrière. »

Je n'arrivais pas à y croire. Elle avait filé à l'anglaise. J'attendis encore un peu, m'attendant à la voir revenir et me donner une explication, mais les gens commençaient à me regarder d'un air bizarre. Il fallait partir, et c'est ce que je fis. Dehors, il ne restait que sa voiture. Les valets étaient agacés. Je montai dans la voiture, mais j'avais tellement peu l'habitude de ce genre de situation, que je ne donnai pas de pourboire au valet. Je compris mon erreur lorsqu'il claqua violemment la portière. Tout en roulant, je continuais à me demander ce qui avait bien pu se passer. Peut-être était-elle malade et l'avaient-ils raccompagnée chez elle de toute urgence. J'allais sonner chez elle. Il n'y avait aucune lumière, et je sonnai plusieurs fois. Je compris enfin que Frances Fonda avait dû lui dire : « Pourquoi est-ce que vous ne laissez pas tomber ce rien du tout ? Venez donc plutôt boire un verre avec nous. Nous sommes avec Jimmy Stewart, et ce soir... il est célibataire. » Evidemment cette petite Allemande (qui, je l'appris ensuite, était déjà célèbre à Hollywood) avait sauté sur l'occasion. Tout pour approcher une vedette ! En fait de célébration, j'avais été humilié. Bienvenue à Hollywood !

Les premières prises de vues de *L'emprise du crime* commencèrent. Le premier jour, la production envoya une limousine me prendre à mon hôtel. Pour mon premier film, on me traitait comme une vedette ! Je fus encore plus impressionné lorsque je découvris qui était déjà assis à l'intérieur : Van Heflin en personne ! Décidément, on me traitait sur un grand pied. Je déchantai en arrivant en vue des studios :

des piquets de grève partout, des gens qui agitaient des gourdins, hurlaient et frappaient sur la voiture à coups redoublés. C'était la grève. Le seul moyen de pénétrer dans les studios c'était la limousine escortée par des vigiles de la production.

J'étais jeune, j'avais peur, et j'essayais de paraître plus vieux que je ne l'étais réellement. Je ne connaissais rien à ce monde nouveau du cinéma, les repères pour la caméra, la façon de refaire la scène exactement de la même façon en sorte qu'elle corresponde aux autres prises. Tout le monde m'avait parlé de la gentillesse de Barbara Stanwyck, et je comptais beaucoup sur elle pour m'aider au milieu de cet environnement hostile. Toute l'équipe l'adorait. On l'appelait « Missy », et lorsqu'elle arrivait sur le plateau, elle allait saluer tout le monde, demandait des nouvelles des femmes et des enfants qu'elle connaissait tous par leurs noms. C'était une véritable professionnelle, toujours prête, et une excellente actrice. Mais elle ne me prêta aucune attention. L'équipe technique, avec raison, réclame que l'on s'intéresse à elle, mais qui a besoin de plus d'attention que celui qui monte sur un plateau pour la première fois? Elle ne me remarqua que plusieurs semaines plus tard. Je m'en aperçus aussitôt, comme si j'avais vu une caméra faisant sa mise au point sur moi. Pour la première fois, elle croisait mon regard. « Hé, mais vous êtes très bon! me dit-elle. – Trop tard, madame Stanwick », répondis-je. Je ne crois pas qu'elle ait compris ce que je voulais dire, mais après cela elle se montra très agréable avec moi et nous devînmes amis.

Je me souviendrai toujours de ce premier tournage, et lorsque maintenant je me retrouve sur un plateau avec quelqu'un dont c'est le premier film, je m'efforce de l'aider. Si je le vois nerveux, je commets délibérément des erreurs pour le mettre à l'aise. Je sabote une réplique, par exemple, parce que je sais ce que c'est que le trac.

Après mon expérience avec Barbara je ne laissais pas d'être un peu inquiet, car tout le monde m'avait dit : « Attention à Van Heflin. » En fait, il me fut d'un grand secours. Je jouais le rôle d'un faible, et j'avais toujours pensé que quand on joue un tel rôle, il faut trouver un moment où il se montre fort, et à l'inverse, trouver le moment de faiblesse du personnage dur. A un moment, assis derrière un bureau, je me levai, attrapai Van Heflin par la chemise et plantai mon regard dans le sien. Surpris par ce soudain accès de force, il se troubla. La scène avait été filmée. « Très bon! » lança le réalisateur. « Faisons une autre prise », proposa Van Heflin. Lorsque je l'attrapai à nouveau par sa chemise, il regarda ma main d'un air méprisant : toute ma force se trouvait réduite à rien. Il n'y avait rien à lui reprocher. En tant qu'acteur, c'était la chose à faire.

Dans ce film, il fallait que je fume une cigarette, or c'était quelque chose que je n'avais jamais fait de ma vie. Ce fut beaucoup plus difficile que ce que j'avais imaginé, et cela me rappela le mal de mer. Un jour, en visite sur le plateau, Hal Wallis fut surpris de ne pas me voir. J'étais dans ma loge, j'étais vert, je vomissais. Wallis devint fou; je faisais perdre du temps à la production. « Allez, sortez-le d'ici et reprenons le tournage! » Surmontant ma nausée, je me remis au travail.

Malheureusement, une fois que j'eus appris à fumer, je ne pus plus m'arrêter. J'en arrivai rapidement à deux paquets par jour, et cela pendant dix ans environ. Pour arrêter de fumer, j'utilisai la même méthode que mon père. Il emportait une cigarette dans la poche de sa chemise, et chaque fois qu'il ressentait l'envie de fumer, il sortait la cigarette et la regardait en disant : « Qui est le plus fort? Toi ou moi? » Chaque fois, la réponse était : « C'est moi le plus fort. » Et la cigarette retrouvait l'abri de la poche jusqu'à la fois suivante. Cela marcha pour mon père et cela marcha pour moi.

Nous poursuivîmes le tournage en octobre, mais la grève se fit plus dure. Elle avait débuté en mars, lorsque le syndicat des décorateurs avait commencé de négocier une nouvelle convention collective avec les compagnies. Soudain, l'Alliance internationale des employés de la scène et du théâtre, la IATSE, prétendit s'assurer la représentation des décorateurs. Pour conserver le contrôle de leur syndicat, les décorateurs quittèrent l'Alliance.

En réaction à une ordonnance judiciaire, les piquets de grève des décorateurs se virent renforcés par les syndicats sympathisants : maréchaux-ferrants, charpentiers, dessinateurs, électriciens, plombiers, peintres, métallurgistes, scénaristes, auxquels s'ajoutaient des ouvriers de chez Lockheed et des milliers d'étudiants de l'Université de Californie du Sud et de l'UCLA. La Warner Brothers dut fermer. Les grévistes renversèrent les voitures de jaunes qui tentaient de forcer les piquets. Des milliers de manifestants se battirent sur Barham Boulevard à coups de couteau, de gourdin, de câbles électriques, de coups-de-poing américains, de chaînes. Deux cents policiers dispersèrent la foule grâce aux gaz lacrymogènes et aux lances à incendie.

Après la Warner Brothers, ce fut au tour de l'Universal de fermer, puis de RKO. Puis la Paramount, où nous tournions. Nous continuâmes de tourner, mais cela voulait dire que nous étions bloqués à l'intérieur des studios... Si nous sortions, il était impossible de rentrer. Le réalisateur, Lewis Milestone, était favorable aux grévistes, alors un jour il se rendit au restaurant Oblath, de l'autre côté de la rue, pour discuter de l'affaire avec les nombreux grévistes et sympathisants qui s'y trouvaient. Pendant quelque temps, ce fut Byron Haskin qui dirigea le film. Je me sentais coupable. Que fallait-il faire? Stanwyck travaillait. Il était difficile pour un nouveau venu de comprendre tous les tenants et les aboutissants de l'affaire. Je ne cessais de demander quelle était la position de notre syndicat, la Guilde des acteurs de cinéma. Il tentait de ménager la chèvre et le chou. Finalement, le président du syndicat, George Murphy, déclara que les acteurs n'avaient pas à franchir les piquets de grève s'il y avait un risque de violences. Cette déclaration prudente laissait une grande latitude d'appréciation. Tout le monde redoutait une paralysie complète de Hollywood. La violence se déchaîna de plus belle; quatre cents personnes furent arrêtées en face de la Paramount. J'avais peur que, pour moi, Hollywood ne se termine avant d'avoir commencé.

C'est alors que Diana arriva à Los Angeles en train, accompagnée de sa mère et de Michael qui venait de fêter son premier anniversaire aux Bermudes. Je vivais au studio et ne pouvais même pas leur transmettre un message. Diana se dit que mes agents devaient savoir où je demeurais, car après la guerre, il était impossible de trouver un appartement à Los Angeles, ou même une chambre d'hôtel ou une pension. Chez Famous Artists, on lui répondit qu'ils n'avaient jamais entendu parler de moi. Milt Grossman était en vacances. Elle réussit finalement à le joindre chez lui; il lui expliqua que j'avais trouvé quelque chose pour toute la famille, mais que nous ne pouvions y rentrer avant quelques jours. Mais pour Diana, le problème restait entier. Pendant quelques instants elle crut qu'elle allait devoir passer la nuit à la gare. Mais Milt vint à leur secours et les hébergea chez lui.

Je dus attendre deux jours avant de pouvoir me glisser hors du studio pour voir Diana. On me conduisit en limousine en pleine nuit, alors que même les grévistes les plus déterminés étaient partis.

J'avais deux heures devant moi et une chance d'apercevoir Michael endormi, mais il me fallait être de retour avant quatre heures du matin, heure à laquelle les piquets de grève se reformaient. Finalement, la grève prit fin et je pus rejoindre notre appartement de South Bedford, que j'avais obtenu grâce à un échange avec notre appartement de New York. La mère de Diana demeura avec nous environ un mois. Cette charmante lady anglaise était à la fois douce et drôle, et elle s'efforçait de s'intéresser à notre métier en lisant religieusement tous les jours le *Daily Variety*.

Pour leur faire oublier tous ces désagréments, je les invitai dans le meilleur restaurant de la ville, Romanoff. Je n'y étais jamais allé, mais c'était l'endroit à la mode. Nous avions une réservation pour huit heures. Le restaurant était bondé. Le maître d'hôtel nous annonça que nous aurions une table « dans une minute » et nous demanda d'attendre au bar. Nous prîmes donc un verre en observant les célébrités qui dînaient là. La mère de Diana n'en reconnaissait aucune, en sorte que mes tentatives pour l'impressionner restaient sans effet. Presque une demi-heure s'écoula. Je commençais à m'impatienter. Diana me coulait des regards en coin. Je retournai voir le maître d'hôtel pour lui rappeler que nous avions une réservation pour huit heures, et qu'il était à présent huit heures et demie. « Oui, oui, ne vous inquiétez pas, je vous demande encore une petite minute. » Je retournai au bar, commandai un autre verre, et vis comment les nouveaux arrivants étaient immédiatement conduits à leurs tables. J'étais furieux. Je retournai voir le maître d'hôtel. « Il est presque neuf heures moins le quart, lui dis-je. – Oui, oui, encore une minute. » Dix nouvelles minutes s'écoulèrent. Mon sang russe commençait à bouillir. Je retournai le voir et compris qu'il s'apprêtait à me servir le même discours. Je l'attrapai par le revers de sa veste. « Ecoutez. J'ai pris une réservation pour huit heures. Vous l'avez acceptée. Il est presque neuf heures. Je veux une table. Et je la veux maintenant! » Nos deux visages se touchaient presque. Une minute plus tard, Diana, sa mère et moi étions assis à une table.

Je peux comprendre qu'un endroit qui ne me connaît pas ne prenne pas ma réservation. Mais ils l'avaient acceptée, comptant bien me faire attendre jusqu'à ce qu'ils aient trouvé une table où me caser. Aujourd'hui, lorsque j'arrive dans un restaurant chic et plein de monde, je me sens un peu coupable d'être immédiatement conduit à une table alors que je vois des gens qui attendent encore au bar.

Le tournage de *L'emprise du crime* prit fin. J'avais hâte de tourner à nouveau. Diana était déjà venue à Hollywood auparavant, et elle savait que cela ne se passe pas comme ça. Elle avait goûté aux attentes interminables. Elle s'inquiétait pour moi. Comment allais-je réagir? Je demandai à mes agents ce qu'ils avaient pour moi.

« Il faut nous laisser un peu de temps.
— Je vous donne trois semaines. Ensuite, je chercherai un rôle au théâtre.
— Vous ne ferez pas ça!
— Bien sûr que si! »

Je n'avais pas encore rencontré Charlie Feldman, le directeur de mon agence. Ce n'était certainement pas lui qui avait négocié l'arrangement avec Hal Wallis : j'étais trop menu fretin. Charlie était en excellents termes avec les directeurs des grandes compagnies : Jack Warner, Harry Cohn, de la Columbia, Darryl Zanuck, de la Fox, etc. Je décidai donc de parler à Charlie Feldman et de voir s'il pouvait me trouver un film. Je pris rendez-vous avec lui un jour à quatre heures de l'après-midi (il ne venait jamais au bureau avant d'avoir déjeuné). A l'heure dite, je vins m'asseoir devant son bureau et j'attendis. Les gens entraient et sortaient, et moi j'attendais. Comme au Romanoff. Peu après cinq heures, sa secrétaire, sans la moindre gêne, vint m'annoncer que M. Feldman était très occupé ce jour-là et ne pourrait me recevoir. Un nouveau rendez-vous fut pris, et les choses se déroulèrent exactement de la même façon. Et ainsi quatre ou cinq fois de suite.

Un jour, alors que j'attendais Feldman, je rencontrai Sam Norton, l'un des avocats de l'agence. Quelque temps auparavant, en discutant dans le couloir, nous nous étions aperçus que tous les deux nous avions fait de la lutte à l'université. Il avait esquissé un mouvement dans ma direction, et l'instant d'après, nous nous étions saisis à bras-le-corps. Je le plaquai au sol, sur le dos, au beau milieu du couloir. Les gens sortaient des bureaux, stupéfaits. En me voyant attendre, assis sur une chaise, Sam me proposa de rentrer dans son bureau. J'acceptai, trop heureux de ne plus me retrouver dans le passage des gens qui ne cessaient d'entrer et de sortir du bureau de Feldman. Je m'apprêtais à attendre dans le bureau de Sam Norton qu'on m'avertisse que M. Feldman était trop occupé pour me recevoir. J'étais très reconnaissant à Sam, et nous devînmes bons amis.

Je finis pourtant par être reçu. Il s'emporta contre moi. « Vous vous prenez pour qui? Nous faisons tout ce que nous pouvons pour vous. Quand vous serez devenu quelqu'un, alors vous aurez le droit de vous plaindre. » Il était furieux que jour après jour j'aie passé des heures assis à la porte de son bureau. Pourtant, je ne voulais que m'entretenir avec un homme qui était censé être mon agent et qui avait pris une commission sur un film qu'il ne m'avait même pas trouvé lui-même. Bienvenue à l'agence!

Les trois semaines touchèrent à leur fin. Toujours pas de film pour moi. J'appelai mon agent à New

York et lui dis que j'étais prêt à jouer au théâtre. Il me trouva un rôle et je retournai à New York au début de l'année 1946.

Diana et Michael restaient à Los Angeles, attendant d'emménager dans une petite maison que nous avions trouvée à Vado Place, dans Laurel Canyon. La maison ressemblait à un chalet suisse, elle avait un salon sur deux niveaux et il y avait également une petite maison d'hôte juste à côté. Entre-temps, nous avions perdu l'appartement, et il était toujours extrêmement difficile de se loger à Los Angeles. Ainsi, tandis que je faisais la tournée des villes pour roder ma pièce, Philadelphie, Boston, New Haven, Diana faisait avec Michael la tournée des motels.

Woman Bites Dog, de Sam et Bella Spewak, était une pièce drôle et bien écrite. Nous répétâmes pendant trois ou quatre semaines. Elaine Stritch, une actrice de grand talent, tenait l'un des rôles principaux. Au beau milieu de la tournée, elle fut renvoyée. Je ne comprenais pas pourquoi. Je l'aimais bien et le lui dis. « Elaine, un jour tu seras une grande vedette. » Mais ils la remplacèrent par Mercedes McCambridge. Après deux ou trois semaines de tournée, la pièce fut jouée à New York, et retirée de l'affiche au bout d'une semaine. Décidément, je n'avais pas de chance avec Broadway. Le seul succès que j'avais connu, c'était dans *Kiss and Tell* lorsque j'avais remplacé Richard Widmark. Je retournai à Los Angeles.

Je travaillai beaucoup dans cette maison de Vado Place. Je taillai les arbres et les haies, charriai des brouettes de ciment pour construire un petit patio à l'arrière. J'ai toujours beaucoup travaillé dans mes maisons. Bien sûr, plus je devins riche et plus les maisons furent grandes et luxueuses. Mais je trouve toujours quelque chose à y faire... tailler les buissons, ramasser les crottes de chien. Je suis toujours étonné de voir le nombre de jardiniers qui ne ramassent pas les crottes de chien. Aujourd'hui encore, je parcours avec une petite pelle le jardin de ma maison de Beverly Hills, ou de Palm Springs, pour ramasser ce que Banshee y a laissé.

A cette époque-là, j'achetai ma première œuvre d'art : une affiche de Toulouse-Lautrec représentant Aristide Bruant, vêtu d'une cape noire, une écharpe rouge autour du cou, coiffé d'un chapeau noir à larges bords, posant dans une attitude arrogante. Cette lithographie me coûta cinq cents dollars, somme que je jugeai exorbitante. Avec l'aide d'un ami, je l'encadrai moi-même et l'accrochai dans le salon, au-dessus de la cheminée. Je possède toujours cette lithographie : elle est accrochée dans ma bibliothèque.

Notre mariage continuait d'être un arrangement des plus bizarres. Pendant une courte période, à La Nouvelle-Orléans, cela avait été le paradis. Mais il faut si longtemps pour devenir adulte. Il faut si longtemps pour apprendre la vie. C'est une histoire sans fin. Quand j'y repense maintenant, je me rends compte que je ne possédais pas les qualités nécessaires au mariage. Je sortais de l'armée, ma femme était enceinte, et je me trouvais confronté à la double obligation de réussir ma carrière d'acteur et de pourvoir aux besoins de ma femme et de mon enfant.

J'avais été « prêté » par ma compagnie à la RKO pour tourner *Out of the Past (*La griffe du passé), avec Robert Mitchum. Je ne me souviens pas beaucoup de lui, sauf qu'il racontait qu'il avait été un vagabond mais ses histoires étaient différentes à chaque fois. En revanche, je me souviens fort bien de l'extraordinaire beauté de Jane Greer. Chaque fois que je le pouvais, je restais avec elle. La belle Jane pouvait aussi se montrer très drôle. J'adorais l'entendre raconter son bref mariage avec Rudy Vallee; elle avait alors dix-sept ans et il l'obligeait à porter des culottes noires, des bas de résille noirs et des chaussures noires avec des talons si hauts qu'ils la faisaient chanceler.

Je fis un autre film pour Hal Wallis, *I Walk Alone* (L'homme aux abois), en compagnie d'un autre jeune acteur, Burt Lancaster. Burt était originaire de Hell's Kitchen, une banlieue dure à l'ouest de New York. Il avait tourné pour la première fois dans un film de Mark Hellinger, *The Killers* (Les tueurs). Il avait fait du très bon travail, et Wallis l'avait pris sous contrat. Nous jouions des amis qui finissent par devenir ennemis. Burt et moi faisions exactement ce que nous faisons à présent : discuter, se battre, parler, se réconcilier. Tout se passa bien. Lizabeth Scott jouait le rôle de la fille qui se trouvait entre nous. Dans la vie elle était l'amante de Hal Wallis, ce qui n'allait pas sans poser quelques problèmes. Souvent, elle disparaissait longtemps dans le bureau de Wallis, et elle en ressortait les larmes aux yeux : cela rendait difficile tout travail avec elle pour le reste de la journée.

J'ai toujours eu la réputation de l'acteur qui discute son rôle. J'ai toujours détesté l'attitude que j'ai entendu une fois un metteur en scène exiger : « Fermez-la. Apprenez votre texte et mêlez-vous de ce qui vous regarde. » Je me souvenais des paroles de Jelly, à l'Académie : « N'importe quel imbécile est capable d'apprendre son texte et de ne se mêler que de ce qui le regarde. » Je n'avais aucune envie d'agir comme un imbécile. Aussi, lorsque je travaille sur un film, j'aime proposer des idées. Je me souviens encore de la stupéfaction de Hal Wallis lorsque je lui dis que la fin de *L'homme aux abois* était ennuyeuse. La police arrive dans le restaurant, m'emmène, Burt embrasse Liz, fin du film. Il fallait une autre scansion dramatique. Je suggérai de faire appel aux bons sentiments au moment où la police m'emmène hors du restaurant... « Cela vous ennuierait si je prenais un dernier verre, en guise d'adieu? » Le brave flic irlandais acquiesce. Je passe derrière le bar, me verse un verre, puis ouvre un tiroir contenant un revolver. Je m'interromps une seconde dans mon récit, tandis que Wallis semble tétanisé par l'audace de cet acteur qui propose tout simplement de réécrire le scénario. Je poursuivis : « Je tue le flic, puis me précipite vers Burt, le revolver à la main. Il y a un terrible affrontement à l'issue duquel je suis vaincu, et on finit par m'emmener. Le film se termine sur l'image de Burt et de Liz, sains et saufs et heureux. » Wallis ne supportait pas l'idée qu'un acteur puisse avoir son mot à dire sur le scénario. Mais si vous allez voir le film, vous verrez que la scène est exactement celle que j'avais suggérée. Ainsi débuta ma réputation d'acteur difficile.

Mon arrangement avec Wallis stipulait un film par an pendant cinq ans, mais après *L'homme aux abois*, il voulut me faire signer un contrat de sept ans en bonne et due forme. A l'époque, tout le monde ne rêvait que d'être sous contrat : c'était l'assurance d'un revenu régulier. Mais pour moi, cela ressemblait à l'esclavage.

Je discutais de cette affaire avec Wallis, dans son bureau, lorsque soudain je ressentis une violente douleur dans la poitrine. Je ne pouvais plus respirer. Je m'écroulai sur le sol, les mains à la poitrine, haletant. On appela au secours. Un entraîneur sportif qui se trouvait là me fit un massage cardiaque. Je commençais à me sentir mieux, lorsque je l'entendis dire : « Quelques minutes de plus et il était mort. » J'étais atterré : je n'avais que trente ans et j'allais devoir me ménager, mener une vie sédentaire. « Il faut être fort, Kirk, me disais-je, il faut accepter les choses comme elles sont. » Avec infiniment de précautions, on me conduisit chez un médecin. Il m'examina avec beaucoup d'attention. Il paraissait intrigué. Moi, je me disais : « Aïe, ça a l'air vraiment sérieux. Je regrette d'avoir fait le con toute ma vie. »

« Qu'avez-vous fait hier? me demanda le médecin.

— Je me sentais très bien. J'ai taillé des arbres dans mon jardin.

— Il faisait très chaud, hier.

— Oh oui, affreusement chaud.

— Vous transpiriez?

— Bien sûr.

— Vous avez bu quelque chose de froid?

— Beaucoup de limonade froide.

— Bon... eh bien sachez que votre cœur va très bien. Ce qui s'est passé c'est que vous avez pris un coup de froid sur les pectoraux, et parfois il arrive que la réaction ne se fasse sentir qu'après coup, le lendemain ces muscles se contractent brusquement. C'est ça qui vous a fait croire que vous aviez une crise cardiaque. »

Fabuleux! J'allais pouvoir à nouveau faire le con!

Wallis était agacé par cette interruption de notre négociation.

« Si vous ne signez pas ce contrat, je vous jette! »

Je m'en moquais puisque je savais que j'allais vivre.

« D'accord, jetez-moi. »

Ce qu'il fit.

Diana était à nouveau enceinte. Nous célébrâmes son vingt-troisième anniversaire chez nos amis Walter et Mickey Seltzer. Walter avait été agent de publicité pour Wallis. Nous passâmes une excellente soirée, champagne et langouste, et prîmes congé vers 2 h 30 du matin. Diana avait du mal à s'endormir, et vers 3 h 30 ou 4 h, me dit : « La langouste et le champagne ont du mal à passer. » Je murmurai une vague parole d'encouragement, comme : « Allez, dors. » Puis Diana me donna un petit coup de coude : « Je crois que ça y est. » Cela paraissait incroyable : l'accouchement n'était pas prévu avant deux ou trois semaines.

L'hôpital des Cèdres du Liban se trouvait au bout de la route de Laurel Canyon; je conduisais doucement et prudemment. Soudain, Diana se mit à siffler.

« Pourquoi est-ce que tu siffles ? demandai-je, tout en ralentissant pour m'arrêter à un feu rouge.

– Brûle le feu, continue !

– Mais enfin, qu'est-ce qui t'arrive ? »

Je me disais qu'elle avait dû trop boire. Arrivés devant l'hôpital, elle voulut tout de suite descendre de voiture. Je tentai de la calmer.

« Allons d'abord garer la voiture, et je t'accompagnerai ensuite.

– Non, laisse-moi sortir ! »

Et elle sortit.

Je ne comprenais pas cette précipitation. Pour l'accouchement de Michael, il avait fallu attendre onze heures après son arrivée à l'hôpital. Après avoir garé la voiture, je gagnai l'hôpital, où l'on m'indiqua la salle d'attente. Je m'assis, pris un journal, le *Daily Variety*, et venais à peine de l'ouvrir lorsque le médecin passa la tête par l'entrebâillement de la porte.

« Monsieur Douglas ?

– Oh, dis-je, on lui a déjà fait la péridurale ?

– Non, elle a déjà eu le bébé. Vous êtes le père d'un garçon. »

C'était donc pour ça qu'elle sifflotait dans la voiture !

Plus tard, Diana me dit qu'elle avait eu peur d'accoucher dans la voiture. Elle se précipita dans l'hôpital, le manteau jeté sur la chemise de nuit, ses longs cheveux sombres réunis en nattes, comme une écolière. On voulut lui faire remplir les papiers habituels, mais elle protesta : « Je n'ai pas le temps! L'enfant va naître d'une minute à l'autre! » Elle s'attira évidemment la réponse habituelle en pareil cas : « Allez, allez, les femmes disent toujours ça pour leur premier enfant. » Et au moment où elle répondait : « Mais non, c'est mon deuxième! » la poche des eaux se rompit. On la plaça sur un lit roulant et on l'emmena directement en salle de travail, à l'étage. Pas de temps pour la péridurale!

Joel naquit à six heures moins le quart. A six heures, Diana appela Mickey Seltzer, notre hôtesse de la veille (ou plutôt des quelques heures auparavant) et lui dit : « Bonjour, Mick! Devine ce que je viens de faire! – Mon Dieu! s'exclama Mickey! C'est impossible! On vient à peine de te souhaiter bonne nuit! »

Après la naissance de Joel, nous eûmes une gouvernante à domicile. Elle vivait avec les enfants dans la maison d'hôte, reliée à la maison principale grâce à un interphone. Les choses devenaient de plus en plus difficiles entre Diana et moi. Nous avions deux caractères bien différents. Un jour, je lui dis : « Tu sais quoi? Toi, tu es toujours heureuse jusqu'à ce que quelque chose te rende malheureuse. Et moi, je suis toujours malheureux jusqu'à ce que quelque chose me rende heureux. Et même alors, je ne suis pas très sûr d'être heureux. » J'étais inquiet, agité, et Diana se sentait frustrée de ne pouvoir faire mon bonheur.

Au cinéma, je jouais des rôles que je n'aimais pas dans des films que je n'aimais pas. Dans *The Walls of Jericho* (inédit en France), je jouais le rôle du meilleur ami de Cornel Wilde à l'écran tandis qu'hors champ j'étais l'amant de Linda Darnell. Linda avait l'allure de Mata-Hari, mais n'était qu'une fille charmante de Dallas fascinée par Hollywood. Elle connut une gloire rapide et disparut plus vite encore. Après trois divorces, le dernier avec un homme qui l'avait ruinée, lui avait fait perdre sa maison, la battait et la faisait battre par sa maîtresse, Linda mourut dans l'incendie de la maison de sa secrétaire. Elle avait quarante-deux ans.

Je jouai un autre rôle que je n'aimais pas... celui d'un écrivain face à Laraine Day dans *My Dear Secretary* (Ma chère secrétaire). Mais j'aimais bien travailler avec Laraine. Elle était liée à Leo Durocher, et me présenta à lui. Pour la première fois, j'entendis mon nom prononcé avec le véritable accent de Brooklyn, car nous nous trouvions à Ebbets Field, repaire des Brooklyn Dodgers. Un des *fans*, qui venait de voir *L'homme aux abois*, m'interpella : « Hey, Koik ! Comment va Boit ? » Depuis ce jour, je l'appelle toujours « Boit »; et si je lui écris un mot, je signe « Koik ».

Après cela, je tournai dans *A Letter to Three Wives* (Chaînes conjugales), mis en scène par Joe Mankiewicz, un homme plein d'humour. Dans une des scènes, je devais dormir dans un lit, et Joe me dit : « Ecoute, Kirk, je voudrais que tu essaies de t'endormir pendant qu'on installe le décor. Mets-toi dans le lit, ferme les yeux et essaie de dormir pour de bon. Je veux avoir cette impression de quelqu'un qui dort, pas de quelqu'un qui fait semblant. » J'obéis scrupuleusement, m'étendis et me mis à compter des moutons. Je finis par m'endormir. Je me réveillai dans le silence le plus total. Je regardai autour de moi... Personne. Joe s'était débrouillé pour me faire endormir aussitôt avant le déjeuner, puis avait fait quitter à tout le monde le plateau sur la pointe des pieds, me laissant seul, endormi, au beau milieu d'un immense studio désert.

Je jouais le rôle d'un professeur d'anglais. Ann Sothern était ma femme. Nous continuions de jouer le rôle en dehors du plateau. Je crois que Diana savait plus de choses qu'elle ne voulait le laisser paraître. Elle s'en alla à Santa Barbara pour jouer dans *The Hasty Heart*.

Puis je me trouvai confronté à un véritable dilemme : on me proposait deux films en même temps. Le premier était une superproduction de la MGM, intitulé *The Great Sinner* (Passion fatale), avec Ava Gardner, Gregory Peck, et Ethel Barrymore. Le second était un petit film indépendant monté par des inconnus. Le réalisateur était Mark Robson, le producteur Stanley Kramer. Le scénario de Carl Foreman était basé sur une nouvelle de Ring Lardner, *Champion*.

« Stanley Kramer est un rien du tout, m'avait-on dit. Il était garçon de course dans un studio.

– Et alors ? Moi, j'étais bien serveur ! »

Mais je n'avais pas encore fait mon choix.

Diana et moi partîmes alors pour les Bermudes pour rendre visite à sa famille. Diana était la plus jeune de six enfants. Outre sa mère, il y avait là-bas trois frères et deux sœurs Ruth et Fanny. Ce genre de famille m'était très étranger. Ces Dill étaient des propriétaires terriens fort respectés. Ses frères devinrent des juristes de grande réputation et l'un d'eux fut plus tard créé chevalier. Diana m'emmena voir un terrain face à la mer que sa famille lui avait donné, et je m'écriai aussitôt : « Tu devrais y faire bâtir une petite maison. Tu pourrais ensuite la louer : ça te ferait un revenu régulier. » Je sentis aussitôt peser sur moi les regards réprobateurs de la famille : ce mari juif avait décidément une façon bien pragmatique et commerciale d'envisager l'existence ! Mais chacun à leur façon, ces gens étaient tous charmants et je me plaisais fort en leur compagnie.

C'est en me promenant sur la plage que je décidai de prendre le risque : je tournerais *Champion*. Je n'ai jamais ressenti la nécessité de me conformer, en tant qu'acteur, à une image déterminée. J'aime les rôles stimulants, intéressants, qui représentent un défi.

Voilà pourquoi je suis souvent attiré par des personnages qui ne sont guère vraisemblables. Dans *Champion* (Le champion), Midge Kelly était probablement l'un des premiers anti-héros. J'avais joué jusqu'alors des caractères faibles, et se présentait à moi la chance de jouer un rôle très physique. Mes agents me pressaient de jouer dans *Passion fatale*. Pour eux, il était idiot de refuser 50 000 dollars dans une superproduction et pour un rôle qu'ils trouvaient extraordinaire, pour gagner seulement 15 000 dollars (déjà différés) dans une production indépendante, montée avec des bouts de ficelle. On me sermonna d'importance sur ma carrière, mon avenir, et on me passa ensuite aux profits et pertes : encore un de ces acteurs de New York, un de ces cinglés qui ne savaient pas ce qu'ils faisaient !

Il faut prendre des décisions par instinct. Mon instinct me disait de faire *Le champion*. Mais ensuite, il me fallait convaincre Kramer et Foreman que j'étais capable de jouer le rôle de Midge Kelly. Ils avaient des réserves à mon égard. Ils m'avaient vu en procureur faible dans *L'emprise du crime*, et en professeur fin et sensible dans *Chaînes conjugales*. Ils se montraient pleins de tact à mon égard, mais se demandaient sincèrement si j'étais capable de jouer un boxeur. Je finis par comprendre ce qu'ils voulaient. A la manière des starlettes, je retirai ma chemise. Puis je gonflai la poitrine et fis jouer mes muscles. Ils hochèrent la tête d'un air approbateur : j'avais les qualités requises pour un boxeur. J'étais probablement le premier *homme* à Hollywood qui eût dû se dénuder pour obtenir un rôle !

Je ne voulais pas utiliser de doublure, alors je m'entraînai. Comme j'avais fait de la lutte à l'université, je savais déjà sauter à la corde. Mushy Callahan, ex-champion des poids welters, m'apprit à taper sur les sacs de sable. Nous mîmes au point un style de boxe adapté à mon personnage : toujours foncer, sans se préoccuper des coups que j'encaissais. Même durement frappé au visage, j'avançais. Infatigable.

La plupart des boxeurs auxquels je m'affronte dans ce film étaient d'anciens professionnels. La plupart étaient des champions locaux ou de l'Etat. Un jour, alors que nous répétions une scène d'entraînement, un ami vint me voir sur le plateau. « Regarde ça », lui dis-je. Et je m'écriai d'une voix forte : « Hé, le champion! » Presque toutes les têtes se tournèrent dans ma direction.

Pour réussir le film sur la boxe sans qu'il y ait de blessés, il faut que l'un porte ses coups sans qu'ils atteignent leur but, et que l'autre fasse semblant de les encaisser comme s'ils avaient vraiment porté. Il est très difficile à un véritable boxeur de faire semblant de frapper; il est habitué à porter ses coups, pas à les rater. L'un des boxeurs jouant un rôle important, un type du New Jersey, avait un *punch* terrifiant. Je n'étais guère rassuré. Dans l'une des scènes, je devais rebondir dans les cordes et il devait me cueillir d'un uppercut. Il m'assomma. La caméra tournait. Dans le film, cette scène est extraordinaire. Mais je ne recommande à personne d'assommer les acteurs pour rendre la scène plus réaliste.

Le tournage du *Champion* fut une expérience fort agréable. Nous allions chez moi, déjeunions de sandwiches en travaillant sur le scénario. Tout le monde faisait des suggestions. C'est ainsi que j'aime tourner des films.

Ma partenaire était Marilyn Maxwell, qui devait plus tard chanter pendant des années avec Bob Hope. Elle mourut d'une crise cardiaque avant l'âge de cinquante ans. Dans *Le champion*, il y a une scène où Marilyn s'aperçoit que je la laisse tomber pour une autre fille. Furieuse, elle menace de révéler le salaud que je suis. Dans le scénario original, je l'attrape par les cheveux, je la pousse devant un miroir et lui dis que je la détruirai. Cela me gênait.

Traiter une fille de cette façon, cela me semblait exagéré. Au cours d'une répétition, Marilyn m'agrippa à l'intérieur du bras, au niveau du coude. Je lui saisis les doigts et elle grimaça de douleur; je m'excusai. Puis j'eus une révélation : c'était cela qu'il fallait faire. Dans la version définitive, lorsqu'elle se fâche contre moi et m'attrape le bras, je lui écrase les doigts dans le creux de mon bras. Puis je les caresse avec beaucoup de tendresse en disant : « Non, tu ne feras pas ça. Tu vas te montrer gentille tout plein. » Puis, très doucement, j'ajoute : « Parce que sans ça, je vais t'envoyer à l'hôpital pour très, très longtemps. » Marilyn se contente de me regarder. Puis je franchis la porte et ôte ma cravate : je me prépare pour mon rendez-vous avec l'autre fille. A la porte de la chambre, je me retourne et lui dis très simplement : « Je ne veux pas que tu sois là quand je rentrerai. » Cette scène m'a beaucoup appris : que la violence implicite peut parfois être beaucoup plus efficace que la violence exprimée. Dans le film, cette scène possède une très grande intensité.

Cette intensité ne m'apparut dans toute sa dimension qu'un jour de 1987. Ce jour-là, Shirley MacLaine m'aborda en riant et me prit la main : « Tu sais, Kirk, c'est toi qui es responsable de ma vocation d'actrice.

– Ah bon?

– Oui. Après avoir vu *Le champion*, Warren et moi rejouions à la maison la scène entre toi et Marilyn Maxwell. Cette scène, Warren et moi l'avons beaucoup jouée.

– Quel rôle jouais-tu, toi? » demandai-je.

Elle me répondit par un éclat de rire.

Les moments d'inspiration surgissent parfois de sources curieuses. Un acteur se doit d'être ouvert et réceptif, il doit laisser les choses venir comme elles viennent. C'est aussi de cette façon qu'un écrivain bâtit un personnage. Alors qu'il rédige à sa machine, le personnage prend une direction qu'il n'avait pas prévue. De la même façon, il ne faut pas se montrer trop rigide avec un personnage que l'on va jouer. Il faut être malléable avant que le moule soit figé, et permettre au personnage lui-même de dicter à l'acteur la façon dont il veut être joué.

Prenons comme exemple la fin du *Champion*, lorsque Midge, dans sa loge, est frappé par une congestion cérébrale et bredouille de façon incohérente à propos des événements de sa vie passée. Il écrase l'armoire de ses poings, qui sont son gagne-pain, son moyen d'expression, puis il contemple ses doigts brisés d'un air désespéré. Lorsque je dus jouer cette scène, je me rappelai l'attitude de mon fils Joel quelques jours auparavant : il s'était blessé le doigt et il saignait; il avait regardé son doigt, médusé, puis s'était tourné vers moi, et me l'avait montré en s'écriant : « Papa, papa », de façon pathétique. Je n'ai donc fait que recréer cette scène : après m'être écrasé la main sur l'armoire, j'ai regardé mes doigts brisés, puis je les ai tendus vers mon entraîneur, Tommy, et, pathétiquement, comme un enfant, j'ai dit : « Tommy? Tommy? » avant de mourir.

Diana apprenait les textes et répétait avec moi. Elle admirait ma capacité de travail (« Je n'ai jamais vu quelqu'un travailler aussi dur de toute ma vie ») et cela l'aidait, car elle avait un peu tendance à être moins consciencieuse. Je m'efforçais de tirer tout ce que je pouvais d'un rôle, et mon acharnement finissait par déteindre sur elle. Je me réveillais en pleine nuit, hanté par mon rôle, et je réveillais Diana : « Allez, on recommence! – Mais ça y est, tu l'as, ton personnage, me disait-elle, mais maintenant tu risques de tout gâcher. » Mais je ne pouvais abandonner. Je ne cessais de la harceler et elle finit par s'écrier : « Mais enfin, bon sang, tu m'as déjà fait travailler là-dessus la nuit dernière! »

Je venais de signer avec Warren Cowan un contrat

faisant de lui mon agent de relations publiques. Sa femme Ronnie et lui donnaient une réception pour l'anniversaire de Diana, et je devais revenir à temps du studio pour venir la chercher. Mais ce jour-là j'étais en retard, car j'étais occupé à « répéter » avec Marilyn Maxwell. Diana devait soupçonner quelque chose. De retour chez moi, je trouvai un mot épinglé à la porte : « Je suis allée chez les Cowan. Toi, tu peux aller au diable ! » Je choisis plutôt de me rendre moi aussi chez les Cowan. Diana bavardait avec des gens. Soudain, je fis mon entrée, à genoux : « Je ne suis pas digne de toi. Tout le monde voit bien que je ne suis pas digne de toi. »

Elle était furieuse.

« Oh, ferme-la ! »

Je la suivis, toujours à genoux, m'écriant :

« C'est une sainte. Regardez-la, c'est une sainte. »

Elle ne put s'empêcher de rire, et se tourna vers moi.

« Pourquoi est-ce que tu arrives toujours à me faire rire, au moment même où je m'apprête à te flanquer une gifle ? »

Je crois que nous songions tous deux à la séparation. Diana me suggéra un séjour au bord du lac Arrowhead, sans les enfants, simplement pour passer du bon temps. Mais pour moi, il était difficile de ne rien faire. Je devais travailler, chercher du travail, faire quelque chose. « Moi, déclara Diana, je vais jouer au tennis, au golf, faire du bateau. Tu peux venir avec moi, mais tu n'es pas obligé. Si tu préfères rester assis dans la chambre et bouder, à ton aise. Moi, en tout cas, j'ai envie de m'amuser. » J'étais irritable et malheureux. « C'est ridicule de vivre de cette manière, dit Diana. Pour la première fois nous avons un peu d'argent, mais cela ne te rend pas heureux. Ça te rend triste. Je ne sais pas pourquoi. » Moi non plus, je ne le savais pas. Puis elle ajouta :

« Tu sais quoi? Si tu ne suis pas un traitement psychiatrique, nous nous séparerons.
— C'est toi qui en as parlé la première. Pas moi.
— D'accord, dit Diana, je m'en souviendrai. »

Un jour que Diana et moi nous disputions dans la cuisine, nous avons vu Michael, alors âgé de six ans, se diriger vers nous. Nous nous interrompîmes immédiatement, mais il éclata en sanglots. Il sentait la tension. Ce jour-là, nous comprîmes qu'il ne servirait à rien de rester ensemble pour le bien des enfants. Diana demeura avec les enfants dans notre magnifique petite maison. Moi, je partis. Pour la première fois depuis des années, je me retrouvais seul. J'étais inquiet, malheureux, déboussolé. Je voulais vivre seul au sommet d'une montagne, du moins le croyais-je. Je trouvai une petite pension en haut de Mulholland, mais je ne pus y passer une seule nuit. Je suffoquais. Je redescendis à Westwood Village, là où il y avait des gens autour de moi.

Ce fut une période très difficile pour Diana et moi, mais nous nous efforcions de la vivre du mieux que nous pouvions. La pression d'Hollywood était énorme. Difficile de garder la tête froide. Ou même un semblant de vie privée, alors que Louella Parsons, Hedda Hopper et Sheilah Graham, les échotières, téléphonaient sans arrêt. Elles persécutaient et terrorisaient les gens... ceux qu'elles aimaient. Ceux qu'elles n'aimaient pas, elles les détruisaient en une ligne. Ces vautours se repaissaient de n'importe quelles ordures. Dans un de ses articles, Sheilah Graham écrivit que notre « prétendue » séparation n'était qu'un coup publicitaire. Cela me rendit furieux. Je me départis de mon silence habituel et l'appelai. « Espèce de salope! Comment osez-vous écrire une chose pareille! Il s'agit de notre vie. Nous avons deux enfants, et vous, vous en parlez comme si c'était un jeu! » Mais au fond, je m'en moquais. Ces filles n'étaient rien du tout.

Des journalistes de quotidiens ou de magazines de *fans* nous appelaient, Diana et moi, parfois en pleine nuit. Toujours, ils voulaient se montrer compatissants... « Nous voudrions présenter votre version des choses », etc. Diana et moi répondions toujours de la même façon : « Il n'y a pas de version de l'un ou de l'autre. Nous avons deux enfants, nous nous aimons tous les deux beaucoup et nous allons essayer de résoudre au mieux cette situation. »

En y songeant, à présent, je me demande si les choses auraient tourné différemment si nous étions restés à New York, à jouer au théâtre, ou au moins si nous avions quitté Hollywood pour une ville voisine. Je crois que de toute façon nous aurions fini par divorcer, mais Hollywood a accéléré les choses, car cette ville fait s'exprimer ce qu'il y a de pire en nous, et non de meilleur. Si quelqu'un descend la pente, on s'écarte de lui. L'insécurité règne. Hollywood ressemble à un tramway bondé qui roule à toute allure, et sans cesse de jeunes acteurs et actrices de talent sautent à l'intérieur, repoussant les autres en arrière. Ejectés de leurs sièges, les gens essaient de se raccrocher aux courroies, mais l'arrivée constante de nouveaux talents les repousse en arrière, jusqu'à ce que la pression devienne trop forte et qu'ils soient jetés dehors. Garder son équilibre mental à Hollywood représente une tâche gigantesque.

Lorsqu'ils arrivent à Hollywood, les gens changent. Il était difficile de s'y débrouiller il y a quarante ans, et cela n'a pas changé. Dans cette ville, Cliff Robertson a dénoncé David Begelman comme voleur et faussaire; résultat : Begelman a reçu une formidable ovation dans un restaurant d'Hollywood, tandis que Robertson a été porté sur la liste noire pendant quatre ans. Les mauvais jours, on ne peut s'empêcher de songer aux paroles de Tallulah Bankhead : « Qui dois-je baiser pour me tirer de cette histoire ? »

Je crois que nombre de scénaristes, de réalisateurs et d'acteurs parviennent aujourd'hui à en réchapper en ne vivant pas à Hollywood. Beaucoup s'installent à Santa Barbara. Récemment, je me trouvais à une réception fort élégante en compagnie de mon fils Michael à Santa Barbara, où il possède une maison. John Travolta était là, et je lui demandai où il vivait. « A Santa Barbara, me répondit-il. Je ne supporte pas Hollywood. C'est une ville pour les avocats et les agents. » Travolta a connu une affreuse expérience. Ses deux premiers films ont été d'énormes succès, mais le troisième a fait un bide. Il a été réduit à rien.

Il est difficile de se faire des amis à Hollywood. C'est une ville cruelle, malheureuse, et le succès est encore plus difficile à assumer que l'échec. Voyez ce qui est arrivé à Marilyn Monroe, John Belushi, James Dean, Freddie Prinz, Bobby Darin, et tant d'autres qui se sont suicidés.

Je fus donc heureux le jour où Lex Barker, un autre jeune acteur, m'invita à le rejoindre au club de tennis de Westwood, dont il était membre. Il me fit visiter l'endroit, puis me dit : « Dommage que nous ne puissions pas avoir ici des clubs comme dans l'Est. Ici, il y a trop de Juifs, alors on est bien obligés d'en admettre quelques-uns. » Ironie de l'histoire, il venait à peine de terminer un tournage sur *Crossfire*, l'un des premiers films d'Hollywood à traiter de l'antisémitisme. Je n'avais pas l'air de lui avoir fait une impression particulière. « Bien sûr, Lex, lui dis-je, je comprends. Mais comme je suis moi-même Juif, j'ai un point de vue un peu différent. » Son visage s'empourpra.

Le Country Club de Los Angeles, le club le plus grand et le plus riche de la ville, est interdit non seulement aux Juifs et aux Noirs, mais aussi à quiconque est lié à l'industrie du cinéma. Curieux, non? Joe Drown, le propriétaire de l'hôtel Bel Air, me dit un jour en souriant qu'il ne serait pas admis au club.

« Mais enfin Joe, lui dis-je, tu n'entres dans aucune de ces catégories.

— Mais je suis un personnage à risques! Je pourrais *épouser* quelqu'un dans le show-business. »

De temps à autre, on assouplit les règles, et les Juifs sont admis comme hôtes privilégiés. Cela permet aux clubs de s'accrocher à un statut qui les exempte d'impôts. Une fois, ils m'accordèrent une carte d'hôte valable une journée, et j'amenai avec moi Carl Rowan, le journaliste noir, et Bob Hope. Les membres du club se montrèrent très polis. Randolph Scott, lui, aimait jouer au golf et possédait une maison à côté du terrain; pendant des années, il dut se contenter de regarder avec envie le beau terrain de golf, bien que de temps à autre on l'invitât. C'était un bon joueur. Finalement, ils se décidèrent à l'admettre. Les préjugés déclinent donc... Si l'on est un acteur WASP et que l'on promet de ne plus tourner de films, alors on a des chances d'être admis au Country Club de Los Angeles.

Combien de candidats aux élections présidentielles promettent de représenter le peuple dans sa totalité... toutes fois et couleurs confondues. Une fois élus, ils servent leur pays, représentent tous les citoyens, quelle que soit leur foi. Et que font-ils, après avoir quitté leurs fonctions? Le grand général Eisenhower s'est empressé de devenir membre du club El Dorado de Palm Springs... Ni Juifs, ni Noirs. Gerald Ford s'est précipité au Thunderbird de Palm Springs, violemment antisémite. Lorsque le président Reagan ne sera plus président, rejoindra-t-il le Country Club de Los Angeles? Quelle hypocrisie! Comment peut-on occuper ainsi les plus hautes fonctions de l'Etat, représenter le pays dans son ensemble sans que cela semble le moins du monde les atteindre, les faire changer? On en vient à se demander ce qu'ils avaient en tête quand ils étaient présidents. Personne ne semble trouver cela critiquable, on accepte, la vie suit son cours. *Gentleman's agreement*.

Diana joua dans une pièce, *Major Barbara*. Elle y fut merveilleuse, et cela semblait lui ouvrir des portes. « Tu es une véritable actrice de théâtre, lui dis-je. Tu devrais jouer à Broadway.

– Je ne peux quand même pas te laisser seul avec les enfants, répondit-elle.

– Pour une fois dans ta vie, montre-toi totalement égoïste. Vas-y, lance-toi! Nous avons une excellente gouvernante. Et puis je serai aussi à la maison avec eux. Nous pouvons tous habiter dans la grande maison tant que tu seras partie. Au moins, essaye.

– Bon, tu as raison. Je vais partir. »

Elle retourna donc à New York. Elle y passa deux mois sans que rien de bien clair se dessinât, et je l'appelai au téléphone pour lui demander si elle comptait revenir pour Thanksgiving. Elle me répondit qu'elle avait réfléchi à cette séparation, aux aspects légaux, qu'elle en avait parlé à un avocat, et qu'elle était convaincue à présent que l'heure était venue de divorcer. « Il faut en parler de vive voix », lui dis-je, et elle en convint.

Diana revint en Californie pour Thanksgiving, et nous parlâmes... de notre mariage romantique sous la haie de sabres, de l'immeuble Pontalba de La Nouvelle-Orléans, où nous mangions des beignets arrosés de café, puis de ce château désert au sommet de la colline. Il y avait tant de moments de tendresse dans notre vie commune. Mais à présent, nous en convenions tous les deux, c'était fini. Pourquoi les gens divorcent-ils? Pourquoi se marient-ils? Que s'était-il passé? Je cherchais des réponses sans les trouver.

Peut-être Diana avait-elle raison... je devais chercher en moi-même. Je décidai d'aller voir un psychiatre. J'avais été infidèle; Diana le savait. C'était trop facile... Il y avait la tentation constante de ces filles magnifiques, leur fréquentation quotidienne, les loges d'artistes. C'était parfois irrésistible, même si cela ne tirait pas à conséquence.

Je pensais qu'en une dizaine de jours de discussions, le psychiatre et moi viendrions à bout de mes problèmes. Après tout, à l'époque je croyais encore que mon enfance avait été très heureuse... Bien que pauvres, nous formions une grande famille heureuse. Mais lorsque Kirk Douglas s'allongea sur le divan, il se retrouva dans la situation d'Issur dormant tout seul dans le salon. Il eut un choc en découvrant qu'il avait eu une enfance misérable. Il se mit à pleurer. Quelle douleur de devoir faire face à Issur, le petit Issur qui se dissimulait toujours derrière la poubelle. J'étais encore trop effrayé pour le regarder en face. il me fallait pleurer les choses que je n'avais pas eu la force de pleurer, accepter les tragédies de mon enfance, comme la mort de mon chien Tigre. Enfouis depuis tant d'années, la haine et le ressentiment jaillirent comme de la lave. Cette haine et ce ressentiment étaient dirigés la plupart du temps contre des « ils » anonymes, des « ils » qui semblaient tout diriger. Il vaut mieux être bon dans mes films, parce que s'« ils » ne m'aiment pas, je n'ai aucune chance d'en réchapper. Dans mon esprit, ces « ils » représentaient les gens d'Amsterdam, si paternalistes, si condescendants. « Oh, oui, les pauvres Demsky. Une famille merveilleuse, et si gentille. C'est quand même une honte. » Bien sûr « ils » disaient qu'aussi longtemps que les Demsky seraient écrasés, eux-mêmes se sentiraient forts et en sécurité. A présent, à Amsterdam, tant de gens se vantent de nous avoir aidés, de nous avoir donné à manger, de nous avoir invités à des repas. Si ces gens avaient vraiment fait ce qu'ils racontent, nous aurions fait six repas par jour et aurions vécu comme des rois.

Au bout de cinq ans, je cessai d'aller voir mon

psychiatre. J'avais appris : 1) Que tout le monde a des problèmes, plus ou moins importants. Certains, simplement, s'en accommodent mieux que d'autres; 2) Qu'on ne termine jamais une analyse; 3) Que mon médecin était plus cinglé que moi.

Cela aurait été presque plus facile si nous avions divorcé parce que j'étais tombé follement amoureux d'une « autre femme », ou que Diana avait trouvé « un autre homme ». Mais ce n'était le cas ni pour elle ni pour moi.

Je dis à Diana qu'il lui fallait trouver un bon avocat. Elle me répondit qu'elle en avait déjà un... Arnold Crakower, l'époux de Kathleen Winsor, l'auteur d'*Ambre*. Je pensais qu'il s'agissait d'un quelconque minable, et je lui dis que je le surveillerais. Quelle erreur! « Dis donc, lui dis-je quelque temps après, espèce de petite cachottière, comment as-tu fait pour obtenir le meilleur avocat de divorce de New York? – Hein? Mais je n'en savais rien! » J'appris que Crakower avait plaidé le divorce de Kathleen Winsor d'avec Artie Shaw, et qu'elle était la seule des sept femmes de Shaw à avoir obtenu une pension alimentaire. Mon avocat à moi, engagé sur les conseils de mon ami Sam Norton, était Jerry Rosenthal, l'avocat qui avait défendu les intérêts d'Artie Shaw au cours de cette procédure de divorce. Les deux avocats se haïssaient cordialement. Ils ne savaient comment traiter avec nous. Moi, je disais : « Donnez à Diana ce qu'elle veut, tout ce dont elle a besoin. » Diana, de son côté, déclarait : « Mais ce pauvre garçon a travaillé tellement dur pour en arriver là où il est. On ne peut pas lui mettre ça sur le dos maintenant qu'il gagne enfin un peu d'argent. Ce n'est pas juste. » Notre divorce se déroula à l'amiable, mais dans le bureau nos deux avocats en vinrent aux mains, sous notre regard médusé à tous deux.

Diana entama la procédure de divorce en février

1949. A l'époque, il n'existait pas de divorce par consentement mutuel. Il fallait que l'un des deux époux fût en tort, il fallait avoir des raisons précises, ainsi que des témoins, ce qui rendait les choses infiniment plus déplaisantes. La cruauté mentale nous semblait l'accusation la plus bénigne, et nous optâmes pour cette solution.

Diana se présenta au tribunal en compagnie de Ronnie Cowan et raconta une histoire de réception où je serais arrivé en retard et où je l'aurais poursuivie à genoux. Ronnie appréciait visiblement son rôle à la barre. Elle embellit son témoignage. « Vous savez, lorsque la pauvre Diana est arrivée à la réception, personne ne savait où était Kirk, et elle rougissait.

– De honte? demanda le juge.

– Non, elle rougissait parce qu'elle était gênée. Votre Honneur. »

Diana commençait à avoir le fou rire, mais elle parvint à se contenir. La télévision et la presse étaient venues en nombre, et elle imaginait déjà les gros titres : *Mme Douglas divorce au milieu des éclats de rire*. Elle se précipita à la maison après l'audience. Nous prîmes une bière ensemble, puis regardâmes notre divorce aux informations télévisées du soir. Nous riions, mais ce n'était pas drôle.

Mon couple, Hollywood et le monde entier se séparaient au même moment. A Hollywood, on ne parlait plus que des listes noires. Au cours des deux années précédentes, la peur des rouges n'avait fait que grandir. Portée par une vague d'hystérie post-guerrière, la *House Un-American Activities Committee* (Commission parlementaire d'enquête sur les activités antiaméricaines), la HUAC, dirigée par le sénateur Joseph « Tailgunner Joe » McCarthy, traquait les subversifs sur tout le territoire des Etats-Unis. D'après McCarthy, nous étions tous en danger : à chaque coin de rue, derrière chaque lampadaire se dissimulait un communiste. Hollywood était dans le collimateur; nous pouvions infliger d'immenses dommages au pays en répandant de la propagande, et ils comptaient faire un exemple avec nous. Déjà beaucoup de gens se demandaient pourquoi leur téléphone avait cessé de sonner, pourquoi ils ne travaillaient plus, n'étaient plus invités aux réceptions, pourquoi ils ne parvenaient plus à joindre leurs agents... Des gens comme Edward G. Robinson, John Garfield, Larry Parks. Nul besoin d'être formellement accusé de quoi que ce soit, des insinuations dans la presse pouvaient suffire à ruiner une carrière. Personne ne savait qui serait la prochaine victime.

Le champion sortit en juillet 1949. Je n'ai jamais eu le sens de l'orientation. C'était le soir de l'avant-première. Je conduisais moi-même ma voiture. On m'avait donné l'adresse, mais bien entendu je ne parvenais pas à trouver le cinéma. Lorsque j'y arrivai enfin, Stanley Kramer faisait les cent pas devant le cinéma, sous une marquise où s'inscrivait en gros : AVANT-PREMIÈRE. Mon retard le contrariait visiblement beaucoup. Tout le monde était déjà à l'intérieur; la projection avait commencé. J'étais nerveux. Je craignais les réactions du public. A la fin de la projection, tout le monde sortit après avoir rempli les cartes d'appréciation. Un grand nombre d'agents étaient venus assister au fiasco, car ils s'étaient tous opposés à ce que je tourne ce film. Une grande partie des gens de Famous Artists Agency étaient là, hochant la tête. Je les imaginais consternés par le film. Je me rendis compte plus tard qu'en fait ils étaient frappés d'admiration. Puis, dans le bureau, nous nous mîmes à lire les cartes d'appréciation... toutes favorables. C'était un premier indice : le film pouvait avoir du succès.

Diana alla s'installer à New York avec les deux garçons, dans un appartement du West Side. Pourquoi les enfants doivent-ils toujours aller avec leur mère ? Je me souviens de ce que je ressentais lorsque nous avons quitté mon père. Les choses ont beaucoup changé de nos jours, mais à l'époque, ni elle ni moi n'avions songé que mes fils pourraient vivre avec moi, ni même qu'ils pourraient avoir *envie* de vivre avec moi. Je prenais l'avion pour New York chaque fois que j'en avais l'occasion, et ils venaient passer les vacances d'été, et souvent celles de Noël et de Pâques avec moi. Diana et moi faisions en sorte que tout se passe bien. Et en accord avec ce que nous avions décidé, les enfants ne reçurent aucune éducation religieuse.

C'était dur pour elle et moi, mais nous nous estimions quittes car nous étions tous les deux jeunes encore et avions notre vie devant nous. En outre, nous nous sommes séparés avant que la situation ne devienne invivable. Nous avons conservé le plus grand respect l'un pour l'autre. J'aimais bien Diana, et c'est toujours le cas. Les gens s'étonnent de cette amitié qui a perduré. Souvent, on me crédite injustement des talents de Michael, comme s'il n'avait que mes gènes. Diana est une actrice de talent, et Michael a hérité de nous deux. Ma femme et moi voyons Diana et son mari Bill assez souvent; nous nous téléphonons, nous dînons ensemble, nous nous voyons avec les enfants. Ils sont venus dans notre maison de Palm Springs et nous avons noué une relation tout à fait agréable avec eux. J'ai travaillé avec Diana et son mari, Bill Darrid, un homme de grand talent. C'est quelqu'un que j'apprécie beaucoup et je ne lui serai jamais assez reconnaissant de s'être montré un beau-père aussi merveilleux pour Michael et Joel.

A présent j'étais seul, malheureux dans ce rôle que je n'avais jamais voulu jouer : celui de célibataire. Je quittais la ville les fins de semaine, misérable, m'apitoyant sur mon sort, et me retrouvais dans le même état au retour. Au fond de moi, j'étais extrêmement malheureux.

C'est alors que je le vis... Issur. Il ne guignait pas derrière une poubelle. Il se tenait debout, regardait Kirk. Kirk haïssait Issur. Chaque fois que Kirk faiblissait, Issur redevenait le plus fort. A présent, il regardait Kirk en hochant la tête.

« *Qu'est-ce que tu as? demanda Kirk.*
— *Rien. C'est plutôt à toi qu'il faut demander ça. Je suis désolé de te voir dans cet état-là, dit Issur d'une voix si calme qu'elle exaspéra Kirk encore plus.*
— *Je n'ai pas besoin de ta pitié, répondit sèchement Kirk. Retourne derrière ta poubelle.*
— *Mais je pourrais t'aider, dit Issur, toujours aussi calmement.*
— *Je n'ai pas besoin de ton aide! hurla Kirk, au bord de la crise de nerfs.*
— *Tu as besoin que quelqu'un t'aide.* »
Kirk ne répondit pas.
« *Qu'est-ce que ça t'a apporté de t'amuser avec toutes ces filles?* » *reprit Issur.*
Kirk serra les dents et se concentra sur la conduite de sa voiture. Sur le trottoir, il aperçut une longue file de gens. Comme d'habitude, le monde entier s'amusait sans lui. Ses doigts se crispèrent sur le volant.
« *Quel mal y a-t-il à baiser de jolies femmes? lança-t-il avec colère.* »
En regardant par la vitre, il aperçut la file de gens qui tournait à un coin de rue et se poursuivait de l'autre côté.
Arrêté à un feu rouge, Kirk s'efforça de ne plus écouter, et il se demanda pourquoi les gens faisaient ainsi la queue.
« *Tu as perdu Diana. Tu as perdu Michael. Tu as perdu Joel.* »
Tout en observant les gens qui faisaient la queue, Kirk s'efforçait de refouler ses larmes.

« Et où es-tu maintenant? Nulle part. Et qui es-tu? Personne. »

Les larmes qu'il n'avait pu retenir roulaient à présent sur les joues de Kirk. Puis il s'aperçut que la file de gens prenait fin sous la marquise d'un cinéma :

KIRK DOUGLAS

LE CHAMPION

« Personne, hein? explosa Kirk. Va te faire foutre, Issur! Kirk est une vedette! »

8

STAR

Le Champion fut un succès. Inespéré. Charlie Feldman m'appela lui-même pour me le dire. Quelle nouvelle, mon agent m'appelait, à présent! Pouvions-nous dîner ensemble le soir même? Etais-je libre? En tout cas, je me débrouillai pour l'être. « Je m'occupe des réservations au Romanoff », me dit-il. Vu ma relation avec le maître d'hôtel, je lui en étais reconnaissant. Je me retrouvai donc à une table de choix en compagnie de Charlie Feldman, qui dégoulinait de charme et dissertait avec légèreté sur les sujets les plus divers. Le prince Romanoff lui-même vint s'entretenir avec nous; ce petit homme avec son accent d'Oxford se tenait très droit, vêtu de façon immaculée, les mains jointes devant lui, le nez bourbonien surplombant une fine moustache. Un vrai prince... j'étais impressionné. Derrière le bar était accroché un tableau le représentant en habit impérial. Il s'assit à notre table et nous parla d'une invitation qu'il avait reçue pour une soirée de bienfaisance. Il avait demandé à voir la liste des invités; il était inconcevable de se rendre à une telle soirée si tous les gens qu'il faut inviter en pareil cas n'étaient pas présents. Une limousine vint le chercher, l'amena à la soirée, puis le ramena à l'hôtel où il avait pris une suite; il apprit alors qu'il venait d'être mis dehors parce qu'il avait deux semaines de loyer en retard. Abusé, j'éclatai de rire. Plus tard, Charlie m'expliqua que le prince Romanoff était un aristocrate de... Brooklyn. Ce n'en était pas moins un charmant causeur. Ce que j'appréciais particulièrement en lui, c'était son sens de l'humour. Il adorait raconter des histoires à son propos.

Après le dîner, Charlie suggéra, d'un ton dégagé :
« Arrêtons-nous chez Warner.
– Oui, bien sûr. »

Je me demandais tout de même ce que nous allions faire dans les studios à une heure pareille. Puis je compris : il ne pensait pas à la compagnie Warner. Il pensait à la maison. La maison personnelle de Jack Warner.

Bientôt, nous roulions sur un chemin en lacet après avoir quitté Angelo Drive. Un autre château en haut d'une colline. Mais ici, le crottin de cheval se trouvait *à l'intérieur*. Un valet nous ouvrit la porte et nous conduisit dans une somptueuse bibliothèque. Il nous servit un verre et nous informa que M. Warner et ses invités terminaient leur dîner. A en juger d'après les voitures à l'extérieur, il devait y avoir beaucoup de monde. J'entendais des voix dans la pièce voisine, des voix de femmes : « *Le champion*? Qu'est-ce que c'est que ça? – De la boxe? – Je déteste les films sur la boxe. – Kirk comment? Qui est-ce? » Visiblement, on allait projeter *Le champion* après le dîner.

Je regardai autour de moi. Au mur étaient accrochés deux tableaux de Dali. Le premier était un portrait d'Ann Warner, la femme de Jack, que je trouvais fascinant. Son visage avait quelque chose de tragique. Les piliers de la maison constituaient l'arrière-plan, mais ils étaient tous en ruine. C'était une représentation de la tragédie au milieu des ruines. De l'autre côté, se trouvait un portrait de Jack Warner, complètement luisant... cheveux pommadés, visage brillant, sourire factice, un œillet rouge à la boutonnière. Plat, superficiel. Avaient-ils compris ce que Dali avait fait dans ces deux tableaux! Ces deux œuvres étaient extraordinaires. Je ne sais pas ce qu'elles sont devenues.

Le valet nous conduisit dans une grande et confortable salle de projection. Je m'assis et obervai Charlie Feldman circuler au milieu des invités, très à l'aise. Il revint vers moi en compagnie d'un homme de taille moyenne, les cheveux noirs et luisants, une très fine moustache : l'homme du tableau de Dali. Charlie, mon nouveau copain, me passa le bras autour de l'épaule : « Kirk, je te présente monsieur Jack Warner. »

Tandis que je grommelais quelques mots, Jack Warner prit une position de boxeur et me dit : « Eh bien, mon garçon, voyons si vous êtes aussi bon qu'on le dit. »

Je me sentais très mal à l'aise. Lors de mon entrée, tout le monde m'avait ignoré, mais à présent que la projection était terminée, tout le monde me regardait comme si je venais d'arriver. Charlie devenait soudain mon agent et préparait une affaire avec Jack Warner. Les femmes me lorgnaient comme si elles voyaient à travers mes vêtements.

Je reçus à cette époque un long télégramme, très flatteur, de Joan Crawford, me félicitant de ma « magnifique interprétation ». Impressionné, je l'appelai pour la remercier. Aussitôt, sans presque m'en rendre compte, j'avais rendez-vous avec elle pour dîner. J'allais sortir avec Joan Crawford! J'étais tout excité à l'idée de rencontrer une telle vedette... une légende vivante... quelqu'un que j'avais admiré au cinéma et à propos de qui j'avais fantasmé à l'adolescence. J'allai la chercher chez elle. Elle avait déjà arrangé avec précision le déroulement de la soirée : où nous irions dîner, à quelle heure, le chemin à prendre pour gagner le restaurant. Elle avait probablement dû décider également ce que j'allais manger.

La claustrophobie s'empara de moi très rapidement. A elle toute seule, Joan Crawford valait bien ma mère et mes six sœurs. Il fallait s'imposer. « Non, nous n'irons pas à tel restaurant. » Elle me regarda, stupéfaite. « Non, nous allons... » je lançai un nom au hasard : « ... chez Don the Beachcomber. » Elle bouda un peu, guère habituée à ce que l'on contestât ses ordres.

Au cour du dîner, elle se montra à la fois attentive et charmeuse, ses yeux *clignotant comme ceux d'un hibou*[1]. Nous retournâmes chez elle. Nous ne dépassâmes pas le vestibule. La porte se referma et elle laissa glisser sa robe. Elle avait un corps ferme, magnifique. Nous nous retrouvâmes sur le tapis. Tandis que nous faisions l'amour, elle murmura : « Tu es si propre. C'est merveilleux de t'être rasé les aisselles pour tourner *Le champion*. » Un vrai remède à l'amour! Je ne comprenais même pas ce qu'elle voulait dire. J'ai les poils très clairs, mais je ne me rase pas les aisselles. Curieuse réflexion, et curieux moment pour la faire. Le souffle de ces paroles dispersa tous mes fantasmes à propos de Mlle Crawford.

Ensuite, nous nous rhabillâmes. Elle m'emmena en haut et me montra fièrement ses deux enfants... la façon dont ils étaient étroitement sanglés dans leurs lits, comme elle les avait si bien langés. Tout était clinique, professionnel. Il n'y avait aucune chaleur, comme dans l'amour que nous avions fait. Je partis rapidement.

Charlie Feldman m'appela au téléphone. Deux fois de suite! Pouvais-je passer à son bureau? J'admirai le ton interrogatif! La secrétaire de Charlie m'introduisit dès mon arrivée, mais j'aperçus au

---

[1]. En français dans le texte *(N.d.T.)*

passage un jeune acteur qui attendait, assis sur une chaise. Cela continue-t-il ainsi? Charlie était de bonne humeur. « J'ai préparé un arrangement pour vous avec Jack Warner... huit films, un par an, sans options. Vous n'aurez plus qu'à attendre chaque année qu'on veuille bien vous prendre sur un film.

– Je ne sais pas...
– Hein? Vous ne savez pas? Mais vous devriez être enchanté!
– Je ne veux pas être lié à une compagnie pendant huit ans.
– Mais c'est un excellent contrat! Pas d'options et seulement un film par an. Vous pourrez faire tout ce que voudrez par ailleurs.
– C'est quand même un piège. Ils peuvent me ligoter avec ce seul film jusqu'à ce qu'il ne me reste plus de temps pour autre chose. Je n'en veux pas. »

Charlie était furieux.

Les compagnies étaient pourries. Elles exploitaient aussi bien les acteurs que les scénaristes et les réalisateurs. Tous leurs contrats étaient léonins. Les agents que l'on payait pour être représentés étaient au mieux avec les compagnies. Lorsque j'arrivai à Hollywood, le contrat habituel de sept ans, avec toutes les options pour la compagnie, était presque de l'esclavage. Olivia de Havilland finit par attaquer la Warner Brothers en justice : selon elle le contrat était contraire à la Constitution, la réduisait en esclavage. Elle gagna son procès. Un grand pas était fait, mais les compagnies étaient toujours très puissantes. J'hésitais à signer ce contrat; Charlie me pressait. Je lui dis que je devais aller dans l'Est pour faire la promotion du *Champion*, et que pendant ce temps-là j'y réfléchirais.

La télévision venait de commencer, et les compagnies de cinéma ne savaient pas comment traiter avec elle. Elles auraient facilement pu accompagner ses premiers pas et elles s'en seraient assuré la maîtrise. Qu'est-ce que la télévision sans les films ? Des impulsions électriques qui traversent les airs, c'est tout. Jack Warner prononça un édit : « Personne ne va à la télévision. » Et pourquoi n'irais-je pas, moi ? Marilyn Maxwell et moi fûmes parmi les premiers acteurs de cinéma à apparaître à la télévision. Nous réalisâmes une scène tirée du *Champion* pour promouvoir le film, comme une publicité animée.

Je partis pour New York. Pourquoi n'étais-je pas heureux ? On me disait que le film remportait un grand succès. Réalisant un vieux rêve, je pris une suite au 25e étage du Hampshire House. Une nuée de grooms y portèrent mes bagages. Je leur donnai de l'argent et les renvoyai. Une fois seul, je m'approchai de la fenêtre et regardai dans le parc. C'était l'hiver. Des gamins faisaient des glissades sur des couvercles de poubelles. Tout le monde semblait heureux. Tout le monde sauf moi. J'étais plus heureux quelques années auparavant, traversant le parc avec mes amis, les poches pleines de pourboires, la panse pleine de bière, lorsque je rêvais de prendre un jour une chambre au Hampshire House. Plus rien ne me plaisait. Un jour, plus tard, je dis à mon fils : « Michael, si quelque chose de bien t'arrive, arrête-toi. Jouis-en. Savoure-le. » Pour moi, cela n'a jamais été facile.

J'allai rendre visite à Diana, Michael et Joel. Ils vivaient dans un modeste appartement de la 84e Rue Ouest. Je me promis que dès que j'aurais un peu d'argent, ils vivraient dans de meilleures conditions. En arrivant, j'embrassai Diana sur la joue. Michael se mit à pleurer. Trente-cinq ans plus tard, il me dit qu'il avait été sidéré. Il pensait que son papa et sa maman étaient fâchés. Je me rendis compte alors de la tension qui avait dû régner entre Diana et moi, tension dont il avait été parfaitement conscient. Je m'efforçai d'être gai et agréable, mais j'étais maladroit. J'avais tellement envie de créer avec Michael et Joel la relation que j'aurais aimé avoir avec mon père. Les garçons suivaient les cours de l'école privée Allan Stevenson. Je m'intéressais à leur travail, les grondais s'ils ne le faisaient pas bien. Je voulais qu'ils sachent que je me souciais d'eux. Pourtant, il y avait un mur entre nous. Peut-être avaient-ils le sentiment que je les avais abandonnés. Nous n'en parlions jamais. Il est difficile d'être un père.

Je songeais à mon père à Amsterdam, seul. Ma mère vivait à Albany avec Betty, et mes autres sœurs dans les environs. Elles étaient toutes parties d'Amsterdam, mais elles n'étaient pas allées bien loin : 55 kilomètres. Comme mon père, j'étais seul moi aussi. Je rêvais de lui acheter un ranch avec de beaux chevaux. Mon père aimait les chevaux, il avait un don. A Amsterdam, les gens les lui amenaient : il ouvrait la bouche des chevaux, regardait leurs dents et donnait leur âge.

J'imaginais mon père arpentant son ranch sous un beau ciel bleu, discutant avec les cowboys. Ils le trouveraient casse-pieds comme tout, mais ils n'y pourraient rien. Le propriétaire du ranch, c'était moi. Je pourrais y faire des séjours de temps à autre avec mon père. Il fallait que je voie mon père.

J'arrivai à Amsterdam en début d'après-midi. Je passai en voiture devant le Rialto Theatre, où avait eu lieu la remise des diplômes de fin d'études secondaires. On y jouait *Le champion*.

Sur mes conseils, mon père ne vivait plus tout seul. Je lui avais donné de l'argent pour qu'il prenne des chambres au Ward Hotel, au-dessus du Boggi's saloon, au coin de East Main Street et de Lark Street... à quatre blocs de notre vieille maison, à mi-chemin de Eagle Street et de DiCaprio.

Il me fallut une minute pour que mes yeux s'habituent à l'obscurité de chez Boggi, et je finis par l'apercevoir, assis au bar. Il buvait son habituel mélange : une rasade de whisky suivie d'une rasade de bière. Le patron du bar me reconnut, et avec tact s'éloigna, me laissant seul avec mon père.

« Bonjour, papa.

– 'Jour. »

Il se leva et m'embrassa sur la bouche, à la russe. Je fus choqué en découvrant que j'étais plus grand que lui. Il m'avait toujours semblé si grand.

« Comment ça va, papa? »

Un grommellement.

J'étudiai le visage de mon père. Il avait beaucoup vieilli. Il n'avait plus de moustache. Il avait aussi perdu une de ses dents de devant, des dents qu'il ne brossait jamais (« Ça fait bouger les dents », disait-il toujours), des dents avec lesquelles il pouvait décapsuler des bouteilles ou mâcher du verre. Il pouvait aussi les faire grincer avec un bruit terrible. Je n'avais nulle envie de lui demander de le faire à nouveau. Il avait encore tous ses cheveux, mais ils étaient complètement gris. Et il n'était pas rasé, ce qui chez lui était inhabituel.

Je n'ai jamais vu mon père se raser lui-même. Nous étions pauvres, mais il allait se faire raser chez un coiffeur. Des années plus tard, à New York, je me dis que j'étais riche, et je demandai au coiffeur de me faire la barbe. Un vrai luxe. J'y pris un réel plaisir. Je pouvais me l'offrir. Mais ce fut la seule fois.

Après un long silence, je lui dis :

« J'ai fait un nouveau film, papa.

– Ah ouais?

– *Le champion*.

– Ouais. »

Nouvelle et longue pause.

« Tu l'as vu, papa?

– Ouais.

– Ça t'a plu?

– Ouais. »

C'était là une bien longue conversation. Il commanda une nouvelle tournée. Je lui donnai un peu d'argent et partis. Je m'installai dans la limousine qui m'attendait et dis au chauffeur de me conduire à Albany.

Des années plus tard, j'appris que mon père était allé voir *Le champion* avec l'un de ses compagnons de beuverie. Lorsque mon adversaire me massacrait sur le ring, mon père se couvrait le visage de ses mains. Vers la fin du combat, alors que je reprenais le dessus, mon père se leva et lança dans son anglais approximatif : « Issur, rent' lui dedans! Issur, rent' lui dedans! »

Si seulement mon père avait pu me dire : « Issur, rent'lui dedans », lorsque j'étais enfant. Mon père se couvrait les yeux lorsqu'un maquillage sanguinolent coulait sur le visage de Kirk Douglas, mais le jour où l'on avait ramené à la maison le petit Issur, blessé, saignant réellement de la tête, mon père, de l'autre côté de la rue, avait grommelé : « Voilà ce qui arrive quand on va tout le temps jouer dehors! » C'est ce jour-là qu'il aurait dû se couvrir les yeux. Des années plus tard, j'appris combien mon père était fier de moi. Mais mon père était mort, et ses encouragements me parvenaient trop tard.

J'étais bien décidé à offrir ces encouragements à mes enfants. Mais souvent, nous n'offrons à nos enfants que ce dont nous avons nous-même besoin. Et ça ne marche pas. Un jour, à Palm Springs, j'emmenai mon fils Eric au bain de vapeur. Les enfants n'étaient pas admis, mais je voulais qu'Eric pénètre dans ce monde d'hommes. Moi j'avais besoin de cela, mais peut-être Eric n'en avait-il pas besoin du tout.

A Albany je fus accueilli de façon toute différente. Toutes mes sœurs étaient rassemblées chez Betty, elles parlaient toutes en même temps, me serraient dans leurs bras, m'embrassaient. Leurs maris étaient là aussi. Ma mère était assise à la place d'honneur, elle me tenait la main, rayonnante de bonheur.

La table croulait sous les plats : bortsch, poisson farci, poisson blanc, saumon fumé, gâteaux fourrés, pâtisseries, boissons. Toutes choses que mon père aurait tellement aimées! Je regardai ma mère. A présent, elle avait l'air forte, alors que mon père semblait faible. Peut-être ma mère avait-elle toujours été forte. Il avait bien fallu, pour élever sept enfants, faire le ménage, nous nourrir tous avec le peu de nourriture dont elle disposait. Mais à l'époque je la voyais faible. Je la revois les jours de sabbat, assise calmement sur son fauteuil à bascule, l'air apaisé. Il m'avait toujours semblé que c'était mon père qui était fort, mais c'est peut-être ma mère qui avait toujours été la plus forte. Peut-être? Mais c'était sûr! Méfiez-vous des femmes... Elles semblent parfois faibles, mais en réalité elles sont fortes.

J'étais submergé par l'amour de ces sept femmes. Je m'efforçais de rire, d'avoir l'air heureux, mais je me sentais de plus en plus faible, comme mon père. Je commençais à suffoquer. La pression était trop forte. Pourquoi papa n'était-il pas ici? Avec lui à mes côtés, je me serais senti plus fort.

Tant que ma mère vécut, je fis un effort. Une fois par an au moins, j'emmenais ma mère, toutes mes sœurs, leurs maris et leurs enfants dans un restaurant. Un jour, pour animer un peu le repas, j'organisai une cérémonie à la manière de la remise des Oscars. Je décernai à mes beaux-frères des BILLY's (de *brothers-in-law*, beaux-frères), pour les services méritoires qu'ils avaient rendus en épousant mes sœurs, et pour le courage qu'il avait fallu pour les supporter. J'avais fait calligraphier un certificat et l'avais remis d'une façon que je croyais amusante. C'était une plaisanterie. A ma grande surprise, je vis les yeux de tout le monde se remplir de larmes, surtout ceux des lauréats. Impossible d'expliquer que c'était censé être drôle. Pourquoi ne riaient-ils pas? Cela devint une cérémonie des plus sérieuses, et je l'accomplis tous les ans jusqu'à la mort de ma mère.

De retour à Los Angeles, je faisais les cent pas dans le salon presque vide de notre maison de Vado Place. Diana avait emporté presque tous les meubles, ceux qui provenaient du château de sa sœur Ruth, dans le New Jersey. Elle avait laissé l'Aristide Bruant, toujours accroché au mur, qui continuait à me dévisager d'un air sarcastique. Je poursuivis ma ronde. Comme mon père. Je n'étais plus lié à rien. Je n'appartenais plus à mon ancienne famille. Ni à ma nouvelle. Je voulais m'ancrer quelque part. J'appelai Charlie Feldman : j'acceptais le contrat de la Warner. En outre, il y avait en projet deux films que je tenais absolument à faire.

Le premier fut *Young Man With a Horn* (La femme aux chimères), évoquant la vie de Bix Beiderbecke, le trompettiste de jazz. Le film était basé sur un livre de Dorothy Baker, qui avait déjà écrit *Trio*. J'ai beaucoup aimé tourner ce film et travailler avec Harry James, le trompettiste. J'ai même appris à jouer quelques airs à la trompette. C'est un instrument effroyablement difficile, beaucoup plus dur que le banjo. Il ne suffit pas de souffler pour produire un son. Il faut développer ce qu'on appelle une embouchure. Une tension des muscles du visage. Je l'ai encore.

Le film remporta un certain succès, mais je pensais que, par bien des côtés, il aurait pu être plus authentique. Lorsque Bix quitte l'orchestre de Paul Whiteman, il se rend dans un petit club distingué avec des patrons élégamment habillés et un maître d'hôtel en smoking. C'est le même genre de club, en plus petit, que celui qu'il vient de quitter. Pour moi, c'était une grosse erreur. Bix était comme Larry Bird, un des rares Blancs à avoir le sens du rythme.

Il serait allé à Harlem et il aurait fait le bœuf avec les Noirs. J'en discutai avec Curtiz. En vain. J'aurais également changé la fin, je l'aurais rendue vraisemblable... Bix est mort. Mais il fallait une fin heureuse, alors on le voit jouer de la trompette tandis que Doris Day sourit. Dans le livre, le personnage de Doris Day était une fille noire. Mais à l'époque, c'était impossible.

Ma vieille amie Betty Bacall jouait dans ce film avec moi. Elle avait une réplique dont je me souviendrai toujours : « Je ne suis qu'une chèvre intellectuelle des montagnes, qui saute de rocher en rocher. » Comment prononcer une phrase pareille? C'était la première fois que nous travaillions ensemble, nous, les deux gamins de New York; nous étions les deux vedettes du film, et elle était mariée au grand Humphrey Bogart. Un jour, Lauren m'invita à déjeuner au Westside Golf Course, en face de la Warner. Ce club était célèbre pour son antisémitisme. Je ne pus m'empêcher de lui en parler. « Est-ce qu'ils savent que tu es juive, Betty? Pourquoi est-ce que ton mari est membre d'un club qui n'accepte pas les Juifs, Betty? » Betty, qui avait réponse à tout, n'avait pas grand-chose à répondre à ça.

Je traînais, rencontrais un grand nombre de filles. Je connaissais des hommes qui couchaient avec une fille différente chaque soir. Je ne l'ai jamais compris. Et après avoir fait de même pendant un certain temps, je l'ai encore moins compris. C'était frustrant; comme la cuisine chinoise : une heure après, on a faim. J'ai toujours eu besoin d'une relation émotionnelle, de chaleur humaine. Après deux mois environ, je me demandais à quoi je jouais. La masturbation a plus de sens. Au moins développe-t-on une meilleure relation avec ses fantasmes.

Pendant une courte période, je sortis avec Rita Hayworth. Les journaux en firent grand bruit parce que c'était sa première liaison après son divorce d'avec Ali Khan. Rita était très belle, mais c'était une femme simple, nullement sophistiquée. Elle disait souvent : « Les hommes se mettent au lit avec Gilda, mais ils se réveillent avec moi. » Je sentais tout au fond d'elle quelque chose qui m'échappait... une solitude, une tristesse... quelque chose qui me déprimait; je devais m'en écarter. Des années plus tard, je vis une photo de Rita dans un journal. Elle avait la maladie d'Alzheimer. C'était insupportable, je tournai la page rapidement. Le public nourrit tant de fantasmes à propos d'Hollywood. A l'écran, Marilyn Monroe est la femme la plus voluptueuse qui soit. Dans la vie, elle était quelconque. Et toujours en retard.

J'eus une brève aventure avec Patricia Neal. Patricia était élégante, intelligente et très belle. Elle me plaisait beaucoup et c'était réciproque. Mais elle était follement amoureuse de Gary Cooper. Ils venaient de terminer ensemble le tournage de *The Fountainhead*, et ils avaient vécu une extraordinaire histoire d'amour. Gary Cooper faillit quitter sa femme. Je crois qu'auprès de moi, Patricia cherchait à briser l'envoûtement que Gary Cooper exerçait sur elle. En vain. Parfois, dans nos moments de tendresse, elle se mettait à pleurer. J'en étais triste pour elle. Nous assistâmes ensemble à la première de *The Fountainhead*. Pauvre Patricia. Elle ne pouvait y aller avec Gary. Mais je l'ai toujours bien aimée, et je l'aime bien encore. Patricia jugeait tous les hommes à l'aune de son père. Elle me disait que Gary Cooper lui rappelait son père. Patricia finit par épouser l'écrivain Roald Dahl. Je ne l'avais jamais vu mais je me l'imaginais bien : très grand, très mince. Le jour où je rencontrai Roald Dahl, je ne fus pas surpris : il était très grand et très mince. Il ressemblait à Gary Cooper sans cheveux. Je suis sûr que son père devait ressembler à ça, lui aussi. Je n'ai jamais travaillé avec

Gary Cooper, mais je l'ai rencontré plusieurs fois à des dîners. Il n'avait jamais grand-chose à dire. Roald Dahl, lui, avait toujours beaucoup à dire.

Je fis alors une découverte surprenante : je suis souvent attiré par des femmes légèrement prognathes. Ma femme Anne est prognathe. Comme Diana. Pour le rôle principal de *My Darling Clementine*, Darryl Zanuck lui a préféré Linda Darnell, après lui avoir dit : « Je n'aime pas vos dents. »

Gene Tierney était magnifiquement prognathe. Quel charme! J'adorais sa compagnie. Nous échangions des cadeaux. C'était une relation merveilleuse. Mais elle avait de curieuses marottes. Comme une petite fille espiègle, elle tenait absolument à ce que le soir, lorsque je venais la voir, je passe par la fenêtre qu'elle laissait ouverte. Elle n'était pas mariée, ne vivait avec personne, mais après tout, si cela pouvait lui faire plaisir, pourquoi pas? La fenêtre de sa chambre n'était pas trop haute. Peut-être était-ce un aphrodisiaque. Je ne lui posai pas de questions. Le problème ce n'était pas d'obtenir une réponse : c'était de grimper à la fenêtre.

Nous vécûmes une belle idylle jusqu'au jour où je lui dis : « Gene, nous nous complétons à merveille. Ni toi ni moi ne voulons nous marier. » Messieurs, si j'ai un conseil à vous donner, c'est de ne jamais dire à une femme que vous ne voulez pas l'épouser. Ce fut la fin de notre idylle. Je ne sais plus comment cela se fit; nous continuions à nous parler, mais l'histoire d'amour avait pris fin.

Puis elle tourna un film avec Spencer Stracy, *Plymouth Adventure*, et m'annonça qu'elle allait l'épouser. Cela s'était fait si rapidement que je ne parvenais pas à y croire. Elle me montra une lettre très romantique qu'il lui avait écrite, dans laquelle il lui disait qu'il allait faire en sorte de pouvoir partir avec elle.

« Gene, je n'y crois pas, lui dis-je. D'abord,

Spencer est marié et il ne divorcera jamais. Ensuite, il a une relation très forte avec Katharine Hepburn, et il n'y renoncera jamais. »

Je ne sais pas ce que Spencer Tracy avait en tête, mais j'ai appris que les femmes aiment nourrir des espoirs. Elles ne veulent pas forcément épouser l'homme avec qui elles vivent une aventure, mais elles aiment sentir qu'il pourrait se passer quelque chose. Je commis l'erreur de lui dire franchement que je ne voulais pas l'épouser, mais un autre homme arrivait alors, lui disant dans sa lettre ce qu'elle voulait entendre.

Des années plus tard, Gene fit un séjour en asile psychiatrique. Elle en sortit apparemment « guérie ». Mais guérie de quoi? Elle avait perdu tout son éclat, tout son charme. Je crois que certaines petites manies ne sont pas si graves. Peut-être, comme les Chinois, faut-il garder quelques rugosités sur la peau, pour avoir le plaisir de se gratter : il y a des choses dont il vaut mieux ne pas guérir. Demander à son amant de passer par la fenêtre ne relève pas de la psychiatrie.

Le deuxième film que je fis pour la Warner fut une déception... pour moi, pour la critique et pour le public. C'était bien dommage car *The Glass Menagerie* (La ménagerie de verre) est une pièce magnifique, et nous avions une distribution extraordinaire. Jane Wyman, qui venait de remporter un Oscar pour *Johnny Belinda* et de divorcer d'avec Ronald Reagan, jouait le rôle d'Amanda, la jeune fille boiteuse qui vit dans ses rêves. Gertrude Lawrence jouait la mère. Arthur Kennedy, le merveilleux acteur qui jouait le rôle de mon frère dans *Le champion*, jouait le rôle du frère de Jane Wyman. Je choisis de jouer le rôle moins important du prince charmant. Malheureusement, la réalisation ne fut pas à la hauteur, et il fallut satisfaire aux caprices de Gertrude Lawrence. Elle exigea que fût inclus dans le film un flash-back dans lequel elle apparaissait jeune, dans toute sa splendeur, afin que nul ne s'imaginât qu'elle était la vieille dame qu'elle était pourtant déjà. Récemment, Paul Newman a réalisé une bien meilleure version, dans laquelle sa femme Joanne Woodward tient son rôle de façon éblouissante.

En rentrant chez moi, un soir, je m'arrêtai à un feu rouge derrière une autre voiture. La portière s'ouvrit, et une jolie petite fille tenant à la main un cahier à couverture en daim se précipita vers moi. « Oh, monsieur Douglas, vous voudriez bien me signer mon cahier? » Tandis que je lui signais son cahier, la femme qui conduisait la voiture sortit elle aussi et me présenta la jeune fille. « C'est ma fille. Elle est dans le cinéma, aussi. Elle s'appelle Natalie Wood. » C'était la première fois que je rencontrais Natalie. Je la vis souvent par la suite, avant qu'elle ne trouve la mort dans un accident affreux.

J'eus une liaison avec Evelyn Keyes alors qu'elle divorçait de John Huston. Nous étions heureux ensemble. Pendant un mois nous avons vécu une relation merveilleuse... chaude, douillette, sensuelle. Le matin, nous nous attardions après le petit déjeuner et parlions. Son appartement était plein de tableaux, mais aussi de magnifiques objets précolombiens. Je me souviens d'un saisissant Tamayo accroché à un mur, un chien, presque un squelette, hurlant à la lune. Elle me dit que Huston voulait récupérer les œuvres d'art. « Pourquoi les lui rendre? lui dis-je. Tu étais mariée avec lui, il faut que tu gardes quelque chose pour être à l'abri du besoin. » Je ne crois pas que John se soit jamais douté que c'était moi qui lui avais conseillé de ne pas lui rendre les œuvres d'art. Je n'ai pas mon pareil pour donner des conseils aux autres!

Elle travaillait à la Columbia. On disait qu'elle avait une liaison avec Harry Cohn. Je n'en sais rien. Je sais seulement qu'un jour, elle m'invita à venir déjeuner avec elle au studio, un jour de tournage. J'entrai dans les locaux de la Columbia et déclarai à la réception que je voulais voir Evelyn Keyes.

« Un instant, s'il vous plaît. »

J'attendis un bon moment. Finalement, le garde revint et me dit :

« Vous n'êtes pas autorisé à entrer dans les studios.

– Comment ça, je ne suis pas autorisé! Il doit y avoir une erreur. Je suis Kirk Douglas et je suis invité par Evelyn Keyes.

– Je regrette, mais ce sont les ordres.

– Et qui a donné ces ordres? »

Un peu honteux, le garde m'avoua :

« Monsieur Cohn. »

J'étais stupéfait. Le matin même, j'avais reçu une invitation à la réception qu'il donnait pour le Nouvel An. Je partis furieux, en hurlant :

« Qu'il aille se faire mettre, Harry Cohn! Et dites-lui qu'il ne compte pas sur moi, pour sa saloperie de fête de Nouvel An! »

Ma relation avec Evelyn se termina peu de temps après. Je ne sais pas pourquoi. Un soir, je partis tôt et ne revins jamais. Bien des années plus tard, elle me dit en plaisantant : « Que s'est-il passé? Tu as disparu. »

J'étais à nouveau au bout du rouleau. Deux mois plus tard, j'étais effrayé. J'allai voir mon analyste et réussis à lui dire que la nuit précédente, j'avais été impuissant. Il sourit. « Vous me dites que vous avez fait l'amour vingt-neuf nuits de suite avec des filles différentes. Et la trentième, vous me dites que vous êtes impuissant. Vous savez, même Dieu s'est reposé le septième jour. »

Ce fut la fin de mon impuissance.

Un jeudi, je me trouvais au Brown Derby. J'avais rendez-vous avec l'un de mes agents, Mortie Guterman, un brave garçon qui adorait les bateaux. Il me proposa d'aller pêcher avec lui. J'avais bien envie de pêcher quelque chose, mais je ne savais pas quoi. Tandis qu'il me parlait, je vis dans la baraque voisine une blonde... un visage magnifique, un corps splendide. J'engageai la conversation avec elle et l'invitai à m'accompagner à Catalina sur le bateau de Mortie. Je passai la prendre le lendemain, et nous nous rendîmes en voiture jusqu'à Balboa où nous devions passer la nuit avant de partir le lendemain matin pour Catalina. Arrivé au motel, je ne pus plus attendre. Avant d'avoir défait les bagages, et alors que Mortie se trouvait dans le salon, nous étions au lit.

Ensuite, toute l'attirance que j'avais éprouvée pour elle s'évanouit. J'étais effrayé à l'idée d'avoir à passer toute une fin de semaine avec elle. Impossible. « Après l'amour, me disais-je, une femme devrait se transformer en table de jeu de cartes, avec trois types autour. » J'étais traqué. Paniqué.

Soudain, le téléphone sonna. C'était la réception de l'hôtel.

« Tout va bien, monsieur?

– Hein? Il faut que je rentre? Quoi, maintenant? Mais je viens à peine d'arriver? Bon... d'accord. Je ferai aussi vite que possible. »

La fille me regardait, stupéfaite.

Je raccrochai et appelai Mortie en hurlant. Puis je le soûlai de paroles.

« T'es d'accord, Mortie? Tu vas à Catalina, et moi je prends la voiture. »

Mortie goba mon histoire sans problème. Je ne cessais de parler. Je mis ma valise dans la voiture, et la dernière vision que je conservai fut celle de Mortie et de la fille dans l'encadrement de la porte (j'espère que Mortie a passé un bon moment), tandis que je m'éloignais en direction de Los Angeles.

Dans la voiture, j'étais furieux contre moi-même.

Un vrai couillon. Comme si je ne pouvais pas passer une fin de semaine avec une jolie fille! Elle n'attendait rien de plus de moi. Une promenade en bateau, le soleil. Le lendemain, peut-être l'aurais-je à nouveau trouvée attirante. Je poursuivis ma route vers Los Angeles.

Je savais que j'avais peur de tomber amoureux. C'est un état douloureux, effrayant. On est faible, vulnérable. Annihilé. La rupture est pire encore. L'amour parfait est peut-être celui qui se déclare rapidement et se termine de même, comme l'aventure que j'avais vécue l'été où j'étais allé à Taxco avec mon professeur d'économie et où je m'étais aperçu qu'il était homosexuel. Seul, mal à l'aise, j'étais parti marcher dans cette ville romantique, où les murs des vieilles maisons sont recouverts de bougainvillées, où les étoiles sont plus basses dans le ciel et où les voitures sont interdites dans les rues pavées et sinueuses qui escaladent la ville. De douces mélodies espagnoles jouées à la guitare flottaient sur le seuil d'une petite cantina. J'entrai. Et comme dans un film d'Humphrey Bogart, il y avait, assise à une table, une fille magnifique. Je la regardai, elle me regarda. Je m'assis au bar. Finalement, nous nous rejoignîmes. C'était merveilleux. Nous nous parlions et nous parlions de nous. Nous étions amoureux. Nous passâmes deux jours et deux nuits merveilleux ensemble, puis elle dut repartir, quelque part dans le Midwest. Nous nous jurâmes de nous écrire, mais je n'ai plus jamais entendu parler d'elle. C'est ça, la perfection. Cette aventure a duré suffisamment longtemps pour exaucer nos rêves les plus merveilleux, mais pas assez pour apporter de blessures.

De retour à Los Angeles, je ne savais quoi faire. Alors je poursuivis ma route. Jusqu'à Palm Springs. Il était tard. A l'époque, le Racquet Club était un endroit à la mode, mais il était plein, alors je pris une chambre à côté, au Bonne Aire. J'étais épuisé : j'avais traversé tout l'Etat, depuis la mer jusqu'au désert. J'espérais que le lendemain, dans l'air lumineux du désert, les choses deviendraient un peu plus claires pour moi. J'avais besoin de repos. Fini les femmes.

9

OBSESSION

PALM SPRINGS, La Mecque des vedettes de cinéma. A l'époque, ce n'était qu'un village assoupi. Le lendemain matin, je sortis après le petit déjeuner. C'était un de ces jours incroyables qui font l'ordinaire de Palm Springs : chaud et ensoleillé, alors même que les montagnes alentour sont couronnées de neige. Je pénétrai dans le Racquet Club, fondé par Charles Farrell et Ralph Bellamy pour que les gens du cinéma puissent venir jouer au tennis et passer une fin de semaine. Tout le monde voulait faire partie de ce club. On était sûr d'y rencontrer un grand nombre de vedettes... Clark Gable, Spencer Tracy. Ou Errol Flynn. Palm Springs, c'était le Racquet Club.

Il y avait beaucoup de gens dehors, qui jouaient au tennis. Je me sentais bien. J'étais sur la bonne voie. Il fallait seulement que j'arrête pendant quelque temps de courir après les femmes.

Le club lui-même était presque vide. Je m'approchai du bar circulaire. Edie, la femme de Lew Wasserman, était là, elle parlait avec l'une des plus belles filles que j'aie jamais vues de ma vie : des cheveux noirs encadrant un beau visage à la peau très blanche, des yeux sombres et un rouge à lèvres foncé. Elle avait l'air d'une petite fille jouant à l'adulte, et son expression sérieuse se muait soudain en un sourire enfantin. Elle avait les chevilles et les poignets fins, la poitrine un petit peu trop généreuse pour sa petite taille. Elle me stupéfiait. Je la regardai et ce fut instantané. Edie me présenta à cette somptueuse créature, qui se nommait Irene Wrightsman. Lorsque Irene se mit à parler, je me rendis compte qu'elle était légèrement prognathe. Elle était venue passer une fin de semaine avec Oleg Cassini, le play-boy débonnaire, l'ancien mari de Gene Tierney. Irene l'oublia. Moi, j'oubliai mon vœu de célibat. Pendant deux jours, nous quittâmes à peine la chambre.

De retour à Los Angeles, Irene m'invita à dîner. Elle vivait avec sa mère, divorcée de Charles B. Wrightsman, un magnat du pétrole, d'Oklahoma, qui vivait à présent à Palm Beach, en Floride, avec sa nouvelle femme. Irene et sa mère vivaient dans une grande maison, qui leur avait été attribuée par le jugement de divorce. Au dîner, sa mère but plus qu'elle ne mangea. Après le dîner, Irene et moi gagnâmes la bibliothèque, où brûlait un feu de cheminée. L'atmosphère était des plus romantiques. Je pris un digestif, elle en prit deux. Puis elle alla fermer la porte à clé et ôta tous ses vêtements. Nous fîmes l'amour sur le sol. J'étais mal à l'aise : sa mère ne devait pas être bien loin. Oui, on frappait à la porte. La voix empâtée, sa mère criait : « Je sais ce que vous faites, là-dedans ! Allez, sortez de là ! » Je murmurai à Irene : « C'est ta mère. » Elle répondit : « Qu'elle aille se faire foutre ! Mais toi, fous-moi bien ! »

Peu de temps après, Irene s'installa chez moi, à Vado Place. Je fus surpris, et fort heureux, de découvrir qu'elle était excellente cuisinière, mais j'étais terrifié par l'emprise sexuelle qu'elle avait sur moi. Je partis pour Alburquerque, dans le Nouveau-Mexique, tourner *Ace in the Hole* (Le gouffre aux chimères) de Billy Wilder. Irene m'accompagna. Je travaillais, elle semblait heureuse. Nous avions un appartement, et elle me faisait la cuisine si je le désirais. Je m'amusais bien avec elle. Elle buvait trop, mais malgré ses nombreux Dubonnet elle parvenait à demeurer lucide.

Errol Flynn tournait un film à Albuquerque au même moment. Il nous invita, Irene et moi, à dîner avec lui et Pat Wymore. J'étais flatté. J'étais une jeune vedette, lui était une légende. Il choisit le restaurant le plus élégant, commanda les vins les plus coûteux, et se montra tout à fait charmant. J'étais passablement impressionné, béat d'admiration, jaloux de son assurance, de son aisance. A la fin du repas, lorsqu'on apporta l'addition, il me la tendit en disant : « Kirk, je ne voudrais pas vous priver de l'honneur d'être l'hôte de la soirée. » Et moi, la bouche ouverte, je m'exécutai. Je ne l'en admirai pas moins. C'était un homme perspicace. Certains ne le considèrent pas comme un grand acteur, mais moi si. J'estime qu'il avait un véritable style personnel, chose que l'on ne voit plus de nos jours. Peu d'acteurs auraient pu jouer Robin des Bois comme il l'a fait.

Errol avait été un ami proche de Freddy McEvoy, qui avait épousé Irene quand celle-ci était encore très jeune. Errol et Freddy étaient des coqs de village. Freddy n'avait jamais eu beaucoup d'argent. En épousant Irene, peut-être espérait-il récupérer un peu de la fortune des Wrightsman. Il se trompait.

Elle me raconta un jeu que Freddy lui faisait jouer quand elle avait passé la soirée avec lui et ses amis. Le matin, il la faisait sortir par la porte de derrière; elle devait faire le tour de la maison, puis rentrer par la porte de devant, en faisant semblant d'arriver à ce moment précis. Elle s'aperçut ensuite qu'ils étaient tous au courant et se moquaient d'elle. Je trouvai cela cruel. Je la plaignais, et bien que je ne l'eusse jamais rencontré, ce Freddy McEvoy me déplaisait.

C'était un aventurier sans scrupules, mais je suis sûr qu'il devait être très attirant pour les femmes. Ils eurent un enfant. Après leur divorce, Freddy se remaria et garda l'enfant. Tant que je fus avec Irene, je ne vis jamais cet enfant. J'appris un jour que Freddy avait péri noyé en mer : il se livrait à un trafic quelconque, armes ou drogue, je ne sais, et il y avait eu une mutinerie à bord du navire sur lequel il se trouvait avec sa femme.

Je pris un grand plaisir à travailler avec Billy Wilder. C'est un grand metteur en scène, un grand écrivain et un merveilleux conteur. Il disait toujours des choses étonnantes, et touchait souvent la vérité par le biais de la plaisanterie. Il racontait par exemple l'histoire de la distribution de *The Defiant Ones* (La chaîne), un film dans lequel un Noir et un Blanc (ce furent finalement Sidney Poitier et Tony Curtis) étaient enchaînés ensemble. « D'abord, racontait Billy Wilder, on demanda à Marlon Brando de jouer dans le film. Marlon accepta, mais il voulait jouer le rôle du Noir. Ils s'adressèrent ensuite à Robert Mitchum, mais celui-ci répondit : " Que dalle ! Je vais quand même pas jouer dans un film avec un nègre ! " Ils se tournèrent alors vers Kirk Douglas, qui lui, déclara : " D'accord. Mais je veux jouer les deux rôles. " »

Je trouvais mon personnage dans *Le Gouffre aux chimères* trop dur, trop entier. « Billy, tu ne trouves pas que je devrais adoucir un peu les angles, faire un peu de charme pour rendre le personnage plus proche, pour que le public puisse s'y intéresser ? » Mais il me répondit : « Vas-y à fond la caisse. Complètement. » Ce que je fis.

Dans ce film, il y a une scène au cours de laquelle j'attrape la petite étole en fourrure de Jan Sterling, et la lui enroule autour du cou, fou de rage à cause de la façon dont elle traite son mari. En réalité, c'est contre moi que j'enrage, car je le traite plus mal encore, je le maintiens au fond d'une galerie de mine simplement pour avoir un bon reportage. Avant de tourner la scène, je lui dis : « Jan, si je serre trop fort, montre-le-moi. » Je jouai donc ma scène, l'étranglant avec son étole tout en disant mon texte. Soudain, je vis son visage virer au bleu. Je lâchai prise et elle s'effondra sur le sol. Je la relevai, la giflai, lui apportai de l'eau.

« Jan, ça va ?

Elle suffoquait encore.

— Mais enfin, Jan, si je serrais trop fort, pourquoi est-ce que tu ne me l'as pas dit ?

— Pouvais pas... croassa-t-elle. Tu m'étranglais. »

Je crois que *Le Gouffre aux chimères* est l'un des meilleurs films de Billy Wilder. Ce fut un succès dans le monde entier sauf aux Etats-Unis, alors ils changèrent le titre en *The Big Carnival*[1]. Je crois que cet insuccès aux Etats-Unis est dû à la presse écrite. A l'époque, la télévision n'existait pratiquement pas. Le film raconte l'histoire d'un journaliste sans scrupules, et il est basé sur l'histoire véridique de Floyd Collins, un homme maintenu au fond d'un boyau de mine par un journaliste. Et ce furent évidemment des journalistes qui rendirent compte du film ! Les critiques adorent critiquer, mais ils n'aiment pas qu'on les critique. Et puis, à M. et Mme Tout le Monde, Billy Wilder disait : « C'est vous qui aimez contempler les accidents. » Ce film est devenu un classique, que l'on joue dans les ciné-clubs. Et l'histoire se rejoua en octobre 1987 : pendant 58 heures, les gens restèrent le nez collé à leur téléviseur pour savoir si l'on allait sortir d'un puits asséché la petite Jessica McClure âgée de dix-huit mois. Comme le disait mon personnage dans le film : « Une tragédie, ce

---

1. Car le titre original, *Ace in the Hole*, forme un jeu de mots scabreux. Littéralement, il se traduit par « l'as dans la manche », mais en anglais, *ass hole* veut dire « trou du cul »*(NdT)*.

n'est pas un millier de Chinois qui meurent dans une inondation, c'est une personne bloquée au fond d'un trou. »

Je ne jouai que dans un seul film de Billy Wilder, bien qu'il m'eût demandé de tenir le rôle principal dans *Stalag 17*. J'avais vu la pièce, et elle m'avait semblé très faible. Je n'avais pas imaginé ce que Billy Wilder pouvait en faire à l'écran. Bill Holden joua le rôle et remporta un Oscar. Je fus sidéré.

Après la fin du tournage, Irene et moi allâmes rendre visite à son père. C'était l'un des hommes les plus riches du pays, et l'un des plus minables. Mon père ne m'a jamais encouragé, mais l'attitude du père d'Irene était criminelle. C'était un homme cruel et égoïste, et de ses deux filles magnifiques il attendait seulement qu'elles se montrent obéissantes et décoratives. Si elles se comportaient exactement comme il le désirait, il leur achetait des robes de Balenciaga, les vêtements les plus extravagants. Si elles refusaient de lui complaire, il les renvoyait, sans un *cent*. Il les harcelait ainsi constamment. L'amour et l'affection étaient toujours entachés d'incohérence. Son ancienne femme, la mère d'Irene, me rappelait le personnage de Birdy dans *The Little Foxes*. En la regardant, je songeais à la scène pathétique au cours de laquelle Birdy déclare : « Les gens disent que j'ai mal à la tête. Je n'ai jamais eu mal à la tête de ma vie. Je bois. Toute seule dans ma chambre. » L'alcoolisme finit par tuer la mère d'Irene. Plus tard, la sœur d'Irene, Charlene, se suicida. C'était une fille douce, mariée à Ghighi Cassini, le frère d'Oleg, qui écrivait dans la presse sous le pseudonyme de Cholly Knickerbocker. J'éprouvai une grande tristesse en apprenant sa mort, car chaque fois j'avais rencontré une femme souriante et agréable. Elle semblait bien différente d'Irene... infiniment plus stable et sûre d'elle-même.

Nous prîmes l'avion jusqu'à Miami. Là-bas,

Wrightsman, un WASP rougeaud, nous emmena dans son avion privé à Palm Springs. Dès notre arrivée, il nous ordonna de nous habiller rapidement car nous devions retrouver le duc et la duchesse de Windsor pour un cocktail. Wrightsman se montrait hautain et dominateur, et me traitait comme il traitait Irene. Je me cabrai. « Le voyage m'a fatigué; si vous n'y voyez pas d'inconvénient, je préfère rester ici. » Je les laissai donc assister au cocktail sans moi. Et pourtant, franchement, j'avais très envie de rencontrer le duc et la duchesse de Windsor.

Irene tombait toujours malade lorsqu'elle arrivait chez son père. Elle dut s'aliter. Tandis qu'Irene était au lit, je jouais au tennis avec Wrightsman et deux professionnels qu'il payait pour jouer avec lui. Ce fut un beau double : les deux professionnels, tant de mon côté que de celui de Wrightsman, s'arrangeaient pour que ce dernier remporte tous les points.

Un jour, Wrightsman me déclara : « Ma fille est une malade mentale, vous savez. » J'étais choqué de l'entendre parler en ces termes. Bien sûr Irene avait des problèmes, dont le moindre n'était pas son père, mais elle était surtout une enfant désemparée. Et il ajouta : « Je ne veux pas que vous songiez même à épouser ma fille. »

Je toisai ce WASP qui, je le savais, pensait : « Mon Dieu! Quelle horreur si ma fille épouse un Juif. Et acteur, en plus. » Je lui répondis : « C.B. (il n'autorisait que ses amis à l'appeler ainsi), je ne vais pas épouser votre fille. Mais un jour, vous regretterez que je ne l'aie pas fait. »

Je ne sais pas ce qui m'avait poussé à une telle prophétie, mais jamais je n'avais éprouvé plus de compassion pour Irene qu'en cet instant. Je lui pardonnai nombre de choses qui arrivèrent par la suite parce que je connaissais son père. Tout le temps que nous demeurâmes dans cette maison elle fut malade. Dès que nous partîmes, elle se rétablit.

Je détestai le film suivant de la Warner Brothers dans lequel je tournai : *Along the Great Divide* (Une corde pour te pendre). Je le fis seulement pour remplir l'obligation qui m'était faite par contrat de tourner un film par an pour eux. Le tournage eut lieu dans le désert mojave et dans la région de High Sierra, autour de Lone Pine, en Californie, une région qu'aimait beaucoup le réalisateur Raoul Walsh. C'était un endroit désolé, isolé, et sur un de ses versants, la sierra s'élève jusqu'à plus de 4 200 mètres; de l'autre côté se trouvent les Panamint Mountains puis la Vallée de la Mort. Au cours de la deuxième guerre mondiale, le gouvernement américain fit construire là un camp de concentration pour les citoyens américains d'origine japonaise, le camp de Manzanar.

Walsh était un homme brutal, avec un bandeau sur l'œil qu'il avait perdu une nuit dans l'Utah, au cours d'un accident de voiture : son chauffeur, un mormon soûl, avait quitté la route. Un gros lièvre, terrorisé par la lueur des phares, avait sauté sur la voiture et passé à travers le pare-brise.

Les critiques évoquent toujours le rythme rapide des films de Raoul Walsh. S'ils possèdent un rythme aussi rapide, c'est qu'il avait toujours hâte de les terminer. Après avoir lancé « Moteur! » à l'opérateur, il se détournait et se roulait une cigarette. Il n'observait pas le plan. Il tirait un papier, versait son tabac, roulait, léchait puis allumait une cigarette. Puis : « C'est bon, coupez! »

Un jour, alors qu'il tirait sur une de ses cigarettes roulées, la scripte se précipita vers lui.

« Monsieur Walsh, ils ont laissé tomber une demi-page de dialogue! »

Il la considéra du coin de son œil unique.

« Ça reste compréhensible? »

Non seulement il n'avait pas regardé, mais il n'avait même pas écouté.

« Oui, ça a encore un sens, mais...
– Parfait. On passe au plan suivant. »
Voilà ce qui donnait leur rythme à ses films.

Walsh adorait la violence. Je fus dégoûté un jour de le voir excité presque jusqu'à l'orgasme en observant une dangereuse scène de cascade au cours de laquelle un cascadeur manqua d'être tué. C'était bien une jubilation sexuelle qu'il éprouvait en voyant le cascadeur courir dans une écurie pleine de chevaux lançant des ruades, et manquer de peu de recevoir un coup de sabot dans la tête.

Sur ce tournage, les animaux furent maltraités. Dans le scénario, lors d'une course dans le désert, un cheval mourait d'épuisement. Pour cela, ils administrèrent des piqûres à la malheureuse bête. Le cheval, drogué, titubait, et nous nous efforcions de le maintenir debout. Il ne mourut pas, mais ils l'avaient complètement drogué. A l'époque, on ne se souciait guère du sort des animaux. De nos jours, de telles pratiques ne seraient plus tolérées. La Guilde des acteurs de cinéma a imposé une clause dans le contrat-type, selon laquelle les acteurs ne pourront jouer dans des films où l'on maltraite des animaux. Ce fut affreux. J'ai détesté ce film du début à la fin.

Une corde pour te pendre a été mon premier western. La seule fois où j'étais monté à cheval auparavant, cela avait été à Central Park, avec Diana, et j'avais vidé les étriers. Mais j'appris à monter, et même, ensuite, à faire des acrobaties. Bien que j'aime les chevaux, je n'ai jamais monté par plaisir, mais j'ai appris à donner l'impression que j'étais bon cavalier. Je m'asseyais droit sur la selle, et quoi que fît le cheval, je donnais l'impression qu'en fait il ne faisait qu'exécuter mes volontés. Si le cheval faisait des écarts dans tous les sens, je m'en moquais. Plus il faisait des écarts, et plus je me montrais nonchalant. Cela donne au cavalier un sentiment de puissance et l'on a l'impression de diriger sa monture. Les gens se mirent à croire que j'étais un grand cavalier.

« Vous devez monter tout le temps, Kirk, me disaient-ils.

– Seulement quand on me paye », répondais-je.

Dans *Une corde pour te pendre*, j'appris à prendre un certain nombre de précautions avec les armes à feu. Dans une scène, on m'assomme; je m'effondre sur le sol, mon revolver à côté de la tête. Walter Brennan le ramasse et tire. Il était chargé de cartouches à blanc.

« Pourquoi charger ce revolver? demandai-je. De toute façon la caméra doit bouger avant le coup de feu.

– Tu as peur? demanda Walter Brennan.

– Bien sûr. Suppose que le coup parte quand tu le ramasses. Le canon est juste à côté de mon visage et de mes yeux.

– Ecoute, mon garçon, ça fait des années que je tourne des westerns. »

Stupidement, j'abandonnai la partie. Tournage de la scène.

Et ce que j'avais prévu arriva : en ramassant le revolver, il pressa sans le vouloir sur la détente. Heureusement, la cartouche partit dans la poussière, à deux doigts de mon visage. Walter était très ennuyé. Moi, j'étais fou furieux et j'appris à ne plus jamais céder en matière de sécurité.

Les gens croient parfois qu'une cartouche à blanc n'est pas dangereuse. Mais tirée à bout portant, elle peut faire des dégâts. Audie Murphy, le héros le plus décoré de la deuxième guerre mondiale, était un type vicieux. L'un de ses trucs favoris était de coller un revolver vide sur la poitrine de quelqu'un, puis de tirer avec un revolver chargé à blanc dissimulé derrière son dos. La pression du canon sur la poitrine ajoutée à la détonation donnait l'impression d'un véritable coup de feu. Une bonne plaisanterie? Quelle bonne plaisanterie ce fut, le jour où John Eric Hexum porta un revolver chargé à blanc contre sa tête et se tua accidentellement!

Dans *Detective Story* (Histoire de détective), le film suivant dans lequel je tournai, le réalisateur Willy Wyler voulait que Joe Wiseman tire sur moi à bout portant avec un revolver chargé à blanc. Joe Wiseman était un acteur de New York, très nerveux, et qui tournait son premier film. Il jouait un prisonnier assis dans un commissariat de police, et moi un inspecteur. Au moment où je m'approche de lui, il arrache mon revolver de mon holster et tire.

« Attends, Willy, dis-je. Tu veux que Joe Wiseman me tire dessus à bout portant?

– Ouais. Et alors? C'est une cartouche à blanc. »

Je me mis à rire. Willy devait avoir oublié les westerns qu'il avait tournés autrefois, mais mon expérience à moi était récente.

« C'est dangereux, Willy. »

Lui aussi se mit à rire.

C'était agaçant. Je leur fis tirer à blanc sur un morceau de toile disposé deux fois plus loin que je n'aurais dû l'être par rapport à Joe. Le tissu était criblé de trous.

« Tu voudrais que mon visage ressemble à ça? » demandai-je à Willy.

Willy ne se démonta pas.

« Mais il ne va pas te tirer sur la figure. Il va tirer sur la poitrine, et on te donnera une protection.

– Ben voyons! Joe est un tireur d'élite qui peut m'arracher rapidement mon revolver et tirer sans m'atteindre au visage! Tu sais quelle est la différence d'angle de tir entre le visage et la poitrine? Minime! Je ne marche pas! »

Le grand Willy Wyler dut changer la scène. Joe me tire dessus depuis l'autre bout de la pièce alors que je m'avance vers lui en tentant de le persuader de me rendre mon arme. Tout cela est très efficace, et personne n'a été blessé. Cet incident ajouta à ma réputation d'acteur difficile, mais je m'en moquais. Ma vie s'en trouvait prolongée.

J'ai d'abord eu des réticences à jouer *Histoire de détective*. J'avais vu la pièce à New York avec Ralph Bellamy en vedette. Il y avait des problèmes. Les personnages et les esquisses de caractère étaient merveilleux, mais le scénario reposait essentiellement sur le personnage principal. Je savais que j'allais devoir travailler avec les acteurs new-yorkais, Joseph Wiseman, Lee Grant, Michael Strong, qui jouaient la pièce depuis deux ans. Il me vint alors une idée que je jugeai excellente : « Willy, dis-je, pourquoi ne pas rassembler les acteurs et monter la pièce ? Tu pourras alors avoir une vision d'ensemble. » Il repoussa mon idée, ce qui ne m'empêcha pas de la mener à bien. Je montai la pièce au Sombrero Playhouse de Phoenix, dans l'Arizona. Nous la jouâmes pendant une semaine et Willy Wyler vint la voir plusieurs fois. Il fit ensuite réécrire le scénario pour qu'il soit plus proche de la pièce.

Après avoir joué la pièce, j'éprouvais quand même le besoin d'une plus grande préparation. Je partis quelques semaines pour New York, où je comptais me mêler aux inspecteurs du commissariat de la 47ᵉ Rue. Cela me donna l'occasion de passer quelque temps avec Michael et Joel et d'alléger la tension qui commençait de s'installer entre Irene et moi.

Je passai plusieurs journées au commissariat, d'abord comme observateur, puis comme participant. Un jour, on amena un jeune Noir, pris en flagrant délit de vol, et les inspecteurs me demandèrent de prendre ses empreintes digitales. Le garçon m'observait tandis que je lui appuyais les doigts sur le tampon encreur avant de les faire rouler sur la feuille de papier.

« Vous seriez pas Kirk Douglas ? »

Je le regardai d'un air méprisant.

« Si j'étais Kirk Douglas, est-ce que je serais en train de faire ça ? »

Et je terminai mon travail.

Le soir, je dînai au restaurant Sardi, en compagnie de Barry Sullivan. En face de nous, se trouvait une fille magnifique avec des cheveux sombres et de grands yeux. Je ne pus m'empêcher de la regarder au cours du dîner. Plusieurs fois, nos regards se croisèrent. Barry ne la connaissait pas.

Elle dînait avec d'autres gens, et elle me regarda lorsque Barry et moi nous nous en allâmes. Je rentrai au Hampshire House, bien décidé à me coucher tôt.

Je fus réveillé par un coup frappé à la porte. A moitié endormi, je me levai pour aller ouvrir. Dans la lumière ténue du couloir, se tenait la fille de chez Sardi. Elle ne disait rien.

« Entrez », dis-je à voix basse, et je la conduisis à travers la pièce sans allumer aucune lumière. Je me recouchai et lui indiquai d'un geste le bord du lit.

« Asseyez-vous. »

Elle s'assit. Je commençais à me réveiller pour de bon.

« Il a un revolver », me dit-elle.

J'ouvris alors grand les yeux et la regardai.

Ce n'était pas la fille de chez Sardi.

C'était Ava Gardner !

Sinatra et elle vivaient une folle aventure amoureuse, et je savais qu'ils occupaient dans mon hôtel l'appartement de Mannie Sachs. Ils avaient dû avoir une de leurs habituelles disputes, et elle s'était enfuie. Il était environ deux heures du matin, elle ne savait pas où aller et elle avait fini par frapper à ma porte.

Il m'était arrivé de sortir avec Ava quelques années auparavant. Elle m'avait fait l'effet d'une merveilleuse fille de la campagne maudite par une trop grande beauté. J'admirais la relation qu'elle avait avec sa sœur, et me rappelais aussi la façon très naturelle dont elle s'adressait à mes deux jeunes enfants, Michael et Joel.

Elle était désemparée, et nous discutâmes pendant environ dix minutes. Elle finit par se calmer.

« Ecoute, Ava, Frank doit être très inquiet. »

Elle se leva en soupirant. Je l'accompagnai jusqu'à la porte et l'embrassai sur la joue. Elle sortit. Jamais plus nous n'évoquâmes cette visite nocturne.

Je me recouchai, fermai les yeux, et entendis Issur qui pouffait : « La fille de chez Sardi, hein? Tu ne peux pas t'empêcher d'ouvrir ta porte à une jolie femme, n'est-ce pas? »

Je ne répondis pas et m'endormis.

Wyler était un étrange réalisateur. Il ne dirigeait jamais les acteurs. Il disait seulement : « On recommence », jusqu'à ce qu'il ait obtenu ce qu'il voulait. Il avait la réputation de faire de nombreuses prises et de mettre longtemps pour tourner ses films, mais il tourna *Histoire de détective* en cinq semaines dans un studio de Los Angeles. Le dernier jour, Willy Wyler regardait fréquemment sa montre : il devait prendre un avion pour aller au ski.

Je pensais que pendant que je tournais au studio, Irene faisait des choses, voyait des amis. J'étais pourtant agacé, le soir en rentrant à la maison, de la trouver sous la douche ou occupée à s'habiller. « Tu sais l'heure à laquelle je rentre. Pourquoi n'es-tu pas prête? »

Plus tard, ma secrétaire m'apprit que tous les jours après mon départ, Irene, en robe de chambre, s'asseyait dans un fauteuil et fumait cigarette sur cigarette, le regard perdu dans le vide, comme un zombi. Elle revenait à la vie en entendant ma voiture dans l'allée : elle se précipitait alors en haut et se jetait sous la douche. Cela me rendit triste. C'était presque comme si elle n'existait pas quand je n'étais pas là. Elle avait besoin de quelqu'un pour la ramener à la vie. C'est un fardeau trop lourd à porter pour n'importe qui.

En y songeant maintenant, j'ai l'impression que d'une certaine façon j'étais attiré par des névrosées. Mais il y avait aussi chez Irene une vulnérabilité enfantine qui était attirante. C'était une femme-enfant, mais tragique. Elle me faisait irrésistiblement penser au portrait d'Ann Warner par Dali, entourée de richesses en ruine. Le côté tragique d'Irene me touchait.

Ma relation avec Irene durait depuis environ deux ans. Elle se mit à boire beaucoup. Ivre, elle me suppliait de l'épouser, me disait qu'elle ne pouvait vivre sans moi. Moi, j'étais terrorisé à l'idée d'épouser Irene. J'éprouvais un attachement érotique pour elle, mais je savais que si je l'épousais elle me détruirait. Je lui dis très clairement que bien que je fusse encore très attiré par elle, je n'avais pas l'intention de l'épouser. Je ne cessais de lui dire que nous devions essayer de vivre séparés pendant quelque temps. Finalement, je dus forcer la situation et elle emménagea dans un appartement que je lui avais trouvé. Je me croyais fort en agissant ainsi, de façon à la fois généreuse et honnête. Mais après notre séparation elle se retrouva totalement désemparée. Elle venait me voir, et nous nous retrouvions pris dans ces jeux terribles que jouent les gens dans l'agonie d'une relation.

Stanley Kubrick me raconta un jour l'histoire d'une fille qu'il avait aimée. Il avait eu une terrible dispute avec elle, et la fureur du macho s'était emparée de lui. Assez! Ça suffit! Il avait bouclé son sac et était parti en claquant la porte. En marchant, son sac devenait de plus en plus lourd; il ne pouvait plus le porter. Il dut rentrer. C'était ce que j'éprouvais. J'étais pris au piège.

Pris au piège à la fois par Irene et par la Warner Brothers. J'allai voir Charlie Feldman.

« Je veux dénoncer mon contrat.

– Hein? Qu'est-ce que vous racontez? Mais c'est un arrangement magnifique. En plus, ils ne vous laisseront pas partir.

– Oh, si.

– Et que comptez-vous faire pour y parvenir?

– En tournant le prochain film gratuitement.

– Hein? Vous êtes sérieux?

– Oui.

– Vous ferez vraiment le prochain film pour rien?

– Exactement. Le prochain film dans lequel ils voudront me faire tourner, je ne demanderai rien, et ensuite, adieu la Warner. »

J'avais fait à cette compagnie cupide une offre à laquelle elle ne pouvait résister. Ils me firent tourner dans *The Big Trees* (La vallée des géants), reprise d'un film qu'ils avaient tourné des années auparavant. Ils économisèrent encore plus d'argent en utilisant des séquences du film précédent. C'est un mauvais film.

Parti tourner dans l'Oregon, j'étais hanté par Irene et parvenais à peine à travailler. C'était pire que lors du départ de Peggy Diggins. Je ne m'étais pas senti coupable pour Peggy. Irene allait beaucoup mieux quand elle était avec moi, mais j'appris qu'elle devenait folle, qu'elle buvait sans cesse, couchait avec n'importe qui, hommes et femmes. J'avais le sentiment de l'avoir poussée au désespoir. J'étais pourtant aussi malade qu'elle, toujours obsédé par elle. J'avais voulu la séparation. Je l'avais. Je me sentais misérable. J'en vins à me dire que c'était moi qui ne pouvais pas vivre sans elle. Je lui demandai de me rejoindre dans l'Oregon. Elle vint.

Je lui demandai de m'épouser. Oui, elle était disposée à m'épouser, mais les choses avaient changé, le mal avait été fait. Tout au fond d'elle-même, elle était blessée. Nous avions décidé de nous marier, mais nous savions tous deux que cela n'arriverait pas. Elle retourna à Los Angeles.

Finalement, le tournage de *La vallée des géants* prit fin. Dans l'avion qui me ramenait, je me sentais heureux, détendu. Et puis, à mi-chemin, je fus submergé par une vague de mélancolie. Je savais que quelque chose d'étrange se passait. Qu'est-ce qui m'attendait? Irene l'instable, la névrosée, était-elle en train de m'attendre? Cette alternance d'euphorie et de dépression m'avertissait. Mon corps savait qu'un désastre se préparait.

Il était tard. Je gagnai en voiture l'appartement d'Irene et rentrai avec ma clé. Elle était endormie, dans son lit... avec un homme. Telle était la femme que j'allais épouser. J'avais besoin de la voir couchée avec quelqu'un d'autre pour me persuader de ce qu'au fond j'avais toujours su : nos projets de mariage étaient une vaste blague. Irene était désespérée, elle n'y pouvait rien. Il était dur pour elle de rester seule, fût-ce pour une nuit. J'étais comme sonné. Puis je m'aperçus que l'homme était Sydney Chaplin, le fils de Charlie Chaplin. Je jouais au tennis avec lui. Il venait souvent avec moi lorsque je rendais visite à Irene; nous avions dîné tous les trois. C'était mon ami, mais ne s'était-il pas rendu compte qu'il profitait de cette fille malade?

Tandis que je les regardais, ils se réveillèrent, stupéfaits de me voir là. Je partis. Irene m'appela ensuite sans cesse au studio, cherchant à m'expliquer une situation qui se passait d'explications.

Elle finit par épouser quelqu'un d'autre. Elle croyait avoir trouvé la solution : une maison à la campagne, avec une jolie barrière blanche. Cela ne dura pas longtemps. Puis elle épousa un étranger titré, et s'installa en Suisse. Son mariage fut malheureux, et elle passa de l'alcool à la drogue. Des années plus tard, je l'appelai un jour où je me trouvais seul à New York et l'emmenai au théâtre. Cette fille autrefois magnifique était ravagée, elle avait l'air d'un cadavre. Après la représentation, je la ramenai chez son père, à l'hôtel Pierre. Touché par ce qu'elle était devenue, je voulus me rapprocher d'elle, je lui passai un bras autour des épaules. Elle était raide, objet lointain entre mes bras. Nous parlâmes. Elle était étrange, très étrange. Soudain, elle me dit : « Je vais mourir. » Nulle intonation dramatique dans ses paroles. Je frissonnai. Je songeai aux vers de Macbeth : « J'ai marché si loin dans le sang que, si je ne traverse pas le gué, j'aurai autant de peine à retourner qu'à avancer. » Peu de temps après, elle mourut.

Récemment, j'ai lu dans *Time* que Charles B. Wrightsman venait de mourir à l'âge de quatre-vingt-dix ans. La notice disait : « philanthrope et joueur de polo ». Joueur de polo! C'était lui le propriétaire des chevaux et il payait tous les frais, alors de temps à autre on le laissait marquer un but. Peut-être possédait-il des qualités que j'ai ignorées. Mais deux filles magnifiques et sa femme se sont suicidées, directement ou indirectement, et lui, il a vécu jusqu'à quatre-vingt-dix ans. Que fait donc Dieu? Comment s'occupe-t-il de la boutique?

10

LE CONTRECOUP

JACKSON HOLE, dans le Wyoming, est l'un des plus beaux endroits de la Terre; les Teton Peaks ressemblent à des montagnes de cinéma, ainsi dressés vers le ciel, et la Snake River serpente à travers la campagne. *The Big Sky* (La captive aux yeux clairs) fut le premier film que je tournai après m'être libéré de la Warner. Howard Hawks en fut le réalisateur de talent. Nous vivions à Anderson Camps, dans des tentes très confortables équipées d'un plancher. J'avais une tente de deux pièces. Il y avait une grande tente de repos et une autre grande tente pour les repas. La nourriture était excellente. Le matin, on pouvait avoir tout ce que l'on voulait : brioches, œufs au bacon, saucisses, steaks.

Hawks travaillait à son propre rythme... indolent. Nous commencions à tourner le matin, et si une scène lui déplaisait un peu, il ne trouvait rien de mieux à faire que de renvoyer tout le monde en leur disant d'aller prendre une tasse de café. Puis il s'asseyait, prenait son bloc-notes jaune et un stylo et commençait : « Bon, Kirk, voyons. Imaginons que tu dises... » Et nous retravaillions toute la scène que nous allions tourner l'après-midi. De nos jours, où l'on fait si attention aux coûts, on ne pourrait plus travailler de la sorte, et ce n'est d'ailleurs pas l'idée que je me fais d'un tournage. Le temps de tournage proprement dit devrait être réduit au minimum. La préparation, en revanche, devrait prendre plus de temps, et la post-production plus de temps encore.

Ray Stark, qui était alors mon agent, vint me voir avec son fils Peter et mon fils Michael. Michael dormait dans ma tente, dans l'autre chambre. Moi, je pensais que nous aurions dû dormir dans la même chambre. Je voulais être proche de lui, mais il y avait une réserve en lui, et je ne savais comment la percer. Peut-être me voyait-il de la même façon. Ray emmenait les garçons pêcher dans la Snake River. Un jour que j'eus un peu de temps libre, nous allâmes visiter le parc national de Yellowstone. Nous vîmes des ours, des animaux sauvages qui semblaient bien apprivoisés. Pourtant, partout on voyait des pancartes : « DÉFENSE DE DONNER À MANGER AUX OURS. » Alors que nous nous rendions en voiture vers Old Faithful, le célèbre geyser, un gros ours s'approcha de nous. Il passa la patte par la vitre et attrapa l'anorak que je tenais à la main. Je tirai pour le récupérer. Il tira lui aussi. Nous nous mîmes à tirer chacun de notre côté. Puis il se mit à grogner. « D'accord, dis-je, tu peux le garder. » Il l'emporta dans les bois. C'est le seul ours que j'aie vu avec un anorak. Ce petit intermède avec l'ours nous fit perdre du temps et lorsque nous arrivâmes au geyser, il était en train de disparaître[1]. J'étais triste lorsque Ray ramena Peter et Michael.

Dans ce film, jouait une magnifique métisse d'Indien Cherokee. Elle avait été mannequin et n'avait encore jamais joué. Elle était parfaite pour ce rôle... celui d'une jeune Indienne. Nous allions nous promener dans la forêt, et nous nous baignions tout nus. Un jour qu'elle était allongée, nue, sur la berge de la rivière, elle me demanda avec douceur, et une pointe

---

1. Ce geyser ne jaillit qu'une fois par heure *(NdT)*.

d'accent du Sud, de la frapper avec ma ceinture. Je crus d'abord à une plaisanterie. Elle me supplia. Je n'avais encore jamais rencontré de masochiste; elle tenait réellement à être battue. Je la frappai avec ma ceinture. « Tu retiens tes coups », me dit-elle. Ce n'était pas facile pour moi de la frapper pour de bon, mais elle aimait cela. Moi, je ne comprenais pas. C'était comme si elle avait voulu être punie pour quelque chose. Je la frappai. Jamais elle n'exprima la moindre douleur. Moi non plus, d'ailleurs. Nous étions tous les deux hébétés.

J'étais malade en revenant de Jackson Hole, j'avais un gros rhume et je toussais. Il me restait un jour de tournage : je devais nager dans un torrent qu'ils avaient recréé en studio. Je ne voulais pas le faire. Je dis à Howard Hawks et au producteur, Eddie Lasker, que j'avais un rhume.

Ils se mirent à rire. « Vous avez déjà un rhume? Parfait, vous ne risquez pas d'en attraper un autre! »

Toute la journée, je nageai tout habillé, avec les souffleries qui marchaient. Je sortais tremblant dans l'air conditionné (la température devait être maintenue basse pour que les projecteurs ne chauffent pas trop), dans le vent des souffleries, et attendais trempé, enveloppé dans une couverture, que l'on tourne une nouvelle prise. Je rouspétais. Ma réputation d'acteur difficile s'en trouva confirmée. Et j'attrapai une pneumonie. On dut m'hospitaliser, et je me retrouvai dans la chambre dont Eddie Lasker avait fait don à l'hôpital. J'y restai plusieurs semaines, mais ni lui ni Howard Hawks ne vinrent me rendre visite. J'appris qu'Eddie disait aux gens : « Vous ne trouvez pas ça drôle que Kirk se soit retrouvé dans la chambre que j'ai offerte à l'hôpital? »

Je sortis de l'hôpital très affaibli et un peu effrayé. J'avais été fort toute ma vie, mais je restai faible pendant des mois. J'arrivais à peine à serrer le poing. Si j'en avais eu la force, j'aurais pleuré.

Parfois, Marlene Dietrich, que j'avais connue par l'entremise de Billy Wilder, venait me rendre visite, me faire une soupe, me dorloter. Et nous faisions l'amour avec une tendre affection. Mais c'était moins important que la tendresse maternelle, la chaleur. Marlene est une femme étrange. Elle semble vous aimer d'autant plus que vous allez mal. Lorsque vous retrouvez force et santé, elle vous aime moins.

Lorsque je me sentis mieux, on me proposa le rôle que Clark Gable avait refusé. Je lus le scénario et le trouvai merveilleux. Il s'agissait de *The Bad and the Beautiful* (Les ensorcelés), réalisé par Vincente Minnelli et produit par John Houseman pour la MGM. Je jouais le rôle du « méchant » producteur de cinéma. Lorsque l'on annonça que Lana Turner serait la « Beautiful », les journaux ne ménagèrent pas leurs pronostics : « Lorsque ces deux-là se retrouveront... » Je me sentais prêt. Mais elle était à l'époque liée avec Fernando Lamas, qui était terriblement jaloux. Il était toujours dans les parages. Rien ne se passa. J'aimais bien Lana, et je crois qu'elle a tenu là l'un de ses meilleurs rôles.

Francis X. Bushman, qui avait été autrefois une très grande vedette – il avait joué Messala dans la version muette de *Ben Hur* en 1927, avec Ramon Novarro –, jouait un petit rôle dans *Les ensorcelés*. Il me parla du monde des producteurs de cinéma. Les vrais.

« Monsieur Bushman, je suis un de vos grands admirateurs, lui dis-je.

– Vous savez, c'est la première fois que je travaille pour la MGM en vingt-cinq ans. »

Je ne cachai pas ma surprise.

« Ah bon, pourquoi ?

– Un jour, je jouais au théâtre, et Louis B. Mayer

est venu me voir en coulisses. Comme je devais me démaquiller, je le fis attendre deux ou trois minutes. Il partit furieux en s'écriant : " Cet homme ne retravaillera jamais pour ma compagnie. " Et je n'ai plus jamais retravaillé pour eux. »

Les magnats du cinéma à cette époque étaient de drôles de numéros. J'ai constaté cette volonté de pouvoir, ce caractère impitoyable et cet égoïsme chez Jack Warner, Darryl Zanuck, Louis B. Mayer... sans oublier Harry Cohn.

Je n'ai jamais très bien « joué le jeu ». Je n'ai jamais fait de plat à aucun magnat du cinéma, jamais tenté de gagner l'amitié des agents influents. J'ai toujours soupçonné les agents et les directeurs de compagnies de collusion. Avez-vous remarqué le nombre d'agents qui deviennent directeurs de compagnies de cinéma?

Les ensorcelés me valut ma seconde sélection pour les Oscars (la première avait été pour *Le champion*). Cela me surprit. Les sélections m'ont toujours surpris. Je pensais en obtenir pour *Le gouffre aux chimères* ou pour *Histoire de détective,* mais pas pour *Les ensorcelés.* Je trouvais le film bon, mais le fait d'être sélectionné me surprit quand même. L'Oscar m'échappa, une fois encore.

Si, comme on le dit, les Oscars sont une joute de popularité, je n'ai jamais été très populaire. Je suis toujours surpris quand j'entends dire que les gens me considèrent comme un emmerdeur. Après la sortie du *Champion,* Hedda Hopper me dit : « Maintenant que tu as fait un grand succès, tu es devenu un véritable emmerdeur. » A quoi j'ai répondu : « Tu te trompes, Hedda. J'ai toujours été un emmerdeur. Seulement, tu ne t'en étais pas encore rendu compte. » Ce qui me stupéfie encore plus, c'est lorsque quelqu'un me dit : « C'est tellement difficile de travailler avec vous, vous êtes si dur. » Neuf fois sur dix, il s'agit de quelqu'un avec qui je n'ai jamais travaillé et qui prétend l'avoir entendu dire par quelqu'un d'autre. Je ne pense pas que ce soit l'opinion de Howard Hawks, Billy Wilder, Milestone, Mankiewicz ou Elia Kazan. Je crois plutôt que beaucoup d'emmerdeurs sans talent me tiennent pour un emmerdeur talentueux.

Sidney Franklin, le producteur, vint me demander de jouer le rôle d'un trapéziste dans un film composé de trois sketches, *The Story of Three Loves* (Histoire de trois amours). C'était avant que Burt Lancaster tourne *Trapèze*. J'aime le cirque, j'admire les trapézistes, et là, j'avais la possibilité de travailler avec des professionnels. C'est un des attraits du métier d'acteur. « Mais je croyais que Ricardo Montalban s'entraînait pour ce rôle, répondis-je au producteur.

– Non, non, il ne convient pas.

– Je vais y réfléchir. »

J'allai voir Ricardo Montalban. Je savais qu'il s'entraînait tous les jours au trapèze. S'il pouvait conserver ce rôle, tant mieux pour lui. « Je suis bien embêté, Ricardo, lui dis-je. On m'a proposé le rôle pour lequel tu t'entraînes. » Il se montra charmant. « Je ne leur conviens pas. Qu'ils aillent se faire voir. Vas-y, Kirk, tu peux y aller. » J'avais sa permission. Je n'aurais pu m'y résoudre sans lui en avoir parlé.

Celle qui partageait la vedette avec moi se nommait Pier Angeli (de son vrai nom Anna Maria Pierangeli), une jeune Italienne de dix-neuf ans qui paraissait beaucoup plus jeune. Elle avait de grands yeux sombres et une innocence rafraîchissante. Elle était virginale, avait un corps magnifique et un rire communicatif. Cette enfant, je pouvais la modeler à ma guise, comme Pygmalion, et j'en tombai amoureux. Deux ans auparavant, elle avait fait un grand succès dans un film italien intitulé *Domani è troppo tardi,* dans lequel elle jouait une toute jeune fille de quatorze ans. Elle avait une sœur jumelle, Maria Luisa, que l'on appelait Marisa, et une autre sœur encore bébé, du nom de Patrizia. Pier parlait sans cesse de son père mort, mais c'était sa mère, une femme à la forte personnalité, qui la dominait entièrement. Pier avait besoin de la permission de sa mère pour la moindre chose. Jamais elle ne se rendait à un rendez-vous sans être chaperonnée.

Je fus invité à dîner chez eux. Vittorio de Sica se promenait dans le jardin, bras dessus, bras dessous avec Marisa. Il était beaucoup plus âgé qu'elle, mais fort bel homme. Je lui adressai quelques plaisanteries avec les quelques mots d'italien que Pier m'avait appris. Lui, il me répondit au moyen des phrases d'anglais que Pier lui avait également enseignées : « Quand j'étais dans l'avion, j'ai regardé en bas. Une vision magique. »

Le réalisateur, Gottfried Reinhardt, voulait que j'apprenne suffisamment de trapèze pour pouvoir prendre un plan de moi debout sur une plate-forme, prêt à m'élancer. Au début, c'était effrayant. On travaille avec un harnais de sécurité. Le véritable danger, c'était la façon dont on tombait dans le filet : bien sûr le filet évite de se tuer, mais si on tombe mal, on peut se briser une jambe, un bras ou... le cou. Lorsque je réussis à tomber à plat dans le filet après avoir raté un exercice de trapèze, la peur m'abandonna. A partir de ce jour-là, j'y pris un grand plaisir. Et j'étais doué. Au bout d'un mois, je me balançais sur le trapèze, faisais des croisements avec le porteur, me rebalançais en arrière, demi-tour en l'air, j'attrapais la barre que me tendait l'une des filles et me retrouvais sur la plate-forme. Je pouvais faire le « nid d'oiseau » : agrippé par les chevilles, le corps arqué, croisement avec le porteur. Reinhardt était sidéré. L'entraîneur était ravi de me voir apprendre aussi facilement : en un mois j'avais appris ce qui prend à d'autres une année entière. Je faisais mon numéro avec le cirque. J'aurais pu devenir trapéziste et aimer ce métier.

Je fus surpris par l'énergie dont faisait preuve Pier. Subjugué. Je tombai amoureux d'elle en la voyant évoluer sur son trapèze. Elle était comme une enfant, toujours riant. Je la voyais comme un ange venu du ciel : notre idylle ne s'était-elle pas déclarée à dix mètres au-dessus du sol? Par la suite, nous tournâmes des scènes à quinze mètres de hauteur, ce qui est beaucoup plus haut que les numéros de cirque habituels. J'étais intoxiqué par le trapèze, par l'altitude et par Pier. Lorsque le tournage prit fin, nous avions décidé de nous fiancer.

Pier partit pour l'Europe. Je voulais partir aussi, et Sam Norton m'apprit qu'en quittant les Etats-Unis pendant dix-huit mois, je réaliserais de substantielles économies d'impôts. Stanley Kramer voulait me faire tourner en Israël pour son film *The Juggler* (Le jongleur). Je trouvai deux autres films en Europe : *Act of Love* (Un acte d'amour), écrit par Irwin Shaw d'après le livre d'Alfred Hayes, *The Girl on the Via Flaminia,* qu'Anatole Litvak devait tourner à Paris; puis *Ulysses* (Ulysse) qui devait se tourner en Italie. Les producteurs d'*Ulysse* étaient relativement peu connus et faisaient leurs débuts dans l'industrie du cinéma : ils s'appelaient Dino De Laurentiis et Carlo Ponti. J'envoyai en Italie mon ami Willy Schorr défendre mes intérêts auprès de la production d'*Ulysse*. Je ne connaissais pas l'Europe et j'étais très excité à l'idée de m'y rendre pour la première fois. Et par-dessus tout, j'aurais la chance de passer quelque temps à Rome avec Pier.

D'abord, j'allai rendre visite à Michael et à Joel à New York. Comme je commençais à gagner pas mal d'argent, je voulais les voir vivre dans un endroit plus confortable que leur modeste appartement de la 84ᵉ Rue. J'avais trouvé une magnifique maison de grès brun dans l'East Side, que je voulais acheter et mettre au nom des enfants. J'étais heureux de leur faire un tel cadeau. La gouvernante emmena Michael et Joel jouer dans le parc, et je discutai de l'affaire avec Diana.

Elle refusa. Elle ne voulait pas que la maison soit au nom des enfants.

« Mais enfin, Diana, pourquoi ne veux-tu pas que les enfants soient propriétaires de la maison? Ils ne te mettront jamais dehors. Et un jour ils hériteront d'une maison qui vaudra beaucoup d'argent. »

Diana montra alors un côté irrationnel que je ne lui avais jamais vu auparavant :

« Ce n'est pas comme ça que les choses se passaient entre mon père et ma mère.

– Mais Diana, nous ne sommes plus mariés. Nous avons divorcé. Imagine que tu épouses un homme qui un jour se retrouve dans de terribles difficultés financières et qui te force à vendre la maison. Les enfants seraient privés d'une maison que je leur destinais. »

Diana fut intraitable. Elle estimait que la maison devait être à son nom : impossible de la raisonner. Un autre beau rêve envolé! Cette maison de grès brun que je voulais acheter 90 000 dollars vaudrait plusieurs millions de nos jours.

Je retournai au Sherry Netherlands Hotel pour boucler mes bagages. En attendant la limousine qui devait m'emmener à l'aéroport, le bourdon me prit. Je m'apprêtais à vivre une grande aventure : j'allais revoir Pier et connaître le Vieux Continent; j'aurais dû être d'humeur joyeuse. Pourtant, je me sentais mal à l'aise. A qui pouvais-je souhaiter au revoir? Je songeai à Marlene Dietrich et l'appelai.

« Où es-tu? me demanda-t-elle.

– Ici, à New York. Je vais partir pour la première fois en Europe.

– Quand?

– D'une minute à l'autre. J'attends la limousine. »

Comme si elle avait deviné ce que j'attendais, elle me demanda :

« Qui t'emmène à l'aéroport ?
— Personne. Seulement le chauffeur.
— J'arrive !
— Mais enfin Marlene, je vais partir tout de suite, mes bagages sont prêts !
— Ecoute, mon cher, personne ne peut partir pour l'Europe sans qu'il y ait quelqu'un pour lui souhaiter au revoir. »

Elle raccrocha.

Marlene et la limousine arrivèrent en même temps cinq minutes plus tard. Elle m'accompagna à l'aéroport et s'arrangea pour monter à bord de l'avion en attendant l'heure du décollage. J'en fus heureux : le vol fut retardé d'une heure. Nous discutâmes. Elle me donna une médaille en or de saint Christophe avec ses initiales gravées au dos. Ce geste d'extrême gentillesse me toucha beaucoup. Je possède toujours cette médaille.

Les moteurs se mirent à vrombir. Marlene m'embrassa et descendit de l'avion. J'étais seul, à la fois effrayé et excité. Puis je me pris à rire : moi, Juif, divorcé, vedette de cinéma, grand gaillard de trente-cinq ans, je serrais dans mes mains une médaille de saint Christophe comme un petit garçon de cinq ans perdu sans ses parents. Pourtant, plus moyen de faire demi-tour. Content ou pas, j'étais en route pour l'Europe !

A LA POURSUITE DE PIER

J'AVAIS traversé l'Atlantique! Nous approchions de l'aéroport de Rome, Fiumicino : j'étais en Europe! J'écartais de mon esprit tous les problèmes laissés aux Etats-Unis pour ne plus songer qu'à Pier : j'allais passer un an et demi à l'étranger. Trois films dans trois pays différents : Israël, la France et l'Italie.

Nous perdions de l'altitude; je regardai par le hublot. Mon Dieu! Le Colisée. Je n'arrivais pas à y croire. Les ruines du Colisée, exactement comme je les avais si souvent vues en photo et au cinéma. Dans la lumière de midi, l'ombre de l'avion passait droit sur le Colisée. Mon cœur battait la chamade.

A l'aéroport, je fus accueilli par des gens du groupe De Laurentiis-Ponti, ravis à l'idée d'avoir une vedette américaine pour leur premier film, *Ulysse*. Nous traversâmes Rome au pas de charge jusqu'à l'hôtel Excelsior. J'avais le nez collé à la vitre : le Vieux Continent, les rues grouillantes de monde, les terrasses de cafés. Tous ces gens parlaient, gesticulaient, chantaient, riaient. J'ai tout de suite adoré Rome. Tout le monde y était acteur.

J'avais furieusement envie de m'exprimer dans une langue étrangère, et je m'efforçais de me remémorer les quelques phrases italiennes que Pier m'avait enseignées. Arrivé à l'hôtel, je lançai « *Buona sera* » au garçon d'ascenseur.

Il me répondit en italien.

« *Stanco*? dis-je, ça veut dire "fatigué"? »

Il me répondit à nouveau en italien, mais je ne compris rien.

Je prononçai alors la seule phrase complète que Pier m'avait apprise :

« *E una cosa triste, bisogna lavorare per vivere, eh?* »

(« C'est triste, hein, d'avoir à travailler pour vivre! »)

Il me répondit à nouveau.

En sortant de l'ascenseur, je lui dis : « Ciao. »

Les gens de De Laurentiis-Ponti me regardaient, étonnés :

« Vous parlez italien? me demanda l'un d'eux en anglais.

– Parfaitement. »

Je n'avais pas compris un mot de ce qu'avait dit le garçon d'ascenseur, mais j'avais le temps d'apprendre, et c'est ce que je fis plus tard.

J'avais une immense suite, et l'on m'avait offert des fleurs, des fruits, des bouteilles de vin, des alcools. Une fois seul, je me sentis envahi par un sentiment de bien-être. Je fouillai dans ma poche à la recherche du numéro de téléphone de Pier. Quel bonheur de la savoir à Rome! Nous irions dans les bistrots et les petits restaurants dont elle m'avait parlé, nous descendrions les escaliers de la Trinité-des-Monts, nous irions sur Via Veneto, nous prendrions des cafés aux terrasses. Toutes ces pensées se bousculaient dans ma tête pendant que la sonnerie retentissait à l'autre bout du fil.

Une voix d'homme me répondit : « *Pronto.* » J'eus du mal à expliquer que je voulais parler à Annamaria Pierangeli. Il finit par me répondre en mauvais anglais qu'elle n'était pas là. Elle se trouvait à Venise avec sa mère et le reste de sa famille. J'étais sidéré. Elle savait pourtant que je venais! Que faisait-elle à Venise? Etait-ce loin de Rome? Je trouvai le numéro de son hôtel à Venise et finis par lui parler.

« Pier! Mais qu'est-ce que tu fais à Venise? Tu savais que j'arrivais à Rome.

— Je suis désolée, mais ma mère et ma sœur voulaient aller à Venise et tu sais que je dois aller avec elles.

— Pas de problème. C'est moi qui irai à Venise.

— Oh, non! C'est très difficile. »

Je ne l'avais pas vue depuis longtemps. J'insistai.

« Peut-être vaudrait-il mieux attendre ton retour d'Israël? » me dit-elle.

N'importe qui se serait immédiatement rendu compte que quelque chose n'allait pas, mais un amoureux a l'esprit confus. Je fis porter à sa mère la responsabilité de cette attitude, même après avoir appelé l'aéroport et appris qu'il y avait des vols pour Venise presque toutes les heures. Le lendemain matin, je prenais le premier avion pour Venise.

Pier, toujours aussi gaie et charmante, m'accueillit dans le hall de l'hôtel et sembla heureuse de me voir. Je l'accompagnai dans sa suite pour saluer sa famille. Le miroir de sa chambre était recouvert de photographies de moi tirées du film *Histoire de trois amours*, et de photographies de nous deux en costumes de trapézistes. J'en fus ravi.

Comme d'habitude, il nous était très difficile d'être seuls. Elle était toujours chaperonnée et ne pouvait jamais rester seule avec moi pendant la nuit. « Les choses changeront à ton retour », me murmura-t-elle. Je chérissais les rares étreintes et les quelques baisers volés à la dérobée. Je quittai à regret Pier et son rire d'enfant espiègle, et rentrai à Rome pour préparer mon départ pour Israël.

12

ISRAËL

A L'AUTOMNE de 1952, peu après la guerre d'indépendance, Israël était une nation jeune et combattante. A deux heures d'avion de Rome, c'était un pays différent que l'on découvrait. A la différence des nonchalants Italiens, ces gens couraient dans tous les sens et faisaient preuve d'une immense vitalité et d'une incroyable énergie.

A Jérusalem, je descendis au célèbre hôtel King David, qui avait été souvent attaqué par les Juifs ou les Arabes suivant les aléas de la guerre. La ville était partagée en deux par la Porte Mandelbaum. Au cours de la guerre, les Britanniques avaient remis la plupart de leurs positions aux Arabes, ce qui avait rendu difficile le contrôle de la ville par les Juifs, et entraîné sa partition. La route entre Jérusalem et Tel-Aviv était appelée la Route sanglante. Au cours de la guerre, elle avait été sillonnée par des camions grossièrement blindés de plaques de tôle, qui ravitaillaient en armes et en vivres les Juifs assiégés dans Jérusalem. De nombreux camions n'avaient pas fait le voyage jusqu'au bout : confortablement installés dans les collines escarpées bordant la vallée, les Arabes les avaient mitraillés comme au tir au pigeon. La route était à présent bordée de carcasses rouillées, semblables à des squelettes d'animaux. Elles étaient décorées de petites guirlandes de fleurs séchées.

Israël n'avait remporté la guerre que par miracle. Les gens imaginent volontiers les Juifs humbles et soumis, marchant docilement vers les chambres à gaz. Il est difficile d'imaginer que les atrocités commises dans cette Europe civilisée aient été si énormes qu'elles défient la compréhension. Il est difficile de croire que des êtres humains aient pu en conduire d'autres dans une pièce, et sous prétexte de leur faire prendre une douche les aient gazés, puis aient ensuite ramassé les dents en or, rasé les chevelures, transformé leur chair en savon et leur peau en abat-jour. J'ai vu toutes ces reliques et les endroits où les atrocités avaient été commises, ces camps de concentration, ces pelouses et ces arbres si soigneusement entretenus, et la petite rigole pour recueillir le sang des Juifs fusillés. Et puis, bien sûr, les fours crématoires où l'on brûlait les cadavres. Tout était si efficace.

Ceux qui taxent les Juifs de passivité feraient bien de songer aux luttes violentes qui se sont déroulées dans les ghettos de Pologne, où, seuls, ils ont résisté longtemps aux tentatives d'extermination des nazis. Ces ghettos où ils se sont battus jusqu'à la mort. Quand on y regarde de plus près, on se rend compte que les Juifs ont su se battre bien avant la guerre d'indépendance d'Israël.

Les Israéliens sont des gens forts et directs. Parfois exaspérants. Un jour, nous roulions sur une route à la recherche d'endroits où prendre des photos publicitaires. Nous nous arrêtâmes pour prendre une photo avec une petite fille arabe. Au moment où nous prenions la photo, quatre Arabes en longue gandoura et en turban se précipitèrent vers nous, leur gandoura flottant autour d'eux, comme des ailes d'oiseaux de proie.

« Fichons le camp d'ici, dis-je. On va avoir des ennuis.

— Qu'ils aillent se faire foutre, lança mon chauffeur israélien. C'est nous qui avons gagné la guerre! » Tout cela en anglais avec un fort accent israélien.

Une conversation animée s'engagea alors entre lui et les Arabes, conversation menée en arabe que l'Israélien parlait à la perfection. Les Arabes finirent par partir, et nous aussi, après avoir pris notre photo.

Partout autour de nous l'histoire était présente. De ma chambre d'hôtel, j'apercevais l'autre partie de Jérusalem. Toujours, sur un toit, se tenait une sentinelle arabe en uniforme crasseux, qui faisait les cent pas avec un fusil. Du côté israélien, aucun garde. Ils étaient trop occupés à nettoyer le pays et à essayer de survivre.

Ben Gourion, le nouveau premier ministre israélien, portait une chemise à col ouvert, manches retroussées, et il me reçut dans son cabinet de travail, une petite pièce meublée de façon spartiate. Il s'entretint avec moi pendant un court instant : il semblait enchanté de voir le premier film américain tourné en Israël. Au bout de quelques minutes il me congédia : il avait un pays tout neuf à administrer.

Israël accueillait des immigrants du monde entier : des immigrants qui parlaient des langues différentes, mangeaient des nourritures différentes, portaient des vêtements différents, possédaient des coutumes différentes, dont les peaux mêmes étaient de différentes couleurs. Le gouvernement avait fait revivre la langue morte des anciens Hébreux et en avait fait la langue vivante qui allait unir tous ces nouveaux immigrants.

Malgré leurs dures conditions de vie et la guerre, les Israéliens faisaient preuve d'un grand sens de l'humour. On plaisantait à propos des fanatiques de l'apprentissage de l'hébreu : deux Yeckis, des immigrants venus d'Allemagne, se trouvent au bord d'une rivière. Un troisième Yecki traverse en bateau à rames. Au milieu de la rivière, son bateau se renverse et son passager ne sait pas nager. Il se met à hurler en hébreu : « *Hutseelu! Hutseelu!* (Au secours!). » Sur la rive, l'un des Yeckis se tourne vers son compagnon : « Il est en train d'apprendre l'hébreu! Il aurait mieux fait d'apprendre à nager. »

Dans un bus bondé, une femme parle à son fils en yiddish. Une Israélienne la réprimande : « Vous devriez lui parler hébreu. Pourquoi lui parlez-vous en yiddish? » A quoi la mère répond : « Je ne veux pas qu'il oublie qu'il est Juif. »

En tant que Juif, j'étais très excité de retrouver la terre de mes ancêtres. J'étais transporté à l'idée que des milliers d'années auparavant, mon peuple, esclave de Pharaon, avait été conduit jusqu'à la terre de Canaan par Moïse à travers le Sinaï. La terre où coulent le lait et le miel. Sauf qu'à présent ne coulaient ni lait ni miel. C'était une terre nue, aride. La pauvreté était grande en Israël et les vivres étaient rationnés, mais personne ne se plaignait. Parce que, malgré tout, il était merveilleux de se trouver entre Juifs, d'être majoritaires dans un pays.

Mais l'équipe du film, de véritables enfants gâtés, ne cessait de se plaindre de la nourriture. Nous mangions surtout du fromage, des œufs, de la viande froide. La nourriture n'était ni bonne ni variée, mais les Israéliens, qui souffraient eux-mêmes de pénurie, nous donnaient ce qu'ils avaient de meilleur. Mon chauffeur m'apprit que pour eux, les œufs étaient rationnés à un par personne et par mois. Après cela, je lui en donnai. Un jour, au petit déjeuner, l'équipe se plaignait encore de « cette saleté de bouffe ». Je me levai : « Les gars, ici vous êtes en minorité. Si ça ne vous plaît pas, vous n'avez qu'à partir! » On me considéra avec stupéfaction.

L'une des grandes surprises de ma vie fut de découvrir qu'il n'y avait pas de « Delikatessen » en Israël. A New York, après le théâtre, j'allais souvent chez le grand marchand juif de « Delikatessen » et prenais un gros sandwich de pastrami ou de corned-beef avec une glace. Je pensais que c'était là la vraie cuisine juive et qu'elle serait encore meilleure en Israël. Ils n'avaient jamais entendu parler de sandwiches au pastrami.

Comme je le faisais pour chacun de mes films, je m'étais préparé des mois à l'avance; cette fois-ci, je tenais le rôle d'un jongleur. A Beverly Hills, je m'étais entraîné à jongler avec trois oranges. C'était difficile. Je pensais que jamais je ne serais totalement à l'aise. Finalement, je réussis à acquérir le rythme; j'avais même un certain talent et pouvais incarner de façon convaincante un jongleur professionnel. Mon personnage, Hans, était clown, jongleur et magicien à Munich, avant la guerre. Il survit aux camps de concentration (mais sa famille y meurt) et émigre en Israël pour recommencer sa vie. Mais il est marqué à jamais par ce qu'il a vécu, et il demande à chaque femme qu'il voit si elle est sa femme, il prend tout homme en uniforme pour un nazi, même les gens qui veulent l'aider.

Lorsqu'il me parla pour la première fois du *Jongleur,* Stanley Kramer me dit qu'il avait hâte de me faire rencontrer le réalisateur, Eddie Dmytryk.

« Mais je connais Eddie.

— Ah bon, vous le connaissez? me dit-il, surpris.

— Oui, très bien.

— C'est curieux. J'ai prononcé votre nom plusieurs fois, mais jamais il n'a semblé vous connaître. »

Moi aussi je trouvais cela curieux. Eddie faisait partie des *Unfriendly Ten,* les Dix d'Hollywood, et avait fait un an de prison pour ses activités communistes; à sa sortie, il avait eu beaucoup de mal à se réadapter. Charlie Feldman m'avait demandé si je pouvais aider Eddie à trouver un travail. Je ne l'aidai pas à en trouver un, je lui en *donnai* un : je le fis travailler sur des scénarios et lui versai un salaire hebdomadaire. Je l'emmenais au restaurant, aux matches de football. Je l'emmenai aussi chez moi, bien que tout le monde me dît que j'étais fou, que je risquais de ruiner ma carrière en le fréquentant aussi ouvertement. Mais j'estimais qu'il avait été victime d'une terrible injustice. Le temps passa. Eddie se remit au travail, réalisa deux films, dont un en France. Je ne le revis jamais, n'entendis plus jamais parler de lui.

Lorsque nous débutâmes le tournage du *Jongleur*, cet homme à qui j'avais offert mon amitié quand il en avait besoin me traitait comme un inconnu. Il ne fit aucune allusion à notre amitié passée, et je n'eus garde, donc, d'en parler le premier. Peut-être était-il gêné par la façon dont il avait pu retrouver du travail : en se transformant en délateur. Ce fut le seul des *Unfriendly Ten* à se rétracter, à avouer avoir été communiste, et à donner des noms : vingt-six.

Peut-être ne devrais-je pas le juger. Je me suis souvent demandé ce que j'aurais fait à sa place. Des années plus tard, avant le tournage de *La vie passionnée de Vincent Van Gogh,* la Metro Goldwyn Mayer me fit signer un papier attestant que je n'avais jamais été communiste. En fait, je n'avais jamais été communiste, mais j'étais furieux qu'on me fasse signer une telle déclaration. Je discutai pied à pied. Je fus quand même obligé de signer.

Mais Eddie ne faisait pas semblant d'ignorer le premier rôle féminin, une mignonne Italienne, très jeune, nommée Milly Vitale. Ils étaient très proches.

Je trouvais les Israéliennes dures et attirantes. Aucune humilité, aucune timidité chez elles. Des filles directes. Si une jeune fille trouve un homme attirant, elle le lui fait clairement savoir. Une Israélienne estime qu'elle a le droit de choisir son amant comme un homme choisit une amante. La plupart des jeunes filles étaient en uniforme, car hommes et femmes devaient servir dans l'armée.

Je rencontrai une fille de dix-huit ans, Leah, en uniforme. Elle avait toujours son fusil avec elle, ce qui m'intimidait. Tous les soldats conservaient leurs armes, même en dehors des heures de service. Je lui fis la cour et voulais l'amener à accepter de m'accompagner pour un petit voyage. Je voulais voir Eilat, dans le sud d'Israël, près de la frontière égyptienne, célèbre pour la clarté de ses eaux et la plongée sous-marine. Lorsque je finis par lui faire part de ma proposition, je fus étonné par la facilité avec laquelle elle accepta : elle annonça simplement à ses parents qu'elle se rendait à Eilat avec moi, et nous partîmes.

Nous passâmes des moments délicieux : natation et bains de soleil sur la plage pendant la journée, et l'amour pendant la nuit. Puis je retournai à mon travail et elle à l'armée. Tout cela se déroula avec une telle facilité, de façon si honnête et si directe, que j'en fus éberlué.

Il ne me venait pas à l'esprit que ma bien-aimée, ma fiancée Pier, pût se livrer à de tels ébats. Ma virginale promise devait m'attendre sagement, tandis que moi, l'homme, je m'abandonnais à mes pulsions.

Mais où était donc Pier? Elle avait l'étrange habitude de m'envoyer soudain une carte d'un endroit alors que je la croyais ailleurs. C'était frustrant : je brûlais d'envie de lui écrire, mais ne savais jamais où envoyer ma lettre.

La plupart du temps, le tournage se déroulait dans le nord, près de la frontière libanaise, dans un coin nommé Shivizion. La femme qui nettoyait ma chambre était une vieille immigrante allemande. Je suis sûr qu'elle avait connu des jours meilleurs, mais à présent, en Israël, elle était femme de chambre. Elle me parlait en allemand, que j'avais appris à l'université, et me faisait part de sa nostalgie pour l'Allemagne, où elle avait vécu des moments merveilleux. Cela me rendait fou. Voilà une femme qui avait échappé au sort qu'avaient connu des millions d'autres Juifs, mais tandis qu'elle exerçait son métier de femme de chambre dans son nouveau pays, elle ne songeait qu'à la splendeur de sa vie passée en Allemagne. Je trouvais cela pour le moins déconcertant.

Non loin de Shivizion se trouvait Nahariya, une colonie de Juifs allemands, une très jolie petite ville, immaculée, propre et nette comme peuvent l'être les villes d'Allemagne. Le théâtre ou les chansons d'origine allemande étaient interdits en Israël, mais un soir, ils organisèrent un récital clandestin d'un membre de notre compagnie, Oskar Karlweiss, célèbre chanteur et fantaisiste allemand. Tous les Juifs allemands de la ville se mirent à chanter ensemble de vieilles chansons allemandes, le visage ruisselant de larmes.

J'essayai de comprendre. Ils regrettaient le pays de leur enfance, d'accord. Mais quelque part en moi, une voix me disait : « Comment peuvent-ils? Comment ces liens sentimentaux si forts peuvent-ils faire oublier ce qui est arrivé à tant de leurs parents, tant de leurs amis? » A Jérusalem, j'avais visité le musée Yak Vashem, où l'on avait rassemblé les souvenirs des atrocités nazies. Mes sentiments étaient partagés lorsque je voyais le ravissement se peindre sur les traits de ces Allemands en Israël à l'écoute des *Deutsche Lieder,* et qui semblaient oublier en cet instant ce qu'était devenue leur patrie.

Moshé Dayan, héros de la guerre d'indépendance, le bandeau sur l'œil (il l'avait perdu en combattant pour les Britanniques), assista au tournage de mon film. Il vint en compagnie de sa jolie femme, qui tenait à Tel-Aviv un magasin nommé Mesquite, et de ses trois enfants : deux garçons et une précoce fillette de douze ans, Ya'el, qui écrivit son premier livre à l'âge de dix-sept ans.

Je rendis visite à la famille Dayan dans sa modeste demeure. Le général me fit visiter son jardin et me montra les magnifiques antiquités qu'il avait ramassées un peu partout en Israël à la faveur des grands travaux de construction. La plupart des soldats du général Dayan creusaient des fondations ou traçaient des routes, et ils l'avertissaient dès qu'ils trouvaient des pièces archéologiques. Souvent, Moshé Dayan arrivait sur place avant les envoyés du gouvernement. Sa collection d'antiquités était inestimable. J'estime qu'elle appartenait de droit à l'Etat israélien, mais à sa mort, sa femme la vendit aux musées d'Israël pour environ un million de dollars. Cela devait être bon marché compte tenu des trésors ainsi rassemblés. Mais il était intéressant de voir l'amour et le soin qu'il apportait à ces objets, de voir les boîtes contenant des fragments de vases ou d'objets divers qu'il assemblait avec patience, comme un puzzle compliqué.

Ya'el était une fille très brillante et déjà attirante malgré son jeune âge. En plaisantant, je lui dis : « Tiens, Ya'el, voici une pièce de dix *cents*. Quand tu auras 17 ou 18 ans, et si tu te trouves dans les environs d'Hollywood, appelle-moi. » Cinq ou six ans plus tard, je reçus un coup de téléphone à Los Angeles : c'était Ya'el Dayan. « Voilà, c'est moi. » Les Israéliens sont des gens étonnants.

L'ambiance sur le tournage se décontractait. Eddy fit venir sa femme et laissa tomber Milly du jour au lendemain, sans l'avertir. Après la fin du tournage, nous prîmes tous le même avion : Eddie cajolait sa femme, tandis que Milly pleurait sur mon épaule. Milly était une blessée de tournage. C'est l'un des aspects les plus éprouvants de notre métier : au cours d'un tournage, on vit des relations très intenses avec les gens. Puis, tout à coup, c'est la séparation. C'est comme un amour d'été. J'essayai d'expliquer cela à Milly. Je ne sais pas si elle comprit vraiment ce que je lui disais, mais je fis de mon mieux.

Mais tandis que je consolais une jeune Italienne, mes pensées étaient tout entières tournées vers une autre fille : celle que j'allais épouser, Pier Angeli.

13

A LA POURSUITE DE PIER
(deuxième partie)

ROME, à nouveau. Plus que jamais, j'avais besoin de voir Pier. A présent, nous irions dans les bistrots et les petits restaurants, nous descendrions les escaliers de la Trinité-des-Monts, nous prendrions le café aux terrasses. Je lui téléphonai.

« Pier pas ici. » Dans un anglais hésitant, on m'expliqua qu'elle se trouvait avec sa famille en Sardaigne. Mais que diable allait-elle faire en Sardaigne? Etait-ce loin de Rome? Je finis par la joindre.

« Pier! Mais qu'est-ce que tu fais en Sardaigne? Tu savais pourtant que je venais à Rome.

— Oh, je regrette tellement. Mais ma mère et ma sœur voulaient y aller et tu sais que je dois les suivre. »

La douce enfant au rire cristallin aurait pu aisément me persuader que le blanc était noir. Et bien entendu elle était toujours la pauvre petite fille qui devait obéir aux caprices de sa mère. Je souffrais en silence, me disant que lorsqu'on est amoureux d'une jeune fille qu'on veut transformer en femme, il faut bien en passer par là.

Je travaillai donc à la préparation d'*Ulysse*, que je devais tourner à Rome après *Act of Love* (Un acte d'amour) à Paris. Un soir, nous nous rendîmes à une réception dans un vieux château; l'ambiance rappelait fortement *La Dolce Vita* : de grands et élégants Romains qui avaient laissé leurs grosses épouses à la maison se noyaient dans les yeux de femmes sublimes en robe décolletée, tandis que des serviteurs en gants blancs circulaient entre les convives. C'était une réception fort élégante.

Nous prîmes place à table pour le dîner. J'étais placé à côté d'une fille magnifique aux cheveux sombres, vêtue d'une robe au décolleté vertigineux qui révélait une poitrine des plus généreuses. Entre ses deux seins venait se nicher une grosse croix noire attachée autour du cou par une chaîne en or. Elle était fort attirante et nous discutâmes de façon animée pendant tout le repas. Je ne me souviens plus exactement comment cela a commencé, mais nous en arrivâmes à parler des Juifs. Et cette femme magnifique, attirante, dont la cuisse reposait confortablement contre la mienne, finit par me dire :

« Il y a quelque chose chez les Juifs que je reconnais tout de suite. Dès qu'il y en a un qui rentre dans une pièce. C'est peut-être une odeur. En tout cas il y a quelque chose. Je ne peux pas les supporter. »

Et elle continua sur le même thème pendant quelques instants. Je l'écoutais. Puis je finis par l'interrompre.

« Evidemment, comme je suis moi-même Juif, mes sentiments sont différents. »

Elle retint sa respiration et je sentis sa cuisse se raidir contre la mienne. Elle me regarda comme si elle n'avait pas bien entendu. Je ne dis rien, me contentant de la regarder.

« Vous êtes Juif? dit-elle d'un ton incrédule.

— Mais oui... et puis j'arrive mal à comprendre comment vous pouvez identifier aussi aisément un Juif. En tout cas pas par le nez. Beaucoup de

Romains ont le nez aquilin. Beaucoup d'Italiens ont le teint basané. »

Elle continuait de me regarder, bouche bée. Elle ne parvenait pas à y croire. De temps à autre, elle murmurait : « Vous êtes Juif? » puis ajoutait le commentaire obligé : « Vous n'avez pas l'air juif. »

J'éclatai de rire. Je ris si fort que tout le monde à table me regarda.

« Qu'est-ce que ça veut dire, avoir l'air juif? Qu'est-ce que ça veut dire avoir l'air italien? Au cours des siècles il y a eu tellement de mélanges. En Sicile, il y a des roux à la peau claire. Au Maroc, les Juifs ont la peau très foncée. En Scandinavie, ils sont très clairs. En Israël, j'ai vu des Juifs de toutes sortes et de toutes couleurs de peau... des Juifs au nez en trompette, des Juifs au nez recourbé, des Juifs qui semblaient prendre la couleur de leur environnement. »

Elle continuait de me regarder. Puis, d'une voix timide, elle me demanda :

« Vous êtes vraiment Juif? »

A mon tour je la regardai avec attention : le teint sombre, le nez légèrement recourbé, qu'on aurait pu qualifier de romain, la croix... un peu trop grosse, qu'elle portait entre ses seins voluptueux. Je ne sais pas quelle onde télépathique traversa mon esprit, mais je m'exclamai soudain :

« Oui, je suis Juif. Et je vais vous dire quelque chose : vous aussi vous êtes Juive. »

Elle s'empourpra. Elle me regardait toujours, voulait dire quelque chose. Puis elle se leva brusquement, titubante, et s'éloigna.

Quelque temps plus tard j'appris que cette femme magnifique était effectivement Juive. J'éprouvais une certaine compassion pour elle. Je me souvenais de certains moments de ma jeunesse où je ne voulais plus porter le fardeau de ma judéité.

J'aimais Rome, je flânais le long des rues. J'aimais

la couleur étrusque des bâtiments, surtout au crépuscule. J'aimais les fontaines. Et j'aimais Pier. Mais elle n'était pas là. Finalement, au moment où je devais partir pour Paris, Pier fit son apparition. Nous ne pouvions rester seuls que très peu de temps et je ne pouvais pas la garder tard le soir. Et elle avait toujours quelque chose à faire avec sa mère.

Pier et moi devions partir en même temps, par le même avion. Je descendrais à Paris tandis qu'elle poursuivrait son voyage jusqu'aux Etats-Unis. Au moins entendrais-je son rire d'enfant et pourrais-je lui tenir la main... sous l'œil vigilant de la mamma.

Il faisait si mauvais temps que nous dûmes nous poser en Irlande. Je voulais aller à Limerick avec Pier, mais sa mère s'y opposa. Etre à la fois si proches et si loin l'un de l'autre... c'était exaspérant ! Nous passâmes la nuit à l'aéroport. L'irish coffee (crème, café et bon whisky irlandais) fut ma seule consolation avant notre embarquement : Pier pour les Etats-Unis et moi pour Paris.

14

MONSIEUR DOUGLAS

C'ÉTAIT la première fois que je venais à Paris. La Ville lumière. L'une des plus belles villes du monde. J'étais descendu dans un petit hôtel à l'ancienne mode, avec tapis rouge, l'hôtel Raphaël, avenue Kléber, à quelques pas des Champs-Elysées, de l'Etoile et de l'Arc de Triomphe. On était en décembre et la neige tombait doucement sur la place de la Concorde. Je marchais dans la lumière bleue du crépuscule. Les lumières autour de la place scintillaient sur le doux tapis de neige. Je m'immobilisai, frappé par l'idée que soudain je me trouvais au beau milieu d'un tableau impressionniste. Des flocons de neige venaient s'écraser sur mes joues mouillées. Je les chassai d'un revers de main... C'étaient des larmes. Issur était à Paris. Fini les poubelles, la fumée des filatures et le sifflet strident des trains. Bon anniversaire, Issur.

Le roman d'Alfred Hayes, *The Girl on the Via Flaminia*, racontait l'histoire d'amour tragique d'un GI américain et d'une Italienne pauvre au cours de la deuxième guerre mondiale. Le réalisateur, Anatole Litvak, changea le titre pour *Act of Love* (Un acte d'amour) et transporta l'action à Paris, parce qu'il aimait travailler dans cette ville. J'estime que ce changement s'est fait au détriment du film, qui aurait gagné à se dérouler dans le milieu rude des paysans italiens plutôt que dans le raffinement parisien.

Un acte d'amour devait être tourné en deux versions, en français et en anglais. On ne me voulait que pour la version anglaise; un autre acteur ferait la version française. « Pourquoi faire ainsi? demandai-je. Je joue le rôle d'un soldat américain. Il est censé parler français avec un accent américain. Pourquoi ne pas me laisser faire la version française?

— Parce que vous ne parlez pas français.

— Eh bien, j'apprendrai.

— Allez-y, essayez », me répondit-on en riant.

Je trouvai un professeur de français, Mme Lafeuille. Nous travaillions deux heures par jour, six jours par semaine, sur un *Assimil*. Tous les jours nous faisions un chapitre, parfois deux. En me trouvant élève d'une femme plus âgée, je ne pus m'empêcher de songer à Louise Livingston : décidément, les femmes jouaient un rôle important dans ma vie et elles me poussaient en avant dans les moments importants. Nous n'avions aucune relation sexuelle, mais je crois que Mme Lafeuille tomba amoureuse de moi en raison de mon opiniâtreté. Elle ne tarissait pas d'éloges sur mes progrès. Elle me dit (en français) qu'elle me voyait littéralement ingurgiter de larges portions de français. A la fin de la journée, j'avais l'impression que ma tête allait éclater. Je n'avais qu'une envie : prononcer quelques mots d'anglais.

L'apprentissage du français était également difficile parce que les Français ne se montraient guère coopératifs. En ce début des années cinquante, le personnel des hôtels, les chauffeurs de taxi, les standardistes voulaient à toute force apprendre l'anglais. Impressionnés, la plupart des Américains retombaient dans l'anglais.

Mais moi j'avais encore plus envie d'apprendre le français. Je me rendis rapidement compte que je n'apprendrais jamais la langue si les gens continuaient à me parler anglais, alors si quelqu'un me répondait en anglais alors que je lui avais adressé la parole en français, je poursuivais la conversation en français. Souvent, j'étais étonné de m'apercevoir que mon français était meilleur que l'anglais de mon interlocuteur. J'appris des petits « trucs » : si quelqu'un me parlait en anglais, je me tournais vers quelqu'un d'autre et demandais : « Qu'est-ce qu'il a dit? » et le forçais à me répéter en français.

Un soir, je devais monter sur la scène du cinéma Paramount et j'étais bien décidé à trouver mon chemin tout seul dans Paris. En sortant de l'hôtel Raphaël, le portier m'appela un taxi, et je lançai au chauffeur : « Je voudrais aller au cinéma Paramount. »

Le chauffeur me regarda d'un air interloqué et grommela quelque chose comme : « Pardon? »

Je répétai ma phrase plusieurs fois.

Il avait la cigarette collée à la lèvre, et il haussa les épaules.

Je n'arrivais pas à croire que mon français fût aussi mauvais. Finalement, le portier de l'hôtel s'approcha et je lui répétai ma demande. Il répéta la phrase au chauffeur de la façon exacte dont je l'avais fait, sauf qu'il prononça « Paramount » avec un accent français.

« Ah! s'exclama le chauffeur, Paramounnte. » Et il me conduisit là-bas.

Au téléphone, le français se révèle une langue toute différente : plus de mouvements de lèvres et plus de gestes pour suggérer le contexte. Je transformai les standardistes en professeurs. Je leur disais (en français) que j'essayais d'apprendre leur langue, et leur demandais de me corriger. Sinon, elles m'auraient répondu dans un vague sabir anglais.

Au bout de deux mois, je parlais le français couramment et pouvais lire les journaux. En guise d'exercice, Mme Lafeuille et moi allions déjeuner au Fouquet's. Je passais les commandes en français et toute la conversation avec Mme Lafeuille se déroulait en français. Mon professeur me couvait d'un regard admiratif : son élève avait acquis la maîtrise de la langue en deux mois, et il parlait avec un accent non pas américain, mais peut-être légèrement hollandais.

Nous commençâmes le tournage d'*Un acte d'amour*. Anatole Litvak, « Tola », était un homme d'une grande douceur. Mais l'attitude fermée des Français me surprit. Au début, après une réception et un dîner, personne ne fit le moindre effort pour me présenter à des Français. C'était la première fois que je venais en France et je ne connaissais personne. Je me sentais seul.

L'hôtel Raphaël était bien agréable, mais je voulais vivre dans un appartement à moi. On se récria : la situation du logement était telle à Paris en cet après-guerre que ce serait impossible. Mais en une journée j'en trouvai trois. Je fus tenté de prendre celui de l'île Saint-Louis, où il fallait emprunter une échelle de corde pour gagner l'une des chambres à coucher. Mais je me décidai pour le 31, boulevard d'Auteuil, près du bois de Boulogne : un appartement très élégant au rez-de-chaussée d'une maison magnifique, avec de grandes portes-fenêtres ouvrant sur un jardin.

Je cherchai alors quelqu'un qui me servirait d'assistant et s'occuperait de mes relations publiques. Plusieurs fois, on me déclara : « Quel dommage qu'Anne Buydens ne soit pas là. Elle serait parfaite. » Mais cette Anne Buydens se trouvait alors aux Etats-Unis. Tola avait voulu la faire travailler sur *Un acte d'amour*, mais elle avait préféré se rendre aux Etats-Unis pour la première de *Moulin-Rouge*. Elle avait été l'assistante de John Huston lorsqu'il était venu tourner à Paris; elle aimait les Etats-Unis et avait donc choisi d'aller y passer quelque temps plutôt que de travailler avec Litvak.

A son retour, Shim, la photographe de plateau et partenaire de Bob Capa, nous ménagea une entrevue. Anne m'apprit plus tard que Shim lui avait dit : « Je t'amène dans l'antre du lion. » J'entrai dans ma loge et je la vis, tailleur bleu, col blanc, les attaches très fines, ce que les Français admirent avant toute chose chez une femme. Elle faisait preuve à la fois d'une grande élégance et d'une assurance frappante. Nous discutâmes un moment; elle parlait l'anglais avec un léger accent. Elle parlait également l'allemand et l'italien. Je lui expliquai ce dont j'avais besoin; elle me répondit fort poliment qu'elle ne se croyait pas la mieux placée pour jouer ce rôle auprès de moi, mais elle pouvait m'indiquer quelqu'un. J'en fus vexé. J'étais tout de même la grande vedette américaine venue tourner un film à Paris! Elle aurait dû être ravie d'avoir ce travail. Apparemment, ce n'était pas le cas. Je la raccompagnai jusqu'à sa voiture.

Tout seul dans mon appartement ce soir-là, je ne cessais de penser à cette fille qui avait refusé mon offre. J'avais été invité à dîner par Claude Terrail, le propriétaire du célèbre restaurant La Tour d'Argent. J'appelai Anne et de ma voix la plus douce, lui demandai :

– Que faites-vous ce soir?
– Oh, rien.
– Voudriez-vous vous joindre à nous? Nous serons cinq pour un dîner à La Tour d'Argent.
– Non, merci, répondit-elle fort poliment, je crois que je vais rester chez moi et me faire des œufs. »

Qu'elle aille se faire foutre! me dis-je en raccrochant. Elle refuse de travailler pour moi et refuse une invitation à dîner. Qu'elle aille se faire pendre!

Le film me prenait beaucoup de temps. Je devais travailler beaucoup pour pouvoir dialoguer avec tout le monde en français. Mais Anne occupait toutes mes pensées. Je ravalai ma fierté et lui demandai à nouveau de m'aider. Elle finit par accepter de travailler quelque temps avec moi.

C'était une victoire. Elle était extrêmement efficace, s'entendait bien avec tout le monde, était appréciée de tous et me rendait d'immenses services. Je poursuivis ma stratégie de séduction, que je croyais des plus subtiles. En vain. Je finis par me dire : « Laisse tomber. On ne peut pas les avoir toutes. C'est une fille épatante. Ou tu cesses toutes relations avec elle ou tu la laisses faire son travail. »

A partir du moment où je décidai de ne plus courtiser Anne, je me conduisis tout à fait différemment. Je m'intéressai sincèrement à elle, lui posai des questions sur sa vie. D'abord sur ses gardes, elle finit par se montrer plus détendue et par me parler. Comme Schéhérazade, elle déroulait petit à petit l'écheveau de ses histoires. Moi, comme le sultan, j'étais fasciné.

15

ANNE

C'ÉTAIT l'après-midi, dans mon appartement.
« Voulez-vous du thé? demanda Anne.
– Bonne idée.
– Dans un verre? »
Elle sourit.
« Je vous en ai raconté suffisamment à propos de moi, dis-je. Ainsi vous êtes belge?
– Non.
– Ah bon. Je croyais que vous étiez de Bruxelles. »
Une seconde d'hésitation.
« Je suis née à Hanovre, en Allemagne. Mais il m'est arrivé là-bas des choses horribles. Je me considère comme Belge.
« Excusez-moi.
– Oh, j'ai eu une enfance heureuse pendant un certain temps. Puis tout s'est écroulé. Mes parents ont divorcé. Ma mère est partie pour Berlin, où elle a vécu avec un grand nombre de beaux jeunes gens. Je suis allée lui rendre visite une fois. Il n'y avait pas de chambre pour moi, j'ai été obligée de dormir sur le canapé. »
Une enfance heureuse... voilà qui m'était inconnu. Dormir sur un canapé, en revanche, je connaissais.
« Mais j'étais heureuse de vivre avec mon père,

poursuivit-elle. Il m'a appris que l'honnêteté est la principale qualité dans la vie. Nous étions très proches. Il n'y avait pas de secrets entre nous... »

Elle s'interrompit un instant.

« ... Et puis un jour il m'a dit qu'il venait d'épouser ma meilleure amie. Elle était beaucoup plus âgée que moi, mais je me suis sentie trahie en songeant que pendant tout ce temps il s'était passé des choses entre eux et qu'ils ne m'en avaient pas parlé. C'était comme si je n'avais plus eu ni père ni mère. Lorsque l'occasion s'est présentée de partir pour la Belgique, je n'ai pas hésité. Je détestais Hitler mais il fallait quand même faire ce stupide salut, et puis tout le monde parlait de guerre sans arrêt. En Belgique, je pouvais commencer une nouvelle vie. Je serais en sûreté. »

Elle eut un sourire ironique.

« Un matin, je fus réveillée par une violente explosion. Je bondis hors de mon lit, traversai la chambre en courant, me heurtant aux meubles. J'étais terrifiée. Que se passait-il? Des explosions... alors je compris : les nazis bombardaient Bruxelles. On était en mai 1940. J'avais quinze ans et j'étais seule.

« Dehors, dans la rue, c'était l'exode. Les gens fuyaient leurs maisons, abandonnant tous leurs biens. Le pays tout entier était jeté sur les routes. Je connaissais un homme fiancé à une fille dont la famille possédait une maison en France, à La Baule. Lui, son frère et un avocat de leurs amis allaient tenter de rejoindre La Baule en voiture. Je me joignis à eux.

« Les Allemands mitraillaient l'armée belge sur les routes principales, alors nous avons pris les routes secondaires. Nous sommes tombés sur un barrage routier tenu par l'armée belge. De part et d'autre de la route, des soldats contrôlaient les passeports.

« Les trois hommes de la voiture couraient un

risque terrible en me prenant avec eux, puisque j'avais un passeport allemand. J'étais assise devant, entre deux hommes; le troisième était derrière, avec les bagages. Au barrage, j'ai pris le passeport de l'homme qui se trouvait à ma droite et l'ai donné au soldat de gauche, puis j'ai repris le premier passeport et l'ai donné à l'autre soldat; ensuite, j'ai pris le passeport de l'homme à ma gauche... vous voyez? »

Oui, j'imaginais très bien. Cette toute jeune fille avait trompé des militaires en jouant un tour de passe-passe avec les pièces d'identité. Les Harlem Globetrotters n'auraient pas fait mieux avec un ballon de basket-ball. Cela dénotait chez eux tous un cran formidable.

« Vous vous en êtes sortis?

– Nous avons répété l'opération à trois barrages successifs. Finalement, nous avons atteint la côte française et nous avons été accueillis par la famille de Simone. Nous ne sommes restés à La Baule qu'une dizaine de jours : les Allemands avançaient sur nos talons. Nous sommes partis pour leur maison de Hossegor, dans le sud de la France, près de la frontière espagnole. Mais quand nous sommes arrivés à Hossegor, les Allemands avaient envahi tout le pays. Le maréchal Pétain était devenu chef de l'Etat et avait installé le siège de son gouvernement à Vichy. Décidément, les propagandes se valaient bien : les Français, avant la guerre, disaient : " La Ligne Maginot vous protège ", et les Allemands : " Jamais nous ne bombarderons la Belgique ".

« Il y avait des soldats allemands partout. Deux jours plus tard, notre jeune bonne de dix-huit ans, après s'être rendue en ville, revenait chez nous à travers bois parce que les routes étaient dangereuses : il y avait des camions militaires allemands partout et des gens qui fuyaient vers l'Espagne en essayant de les éviter. Elle aperçut alors un soldat allemand, et se mit naïvement à parler avec lui. " Est-ce que vous êtes allé en Alsace, est-ce que vous connaissez tel ou tel endroit? C'est là que vivent mes parents, etc. " Il l'a violée. Elle est revenue à la maison en pleurs et a raconté ce qui s'était passé. La grand-mère de Simone était folle de rage; elle avait promis à la famille de la jeune fille de veiller sur elle comme sur sa propre fille. " Ils ne peuvent pas faire une chose pareille! Ils ne peuvent pas faire une chose pareille! Vous, vous parlez allemand, m'a dit la grand-mère, allez les voir et racontez-leur ce qui s'est passé. " Un des frères m'a conduite en ville, et je suis allée voir le commandant, officier et gentleman. J'avais de la chance, parce que trois ou quatre mois plus tard, les nazis contrôlaient tout. Il y avait une grande différence entre l'armée régulière allemande et le Parti nazi. J'ai raconté mon histoire, et le commandant m'a dit que le soldat serait jugé.

« La cour martiale, ça n'était pas une petite affaire; des généraux se déplaçaient en personne. Je servais d'interprète à la jeune bonne. Le soldat, un jeune garçon, a été condamné à la prison à perpétuité. Le commandant lui a arraché toutes ses médailles et l'a giflé. A la fin du procès, le soldat a déclaré : " Je voudrais seulement savoir pourquoi elle a accepté quand, après, je lui ai proposé un rendez-vous pour le lendemain. " »

Je regardai Anne et j'éclatai de rire.

« Ce n'était pas drôle! Il lui avait posé un pistolet sur la tempe. »

Non, ce n'était pas drôle, mais cela révélait bien le caractère d'Anne. Encore adolescente, elle avait fait front à l'armée allemande; elle ne craignait guère de refuser une invitation à dîner avec moi. Elle avait fait preuve d'un courage et d'une présence d'esprit incroyables.

« Alors, vous avez passé la guerre à Hossegor? demandai-je.

– Non. Nous avons décidé d'aller à Paris. Mais

mon passeport posait toujours un problème : je pouvais être accusée d'espionnage ou être renvoyée en Allemagne. L'un des frères avait la solution : il a proposé de m'épouser. J'avais seize ans quand j'ai épousé Albert à Hossegor. Je devenais citoyenne belge.

– Vous l'aimiez?
– L'aimer? J'essayais seulement de survivre. Albert et moi sommes convenus de rester mariés six mois ou un an, et puis de reprendre notre liberté.
– Et où les jeunes mariés sont-ils allés passer leur lune de miel? »

Elle ignora ma mauvaise plaisanterie.

« Nous avions trois voitures et pas d'essence. Je suis allée revoir le commandant. " Nous voudrions aller à Paris, mais nous n'avons pas d'essence. – Pas de problème, a-t-il répondu. Venez demain matin et faites le plein. " J'étais méfiante, mais le lendemain nous avons conduit les voitures au dépôt, rempli les réservoirs, et ils nous ont même donné six bidons d'essence pour la route.

« J'ai passé le reste de la guerre à Paris, à sous-titrer en allemand des films français. Pendant l'Occupation, la production de films français était encouragée. Les Allemands avaient très envie de voir des films français un peu piquants. Je faisais trois ou quatre films par mois... Cela faisait beaucoup de travail. Je ne l'avais jamais fait auparavant. Je m'installais dans une salle de projection et je voyais le film trois ou quatre fois de suite, arrêt-départ, arrêt-départ, je prenais des notes sur les dialogues et le temps des plans... une phrase et un numéro à la suite. Souvent, je prenais du travail à la maison. C'est comme ça que j'ai été arrêtée pour espionnage.

– Hein, qu'est-ce que vous racontez?
– Mais oui, des coups frappés à la porte en pleine nuit, des hommes en uniforme. En France, il n'y a

pas besoin de mandat de perquisition. C'est le contraire des Etats-Unis... on est considéré comme coupable jusqu'à ce qu'on ait prouvé son innocence. Ils ont regardé les papiers sur lesquels je travaillais... des phrases suivies de chiffres. " Qu'est-ce que c'est que ça ? On dirait un code ! " Ils m'ont arrêtée et m'ont emmenée à la Sûreté. J'y suis restée deux jours. Misérable. En plus, ils avaient confisqué tout le travail que j'avais eu tant de peine à réaliser. Pour récupérer mes papiers, j'ai dû attendre qu'ils les aient " décodés " et qu'ils se soient aperçus qu'il ne s'agissait que de dialogues de films. »

J'observais cette fille délicate, si belle. Tout cela lui était arrivé alors qu'elle était encore plus jeune que Pier.

« Et Albert ?

— Pauvre Albert. Il n'arrivait pas à gagner sa vie. C'était moi qui l'entretenais. Il venait même me demander de la monnaie pour aller au cinéma. Il parlait français, avait belle allure, se montrait charmant. Il aurait pu faire quelque chose. J'ai fini par perdre tout respect pour lui. Un jour je lui ai dit que nous devrions divorcer. Il m'a répondu qu'il était très heureux. " Pourquoi ne pas rester mariés ? " m'a-t-il dit. Il avait pris des risques pour moi, m'avait aidée quand j'en avais eu besoin. Je me sentais des obligations à son égard. Puis j'ai rencontré Ramon Babbas, l'industriel, directeur de la parfumerie Patou. Ramon était si gentil, si attentionné.

— Vous êtes toujours mariée ?

— Nous nous sommes séparés après ma rencontre avec Ramon.

— Babbas est marié ?

— Oui.

— Pourquoi ne divorcez-vous pas ?

— Parce qu'Albert m'a dit : " Si tu veux divorcer,

trouve-toi un avocat. Tu payeras tous les frais. " Je n'en ai pas les moyens.

– Mais Babbas les a, lui. »

Anne ne répondit rien.

« Je vois, repris-je. Il ne veut pas que vous divorciez. Lui, il est marié. Pour lui, c'est parfait si vous restez mariée. Il vous voit, il profite de votre compagnie quand il en a envie. »

Je voyais bien qu'Anne s'irritait du caractère injuste de leurs relations. Babbas traitait leur liaison comme une affaire commerciale, ne lui accordant que le minimum nécessaire à son maintien. Elle travaillait et lui était fort riche, mais le cadeau le plus extravagant qu'il lui eût jamais fait se réduisait à une grappe de raisin hors saison. Dès qu'il s'aperçut que je m'intéressais à elle, il monta les enchères... Il lui offrit une nouvelle voiture et un magnifique bracelet-montre. Il évaluait la menace en termes d'affaires : quelqu'un lançait une OPA. Jamais il ne raisonna en termes humains : « Je t'aime, je te veux, peu m'importe le reste. »

Nous avions commencé à discuter après le déjeuner. Il était à présent six heures du soir. Je devais participer à un gala de bienfaisance au Cirque d'Hiver; Anne m'accompagna.

Le Cirque d'Hiver est un bâtiment circulaire dont les sièges en gradins s'élèvent jusqu'au plafond. Ce soir-là, le public était en smoking et robe longue pour assister aux numéros de cirque, trapèze, animaux, que donnaient les plus grandes vedettes du cinéma français. Je montai alors sur scène avec un appareil photo, mais les photos étaient interdites. Des officiels se précipitèrent vers moi avec l'intention évidente de m'embarquer, hurlant, me demandant ce que je faisais là... tout cela en français. Puis l'un d'entre eux me reconnut : « Hé, attendez une minute! C'est notre confrère américain, Kirk Douglas, la brute chérie! » (C'était le surnom que m'avait donné la presse française.) Les gens, du coup, semblaient ravis.

« Voulez-vous participer à notre numéro de cirque ? me demanda-t-on.

— Oui, volontiers, mais que voudriez-vous que je fasse ?

— Oh... un homme aussi talentueux que vous... vous trouverez certainement quelque chose. Voulez-vous nous accompagner en coulisses ? »

Au moment où je quittais la piste, les éléphants firent leur entrée. Lorsqu'ils s'en allèrent, je revins, toujours en smoking, avec une pelle et un balai, ramasser les crottes derrière eux. Je regardais le public d'un air désabusé en haussant les épaules. Les gens semblaient enchantés. Ils ignoraient que je pratiquais cet art presque depuis le berceau.

Je raccompagnai Anne à son appartement de la rue Lord-Byron, à deux pas des Champs-Elysées ; il devait être onze heures et demie. Le chaste baiser sur la joue en guise de bonsoir se transforma rapidement en baiser plus passionné. Ce fut le début de notre idylle.

Cette nuit-là, allongé à ses côtés, je lui demandai :

« Pourquoi avoir fait tant de manières ? Je ne me conduisais pas comme il le fallait ?

— J'étais bien décidée à n'avoir aucune aventure avec une vedette de cinéma américaine. J'ai vu trop de vedettes américaines s'offrir un petit flirt ici et rentrer ensuite chez eux comme si de rien n'était. Je n'avais aucune envie de ça. J'ai eu mon compte sur le tournage de *Moulin-Rouge* : John Huston avait une aventure avec l'actrice principale, mais le mari de la dame était jaloux et tout le monde draguait, pleurait, se bagarrait.

— Qu'est-ce qui t'a fait changer d'avis ?

— Tu es devenu un être humain. Tu t'es réellement

intéressé à moi et à mes problèmes. J'ai trouvé cela charmant et cela m'a attirée vers toi. »

J'avais fait assaut de charme et de boniment, ce qui n'avait rien donné. J'avais ainsi appris quelque chose : les hommes ne comprennent jamais qu'ils sont d'autant plus séduisants qu'ils abandonnent leurs trucs et leurs ficelles et qu'ils deviennent eux-mêmes.

Anne me plaisait beaucoup, mais j'étais fiancé à Pier Angeli.

16

HISTOIRES D'AMOUR

L'ITINÉRANTE Pier se trouvait à présent en Amérique du Sud. Anne ne parlant jamais d'elle, elle devait donc, selon moi, accepter la situation. Notre amitié s'approfondissait. Elle passait beaucoup de temps chez moi, près du bois de Boulogne, mais avait conservé son appartement. Elle était toujours indépendante, et elle était aussi la femme d'un seul homme. Dès que notre relation débuta, elle rompit avec Babbas et lui en expliqua les raisons. Mais ils demeurèrent amis, ce qui ne laissait pas de m'intriguer.

Mes deux garçons devaient venir me voir à Pâques, et Diana comptait les faire accompagner par une gouvernante. « Pourquoi une gouvernante? lui dis-je. Pourquoi ne viens-tu pas à Paris avec eux? Tu n'auras pas besoin d'aller à l'hôtel, tu pourras dormir chez moi. » Ils vinrent donc tous ensemble. Dès son arrivée, Diana attrapa la varicelle. Les deux garçons l'avaient eue avant leur départ et l'avaient transmise à leur mère. Elle resta au lit, à l'étage; Anne lui apportait du bouillon de poulet.

Lorsque Diana fut rétablie, nous allâmes dîner chez Maxim's : il y avait Anne et moi, Diana, Willy Schorr et un couple d'amis. Vers le milieu du dîner, un garçon me remit un billet ainsi rédigé : « S'il vous plaît, retrouvez-moi au vestiaire. » La signature était celle d'une dame de la société la plus élégante. Il y avait quelque chose de théâtral dans ce billet. J'étais impressionné et... impatient. Je glissai le billet dans ma poche, attendis le temps qui me parut convenable et m'excusai. Dans le vestiaire, je trouvai cette dame qui m'attendait. Mais elle n'avait pas écrit de billet et en avait en revanche reçu un de moi lui fixant le même rendez-vous. Quelqu'un dans le restaurant s'était joué de nous et nous observait certainement. Je l'imaginais, ricanant : « Tiens, les voilà tous les deux. » Nous étions si embarrassés, elle et moi, que notre relation prit fin avant d'avoir commencé. Je n'ai jamais découvert qui nous avait joué ce tour.

De retour à table, je m'aperçus qu'Anne était partie. Diana m'expliqua qu'Anne avait pris congé, prétextant qu'elle avait à se lever très tôt le lendemain matin. Je me précipitai chez Anne et sonnai à sa porte. Elle ne voulut pas me laisser entrer. A travers la porte, elle me dit : « Je ne veux pas te parler. Tu es minable. »

J'étais d'accord avec elle.

« Quitter la table de cette façon ! Quelqu'un t'envoie un petit mot et toi tu fonces tête baissée, sous mes yeux. Je ne sors pas avec des gens comme toi. Oublie-moi. »

Je m'excusai, plaidai ma cause. Il me fallut plusieurs jours pour ouvrir cette porte.

Un autre soir, Diana et moi prîmes une loge à l'Opéra en compagnie d'Anne et de Ramon Babbas. Enfant, Anne avait été un petit prodige musical. Elle aimait le piano, mais son père l'avait poussée à jouer du violon. Un jour, au cours d'un récital, elle eut une absence. Cette petite fille de dix ans se retrouvait soudain sur scène, devant une salle pleine de monde, à devoir jouer Mozart. Finalement, quelqu'un s'avança sur la scène et très doucement l'emmena, tandis qu'elle regardait toujours dans le vide.

Nous assistions à une représentation des *Indes galantes*, truffée d'effets spéciaux. Ainsi, au cours d'une scène, un homme chantait une aria tandis que derrière lui, d'un côté un volcan crachait des flammes et de la lave, et de l'autre un navire parcourait la scène comme s'il était sur le point de sombrer. La scène était très sérieuse, mais je me mis à rire. Acteur moi-même, je songeais à ce malheureux ténor répétant sa partition jour après jour sur une scène déserte, s'efforçant d'articuler les mots avec précision, de chanter les notes exactes, d'y mettre toute son émotion. Le soir de la représentation, il chante merveilleusement, de toute son âme, mais personne ne s'en rend compte... il a été supplanté par le décor et la machinerie. Diana, qui avait un grand sens de l'humour, se mit à rire elle aussi. La même pensée l'avait frappée. Plus nous essayions de nous contenir, et plus nous riions. Anne me regardait et le distingué industriel français ne cachait pas sa réprobation. L'ambiance était à la nervosité, voire à l'hystérie, mais la situation l'expliquait parfaitement : je me retrouvais en compagnie de mon ancienne épouse, tandis que la femme avec qui j'avais une liaison était accompagnée de son ancien amant. Tout cela était un peu trop français.

Un peu avant le départ de Diana et des garçons, nous allâmes tous faire une promenade dans le bois de Boulogne. Je tenais la main de Michael. Il prit mon autre main et la plaça dans celle de Diana en disant : « Et maintenant la famille est réunie. »

Comme Michael, j'en eus le cœur brisé.

Le tournage d'*Un acte d'amour* prenait fin. Les dernières scènes avaient lieu sur l'un des plus beaux ponts de Paris, le pont Alexandre III. Je m'aperçus alors qu'il s'agissait du tsar Alexandre III, qui avait régné de 1881 à 1894, à la grande époque des pogroms qui avaient poussé mes parents à fuir la Russie. Dans l'histoire de l'antisémitisme, cet homme n'avait eu de rival qu'en Hitler. Je crachai sur le pont.

Anne devait partir pour la Côte d'Azur : elle était chargée du protocole au Festival de Cannes. Je partis avec elle en emmenant le scénario d'*Ulysse* que je devais tourner prochainement. J'adorais voir Anne travailler : elle parlait en italien aux équipes italiennes, passait à l'allemand avec les producteurs allemands, retournait au français, discutait en anglais avec les Britanniques et les Américains, changeant de langue aussi facilement que l'on change de vitesse en voiture. Je l'admirais énormément.

Tandis qu'Anne travaillait, j'allais étudier le scénario d'*Ulysse* sur la plage, et laissais pousser ma barbe pour le rôle. Un jour, un yacht vint s'amarrer à un ponton et je les aidai pour la manœuvre. En voyant ce barbu en maillot de bain qui les avait aidés, le propriétaire du yacht me gratifia de deux cents francs (anciens). J'étais entre deux films; j'acceptai.

Un jour, Anne m'annonça qu'elle devait aller accueillir des producteurs à l'aéroport. Elle revint avec un de ses ex-petits amis, Joe Drown, propriétaire de l'hôtel Bel Air de Los Angeles, et me dit qu'elle allait dîner avec lui ce soir-là. Je compris qu'elle essayait de se protéger de ses sentiments pour moi. Il est vrai que depuis le début, dès que je sentais que nous devenions trop proches, je lui rappelais que j'étais fiancé à Pier Angeli. Je continuais de communiquer avec Pier du mieux que je le pouvais. Parfois, je demandais à Ray Stark de l'appeler et de lui transmettre notre code secret : « 1-2-3 », ou : « Parce que oui. » Il me répondait ensuite par écrit que franchir l'obstacle de sa mère c'était à peu près comme franchir le rideau de fer, ou que Pier lui avait, elle aussi, répondu : « 1-2-3 ». Mais Pier n'était pas là, alors que Joe Drown, lui, était bien présent. J'étais furieux. Je me trouvais à Cannes uniquement pour Anne, et elle sortait avec quelqu'un d'autre.

J'avais rencontré une ravissante blonde, une Française, et je l'invitai à passer la soirée avec moi à Saint-Tropez. Nous prîmes une chambre dans un petit hôtel pittoresque. Je poursuivais mes cours de français. Allongé dans le lit, je me mis à lui lire *Le Petit Prince* de Saint-Exupéry. Un éclair étrange passa dans les yeux de la fille... « Qu'est-ce que c'est que ce cinglé qui m'amène jusqu'à Saint-Tropez pour me lire *Le Petit Prince*? » Mais j'avais une réputation à défendre. Je ne passai pas la nuit entière à lui lire *Le Petit Prince*.

Le lendemain, de retour à Cannes, j'appelai Anne pour me vanter de ma merveilleuse soirée. Puis j'ajoutai :

« Et toi, tu as aussi passé une excellente soirée? »

Elle se mit à pleurer.

« Que se passe-t-il?

— Oh, il s'est soûlé et il n'a pas arrêté de jouer : ça a été une soirée effroyable.

— Parfait. Que ça te serve de leçon pour ce que tu m'as fait. »

Soudain, au milieu des sanglots, elle s'exclama :

« Aujourd'hui, c'est mon anniversaire. »

Deux heures plus tard, nous nous retrouvions dans un superbe petit restaurant, avec fleurs et bougies. Tout était oublié. L'idylle se poursuivait.

17

SIGNOR DOUGLAS

Après Cannes, nous partîmes pour l'Italie pour le tournage d'*Ulysse*. Les producteurs avaient déjà engagé Anne un an auparavant comme attachée de presse sur le film. Pier, elle, tournait encore un film en Amérique du Sud.

Le tournage en deux langues m'avait fatigué. Tandis qu'on mettait la dernière main aux préparatifs d'*Ulysse*, on me ménagea des vacances dans la maison de Carlo Ponti, dans les collines d'Amalfi. Anne et moi embarquâmes dans une grosse Lancia conduite par un chauffeur, tandis qu'une autre Lancia suivait derrière avec les bagages. Toute cette opulence nous faisait rire un peu sottement. Nous fîmes un séjour fort agréable à Amalfi, bien qu'il y eût beaucoup de tensions entre Ponti et sa femme à cause de l'aventure qu'il avait avec Mai Britt. Anne et moi faisions des promenades en barque. Je m'allongeais dans le fond en chantant des chansons italiennes, tandis qu'Anne ramait... L'attitude typique du macho italien! Nous passâmes une semaine à Amalfi, gagnâmes ensuite Positano en voiture avant un petit séjour à Capri. Des vacances de rêve.

Le tournage débuta le 18 mai 1953 à Porto Ercole, un petit village de pêcheurs sur l'Adriatique, où les hommes réparaient les filets sur la grande plage de sable. Je dis toujours en plaisantant que c'est moi qui ai découvert l'endroit, car lorsque j'y suis venu pour la première fois, je me suis exclamé : « Que c'est charmant! J'aimerais acheter un bout de terrain ici. » Je regrette de ne pas l'avoir fait. Maintenant, le coin ressemble à Palm Beach.

Nous vivions dans une petite maison charmante, très propre, face à la mer. Les matinées étaient magnifiques, ensoleillées. Une vedette venait nous prendre sur le ponton face à la maison et nous emmenait sur la réplique d'une galère grecque, ancrée en mer à dix milles de là. Anne lisait, appuyée contre la cabine, moi j'allais nager un mille ou deux puis revenais m'étendre à côté d'elle pour le reste du trajet. Parfois, je faisais du ski nautique. Toute la journée, nous tournions sur le navire grec. Au crépuscule, lorsque la journée de travail était finie, je grimpais à la pomme du mât et piquais une tête dans la mer. Anne faisait semblant de ne pas être impressionnée. Puis je nageais le long du canot pendant environ un mille, avant de remonter à bord.

Un jour, à notre retour à Porto Ercole, je trouvai sur la table de nuit de notre chambre à coucher une grande photo de Pier portant cette dédicace : « Kirk, je te surveille. » Et moi qui la croyais en Amérique du Sud! J'avais eu tellement de mal à la retrouver, mais dès qu'elle avait appris que je n'étais pas seul, elle avait trouvé quelqu'un pour la conduire à Porto Ercole, à deux heures de Rome, et m'avait laissé sa photo. C'était un geste théâtral, mais non dépourvu d'une certaine folie. A cette époque, je ne me rendais pas compte de l'ampleur de cette folie. De retour à Rome, je cherchai à joindre Pier. Partie.

Je m'étais déjà rendu deux fois à Rome auparavant, et j'avais été déçu de ne pas avoir vu Pier. Cette fois-là, je me rendis dans les cafés et les petits restaurants dont elle m'avait parlé, je montai et descendis les escaliers de la Trinité-des-Monts, la Via

Veneto, pris des cafés aux terrasses. Oui, je fis tout cela, mais avec Anne.

Nous trouvâmes une villa magnifique, la Villa Gioia (« la villa de la joie »). Immense... des terrasses, des jardins, une piscine, trois domestiques. Anne passait la plupart de son temps avec moi, mais elle tenait à garder son indépendance, et elle avait une chambre à l'hôtel de la Ville, où descendaient de nombreux Français. Cette villa m'enchantait : elle était située sur la Via Appia Antica, la route qu'empruntaient les légions de César pour entrer à Rome et en sortir. Il y avait des champs tout autour et de merveilleuses promenades à faire. Tout le monde avait la même idée : partout, on tombait sur des couples d'amoureux. Les jeunes Romains partaient sur leurs Vespas, la fille derrière, les bras serrés autour du conducteur. Ils posaient le scooter contre un arbre et allaient faire l'amour dans les buissons. Un jour, Anne et moi aperçûmes un jeune garçon qui se masturbait en regardant un couple faire l'amour. C'était certainement très stimulant.

Je chassai Pier de mon esprit. Autour de nous, on chantait des chansons d'amour. *Come bella far l'amore quando è sera* (Comme il est beau de faire l'amour le soir). Nous mangions des pâtes délicieuses, nous nous promenions partout. A l'époque, il y avait fort peu de voitures à Rome, tout le monde circulait en Vespa. Mais Anne et moi préférions arpenter les rues pavées menant au Colisée, aux catacombes.

Nous recevions beaucoup à la villa. Tous mes amis appréciaient beaucoup Anne. Charlie Feldman vint me voir là-bas et tenta de me faire signer un engagement pour trois films avec son compère Darryl Zanuck, le président de la Twentieth Century Fox. Il fut estomaqué lorsque je lui annonçai que je refusais de jouer dans *The Robe*. Ce fut Michael Wilding qui eut le rôle. Je lui demandai des nouvelles de Sam

Norton, et déclarai qu'il m'avait donné un conseil extraordinaire en me poussant à venir en Europe pour échapper aux impôts : ici, je vivais comme un roi. Pas mal, en effet, admit Charlie en jetant un regard autour de lui. Mais comment pouvais-je m'occuper de mes affaires aux Etats-Unis, d'aussi loin? Je lui répondis que je ne m'inquiétais pas : Sam avait une procuration. Charlie était stupéfait : « Moi, même à ma mère je ne donnerais pas de procuration. » Mais Charlie avait toujours été un requin. Il ne savait pas ce que c'était que l'amitié. Sam était le seul à m'écrire régulièrement pour me tenir au courant, le seul sur qui je pouvais me reposer en toute confiance.

Ray Stark vint également, avec une guitare. Il amenait aussi avec lui un excellent conseil : accepter la proposition de Walt Disney qui voulait me faire tourner dans une adaptation du roman de Jules Verne, *20 000 lieues sous les mers*, un film en cinémascope avec un budget de quatre millions de dollars.

A Rome, le tournage ressemblait à une histoire de fous. Tout le monde parlait sa propre langue : anglais, français, italien, russe, espagnol. Inutile de faire le silence pendant le tournage : de toute façon, tout allait être doublé par la suite. Je m'habituai à tourner des scènes intimes au milieu du bruit. Et ils payaient les gens au lance-pierres. Plus le rôle était petit et plus ils étaient durs. Toutes les semaines, le plateau était envahi de figurants réclamant leur salaire à grands cris.

Deux des plus grandes actrices italiennes tournaient dans ce film. Rossana Podesta jouait le rôle de la princesse Nausicaa qui découvre Ulysse inanimé sur la plage et décide ensuite de l'épouser. Silvana Mangano, la femme de Dino De Laurentiis, qui venait de triompher dans *Riz amer*, jouait deux rôles : celui de Circé, la magicienne qui transforme les hommes d'Ulysse en pourceaux, et la fidèle épouse Pénélope, qui éconduit les soupirants pendant dix ans, et notamment Anthony Quinn, en attendant le retour d'Ulysse.

Un jour, une autre grande vedette italienne fit irruption sur le plateau sans avoir été annoncée... Pier Angeli. Dès que je fus en sa présence, tout changea pour moi. Nous passâmes quelques jours ensemble, sortîmes dans les restaurants et les night-clubs avant qu'elle ne reparte pour Londres où elle devait tourner un film. Au moment de son départ, j'étais plus amoureux d'elle que jamais. Je m'envolai à Londres avec elle pour célébrer son vingt et unième anniversaire, et lui offrir le diamant que j'avais acheté à Rome chez Bulgari, l'équivalent de Tiffany. Ce fut un séjour enchanteur et nous jouâmes même devant la reine. Puis je rentrai à Rome pour terminer le tournage d'*Ulysse*. Anne se montrait compréhensive... mais vivait dans sa chambre de l'hôtel de la Ville.

Il y avait beaucoup d'action dans *Ulysse*. Nous chassions de dangereux sangliers qui étaient en fait des cochons peinturlurés. Nous foulions du raisin pour en faire du vin. C'était du raisin très cher, du raisin de serre importé de Hollande, parce que ce n'était pas la saison en Italie. Mais le jus de ces grappes était trop foncé, alors nous tournâmes à nouveau la scène en ajoutant des tomates. Je devais aussi voler un mignon petit mouton... mais il se débattit et me frappa les bras et le nez de ses petits sabots. J'eus ma revanche à la scène suivante : je mangeais le mouton. Mais pour le fromage, c'était nettement moins amusant : nous fîmes plusieurs prises d'une scène où je devais manger d'énormes fromages blancs. Ils utilisaient un fromage de chèvre italien, très fort. A la huitième prise, j'avais une telle nausée que je demandai à la régie de glisser à l'intérieur de petits morceaux de banane. Puis nous dûmes tourner à nouveau la scène du foulage du raisin, mais cette fois-ci avec du véritable raisin italien, de bonne couleur, car les tomates s'étaient révélées, ô surprise... trop rouges !

Le tournage s'interrompit pour nous permettre d'assister au Festival de Venise et au bal que l'on donnait au palais de la comtesse Volpe, sur le Grand Canal. Silvana Mangano et moi fîmes notre arrivée de façon somptueuse : dans des gondoles chargées de fleurs, au milieu des chansons des gondoliers. Lors de la projection de *The Bad and The Beautiful*, un photographe prit un cliché de Silvana et moi, qu'il légenda « *The Beard*[1] *and the Beautiful* ». Il entrait dans les attributions d'Anne de rendre compte aussi de tout cela. Elle fit preuve de beaucoup de dignité et d'un grand professionnalisme en dissimulant ses sentiments personnels.

Il y avait beaucoup de fans à Venise, notamment des jeunes filles arborant ce nouveau maillot de bain qu'aucune Américaine n'aurait accepté de porter : le bikini. Toutes réclamaient un autographe, mais évidemment aucune n'avait de feuille de papier. Les exigences de la célébrité me forçaient à signer mon nom sur leur ventre, leurs cuisses, et même...

Soudain j'entendis un cri : « Keerk ! Keerk ! » et vis une somptueuse créature, une longue chevelure de soie blonde, une poitrine somptueuse, des jambes qui n'en finissaient pas, s'avancer vers moi en courant. En bikini. C'est une vision que je n'oublierai jamais, même si je devais devenir aveugle. D'abord je ne la reconnus pas, et elle dut me rappeler son nom. Elle avait eu un petit rôle dans *Un acte d'amour*, où elle était enveloppée dans un lourd manteau. Mais même ainsi, sa beauté n'était pas passée inaperçue, avec son long cou aux lignes gracieuses et son visage angélique. Je glissai à Anne : « Je crois que je vais

---

1. *Beard*, en anglais, signifie barbe *(NdT)*.

ramener cette fille avec moi en Californie. Elle pourrait devenir une grande vedette. » Anne n'était pas d'accord avec moi. En regardant cette fille sur la plage, je songeais à ce corps splendide qu'avait dissimulé le lourd manteau. Je me demande si Anne avait une vision purement professionnelle lorsqu'elle marquait son dédain pour cette jeune Française de dix-sept ans... Brigitte Bardot.

De retour à Rome, nous tournâmes les scènes de lutte. Elles semblèrent parfaitement authentiques... J'étais, moi, le champion de lutte invaincu de mon université, et mon adversaire, Umberto Silvestri, était champion olympique... lui aussi invaincu.

Dans *Ulysse*, nous avions des monstres, des navires, des cochons, des raisins, des chèvres, et nous nous en sortions très bien, mais c'est avec un petit chien que nous eûmes le plus de difficultés. De retour chez lui après des années de guerre et d'errance, Ulysse, déguisé, n'est reconnu par personne, sauf par son chien fidèle, à présent bien vieux. Je cherchai à m'attacher le chien des semaines avant le tournage de la scène. Je le nourris, le flattai, le pris chez moi à la villa. J'aime les chiens, j'en ai toujours eu. Mais celui-ci était un chien italien, *un cane italiano*, totalement indifférent. Nous devions tourner la scène où le chien se précipite sur Ulysse qui pénètre dans la cour. Je fis mon entrée et le chien sortit. Nous tournâmes la scène quinze fois. Quinze fois, le chien s'éloigna de moi. Je n'ai jamais été autant snobé par une créature à quatre pattes. Nous dûmes nous résoudre à opérer autrement. Nous droguâmes le chien de façon à ce qu'au moins il ne s'enfuie pas. Mais il se mit à détourner la tête au moment où la caméra le prenait. Nous fîmes suffisamment de prises pour permettre aux monteurs d'en tirer quelque chose.

Mike Todd vint rendre une visite au plateau avec sa Todd-AO Magnascope company, puis donna une réception en l'honneur d'Evelyn Keyes. J'eus le plaisir de rencontrer d'autres invités, dont Ingrid Bergman, Irene Selznick, et l'ancienne femme d'Hemingway, Martha Gellhorn.

Cet été-là, Soraya, la belle épouse du chah d'Iran, faisait la couverture de tous les magazines. Le chah divorçait parce qu'ils n'avaient pas eu d'enfant. Elle vivait désormais en Italie. J'avais envie de la rencontrer, mais ne savais pas comment. Finalement, quelqu'un me donna un conseil de simple bon sens : « Tu es une vedette de cinéma, tu n'as qu'à l'appeler. »

Je l'invitai à un cocktail à ma villa. Elle vint en compagnie de sa mère, une Allemande qui buvait beaucoup, et de deux messieurs, peut-être des gardes du corps. Soraya était une femme très attirante. Nous passâmes un agréable moment ensemble, mais elle ne possédait pas le charme que laissaient supposer les photos. Encore une fois, j'aurais mieux fait de ne pas toucher à mes rêves.

J'offris une grande réception à la fin du film, alors que Sam Norton et sa femme venaient nous rendre visite. Ce fut une réception à thème au restaurant Apuleius à Ostia Antica : les serveurs étaient costumés à l'antique, chaque carte marque-place était une réplique du navire d'Ulysse et constituait à chaque fois une œuvre originale, le menu de fête était rédigé en grec ancien. Je fis une courte allocution en italien et il y eut des chants et des danses. Le réalisateur et moi étions en froid. Il commença par refuser d'assister à la réception, mais les producteurs finirent par le convaincre d'y faire au moins une apparition. Moi, je voulais me réconcilier avec lui. Je l'aimais bien. Après un dessert spectaculaire (une immense glace représentant le navire d'Ulysse, en entier, avec Ulysse et ses hommes), je me mis à chanter une vieille chanson italienne à succès, *Mamma*. Mais je l'intitulai *Papa,* et la lui chantai à genoux, une main sur le cœur. Mais lorsque je chantai les paroles *Quanto ti voglio bene* (Comme je t'aime), je tournai mon regard vers Anne. La chanson plut à tout le monde. Les gens se séparèrent contents et... fatigués. Moi, j'avais besoin de vacances.

18

A LA POURSUITE DE PIER
(troisième partie)

ANNE et moi partîmes en voyage en Belgique. Nous fîmes un excellent déjeuner dans un magnifique restaurant surplombant la Grand-Place à Bruxelles. Nous avions décidé de passer la soirée avec l'ancien mari d'Anne (dont elle avait fini par divorcer) et sa petite amie. Mais dans notre chambre d'hôtel, au moment de sortir, je me sentis soudain fort mal. « Je ne me sens pas bien du tout, Anne, je ne pourrai pas sortir ce soir. Vas-y, je t'attendrai ici. »

Anne sortit avec son ancien mari et je demeurai à l'hôtel. Soudain, je me sentis réellement très mal et je fis appeler un médecin qui vint en toute hâte, m'examina et me prescrivit des médicaments.

« Vous avez eu une petite crise cardiaque, mais à présent vous êtes hors de danger. Cela dit, plus question de vous dépenser.

– Mais je prends l'avion demain pour Baden-Baden! » m'écriai-je.

Nous devions aller voir Tola Litvak.

« Il n'en est pas question. Je vous interdis de prendre l'avion. Ça pourrait être très dangereux pour vous. »

A regret, j'acceptai de renoncer à prendre l'avion, mais refusai tout net lorsqu'il parla de me faire admettre à l'hôpital. Après son départ, allongé sur le lit, je me lamentai : « Je suis là, tout seul, après une crise cardiaque. Mon amante est sortie avec son ex-mari. Mais qu'est-ce qu'elle peut bien fabriquer? J'ai trente-huit ans et je vais probablement rester invalide pour le restant de mes jours. »

Anne revint vers minuit, d'excellente humeur.

« Comment te sens-tu?

– Oh, ça va. J'espère que toi tu as passé un bon moment, ma chérie, parce que moi pendant ce temps-là j'ai eu une crise cardiaque.

– Hein? Qu'est-ce que tu racontes? »

Je lui rapportai le diagnostic du médecin.

« C'est ridicule! » déclara Anne.

Son diagnostic à elle, c'était : indigestion.

Une indigestion! J'étais furieux.

Le lendemain, néanmoins, nous annulâmes le vol et prîmes le train pour la Forêt-Noire, dans la région de Baden-Baden; nous nous rendîmes directement dans une célèbre clinique spécialisée dans les affections cardiaques. L'un des meilleurs médecins de la clinique, un cinéphile, m'examina.

« Je n'ai jamais vu personne en meilleure condition physique que vous, déclara-t-il à l'issue de son examen.

– Et alors, mon cœur?

– Vous avez le cœur d'un garçon de dix-huit ans. Vous êtes un homme plein de forces. »

Je m'efforçai de ne pas remarquer le sourire qui se dessinait sur les lèvres d'Anne.

« Ce n'est pas ce que m'a dit le médecin de Bruxelles la nuit dernière, rétorquai-je.

– Qu'avez-vous mangé, hier? »

Anne décrivit le menu, et je faillis tomber à nouveau malade en écoutant la litanie des huîtres, des pâtés et de tous les plats que j'avais avalés.

« Une belle indigestion! déclara le médecin. Mon confrère de Bruxelles aurait dû vous prescrire du bicarbonate de soude et vous vous seriez retrouvé en pleine forme. »

Anne était prête à éclater de rire.

« Pas un mot! » lui lançai-je.

Ce fut la fin de mon infirmité. Nous passâmes quelques jours délicieux à Baden-Baden en compagnie de Litvak.

Et puis un jour je tombai sur un exemplaire de *Paris-Match* avec Pier Angeli en couverture. Je tombai à nouveau amoureux d'elle. Et malgré le caractère étrange de nos relations, nous étions fiancés, nous devions toujours nous marier. Partout où nous allions, elle me regardait depuis la couverture du magazine. Je la couvais du regard. Anne le remarqua et me dit :

« Elle est très belle.

– Je regrette, Anne, mais je crois que je suis toujours amoureux d'elle.

– Mais alors qu'est-ce que je fais ici, moi? C'est ridicule! Va la retrouver, moi je rentre chez moi et on en finit! »

Anne retourna à Paris. Moi, je me rendis à Munich, fis plusieurs émissions de radio pour la station des forces armées américaines, puis rentrai à Paris. Partout où je passais, je laissais des messages à l'intention de Pier. Pas de réponse.

J'appris que mon père avait été hospitalisé, et je me disposai à rentrer aux Etats-Unis. Il me restait encore un jour de post-production pour *Un acte d'amour*. Quelques erreurs sans gravité d'un technicien m'obligèrent à rester au studio plus longtemps que prévu. Cela m'ennuyait, car je devais retrouver Tola Litvak chez lui, dans la maison que j'avais occupée pendant le tournage d'*Un acte d'amour*. Je me faisais l'effet d'un réfugié... Pier perdue quelque part dans la nature, Anne loin de moi, et mes garçons que je n'avais pas vus depuis des mois! C'était aussi mon anniversaire et personne n'était venu me le souhaiter. Peut-être était-ce mieux ainsi. Mes anniversaires me rendent toujours triste. J'étais presque content de me retrouver seul.

J'arrivai chez Tola, ouvris la porte... Cinquante personnes s'écrièrent en même temps : « Surprise! » La fête était en effet une véritable surprise, il y avait des jolies filles partout. Je remarquai alors une fille avec qui j'avais eu une aventure quelque temps auparavant. Puis une autre. Et une autre. Encore une autre... puis Tola, souriant.

« C'est vous qui avez organisé tout ça », dis-je.

Il secoua la tête en signe de dénégation. Derrière moi, j'entendis alors : « Joyeux anniversaire. » Je me retournai : c'était Anne. Elle avait rassemblé presque toutes les filles avec qui j'avais eu une aventure, même celle de la nuit précédente. J'étais sidéré. Je n'avais pas fait mystère de la plupart de ces idylles, mais pour certaines je pensais m'être montré très discret. Je n'arrivais pas à comprendre comment on avait pu s'en apercevoir. Devais-je me montrer fâché, peiné? Décidément, cette Anne Buydens avait une étrange façon de me dire adieu.

Les hommes se croient toujours si malins, si enjôleurs. Ils ont l'impression que personne ne se rend compte de ce qu'ils trament. Alors que les femmes savent tout. Un jour, dans un restaurant bondé, alors que les conversations allaient bon train tout autour de nous, je me penchai vers Anne pour lui raconter une histoire fort intéressante. Le soir, à la maison, elle me dit : « Tu sais qu'à la table voisine, la fille a dit que... » et elle me rapporta la conversation dans son entier.

« Mais je n'ai pas entendu ça, moi. Quand l'as-tu entendu?

— Quand tu me racontais ton histoire.

— Hein? Pendant que je te racontais quelque chose de très important, toi tu écoutais ce qui se disait à la table voisine?

— Mais j'ai écouté tout ce que tu m'as dit. »

Et elle me redit par le menu tout ce que je lui avais raconté.

J'en ai parlé avec d'autres femmes, et elles semblaient le comprendre parfaitement, et pouvoir faire la même chose. Jamais je n'ai rencontré d'hommes qui en auraient été capables. Les femmes sont si étranges !

Pier m'appela, heureuse d'entendre ma voix. Nous décidâmes de passer ensemble la veille du Nouvel An à Paris. Mais, dans l'avion qui m'emmenait à New York, je me demandais : « Sera-t-elle là ? »

Je me rendis directement à Albany pour voir mon père, à l'hôpital.

Issur pénétra dans la chambre. Son père dormait. Issur s'assit sur une chaise, en face de lui. Il regarda son père, si petit, si ratatiné dans son grand lit d'hôpital, le visage se confondant presque avec ses cheveux blancs. C'était à présent son père qui était l'enfant dépendant. Peut-être cette fois-ci serait-ce différent. Peut-être son père dirait-il à Issur ces choses que l'on dit dans les films ou dans les pièces : « Si tu savais, mon fils, combien je t'ai aimé, combien j'ai toujours été fier de toi. Je regrette de ne te l'avoir jamais dit auparavant. Mais maintenant les choses peuvent changer. » Issur prendrait alors son père dans ses bras en disant : « Oui, papa, je comprends. »

Fatigué par son long voyage, Issur ferma les yeux. Il se revoyait, des années auparavant, traversant un terrain, à Albany, alors qu'ils se rendaient, lui et son père, chez sa sœur Betty. C'était au début de la maladie de son père. Son père voulait retourner chez sa femme, qui l'aurait dorloté, et Issur s'efforçait d'arranger les choses entre eux. Mais sa mère n'en voulait à aucun prix chez elle. Issur estimait qu'en dépit de tout ce qui s'était passé auparavant, ils auraient dû vivre ensemble la fin de leur vie. Mais sa mère était intraitable.

Issur envoyait une somme mensuelle à son père, mais ce dernier la jugeait insuffisante. Issur pouvait-il lui donner un peu d'argent?

Le timide, le craintif Issur explosa soudain comme un animal enragé. « Espèce de salopard! Il faut toujours que je te donne quelque chose! Je t'ai déjà donné tout l'argent de ma bar-mitzvah. Je t'ai aidé à préparer tes saletés de ballots de chiffons. Je t'ai aidé à entasser le crottin de cheval autour de la maison. Je t'ai donné mon amour. Et toi, qu'est-ce que tu m'as donné? RIEN! RIEN! Je n'avais besoin que d'un petit geste d'encouragement, un tout petit geste! Mais jamais tu ne l'as fait! »

Issur ouvrit les yeux dans la salle d'hôpital.

Son père le regardait.

Issur regarda son père dans les yeux, ces yeux si noirs, noirs comme les boulets de charbon qu'Issur ramassait le long des voies de chemin de fer. Il savait que son père, le grand, le costaud Harry, le bulvan, le Juif le plus dur d'Amsterdam, était en train de mourir. Issur avait peur. Comment un homme qui avait toujours été aussi fort pouvait-il devenir aussi faible? Issur avait envie de s'enfuir.

« Reste avec moi », dit son père.

Si seulement son père lui avait dit : « Reste avec moi » à l'époque d'Eagle Street. Combien la vie d'Issur en aurait été changée! « J'ai des enfants à moi maintenant, papa, dit Issur. Ils m'attendent. Ils ont besoin de moi. » Sous la piété filiale, il y avait de la cruauté : Issur ne savait pas bien pourquoi il avait prononcé ces mots. Souffrait-il encore tant qu'il avait éprouvé le besoin de rappeler à son père ce qu'il n'avait pas fait? Etait-ce donc encore si douloureux, après tant d'années?

Son père le regardait; ses yeux semblaient plus noirs

que jamais. « *Je ne te reverrai jamais.* » *Ces yeux portaient le feu au-dedans d'Issur.*
Issur partit.

Je passai Noël avec mes garçons puis repartis pour Paris. Enfin, ma fiancée, ma future femme-enfant, Pier, venait passer le Nouvel An avec moi. Seule. *Senza mamma.* Nous n'avions jamais fait l'amour. L'heure était venue. Serait-elle présente au rendez-vous ? Elle m'appela, toujours aussi gaie et insouciante, de son appartement du George-V. Nous assistâmes à un réveillon de Nouvel An à la Tour d'Argent, le premier restaurant où j'avais invité Anne. La cuisine, les vins étaient délicieux. A minuit, Pier et moi nous embrassâmes. Sans passion. Je n'arrivais pas à y croire. J'avais enfin ce que j'avais toujours voulu : me retrouver seul avec cette douce enfant, loin de sa mère. Nous allions pouvoir rester seuls la nuit entière. Des nuits entières. Et j'éprouvais... je ne savais pas bien ce que j'éprouvais. Je crois que je me sentais malheureux. Après le réveillon, nous allâmes nous promener sur les quais de la Seine. Pier voyait bien que quelque chose n'allait pas. Je lui dis alors que je me sentais dans un étrange état d'esprit... notre relation avait pris des détours tellement curieux. Lorsque la première fois j'étais venu à Rome pour la voir, elle se trouvait à Venise. Lorsque j'étais revenu à Rome, elle était à Capri. Ou à Londres. Je la poursuivais sans cesse, et elle, semblait n'être qu'une petite fille que sa mère promenait par la main. Toute cette relation n'était qu'un rêve un peu fou, un rêve bâti sur rien, sinon sur le rire en cascade d'une adorable petite fille qui se jouait de moi.

« Si c'est ce que tu ressens, me dit Pier, nous n'aurions peut-être pas dû nous fiancer.

– Peut-être. »

Alors, là, à la lueur de la lune, dans un des paysages les plus romantiques du monde, elle ôta de son doigt sa petite bague de fiançailles et me la tendit. Je la pris. Elle avait des larmes dans les yeux. Moi pas. Je la raccompagnai à son hôtel.

« Est-ce que je te verrai demain? demanda-t-elle.
– *Domani sarà troppo tardi.* »

Tout était fini.

De retour chez moi, je décrochai le téléphone... et me rendis compte que je ne savais pas où se trouvait Anne. J'appelai chez elle. Elle était partie en laissant des instructions formelles à la bonne : ne me révéler sous aucun prétexte où elle se trouvait. Je plaidai, suppliai. La bonne finit par raccrocher. Je me rendis à l'appartement pour lui parler de vive voix. J'obtins le numéro.

J'appelai donc Anne chez ses amis à Saint-Paul-de-Vence, dans le Midi.

« J'ai rompu mes fiançailles avec Pier. Tu me manques. Je veux te voir. Quand reviens-tu à Paris?

– Je suis en train de me débarrasser de toi, alors pourquoi est-ce que tu ne me laisses pas tranquille? Je ne veux plus être blessée. Et j'ai été blessée, très cruellement.

– Je t'attends à Paris. Je t'en prie, reviens. »

Elle raccrocha.

Anne revint à Paris par le train de l'après-midi. Elle m'apprit ce qu'elle avait toujours su à propos de Pier et ce que j'aurais su moi-même si, après m'être donné la peine d'apprendre les langues étrangères, je m'étais donné celle de lire les journaux étrangers. Pier était toujours accompagnée d'un homme; à Venise, elle avait été photographiée avec un petit caniche dans les bras, cadeau de son nouvel amant; à Londres, Pier était en compagnie de Dean Martin, alors qu'elle m'avait dit s'y trouver avec sa mère. Anne se sentait déchirée. Devait-elle laisser traîner les coupures de presse afin que je tombe dessus « par hasard »? Me dire la vérité tout à trac? Ne rien dire? J'avais si souvent dit à Anne que j'étais amoureux de Pier, que j'allais l'épouser. Elle ne voulait pas me briser le cœur, mais elle savait que pour ne pas être brisée elle-même, il lui fallait mettre un terme à notre relation.

Des années plus tard, la sœur jumelle de Pier, Marisa, me dit avec un certain dégoût qu'un quart d'heure avant ma visite à Pier à Venise, son miroir était recouvert de photographies d'un jeune Italien. J'en fus choqué. Ce sont des choses auxquelles on peut s'attendre de la part de certaines femmes, mais Pier Angeli était si pure que même maintenant j'ai du mal à y croire. L'innocente, l'enfantine, la virginale Pier...! C'était incroyable. En y songeant à présent, je me dis que j'ai été bien sot de ne pas avoir deviné ce côté-là chez Pier. Je ne l'avais pas deviné parce que je ne le voulais pas.

Pour se guérir de Kirk Douglas, Anne avait entre autres projeté d'aller faire du ski à Klosters. J'attendais le début du tournage de *20 000 lieues sous les mers,* j'avais du temps et lui proposai donc de l'accompagner. Elle se méfiait encore de moi et jugeait préférable que nous restions séparés. Je la suivis quand même. D'autres amis, à elle et à moi, se rendaient aussi à Klosters : Bob Capa, Irwin Shaw. Je n'avais jamais skié de ma vie; j'empruntai chaussures, fuseaux et chandails, et louai des skis. Lorsque j'arrivai à Klosters, une fille me demanda si j'étais le moniteur de ski; quel compliment.

Anne s'efforça de paraître agacée en me voyant, mais je voyais bien qu'en fait elle était ravie. Les quelques semaines qui suivirent furent délicieuses. Elle avait prévu de rester deux semaines à Klosters... nous en passâmes quatre. J'étais enchanté. L'apprentissage du ski se révéla très difficile et je rendais responsable mon moniteur suisse de ma lenteur.

Puisque je n'y arrivais pas, ce devait être sa faute! « Faites-moi skier! C'est à vous de me faire skier! » Et il y parvint. Je descendis toutes les pistes, même les plus difficiles. Je m'inscrivis à une course de slalom, pour la gloire, et arrivai second.

Puis je quittai les neiges de la Suisse pour les plages des Bahamas où j'allais tourner *20 000 lieues sous les mers*.

19

AU PAYS

20 000 lieues sous les mers fut le premier film que Walt Disney réalisa avec des acteurs. Lors de la négociation de mon contrat, Walt Disney, en apprenant le prix que l'on demandait pour moi, demanda très sincèrement s'il s'agissait là de mon cachet pour le tournage de six films. Le travail avec « Oncle Walt » était des plus faciles. Si la suggestion qu'on lui faisait était bonne, il l'adoptait. Je jouais le rôle de Ned Land, un vigoureux marin, du genre qui plaît aux femmes. Mais le film se déroulait entièrement à bord. « Il n'y a pas de femmes dans ce film, déclarai-je. Pourquoi ne pas camper mon personnage dès le début avec une scène dans une taverne en compagnie de deux filles, aussitôt avant l'embarquement ? » Ce qui fut fait : la scène figure dans le film.

Walt était un type fascinant, très gai, absorbé à l'époque par l'ouverture de Disneyland qui devait avoir lieu l'année suivante, en 1955. Il me montra des maquettes et m'emmena faire un tour dans les voitures qu'ils allaient utiliser. Je lui demandai ce qu'allait devenir le sous-marin de *20 000 lieues sous les mers*. Les décors et accessoires de cinéma ne sont en général pas prévus pour durer plus longtemps que le tournage. Il n'en allait pas de même du sous-marin, construit de façon très solide, ce qui avait coûté beaucoup d'argent. Je jugeais cela excessif, mais il était en avance sur moi... il projetait déjà de l'utiliser pour Disneyland. Le sous-marin fut construit solidement, et le coût imputé à la production du film.

Les séquences sous-marines furent tournées de jour dans les eaux claires des Bahamas. Un soir, au casino de Nassau, je jouais aux dés à une table surpeuplée, lorsque je remarquai à l'autre bout de la table une fille très belle qui me fixait intensément. Nos regards se croisèrent.

J'adore observer les femmes. Parfois, j'agis de façon étrange lorsque je vois une fille attirante. Et la manière dont les filles et les garçons se rencontrent m'intrigue. Je vois Humphrey Bogart appuyé contre un réverbère; il fait nuit, il y a un peu de brouillard et il fume une cigarette. Une fille magnifique passe devant lui; il hésite. Bogart la regarde, ses yeux ne sont plus qu'une fente. J'adore ce regard. « Vous avez du feu? » demande la fille. Quelques bouffées plus tard, ils s'éloignent tous les deux dans le brouillard.

Là, dans le casino, je me sentais dans la peau de Bogart. Je continuai de regarder la fille en jetant mes dés, indifférent aux chiffres qui sortaient. Tandis que les dés passaient au joueur suivant, je m'approchai d'elle, lentement, et lui murmurai à l'oreille : « Ma voiture est au parking 402. Dans cinq minutes. » Sans lui adresser un regard, je m'éloignai lentement. J'aurais dû fumer une cigarette, mais je ne fume pas. Je me sentais tout à fait Bogart. Je ne regardai pas en arrière. Je n'osais pas.

J'attendis dix minutes (de façon à la faire attendre, elle) puis quittai le casino et me dirigeai vers ma voiture. J'aperçus une masse de fourrure encadrant un visage, des cheveux blonds jetant leur éclat sous les lumières.

Je montai en voiture sans un mot. Si j'avais fumé j'aurais pris une longue dernière bouffée. Je roulai jusqu'à l'hôtel, et toujours sans un mot, la conduisis dans ma chambre. Je fus Bogart toute la nuit.

Le tournage se transporta à Round Hill, en Jamaïque, pour les séquences de plage où je suis poursuivi par les cannibales. Il y avait des filles magnifiques à la peau cuivrée, mais jeunes, si jeunes que je préfère oublier leur âge, et qui chantaient des calypsos... « S'il te plaît, monsieur, ne touche pas à mes tomates. » Après les chansons, je les amenais dans mon bungalow. Je ne leur ai jamais demandé leur âge. On m'aurait jeté en prison.

Peter Lorre était là également, c'était un garçon triste, bouffi. J'appris plus tard qu'il s'adonnait à la morphine. A cette époque, la drogue était beaucoup moins répandue qu'à présent, et je ne comprenais pas comment on pouvait en arriver là. Mais j'aimais beaucoup Peter, et nous avons passé d'excellents moments ensemble.

Après le tournage, je me rendis dans la péninsule du Yucatan et à Chichén Itza, où je visitai les ruines aztèques. Dans un temple où l'on avait sacrifié des vierges, je rencontrai une jeune femme ravissante. Elle et moi grimpâmes les degrés d'une pyramide qui à mon avis devait être consacrée au culte du phallus. Au sommet de la pyramide, elle se mua en adoratrice.

Le lendemain, je gagnai Acapulco. Les hôtels et les plages étaient pleins de monde et bruyants. Je détestai cet endroit et m'apprêtais à en repartir lorsque je tombai sur Mike Todd. Il m'invita chez lui, à Las Brisas. A l'époque c'était un endroit isolé, mais depuis lors, la région s'est développée. Todd avait une liaison avec Evelyn Keyes. En mâchonnant un gros cigare, il me dit : « Je sais que vous avez été son amant, mais moi je suis comme ça, j'ai la classe : je vous invite chez moi. Soyez donc mon hôte. » C'était un homme charmant, et je passai deux jours chez lui avant de rentrer en Californie.

Sam Norton et Fran Stark m'avaient arrangé un petit pavillon au 1609 Ysidro Drive, non loin de la maison de Danny Kaye. En fait, ce fut Fran qui réalisa tout le travail, car elle a des talents de décoratrice. Elle avait fait broder mes initiales sur toutes les serviettes et la literie. J'étais très touché. C'était un merveilleux petit nid de célibataire.

Je ne cessais de penser à Anne. Je l'appelai au Festival de Cannes, et l'invitai à venir me voir avant l'arrivée de mes garçons pour les vacances de Pâques. Elle accepta de venir me voir pendant une quinzaine de jours après le festival.

J'appris alors la mort de mon père.

Je pleurai des larmes amères, égoïstes. Jamais je ne recevrais de compliment de lui. Mais je n'assistai pas aux obsèques. Dans sa chambre, on trouva un livret bancaire de l'Amsterdam City Bank. Il avait secrètement économisé mille cinq cents dollars. Je les pris. Mes sœurs en furent surprises. Elles ne comprenaient pas combien j'avais besoin de quelque chose qui vienne de mon père.

Anne m'appela depuis le Festival de Cannes. Elle prendrait le bateau jusqu'à New York puis, de là, l'avion pour Los Angeles.

Mike Todd et Evelyn Keyes vinrent me rendre visite et je les hébergeai chez moi. Après leur arrivée, Mike reçut un message urgent : il devait se rendre sur-le-champ à Las Vegas pour affaires. Il partit, laissant Evelyn seule avec moi. Après le dîner, chacun gagna sa chambre. Je ne sais pas ce qu'elle éprouva de son côté, mais moi, je passai une nuit épouvantable. Je fermai ma porte à clé. Non pour l'empêcher d'entrer, mais pour m'empêcher de sortir. Mike Todd me faisait confiance, et je n'allais pas passer la nuit avec sa maîtresse. Je ne suis pas salaud à ce point.

Un soir, vers onze heures, la sonnerie retentit à ma porte. C'était Pier. Elle qui ne pouvait aller nulle part sans la permission de sa mère, était venue chez moi toute seule en voiture. Elle voulait me voir. Son jeu m'apparut clairement. Je lui dis qu'il était trop tard, que nous pourrions parler une autre fois. Elle était choquée. Elle ne pouvait accepter que tout fût fini, ne pouvait croire que je la rejetais. Cela faisait partie de sa maladie. Je refermai ma porte sur elle. En 1971, à l'âge de trente-neuf ans, Pier avala des cachets, et referma la porte sur elle-même. Une nouvelle victime d'Hollywood.

Anne fit son arrivée, magnifiquement vêtue, comme d'habitude, mais le visage dissimulé par un voile. Elle avait l'air bien mystérieuse. En levant le voile pour l'embrasser, j'aperçus quatre taches de chair à vif, qui commençaient à cicatriser.

« Mon Dieu! Que s'est-il passé?
– Je préfère ne pas en parler. »

En dépit de ma curiosité, je n'insistai pas. J'étais simplement heureux de la savoir en sécurité à mes côtés, bien qu'elle eût pris une chambre à l'hôtel Bel Air.

Le lendemain, nous prîmes la voiture pour aller déjeuner à Beverly Hills. Anne s'abîmait dans la contemplation du paysage.

« Ça te plaît? lui demandai-je.
– Oui. Mais qui est ce type, Walking, qui a tout le monde contre lui?
– Qu'est-ce que tu veux dire? demandai-je, interloqué.
– Regarde! »

Et à un carrefour, elle me montra l'inscription : « *No Jay Walking.* »

Décidément, c'était bien une étrangère[1].

Je donnai un cocktail pour présenter Anne à mes amis. La maison était merveilleusement installée, mais les murs étaient nus. Anne, qui avait eu une galerie de peinture à Paris après la guerre, avait de grandes connaissances en matière d'art. Fran Stark et elle se rendirent dans une galerie et parvinrent à convaincre le propriétaire de leur prêter quelques tableaux. Le jour de la réception, des tableaux magnifiques étaient accrochés aux murs : un Chagall, représentant un homme à cheval avec un coq; des fleurs de Vlaminck. J'aimai tellement le Chagall que je l'achetai. Ce fut la première pièce de ma collection de tableaux, la première œuvre dont je faisais l'acquisition depuis la lithographie d'Aristide Bruant accrochée à Vado Place.

Parmi les invités, se trouvait Joe Drown, l'ami d'Anne qui lui avait rendu visite à Cannes. Il faisait près d'un mètre quatre-vingt-cinq, avait bonne allure, et était soûl en arrivant. J'étais à ce moment-là allongé sur le sol, ce que je fais souvent, le bras gauche devant moi. Il me marcha sur la main, l'écrasant de tout son poids. Je bondis sur mes pieds, craignant que ma main ne fût brisée. Je lui aurais volontiers envoyé ma droite en pleine figure. Je me contins. Plus tard, seul avec Anne, je m'emportai : « Tes enfoirés d'amants...! » Je crois qu'il était encore follement amoureux d'elle.

Anne devait travailler sur un film avec Marlene Dietrich, et elle avait réservé sa place dans un vol pour Paris. Mon prochain film, *The Racers* (Le cercle infernal), devait être tourné aux Etats-Unis. Nous allions travailler très loin l'un de l'autre et n'allions probablement pas nous voir avant un cer-

---

1. Le panneau « *No Jay Walking* » signifie aux piétons d'avoir à se conformer aux règles de sécurité sur la chaussée : ne pas traverser en dehors des passages protégés, attendre les signaux lumineux, etc. *(NdT)*.

tain temps. Nous n'en avions pas parlé, mais je savais que si elle partait, je la perdrais. Il n'en était pas question.

C'était un jeudi. Elle se trouvait dans la chambre. Je m'avançai et lui tins ce discours éloquent :

« Euh... je voudrais te parler. »

Elle était assise sur une petite chaise de coiffeuse.

« D'accord. »

Je pris une chaise à l'autre bout de la pièce, et repris mon discours enflammé où je l'avais laissé.

« Euh... euh... il faut que je te parle. »

Je l'avais déjà dit. Il fallait trouver autre chose.

« Euh... je crois qu'on devrait se marier. »

Je tombai à genoux. Anne me rejoignit.

Elle était stupéfaite. Elle croyait que j'allais lui dire : « Mes enfants arrivent, il faudrait que tu t'en ailles. » Elle s'attendait à être blessée.

Je proposai de nous marier le dimanche, mon jour de congé. « Pourquoi pas samedi? » demanda Anne. Ainsi, l'après-midi du samedi 29 mai, après mon travail aux studios Disney, Anne, Sam et Bea Norton, Warren et Ronnie Cowan vinrent me chercher et nous nous envolâmes pour Las Vegas. Nous gagnâmes directement le bureau des mariages, ouvert vingt-trois heures par jour. Il était en train de fermer au moment où nous nous approchions du guichet. Nous allâmes faire une partie de dés aux Golden Nugget; une heure plus tard, Anne, très nerveuse, m'entraîna : « Allez, on y va. » Après avoir obtenu l'autorisation, nous nous rendîmes à l'hôtel Sahara où nous avions notre suite. Le juge de paix nous y attendait. Il s'appelait Honest John Lytell, et c'était un brave gaillard du Texas, à l'accent traînant.

Anne, qui parlait parfaitement l'anglais en France, semblait avoir pris l'accent français depuis qu'elle était aux Etats-Unis. Elle répéta les mots après Honest John : « Moi, Anne, accepte de prendre pour époux légitime Kirk, ici présent... », mais au lieu de « *lawful wedded husband* » (époux légitime), elle prononça « *awful wedded husband* » (époux atroce). Il est vrai que l'accent traînant du juge texan pouvait prêter à confusion. Tout le monde éclata de rire; Anne rougit, ce qui la rendit plus belle que jamais, et nous fûmes mariés.

Nous retournâmes en avion à Los Angeles le lendemain matin après le petit déjeuner. Je devais travailler le jour même. Nous passâmes notre lune de miel à Klosters.

Ce soir-là, M. et Mme Douglas se blottirent dans leur petit nid de San Ysidro Drive. Je déposai des baisers sur les cicatrices qui déjà s'estompaient sur le visage d'Anne. Elle m'expliqua alors ce qui s'était passé.

« Je me trouvais à Paris, réglant des détails de dernière minute de façon à pouvoir venir te voir. Ramon Babbas me dit alors : " Tu devrais prendre le bateau jusqu'à New York, puis ensuite l'avion pour Los Angeles. Cela te permettrait de te détendre pendant quelques jours. " Il offrit de me payer la différence entre le prix du bateau et de l'avion. Je trouvai son offre généreuse, et j'étais contente que nous ayons pu rester amis. Je pris donc le bateau, et une fois à New York, je descendis à l'hôtel Sherry Netherlands, où j'avais réservé une chambre. Je devais prendre l'avion le lendemain. J'eus la surprise de trouver Babbas qui m'attendait à l'hôtel. Il avait fini par comprendre que mon histoire avec toi était sérieuse. Il s'était toujours dit que c'était une aventure sans lendemain et que je finirais par revenir vers lui. Sauf que là, je me rendais en Californie. Et je risquais bien de ne pas revenir.

« Nous dînâmes ensemble, puis montâmes dans sa suite pour discuter. Il était très agité, buvait beaucoup et fumait cigarette sur cigarette. Il me supplia de ne pas aller te rejoindre. Très calmement, je lui ai alors répondu : " J'apprécie tout ce que tu as fait pour moi, mais je voudrais me remarier et je voudrais que ce soit avec Kirk. Si ça ne se fait pas, je reviendrai vers toi. " Il est devenu fou de jalousie. Il m'a interdit de te voir. Je lui ai dit : " C'est ma dernière tentative, j'ai besoin de savoir si Kirk veut bien de moi. "

« Il a hurlé : " Je vais faire en sorte qu'il ne veuille plus de toi ! " Il m'a écrasé sa cigarette allumée sur le visage, quatre fois, jusqu'à ce que je saigne. Puis il s'est précipité vers la fenêtre en hurlant : " Si tu me quittes, je me tue ! " Il a grimpé sur l'appui. On était au dix-huitième étage. Je me suis agrippée à lui, le visage toujours en sang, et j'ai réussi à le ramener à l'intérieur. Il s'est évanoui.

– Tu aurais dû le laisser sauter. »

Elle semblait ne pas m'entendre.

« J'ai refermé la fenêtre et je l'ai bloquée. Puis j'ai appelé le directeur de son bureau de New York : " Venez, venez tout de suite. " Il est venu avec un médecin qui a fait une piqûre à Ramon et ils m'ont aidée. Je suis partie le lendemain, avec mon voile sur le visage. »

Quelle terrible histoire ! J'étais heureux que tout cela eût pris fin et que les cicatrices eussent commencé à disparaître.

Anne et moi étions mariés, mais je n'arrivais pas à y croire tout à fait. J'aurais dû me convaincre que j'avais divorcé d'avec Diana, que j'avais deux enfants de ce mariage, qu'à présent j'étais marié pour la deuxième fois... Mais je ne parvenais pas à penser de cette façon. Je m'absorbai dans mon fauteuil. Je ne m'accordais pas le luxe de réfléchir, de regarder Anne en face et de me dire : « C'est ma femme et je suis son mari. » Pendant quelques mois, l'alliance me parut étrange à mon doigt. Puis, comme Anne, elle fit partie de ma vie.

Lorsque les choses deviennent trop compliquées, je

colore les réalités de la vie de fantaisie, j'estompe les limites entre le réel et l'imaginaire. Je laisse un peu l'irréalité de mon métier envahir la réalité de ma vie : c'est une mesure de protection. Cela adoucit la définition de l'image. Les personnages que je joue au cinéma me sont plus clairs que moi-même, et je les connais infiniment mieux que je ne me connais moi-même ou ceux qui me sont proches. Si j'ai écrit ce livre, c'est en partie pour me forcer à me considérer avec plus de lucidité, pour améliorer la mise au point.

Mais n'est-il pas admis que les acteurs choisissent ce métier, aussi, pour échapper à la réalité, pour, adultes, continuer à jouer des jeux d'enfant? Etre acteur permet de passer des nuits entières à réfléchir à des personnages de fiction, avec qui il est infiniment plus facile d'avoir des relations qu'avec des personnes bien réelles. Cela permet d'échapper aux réalités de la vie, parfois si dure. Parfois, les relations personnelles deviennent trop écrasantes. On court le risque de se perdre. Quand on joue au tennis, on manque la balle par manque de concentration. Ecrire ce livre est pour moi une manière de rester les yeux fixés sur la balle. Anne m'a toujours aidé à ne pas me disperser.

Après *20 000 lieues sous les mers,* j'étais encore sous contrat pour deux films avec des compagnies, puis j'étais décidé à monter ma propre société de production.

20

LA SOCIÉTÉ BRYNA

Avant de monter ma propre société, il fallait débarrasser quelque peu le terrain. D'abord les Russes. Au cours d'une émission de radio, ils avaient déclaré : « Kirk Douglas, l'acteur américain, tourne actuellement un film intitulé *Ulysse*, tiré de l'*Odyssée* d'Homère. M. Douglas a été si impressionné par le scénario qu'il a demandé si ce M. Homère en avait écrit un autre. » En Russie, le premier enfant venu savait qui était Homère, tandis que Kirk Douglas, cet âne, ce produit de l'éducation américaine, l'ignorait.

Ils avaient sous-estimé l'adversaire. J'étudiai le russe pendant des semaines, pris des répétiteurs, puis je répondis à la radio, en russe. Je parlai au peuple russe de mes parents, des Russes illettrés; j'évoquai l'éducation supérieure que m'avait donnée l'Amérique, ce pays qui permet à chacun de tenter sa chance. Je leur dis la vérité.

Ensuite, un problème d'exploitation, mais cette fois-ci aux Etats-Unis. Walt Disney, « l'oncle Walt », nous avait invités, Michael, Joel et moi, chez lui. Il était fou de trains. Sur sa propriété, il avait fait installer un train miniature, avec de véritables voies et de vrais ponts, manœuvré par un machiniste. Nous passâmes un samedi après-midi tout entier à nous promener dans ce train. Nous passâmes un excellent après-midi en compagnie d'Oncle Walt, puis nous prîmes congé.

Quelques semaines plus tard, j'eus la surprise de me voir, en compagnie de mes enfants, dans une émission de Walt Disney à la télévision. Il s'agissait d'une émission régulière qui consistait essentiellement à faire la publicité de ses réalisations. C'est ainsi qu'il consacra une émission entière au tournage de *20 000 lieues sous les mers*. Ensuite, il y eut ce film, *Kirk Douglas et ses fils, Michael et Joel, jouant au petit train dans mon jardin*. Walt Disney n'avait pas hésité à exploiter mes enfants. Il ne m'en avait jamais parlé, ne m'avait jamais demandé d'autorisation. Je lui écrivis pour lui demander de ne pas nous utiliser, moi et mes fils, dans un film publicitaire. Je reçus une lettre d'excuses.

Deux mois plus tard, il fit à nouveau projeter le film. Furieux, j'en parlai à mon avocat, Sam Norton, qui me conseilla d'engager des poursuites. J'attaquai donc Walt Disney en justice : il s'agissait d'une question de principe, et si je gagnais, je m'engageais à verser l'argent à une œuvre humanitaire. Ma plainte fut déclarée recevable : le procès aurait lieu. C'est alors que le doute s'empara de moi. Je me rendais compte qu'aux Etats-Unis, il y a des gens qu'on n'imagine même pas se mal conduire : Bob Hope ou Walt Disney, par exemple. Les gens croient que Walt Disney a fait tout ce qu'il a fait par bonté d'âme, ils ne songent même pas que grâce à eux il a gagné des millions de dollars. Contre l'avis de Sam, j'abandonnai les poursuites. Anne était d'accord avec moi. Je crois que je ne serais arrivé à rien. On ne traîne pas le Bon Dieu en justice.

J'avais encore deux films à tourner avant de recouvrer ma liberté. Darryl Zanuck me proposa un contrat de trois films avec la Twentieth Century Fox, mais je refusai. Il réussit néanmoins à me convaincre de tourner une fois pour lui, dans le film *The Racers* (Le cercle infernal).

Ce fut une erreur. Le but principal du *Cercle infernal* était de faire une vedette de la maîtresse de Darryl Zanuck, une Franco-Polonaise du nom de Bayla Wegier. Zanuck avait changé son nom en Bella Darvi – « Dar » pour Darryl, « Vi » pour Virginia, la femme de Zanuck. Cette anagramme et cette liaison affichée avec Bella faisaient jaser tout Hollywood. Quant à Bella, c'était certainement une fille charmante, mais elle n'avait rien d'une actrice. Elle finit par retourner en France, se mit à grossir, à jouer, et se suicida. Triste exemple du syndrome d'Andy Warhol : n'importe qui peut être célèbre l'espace d'un quart d'heure. La gloire de Bella Darvi a duré un peu plus d'un quart d'heure, mais mesurée à l'aune d'une vie, cela ne représentait guère plus. Quelle tristesse !

Et quelle tristesse aussi de savoir que les terrains de la Twentieth Century Fox où a été tourné *Le cercle infernal* ont maintenant disparu. A l'époque, ces terrains se trouvaient si loin à l'ouest d'Hollywood que les gens en parlaient comme de la pleine campagne; à présent, c'est un des terrains bâtis les plus chers du monde : Century City, entre Beverly Hills et Westwood, avec des gratte-ciel de plus de quarante étages, des galeries marchandes, des cinémas, des théâtres, et l'hôtel Century Plaza, où l'on donne des banquets de collecte de fonds en faveur du président Reagan. Lorsque le président revient à Los Angeles dans le cadre de ses fonctions, il est assez amusant de se dire qu'il revient sur les terres de la Fox.

Après *Le cercle infernal,* je tournai pour Universal *Man Without a Star* (L'homme qui n'a pas d'étoile), un western simple, divertissant, commercial, écrit par de bons scénaristes, Borden Chase et D.D. Beauchamp. Je cherchais un bon réalisateur. Ray Stark me demanda de donner une chance à son client, King Vidor. Celui-ci avait eu son heure de gloire dans les premiers temps d'Hollywood, depuis 1915, mais il n'avait rien réalisé depuis longtemps. Il avait tourné tellement de films importants dans le passé, *La grande parade, La foule, Duel au soleil.* Nous faisions un petit film, avec un budget et un temps de tournage limités. Ray Stark se portait garant de King Vidor. Je pris le risque.

J'avais l'impression qu'en réalisant *L'homme qui n'a pas d'étoile,* King Vidor s'encanaillait. Il arrivait toujours en retard. Moi, j'attendais. Je n'étais pas seulement la vedette du film, j'étais aussi producteur associé. Pour moi, c'était un coup de poker. Je devais sans cesse le pousser en avant. « Allez, King, c'est un petit film, il faut y aller. » Lui, il me parlait du bon vieux temps, et moi je ne pensais qu'au film que nous tournions.

Il y avait quelques scènes physiquement difficiles : j'étais passé à tabac par une bande de durs emmenés par Richard Boone; je me débattais au milieu des barbelés; de nombreuses chevauchées. Dans ma scène préférée, je faisais tournoyer un revolver en l'air, derrière mon dos, avant de tirer. Un numéro de jongleur, en quelque sorte. Nous ne fîmes qu'une seule prise, sans coupure, en sorte qu'il n'y eut aucun effet spécial. On fait tournoyer son revolver de la même façon qu'on accède à Carnegie Hall : en s'exerçant. Nous réussîmes finalement à boucler le tournage, et le résultat fut un excellent petit film, qui marcha très bien et qui aida au retour de Vidor. Le film qu'il tourna ensuite, *Guerre et Paix,* était plus dans son style.

L'homme qui n'a pas d'étoile inaugurait une nouvelle formule de financement : moitié-moitié. La vedette ne touche aucun cachet, mais dès que la société de production a amorti ses frais, les bénéfices sont partagés à cinquante pour cent. Cela avait l'air d'une excellente formule. Ce le fut surtout pour la société de production. Je gagnai un peu d'argent et l'Universal beaucoup. Ils contrôlaient les livres de comptes et la distribution.

Récemment, dans le *Los Angeles Times,* j'ai lu que le film *Ruthless People,* avec Bette Midler et Danny DeVito, avait fait 90 millions de dollars dans le monde entier. Le film en avait coûté 17. Mais de la façon dont Disney le présente, avec les coûts de distribution, les affiches, la publicité, etc., il présente un déficit de 11 millions de dollars. Rien n'a changé : comme dit la chanson, c'est la compagnie qui a la mine d'or et vous le puits pour y descendre.

Pour le film *Ishtar,* les acteurs furent plus malins : Warren Beatty demanda 5,5 millions d'avance; Dustin Hoffman, la même somme. Quant à la pauvre Elaine May, elle ne prit qu'un million et demi d'avance. Il y avait déjà près de 13 millions de dollars de cachets avant le début du tournage. Le film fut un échec. Tant pis. L'argent était déjà sur leurs comptes. Voilà la bonne façon d'agir!

Anne et moi vivions toujours dans notre maison de San Ysidro. Les premiers temps de notre mariage furent durs pour Anne. Il n'est pas facile d'être mariée à une vedette de cinéma dont le travail consiste à faire l'amour avec des femmes ravissantes, tandis qu'on reste seule à la maison, enceinte, vulnérable. Anne éprouva à la fois plaisir et surprise à être enceinte pour la première fois de sa vie. Je me consacrai totalement à elle; je voulais lui apporter la sécurité, lui donner le sentiment que notre union était définitive. Tous deux nous désirions fortement cet enfant.

Et j'étais sur le point de produire mon premier film.

Je nommai ma société de production la Société Bryna, d'après le nom de ma mère. Je voyais déjà des publicités avec son portrait au milieu, ovale, comme les camées anciens, un portrait serein qui rappellerait le visage qu'elle arborait le jour du sabbat, assise sur la véranda. Cela me plaisait bien de donner à une société de production cinématographique le nom de ma mère, une immigrante qui n'avait jamais pu recevoir d'instruction, même après son arrivée aux Etats-Unis. Avec sept enfants, elle n'avait guère eu le loisir de suivre les cours du soir. Lorsque j'en eus parlé à ma mère, elle m'envoya la plus longue lettre qu'elle m'ait jamais écrite. Comme elle avait dû y travailler. « Dieu te bénisse, mon fils. Maman. »

Je n'avais nullement l'ambition de devenir un magnat de l'industrie cinématographique. Je ne me rendais même pas compte que j'étais l'un des premiers acteurs à créer sa propre société de production. Je cherchais avant tout à participer plus intensément au processus de création d'un film. J'aurais préféré qu'on me présente un scénario magnifiquement écrit, avec un rôle que j'aurais eu envie de jouer, et un réalisateur avec qui j'aurais aimé travailler. Mais je ne pouvais me contenter d'attendre le miracle : je devais le faire advenir.

Les producteurs, et parfois les réalisateurs eux-mêmes, s'agacent de mes prétentions à être écouté. Mais je ne proteste pas si mes suggestions ne sont pas retenues. Tout ce que je demande c'est qu'on daigne m'écouter avant de prendre une décision. Evidemment, ce sont eux qui ont le dernier mot. En créant ma propre société de production, c'était désormais *moi* qui avais le dernier mot.

C'était un pari, et je n'ai jamais été très joueur. Lorsque je vais à Las Vegas, j'aime bien jouer, mais toujours de petites sommes. Je suis beaucoup plus téméraire dans ma profession. Je joue mon propre argent : j'achète un livre, les droits d'adaptation, je paie le scénariste et je prends les risques. Bien entendu, je n'ai jamais rien fait sans consulter Sam Norton, mon meilleur ami, mon avocat et mon conseiller. Je lui payais tous ses frais et il touchait dix pour cent de tout ce que je réalisais dans tous les domaines, films, investissements, etc. Je comptais sur lui. Comme la plupart des acteurs, je tenais à confier à d'autres mains l'argent que je gagnais : « Je t'en prie, occupe-toi de ça. Je ne veux pas y penser. Laisse-moi réfléchir à mes films! »

Le premier film produit par ma société fut *The Indian Fighter* (La rivière de nos amours, rebaptisé ensuite L'or des Sioux), écrit par Frank Davis et Ben Hecht, basé sur une histoire de Ben Kadish, et réalisé par André de Toth. Je réservai un bon rôle à Diana, mon ancienne femme, non sans avoir auparavant demandé à Anne si elle n'y voyait pas d'inconvénient. Je ne sais pas exactement comment cela se passa, mais Anne, enceinte, finit par se retrouver à Los Angeles à s'occuper de Michael et de Joel, tandis que Diana et moi étions partis pour Bend, dans l'Oregon, pour le tournage du film. J'ai trouvé qu'à cette occasion elle avait fait preuve d'une grande générosité. Michael et Joel me rejoignirent ensuite dans l'Oregon. Ils jouèrent un bout de rôle dans le film, mais leur participation disparut dans les chutes de la salle de montage.

Walter Matthau, un célèbre acteur de Broadway, jouait le rôle d'un méchant dans *L'or des Sioux*. Il venait à peine de faire ses débuts à l'écran en tournant *The Kentuckian* sous la direction avisée de Burt Lancaster. Walter est un merveilleux acteur, mais il n'avait pas l'habitude du cinéma, où l'on débite son rôle en petits bouts. Il balbutiait avant de prononcer sa tirade. Je lui dis de perdre cette habitude, sinon nous ne parviendrions jamais à terminer le film.

Il s'emporta contre moi.

« Vous ne voulez pas que je réfléchisse? Vous voulez simplement que je prononce ma réplique?

– Ouais. Contentez-vous de prononcer votre réplique.

– Entendu. »

D'habitude, quand on dit à un acteur de réciter simplement son texte, on ne lui donne aucune matière à travailler. Mais je savais que Walter était un excellent acteur et qu'il saurait s'en tirer. Il parvint à éliminer ces bruits préliminaires, et il se révéla excellent, comme il l'a toujours été par la suite.

Dans *L'or des Sioux* c'est moi qui fis la plupart des scènes à cheval, mais j'utilisai une doublure pour les très longues chevauchées ou les acrobaties, comme ramasser quelque chose sur le sol. Bill Williams était un excellent cavalier et sa silhouette ressemble à la mienne. Mais ce n'était pas un très bon cascadeur. Tout le monde peut faire une cascade et se blesser, mais le véritable cascadeur ne se blesse pas. Bill se blessa plusieurs fois. « Tu ne devrais pas faire de cascades, Bill, lui dis-je, tu devrais te contenter de monter à cheval. » Il ne m'écouta pas : il essayait d'en faire son gagne-pain. Les cascades sont payées suivant le danger qu'elles représentent. Et bien sûr, plus il fait de cascades et plus il gagne d'argent. Il continua donc à en faire et continua de se blesser. Quelques années plus tard, il tournait dans un western avec Burt Lancaster, *The Hallelujah Trail,* et devait faire une cascade relativement simple. Deux hommes conduisent un chariot tiré par des chevaux en direction d'une falaise. Les chevaux se détachent, les hommes sautent et le chariot bascule en bas de la falaise. C'est une scène que l'on tourne souvent et qui n'est pas considérée comme très difficile. La femme de Bill assistait au tournage et filmait son mari en amateur. Elle filmait, l'œil dans le viseur, lorsque son mari réalisa sa cascade. Bill ne sauta pas à temps et fut entraîné avec le chariot au bas de la falaise. Il se tua.

C'est toujours un drame lorsque de telles choses arrivent. Ce qui est étonnant c'est que cela n'arrive pas plus souvent, car acteurs et réalisateurs se laissent emporter par l'enthousiasme.

On dit que je sens le danger, que j'ai comme un sixième sens. Mais ce sixième sens me fait parfois défaut, comme sur le tournage de *L'or des Sioux,* où je devais faire tomber un cheval. Pour faire tomber un cheval, il faut lui faire tourner brusquement la tête en tirant sur les rênes. Mais il faut se pencher en arrière dans la selle, et moi je me penchai en avant. La lourde tête du cheval me heurta le visage de plein fouet. Le cheval tomba et s'en tira sans dommages, mais moi j'avais le nez cassé. Je me suis aussi cassé un doigt et une côte, mais après soixante-quinze films, c'est tout de même peu.

J'étais enchanté par les acteurs que nous avions réunis pour *L'or des Sioux,* mais nous ne parvenions pas à trouver notre Indienne. Nous pensions que ce serait facile, mais cela se révélait un vrai casse-tête. Toutes les filles à qui nous faisions passer une audition avaient l'air de starlettes avec une plume dans les cheveux.

Et puis, un jour, en feuilletant *Vogue,* Anne remarqua la photo d'une Italienne, longs cheveux noirs, yeux sombres, qui sortait de l'eau, une chemise d'homme plaquée sur ses courbes voluptueuses. « Cette fille serait une Indienne extraordinaire », dit Anne. Nous nous mîmes en piste. Elle était mannequin, s'appelait Elsa Martinelli, et venait de quitter Rome pour New York. Et elle avait une liaison avec Oleg Cassini. Décidément, mon chemin ne cessait de croiser les amours d'Oleg. Lorsque je rencontrai Gene Tierney, elle venait de divorcer d'avec lui. Lorsque je rencontrai Irene Wrightsman à Palm Springs, elle était avec Oleg. A présent, je cherchais à engager Elsa Martinelli, et je retrouvais Oleg.

J'en parlai donc avec Oleg, qui me dit : « Elle

parle à peine anglais, et en plus avec un terrible accent italien. » Je regardai à nouveau sa photo : elle ressemblait furieusement à une Indienne. Et puis une Indienne ne parle-t-elle pas l'anglais avec un accent? D'ailleurs, qui a vraiment entendu l'accent indien? J'appelai Elsa Martinelli à New York et me présentai.

« Non, non, djeu neu vous croa pas! »

Elle venait de voir *20 000 lieues sous les mers* et croyait à une plaisanterie.

« Mais je vous assure, je suis bien Kirk Douglas, et je voudrais vous faire passer une audition pour un film que je produis.

– Non, non, vous n'êté pas Kirké Douuuglas. »

Que faire?

Elle eut alors une idée.

« Si vous l'êté vraiment Kirké Douuuglas, vous mé chanté la chanson dou film. »

A cinq mille kilomètres de distance, je dus alors passer une audition téléphonique pour Elsa Martinelli. Je me mis à chanter « *Gotta whale of a tale to tell you, lads.* »

« *Dio mio!* s'écria-t-elle, Kirké Douuuglas? Kirké Douuuglas! »

Je la fis donc venir en Californie pour l'audition. Elle était superbe et possédait un air de gamine qui se révéla parfait pour le rôle. Il y avait en elle un potentiel certain : elle pouvait devenir une grande vedette. Je la pris sous contrat à la Bryna pour plusieurs films. Nous lui donnâmes environ une page et demie de dialogues, jamais plus de quelques mots à la fois. Elle remporta un grand succès dans ce film, fut citée partout, et fit même la couverture de *Life*.

Tout le monde se pressait autour d'elle. On lui faisait des propositions de rôles, et elle se montrait impatiente de gagner plus d'argent que ce que je pouvais lui offrir. Moi, de mon côté, je ne cessais de lui répéter : « Elsa, si vous êtes patiente, je ferai de vous une grande vedette. » Je songeais à lui confier le premier rôle féminin dans le film que je voulais tirer d'un livre dont je venais d'acheter les droits, *Spartacus*. Mais c'était une entreprise gigantesque, et il fallait du temps pour préparer un tel film. Elsa continuait de me harceler : selon elle, je l'empêchais de progresser parce que je l'avais sous contrat. Un jour, je finis par exploser : « Ce n'est pas en ayant les gens sous contrat que je fais de l'argent. Vous n'êtes qu'une source d'ennuis. Voilà, vous êtes libre! » Et je déchirai le contrat.

Après cela, elle tourna dans quelques mauvais films, ce qui fut loin de l'aider dans sa carrière. Très malheureuse, elle se dit un jour que je pourrais peut-être l'aider. Elle me demanda de la reprendre sous contrat.

« D'accord, Elsa, mais combien allez-vous me payer?

— Qu'est-ce que vous dites?

— Combien allez-vous me donner pour que je vous reprenne sous contrat?

— Non, non, c'est vous qui êtes censé me payer.

— Oh, non, Elsa, vous êtes une source permanente d'ennuis. Si vous voulez que je vous prenne sous contrat, c'est à vous de me payer. »

Ainsi se termina l'histoire de ce nouveau contrat avec Elsa Martinelli.

Avant le tournage de *L'or des Sioux,* à Bend, dans l'Oregon, David Susskind m'envoya le texte d'une pièce qu'il voulait monter à Broadway, *A Very Special Baby,* de Robert Allan Aurthur.

Cette pièce me plut beaucoup. Elle traite de la relation entre un père et un fils. Le père, inconsciemment, hait son fils parce que sa femme est morte au cours de l'accouchement. Arrivé à l'âge adulte, le fils sent bien que son père éprouve d'étranges sentiments à son égard. Au cours d'une scène particulièrement dramatique, le fils dit au père : « Une seule fois dans ta vie, dis-moi " je t'aime ". Même si tu ne le penses pas, j'aimerais te l'entendre dire. » Cette scène était si touchante, si poignante, et elle me parlait tellement de ma propre histoire, qu'elle emporta ma décision : je décidai de garantir le financement de la pièce. Le rôle du père devait être tenu par Ezio Pinza, qui connaissait un grand succès après avoir joué *South Pacific* à Broadway. Mais Pinza tomba malade et mourut peu après. Il fut remplacé par Luther Adler. Je ne retirai pas ma garantie.

La pièce débuta alors que je tournais mon film. Elle tint l'affiche environ une semaine avant de disparaître, mais remporta le prix de la meilleure pièce américaine de l'année. Je perdis tout l'argent que j'y avais investi moi-même, plus celui des financiers auprès de qui je m'étais porté garant. Excellente affaire! De temps en temps, je tombe sur l'un de ces investisseurs, qui ne manque pas de s'exclamer : « Vous n'auriez pas une autre affaire dans le même genre à me proposer? » Moi, je réponds en plaisantant que cela m'a été égal de perdre de l'argent, mais que j'aurais bien aimé, tout de même, assister à une représentation.

Sam Norton m'annonça bientôt que pour des raisons fiscales, il serait bon que la Bryna produise des films dans lesquels je ne jouerais pas. C'était là quelque chose dont je n'avais aucune envie, et qui en outre me prenait beaucoup de temps. A contrecœur, je montai plusieurs films, à petit budget, comme *Spring Reunion,* avec Betty Hutton, et *Lizzie*, avec Eleanor Parker en vedette, basé sur une nouvelle de Shirley Jackson, *The Bird's Nest*.

Pour une scène de *Lizzie,* j'avais besoin d'un jeune Noir pour jouer du piano et chanter. Je le trouvai dans un petit club de Greenwich Village. Une voix merveilleuse, à la fois douce, tendre et romantique, de la présence et un visage à l'avenant. Parfaitement inconnu. Je lui expliquai ce dont nous avions besoin, et lui demandai s'il avait une chanson qui conviendrait. Il en avait trois qu'il essayait de faire enregistrer; l'une d'elles me plut énormément. Mais j'étais un néophyte dans ce domaine, et ne savais rien des droits d'auteur en matière de musique. Je le payai pour chanter dans le film, mais il conserva tous les droits sur la chanson. Le film ne rapporta pas un sou, mais Johnny Mathis continue à gagner de l'argent en chantant « *It's Not for Me to Say* ».

Mon travail sur *L'or des Sioux* ne se termina pas avec le tournage du dernier plan. A l'époque, les vedettes se devaient d'assister aux premières dans tout le pays. Mon attaché de presse, Stan Margulies, et moi préparâmes donc un calendrier :

14 décembre : New York
19 décembre : Boston
20 décembre : Cleveland
21 décembre : Columbus
22 décembre : Saint Louis
23 décembre : Denver
24 et 25 décembre : Los Angeles
26 décembre : La Nouvelle-Orléans
27 décembre : Dallas
28 décembre : Houston
29 décembre : Los Angeles.

Le marathon se montra payant; *L'or des Sioux* fut un succès. J'étais satisfait. La société de production Bryna était sur la bonne voie.

Mon père, marchand de chevaux en Russie, devint chiffonnier aux États-Unis : en échange de quelques pièces, il ramassait de vieux chiffons, de la ferraille et toutes sortes d'objets hétéroclites. Moi, Issur Danielovitch, j'étais le fils du chiffonnier.

Je jouais dans les pièces du collège, et un jour je remportai le Prix Sanford de joute oratoire grâce à un récit extrêmement dramatique sur la mort d'un soldat. Cela s'appelait De l'autre côté de la frontière. *On me donna une médaille d'or.*

Pour la première fois de son histoire, un étudiant non affilié à une fraternité fut élu président du collège étudiant à l'université de Saint Lawrence. Et il était Juif. J'étais le BMOC (Big Man On Campus).

Vandamm Studio Time Mag

La première des Trois sœurs *eut lieu au théâtre Ethel Barrymore le 21 décembre 1942. Sur une photo de Time, on me voit au centre, avec ma tunique blanche et tenant un samovar, l'air très important, entouré notamment de Katharine Cornell, Judith Anderson et Gertrude Musgrove.*

Je tombai un jour sur une couverture de Life. « Hé, je connais cette fille ! » m'exclamai-je. Vêtue d'un chemisier à carreaux et portant une ombrelle, c'était Diana Dill. Le 2 novembre 1943, l'aumônier de la marine prononça notre bénédiction nuptiale.

Photo by Philippe Halsman, 1943 © Yvonne Halsman.

1958. Life Magazine © 1943 by Time Inc.

Tout le monde m'avait vanté la beauté de Barbara Stanwyck, mais elle fit à peine attention à moi. J'étais jeune, effrayé, et cherchais à paraître plus vieux que je ne l'étais.

Après la naissance de notre deuxième fils, Joel (Michael était le premier), les relations entre Diana et moi ne cessèrent de se détériorer.

Irène Wrightsman avait l'allure d'une petite fille jouant les adultes. Dès ses premiers mots, je m'aperçus qu'elle était légèrement prognathe : j'étais conquis.

Lester Glassner Collection.

Parfois, Marlene Dietrich venait chez moi, me faisait une soupe, me cajolait. Nous faisions tendrement l'amour. Marlene est une femme étrange. Elle semble d'autant plus aimer les gens qu'ils vont mal. Si l'on retrouve l'entrain et la santé, elle vous aime moins.

Lorsqu'on annonça que Lana Turner allait tourner avec moi, les journaux ne ménagèrent pas leurs pronostics : « Lorsque ces deux-là se retrouveront... » Mais elle avait une liaison avec Fernando Lamas, qui était férocement jaloux. Il ne se passa rien.

Dans un des sketches de Histoire de trois amours, *je jouais le rôle d'un trapéziste. Je partageais la vedette avec Pier Angeli, une Italienne de dix-neuf ans qui paraissait beaucoup plus jeune. Notre idylle débuta à dix mètres au-dessus du sol.*

J'aimais beaucoup Anne Buydens, mais j'étais fiancé à Pier Angeli. J'ai épousé Anne le 29 mai 1954.

Je voulais que la prochaine production de la Bryna (avec moi en vedette) fût un film tiré du livre à succès d'Irving Stone, Lust for Life, *retraçant la vie de Vincent van Gogh. Le tournage fut pour moi une expérience à la fois magnifique et douloureuse. Non seulement je ressemblais à Van Gogh, mais j'avais le même âge que lui au moment de son suicide.*

UPI Bettmann Newsphotos.

Un petit film, The Killing, *attira mon attention, et je voulus faire la connaissance du réalisateur, Stanley Kubrick. Il me dit qu'il avait un scénario intitulé* Les sentiers de la gloire. *Ce fut un vrai grand film, traitant d'un vrai grand sujet : la folie et la brutalité de la guerre.*

*J'avais à présent quatre enfants. Cela suffisait.
J'avais accompli ma destinée biologique.*

Pour son premier feuilleton télévisé, Les rues de San Francisco, *mon fils Michael travailla aux côtés de Karl Malden. J'en fus ravi. Michael lui-même reconnaît qu'il a beaucoup appris en travaillant avec lui.*

Le 16 janvier 1981, au cours d'une cérémonie à la Maison Blanche, le président Carter me passe autour du cou la Medal of Freedom.

En 1980, je pris le premier avion privé à relier Jérusalem au Caire, où je rencontrai le président égyptien Anouar el Sadate. Nous discutâmes pendant trois heures à Ismailia, sur les rives du canal de Suez.

En compagnie de mes quatre fils Eric, Michael, Joel et Peter, lors de la soirée d'hommage que me rendit l'Académie américaine d'Art dramatique.

21

LA VIE PASSIONNÉE
DE VINCENT VAN GOGH

MON projet suivant pour la Bryna était de porter à l'écran le livre à succès d'Irving Stone, datant de 1934, *Lust fort Life,* retraçant la vie de Vincent Van Gogh. Ce fut Jean Negulesco, le réalisateur roumain (*Comment épouser un millionnaire, Three Coins in the Fountain*) qui me donna le premier l'idée de tourner ce film. Il avait pris une photo de moi et avait dessiné par-dessus une barbe et un chapeau de paille. La ressemblance avec Van Gogh était stupéfiante. Comme moi, Negulesco avait très envie de tourner ce film. J'annonçai alors que la Bryna allait produire un film tiré de *Lust for Life*.

Je reçus alors un coup de fil de la Metro Goldwyn Mayer : « Désolés. Nous avons déjà les droits de *Lust for Life.* »

Cela faisait des années que la MGM possédait ces droits, et ils avaient bien failli tourner le film dès 1946, avec Spencer Tracy. Norman Corwin tira de l'œuvre un nouveau scénario, et la MGM et moi finîmes par arriver à un accord. Le film serait produit par John Houseman et réalisé par Vincente Minnelli. Nous avions déjà travaillé tous les trois ensemble sur *Les ensorcelés*.

La vie passionnée de Vincent Van Gogh représenta

pour moi une expérience à la fois exaltante et pénible. L'exaltant, ce fut de travailler avec Vincente Minnelli. Metteur en scène tendu et colérique avec les acteurs, il se montra charmant avec moi. J'avais l'impression de toujours faire ce qu'il fallait, et il louait fort chacune de mes initiatives. Etait-ce parce que nous avions fait du bon travail ensemble dans *Les ensorcelés*? Je n'en sais rien. En tout cas, il était bien agréable de sentir le regard approbateur de ce réalisateur si exigeant.

Le côté pénible du tournage, ce fut de se fondre dans l'âme tourmentée de l'artiste. Van Gogh fut un peintre prolifique : 1 600 tableaux et dessins, dont un seul vendu de son vivant. Mais après sa mort... En 1986, *Les Tournesols* se vendent chez Christie's à plus de 40 millions de dollars, le prix le plus élevé jamais atteint par un tableau. Ce sont les Japonais qui l'ont acheté pour remplacer l'autre tableau intitulé *Les Tournesols*, et détruit au cours du bombardement de Yokohama pendant la deuxième guerre mondiale. En 1987, *Les Iris,* se vendirent à plus de 50 millions de dollars, plus cher encore que *Les Tournesols*.

Van Gogh fut aussi un écrivain prolifique : en témoignent les innombrables lettres adressées à son frère Theo. On retrouve les sentiments de Van Gogh en lisant entre les lignes, y compris sa jalousie lors du mariage de Theo. Au cimetière, je contemplai les deux pierres tombales toutes simples : Theo et Vincent, les deux frères reposant côte à côte. Theo n'a pas survécu longtemps à Vincent. Vincent Van Gogh était un être extrêmement complexe, un être difficile animé de pulsions d'autodestruction. Mais il possédait un désir immense de donner de sa personne. Il commença par être évangéliste, voulant ainsi se consacrer à Dieu et à l'humanité. Quelle existence tragique!

Le tournage eut lieu dans de nombreux endroits

où Van Gogh avait vécu et travaillé. C'était un sentiment magique que de se trouver sur le pont qu'il avait peint, dans sa maison jaune d'Arles, ou dans les paysages des Baux-de-Provence. A Auvers-sur-Oise, je m'étendis sur un lit dans la petite chambre qu'il avait occupée au-dessus d'un café (à présent café Van Gogh), et en regardant par la fenêtre, je voyais ce qu'il avait vu : la ville avec tous ses drapeaux, telle qu'il l'avait peinte. Nous habillâmes les paysans du cru avec les vêtements de l'époque : ils avaient l'air sortis d'un de ses tableaux. Lorsque je marchais dans les rues, certains vieux paysans qui avaient connu Van Gogh se signaient en disant, stupéfaits : « Il est retourné. » Mais quelle douleur de se retrouver dans l'asile de Saint-Rémy, où il avait de lui-même demandé à être placé, dans ce jardin où il avait peint ces cyprès tourmentés qui se jettent vers le ciel comme des flammes. Je me voyais moi-même dans ces masses tourbillonnantes de couleurs, flammes jaillies du plus profond de ses entrailles. Et quelle horreur dans ce champ où il avait peint son dernier tableau, *Les corbeaux dans le champ de blé* : je me retrouvais appuyé contre l'arbre où il s'était appuyé, un revolver à la main... le fracas de la détonation. C'était le film le plus triste que j'eusse jamais tourné. J'avais hâte qu'il se termine.

Le rôle de Vincent Van Gogh allait bouleverser toutes mes théories sur le jeu de l'acteur. Pour moi, jouer c'est créer une illusion, faire preuve d'une discipline immense, et non se perdre dans le personnage que l'on incarne. Ce n'est pas l'acteur qui se perd dans son personnage, c'est le public. Lorsque l'on joue un rôle, on essaye de réfléchir aux pensées de son personnage. Lorsque c'est fini, on redevient soi-même. C'est un processus qu'il faut dominer.

Mais je ne fus pas loin de m'abîmer dans le

personnage de Van Gogh. Au cours du tournage, je portais de lourds souliers, comme ceux qu'il portait, lui. J'en laissais toujours un dénoué, de façon à me sentir déséquilibré, prêt à trébucher. Ce lacet dénoué lui donnait – et me donnait – une démarche traînante. Ma femme m'a dit qu'il m'a fallu longtemps pour sortir de ce personnage. Lorsque le soir je revenais chez moi après le tournage, elle m'entendait marcher comme Van Gogh, et cela dura même après la fin de ce tournage.

J'avais l'impression de franchir une frontière, de me glisser dans la peau de Van Gogh. Je n'avais pas seulement une ressemblance physique avec lui : j'avais le même âge que lui lorsqu'il se suicida. Parfois, je devais interrompre un geste : porter la main à mon oreille pour vérifier si elle était bien là. Ce fut une expérience effrayante. C'est en cela que réside la folie. Je n'en ai jamais parlé auparavant; ce sont des choses que je ne voulais pas admettre et auxquelles je ne voulais pas penser. Le souvenir de ce tournage me bouleverse encore. Je ne pourrais jamais rejouer ce rôle. Longtemps après, je continuai à n'y rien comprendre. Il fallait qu'il sorte de ma vie. Peut-être est-ce pour cela que j'acceptai de me faire raser la barbe au cours de l'émission de Perry Como; j'avais besoin d'un rituel public pour m'aider à me débarrasser du personnage.

Marc Chagall fut très touché par *La vie passionnée de Vincent Van Gogh*. Il m'envoya son autobiographie, *Ma vie* : il voulait que je joue son rôle. Je suis un grand admirateur des œuvres de Chagall, et je possède quatre tableaux de lui. Dans ma chambre, je suis entouré par plus de vingt de ses lithographies : celles de la Bible. J'aime son approche enfantine, ses fleurs, ses animaux et ses silhouettes sensuelles flottant dans les airs. J'ai rencontré Chagall dans le Midi de la France, à l'hôtel du Cap. De loin, je le voyais peindre à l'abri d'un parasol, sur les rochers proches de la mer. Ma femme découpa dans le livre qu'elle lisait une reproduction d'un tableau de Chagall, et lui demanda s'il voulait bien me la dédicacer. Il l'emporta dans sa chambre. Le lendemain, il me rendit la page, mais il avait ajouté au tableau des fleurs et des personnages flottant dans l'air. Elle est accrochée au-dessus de mon lit.

Il nous invita chez lui, dans la montagne, et nous montra les tableaux qu'il avait accrochés sur ses murs. L'un d'entre eux me fascina : une scène de cuisine, avec une femme grande et bien en chair, qui dominait la composition. A côté d'elle se tenait un petit homme avec une moustache. Je montrai la femme :

« Qui est-ce?
— Ah, elle? dit-il avec fierté. C'est ma mère.
— Et lui? demandai-je en montrant le petit personnage.
— Ça, c'est mon père », dit-il d'un air négligent.

Comme je comprenais Chagall! Mais après l'expérience de Van Gogh, je n'avais aucune envie d'incarner un autre peintre.

Notre enfant naquit au cours du tournage de *La vie passionnée de Vincent Van Gogh*. Anne me réveilla à trois heures et demie du matin, le 23 novembre 1955. Le travail avait commencé. Je conduisis Anne à l'hôpital des Cèdres du Liban, puis lorsqu'elle fut installée dans sa chambre, l'infirmière me tendit un carnet et un crayon et me dit d'inscrire l'horaire de ses douleurs. Les contractions étaient espacées d'environ quarante minutes lorsque je commençai, mais elles se rapprochèrent. Trop rapidement. Je gribouillais des chiffres à toute allure. Mais que faisait donc l'infirmière? Et le médecin? L'infirmière finit par revenir et jeta un coup d'œil à ce que j'avais inscrit : « Qu'est-ce que c'est que ça? » Je regardai ma feuille : les chiffres n'avaient aucun sens. Elle me mit dehors. Dans le couloir, je fis ce que j'avais déjà fait deux fois dans ma vie : les cent pas. Tout comme mon père dans la cuisine : les cent pas de long en large. On sortit alors Anne sur un lit roulant : le bébé se présentait par le siège et le cordon ombilical s'était enroulé autour du cou. Ils allaient faire une césarienne. Je continuai de faire les cent pas. Pourquoi était-ce si long? Nous voulions une fille, mais à cet instant, je n'avais qu'un seul désir : retrouver Anne et le bébé en bonne santé. Un peu après une heure du matin, le médecin, « Red » Krohn, passa la tête par l'entrebâillement de la porte et me fit signe de rentrer. Un garçon de près de huit livres! Un garçon qui avait les cheveux roux comme ceux du médecin. Hom! Mais il avait aussi au menton une fossette bien caractéristique. Nous l'appelâmes Peter; c'était le surnom que le père d'Anne, qui avait toujours voulu un garçon, avait donné à sa fille. Comme deuxième nom, nous lui donnâmes Vincent. Comme Vincent Van Gogh.

Van Gogh fit aussi grande impression sur d'autres. On donna une représentation privée de *La vie passionnée;* quelques représentants de la profession y assistaient. Ensuite, il y eut un dîner chez Merle Oberon. John Wayne y assista. Il ne cessait de me regarder. Nous n'avions pas encore travaillé ensemble. Il semblait exaspéré. Un verre dans une main, il agita l'autre dans ma direction. Dehors, sur la terrasse, il m'apostropha : « Mais enfin, Kirk, comment as-tu pu jouer un rôle comme ça! Il reste tellement peu d'acteurs de notre trempe. Il faut jouer des personnages durs, forts. Pas de ces tapettes faiblardes! »

J'essayai de lui expliquer : « Mais enfin, John, je suis un acteur. J'aime jouer des rôles intéressants. Tout ça c'est du toc, John. Ce n'est pas la réalité. Et toi, tu sais, tu n'es pas vraiment John Wayne. »

Il me regarda d'un air étrange. Je l'avais trahi. Je considérai cela comme un compliment; le film l'avait ému, ou au moins dérangé. Je le comprenais : Van Gogh m'avait aussi dérangé. Je possède beaucoup d'œuvres d'art, mais aucun Van Gogh. Mis à part le fait que je n'ai pas les moyens de m'acheter un de ses tableaux, il y aurait quelque chose d'étrange : j'aurais l'impression de l'avoir peint moi-même.

22

RÈGLEMENT DE COMPTES À OK CORRAL

Ce fut pour moi un soulagement de tourner le film suivant, *Gunfight at the OK Corral* (Règlement de comptes à OK Corral), et de jouer le rôle de Doc Holliday, un ancien dentiste phtisique, qui avait perdu tous ses clients du jour où sa maladie s'était déclarée. Hal Wallis avait acheté un canevas à Stuart Lake, ami et biographe de Wyatt Earp. Je lus le scénario. Je ne le trouvai pas excellent, mais il y avait la matière d'une relation intéressante entre deux hommes. Et Wallis, qui m'avait mis dehors quelques années auparavant parce que je ne voulais pas signer de contrat, m'offrait à présent dix fois le cachet qu'il m'aurait donné si j'étais resté sous contrat. J'acceptai le rôle de Doc Holliday (pour lequel Wallis avait d'abord pressenti Bogart) à condition que Burt Lancaster joue celui de Wyatt Earp. Burt était encore sous contrat avec Wallis : il lui restait un film à faire. J'imaginais que Burt n'avait pas une envie particulière de jouer ce rôle, mais avec moi dans celui de Doc Holliday, et ce film pour en terminer avec son contrat, il ne devait pas avoir de raison de refuser. Il accepta donc de jouer Wyatt Earp, le shérif, tandis que moi je jouais Doc Holliday, le virtuose de la gâchette, avec ses trente balles à la ceinture.

On avait songé un moment tourner les extérieurs

dans le véritable OK Corral, là où les événements s'étaient déroulés, mais l'endroit était petit, et nous aurions eu des problèmes pour les angles de prises de vues. Le véritable règlement de comptes, le 29 octobre 1881, fut plus modeste et plus terne : trente secondes, trente-quatre coups de feu et trois morts. Dans notre version, le combat dure cinq minutes et il fallut quatre jours pour le tourner.

Je devais tousser beaucoup dans *Règlement de comptes à OK Corral* et mettre soigneusement en scène chaque quinte de toux. Comme les films ne sont pas tournés dans l'ordre chronologique, je devais songer à l'avance à l'intensité de ma toux et prévoir le moment où j'aurais réellement une attaque. Dans certaines scènes, je ne tousse pas du tout. Rien n'aurait été plus lassant que de me voir tousser sans cesse. Un film n'est pas la réalité; on y crée l'illusion que l'on veut rendre. Ma quinte la plus terrible, celle qui manque de tuer Doc Holliday, eut lieu peu de temps avant la fin du tournage. Je suis pris d'une formidable quinte au moment même où je m'apprête à frapper ma maîtresse, jouée par Jo Van Fleet, qui venait de remporter un Oscar pour *East of Eden*.

Jo avait besoin d'être encouragée avant de tourner certaines scènes. Un jour, elle me demanda de la gifler.

« Hein?
– Oui, gifle-moi.
– Tu es sûre?
– Oui, oui. Vas-y, frappe-moi!
– D'accord. »

Je lui donnai une claque et elle joua la scène. Ils retournèrent la scène plusieurs fois : ce n'était jamais bon. Chaque fois, elle vint me demander de la frapper. De plus en plus fort.

J'allai raconter à Burt ce qui se passait; il ne me croyait pas. « Eh bien viens voir toi-même, Burt. » Il fallait à nouveau tourner la scène, et une nouvelle fois, elle me demanda de la frapper très fort. « Tu es sûre? Et je la frappai violemment. Sa tête pivota. Bouche bée, Burt observait ce rituel sadomasochiste. Jo secoua la tête et repartit jouer sa scène. Les acteurs sont prêts à faire n'importe quoi qui puisse les aider à bien jouer. Ils seraient prêts à vendre leur âme. Et après tout, si Jo avait le sentiment que des gifles l'aidaient à mieux jouer... Finalement, elle réussit bien cette scène.

Bien que Burt et moi nous eussions joué ensemble dix ans auparavant dans *L'homme aux abois,* notre amitié ne se révéla vraiment que lors du tournage de *Règlement de comptes à OK Corral.* Après la journée de tournage à Tucson et le dîner à l'hôtel, nous nous mettions à discuter. Presque tous les soirs, nous discutions pendant des heures. Parfois, à une heure et demie ou deux heures du matin nous nous rendions compte de l'heure : le lendemain il allait falloir tourner. Au bout d'une semaine de ce régime, Hal Wallis vint me voir. C'était un type assez taciturne et solitaire. Intrigué, il me demanda : « Mais de quoi est-ce que vous pouvez bien parler, tous les soirs, Burt et toi? » Pauvre Hal! Lui qui savait si bien découvrir les acteurs de talent, lui qui connaissait si bien les gens qu'il pouvait se permettre de rassembler des vedettes, dont Burt et moi, n'avait pas d'amis avec qui il pouvait longuement discuter après le dîner. Il ne savait pas qu'entre amis, la conversation ne s'épuise jamais. Seule peut l'interrompre la fatigue, ou le manque de temps. Mais pour Hal, la camaraderie entre Burt et moi appartenait aux mystères de l'univers.

J'admirais la merveilleuse relation que Burt entretenait avec Nick Cravat, son partenaire d'acrobaties au cirque, puis dans *The Flame and the Arrow,* et *The Crimson Pirate.* Nick était un garçon étrange, très ombrageux. Un jour, Burt me dit : « Kirk, pourquoi ne pas prendre Nick dans ton prochain film ?

– D'accord.

– Traite-le avec douceur. »

Je donnai rendez-vous à Nick à mon bureau, discutai agréablement avec lui, puis avançai ma proposition.

« Nick, j'aimerais bien vous avoir dans mon prochain film. J'ai un bon rôle pour vous. »

Il explosa.

« Allez vous faire foutre! Je ne suis pas un ramasse-miettes! J'en ai rien à secouer de votre putain de film! »

Et il partit avant que j'aie pu dire un mot.

J'en parlai à Burt, qui éclata de rire.

« Ça, c'est bien Nick! »

Le succès de *Règlement de comptes à OK Corral* reposait essentiellement sur l'amitié entre deux hommes, qui avait été si souvent traitée au cinéma : Spencer Tracy et Clark Gable, Dean Martin et Jerry Lewis, Robert Redford et Paul Newman. On s'est mis récemment à illustrer des amitiés de femmes : *Crimes of the Heart, Outrageous Fortune, Black Widow*. Mais il semble bien que depuis les personnages incarnés par Humphrey Bogart, le cinéma ait privilégié les amitiés entre deux hommes. Je me souviens d'une critique de *Règlement de comptes à OK Corral*, parue dans le *New York Times*, qui concluait en disant qu'à la fin du film, Burt Lancaster est très triste de voir son ami Kirk partir pour San Francisco, tandis que lui-même demeure aux côtés de Rhonda Fleming.

Il y avait une scène particulièrement dramatique dans le film : Burt, seul et sans arme, se retrouve dans un saloon plein de cowboys patibulaires. Je fais alors mon entrée, je tire mon revolver, enlève le sien à un cowboy et le tends à Burt, puis à nous deux, nous soumettons toute la bande de durs. Nous sortons sur la véranda et Burt me dit : « Merci, Doc. » J'étais censé répondre : « Laisse tomber. » Mais en arrivant à cette réplique, le ridicule de la scène, notre bravoure, notre machisme nous firent éclater de rire. Nous retournâmes la scène plusieurs fois. Notre fou rire reprenait de plus belle. A la fin, nous riions si fort qu'il fallut interrompre le tournage pour la journée, et qu'on nous renvoya chez nous comme des gamins dissipés.

J'adore travailler avec Burt. Nous avons toujours tant de choses à nous dire. Ce qui ne veut pas dire que nous soyons d'accord sur tout, c'est même souvent le contraire. Lors d'un hommage qui m'était rendu le 6 avril 1987, à l'American Academy of Dramatic Arts de New York, Burt déclara : « Kirk serait le premier à vous dire qu'il est un homme difficile. » Il s'interrompit un instant et ajouta : « Et moi je serais le second. »

23

HERR DOUGLAS

Je vis un jour un petit film intitulé *The Killing* (L'ultime razzia). C'était un film à petit budget et il ne rapporta qu'un tout petit peu d'argent. C'était un film inhabituel, et la société de production, qui n'y croyait pas, ne fit guère d'efforts pour le soutenir. Mais ce fil m'intriguait, et je voulus faire la connaissance du réalisateur, Stanley Kubrick. Il avait commencé à l'âge de dix-sept ans comme photographe pour *Look*; il en avait à présent vingt-huit, mais faisait beaucoup plus jeune. Je lui demandai s'il avait des projets; il me répondit qu'il avait un scénario intitulé *Paths of Glory* (Les sentiers de la gloire), de Calder Willingham et Jim Thompson, basé sur un roman de Humphrey Cobb, datant de 1935. Ce roman évoquait la recherche effrénée de gloire dans le haut commandement français au cours de la première guerre mondiale, attitude qui avait causé tant de pertes inutiles parmi les soldats. Stanley me dit qu'il n'avait pas réussi à faire produire le film, mais qu'il aimerait me faire lire le scénario. Celui-ci m'enthousiasma. « Stanley, je crois que ce film ne fera jamais un rond, mais il faut absolument le tourner. »

Je m'efforçai de trouver un financement. Ce ne fut pas facile. Le scénario avait été refusé partout. Mais j'avais de bonnes relations avec United Artists, et je réussis à emporter l'affaire en prétendant que j'étais en pourparlers avec la MGM, et que s'ils n'étaient pas intéressés, ils me le fassent savoir tout de suite. Ils décidèrent alors de le produire, avec un budget limité de trois millions de dollars.

Compte tenu des paysages dont nous avions besoin et du budget limité dont nous disposions, l'Allemagne nous sembla le pays le plus approprié. Il y avait des châteaux semblables à ceux de France, et nous pouvions disposer d'un champ pour tourner nos scènes de batailles. Le film fut entièrement tourné à Munich et dans ses environs.

Stanley Kubrick et son partenaire James Harris, l'homme qui avait financé l'écriture du scénario, se rendirent en Allemagne pour les préparatifs. A mon arrivée à l'hôtel Vierjahrzeiten de Munich, Stanley m'accueillit avec un scénario entièrement réécrit. Il l'avait révisé de son propre chef, avec Jim Thompson. C'était une catastrophe, une version bon marché d'un scénario que j'avais jugé éblouissant. Les dialogues étaient abominables. Mon personnage disait des choses telles que celles-ci : « Vous avez une grosse tête. Vous êtes tellement sûr que le soleil se couche et se lève dans votre caboche que vous ne songez même pas à emporter des allumettes. » Ou bien : « Vous êtes le seul cerveau ici-bas. C'est sûr, après la fabrication, on a jeté le modèle! Nous autres, nous n'avons que du fromage blanc dans la tête. » Des tirades de la même veine s'étalaient sur des pages entières, jusqu'à l'heureux dénouement : la voiture du général arrive sur les chapeaux de roues sur les lieux de l'exécution, et les condamnations à mort sont commuées en trente jours d'arrêt de rigueur. Puis mon personnage, le colonel Dax, s'en va boire un verre avec le méchant qu'il a combattu tout au long du film, le général Rousseau, et le général lui passe le bras autour de l'épaule.

Je fis venir Stanley et Harris dans ma chambre.

« Stanley, c'est toi qui as écrit ça?

– Oui. »

Stanley Kubrick ne se départait jamais de son calme. Je ne l'ai jamais entendu élever la voix, je ne l'ai jamais vu s'exciter ni révéler le moindre de ses sentiments. Il vous regarde toujours calmement, avec ses grands yeux.

« Pourquoi as-tu fait ça, Stanley?

– Pour rendre le film commercial. Je veux faire de l'argent. »

J'explosai. Je le traitai de tous les noms d'oiseaux qui me vinrent à l'esprit. « Tu es venu me voir avec un scénario écrit par d'autres que toi. Un scénario basé sur un livre. C'est ce scénario-là que j'ai aimé. Je t'ai dit qu'à mon avis ça ne ferait pas un film commercial, mais que j'avais envie de le faire. Tu m'as chargé de monter une production. J'ai trouvé de l'argent pour ce scénario-là. Pas pour cette merde! »

Je jetai le scénario à travers la pièce.

« On va revenir au scénario original, sans ça le film ne se fera pas! »

Stanley ne cilla pas. Nous tournâmes le scénario original. Je crois que ce film est devenu un classique, l'un des plus importants – et peut-être même le plus important – qu'ait tournés Stanley Kubrick.

Stanley pouvait être exaspérant, mais quel talent! Et un moi hypertrophié. Rien de mal à ça : après tout, s'il ne l'est pas avec excès, un moi fort est signe de bonne santé. Moi, je ne m'intéresse qu'au talent, mais partout où il allait, Stanley faisait poser partout des pancartes Harris-Kubrick, comme des pancartes A louer. J'avais envie de lui dire : « Enlève-moi tout ça et mets à la place une pancarte Bryna. » C'était la société Bryna qui avait monté la production de ce film et avait signé avec Kubrick un contrat pour trois films. Mais je chassai cette pensée mesquine.

Après tout, cette obsession de mettre partout des pancartes Harris-Kubrick m'amusait. Je m'étonnais même qu'il n'eût pas mis seulement Kubrick. Mais cela m'amusa moins lorsque quelques années plus tard, Stanley déclara que sur *Les sentiers de la gloire,* je n'avais été qu'un employé.

Le temps des Oscars approchait. Je fus sélectionné pour *La vie passionnée de Vincent Van Gogh*; c'était ma troisième sélection. Je l'avais déjà été deux fois : pour *Le champion,* et pour *Les ensorcelés,* que j'avais également tourné avec Minnelli et Houseman. Tout le monde a envie de remporter un Oscar; c'est une récompense importante parce qu'elle est décernée par vos pairs. Ce sont vos propres confrères qui décident : « Il mérite cet honneur. » Il est difficile de prédire si l'on va être sélectionné ou si l'on va remporter un Oscar, mais lorsque je fus sélectionné pour *La vie passionnée de Vincent Van Gogh,* tout le monde me prédit que la troisième fois serait la bonne. En outre, on me répétait à l'envi que je n'avais pas de concurrent. On croit ce que l'on a envie de croire. Mike Todd m'assurait que j'allais gagner, comme s'il avait eu la primeur de l'information par Price Waterhouse, la firme comptable chargée du décompte des bulletins de vote. Il ne lui en fallut pas beaucoup pour me convaincre.

Mike Todd avait dû en parler aussi à la presse, car les journalistes étaient sûrs de ma victoire. La nuit des Oscars, cinquante photographes au moins étaient rassemblés dans le hall de l'hôtel Vierjahrzeiten de Munich au moment où je montais dans ma chambre. Ils attendaient tous patiemment de fixer le sourire qui illuminerait mon visage dès que la nouvelle serait parvenue de l'autre côté de l'Atlantique.

J'eus beaucoup de mal à dormir cette nuit-là. Je me jouais la surprise de celui qui, après une bonne nuit de sommeil, apprend qu'il vient de remporter un Oscar. Des Oscars dansaient devant mes yeux, comme des jouets dans l'esprit d'un gosse la veille de Noël. Lorsque je me réveillai, la surprise qui se peignit sur mon visage n'était pas feinte : je n'avais pas gagné. Il avait été attribué à Yul Brynner pour son rôle dans une comédie musicale, *The King and I*. Epuisés par leur nuit blanche, journalistes et photographes quittèrent le hall de l'hôtel au petit matin.

J'étais tout seul : pas d'Oscar et ma famille loin de moi. On frappa à la porte. Un inconnu me tendit un paquet et s'en alla. Un cadeau, tout de même. C'était un Oscar, accompagné d'un court billet : « Pour papa, qui avec nous gagne toujours un Oscar. Stolz et Peter. » Stolz était le surnom que j'avais donné à Anne; il signifie « fière ». Je posai l'Oscar près de mon lit et depuis lors, il ne m'a plus quitté. Un jour, si je remporte un véritable Oscar, j'en ferai don à Anne.

Un soir, après être allé dîner seul dans Munich, j'étais allongé sur mon lit dans ma chambre d'hôtel, en train de lire. Un peu avant minuit, le téléphone sonna.

« Oui?
— J'espère que je ne vous dérange pas. »
Une voix féminine douce, aux inflexions agréables.
« Pas du tout », fis-je, d'une voix un peu plus grave que la normale. « Et voilà, c'est reparti! » me disais-je.
« Nous vous avons vu dîner seul ce soir au restaurant, et j'ai dû rassembler tout mon courage pour vous inviter à prendre un verre avec nous.
— C'est bien aimable de votre part. »
J'essayais désespérément de ne pas parler d'une voix trop grave.
« Est-il trop tard? roucoula-t-elle.
— Oui. »
Après tout, c'était moi le patron!
« Oh, je vous prie de m'excuser.

– Mais pourquoi ne viendriez-vous pas vous-même prendre ce verre ? »

J'avais essayé de retenir ces mots, mais je les avais prononcés comme malgré moi.

« S'il n'est pas trop tard...
– Chambre 502. »

Je raccrochai en m'efforçant de ne pas regarder l'Oscar qu'Anne m'avait envoyé. Rien ne m'apprendrait donc jamais rien ? J'étais à l'étranger ; n'importe quoi pouvait m'arriver.

Cela me rappelait une aventure qui m'était arrivée à Boston, lors d'une tournée de la pièce *Woman Bites Dog*. Après la représentation, nous étions tous rentrés à l'hôtel. C'était une glaciale nuit d'hiver. Quelques acteurs se rendirent au bar de l'hôtel. Je n'étais pas invité. Dès que l'on commence à jouer au cinéma, la plupart des acteurs de théâtre vous détestent. On est un intrus. Est-ce du mépris ? de la jalousie ? Je n'en sais rien, mais quoi qu'il en soit, on est exclu. Je me couchai, bien seul.

Le téléphone sonna. Un des acteurs qui me proposait de me joindre à eux ? Non, c'était une voix de femme, profonde et sensuelle.

« Monsieur Douglas ?
– Oui.
– J'espère que je ne vous dérange pas. (Dans le lointain, on entendait Chopin.)
– Pas du tout.

Ma voix se fit plus grave.

« J'ai beaucoup aimé votre jeu ce soir.
– Je vous remercie. »

Ma voix descendit d'un ton.

« Ne m'avez-vous pas regardée au moment du rappel ?
– Eh bien, je...
– Au deuxième rang. J'ai la peau très claire, les cheveux acajou. »

La peau claire, les cheveux acajou, Chopin, la neige qui tombait...

« Euh... oui, il me semble me souvenir. »

Ma voix n'aurait pu être plus grave.

« J'étais là chez moi, en écoutant de la musique, et je pensais à vous...

– Puis-je venir écouter de la musique avec vous ?

– C'est vrai, vous accepteriez ? »

Quelques minutes plus tard, j'étais en bas de l'hôtel et donnais au chauffeur de taxi l'adresse qu'elle m'avait donnée. Son appartement me semblait beaucoup plus éloigné que ce qu'elle m'avait dit. Ou était-ce dû à mon impatience ? Le taxi me déposa. « Inutile de m'attendre », lui dis-je. Je me ruai jusqu'au troisième étage et frappai à la porte de l'appartement 3F.

Elle avait les cheveux acajou, c'est vrai, l'acajou des teintures. Et la peau blanche, aussi. Beaucoup de peau. Elle était grosse. Des lèvres épaisses, surchargées de rouge. Elle me fit entrer. « Enlevez donc votre manteau. » Sa voix avait perdu le son cristallin qu'elle avait au téléphone.

Je ne fis que quelques pas dans la pièce. En ôtant mon manteau, je me maudissais de ne pas avoir fait attendre le taxi. Il me sembla entendre un bruit à la porte. Ma beauté aux cheveux de cuivre glissa un regard dans cette direction et me demanda en souriant : « Que voulez-vous boire ? »

Soudain, la panique s'empara de moi. J'attrapai mon manteau et me précipitai vers la porte, surprenant deux hommes qui y étaient appuyés. « Hé, où allez-vous ? » s'écria l'un d'eux en saisissant mon manteau. Je lui abandonnai le manteau et m'enfuis sans regarder derrière moi.

Tandis que je dévalais les escaliers, j'entendis ces mots : « Qu'est-ce que vous faites avec ma femme ? »

Je me retrouvai dans la rue, par une nuit glaciale,

seul, sans manteau : j'étais ridicule. Au carrefour suivant, j'éclatai de rire. Je finis par trouver un taxi et me glissai à l'intérieur sans même regarder si quelqu'un m'avait suivi. A l'hôtel, je trouvai les acteurs encore attablés gaiement au bar.

Je gagnai aussitôt ma chambre, fermai la porte à double tour, me déshabillai et me couchai, heureux de ma solitude. Je dormis fort bien.

Et là, à Munich, la même scène semblait se répéter. Je voulus téléphoner au concierge de l'hôtel pour lui demander d'intercepter ma visiteuse, mais j'entendis alors frapper à la porte.

« Qui est-ce ? »

Ce ne pouvait être la fille, le restaurant était à au moins vingt minutes de l'hôtel.

Mais c'était bien elle. Elle avait appelé depuis le hall...

Piégé ! J'ouvris la porte. Elle était superbe. Ravissante. L'allure vaguement eurasienne. « Entrez », dis-je. Puis j'ajoutai : « Enlevez votre manteau. » Nous discutâmes pendant un moment. Elle me dit qu'elle était une princesse afghane. Je ne savais pas exactement où se trouvait l'Afghanistan, mais si elle m'avait dit qu'elle était le pape, cela ne m'aurait pas gêné. Elle avait mené une vie passionnante. Après trois jours et trois nuits, je savais beaucoup de choses sur elle. Puis elle sortit de ma vie de la même façon qu'elle y était entrée. C'était du moins ce que je pensais.

Quelques années plus tard, Anne et moi fûmes invités à un dîner que Gregory Peck donnait en l'honneur d'un célèbre marchand de tableaux et de sa fiancée. Gregory Peck fit les présentations.

« Monsieur Wildenstein, je vous présente monsieur et madame Douglas. Et la princesse Safia Tarzi, d'Afghanistan. »

Mon regard s'attacha aux beaux yeux de la princesse.

« Enchanté. »
Elle me rendit mon regard.
« Ravie de faire votre connaissance, monsieur Douglas. »

Nous passâmes ensemble une soirée mondaine mais fort agréable.

Je ne la revis jamais. Elle aimait l'aventure; elle mourut peu de temps après dans un accident de ballon. J'en fus attristé. Je lui étais reconnaissant des brefs moments que nous avions vécus ensemble.

Quelle étrange coïncidence! En écrivant ces lignes, j'entends Willie Nelson chanter « *All the Girls I've Loved Before* » (Toutes les filles que j'ai aimées).

> *A toutes les filles que j'ai aimées,*
> *A celles qui ont franchi le seuil de ma maison,*
> *Je dédie cette chanson.*
> *Je suis heureux de ce bout de chemin*
> *Avec toutes les filles que j'ai aimées.*

Me suis-je servi d'elles? Se sont-elles servies de moi? Ou bien nous sommes-nous servis les uns des autres?

L'infidélité... Je me souviens des paroles d'une élégante Parisienne : « Je n'imagine rien de plus embarrassant que d'être surprise au lit... avec son mari. » Cela est peut-être un peu exagéré, mais l'attitude face à l'infidélité varie grandement suivant les pays et les époques. L'érotisme est un ressort puissant des actions humaines, et il surgit, hideux ou magnifique, aux moments les plus inattendus. Pour un homme, il y a dans la sexualité une manière de défi personnel. L'érection est une chose mystérieuse. Chaque fois, il y a la peur qu'elle ne revienne pas. L'homme n'est pas un animal monogame. On se sent seul, loin de chez soi, loin de sa famille. Au cours de mes années de mariage, je me suis rendu coupable d'infidélité, comme tout le monde. Peut-être plus.

Mais probablement moins qu'on ne le croit généralement, car j'ai toujours eu une vie sexuelle très intense avec ma femme Anne.

Anne et Peter vinrent me rejoindre à Munich. En 1957, ce n'était pas la ville magnifique qu'elle est à présent. Partout subsistaient les traces des bombardements aériens de la deuxième guerre mondiale. Mais déjà, la ville se rebâtissait à vive allure, et les vitrines des magasins regorgeaient de marchandises. Chose étrange, il y avait beaucoup plus de pénurie en Grande-Bretagne, pays qui avait gagné la guerre, qu'en Allemagne, qui l'avait perdue. Grâce au plan Marshall, l'Allemagne semblait se relever beaucoup plus rapidement que ses vainqueurs.

La guerre était encore trop proche, et j'avais du mal à dissimuler certains de mes sentiments. Je ne cessais de me répéter, pourtant, que tous les Allemands n'avaient pas participé à l'Holocauste, qu'ils n'étaient pas tous comme ça. Anne et moi fîmes alors la connaissance d'un couple charmant, M. et Mme George Niedermeyer. La femme était très jeune, le mari plus âgé d'environ vingt ans. Ils semblaient agréables et intelligents; de « bons Allemands ». Je voulus établir une relation.

Vers cette époque, je me rendis à Dachau, le camp de concentration situé dans les environs de Munich. Il y avait un portail de fer surmonté de l'inscription obscène : *Arbeit Macht frei*. Ce qu'il y avait peut-être de plus hallucinant dans cet endroit où des milliers d'êtres humains avaient connu la misère, la torture et la mort, c'était sa taille ridiculement petite. Dachau était ouvert au public; les Allemands avaient tout nettoyé. Toutes les baraques contaminées et infestées par les poux avaient été détruites ou brûlées, et l'on avait reconstruit une baraque modèle, de façon à ce que l'on pût se rendre compte à quoi elles ressemblaient. Le reste était semé de gazon, comme un terrain de football. Mais derrière une petite levée de terre, on apercevait les auges en bois où l'on recueillait le sang des Juifs fusillés. Les auges avaient elles aussi été nettoyées. Nous visitâmes ce qui ressemblait à des salles de douches... des chambres à gaz, très basses de plafond, de manière à ne pas gaspiller trop de gaz. Efficacité avant tout. A côté se trouvait le bâtiment en pierre avec deux fours en parallèle, aussi nets que des barbecues, où l'on brûlait les corps des Juifs, hommes, femmes, enfants. Les cheminées, si proches de Munich, devaient dégager une odeur pestilentielle. Lorsque nous en discutâmes avec nos amis allemands, ils nous regardèrent tous les deux avec ahurissement. De quoi parlions-nous donc! A mon tour d'être stupéfait. Étaient-ils vraiment en train de me dire qu'ils ne savaient pas ce qui s'était passé en Allemagne, même aussi longtemps après la fin de la guerre? Ils refusaient de reconnaître la réalité de l'Holocauste. Faisaient-ils semblant, ou bien avaient-ils érigé un véritable barrage mental?

Des incidents de ce genre me rendaient malade. Et ce ne fut pas le seul.

La Bryna occupait les Geiselgasteig Studios, des studios délabrés dans la banlieue de Munich. Ces studios avaient connu leur heure de gloire, mais ils n'avaient pas du tout servi pendant la deuxième guerre mondiale, et fort peu depuis. Les intérieurs des *Sentiers de la gloire* y étaient tournés, et comme je projetais d'y tourner également les intérieurs des *Vikings*, les studios étaient ravis de ma présence.

Tous les matins, je montais dans une Cadillac blanche des plus voyantes, et un chauffeur allemand me conduisait aux studios. Et tous les jours, un garde de haute taille tendait une chaîne devant l'entrée, nous forçant à nous arrêter. Le garde prenait son temps, nous dévisageait, le chauffeur et moi, puis laissait retomber la chaîne pour nous laisser le passage. Au bout de plusieurs jours, ce cérémonial commença de m'agacer. Après ma discussion avec les Niedermeyer à propos de Dachau, ce fut la goutte d'eau qui fit déborder le vase. Alors que notre Cadillac s'approchait, je vis à nouveau notre brave Allemand tendre sa chaîne en travers de l'entrée. Quel rôle avait-il joué pendant la guerre? me demandai-je. Qu'avait-il vu? Qu'avait-il fait? Il se tenait là, devant l'entrée, comme un général allemand.

« Si vous vous arrêtez, vous êtes licencié », dis-je à mon chauffeur.

Il me regarda, l'air interrogateur.

« Enfoncez la chaîne! »

Il me regarda à nouveau.

« Ou bien vous êtes licencié! hurlai-je.

– *Jawohl.* »

Et il appuya sur l'accélérateur.

Le gardien lâcha la chaîne, stupéfait. Dès que nous eûmes dépassé le portail, j'ordonnai au chauffeur de s'arrêter. Je sortis de la voiture, et en mauvais allemand, je m'en pris au gardien.

« Espèce de clébard nazi! Comment osez-vous? »

Je l'attrapai par le revers de la veste et l'attirai contre moi.

« Vous savez qui je suis?

– *Jawohl.*

– Vous me reconnaissez?

– *Jawohl. Jawohl.*

– Est-ce que je ne viens pas ici tous les matins dans cette Cadillac blanche? Vous savez qui je suis? »

Il opina vigoureusement du chef.

« Si la prochaine fois que je viens vous levez encore la chaîne, vous... RAUS!

– *Jawohl!* »

Cet arrogant gardien avait soudain perdu toute son arrogance, et je me sentais parfaitement idiot car ma rage était disproportionnée. Il avait tiré parti de sa médiocre fonction pour m'immobiliser quelques instants tous les jours, et moi j'avais coupé court à son petit jeu. Inutile de dire que par la suite, dès qu'il voyait la Cadillac blanche, il s'empressait de baisser la chaîne.

Je ne sais pas s'il était nazi ou non, mais personne ne l'était. Après la guerre, il était impossible de trouver le moindre nazi. Apparemment, personne n'avait jamais voté pour Hitler. Personne n'avait jamais adhéré à la philosophie national-socialiste. Pourtant, ils devaient bien être des millions pendant la guerre. Parfois, on rencontrait un Allemand qui éprouvait de la honte pour ce qui était arrivé à son pays, un Allemand qui redonnait un peu d'espoir en semblant éprouver du remords, et partant, un peu d'humanité.

La première des *Sentiers de la gloire* eut lieu à Munich le 18 septembre 1957; c'était la première fois qu'une telle manifestation se déroulait dans cette ville. C'est un très grand film, qui traite d'un très grand sujet : la folie et la brutalité de la guerre. Dans la *Saturday Review*, Hollis Alpert écrivit qu'il s'agissait « sans conteste du meilleur film américain de l'année. Il est d'une intensité si fulgurante que dans les années à venir, il figurera probablement comme une des plus extraordinaires réussites du cinéma de tous les temps ».

Comme je l'avais prédit, le film ne rapporta pas d'argent. Un film ne peut faire de l'argent que si des gens payent pour le voir, et les gens ne peuvent pas le voir s'il a été interdit dans leur pays. Oh, il n'a jamais été directement interdit en France. Il n'y eut que de très normales « conversations à un haut niveau », entre le gouvernement français et la United Artists. Il fut également interdit de projection au Festival du film de Berlin en 1958 après que la France eut menacé de se retirer. Même les Suisses abandonnèrent leur neutralité vis-à-vis des *Sentiers de la gloire*. Ils évoquèrent une « propagande subversive dirigée contre la France », refusèrent d'organiser une projection de presse, et se dirent résolus à confisquer toute copie qui ne serait pas immédiatement exportée. *Les sentiers de la gloire* ne furent projetés en France et en Suisse que dans les années soixante-dix, soit près de vingt ans après sa sortie. Je n'ai jamais trouvé que *Les sentiers de la gloire* fût un film antifrançais. J'aime la France, j'ai fait beaucoup de choses pour elle, qui ont été récompensées par la Légion d'honneur. Et plus important encore, c'est la France qui m'a donné ma femme.

L'autre projet qui me tenait à cœur était le tournage des *Vikings*. Ce que le *New York Times* qualifiait d'opéra scandinave était en fait un western transposé aux temps des Vikings.

Il me semblait que pour leur donner une certaine élégance, les personnages anglais devaient être joués par des acteurs anglais, et que les Vikings devaient être joués par des Américains, qui leur donneraient plus de rudesse. Ernie Borgnine, plus jeune que moi de deux ans, jouait le rôle de mon père. Tony Curtis jouait l'un des personnages, en compagnie de sa femme Janet Leigh, la seule parmi nous à posséder un peu de sang scandinave. James Donald, qui jouait le rôle de mon frère Theo dans *La vie passionnée de Vincent Van Gogh*, était également de la partie.

Nous décidâmes de tourner *Les Vikings* pour l'essentiel en Norvège, et le reste aux Geiselgasteig Studios de Munich. Pour la réalisation, mon choix se porta sur Richard Fleischer, qui avait fait un excellent travail dans *20 000 lieues sous les mers*.

Je voulais faire un bon film. Je demandai à des experts norvégiens, suédois et danois de me donner un aperçu historique exact de la période viking, la dimension des bateaux, la façon dont étaient construites les maisons et les tavernes à hydromel, etc. Mais les experts n'étaient pas d'accord entre eux, et je dus moi-même trancher.

Ce film m'enthousiasmait et j'étais bien décidé à ce que nous formions une équipe soudée. Sur un coup de tête, je décidai que nous ferions tous ensemble un voyage. Je voulais que les acteurs ressentent avec intensité ces régions où allait se dérouler l'action. Nous nous rassemblâmes tous à Londres, Janet Leigh, Tony Curtis, Ernie Borgnine et moi, et nous prîmes l'avion pour la Scandinavie. Tony était terrifié par l'avion; je crois que c'était une des premières fois qu'il le prenait. Au lieu de nous rendre directement en Norvège, nous nous arrêtâmes au Danemark, à Stockholm, Oslo, puis enfin à Bergen, la ville la plus proche des lieux du tournage.

Bientôt, nous envoyions des lettres chez nous : « Bons baisers de Norvège, où le soleil brille à minuit et rarement à d'autres heures. » Par une belle journée ensoleillée, nous prîmes des vues magnifiques des navires vikings s'éloignant sur les eaux bleues du fjord Hardanger, les voiles blanches claquant dans le vent léger. Puis le temps se couvrit. Nous n'étions pas sûrs de pouvoir poursuivre ces plans d'une beauté à couper le souffle. Il fallait prendre une décision. Nous décidâmes d'abandonner cette prise-là et de retourner toute la scène sous la pluie, avec les voiles roulées sur les mâts et les rameurs peinant sur les avirons. Cela s'avéra une sage décision, car le temps était le plus souvent mauvais. Un jour, au milieu d'un groupe d'acteurs, j'observai un beau ciel ensoleillé tournant à l'orage; c'est une situation exaspérante pour un producteur. A l'un des Norvégiens qui jouait dans le film, je demandai :

« Il pleut donc toujours en Norvège?

– Je ne sais pas, me répondit-il, je n'ai que dix-huit ans. »

Dick Fleischer m'annonça un jour que je pourrais prendre une journée de repos : il allait tourner une cascade. Mon personnage devait se livrer à une vieille tradition viking : ils se soûlent sur le navire, puis coincent les longues rames dans leurs tolets et courent ainsi sur les rames alignées à horizontale. Tout le monde me disait que je n'arriverais pas à le faire. Il ne m'en fallait pas plus. « Je vais le faire! » Je les observai d'abord, remarquant qu'il fallait acquérir un certain rythme pour sauter ainsi de rame en rame. Si l'on ralentit, on a toutes les chances de perdre l'équilibre et de se retrouver dans les eaux glacées du fjord. Je fis moi-même la cascade et ne glissai qu'une fois. Délibérément. Après tout, mon personnage était censé être ivre.

Le tournage et les conditions de vie étaient durs, mais nous nous amusions bien et avions entre nous des relations extraordinaires. Les Norvégiens nous aidaient beaucoup. Nous construisîmes une ville viking; nous engageâmes les membres des clubs d'aviron locaux pour figurer les rameurs des navires vikings. Il n'est pas facile de ramer sur ces navires, et ils durent s'entraîner pendant des mois. Ils se montrèrent si merveilleux avec nous que j'estimai nécessaire de leur témoigner notre reconnaissance. Un dimanche, j'organisai une fête avec une table extraordinaire et beaucoup d'alcool. Tous les acteurs firent un numéro. Moi, je jonglai, avec Tony pour assistant. Le public applaudissait frénétiquement. Evidemment, faisant comme si nous ne nous en rendions pas compte, Janet Leigh se livrait derrière notre dos à un strip-tease. Le public applaudissait. Je m'inclinais : « Je continue? – Oui, oui! Encore! Encore! » Je me remis alors à jongler, tandis que Janet ôtait de nouveaux vêtements. Notre numéro eut beaucoup de succès. La fête nous coûta cher, mais cela valait la peine. Nous tournions déjà depuis trois semaines en Norvège et le temps filait à toute allure. Bientôt, nous allions partir tourner les intérieurs aux Geiselgasteig Studios de Munich, et ce n'était pas sans regret que nous voyions ce moment approcher. Ce fut une soirée merveilleuse, pleine de chaleur. J'étais très heureux.

Le lendemain matin, toute l'équipe norvégienne se mit en grève. Ils réclamaient des augmentations. Après cette merveilleuse soirée empreinte de tant de camaraderie? J'étais choqué. Furieux. Je réunis mon équipe et nous passâmes au crible tous les plans que nous devions encore tourner en Norvège. Etait-il possible de tourner celui-ci en intérieur? Oui. Et celui-là? Egalement. Et cette scène, là, y avait-il un moyen de la modifier? Ma décision était prise : nous finirions le tournage à Munich.

« C'est du gâteau! Allez, rassemblez tout le matériel. On s'en va! »

Les Norvégiens étaient stupéfaits. Ils renoncèrent immédiatement à leurs revendications, prêts à travailler pour leur salaire antérieur. Mais je refusai même de discuter avec eux. J'étais à la fois furieux et blessé. J'avais cru qu'ils nous aimaient bien, que nous étions amis. Ils m'avaient trahi. Cela faisait des mois qu'ils travaillaient pour moi, gagnant plus d'argent qu'ils n'en avaient jamais gagné de toute leur vie. J'ai déjà vu de telles attitudes dans d'autres pays, mais jamais dans aucun pays scandinave.

En route pour Munich! Ma femme parlant parfaitement l'allemand, elle me fut d'une aide précieuse pour le tournage de cette seconde partie des *Vikings*. Je pris un grand appartement au Bayerisches Hof Hotel, qui avait été partiellement détruit pendant la guerre et rebâti depuis lors. A présent, c'est un hôtel moderne et gigantesque, mais à l'époque nous occupions une aile ancienne du bâtiment. Je me souviens encore de mon fils Peter, âgé d'environ un an et demi, qui courait dans le hall. Il tombait toujours sur la bouche et se retrouvait avec une grosse lèvre tuméfiée. J'avais peur de le voir grandir avec cette grosse lèvre en permanence. Je m'efforçai de lui apprendre à tomber en tendant les bras en avant, pour amortir sa chute. En vain. Il tombait comme une bûche, la bouche en avant. Impossible de l'en empêcher. La paternité c'est l'enfer.

24

MON AMI SAM

Depuis deux ans, Anne et moi nous disputions de plus en plus fort. Chaque fois, nos disputes avaient pour thème Sam Norton, mon meilleur ami, mon avocat, homme d'affaires et agent artistique. Anne commença par me demander un jour : « Qui gère tes affaires, tes intérêts ? » Sam s'occupait de tout. Mes revenus lui étaient directement adressés, et il payait les notes. Si j'avais besoin d'argent, il me suffisait de décrocher le téléphone : « Sam, envoie-moi deux cents dollars d'argent de poche. » Cet homme était un don du ciel. J'aimais bien aller discuter avec lui, dans son bureau, au rez-de-chaussée de mon immeuble. Il n'était jamais trop occupé pour me recevoir. J'éprouvais auprès de lui ce que j'aurais aimé éprouver auprès de mon père.

Un jour, en riant, je dis à Sam :

« Ma femme aimerait savoir le montant de ma fortune.

– Tu es millionnaire. »

Je rapportai la bonne nouvelle à Anne.

« Où est cet argent ? me demanda-t-elle.

– Qu'est-ce que tu veux dire ?

– Si tu possèdes un million de dollars, il doit être à la banque, ou investi, je ne sais pas, moi. Où est-il ?

Il doit bien y avoir des relevés de compte, des titres, quelque chose! »

J'étais ennuyé. J'appelai Sam.

« Anne veut savoir où se trouve l'argent.

— Mais enfin, bien sûr! Je m'en occupe. Passe au bureau, je te montrerai tout ça. »

Il me montra des papiers avec des colonnes de chiffres, sous-totaux, effets à recevoir, débits... tout un bric-à-brac que je ne voulais pas examiner et auquel je ne comprenais rien. Mais Anne n'était pas satisfaite, et Sam le savait bien. Il me donna un papier qu'il me demanda de signer : tout serait réglé. Ce papier stipulait que je cédais à ma femme tous les tableaux et les œuvres d'art que nous possédions, qu'ils ne faisaient plus partie des biens en communauté et devenaient sa propriété pleine et entière. Je le signai puis, de retour à la maison, le montrai à Anne.

« Qu'est-ce que c'est que ça? me demanda-t-elle.

— Je ne sais pas. C'est Sam qui me l'a donné. Il m'a dit que tu serais contente de l'avoir. Il sait que c'est grâce à toi que nous avons acheté des œuvres d'art, que c'est toi qui en as acheté la plus grande partie.

— Mais ça n'a aucune importance. C'est à nous. Pourquoi est-ce que ça devrait être seulement à moi? Ça ressemble fort à une tentative de corruption.

— De la corruption? Mais dans quel but?

— Pour m'empêcher de poser plus de questions.

— C'est ridicule. Qu'est-ce que tu essayes de me dire là?

— Ecoute, Kirk, quand nous nous sommes mariés à Las Vegas, Sam m'a glissé un papier quelques minutes avant la cérémonie, et m'a dit : " Signez là ". Bien sûr, j'ai signé. Je n'allais pas m'amuser à éplucher des papiers au moment où nous allions nous marier. Je n'ai jamais rien signé dans ma vie sans avoir lu auparavant, mais là, j'ai signé, et maintenant je veux savoir de quoi il s'agissait.

— Et qu'a dit Sam?

— De ne pas me préoccuper. Il m'a dit qu'il s'agissait simplement d'un accord prénuptial, que tout le monde fait ça aux Etats-Unis. Cet accord prévoit que tout ce qui t'appartenait avant ton mariage est à toi, et que ce qui était à moi reste à moi.

— Si Sam t'a dit de ne pas t'en faire, il n'y a pas de raison de t'en faire.

— Mais enfin, Kirk, c'est un document légal. Je l'ai signé. Et je ne sais toujours pas exactement ce que j'ai signé, ni où se trouve ce papier. Et il ne veut pas me le montrer. Il y a quelque chose qui ne va pas chez Sam Norton, je le sens.

— Tu parles de mon meilleur ami.

— Je ne crois pas que ce soit ton ami. Je crois que c'est un escroc.

— Ecoute, je le connais depuis quinze ans. Alors laisse tomber, tu veux! »

Mais Anne ne laissa pas tomber. Quelques jours plus tard, Greg Bautzer, un avocat, téléphona à Sam : il représentait Anne et désirait communication de l'accord prénuptial.

J'étais furieux. Elle utilisait des méthodes horribles avec mon ami Sam. Et derrière mon dos, en plus!

« Comment oses-tu?

— Kirk, j'essaye seulement de te protéger. Tu n'es pas un homme d'affaires. »

Je sortis de la pièce en claquant la porte. Anne obtint son accord prénuptial. Elle me signifia son désaccord avec la clause stipulant que ni elle ni ses enfants n'auraient aucun droit sur ma fortune au cours des cinq premières années de mariage.

« Mais j'ai un enfant! Dieu veuille qu'il ne t'arrive rien demain.

— Ne sois pas stupide! Tu sais bien que nous

resterons mariés. Et après cinq ans, ce document ne vaudra plus rien.

– Oui, mais nous ne sommes pas immortels. Et en outre, si je n'ai droit à rien, où ira l'argent? A Sam Norton? »

Je ne comprenais pas les raisons de toute cette agitation. Sam avait seulement essayé de me protéger. Il avait vu mon premier mariage aboutir à un divorce, et il voulait s'assurer que je ne perdrais pas tout s'il en allait de même pour celui-ci.

Les choses empirèrent. Sam avait fait correctement son travail : l'accord prénuptial était irrévocable et ne pouvait être dénoncé que par décision de justice; cela impliquait une perte de temps, d'argent, et une publicité que personne ne souhaitait. L'avocat d'Anne me demanda de souscrire une fabuleuse assurance sur la vie au profit d'Anne et de Peter. Cela me coûta énormément d'argent, et se révéla, comme on peut s'en rendre compte, parfaitement inutile. Je commençais à douter. Non de Sam, mais de mon mariage.

Je ne voulais plus entendre parler de toute cette histoire. Burt Lancaster voulait tourner un film commercial avec moi. Je savais que sa société de production, la Hecht-Hill-Lancaster, possédait les droits de la pièce de George Bernard Shaw, *The Devil's Disciple*, et que Burt y avait placé 800 000 dollars. « Pourquoi ne pas faire quelque chose qui ait de la tenue? proposai-je. Tournons la pièce de Shaw. » J'étais prêt à le faire pour un cachet insignifiant. Larry Olivier était intéressé par le rôle du général Burgoyne. Le tournage devait avoir lieu à Londres à des milliers de kilomètres de Los Angeles et de mes problèmes. Je partirais seul; Anne me rejoindrait quelques semaines plus tard. Nous avions besoin de cette interruption. C'est avec soulagement que je partis pour Londres.

Depuis quelques années, après la sortie de chacun

de mes films, je recevais une lettre fort intelligente envoyée par une femme vivant à Stratford-on-Avon, la ville natale de Shakespeare. Les lettres étaient bien écrites, d'une belle écriture féminine, à l'encre turquoise, et faisaient chaque fois l'éloge de mon film. Intrigué, je répondis. Une correspondance s'installa, qui devint de plus en plus chaleureuse et amicale au cours des années. Je me demandais à quoi pouvait bien ressembler cette femme. Je l'imaginais un peu semblable à Louise Livingston, grande, les cheveux foncés, déambulant sur les rives de l'Avon en composant des vers. Un jour, je reçus un livre de poèmes, *Poèmes pour K.*, dont chaque pièce était inspirée par une scène d'un de mes films. Notre échange de correspondance s'accéléra. Nous étions tous les deux tombés amoureux... de moi. Plus que jamais, j'avais envie de la rencontrer, face à face, « souffle à souffle, à l'instant chéri des réveils étouffés ».

Je louai un bel appartement à Belgravia, avec un petit jardin. Une fois installé, je l'appelai au téléphone de ma voix la plus grave.

« Allô, bonjour. Kirk à l'appareil.

« Ah, bien sûr. C'est bien votre voix. »

Sa voix aussi était bien telle que je me l'étais imaginée. Je l'invitai à prendre le thé chez moi, ce qui me semblait l'invitation la plus convenable. Je lui enverrais ma voiture et mon chauffeur.

« A cinq heures, me dit-elle.

– Entendu. »

Ma voix s'était faite encore plus grave.

C'était une typique journée londonienne, avec du crachin. Le valet de chambre alluma un feu dans la cheminée. Je portais une veste de velours et une cravate-foulard. Je tenais à ce que notre première rencontre fût parfaite. La sonnette de la porte d'entrée retentit. « J'y vais », dis-je au valet de chambre.

Je m'en allai lentement ouvrir la porte. Je n'étais

pas préparé. Elle était courte sur pattes, laide, s'appuyait sur une canne et portait des lunettes aux verres très épais. Je m'efforçai de faire bonne figure. « Je vous en prie, entrez. »

Elle passa devant moi en boitant, et c'est alors que je remarquai la bosse qu'elle avait dans le dos. Je tentai de dissimuler ma gêne par un excès de politesse, lui versant sans cesse une nouvelle tasse de thé, offrant des sandwiches. Elle avait bien la même voix musicale qu'au téléphone, mais elle ne parla guère car je parlais sans cesse, d'un ton précipité, le front et les mains moites malgré la fraîcheur de cet après-midi londonien.

Elle ne resta pas longtemps et prit congé de façon fort courtoise. Je n'entendis plus jamais parler d'elle. Peut-être avait-elle été déçue par quelque chose de laid en moi : je n'avais su trouver rien de beau en elle. Je me suis souvent interrogé par la suite.

The Devil's Disciple (Au fil de l'épée) aurait pu être bien meilleur. Il y eut constamment des problèmes, mais ce fut une tentative estimable. Et Laurence Olivier fut si remarquable qu'il fut la véritable vedette de ce film. Burt et moi jouions les rôles d'Américains au cours de la guerre d'indépendance, pris dans une histoire de substitution d'identités. Je suis le bon à rien que l'on prend pour le bon pasteur (Burt Lancaster), et que les soldats anglais du général Burgoyne (Laurence Olivier) arrêtent à sa place. Je tais ma véritable identité, sauve la vie de Burt, me rachète, et je finis par embrasser la ravissante épouse du révérend Burt.

Jugeant le film trop long, ils décidèrent de couper deux des scènes les plus importantes que j'avais déjà tournées. Je modifiai donc totalement mon jeu. Une semaine plus tard, on m'annonça que les scènes étaient rétablies : le film était trop court.

Laurence Olivier et sa femme, Vivien Leigh, vivaient à proximité et se montraient fort agréables et hospitaliers. Le visage magnifique de Vivien n'avait pas changé, malgré le poids qu'elle avait pris. Psychologiquement, elle n'allait pas bien. En dépit de son comportement parfois étrange, personne ne semblait s'inquiéter. Un jour que nous dînions, nombreux, dans un restaurant, en compagnie notamment du réalisateur Terence Young, elle se tourna vers Olivier et lui dit : « Larry, pourquoi est-ce que tu ne me baises plus ? » Puis elle se tourna vers moi et me fit outrageusement du charme, alors que Laurence Olivier était assis à côté d'elle. Au début, j'eus du mal à y croire, je me sentais gêné. Elle se conduisait comme Blanche du Bois dans *Un tramway nommé Désir*, bizarre, provocante. Ils divorcèrent peu de temps après, et plusieurs années plus tard, à l'âge de cinquante-quatre ans, elle se suicida.

Alors que Burt et moi nous trouvions à Londres, on nous demanda de participer à un gala de bienfaisance au profit des professions du cinéma, *The Night of a Thousand Stars*, qui se tenait au Palladium. Nous ne demandions pas mieux que d'y participer, mais qu'y faire ? Lors de la soirée de remise des Oscars, nous avions donné, avec succès, un numéro de danse et de chansons intitulé « C'est fabuleux de ne pas être sélectionné ». Nous décidâmes donc de faire quelque chose de semblable, et répétâmes longuement notre numéro. Mais dans les coulisses, le soir de la représentation, nous étions morts de trac. Qu'étions-nous venus faire dans cette galère, au milieu de toutes ces grandes vedettes ? Déjà, il y avait Laurence Olivier et les meilleurs acteurs anglais, mais pire, le numéro qui nous précédait était celui de Sid Caesar et Imogene Coca, la plus fine équipe de burlesque des Etats-Unis. Depuis les coulisses, Burt et moi écoutions leur prestation : pas un rire ne montait du public. Nous échangeâmes un regard consterné : nous courions à la catastrophe. Trop tard pour reculer. C'est la loi du show-business. On nous annonça.

Burt et moi fîmes notre entrée chacun à une extrémité de la scène, sur l'air du *Pont de la rivière Kwaï*, joué par l'orchestre; redingotes, cannes et chapeaux melons. Nous nous dépassâmes comme si nous ne nous étions pas vus. Puis nous nous retournions et nous saluions en ôtant nos chapeaux. Ensemble, nous nous dirigions alors jusqu'à la rampe. Il y eut une telle ovation dans le public que nous dûmes nous interrompre. Tandis que les gens applaudissaient, je murmurai à Burt : « Allons-nous-en maintenant. Ça ne pourra jamais être mieux. » Les applaudissements décrurent et nous poursuivîmes notre numéro. Appuyés sur nos cannes et nous balançant au rythme de la musique, nous nous mîmes à chanter : « Peut-être est-ce parce que je suis londonien que j'aime tellement Londres. » Pour le deuxième couplet, nous nous livrâmes à un délicat numéro de claquettes, et pour finir je grimpai sur les épaules de Burt. Nous terminâmes de cette manière : moi sur les épaules de Burt, agitant mon chapeau, nous époumonant tous deux sur le dernier couplet. Une immense ovation salua notre sortie de scène. Nous avions eu chaud! C'est un souvenir bien agréable.

Pendant ce temps-là, je recevais des lettres de Sam à propos de mes investissements dans le pétrole : « Le pétrole continue de couler comme l'alcool à un bal de pompiers. » Mais à mon retour à Los Angeles, Anne m'apprit qu'en mon absence, elle avait fait procéder à une expertise comptable de mes affaires par le cabinet Price Waterhouse.

« Hein? Le cabinet qui fait le décompte des voix pour la remise des Oscars, et qui s'est trompé les trois fois où j'ai perdu? »

Mais je cessai de rire le jour où Price Waterhouse nous présenta les résultats de ses expertises.

1. Je n'avais pas d'argent en banque.
2. Je devais au fisc 750 000 dollars. Contrairement à ce que m'avait laissé croire Sam Norton, les dix-huit mois passés en Europe en 1952-1954 ne m'avaient donné droit à aucun abattement d'impôts.
3. Je croyais avoir fait de bons investissements, notamment dans les puits de pétrole, mais en fait il s'agissait de sociétés bidon qui, elles, touchaient un pourcentage sur chaque investissement. Toutes ces sociétés appartenaient à Sam Norton. Et la liste n'était pas close.

Tout cela s'ajoutait aux dix pour cent que Rosenthal & Norton prenaient au titre de cabinet d'affaires, et aux dix autres pour cent que Sam touchait personnellement en tant qu'agent. J'avais beaucoup travaillé, gagné beaucoup d'argent, et nous avions vécu modestement. Les sociétés de production payaient les voyages et les notes de frais au cours de nos déplacements. Diana était remariée, en sorte que je ne payais qu'une allocation d'éducation pour les enfants, et pas de pension alimentaire.

Sam Norton m'avait saigné à blanc, il m'avait tout volé jusqu'au dernier *cent*. Des années auparavant, pour me dégager de mes liens avec la Warner Brothers, j'avais tourné un film pour rien. Sam Norton, lui, avait fait en sorte que j'en fasse vingt-sept autres également pour rien.

Je me retrouvais sans un sou et couvert de dettes.

Effondrés, Anne et moi eûmes une réunion avec le nouvel avocat que nous avions engagé à l'insu de Sam. Il nous apporta d'autres mauvaises nouvelles : Sam m'avait mal conseillé en tout. Il était faux que la Bryna dût produire des films dans lesquels je ne jouais pas. Et Sam avait cautionné de façon croisée *L'or des Sioux*, un film rentable, avec *Spring Reunion*, un échec commercial, en sorte que *L'or des*

Sioux ne rapporta pas d'argent. Enfin, pire que tout, nos contrats stipulaient que Rosenthal & Norton avaient droit aux mêmes pourcentages sur *Les Vikings* et tous les films suivants.

Seule la cupidité animait Sam. Le seul moyen de lui faire lâcher prise était de lui agiter sous le nez des perspectives encore plus mirobolantes. Il ne savait pas que notre expertise comptable était allée aussi loin. Sam ne se méfiait pas de moi, puisque jusque-là il m'avait manipulé sans difficulté.

J'allai le voir.

Issur se tenait devant la porte du bureau de son meilleur ami, Sam; c'était un endroit où il aimait se rendre, un endroit où il pensait avoir trouvé chaleur et protection. Si seulement Sam pouvait lui dire que rien ne s'était passé, que tout cela était une erreur.

Issur était détruit; il avait envie de pleurer. Sam avait été le nouveau père qui allait l'aimer et le protéger. Sam ressemblait même au père d'Issur : trapu, les cheveux sombres et la moustache. Issur avait donné à son père ses économies, et son père ne les lui avait jamais rendues, ni en argent ni en affection. En rencontrant Sam, Issur avait été heureux de pouvoir dire à nouveau : « Tiens, papa, voilà l'argent. » Cette fois-ci, ce serait différent.

Mais le cauchemar s'était reproduit. Issur était à nouveau le gamin maigre, sale et morveux : pendant toutes ces années, il s'était rendu chez Sam, ils avaient parlé et plaisanté, ils avaient déjeuné et dîné ensemble, et Issur avait aimé Sam, mais Sam n'avait jamais aimé Issur, il n'avait même jamais vu Issur. Il n'avait vu que des dollars.

Kirk Douglas, l'acteur, posa la main sur la poignée de la porte, prit une profonde inspiration et pénétra dans le bureau de Sam Norton.

Sam était assis à son bureau. Il leva les yeux en souriant.

Je lui agitai sous le nez le rapport d'expertise.

« Espèce de salaud! Tu es mon meilleur ami! Comment est-ce que tu as pu me faire ça, à moi! Je vais te faire foutre en taule! »

Sam devint livide.

« Si tu fais ça, je me tue. »

Je me penchai vers lui et plantai mon regard dans le sien.

« Sam, dis-moi la vérité... »

Je m'interrompis un long moment.

« ... C'est Rosenthal, n'est-ce pas? C'est lui qui t'a forcé à faire ça. »

Sam haletait.

« Oui, oui. Nous sommes associés. Tu sais comment ça se passe... Je ne voulais pas... j'ai essayé...
– Sam, toi et moi on n'a plus besoin de Jerry Rosenthal. Je veux me lancer de façon plus indépendante encore dans la production. Je veux que tu viennes avec moi, que tu sois mon bras droit, que tu travailles exclusivement pour moi. Tu seras mon avocat, mon agent, tu produiras tous mes films. Mais pas Rosenthal. Toi seul. »

Sam mordait à l'hameçon.

« Je veux que Rosenthal ne touche rien sur *Les Vikings*, poursuivis-je, car je crois que ça fera un énorme succès. Si tu t'arranges pour ça, je saurai m'occuper de toi. »

Il acquiesça. Il était ferré. Et pétrifié.

Cela me rendait malade, mais je poursuivis ma comédie.

« Signe-moi un papier disant que Rosenthal & Norton n'ont aucun droit sur *Les Vikings*, ni commission, ni pourcentage, ni honoraires, et tous les deux nous pourrons repartir à zéro. Un nouvel arrangement. Tu seras président de ma société. Tu auras un salaire. C'est toi l'avocat, tu n'as qu'à préparer ton contrat. D'accord? »

Sam établit donc un document écartant son associé Jerry Rosenthal.

Rosenthal porta l'affaire devant l'Association du Barreau de Californie et obtint la suspension de Norton pendant dix ans pour rupture unilatérale du contrat qui me liait à leur cabinet.

Avec ce que Sam nous avait fait, Anne et moi aurions pu le faire jeter en prison. Mais j'avais peur qu'il ne mette ses menaces à exécution et qu'il ne se suicide. En outre, on nous conseilla de n'en rien faire : emprisonné, il n'aurait pas pu nous rembourser les sommes qu'il nous devait : 200 000 dollars, avec les intérêts. Cela ne représentait qu'une partie de ce qu'il avait détourné, mais nous ne pouvions prétendre à plus. Il s'était fort bien débrouillé : ces 200 000 dollars ne représentaient que la partie visible de ses détournements, l'argent qu'il avait directement utilisé pour lui, sa femme et ses enfants. Il devait nous rembourser 2 500 dollars par mois.

Au bout de quelques années, il se mit à m'envoyer de petites lettres me demandant, au nom du bon vieux temps, de passer l'éponge. J'hésitais. L'avenir s'annonçait heureux, peut-être pouvions-nous oublier le passé. Ce fut Anne qui me décida. « Jamais. Jamais. Jamais. »

Sam, alors, cessa d'envoyer ses chèques. Nous demandâmes donc à nos avocats d'engager des poursuites pour récupérer ce qu'il nous devait encore. Mais Sam avait mis tout ce qu'il possédait au nom de sa femme ou de ses enfants. Nos avocats ne pouvaient rien faire contre lui.

Anne réussit tout de même à récupérer cet argent, dix ans plus tard. Un jour, à Palm Springs, elle cherchait un moyen de se rendre à Indio, distant d'une cinquantaine de kilomètres, pour y récupérer sa voiture qu'elle avait laissée en réparation dans cette ville. Elle en parla à une de ses amies, qui lui répondit : « Pas de problème. Je dois me rendre au tribunal d'Indio demain, pour mon divorce. Je t'emmène. »

Le lendemain matin, à dix heures, son amie lui téléphonait.

« Mon avocat m'a dit que tu refuserais de monter en voiture avec lui.
— Comment s'appelle ton avocat?
— Sam Norton.
— Ah ça c'est sûr! Jamais je ne monterais dans la même voiture que lui! Plutôt marcher! »

Anne appela aussitôt notre avocat à Los Angeles, Karl Samuelian :

« Sam Norton a repris ses activités d'avocat. Il est sur une importante affaire de divorce, où il touche d'énormes honoraires.
— Très bien. J'envoie quelqu'un sur l'heure à Riverside pour porter l'affaire devant le tribunal du comté. »

Dans les heures qui suivirent, nous fîmes opérer une saisie sur les honoraires de Sam Norton. Nos frais d'avocat furent plus élevés que ce que nous obtînmes de Sam, mais pour Anne il s'agissait d'une question de principe : « Il faut que justice soit faite. Je ne le lâcherai pas jusqu'à ce qu'il ait payé jusqu'au dernier *cent*. »

Anne se montre ainsi avec moi : une véritable lionne protectrice. Et je m'efforce de me conduire de la même manière envers elle. Chacun de nous fait pour l'autre ce qu'il ne ferait pas pour lui-même. Elle ne lâchait pas prise : Sam Norton devait payer pour ce qu'il avait fait. Lorsque le dernier chèque arriva, bien petit pourtant, la satisfaction qui se peignit sur le visage d'Anne fut notre meilleure récompense.

Si Anne n'avait pas démasqué Sam Norton, il y a de fortes chances que nous eussions été ruinés. Doris Day conserva les services de Jerry Rosenthal et perdit beaucoup d'argent. Je lui avais pourtant conseillé de s'en débarrasser; dans son autobiographie elle rapporte mes paroles. Le 14 juillet 1987, au bout de dix-neuf ans, elle parvint à le faire radier du barreau; il fut également condamné à lui verser 22 millions de dollars. Il proteste toujours de son innocence, et elle attend toujours de récupérer son argent. Malheureusement, à Hollywood, tout le monde a une histoire semblable à raconter. On apprend à ses dépens le sens de la vieille plaisanterie qui traîne dans les milieux du cinéma :

« Comment est-ce qu'on dit " Va te faire mettre ", à Hollywood ?

— Fais-moi confiance. »

25

BRYNA

La première des *Vikings* eut lieu le 9 mai 1958, et grâce à Dieu, remporta un immense succès. La United Artists et moi étions ravis. Je pus payer au fisc les 750 000 dollars que je lui devais.

Anne et moi nous étions également lancés dans la production... d'un autre enfant. Cette fois-ci, fini les cent pas dans le couloir : je voulais être présent à l'accouchement. Le 21 juin 1958, je me récurai de fond en comble, enfilai une blouse et un masque et assistai à la césarienne en salle d'opération. Un autre garçon. Pas de fossette, mais de grands yeux bleus, les yeux d'Anne, et des cheveux si blonds qu'ils en paraissaient blancs. Nous lui donnâmes un beau nom de Viking : Eric.

A l'époque, les heures de visite étaient limitées. Les maris n'avaient guère le loisir de voir leurs femmes et leurs nouveau-nés, et en tout cas pas d'assister aux repas, probablement pour de vagues histoires de microbes. Je trouvais cela parfaitement ridicule. Je voulais passer du temps avec ma femme et mon bébé. A la fin des heures de visite, j'allais me cacher dans le placard. J'agis ainsi à la naissance de Peter, et recommençai pour Eric. Les infirmières, bien entendu, s'en étaient aperçues. « Madame Douglas, votre mari est encore dans le placard ? » Et

Anne répondait : « Oh non, il est rentré à la maison. » Les infirmières quittaient la chambre, et moi je sortais, avec tous mes microbes, pour passer un peu de temps avec ma famille. A présent, tout le monde a compris l'importance du rôle du père au moment de la naissance. Mais à l'époque, on nous faisait passer pour des criminels.

J'avais quatre enfants. Anne avait eu deux césariennes. Cela suffisait. J'avais réalisé ma destinée biologique. Je songeais à me faire faire une vasectomie, mais l'idée m'effrayait un peu. Comme tous les hommes qui y songent, je craignais que cela n'affectât ma puissance sexuelle. Je fus rassuré lorsque j'appris que de nombreux médecins avaient eux-mêmes subi l'opération, et je finis par m'y résoudre. Je peux affirmer désormais en toute connaissance de cause que mes craintes étaient infondées.

Je travaillai beaucoup à la promotion des *Vikings*. Je fus même hissé dans une sellette au sommet d'une immense affiche de Broadway, haute de plusieurs étages et longue de près d'un bloc. La proue d'un drakkar viking jaillissait de l'affiche, et je le baptisai avec une bouteille de champagne. Les gens me trouvaient fou d'aller faire des acrobaties à une hauteur de dix étages, mais à l'époque cela ne me semblait rien du tout.

Je voulais que ma mère voie cette affiche. Chaque fois que j'allais lui rendre visite à Schenectady, lorsqu'elle vivait avec mes sœurs, ou à Albany, dans sa maison de retraite, elle parlait de moi avec fierté à ses amis immigrants qui l'entouraient toujours : « Regardez mon fils. Il a son nom en lumières. L'Amérique est un pays merveilleux. » Cette adulation me gênait.

« Maman, l'Amérique est un pays si merveilleux que c'est ton nom à toi que je vais écrire avec des lumières. »

C'était chose faite. Je louai une grande limousine

pour la conduire à New York. Arrivés à Times Square, je demandai au chauffeur de s'arrêter. A travers la vitre, je montrai à ma mère la gigantesque affiche.

« Regarde, maman, le nom que je t'avais appris à écrire : il est tout en lumières. B-R-Y-N-A. BRYNA PRÉSENTE LES VIKINGS. »

Ma mère contemplait l'affiche, stupéfaite.

« Oh, l'Amérique est un pays merveilleux. »

J'étais heureux de l'avoir fait, car quelques mois plus tard, elle m'appela au téléphone. Avec le plus grand calme, elle me demanda quand j'allais revenir dans l'Est, car elle voulait me voir. Jamais elle ne m'avait parlé ainsi. J'avais compris.

Je me rendis à l'aéroport, pris quelques verres à l'Ambassador Room pour me donner du courage et m'embarquai avec les passagers de première classe. En avion, en première classe. Je songeai à mon père et à ma mère, aux années passées à Eagle Street, lorsque je regardais filer les trains en me demandant si un jour je partirais quelque part.

Il était tard. Je m'allongeai dans mon fauteuil inclinable, avalai un cachet pour dormir, mais ne parvins pas à trouver le sommeil. Je n'arrivais pas à trouver une pensée joyeuse qui aurait pu m'apaiser. « Où vais-je être enterré ? songeais-je. Que faire pour mes enfants, ma femme, ma fortune ? » Je décidai de me faire incinérer. Je ne voulais pas de tombe où les gens seraient forcés de venir se recueillir.

A l'aéroport de New York, une limousine m'attendait. A présent, il y avait toujours des limousines. Elle m'emmena à Grand Central Station où je pris le train de luxe pour Albany, celui qui ne s'arrêtait pas à Amsterdam. A Albany, un taxi me conduisit à l'hôpital. Je me rendis compte alors que nous étions le 9 décembre, jour de mon anniversaire.

Issur marchait lentement dans le couloir recouvert de linoléum. Il poussa la porte de la chambre plongée dans l'obscurité. Sa mère était couchée sous une tente à oxygène, une tente de plastique transparent, le genre d'objet qui aurait beaucoup plu à son fils Peter. Elle respirait avec difficulté : en plus de ses problèmes cardiaques et de son diabète, elle avait contracté une pneumonie.

« *Bonjour maman, c'est moi* », *murmura-t-il.*

Elle eut un faible sourire.

« *Mon fils... si célèbre.* »

Issur était heureux de la voir encore si lucide.

« *Oh, maman, je ne suis pas si célèbre que ça.*

– Mais si, mais si. »

Elle tourna un peu la tête en direction de l'infirmière.

« *Voici mon fils. Son nom fait trembler le monde.* »

Dans le couloir on entendait des chuchotements, des rires étouffés. Issur leva les yeux. Des gens le regardaient par l'entrebâillement de la porte. « *Regardez! Le voilà! C'est lui!* » *Ils ne voyaient pas Issur et sa mère agonisante; ils ne voyaient qu'un personnage sorti des écrans. Ils se moquaient bien des problèmes d'Issur.*

Issur se rappelait l'époque où, enfant, il se disait que si sa mère mourait, il mourrait aussi. Une seule fois, il avait vu sa mère perdre son sang-froid. Les sept enfants criaient famine. Elle aussi s'était mise à crier. « *Il n'y a rien! Je n'ai rien! Qu'est-ce que vous voulez que je fasse?* » *Elle se tordait les poignets comme si elle avait voulu en arracher de la chair pour les nourrir. Puis elle avait quitté la maison en courant. Issur et ses sœurs s'étaient regardés, soudain silencieux. Si maman partait, ils mourraient.*

Issur et ses sœurs demeurèrent auprès de leur mère pendant des jours et des jours; elle s'affaiblissait, alternant les moments de conscience et de torpeur. Un soir, au crépuscule, elle se releva dans son lit.

« *Quel jour sommes-nous ?*
– *Vendredi.*
– *N'oubliez pas d'allumer les bougies pour shabbat.* »

Ils ne voulaient pas laisser leur mère toute seule, mais elle insista. Ils se rendirent alors tous chez Betty pour allumer les bougies. Issur récita la prière du soir. Ils retournèrent au chevet de leur mère et lui annoncèrent qu'ils avaient fait selon sa volonté. Elle se pencha vers son fils et ses filles qui l'entouraient.

« *Gut Shabbas.* »

Les sœurs d'Issur retournèrent dans leurs familles pour la nuit. Issur, lui, resta à l'hôpital. Il s'assit à côté du lit et tint fermement entre les siennes la main de sa mère. Frappé par le digne maintien de sa mère, il ne pouvait s'empêcher de songer à ce qu'il avait vu dans les yeux de son père à l'approche de la mort : la peur. Issur devait avoir le même regard. Sa mère le regarda, et un sourire tranquille et serein illumina son visage, ce sourire qui était le sien les jours de shabbat, lorsqu'elle était assise dans son fauteuil à bascule, sur la véranda, une Bible ouverte sur ses genoux.

« *N'aie pas peur, Issur. Cela nous arrive à tous.* »

Issur sanglotait. Retenant sa propre respiration, il observait le souffle lent de sa mère, l'inspiration, l'expiration, qui chaque fois lui causaient tant de douleur. Et puis il y eut un long soupir, suivi par... rien. Issur posa un doigt sur le front de sa mère. Le contact lui parut étrange. Quand on est mort, on est vraiment mort, se dit-il. La mère d'Issur était comme la chaise, la table, le bassin hygiénique : un objet inanimé. Issur se mit à pleurer.

L'infirmière privée fit son entrée et lui tendit une note. Elle voulait être payée sur l'heure. Hébété, Issur fouilla ses poches à la recherche d'argent. Il le lui tendit sans un regard.

Le père et la mère d'Issur étaient tous les deux morts. Il n'avait plus que ses sœurs, à présent, et ses sentiments envers elles étaient partagés. Sa mère ne fut pas enterrée avec son père. C'était sa volonté à elle. Issur en éprouvait du mécontentement. Même après la mort ils ne pouvaient pas être unis? Après les obsèques, Issur ne revint jamais sur la tombe de sa mère; il n'aimait pas ce cimetière-là. Mais il éprouvait un grand réconfort sur la tombe de son père, dans le cimetière juif d'Amsterdam. C'était un endroit paisible.

La mort d'un parent vous fait grandir, et il est difficile de grandir. On croit que quand on aura grandi quelque chose de merveilleux va arriver. Comme par magie, les problèmes vont disparaître. Et puis on grandit. On devient une « grande personne ». La voix est plus grave. Mais à l'intérieur, on est encore un enfant. On ressemble à un adulte, les gens vous considèrent comme tel, alors on fait semblant; et on rend la politesse en faisant semblant de croire qu'eux aussi sont des adultes.

En réalité, on fait commerce de la même fiction.

La vérité, c'était qu'Issur était un orphelin de quarante-deux ans qui faisait semblant d'être Kirk Douglas. Et dans l'avion qui le ramenait au cœur même de ce monde de faux-semblant, il songeait à la façon dont il feindrait d'être un homme ayant vécu deux mille ans auparavant, un esclave du nom de Spartacus.

26

LES GUERRES DE *SPARTACUS*

Après *Les Vikings*, je m'étais juré de ne plus tourner d'épopée historique. Mais dans les années cinquante, Hollywood se lançait dans les superproductions historiques à gros budgets. Je lus alors un scénario dans lequel le rôle principal semblait taillé pour moi : Ben Hur !

La MGM retournait son film de 1927 et en avait confié la réalisation à William Wyler. J'avais bien aimé travailler avec Wyler dans *Histoire de détective*, et j'allai le voir. Oui, il aimerait bien me faire jouer dans *Ben Hur*, mais pas dans le rôle principal. Ah bon ? Il voulait me confier le rôle de Messala, l'ami de Ben Hur qui devient son ennemi mortel lors de la course de chars. Un rôle secondaire de méchant ne m'intéressait pas, mais Wyler se montra intraitable. Il voulait Charlton Heston pour le rôle de Ben Hur, et il l'obtint. J'étais déçu.

Puis, vers la fin de l'année 1957, Eddie Lewis, un réalisateur de talent qui travaillait pour moi depuis huit ans, m'apporta un livre intitulé *Spartacus*. L'auteur, Howard Fast, avait fait plusieurs mois de prison pour appartenance au Parti communiste. Fast n'était pas véritablement sur la liste noire, disons qu'il était sur la liste grise. Il y avait porté remède en écrivant des ouvrages effrontément patriotiques sur George Washington et Tom Paine.

Spartacus est un personnage historique, mais dans les manuels d'histoire, on ne lui consacre généralement qu'un court paragraphe. Rome avait honte, cet homme avait failli la détruire. Il fallait effacer jusqu'à son souvenir. Cette histoire m'intriguait : Spartacus, l'esclave qui rêvait à l'abolition de l'esclavage, portait au cœur de Rome le glaive qui finirait par la détruire un jour.

J'ai toujours été fort impressionné par la puissance et l'étendue de l'empire romain. Israël est plein de ruines romaines. Il y a un colisée en Tunisie, et des ruines romaines en Angleterre. Partout on trouve encore des aqueducs romains. Comment ont-ils fait pour atteindre tant de régions? Les voyages sont encore difficiles de nos jours, avec les avions à réaction. Mais à cheval, à pied! J'ai toujours été stupéfait par le nombre des réalisations romaines et par la façon dont elles avaient vu le jour.

En contemplant ces ruines, ou le Sphinx et les pyramides d'Égypte, ou les palais des Indes, je sens mon esprit vaciller. Je vois des milliers et des milliers d'esclaves charriant des pierres, affamés, blessés, mourant comme des mouches. Je m'identifie à eux. Comme il est dit dans la Torah : « En Egypte nous étions esclaves. » Je suis issu d'une race d'esclaves. Moi, ma famille, aurions pu être esclaves.

Spartacus pouvait faire un film extraordinaire. Je pris une option sur le livre, que je payai de mes propres deniers. J'étais persuadé que la United Artists ne ferait aucune difficulté pour produire *Spartacus*. Ils avaient été enchantés par *Les Vikings*, qui en était à présent au montage final et promettait d'être un grand film. En outre, j'avais pris un risque financier énorme à leur place en garantissant personnellement l'achèvement des *Vikings*.

J'allai voir Arthur Krim, le président de la United

Artists, et lui parlai de mon idée d'adapter à l'écran *Spartacus*. La réponse fut abrupte : « Non. » J'étais décontenancé, blessé, furieux.

Le 13 janvier 1958, je reçus le télégramme suivant d'Arthur Krim : « Cher Kirk : *Spartacus* reprend la même histoire que *Les gladiateurs* de Koestler. Nous sommes déjà engagés pour *Les gladiateurs* avec Yul Brynner, et le film doit être réalisé par Marty Ritt. Il nous est donc impossible de nous lancer dans *Spartacus*. Bien à vous, Arthur. »

Je comprenais mieux. Nous reçûmes alors un coup de téléphone de Marty Ritt. Comment osions-nous monter un film sur Spartacus, alors que lui-même préparait un scénario basé sur *Les gladiateurs*? Il nous demandait d'abandonner notre idée.

Eddie et moi nous en parlâmes. Marty Ritt et Yul Brynner semblaient avoir plusieurs longueurs d'avance sur nous puisqu'ils mettaient déjà au point le scénario. Et ils étaient financés par une grande compagnie. Peut-être pourrions-nous coopérer. Il y avait deux merveilleux rôles, deux ennemis : Yul et moi pouvions en jouer chacun un. La United Artists serait certainement enchantée de nous avoir tous les deux à la même affiche : Kirk Douglas et Yul Brynner!

Nous appelâmes Marty pour lui soumettre notre proposition. Il nous promit d'en parler à Yul.

Il nous rappela par la suite. Impossible. Yul Brynner me détestait. Je jugeais cela curieux : après tout, c'était lui qui m'avait battu pour les Oscars.

Quelques jours plus tard, Eddie jeta sur mon bureau un exemplaire de *Variety*. Il y avait une photo de Yul Brynner costumé en Spartacus, et en dessous, cette légende :

LES GLADIATEURS
Le prochain film de la United Artists

Le tournage débuterait dès que Yul Brynner et Marty Ritt auraient terminé *The Sound and the Fury* (Le bruit et la fureur) de Faulkner, pour la Fox. Le budget prévu pour *Les gladiateurs* s'élèverait à 5 500 000 dollars.

J'étais déprimé. Tout ce travail en vain, tout cet argent dépensé pour rien. Mais, en fait, de quoi étais-je assuré? Simplement, Yul Brynner s'était rendu à la Western Costume, avait loué un équipement de gladiateur, s'était fait prendre en photo et l'avait envoyée à un magazine. Le 11 février 1958, j'envoyai le télégramme suivant à Arthur Krim :

« Nous consacrons cinq millions cinq cent mille deux dollars à *Spartacus*. A vous de jouer. Kirk. »

Mais nos atouts se réduisaient à peu de chose : une option, près d'expirer, sur un roman très difficile à adapter; pas de réalisateur et pas de production. Et pas de titre : la United Artists avait déposé *Spartacus* en même temps que le titre *Les gladiateurs*.

J'allai voir d'autres sociétés de production. Quel naïf j'étais! S'opposer à la United Artists? Personne ne voulait s'y risquer. Nous avions le bec dans l'eau.

Howard Fast accepta de prolonger l'option sur *Spartacus* pendant soixante jours, pour « un dollar et diverses dispositions. »

Parmi ces « diverses dispositions », figurait celle de lui confier la rédaction du scénario. Eddie et moi étions très réticents, mais enfin, en attendant d'avoir monté une production...

Le 22 mars 1958, Anne et moi revenions de Palm Springs en voiture dans un silence glacial. Nous nous disputions depuis plusieurs jours. Je devais aller faire la bringue à New York en compagnie de Mike Todd et de quelque copains; Anne ne voulait pas que j'y aille. Ou plutôt, elle ne voulait pas que j'y aille dans l'avion privé de Mike. Elle tenait absolument à ce que je prenne un vol régulier et que je les retrouve tous à New York.

« Mais enfin, c'est ça qui est amusant! C'est de voyager ensemble! »

Anne était inflexible. Elle ne voulait pas que je voyage dans l'avion de Mike, un point c'est tout. J'avais sérieusement songé à passer outre et à lui dire que j'allais n'importe où. Mais je ne le fis pas. J'étais tout de même furibard. Liz Taylor, l'épouse de Mike Todd, souffrait d'un mauvais rhume et ne partait pas non plus.

Je tournai le bouton de la radio pour rompre le silence. Il y eut alors une mauvaise scène digne d'un film de série B : ma main venait de lâcher le bouton de la radio lorsque le présentateur annonça la nouvelle : Mike Todd était mort. Son avion privé s'était écrasé. Tout le monde à bord avait été tué.

Je me rangeai sur le bas-côté. Ni Anne ni moi ne pûmes parler pendant un bon moment. Je ne sais pas pourquoi Anne s'était à ce point obstinée, mais elle m'avait sauvé la vie. On pense souvent aux décisions importantes que l'on prend dans sa vie, en oubliant que parfois des décisions plus importantes encore sont prises par d'autres.

Mais je ne m'attardai pas; mes pensées étaient tout occupées par *Spartacus*. Mon agent était le brillant Lew Wasserman, directeur de la MCA, la Music Corporation of America. Lew estimait que le seul moyen de faire le film était soit d'y intéresser un grand réalisateur, soit de présenter une affiche prestigieuse. Kirk Douglas tout seul, ce n'était pas suffisant.

Nous allâmes donc voir des réalisateurs. David Lean, qui venait de terminer *Le pont de la rivière Kwaï*, refusa poliment : « C'est une question de genre, je ne pourrais pas m'y adapter; je ne pourrais pas mener à bien un tel film. »

Nous reçûmes alors soixante pages du scénario

d'Howard Fast : inutilisables, un vrai désastre. Il n'avait pas utilisé les éléments dramatiques présents dans son livre. Ses personnages débitaient leurs laïus, ce n'étaient que des idées à deux pattes. Bien souvent, l'auteur d'un livre n'est pas le plus indiqué pour en tirer un scénario. Il a donné le meilleur de lui-même dans l'écriture du livre. Il est arrivé la même chose avec *La vie passionnée de Vincent Van Gogh*. Le livre d'Irving Stone était merveilleux, pas son scénario.

Nous perdions un temps précieux dans notre course contre la United Artists. Pour attirer des vedettes et un grand réalisateur, il fallait plus qu'un bon scénario, il fallait un scénario extraordinaire. Et vite.

Dans ma vie, j'ai lu beaucoup de scénarios, et peu qui m'ont vraiment plu. Mais lorsque c'était le cas, il s'agissait souvent d'un scénario écrit par Dalton Trumbo, sous l'un ou l'autre de ses noms de plume. Nous le savions brillant scénariste; nous avions entendu parler aussi de sa rapidité phénoménale. Il pouvait produire une quarantaine de pages par jour, sous forme de premier jet, et un scénario impeccable de cent cinquante pages en une semaine. Sur une machine mécanique.

Dalton était bien obligé de travailler à toute allure : il figurait sur la liste noire, et ne touchait que 2 500 dollars par scénario. Avant l'époque de la liste noire, dans les années quarante, lorsqu'il avait écrit *Kitty Foyle* et *A Guy Named Joe*, son salaire de scénariste sous contrat à la MGM se montait à 3 000 dollars par semaine.

A l'époque, les compagnies cinématographiques étaient terrifiées; elles avaient cédé très tôt, dès le vote de l'amendement Waldorf en 1947, et s'étaient engagées à ne faire travailler personne qui fût lié au Parti communiste.

Certains de ceux qui furent ainsi accusés étaient

bel et bien communistes, mais aux Etats-Unis cela n'est pas illégal. La Commission des activités anti-américaines procéda à des interrogatoires de gens d'Hollywood. Vingt-trois témoignèrent spontanément, dénonçant les affiliations politiques de leurs confrères. Parmi eux figuraient Gary Cooper, Ronald Reagan, George Murphy, Robert Montgomery et Adolphe Menjou. Dix personnes furent emprisonnées sur la base de différents témoignages, dont les leurs. Je crois que nous avons consacré trop de temps à la lutte contre le communisme, au lieu de nous battre pour améliorer la démocratie. Ayons confiance : nous avons le meilleur système de gouvernement du monde. Nous nous inquiétons trop de la création éventuelle de poches communistes au Vietnam ou en Amérique centrale, et nous ignorons nos voisins immédiats, le Mexique, le Canada, et même Cuba. Nous avons perdu le sens de ce que représente la démocratie.

Dalton Trumbo était l'un des « Dix d'Hollywood », les *Unfriendly Ten*. Il se défendit en invoquant le Premier Amendement, le droit de tout Américain à la libre expression. Il passa un an en prison. C'était en 1950. Près de dix ans plus tard, il ne pouvait toujours pas mettre un pied sur un plateau de cinéma. Le sénateur McCarthy s'était publiquement discrédité à la télévision face au journaliste Edward R. Murrow, et il était mort peu de temps après, en 1957, mais rien n'y faisait : la liste noire fonctionnait toujours.

Dalton devait se cacher pour écrire et utiliser un pseudonyme pour tous ses scénarios. Il dut le faire pendant dix ans et se servit même du nom de sa femme pour les histoires qu'il confiait aux magazines féminins. En 1956, l'année où je ne remportai pas l'Oscar pour *La vie passionnée de Vincent Van Gogh*, Dalton Trumbo, lui, remporta l'Oscar du meilleur scénario pour *The Brave One*. Mais ce fut sous le pseudonyme de Robert Rich. La cérémonie fut une farce : « J'accepte cet Oscar au nom de Robert Rich, qui malheureusement ne peut pas être parmi nous ce soir... » En fait, tout le monde savait de quoi il retournait. Quelle hypocrisie !

Dalton Trumbo détestait Howard Fast. Accepterait-il d'adapter un de ses romans ? Un peu hésitants, Eddie et moi lui fîmes la proposition. Trumbo jugeait qu'avec son marxisme étriqué, Howard Fast était aussi étroit d'esprit que les gens qui combattaient le communisme. La seule fois où ils s'étaient rencontrés, Fast avait reproché à Trumbo de ne pas avoir donné de cours de marxisme alors qu'il était en prison. Mais Dalton accepta d'écrire le scénario : « On ne peut pas combattre la liste noire pendant des années, comme je l'ai fait, pour vouloir en instaurer une autre. » Dalton se mit à rédiger le synopsis. Personne n'était au courant, pas même Howard Fast.

Avec infiniment de délicatesse, je présentai à Howard Fast le travail de Dalton comme celui d'Eddie lui expliquant que c'était ainsi que nous voyions le scénario. Fast entra dans une colère effroyable, appela son agent et menaça de rompre le contrat. Son agent parvint à lui faire entendre raison, et Howard se remit au travail, suivant de mauvaise grâce le synopsis « d'Eddie ». Le résultat ne fut pas moins catastrophique.

Nous comprîmes dès lors que Dalton devait écrire tout le scénario. Et rapidement. Nous organisâmes les choses avec la plus grande prudence. Eddie servait d'homme de paille à Dalton. La Bryna paierait Eddie, qui reverserait l'argent à « Sam Jackson », le pseudonyme que Dalton avait choisi pour *Spartacus*. C'était dangereux à la fois pour moi et pour Eddie. « Sam Jackson » explique ici lui-même le circuit que parcourait l'argent :

« Pendant des années, j'ai conservé un compte à

la United States National Bank sur Colorado Avenue, à Pasadena, sous le nom de James et Dorothy Bonham. Je m'en servais pour encaisser tous les chèques qui m'étaient adressés sous mes pseudonymes. Je les endossais alors sous le nom de James Bonham et les déposais à la banque. Lorsque la somme était encaissée, j'adressais un chèque payable à Dalton Trumbo, sur son compte de la Bank of America.

« J'étais obligé de me livrer à ces manœuvres ridicules et de ne jamais endosser moi-même aucun chèque, car le premier employé de banque venu à Hollywood aurait eu tôt fait de répandre le bruit que Dalton Trumbo travaillait pour tel ou tel producteur. »

Il n'y avait peut-être pas des communistes partout, mais en tout cas il y avait des espions. Les banques offraient des récompenses à leurs employés qui leur donnaient des renseignements sur leurs clients jugés subversifs.

Dalton avait un pseudonyme différent pour chaque travail qu'il réalisait, c'est ce qui lui a permis de continuer à travailler. Nous nous retrouvions chez lui ou chez moi. Des mémoires circulaient entre nous signés « Sam Jackson ». Mes dossiers sont pleins de mémoires envoyés par ce Sam Jackson.

Nous ne tardâmes pas à comprendre pourquoi Dalton détestait tellement Howard Fast. Howard était incroyablement imbu de sa personne, et persuadé qu'il avait toujours raison. Les autres se trompaient toujours. Il nous demanda un jour de convoquer une réunion générale de tous les chefs de service : décorateurs, stylistes, accessoiristes, etc. Il demanda un tableau noir, des craies de différentes couleurs et une règle. Il expliqua alors à tous les gens réunis là (parmi les meilleurs dans leurs professions) que tout ce qu'ils avaient fait jusqu'à présent était mauvais. Il allait leur montrer ce qu'il fallait faire. Cette fois-ci, sous sa direction éclairée, ils ne commettraient plus d'erreurs.

A l'insu de Fast, Dalton écrivait à une allure vertigineuse. Il n'hésitait jamais à réécrire une scène, et c'était merveilleux de travailler avec lui. Si une scène ne nous plaisait pas, il tirait la feuille de sa machine à écrire, la froissait en boule, la jetait à la corbeille et en reprenait une autre. Jamais il n'hésitait à apporter des modifications ou à envisager une approche différente. Il me plaisait bien.

Il travaillait la nuit, souvent dans sa baignoire, sa machine posée sur un plateau devant lui, la cigarette aux lèvres (il fumait six paquets par jour). Sur son épaule était perché un perroquet que je lui avais donné, et qui lui picorait l'oreille tandis que lui tapait à la machine.

Eddie et moi rêvions : quel miracle si nous pouvions avoir Laurence Olivier – Sir Laurence Olivier –, Charles Laughton et Peter Ustinov!

Alors que je me trouvais à Londres pour tourner *The Devil's Disciple* (Au fil de l'épée) avec Laurence Olivier, je lui donnai le livre *Spartacus*. Sa réaction fut très favorable. Il jugeait que Spartacus ferait un excellent rôle... pour lui. Hum... Il aimait la vision qu'Howard Fast avait de Spartacus, l'aura de divinité qui entourait le personnage, ses compagnons qui levaient les yeux vers lui en l'appelant « Père ». Mais sa vision d'ensemble était très différente de la mienne. Dans le scénario sur lequel travaillait Dalton, Spartacus, au début, est un véritable animal, illettré, puis il évolue, devient un homme qui réagit aux événements, et finit par agir suivant ses propres idées et devient un chef. Laurence pensait aussi pouvoir réaliser le film, ce qui, nous en convînmes tous les deux, aurait constitué pour lui une charge écrasante. Mais il était intéressé.

Deux sociétés faisaient la course pour terminer le scénario la première. C'était Ira Wolfert qui écrivait pour la United Artists. Nous ne songeâmes même pas qu'il n'était que l'homme de paille dissimulant un autre sprinter de l'écriture, lui aussi porté sur la liste noire, Abe Polonsky. Toute cette histoire était ridicule.

Dalton nous fit parvenir les premières pages : des dialogues, des dialogues à n'en plus finir. La panique s'empara de nous. Nous reçûmes alors un mot de lui : « Je sais que vous avez très peur, mais vos craintes sont sans fondement. La seule façon dont j'arrive à écrire un scénario c'est de tout rédiger du début à la fin, et sous forme de dialogues seulement. Ensuite, je procède aux premières corrections. Ensuite, je rédige le scénario proprement dit... les plans, les descriptions et l'action. » Il nous assurait ensuite que notre date limite du mois d'août serait respectée. Il tint parole.

Dalton nous apporta bientôt une première ébauche. A présent, il nous fallait l'aide de Lew Wasserman pour faire parvenir le scénario à Laurence Olivier, Charles Laughton et Peter Ustinov. Je choisis de révéler à Lew que c'était Dalton Trumbo qui écrivait le scénario. « Je le savais », répondit-il. A Hollywood, cela devenait un secret de polichinelle. A Londres, Olivier et Laughton reçurent des exemplaires du scénario. Lew en fit aussi parvenir un à Peter Ustinov, en Suisse. Lew nous promit que les trois acteurs le liraient.

A notre grande surprise, le scénario des *Gladiateurs* de la United Artists fut terminé en même temps... et fut expédié aux trois mêmes acteurs. Eddie et moi prîmes l'avion pour Londres.

Charles Laughton jouait dans une pièce. Nous allâmes le voir en coulisses avant la représentation. Nous attendions tandis que Charles recevait divers invités, avec sa gaieté et son aisance coutumières.

J'avais toujours admiré Charles Laughton, un excellent acteur qui avait joué le rôle de Quasimodo dans *The Hunchback of Notre-Dame* et avait remporté un Oscar en 1932 pour *The Private Life of Henry VIII*. Mais je l'aimais encore plus pour la façon dont il avait incarné le sadique capitaine Bligh dans *Mutiny on the Bounty*.

Ses invités partis, Charles se tourna vers nous. « J'ai jeté un œil au scénario. C'est une vraie merde. » Nous prîmes congé, très déprimés.

Laurence Olivier, lui, se montrait enthousiaste pour cette première ébauche, mais il faisait de nombreuses réserves. Eddie était extrêmement gêné de devoir faire croire qu'il en était l'auteur, surtout lorsque Olivier en faisait l'éloge. Il avait le sentiment de commettre une terrible escroquerie.

De retour à Los Angeles, Lew Wasserman nous redonna espoir. « Ne vous inquiétez pas pour Laughton : c'est une attitude qu'il se donne. C'est un bon rôle et il le prendra. Il a besoin de cet argent ». J'avais peine à y croire, mais c'était un premier point de marqué.

Deuxième point marqué : vers la fin du mois d'août, nous apprîmes que Peter Ustinov avait de nombreux commentaires et suggestions à faire à propos de son rôle, mais qu'il était prêt à accepter.

Puis, le 4 septembre 1958, nous recevions une lettre de Laurence Olivier :

« J'ai signé un contrat pour jouer à Stratford-on-Avon la quatrième pièce de la saison de l'année prochaine, c'est-à-dire *Coriolan*, et je commence les répétitions en juin. Dans ces conditions, il semble exclu que je puisse réaliser ce film.

« Cependant, si vous parveniez à donner plus d'importance au rôle de Crassus de façon à le rendre comparable aux trois autres rôles, je serais très heureux de jouer le personnage. C'est une entreprise courageuse, et je serais fier d'y prendre part. Pourriez-vous être assez gentil pour me faire connaître votre décision le plus rapidement possible ? »

Et de trois !

Trois à zéro contre United Artists ! Mais notre scénario était déséquilibré. Il mettait en valeur les rôles de Romains, que nous voulions confier à Olivier, Laughton et Ustinov. L'histoire était vue en flash-back, du point de vue du personnage d'Olivier. Nous n'avions pas eu le temps de développer le personnage de Spartacus. Il n'était même pas crucifié. Il fallait les séduire, car ils craignaient que Kirk Douglas, cet acteur qui possédait également la société de production, ne tire la couverture à lui. Lorsque l'on est à la fois acteur et producteur et que l'on porte deux casquettes, il faut aussi avoir deux têtes. On a parfois l'impression d'être un monstre. Ils eurent finalement l'impression que j'allais jouer un rôle secondaire. Ils se montrèrent alors intéressés. Sur la base de ces engagements, nous conclûmes un arrangement avec Universal.

Nouveau coup de téléphone de Marty Ritt. Ils avaient reconsidéré la proposition que nous leur avions faite le mois précédent. Ah bon ? Peut-être avions-nous raison, finalement, peut-être était-il intéressant de regrouper nos ressources. Le ton de ma voix exprima clairement ce que mes mots ne pouvaient dire : « Allez vous faire foutre, les mecs ! »

Nous avions le meilleur scénario, mais ils en avaient aussi un. Ils avaient aussi un réalisateur, Yul Brynner et à présent Anthony Quinn. Et ils avaient fait des repérages en Europe. Ils n'étaient pas encore hors course.

Cette année-là, les directeurs de compagnies cinématographiques et les propriétaires de salles de tout le pays se retrouvèrent à Miami. Les compagnies, par ordre alphabétique, vantèrent les films qu'elles allaient sortir. Vers la fin, la United Artists évoqua sa superproduction, *The Gladiators*, avec Yul Brynner, basée sur l'histoire de Spartacus. Puis ce fut au tour de l'Universal de présenter sa superproduction : *Spartacus*, avec Kirk Douglas. Cette démarche suicidaire fit beaucoup rire : deux compagnies allaient sortir deux superproductions sur le même sujet.

On ne pouvait pas tourner en Europe avant l'été, en raison des conditions climatiques, mais en Californie on peut tourner toute l'année. Le scénario avait encore besoin d'être travaillé, mais c'était maintenant ou jamais. Nous décidâmes de commencer le tournage tout de suite, pour porter un coup décisif à nos concurrents.

Le 27 octobre 1958, je reçus un télégramme de la United Artists :

« Cher Kirk, à la demande d'Arthur (Krim), Yul Brynner a accepté, en gage de bonne volonté, de vous laisser utiliser le titre *Spartacus*. »

Yul se consola en tournant *The Magnificent Seven*. C'était une bonne nouvelle. A l'époque, je recevais des nouvelles nettement moins bonnes des experts-comptables qui passaient au crible mes affaires avec Cantor-Fitzgerald et Norton & Rosenthal. C'était le désastre financier. C'est à cette époque que je me rendis dans l'Est pour assister aux derniers moments de ma mère. A mon retour, je me plongeai à nouveau dans *Spartacus*.

Tony Curtis vint me voir; il avait très envie de jouer dans *Spartacus*. Ce serait un grand film, et cela lui permettrait d'honorer un dernier engagement qu'il avait avec Universal. Mais je ne voyais pas de rôle pour lui, et je ne pensais même pas qu'il fût l'acteur indiqué pour ce genre de film. Depuis *Les Vikings*, il avait tourné *The Defiant Ones* dans lequel, enchaîné à Sidney Poitier, il s'évadait d'un pénitencier. Puis deux comédies : *Operation Petticoat*, et *Some Like It Hot*, en travesti. Mais Tony insistait. Nous créâmes un rôle pour lui, un jeune homme au tempérament de poète, nommé Antoninus, qui devient comme un fils pour Spartacus. A la fin, les Romains les forcent tous les deux à se battre à mort. Le survivant sera crucifié. Aucun de nous ne veut que l'autre subisse un tel supplice, alors nous cherchons à nous tuer. C'est moi qui tue Tony. Nous estimions que c'était là simple justice, car lui m'avait tué dans *Les Vikings*.

Si nous n'avions pas été aussi pressés par le temps, nous aurions été mieux préparés et aurions pu polir le scénario. Le personnage de Spartacus, par exemple, était une allégorie, il n'existait pas. J'eus l'idée de mêler le personnage de Spartacus avec celui du Juif David, mais nous n'avions plus le temps. Déjà, on signait les contrats.

J'envoyai le scénario à Howard Fast pour qu'il me fasse part de ses suggestions. Nous en discutâmes au téléphone.

« C'est le scénario le plus effroyable que j'aie jamais lu. C'est tellement mauvais que c'en est insultant. C'est une véritable tragédie. Les acteurs ne pourront pas apprendre les dialogues. Il n'y a aucune scène jouable.

— Alors pour vous, Laurence Olivier, Charles Laughton, Peter Ustinov et moi sommes complètement idiots?

— La seule ressemblance avec mon livre, c'est le nom des personnages. Je me demande pourquoi vous en avez acheté les droits. Qui a écrit ce scénario? »

J'avalai ma salive avec quelque difficulté.

« Eddie Lewis.

— Eh bien Eddie Lewis est le plus mauvais scénariste qui soit : c'est un ignorant sans talent ni imagination. C'est pathologique chez lui, il a besoin de prouver qu'il sait écrire.

— J'attendais de vous une appréciation plus sereine, plus détaillée. Après tout, ce n'est qu'une ébauche, ce n'est pas la version définitive.

— Impossible d'avoir un bon scénario avec Eddie Lewis. En matière de littérature et d'art dramatique, c'est un imbécile. Avec un tel scénario, le film sera un désastre. »

Dalton se mit à rire lorsque je lui rapportai ces propos. Le perroquet se lança dans un grand discours.

Comme pour *Les Vikings*, j'avais prévu une répartition des rôles suivant les nationalités : les Romains seraient joués par des acteurs britanniques, et les esclaves par des Américains. Pour Varinia, l'esclave qu'épouse Spartacus, et qui est censée être d'une tout autre origine, je voulais une véritable étrangère. J'avais songé à Elsa Martinelli, mais elle était partie depuis longtemps. Ingrid Bergman refusa : « C'est trop sanglant. » Jean Simmons aurait bien voulu le rôle, mais je refusai parce qu'elle était britannique et que cela ne correspondait pas à mon schéma des nationalités.

Jeanne Moreau aurait pu jouer ce rôle. Elle n'était pas encore une grande vedette, mais je l'avais vue dans le film *Les amants*. Sans qu'elle eût à se forcer, il émanait d'elle une incroyable sensualité. Je me rendis à Paris. Chez Maxim's, alors que je dansais avec elle, je pris bien garde de la tenir à bout de bras. Elle était tellement sensuelle que je craignais le contact de son corps. Raoul Lévy, un producteur parisien, se suicida pour elle. Jeanne jouait dans une pièce qui devait encore tenir l'affiche un mois. Je lui proposai de payer son dédit. Mais Jeanne, comme la United Artists, me répondit « non », catégoriquement. Je ne comprenais pas. Puis j'appris qu'elle vivait une histoire d'amour. C'est une qualité que j'ai rencontrée chez de nombreuses actrices françaises : elles tombent amoureuses, et leur amour prend le pas sur tout le reste. C'est une qualité que j'admire. Anne la possède.

Après avoir visionné des kilomètres de films où jouaient des actrices étrangères, nous nous accordâmes finalement sur une jeune Allemande nommée Sabina Bethmann. Nous la fîmes venir à Hollywood pour un bout d'essai. Elle avait une allure somptueuse dans ses films, mais ce n'était en rien une actrice. Nous lui fîmes donner des cours pour qu'elle perde son accent, et Jeff Corey lui donna des leçons d'art dramatique. Jeff était une autre victime de la liste noire : acteur de métier, il devait, pour vivre, donner des cours d'art dramatique.

Je voulais que tout, dans *Spartacus*, sortît de l'ordinaire et fût authentique. Je me fis coiffer par Jay Sebring, un génie de la coiffure. Jay était un gars de petite taille, doué d'une personnalité exceptionnelle. Belle allure. Solidement bâti. Le genre d'homme qui plaît aux femmes. Il réalisa une coupe de cheveux parfaite pour un esclave : tondu devant et une petite queue de cheval derrière. Je ne sais pas si cette coupe de cheveux a créé une mode au début des années soixante, mais dans les années quatre-vingt, tout le monde est coiffé à la Spartacus.

Jay Sebring et Sharon Tate, enceinte, furent tués par Charles Manson et sa « famille » en 1969, lors du massacre de Bel Air. Jay avait été l'amant de Sharon Tate avant Roman Polanski. On racontait que leur idylle se poursuivait, et même que le bébé aurait pu être de lui. Je connaissais Sharon Tate. C'était une fille magnifique, jeune et naïve. J'appris la nouvelle à la radio. Cette histoire horrible semblait tout droit sortie d'un film ou d'un roman. Ça ne peut pas arriver à des gens que l'on connaît. Même la drogue n'expliquait pas tout. Jay était un type formidable. Mon coiffeur actuel, Little Joe, était à l'époque âgé de dix-huit ans, et c'était le protégé de Jay.

Les choses se mettaient en place. Universal voulait absolument m'imposer Anthony Mann comme metteur en scène. Je m'y opposai. Anthony Mann avait déjà réalisé de nombreux films à succès : *Winchester 73*, *The Glenn Miller Story*, *Strategic Air Command*, des westerns ou des mélodrames, mais *Spartacus* n'était pas un film pour lui. J'aime bien les gens qui arrivent sur le plateau avec des idées d'amélioration; Anthony Mann, lui, avait peu de chose à proposer. La dimension du film semblait l'effrayer. Je me battis avec la compagnie pour qu'il fût remplacé. Mais ils avaient conclu un bon arrangement financier avec lui, et ils restèrent sourds à mes demandes.

Le tournage débuta le 27 janvier 1959. La première semaine, nous tournâmes dans la Vallée de la Mort les scènes dans les mines, et tout se passa bien. J'étais agréablement surpris. Mais les choses se gâtèrent lorsqu'on en arriva à l'école de gladiateurs. Il devint évident qu'Anthony Mann ne dominait pas son sujet. Il acceptait toutes les suggestions de Peter Ustinov, le laissant ainsi se mettre lui-même en scène. Ces suggestions étaient bonnes... pour Peter, mais pas forcément pour le film. Peter était un homme spirituel, et il fit beaucoup rire à Hollywood en déclarant un soir, lors d'une réception, que dans un film de Kirk Douglas, « il fallait faire attention de ne pas jouer trop bien ». Ironie de l'histoire, Peter Ustinov fut le seul acteur à remporter un Oscar pour son rôle dans *Spartacus*.

Les gens de la compagnie ne tardèrent pas à s'en ouvrir à moi : « Kirk, vous avez raison. Il faut vous débarrasser d'Anthony Mann. » Je rechignai; peu préparé à ce changement soudain. Je déteste procéder à de tels changements alors que le tournage a déjà commencé. Un engagement c'est comme un mariage : on ne divorce pas immédiatement, on cherche d'abord à arranger les choses. Je voulais le garder. En outre, par qui allais-je le remplacer? Mais ils se montrèrent inflexibles : il fallait le renvoyer, et il fallait que ce fût moi qui m'en charge. A la fin de la journée de tournage, le vendredi 13 février 1959, je me jetai à l'eau. Ce ne fut pas chose facile. « Tony, je regrette, mais la compagnie estime que tu n'es pas à ta place pour ce film. » Tony accepta la chose avec beaucoup de philosophie. J'en fus touché. Peut-être, au fond, était-il soulagé. « Je te dois un film, Tony », ajoutai-je. Je lui devais aussi 75 000 dollars, que nous lui payâmes intégralement.

Je me retrouvais donc avec une brochette de vedettes, deux semaines de pellicule en boîte, un budget de douze millions de dollars, et pas de réalisateur. Je voulais confier la mise en scène à Stanley Kubrick, qui avait réalisé *Les sentiers de la gloire* pour la Bryna. Stanley travaillait depuis plus de six mois à la pré-production de *One-Eyed Jacks* pour Marlon Brando, lorsque ce dernier décida de réaliser lui-même le film. Ce n'était pas vraiment une recommandation. Universal s'y opposa farouchement. Je défendis mon idée avec acharnement. Le temps pressait. Acculés, ils capitulèrent. Stanley lut le scénario, nous nous réunîmes pendant toute la fin de semaine, et au début de la semaine suivante, le lundi 16 février, nous étions prêts. Nous n'avions perdu aucun jour de tournage. Impossible de changer plus rapidement de cheval au milieu du gué!

Lundi matin, les acteurs principaux, en costumes, étaient installés au balcon de l'arène des gladiateurs. Les rumeurs allaient bon train. J'amenai Stanley au milieu de l'arène. « Je vous présente votre nouveau metteur en scène. » Tous les regards se braquèrent sur ce jeunot d'une trentaine d'années. On crut d'abord à une plaisanterie. Puis ce fut la consternation générale. Moi, j'avais déjà travaillé avec Stanley, eux pas. Pour eux, c'était ma « créature ». Ils ignoraient que Stanley Kubrick n'est la « créature » de personne. Il peut tenir tête à n'importe qui.

D'emblée, nous convînmes que Sabina Bethmann ne faisait pas l'affaire pour le rôle de Varinia. Elle manquait d'émotion. Kubrick suggéra d'improviser une petite scène avec elle : il lui annoncerait qu'il lui retirait le rôle. Selon lui, cela devait la faire exploser. Si elle avait le moindre talent, elle éclaterait en sanglots, se mettrait à hurler, deviendrait folle, enfin aurait une réaction.

Eddie et moi échangeâmes un regard. C'était une idée cruelle, et Stanley voulait nous faire participer à son scénario. Eddie et moi déclinâmes sa proposition; Eddie quitta la pièce, mais moi, fasciné, je restai sur place pour observer Stanley à l'œuvre. Il expliqua la chose à Sabina. Il ne se passa rien. La pauvre fille se figea sur place. C'était la fin de Sabina. Elle n'avait travaillé que deux jours, mais nous lui donnâmes ce que nous lui devions, 35 000 dollars. Elle était fort vexée. « Qu'est-ce que je vais dire à tout le monde, une fois rentrée là-bas ? » Je lui conseillai de dire la vérité : « J'ai fait un bout d'essai dans un film, mais ça n'a pas marché. » Même Laurence Olivier lui raconta qu'un jour il devait jouer avec Greta Garbo, mais qu'elle n'avait pas voulu de lui. Elle voulait John Gilbert. Il n'y avait pas de honte à cela. Tous les acteurs étaient passés par là.

Jean Simmons, depuis le début, avait demandé à tenir ce rôle. Seule mon obstination à respecter ma répartition des rôles en fonction des accents nous avait empêchés de le lui confier d'emblée. Je lui téléphonai à son ranch de Nogales, dans l'Arizona. Comme elle le raconta par la suite, « Kirk m'a dit de venir à Los Angeles et de me magner le cul. C'est ce que j'ai fait. Pronto. »

Peu de temps après son arrivée, elle dut être opérée d'urgence : elle ne pouvait plus tourner. Nous tournâmes donc d'autres séquences en attendant son rétablissement. Nous tournerions les scènes où je figurais avec Tony Curtis. Puis, un après-midi qu'il était venu chez moi jouer au tennis, sport qu'il venait de découvrir, Tony se blessa à la cheville. Il quitta le court en boitant, et me dit en riant : « Je ne suis pas comme toi, une espèce de Cosaque capable de tenir à cheval quatre-vingt-dix heures d'affilée. » Le lendemain, il se retrouvait à l'hôpital, la jambe dans le plâtre de la hanche à la pointe des orteils. Il s'était déchiré le tendon d'Achille. Il ne pouvait plus travailler.

C'est le moment que choisit Charles Laughton pour pénétrer dans ma loge, précédé de sa bedaine. Je songeai au poème de Bertolt Brecht, *Le ventre de Laughton*.

Le voilà : pas inattendu, mais pas ordinaire non plus
Et fait de ces nourritures qu'il a,
Dans ses loisirs, choisies pour son plaisir.
Et ce beau projet, excellemment exécuté.

« Oui, Charles, qu'y a-t-il?
— Je suis très mécontent.
— Que se passe-t-il, Charles? »
Avec sa célèbre moue, il me dit :
« Je vais te poursuivre en justice. »
J'étais sidéré.
« Mais enfin pourquoi, Charles?
— Je vais te causer beaucoup d'ennuis. »
C'était tellement extravagant que je me mis à rire. Ma mère était morte récemment; mon homme d'affaires, que je prenais pour un père, m'avait ruiné; Jean Simmons, malade, était indisponible pour un mois; Tony Curtis était dans une chaise roulante; je me débattais au milieu d'un film à grand spectacle écrit par un scénariste porté sur la liste noire, qui avait fait de la prison, et mis en scène par un jeunot

de vingt-neuf ans; j'étais en retard de plusieurs mois sur mon calendrier et j'avais dépassé mon budget de 250 p. 100. Et à présent Charles Laughton voulait me traîner en justice? Je ne parvenais pas à réprimer mon fou rire. Charles me contemplait d'un air étrange. Je riais d'un rire hystérique. Alors qu'il s'éloignait en grommelant, je lui lançai : « Vas-y, poursuis-moi! Je m'en contrefous! » Je n'ai jamais su pourquoi il voulait me traîner en justice.

Nous ne pouvions plus tourner d'autres scènes en attendant. alors nous abandonnâmes les prises de vues en studio, et envoyâmes Laurence Olivier au château de William Randolph Hearst, à San Simeon, pour y tourner des extérieurs.

Finalement, Tony revint travailler. Puis Jean. C'est alors que je tombai malade. Un virus. Pour la première fois de ma carrière, j'étais trop malade pour travailler. Ils tournèrent des séquences où je ne figurais pas.

Je tentai de gagner l'amitié de Stanley. Un samedi après-midi, je l'emmenai avec moi chez mon psychiatre. Cela faisait plus de quatre ans que j'étais en analyse. Je voulais que Stanley n'ignorât plus rien de moi. Au cours de cette séance, nous discutâmes des films muets, de la façon dont on utilisait autrefois la musique pour accompagner les acteurs. Nous tentâmes l'expérience dans *Spartacus* pour certaines scènes où il ne devait y avoir que de la musique. Cela nous fut d'un grand secours.

Mais parfois Stanley s'attachait furieusement à certains détails. Un jour, il décida qu'il fallait hausser le plafond du plateau de soixante centimètres. « Hein, tu es fou? » m'écriai-je. C'était très difficile à réaliser, cher, long, et nullement essentiel. Mais malgré tout, ses idées, ses choix étaient merveilleux.

Dalton avait écrit une magnifique scène de séduction entre le personnage de Laurence Olivier, le riche aristocrate romain Crassus, et le personnage de Tony Curtis, le jeune esclave poète, nommé Antoninus. La scène était subtile, rien n'était explicite. Les censeurs n'étaient pas certains qu'il s'agissait d'homosexualité, mais dans le doute, ils demandèrent sa suppression. Nous discutâmes : nous voulions la conserver. C'était aussi une façon dont les Romains opprimaient leurs esclaves.

Intérieur nuit. Palais de Crassus. Salle de bain en marbre. Crassus et des esclaves.

Au centre de la pièce magnifique, se trouve un bassin encastré dans le sol. Crassus s'y baigne. Deux esclaves se tiennent de part et d'autre, attentifs à ses moindres désirs. Un troisième esclave, à genoux, lave les cheveux de son maître. A quelque distance de là, silencieux, Antoninus observe la scène. Il porte sur son bras une robe pliée. La caméra s'approche au moment où Crassus se livre à un interrogatoire, ironique mais sans animosité, de son nouvel et jeune esclave.

CRASSUS
Est-ce que tu voles, Antoninus?

ANTONINUS
Non.

CRASSUS
Non, maître.

ANTONINUS
Non, maître.

CRASSUS
Est-ce que tu mens?

ANTONINUS
Non, maître.

CRASSUS
As-tu jamais offensé les dieux?

ANTONINUS
Non, maître.

CRASSUS
T'écartes-tu de ces vices par respect pour les vertus morales?

ANTONINUS
Oui, maître.

CRASSUS
Manges-tu des huîtres?

ANTONINUS
Lorsqu'il y en a.

CRASSUS
Manges-tu des escargots?

ANTONINUS
Non, maître.

Crassus rit doucement.

CRASSUS
Considères-tu qu'il est moral de manger des huîtres et immoral de manger des escargots?

ANTONINUS
Je... je ne crois pas.

CRASSUS
Bien sûr que non! C'est une question de goût, n'est-ce pas?

ANTONINUS
Oui, maître.

CRASSUS
Donc, le goût n'a rien à voir avec la morale.

ANTONINUS
Non, maître.

CRASSUS (à un esclave)
J'en ai fini.

Un esclave l'aide à sortir du bassin, tandis qu'un autre l'enveloppe complètement dans une grande serviette. Crassus, qui ne leur accorde pas la moindre attention, n'a d'yeux que pour Antoninus et continue de lui parler pendant la scène qu'on vient de décrire.

CRASSUS
Donc, aucun goût n'est immoral, n'est-ce pas? Ils sont simplement différents.

ANTONINUS
Oui, maître.

Tandis que les deux esclaves sèchent Crassus en le frottant doucement à travers la serviette, un troisième lui poudre les pieds.

CRASSUS
Ma robe, Antoninus.

Antoninus s'approche lentement de son maître, déplie la robe et la lui tend. On ôte la serviette et on la remplace par la robe.

CRASSUS

J'ai du goût aussi bien pour les huîtres que pour les escargots.

La scène se poursuit entre Olivier et Curtis. Olivier évoque « la grandeur et la majesté de Rome, la terreur qu'elle inspire ». Et nous comprenons que c'est de lui-même qu'il parle. « Son pouvoir, comme un colosse, enjambe tout l'univers connu. Aucune nation ne peut résister à Rome. Aucun homme ne peut lui résister. Et encore moins... un garçon. Il n'y a qu'une seule façon de traiter avec Rome, Antoninus. C'est de la servir. Il faut t'humilier devant elle. Il faut ramper à ses pieds. Il faut l'aimer. »

Nous discutâmes interminablement; les censeurs hésitaient, mais finirent par juger la scène acceptable si nous remplacions « huîtres et escargots » par « truffes et artichauts ». Le mot « goût » les gênait également. Nous tournâmes la scène en espérant les convaincre. Ils la visionnèrent et demeurèrent inflexibles. Il fallut la supprimer.

Les scénaristes n'ont jamais été traités avec beaucoup de considération. Lors de mon arrivée à Hollywood, les scénaristes devaient rester toute la journée dans leurs alcôves, prisonniers de leurs plumes, à écrire toute la journée. Le soir, on venait leur demander : « Combien de pages avez-vous écrites, aujourd'hui? » Un scénariste, Jerry Wald, s'inquiétait pour le gros chien qu'il était obligé de laisser chez lui : il craignait que l'animal ne prît pas assez d'exercice. Il se rappela alors que chaque fois que le téléphone sonnait, le chien se mettait à bondir comme un fou dans l'appartement. Alors, deux fois par jour, Jerry, de son minuscule bureau dans les studios, téléphonait chez lui et laissait sonner un long moment, sachant que son chien allait bondir dans tous les sens.

Dans une alcôve voisine, deux scénaristes-esclaves se livraient eux aussi à leur harassante besogne : les frères Epstein, Julius et Phil, jumeaux et joyeux drilles. A Hollywood, les deux frères s'étaient acquis une réputation d'amants extraordinaires. Voici comment : selon la légende, l'un des deux, au lit avec une fille, se rendait à la salle de bain après avoir fait l'amour, puis son frère le remplaçait, frais et dispos. Ils étonnèrent ainsi un grand nombre de femmes.

Les frères Epstein connaissaient le problème qu'avait Jerry Wald avec son chien. L'un des deux obtint, je ne sais comment, la clé de l'appartement de Jerry; il s'y introduisit un jour et attendit. Lorsque Jerry téléphona, comme à son habitude, Epstein laissa sonner deux ou trois fois, puis décrocha et lança : « Ouah! Ouah! »

Stanley Kubrick, Eddie Lewis et moi nous réunîmes pour débattre d'un sujet épineux. Quel nom de scénaristes allait-on mettre au générique de *Spartacus*? Sur les textes il y avait à présent porté : « Scénario d'Eddie Lewis et Sam Jackson. » Trois possibilités s'offraient à nous : 1) Laisser les choses en l'état; Eddie s'y opposa. 2) Utiliser le nom d'Eddie tout seul; Eddie s'y opposa violemment. 3) Utiliser le seul nom de Sam Jackson. Cela était beaucoup plus difficile, car si Eddie Lewis était un être en chair et en os, Sam Jackson, lui, n'existait pas. Il faudrait forger de toutes pièces une histoire à son propos, comme l'avaient fait les producteurs pour *The Brave One*, du même Dalton Trumbo. En outre, cela ne tromperait personne. Que faire?

Kubrick trouva la solution :

« Utilisez mon nom. »

Eddie et moi échangeâmes un regard horrifié.

« Mais enfin, Stanley, ça ne te gênerait pas, dis-je,

de revendiquer la paternité d'un scénario écrit par quelqu'un d'autre ? »

Il me regarda comme s'il ne compenait pas de quoi je voulais parler.

« Non. »

Il en aurait été enchanté.

Autant cette histoire de liste noire nous rendait furieux, Eddie et moi, autant le désir de Stanley d'utiliser Dalton nous révoltait. Cette nuit-là, Eddie et moi trouvâmes la réponse. Le lendemain matin, j'appelai le poste des gardiens à l'entrée d'Universal. « Je voudrais donner un laissez-passer pour Dalton Trumbo. » Fini la mascarade! Tous mes amis me dirent que j'étais idiot; je risquais de gâcher ma carrière. Le risque, il est vrai, était énorme. Tout d'abord, personne ne me crut. Mais Dalton Trumbo, lui, pour la première fois depuis dix ans, pénétrait dans les locaux d'une compagnie cinématographique. « Merci de m'avoir rendu mon nom », me dit-il. La liste noire était brisée.

Otto Preminger m'appela depuis New York : Trumbo travaillait sur *Spartacus* au lieu de travailler sur *Exodus*, son projet, et cela le contrariait fort. Il se montra également stupéfait que j'utilise ouvertement le nom de Dalton Trumbo.

Peu de temps après, au cours d'une conférence de presse, il annonça que Dalton Trumbo serait le scénariste d'*Exodus*.

Je ne songeais pas à jouer les héros en bafouant ainsi la liste noire, et ce n'est qu'après que je mesurai l'importance de ce geste impulsif. Je trouvais simplement injuste que quelqu'un pût s'attribuer la paternité du travail d'un autre.

Et pourtant, Stanley Kubrick est le meilleur réalisateur avec qui j'aie jamais travaillé. C'est un réalisateur brillant. Un réalisateur brillant, c'est celui qui procède aux bons choix. William Wyler en est le parfait exemple. Dans *Histoire de détective*, il ne me disait jamais quoi faire. Il se contentait de me jeter un regard en biais en disant : « Refais-le. » Il savait ensuite ce qui était bon, quelle prise choisir.

Mon histoire avec Stanley est une histoire étrange. Je crois que jamais je n'ai autant aidé un réalisateur à démarrer dans le métier. Harris-Kubrick avaient leurs bureaux dans mon immeuble. Outre *Spartacus* et *Les sentiers de la gloire*, la Bryna signa avec lui un contrat pour trois films.

Le premier projet que Stanley nous soumit était un scénario qu'il avait lui-même écrit, *I Stole 16 Million Dollars* (J'ai volé 16 millions de dollars); le scénario était basé sur l'histoire de Willie Sutton, le célèbre voleur de banques, qui à la question : « Pourquoi volez-vous les banques? » avait répondu : « Parce que c'est là qu'il y a l'argent. » Je trouvai le scénario plat et dis à Stanley que je ne voulais pas le tourner. Il haussa les épaules. « J'aurai Cary Grant. » Depuis lors, personne n'a plus entendu parler de ce scénario.

A l'automne de 1959, tandis que *Spartacus* était au montage, je fis un autre film, *Strangers When We Meet* (Liaisons secrètes). Le film était réalisé par Richard Quine, un réalisateur de grand talent, qui avait alors une liaison avec Kim Novak, le premier rôle féminin. Un matin, nous allâmes tourner une scène sur la plage; visiblement, Kim et Richard en avaient parlé avant de venir, et Kim était tout excitée d'une idée qu'elle avait eue. Apparemment, Richard se montrait tout à fait d'accord avec elle. J'écoutai Kim me faire part de sa proposition, puis lui expliquai pourquoi il était impossible de tourner la scène telle qu'elle la voyait. Elle se tourna vers Richard, qui lui répondit : « Tu sais, Kim, il a raison. »

Kim devint folle de rage. Elle déchira les pages du scénario, se mit à hurler, à proférer des sons inintelligibles. Il fut impossible de tourner avec elle ce jour-là. Le lendemain, nous tournâmes la scène telle qu'elle était prévue dans le scénario.

J'ai bien aimé travailler avec Kim Novak, mais je regrette qu'elle ait finalement convaincu Richard de modifier le dénouement. Dans le livre, il existait une scène très forte : après la fin de notre histoire d'amour, Walter Matthau, qui jouait le rôle du méchant, vient la chercher en voiture, et elle décide de tout jeter par-dessus bord et de partir avec lui. La vie continue. Au lieu de cela, elle préféra le traiter avec mépris, relever le col de son imperméable et s'éloigner à la manière de Charlie Chaplin. Je ne pensais pas que ce fût la meilleure façon de conclure le film, mais c'est le risque lorsque l'on travaille avec quelqu'un qui a une aventure amoureuse avec le réalisateur.

Nous visionnâmes le premier montage de *Spartacus* de Kubrick. Tout le monde était mécontent. Dalton écrivit une critique détaillée.

Il passait au crible le travail du réalisateur, les changements apportés aux dialogues et aux scènes, ainsi que le travail des acteurs. Son mémoire faisait plus de quatre-vingts pages, qu'il avait lui-même tapées à la machine, et se divisait en deux parties : « Les deux points de vue opposés sur *Spartacus* », et « Etude scène par scène ». C'est la plus brillante analyse sur la réalisation d'un film que j'aie jamais lue. Tout réalisateur se devrait de l'étudier. Après l'avoir lue, j'espère que Kubrick a eu honte d'avoir seulement songé à se faire passer pour le scénariste. Il fallait à présent revoir l'ensemble du film et tourner un certain nombre de scènes.

Il fallait qu'Universal nous verse plus d'argent encore, car nous n'avions obtenu de rallonge que pour les scènes de la bataille. Dans le premier scénario, la bataille n'était que suggérée : on assistait aux préparatifs, puis il y avait un raccourci et on en voyait le sanglant dénouement. Mais désormais, il nous paraissait évident qu'il fallait voir cette bataille. Stanley partit donc la tourner en Espagne : nous avions obtenu l'aide du gouvernement espagnol qui nous prêtait son armée pour figurer les légions romaines. Quant aux nouvelles scènes à tourner, il faudrait attendre son retour d'Europe.

Il nous fallait aussi des voix d'hommes, nombreuses, pour crier, en anglais, « Salut, Crassus! » et « Je suis Spartacus! ». Nous eûmes l'idée d'utiliser pour cela les spectateurs d'un match de football américain au moment de la mi-temps. Notre choix se porta sur l'équipe du Michigan à East Lansing. Ainsi, le 17 octobre 1959, 76 000 supporters s'époumonèrent de façon tout historique au cours du match Michigan State-Notre-Dame. Leurs vociférations furent recueillies sur du matériel à trois canaux, et injectées sur la bande-son de *Spartacus*.

Stanley revint avec des prises de vues incroyables; l'angle était si large qu'il avait dû filmer à une distance de près de neuf cents mètres. A la fin de l'année, nous commençâmes de tourner à nouveau les autres scènes.

Les plaisanteries allaient bon train; on racontait que les figurants remboursaient leurs crédits immobiliers ou que d'autres se faisaient construire des piscines, ou bien que le tournage de *Spartacus* ne finirait jamais. Au début, Lew Wasserman, de la MCA, était mon agent; il travaillait pour moi. Au milieu du tournage, MCA racheta Universal; je travaillais désormais pour lui. Pour une compagnie cinématographique, MCA versa la somme de 11 250 000 dollars, soit 750 000 dollars de moins que le budget de *Spartacus*.

J'étais fatigué, épuisé. Un vendredi, Eddie me considéra d'un air préoccupé.

« Qu'est-ce que tu fais, ce week-end?

– Je prends ma voiture et je vais aller me reposer à Palm Springs.

— Comment ça, tu prends ta voiture? Mais tu es une vedette. Et tu es le propriétaire de la Bryna. Allez, laisse-moi te trouver une limousine et un chauffeur. »

Je me dis qu'après tout, il avait raison.

« Bon, d'accord, vas-y. »

Une longue limousine noire, étincelante, vint se ranger devant la porte, et je montai à l'intérieur, encore vêtu de ma crasseuse tunique d'esclave, taillée dans une toile à sac. Je m'enveloppai dans une couverture argentée, et bientôt, nous filions sur l'autoroute. « C'est vrai, me disais-je, Eddie a raison. Je suis une vedette, quand même. » J'aurais bien aimé que mes copains d'Amsterdam me voient, en ce moment. C'était ma société à moi qui produisait *Spartacus*. J'en avais fait, du chemin, depuis que j'étais arrivé à l'université en auto-stop, sur ce camion chargé de crottin de cheval! Je commençais à m'assoupir, lorsque le chauffeur alla se garer dans une station-service.

« Je vais aux toilettes, j'en ai pour une minute », me dit-il.

Je sortis moi aussi de la voiture pour me dégourdir les jambes. Il y avait un petit café dans la station; j'allai y prendre une bière. Je me rendis alors compte que je n'avais pas d'argent dans ma tunique. Je retournai à la voiture et vis à cet instant le chauffeur s'installer au volant et s'éloigner. Je restai planté là quelques instants, attendant son retour. En vain. Je me sentais ridicule. Je retournai au café, demandai un peu de monnaie pour téléphoner, et appelai le shérif de la ville voisine, Redlands. « Je suis Kirk Douglas, mon chauffeur va traverser Redlands d'ici une minute ou deux, dans une grosse limousine noire; il me croit endormi à l'arrière, mais ça n'est pas le cas. Voudriez-vous l'arrêter et le prévenir?

— C'est ça! Continuez à faire le malin et moi je vous boucle! »

Il raccrocha.

Pour le coup, j'étais furieux. C'était trop beau pour durer. Je retournai sur l'autoroute et levai le pouce. L'auto-stop, ça me connaissait! Deux filles me reconnurent et m'emmenèrent, tout excitées. Les deux filles ne cessaient de jacasser et de me regarder. « Houah! les filles au bureau vont jamais nous croire! » C'était terrifiant.

« La route! suppliais-je. Regardez la route! »

Elles étaient tellement excitées qu'elles manquèrent la sortie pour Palm Springs; nous filions droit sur Indio. Je leur fis faire demi-tour au milieu de l'autoroute.

Pendant ce temps, le chauffeur arrivait tranquillement à Palm Springs. Ma femme et moi devions aller dîner ce soir-là chez Dean Martin, et elle m'attendait. La limousine s'immobilisa devant la maison. Anne sortit, habillée pour le dîner. Le chauffeur ouvrit la portière arrière... Une expression étrange se peignit sur son visage. Il claqua la portière, se rassit au volant et démarra.

« Que se passe-t-il? demanda Anne. Vous avez perdu mon mari?

– Oui. »

Elle trouva la chose plaisante.

« Je vais aller le chercher, dit le chauffeur.

– Non, inutile. Je connais mon mari : il ne sera plus là. »

Elle se rendit donc au dîner, persuadée que je trouverais un moyen d'arriver à bon port.

Les filles finirent par me déposer devant chez moi. Il était tard. Je cherchai les clés de ma voiture. Impossible de les trouver. Je dus me rabattre sur autre chose. C'est ainsi que Spartacus se rendit à bicyclette au dîner chez Dean Martin. Issur se moqua de lui tout au long du chemin. Eddie avait vraiment eu une bonne idée, avec cette limousine!

Spartacus retourna au montage après les nouvelles

prises de vues, tandis que moi je partais au Mexique pour une autre production de la Bryna, *The Last Sunset* (El Perdido), basé sur un roman de Howard Rigsby, *Sundown at Crazy Horse*. Les histoires d'inceste me fascinaient. A présent, la télévision traite couramment le sujet, mais dans les années soixante il fallait l'évoquer avec une prudence infinie. Je jouais le rôle d'O'Malley, un aventurier poursuivi par le shérif Stribling. O'Malley rend visite à une femme qu'il n'a pas vue depuis des années, tombe amoureux de sa fille, âgée de seize ans, et noue une idylle avec elle avant d'apprendre qu'il en est le père. Dévoré de culpabilité, O'Malley se suicide en se rendant à un duel avec Stribling avec un revolver déchargé.

Rock Hudson, l'acteur le plus coté du monde au box-office, jouait le rôle de Stribling. Il figurait donc en tête d'affiche, et Universal, qui coproduisait le film, tenait à ce que nos deux rôles fussent équivalents. Il fallut donc gonfler le rôle de Rock Hudson et introduire des scènes qui s'intégraient mal à l'histoire, dans le seul but de satisfaire la compagnie.

Mes relations de travail avec Rock Hudson n'étaient pas simples, mais à l'époque je n'en comprenais pas la raison. Il évitait tout contact direct avec moi. Je comprends maintenant les difficultés qu'il a dû éprouver : je partageais la vedette avec lui, mais j'étais aussi le producteur du film, son patron. Je faisais tout mon possible pour le mettre à l'aise, mais Rock ne se départait jamais de son étrange attitude envers moi, et ne traitait jamais avec moi directement. Il s'adressait à la compagnie, qui à son tour me transmettait le message : « Il faudrait faire ceci ou cela. » Lorsque nous nous retrouvions en société, il se montrait toujours plaisant, mais il n'y eut jamais le moindre signe d'amitié... ni d'ailleurs d'animosité. Seulement cette neutralité, cette étrange distance.

Je voyais Rock comme le public du monde entier le voyait : un acteur de haute taille, sombre et costaud. Il ne me vint jamais à l'esprit qu'il était homosexuel. Ce n'est d'ailleurs pas ma manière d'envisager la vie. Je ne trace pas de démarcation bien nette entre le masculin et le féminin. Tout le monde possède en soi ces deux aspects. Et nous en avons besoin, surtout les artistes. Un artiste a besoin de ces qualités que l'on attribue généralement aux femmes, la sensibilité, l'intuition. Et je suis attiré par des femmes qui possèdent des traits jugés plutôt masculins, la compétence, l'efficacité. Comme Anne. Ces traits de caractère, je les trouve attirants, en sorte que je ne porte pas de jugement.

En lisant l'autobiographie de Rock, publiée après sa mort, j'ai appris qu'il était surtout attiré par les blonds aux yeux bleus, un peu farouches; je suis heureux de ne pas m'en être rendu compte auparavant.

La mort de Rock Hudson, emporté par le SIDA en 1985, a fait les gros titres de la presse. Partout dans le monde on a publié des photos d'un Rock Hudson malade qui embrassait la belle Linda Evans, de *Dynasty*. C'est probablement le monde des arts qui a le plus terriblement souffert de ce fléau. Les homosexuels représentent une force vitale pour les arts, et ils ont apporté une contribution considérable au théâtre, à la danse, au cinéma et à la musique. A présent, presque tous les jours, les rubriques nécrologiques de *Variety* et du *Hollywood Reporter* font part de morts dues au SIDA. Quelle tristesse de voir que les jeunes, qui devraient se montrer insouciants, sont désormais obligés de vivre avec cela. Lorsque j'étais jeune, le principal problème était la peur que les filles tombent enceintes. Puis il y eut la pilule. Mais à mon époque, les antibiotiques avaient déjà triomphé de la syphilis et de la blennorragie, en sorte que notre vie sexuelle n'a jamais été synonyme de mort.

J'envoyai le scénario d'*El Perdido* à Lauren Bacall. J'avais bien aimé travailler avec elle dans *La femme aux chimères*, et je n'avais jamais oublié son geste, lorsqu'à l'école d'art dramatique elle m'avait offert le manteau de son oncle. Un jour, mon psychiatre m'avait dit : « Ne cesserez-vous donc jamais de payer vos dettes? » La réaction de Betty fut curieuse. Elle était indignée. Elle me reprocha d'avoir même songé à lui envoyer le scénario. « Mais, Betty, lui dis-je, c'est le premier rôle féminin. Tu as Rock Hudson et Kirk Douglas qui sont amoureux de toi. Je trouve que c'est un très bon rôle. » Elle ne fut pas convaincue et je confiai le rôle à Dorothy Malone, qui le joua excellemment. Carol Lynley, elle, joua le rôle de ma fille incestueuse.

Nous décidâmes de tourner au Mexique. Eddie Lewis proposa un réalisateur qu'il trouvait fort talentueux, Robert Aldrich. Le vendredi 27 novembre 1959, je reçus cette lettre d'Aldrich :

« Je suis très impatient, très ému... je souhaite de tout cœur que vous décidiez, pour notre intérêt commun, de me confier la réalisation de *The Last Sunset*. Je n'ai ni le désir ni les moyens d'influer sur votre décision, mais je crois qu'un moment exceptionnel se présente : le moment où se trouvent réunis le besoin et le talent que vous possédez d'utiliser les efforts de quelqu'un. Il faut absolument que ce soit moi qui réalise votre film, et il faut que je le fasse mieux que tout ce que vous avez fait jusqu'à maintenant. »

Il m'envoya aussi des notes qu'il voulait me voir utiliser même si je choisissais quelqu'un d'autre pour la réalisation. Sans conditions.

Je n'avais encore jamais vu un tel enthousiasme, et j'en fus touché. Eddie Lewis me poussait, et je finis par donner mon accord.

Robert Aldrich arriva au Mexique accompagné de cinq scénaristes qui travaillaient tous sur... d'autres films. Je trouvais stupéfiant qu'un réalisateur avec deux grandes vedettes pût débarquer sur le tournage en travaillant à d'autres projets. J'étais furieux. Je lui enjoignis de se concentrer sur le film pour lequel on le payait, et de se débarrasser de ses scénaristes. Aldrich ne me le pardonna jamais. Notre relation fut des plus froides, mais il se révéla un réalisateur fort compétent.

Comme nous nous trouvions au Mexique, tout le monde faisait très attention à l'eau et à la nourriture. Joseph Cotten, très tatillon, avait amené des conserves des Etats-Unis, et ne buvait que de l'eau en bouteilles. Il n'avala aucun produit local. Bien entendu, il fut le premier à tomber malade. Gravement. Il se déshydrata complètement. On peut prendre toutes les précautions du monde sans échapper aux microbes pour autant.

El Perdido offre un bon exemple de la façon dont opèrent les grandes compagnies. Universal tenait à diriger la production, et le service publicité m'envoyait par pages entières des suggestions de titres. La plupart étaient effroyables. Qu'on en juge :

> *Les deux magnifiques*
> *Les brutes majestueuses*
> *Les brutes tragiques*
> *Revolvers en furie*
> *L'huile et le feu*
> *Coup de tonnerre*
> *La haine à deux*
> *Un lion sur mon chemin*
> *Le dos au mur*
> *Les potins de la gâchette*
> *On m'appelle la Mort*
> *Rendez-vous avec un soleil mort*
> *Tremblement de terre au crépuscule*
> *Tirez sur la pouliche*
> *Le jour est long, le crépuscule est court*

> *Toutes les filles portent des robes jaunes*
> *Une primevère de la part d'O'Malley*
> *Mon revolver c'est ma vie!*

Malheureusement, ce n'était pas là mon plus grave problème avec la compagnie. Je m'en tins strictement à leur budget, terminai le film exactement dans les temps... et appris soudain que le budget était dépassé d'un million de dollars. Aujourd'hui encore, je ne sais pas pourquoi. Je protestai : j'avais toujours agi suivant leurs instructions et j'avais rempli toutes mes obligations envers eux. Rien n'y faisait : il y avait un dépassement d'un million de dollars.

A mon retour, le montage de *Spartacus* touchait à sa fin, ainsi que les arrangements musicaux. Nous avions demandé à Alex North d'écrire la musique. Alex avait écrit la musique d'un grand nombre de films excellents, et il avait été désigné six fois pour l'Oscar.

La première de *Liaisons secrètes,* mon film avec Kim Novak, eut lieu en juillet 1960. Celle de *Spartacus* devait avoir lieu à l'automne. Nous songions à donner la première à Rome au début de septembre, après les Jeux olympiques, et à donner une réception aux Thermes romains. Mais le temps est capricieux, nous aurions été pressés, etc., en sorte que nous décidâmes de faire la première à New York le 19 octobre.

L'American Legion, la plus grande organisation d'anciens combattants du monde, lança des attaques contre moi. Ils envoyèrent une circulaire à leurs 17 000 sections locales : « N'allez pas voir *Spartacus.* » J'étais un sale type parce que j'avais fait travailler Dalton Trumbo.

Hedda Hopper se joignit à cette campagne. Elle descendit *Spartacus* en flammes :

« Il y a des hectares de cadavres, plus de sang et de carnage qu'on n'en a jamais vu de toute sa vie.

« Dans la scène finale, la maîtresse de Spartacus, portant son bébé illégitime, marche le long de la Voie Appienne devant 6 000 hommes crucifiés.

« L'Universal a acheté les droits d'un livre écrit par un coco, et le scénario a été également écrit par un coco, alors n'allez pas voir ce film. »

Elle fut applaudie.

Quant à Stanley Kubrick, il donnait des interviews dans la presse, disant qu'il avait « beaucoup improvisé sur le plateau », ce qui était une insulte pour Dalton Trumbo, qui était furieux.

Des années plus tard, je m'entretins avec Malcolm McDowell, la vedette d'*Orange mécanique*.

« Cela vous a plu de travailler avec Kubrick?
– Ce salaud?
– Pourquoi?
– Je m'étais éraflé la cornée de l'œil gauche. C'était douloureux et je n'y voyais rien. Mais Kubrick a dit : " On tourne la scène. Je prendrai l'autre œil. " »

Et il y avait de nombreuses histoires de la même veine.

Au fil des ans, Stanley s'est mis à désavouer *Spartacus* et à m'accabler. Récemment, à Londres, à l'occasion de la première de *Tough Guys,* je m'entretins avec un groupe de journalistes. L'un d'eux me demanda :

– Qu'est-ce que Stanley Kubrick a contre vous et contre *Spartacus*?

– Je crois, répondis-je, que Stanley était agacé que je lui aie légué un film déjà produit, avec Laurence Olivier, Charles Laughton, Peter Ustinov, Kirk Douglas, et un excellent scénario de Dalton Trumbo, alors qu'il aurait bien aimé s'en attribuer la paternité. »

Stanley n'est pas un scénariste. Il a toujours fait de meilleures choses lorsqu'il a un bon scénariste et qu'il travaille en coopération avec lui. Il était très doué pour tirer parti d'une idée. Par exemple, pour la scène où Jean Simmons apparaît pour la première fois, alors qu'elle apporte de la nourriture aux esclaves, il y avait, dans le scénario original, des dialogues. Stanley proposa d'abandonner les dialogues et de ne laisser que la musique. Le résultat fut bien meilleur, mais ce n'est pas la même chose que d'écrire un scénario. J'ai conservé un exemplaire du calamiteux scénario des *Sentiers de la gloire,* qu'il avait écrit pour rendre le film « plus commercial ». Si nous avions tourné ce scénario-là, Stanley vivrait peut-être à présent dans un appartement de Brooklyn et non dans un château en Angleterre.

Tout ceci prouve qu'il n'est nul besoin d'être estimable pour avoir du talent. On peut être un sale con et avoir du talent, et inversement, être quelqu'un de délicieux et en être parfaitement dépourvu. Stanley Kubrick est un sale con qui a du talent.

L'automne 1961, Louis Blau, un charmant avocat, vint me rendre visite dans ma maison de Canon Drive; il était accompagné de son client, Stanley Kubrick. Stanley ne prononça pas un mot et ce fut Blau qui s'exprima du début à la fin. Il m'apprit que Stanley désirait dénoncer le contrat qui le liait à moi. Je promis d'y réfléchir. Autour de moi, on me conseillait de le garder. Mais je me souvenais encore comme moi-même je piaffais à l'époque où j'étais lié par un contrat que je voulais rompre. On ne peut pas garder quelqu'un sous contrat contre sa volonté. Nous convînmes d'un certain nombre d'arrangements, et le 15 décembre 1961, je le libérai de ses obligations contractuelles. Dans les quelque trente années qui ont suivi *Spartacus,* Stanley n'a réalisé que sept films. Si je l'avais gardé sous contrat, la moitié de ces films auraient été réalisés par ma société.

La première de Spartacus à Hollywood eut lieu le mercredi 19 octobre 1960. La projection de vingt heures au Pantages Theatre (en tenue de soirée!) et le souper de minuit qui suivit au Beverly Hilton furent donnés au profit de l'hôpital des Cèdres du Liban. A la télévision et aux actualités cinématographiques, les premières sont toujours auréolées de luxe et de paillettes : il faut savoir que les plus belles sont préparées avec autant de soin que le film lui-même, et qu'elles coûtent beaucoup d'argent.

Anne révolutionna les premières de bienfaisance. Dans le passé, les compagnies offraient le film pour des projections de bienfaisance, mais demandaient en échange à recevoir des invitations gratuites. Anne leur fit remarquer que la publicité qui leur était faite lors de ces premières représentait beaucoup d'argent, et les convainquit non seulement de payer leurs places, mais encore d'apporter leur contribution financière à l'œuvre de bienfaisance.

Spartacus rencontra un énorme succès, même en Russie. Les Russes voyaient dans le soulèvement des esclaves contre leurs maîtres une évocation de leur révolution. De mon côté, j'avais le sentiment d'avoir bouclé une boucle : des immigrants russes viennent en Amérique, où ils ont la liberté de raconter l'histoire des immigrants russes. Mon père et ma mère auraient aimé ce film.

Le président Kennedy quitta un soir la Maison Blanche au beau milieu d'une tempête de neige pour aller voir *Spartacus* au Warner Theatre. Je lui aurais volontiers envoyé une copie, mais c'était un homme impulsif, et il tenait à aller le voir sur-le-champ.

Il n'en parla jamais, mais Bobby Kennedy évoqua un jour la chose en plaisantant :

« Vous savez, me dit-il, mon frère vous a aidé pour *Spartacus*.

– Oui, je le sais. »

Il était devenu un grand admirateur de ce film.

A cette époque, je sortais trois films par an. Quelle vie étrange! Je passais la presque totalité de mon temps à faire des films. Lorsque l'on joue dans trois films par an et qu'on les produit souvent tous les trois, on consacre énormément de temps à la préparation et à la commercialisation avant d'en arriver au tournage proprement dit. Vient ensuite le temps de la post-production. La vie que je faisais mener à ma femme et à mes enfants était terrible. Maintenant que je tourne environ un film par an, j'ai beaucoup plus de temps pour regarder autour de moi et voir ce qui se passe. Lorsque je raconte à présent à ma femme qu'à l'époque je ne connaissais pas telle ou telle personne, ou que je n'avais rien su de tel ou tel événement, elle me répond : « Cela a toujours été comme ça. Tu étais trop occupé à faire tes films. » Absorbé dans la création de personnages fictifs, je menais une vie contre nature.

Spartacus occupa trois ans de ma vie... plus de temps que n'en passa le véritable *Spartacus* à guerroyer contre l'empire romain.

27

SEULS SONT LES INDOMPTÉS

Mon idylle avec Dalton Trumbo se poursuivit. Après *Spartacus,* il devait écrire pour moi un scénario basé sur le roman d'Edward Abbey, *The Brave Cowboy*. Au lieu de cela, il se mit à travailler sur *Exodus*, pour Otto Preminger. Je lui en fis le reproche. Il me répondit : « Tu te rappelles que quand on travaillait sur *Spartacus*, on a foutu Preminger dans la merde? Eh bien, maintenant, c'est à ton tour d'être dans la merde. » Sa franchise me plaisait, je ne m'en formalisai pas. Je pris le parti de tourner un autre film.

Ce fut *Town Without Pity* (Ville sans pitié), coproduit part la Mirisch Company et la Bryna, et réalisé par Gottfried Reinhardt. J'estime que c'est le meilleur film qu'il ait jamais fait. J'avais bien aimé travailler avec lui dans *Histoire de trois amours*, là où j'avais rencontré Pier Angeli. A présent, je jouais avec une autre ravissante jeune fille, Christine Kaufmann.

Ville sans pitié évoque les problèmes des troupes d'occupation américaines en Allemagne. Une fille accuse quatre GI's de viol. Je joue le rôle de l'avocat militaire confronté à un terrible dilemme : pour éviter aux soldats la peine de mort, je dois faire témoigner la fille et la tailler en pièces. En revanche, si la cour martiale ne réclame que la réclusion à perpétuité, je ne suis pas obligé de la faire comparaître. Je supplie le père de ne réclamer que la peine la moins forte, de façon à éviter à sa fille de comparaître à la barre, mais il s'obstine, et je n'ai plus le choix. Avocat compétent, je fais ce que j'ai à faire : je m'acharne sur la fille. Elle s'effondre et par la suite se suicide. Une vie pour en sauver quatre. Lorsqu'il apprend le suicide de la jeune fille, l'avocat est effondré.

Le tournage eut lieu à Munich et à Vienne, patrie de la Sachertorte, de la Wienerschnitzel, et de Hitler. Avec ses édifices baroques menaçant ruine et ses théâtres aux gigantesques entrées, Vienne me faisait penser à une courtisane sur le retour. La ville était charmante et agréable, mais par en dessous on la sentait sournoise et corrompue. La résidence idéale d'un Kurt Waldheim. J'assistai pour la première fois à une représentation de *L'Opéra de quat'sous,* et fus particulièrement frappé par la chanson *Mack le surineur* (Mack The Knife). Je me dis qu'elle pourrait faire un grand succès aux Etats-Unis. Ce fut également l'avis de Bobby Darin.

Un jour, un fort groupe d'Américains vint nous rendre visite à Munich. Parmi eux se trouvaient Lew Wasserman, sa femme Edie, Ray Stark, Charlie Feldman. Une vingtaine de personnes. Anne et moi les emmenâmes au Schwarzwalder, le restaurant de la Forêt-Noire, célèbre pour ses vins. On n'y servait pas de bière, chose rare en Allemagne. Je me sentais très européen, et désireux d'impressionner mes amis américains par ma facilité pour les langues. Dans mon meilleur allemand, je commandai le même vin (du moins le croyais-je) qu'Anne, qui connaît les vins bien mieux que moi, avait commandé quelques jours auparavant. Je me pliai donc au rituel : je le humai, commentai l'arôme, le bouquet : puis après l'avoir goûté, je le déclarai excellent. Le serveur se mit à remplir les verres.

Tout le temps que dura cette scène, Anne s'entretenait avec Lew Wasserman et ne prêtait aucune attention à mes efforts pour me montrer européen. Le serveur remplit alors son verre; elle le goûta et fit aussitôt venir le sommelier. Celui-ci huma et s'empressa de ramasser tous les verres déjà remplis. Tous les yeux se tournèrent vers moi. Lorsque vint mon tour, je posai ma main sur mon verre. « Moi, je le trouve bon. » Ce fut la fin de ma carrière de connaisseur en vins.

Récemment, un jeune admirateur m'a déclaré : « *Seuls sont les indomptés* est mon film préféré. Vous y étiez extraordinaire.

– Merci, dis-je modestement. Je le pense aussi. »

Seuls sont les indomptés est mon film préféré. Le thème de l'individu broyé par la société me fascine.

Les films naissent parfois de façon étrange. Au cours d'un cocktail, Joe Berry, une de mes connaissances, mais qui n'est pas lié à l'industrie cinématographique, me conseilla de lire un livre d'Edward Abbey, *The Brave Cowboy*. J'achetai un exemplaire en collection de poche. Un coup d'œil à la couverture, et je faillis ne pas l'ouvrir : on y voyait un cowboy, le revolver à la main, la tête bandée dégoulinante de sang. Mais la couverture n'avait rien à voir avec l'histoire. Il s'agissait d'un cowboy moderne qui vit toujours selon le code moral du Far West américain, qui est jeté en prison pour avoir voulu aider son ami, s'évade, s'enfuit à cheval et est poursuivi en hélicoptère. J'eus tout de suite envie d'en tirer un film.

Dès que j'aime un livre, les compagnies de cinéma le détestent. Mais j'avais un contrat me permettant, sous réserve de ne pas dépasser un budget de trois millions de dollars, de faire ce qu'ils appelaient « un film désavoué ». Tel était le cas.

A nouveau, je me disputai avec Universal à propos du titre. Je trouvais le titre du livre, *The Brave*

Cowboy, trop ironique, et voulais l'appeler *The Last Cowboy* (Le dernier cowboy). Mais à nouveau, le service de publicité d'Universal me bombarda de pages entières de propositions de titres :

> *Elevé dans la fureur*
> *Justice acharnée*
> *Cœur au poing*
> *La piste brouillée*
> *Cage de granit*
> *La piste et la route*
> *La cavale*
> *La piste meurtrière*
> *On y va!*
> *Poursuite!*
> *Impitoyable!*
> *Descendez cet homme!*
> *Qu'on me donne un fusil!*

Ajoutons-y un laissé-pour-compte d'*El Perdido, Mon revolver c'est ma vie,* mais sans le point d'exclamation. Malgré mon opposition, ils décidèrent de lui donner pour titre *Lonely are the Brave* (Seuls sont les indomptés, en français.) Aujourd'hui encore, je n'en comprends pas très bien la signification. Souvent, on me dit : « Ah, j'aime beaucoup... euh... comment s'appelle ce film? Vous savez, celui où vous fuyez à cheval, dans la montagne. » Le film est resté vivant dans leur mémoire, mais pas le titre.

Mon excellent ami Dalton Trumbo finit par écrire le scénario. J'ai joué dans soixante-quinze films, j'en ai produit beaucoup et j'ai entendu parler de plus de films encore, mais à ma connaissance, c'est la seule fois où un scénariste a écrit du premier coup un scénario parfait : un premier jet, et aucune révision. Autre avantage, Edward Abbey apprécia le scénario. Il eut même l'élégance de dire qu'il le trouvait meilleur que son livre, notamment en ce qui concerne les dialogues. Mais il préférait son titre.

La distribution était également parfaite. Nous voulions une ambiance réaliste, presque documentaire. L'image en noir et blanc. Gena Rowlands joue le rôle de la femme dont je suis amoureux, la femme de mon meilleur ami qui a été mis en prison pour avoir aidé des étrangers à entrer illégalement dans le pays. Elle était superbe.

Walter Matthau était extraordinaire dans le rôle du shérif lancé à ma poursuite, et qui est obligé de composer avec un adjoint peu reluisant, joué par Bill Schallert. Une merveilleuse relation s'instaure entre mon personnage et celui de Matthau. Il éprouve peu à peu une immense admiration et un immense respect pour l'homme qu'il poursuit, mais qu'il ne verra qu'à la fin du film. Le rôle du chauffeur du camion chargé de cuvettes de W.C. qui me renverse sur l'autoroute était tenu par Caroll O'Connor, qui faisait alors ses débuts à l'écran.

Dans un bar, je suis mêlé à une bagarre avec un vrai dur, un manchot; l'idée, brillante, était d'Edward Abbey. Le rôle était tenu par Bill Raisch, la doublure de Burt Lancaster, qui n'avait pratiquement jamais joué jusque-là. Bill avait été danseur aux Ziegfeld Follies, et avait perdu un bras dans une explosion à bord d'un navire. C'était un homme énergique, qui s'exprimait avec aisance, nullement diminué, et persuadé que les amputés peuvent vivre une vie normale.

Maintenant encore, je rencontre des gens qui me disent avoir appelé leur cheval Whisky, en souvenir de la magnifique jument palomino que je montais dans le film. J'utilisai à nouveau ce nom pour mon cheval dans *The Villain* (Cactus Jack), en 1978. Nous en avons tiré une blague. J'entre dans un saloon, m'accoude au bar et lance : « Whisky! »... Mon cheval fait alors son entrée par les portes battantes.

Seuls sont les indomptés, est l'un des films les plus difficiles, physiquement, que j'aie jamais faits. Le tournage eut lieu près d'Albuquerque, dans la région où nous avions tourné *Le gouffre aux chimères,* mais cette fois-ci dans les montagnes. En plein mois de mai, nous tournions dans la neige, le brouillard, la pluie glacée. Depuis *Les Vikings*, je n'avais pas vu d'aussi mauvais temps en été. On se trouvait à 3 300 mètres, et des gens de l'équipe s'évanouissaient ou tombaient malades en raison du manque d'oxygène. Ou bien l'on ne pouvait plus tourner à cause de la violence des vents. Nous avons dû utiliser une soufflerie pour disposer de vent à tout moment et nous permettre de retrouver les effets que la marâtre nature nous dispensait sans que nous l'eussions demandé. Ce fut également l'une des premières fois où l'on tourna d'un hélicoptère; ce fut très difficile à mettre au point.

J'avais choisi David Miller comme réalisateur, et je le regrettais. Je sentais qu'il était loin de faire du bon travail. Il était malheureux sur le tournage. Je jouai les julots et lui présentai une fille. J'aurais fait n'importe quoi pour le rendre heureux et lui permettre de terminer le film. Il est le seul, je crois, à n'avoir pas donné le meilleur de lui-même dans ce film.

Au milieu du tournage, David apprit que son père venait de mourir. Il s'absenta pour deux jours, mais nous ne pouvions nous permettre de nous arrêter. Eddie Lewis prit sa place comme réalisateur, et fit du bon travail. Je lui demandai ensuite s'il avait eu le trac, et il me répondit : « Quand on a un scénario excellent, des acteurs extraordinaires, un bon chef opérateur et pas d'effets spéciaux, le réalisateur peut rentrer chez lui. »

Je me disputai souvent avec David sur le tournage.

Une fois, il me fit mettre avec mon cheval le long d'un ravin, sur un rebord très étroit, et voulait me voir contourner le cheval du côté du vide.

« David, vous êtes fou? Il suffit que le cheval fasse un écart, et moi je tombe dans le ravin. Il suffirait qu'il bouge d'un pas. »

Il marmonna quelques mots indistincts.

« Je vous en prie, David, si ça ne vous fait rien, je contournerai le cheval de l'autre côté. Contre la paroi. »

Le cheval ne risquait pas de tomber, parce qu'un cheval sait toujours se protéger. Dans certains films, je suis passé à cheval dans des endroits très étroits, et je me suis éraflé les jambes, parce que le cheval savait bien, lui, qu'il pouvait passer. S'il y a une branche basse et que le cheval peut passer en dessous, c'est au cavalier de se baisser. Un cheval ne fait attention qu'à lui-même.

Cela agaçait David. Cet agacement m'agaçait en retour, je le jugeais peu soucieux de la sécurité des gens. Un réalisateur aurait dû dire : « Vous avez raison. Contournez-le de ce côté-là. »

C'est ce genre d'attitudes qui conduit à des accidents comme celui qui s'est produit sur le tournage de *Twilight Zone*. Les gens ne s'imaginent même pas qu'il peut y avoir du danger sur un tournage. Les réalisateurs sont tellement absorbés par ce qu'ils font que leur jugement s'en trouve faussé. J'ai observé le procès qui a suivi l'affaire de *Twilight Zone*. Quelle tragédie! L'acteur principal fut décapité, et deux enfants, qui travaillaient illégalement, furent tués.

Comme Jack Burns, le cowboy dont je jouais le rôle, ma meilleure relation au cours du tournage, je l'eus avec mon cheval. Evidemment, le cheval ne me parlait pas. Et il ne devait probablement pas savoir que j'étais le producteur du film.

Nous organisâmes des projections en avant-première de *Seuls sont les indomptés* dans un théâtre de

Glendale, en Californie, où l'on donnait *Breakfast at Tiffany's,* avec Audrey Hepburn. Cette avant-première remporta plus de succès qu'aucune de celles organisées par la Bryna, y compris pour *Spartacus.* Et il y avait là deux publics complètement différents, des adolescents et des cinéphiles adultes. On parlait du film pour un Oscar, en même temps que *To Kill a Mockingbird,* dans lequel Gregory Peck jouait le rôle d'un charitable avocat sudiste; et que Montgomery Clift dans *Freud,* ou *Long Day's Journey into Night,* l'autobiographie d'Eugene O'Neill, dans lequel Katharine Hepburn jouait le rôle de la mère droguée.

Même les gens de la Production Code Administration (les censeurs) louaient le film :

« *Seuls sont les indomptés*, apporte la preuve qu'un film peut être excellent sans cette immoralité et cette décadence qui imprègnent tant de films d'aujourd'hui. C'est une histoire passionnante qui révèle les tréfonds de l'âme américaine. La performance de Kirk est plus qu'originale, elle est superbe. »

Je suppliai Universal de ne pas sortir *Seuls sont les indomptés* comme un petit western bon marché, car c'est ainsi qu'ils le considéraient. Faîtes une sortie modeste, leur disais-je, comme on sort un film d'art : ne dépensez pas d'argent en publicité, sortez-le dans un ou deux cinémas et donnez-lui la chance de trouver lui-même son public, par le bouche à oreille. Cette requête n'était nullement ridicule. J'avais demandé à Walter Reade Jr., le président des Walter Reade Theaters, de visionner le film et de me donner son avis. Avec beaucoup de franchise, il m'écrivit :

« Je dois dire que ce film m'a fortement impressionné (...). D'abord le titre : je suis sûr que vos associés et vous avez passé beaucoup de temps à choisir le titre, mais je le trouve très mauvais et je crois qu'il ne passera pas du tout au box-office. (...) Je crois que c'est un de ces films qui trouvent leur public par le bouche à oreille; il faut qu'il passe longtemps, et que le lancement se fasse très lentement avant de prendre une décision définitive... »

Au lieu de cela, Universal opéra une sortie massive et rapide : pas de projections de presse, pas de grande campagne, pas de salles d'exclusivité. Au même moment, en deux semaines, il pulvérisait tous les records d'audience à Londres et recevait des éloges dithyrambiques dans la presse, notamment dans *Time* et *Newsweek*; en raison même de ce succès, il fut retiré de l'affiche aux Etats-Unis. La direction d'Universal était vexée de s'être ainsi trompée, et d'avoir compté sur la publicité. Ils laissèrent purement et simplement tomber le film. Sidérés, des journalistes réagissaient ainsi : « *Seuls sont les indomptés* est un film... bien seul »; ou bien : « Tout le monde trouve que *Seuls sont les indomptés* est un film extraordinaire, sauf les gens de l'Universal. »

Eddie Lewis et moi étions tellement furieux que nous écrivîmes une lettre de neuf pages à l'Universal expliquant comment, à notre avis, ils géraient mal le film, et suggérant des façons d'y porter remède. Il n'en sortit rien.

Seuls sont les indomptés est devenu un classique du cinéma. C'est toujours mon film préféré. Des années plus tard, Artie Shaw, un musicien extraordinaire, est venu me voir et m'a dit : « Je voudrais vendre et distribuer dans tout le pays, comme il le mérite, *Seuls sont les indomptés*. » Il adorait ce film.

En 1967, Warren Beatty a connu le même problème avec la Warner pour *Bonnie and Clyde* : le film fut jeté dans le circuit de la distribution de masse et fut un échec. Mais Warren eut le courage de lutter contre la compagnie et de la forcer à le sortir dans des cinémas plus petits jusqu'à ce qu'il ait trouvé son public. Il connut dès lors un grand succès.

De tels incidents ont favorisé l'émergence de la production indépendante. Le pouvoir des grandes compagnies s'est lentement effrité; alors qu'au début elles dirigeaient tout, elles se sont muées à présent, pour l'essentiel, en organisations de distribution qui commandent des films à des producteurs indépendants.

A l'automne 1961, Anne et moi nous rendîmes à Rome. *Two Weeks in Another Town* (Quinze jours ailleurs) était le troisième film que je faisais avec Vincente Minnelli comme réalisateur et John Houseman comme producteur. Pour les deux films précédents, *Les ensorcelés* et *La vie passionnée de Vincent Van Gogh,* j'avais été désigné pour les Oscars.

Quinze jours ailleurs (un scénario de Charles Schnee, d'après le roman d'Irwin Shaw) aurait pu être un film très fort sur la vie moderne. Cette idée d'un homme recherchant l'oubli et la rédemption derrière les gens qui l'entourent, durs et superficiels, n'est pas sans évoquer *La Dolce Vita.* Cyd Charisse jouait le rôle de mon ancienne femme, une véritable garce.

Edward G. Robinson jouait le rôle d'un réalisateur de films qui donnait à mon personnage, l'acteur déchu Jack Andrus, une chance de s'en sortir. Eddie avait à l'époque la soixantaine, et il portait encore les cicatrices de cette machine à déchiqueter les hommes qu'avait été la liste noire du début des années cinquante. Personne n'avait formellement accusé Eddie de quoi que ce soit; il n'y avait que des ragots. Entre autres « crimes », on reprochait à Eddie son appartenance au groupe « Jeunesse américaine pour la démocratie », et un prêt de 2 500 dollars qu'il avait consenti à Dalton Trumbo. Trois fois, Eddie déposa devant la Commission parlementaire sur les activités antiaméricaines, et trois fois il jura n'avoir jamais été membre du Parti communiste. Puis il comprit que ce n'était pas ce que l'on attendait de lui. On attendait des dénonciations. Il finit par s'exécuter, mais il en conçut un terrible sentiment de culpabilité.

La plupart des plans de *Quinze jours ailleurs* furent tournés à Rome et de nuit. Minnelli pouvait facilement dormir dans la journée, parfois jusqu'à six heures du soir. J'en étais, moi, parfaitement incapable, en sorte que je passai trois semaines épuisantes de tournage sans beaucoup dormir.

Liz Taylor se trouvait également à Rome, où elle tournait un « petit » film intitulé *Cléopâtre*. Eddie Fisher et elle donnèrent un cocktail puis un dîner de deux cents couverts au Grand Hôtel, pour célébrer le premier anniversaire de *Spartacus*. Le gâteau pesait plus de dix kilos.

Outre les acteurs de nos deux films, il y avait dans l'assistance Jack Lemmon, Joan Collins, Anthony Quinn, Jack Palance, Charlton Heston, Robert Wagner, Elsa Martinelli, Lex Barker, Rory Calhoun, Dorothy Malone, Hume Cronyn, Barbara Rush, Kenneth Haigh, Gina Lollobrigida et Anthony Franciosa. Il y avait également Richard Burton, qui partageait avec Liz la vedette de *Cléopâtre*. Au cours de la réception, il devint évident que Fisher avait cessé de plaire, et que c'était Burton qui était bien en cour.

Il y avait un certain nombre de scènes scandaleuses dans *Quinze jours ailleurs*. Pour l'une de ces scènes, ils voulaient une chanteuse noire : dans un night-club dépravé de Rome, des gens de la haute société, assis autour d'un verre, observent des gens faisant l'amour sur scène (hors écran, bien entendu). Ils amenèrent sur le plateau une ravissante jeune fille chaperonnée par ses parents. Elle s'appelait Leslie Uggams et avait une voix également ravissante. Je la revis en janvier 1987 à Sacramento, en Californie, à l'occasion de la deuxième prise de fonctions du gouverneur Deukmejian.

Vincente Minnelli était un homme merveilleux, habitué à travailler dans le cadre du vieux système des compagnies cinématographiques. Il ne travaillait jamais beaucoup sur la post-production d'un film. Le dernier plan tourné, il considérait en avoir fini, et laissait au producteur et au monteur le soin de terminer le travail. Et puis, soudain, la MGM eut un nouveau directeur, Joseph Vogel, qui décida que la compagnie ne produirait plus que des spectacles familiaux. Or *Quinze jours ailleurs* était tout sauf un film pour les familles. Il y avait beaucoup de scènes érotiques, parfois dures. Vogel décida donc de modifier le film au montage; il fallait absolument en tirer un spectacle « tous publics ». Les discussions s'engagèrent, mais je me demandais où avait bien pu passer John Houseman, le producteur.

En voyant à quel point ils allaient émasculer le film, j'écrivis à Vogel, bien que je ne fusse qu'un acteur. Je l'implorai, lui disant que s'il avait voulu faire un spectacle familial, il n'aurait pas dû produire *Quinze jours ailleurs*. Margaret Booth, qui est à présent chef monteuse chez Ray Stark, travaillait sur *Quinze jours ailleurs*. J'allai plaider ma cause auprès d'elle. Elle était d'accord avec moi : ils avaient tort, mais elle travaillait pour la MGM et elle avait peur de perdre son travail. Elle éclata en sanglots. Je n'ai jamais pu m'empêcher de parler!

Ils coupèrent les scènes les plus passionnantes. Je trouvais cela parfaitement injuste pour Vincente Minnelli qui avait réalisé un si beau travail. Et injuste pour le public, qui payait sa place, et qui aurait pu voir un film profond, aux dimensions tragiques. Ils le sortirent de cette façon, émasculé.

The Hook (Un homme doit mourir) était un petit film. J'aidai Robert Walker à y décrocher un rôle, après avoir vu son bout d'essai. Un de mes bons amis, Nick Adams, tenait un autre rôle dans le film. C'était un garçon drôle, qui avait commencé comme partenaire d'Andy Griffith dans *No Time for Sergeants,* et avait connu le succès en jouant le rôle de Johnny Yuma dans la série télévisée consacrée à la guerre de Sécession, *The Rebel*. Nick savait m'imiter à merveille. C'était un type charmant. Il s'est suicidé à l'âge de trente-six ans avec une surdose de paraldéhyde. Que peut-il bien se passer dans la tête d'un homme qui semble aussi joyeux et heureux de vivre?

Une grande partie du tournage se fit à Catalina. Un jour, je me résolus à faire ce que font toutes les grandes vedettes de cinéma : je louai un yacht de trente-six mètres de long et emmenai un groupe de gens à Catalina; il y avait là Gene Kelly, et Janet Leigh, qui à l'époque avait une aventure avec Arthur Loew.

Arthur Loew appartenait à la richissime famille Loew, qui, entre autres choses, possédait la Metro Goldwyn Mayer. C'était un garçon brillant, plein de talent, et qui aurait pu devenir un grand comique. Soudain, il se mit à improviser sur le thème : « On parle toujours des problèmes des pauvres, mais songe-t-on un seul instant à ceux des riches? » Et il nous fit un véritable numéro : « Vous croyez que c'est facile d'être conduit à l'école en Rolls Royce? Dès qu'on sort de la voiture tous les autres gosses se payent votre tête! » Etc. Nous étions pliés de rire, mais son numéro avait aussi quelque chose de poignant. Ce fut le meilleur moment de cette petite croisière à Catalina. La mer devint mauvaise et les gens furent malades.

Je croyais que *The List of Adrian Messenger* (Le dernier de la liste) allait être un grand succès commercial. L'idée d'utiliser de grandes vedettes, complètement déguisées, pour des rôles mineurs, était plutôt drôle. Je parvins à avoir Robert Mitchum et Tony Curtis. Burt Lancaster jouait un rôle de femme. De grosse femme. Il était désopilant. Frank Sinatra et moi jouions de petits rôles.

Elizabeth Taylor accepta de jouer le rôle d'un marin nommé Chesty[1]. J'imaginais ce marin grisonnant ôtant son masque pour révéler le visage magnifique d'Elizabeth Taylor. Je pris toutes les dispositions pour envoyer en Suisse, où Liz se trouvait à l'époque, le maquilleur de l'Universal qui devait réaliser un masque à partir de son visage, mais à la suite de quelque événement, elle renonça à son rôle.

C'était l'un des premiers films dans lesquels tournait George C. Scott. Je l'avais vu au théâtre, à New York, dans *The Andersonville Trial*. La pièce avait été un échec à Broadway, bien que Scott, dans le rôle principal, y eût été merveilleux. Curieusement, la pièce était produite par Bill Darrid, l'homme qui allait épouser un jour ma première femme, Diana. Bill est un écrivain, un producteur et un acteur de talent, qui aujourd'hui encore est un de mes grands amis.

Le réalisateur du *Dernier de la liste* était John Huston, certainement l'un des réalisateurs les plus talentueux d'Hollywood. Mais John pouvait aussi être un charlatan. S'il avait décidé de se débarrasser de quelque chose, il n'hésitait pas. Je n'avais jamais travaillé avec John auparavant, et ne savais de lui que ce qu'on m'avait raconté : ses escapades lors du tournage de *Moulin-Rouge*, rapportées par Anne, et ce qu'Evelyn Keyes m'avait dit de leur divorce.

John parvint à nous convaincre que l'une des scènes devait être tournée en Irlande, où il possédait une maison. Cela introduisit malheureusement une

---

[1] En anglais, *chest* signifie poitrine *(N.d.T.)*.

faiblesse dans le film, qui perdit de son allant; le public, en effet, était appelé à jouer au jeu des devinettes : « Est-ce Mitchum? Curtis? Qui est cette grosse femme? » et il y fallait un certain rythme pour sauter ainsi d'un personnage à l'autre sans être jamais sûr des identités. Le film a plu à certains, mais il n'a pas été le grand succès commercial que j'espérais. J'en suis en grande partie responsable, car je n'ai pas eu le temps de m'y consacrer comme il le fallait.

J'avais déjà la tête ailleurs. J'avais acheté les droits de deux livres que j'aimais : *Seven Days in May,* dont je voulais faire un film, et *One Flew Over the Cuckoo's Nest,* dont je voulais tirer une pièce. Mais d'abord, Anne et moi prîmes l'avion pour Rio : nous allions assister au carnaval.

28

SEPT JOURS EN MAI

Février 1963. Rio est l'une des plus belles villes du monde. J'étais transporté... non par sa beauté, mais par les gens. C'était la nuit du grand bal de Mardi gras, et tout le monde avait revêtu ses plus beaux costumes. J'étais déguisé en Spartacus. En grimpant les marches de la salle de bal de l'hôtel, Anne et moi étions pressés comme des sardines. Sans pouvoir rien faire, je vis Anne s'éloigner de moi, happée par la foule, le maquillage dégoulinant sur le visage à cause de la chaleur. J'étais entouré de six gardes du corps brésiliens, qui devaient me protéger de la foule hurlante qui voulait à tout prix toucher la vedette de cinéma. Soudain, je sentis une main tâtonner sous ma tunique, à hauteur de l'aine. Je saisis la main, la levai en l'air et regardai droit dans les yeux... l'un de mes gardes. Qui donc allait me protéger de mes protecteurs?

Les Brésiliens sont des gens amicaux et chaleureux. Lors des fêtes, fréquentes, la famille entière se trouve rassemblée : enfants, grands-parents, ce qui contribue aussi à leur bonne ambiance.

Sur le chemin de Brasilia, la nouvelle capitale, nous nous arrêtâmes à Belo Horizonte. Alors que nous nous apprêtions à atterrir, nous aperçûmes une foule immense d'environ vingt-cinq mille personnes.

Etait-ce une catastrophe naturelle, une fête religieuse, ou l'arrivée de Lindbergh à Paris? Je demandai ce qui se passait.

« Ils attendent Kirk Douglas, la grande vedette américaine. »

Je n'en revenais pas. Je n'avais encore jamais vu de telles réactions. Là-bas, une vedette de cinéma semblait un dieu descendu du Valhalla. J'étais pétrifié. Essayez d'imaginer ce que l'on peut ressentir face à une telle foule qui s'est rassemblée seulement pour vous!

Au Brésil, je reçus un télégramme de Bobby Kennedy me demandant si j'accepterais de me rendre à Carthagène, en Colombie, pour y représenter les Etats-Unis à un festival de films. J'acceptai avec plaisir. Ma présence fut un succès, et je devais par la suite faire de nombreux voyages autour du monde pour le compte du gouvernement.

Les vedettes de cinéma ont un impact très fort sur le public. On oublie que ces bobines de pellicule voyagent dans le monde entier et sont vues par des millions de gens. Les gens transforment en héros les vedettes qu'ils voient à l'écran, et les héros ont du pouvoir. Les hommes politiques rêvent tous d'aligner des vedettes de cinéma, comme des quartiers de viande à l'étalage. Et les vedettes de cinéma elles-mêmes courent le risque d'abuser de ce pouvoir. Tous les jours, les vedettes refusent des interviews et des séances de photos. Si une vedette veut défendre des idées, elle dispose d'un avantage déloyal, car elle a beaucoup plus facilement accès aux médias que les hommes politiques.

Je trouve que Jane Fonda s'est rendue coupable d'un tel abus de pouvoir. Pendant la guerre du Vietnam, elle m'a appelé pour me demander d'appuyer son voyage à Hanoï. Je n'ai jamais été favorable à la guerre du Vietnam. Je ne voulais pas que mes fils, Michael et Joel, meurent pour un régime corrompu. Mais je répondis à Jane : « Qu'est-ce que tu veux faire? Négocier une paix séparée avec le Nord-Vietnam? » Elle se montra inflexible. Je lui suggérai de combattre la politique gouvernementale par le biais de ses représentants au Sénat ou à la Chambre des représentants, ou par un appel personnel dans la presse. Quelques semaines plus tard, je vis une photo de Jane Fonda à Hanoï, assise sur un canon antiaérien qui avait probablement abattu certains de nos avions.

En lisant le livre de Fletcher Knebel et Charles Bailey, *Seven Days in May,* je me dis que cela ferait un film extraordinaire, mais on me conseilla vivement, dans mon entourage, d'éviter un tel sujet. Il était risqué, me disait-on, de traiter l'histoire d'une tentative de coup d'Etat militaire aux Etats-Unis. Quelle pourrait être la réaction du gouvernement? Bien sûr, c'était des années avant qu'Ollie North et son entourage n'ouvrent boutique.

Je me rendis à Washington pour discuter avec les auteurs. Avant notre entrevue, je me rendis à une élégante réception. J'étais debout devant le buffet, une assiette chaude à la main, lorsque j'entendis une voix à côté de moi :

« Vous comptez tirer un film de *Seven Days in May*? »

C'était le président Kennedy.

« Oui, monsieur le président.

– Parfait. »

Pendant les vingt minutes qui suivirent, tandis que notre dîner refroidissait, il m'expliqua pourquoi à son avis cela ferait un film excellent. Si j'avais encore eu le moindre doute, cette chaleureuse appréciation l'aurait dissipé.

J'achetai les droits d'adaptation du livre. Lors de notre entrevue, au cours d'un déjeuner, les auteurs se montrèrent raides, guère chaleureux. Ils finirent par se livrer :

« J'espère que vous n'allez pas tirer de notre livre un de ces films typiques d'Hollywood? »

Ces propos m'irritèrent, pour ne pas dire plus. Je les regardai tous les deux, droit dans les yeux.

« Je ferai un bien meilleur film que votre foutu bouquin! »

Je leur laissai le chèque et partis.

J'étais furieux : ils encaissaient le chèque, mais se permettaient quand même de faire la fine bouche sur ce que j'allais faire de leur livre. Je croyais pourtant avoir à l'époque un palmarès suffisamment éloquent. Ils auraient pu aller voir *Spartacus, Les Vikings, Seuls sont les indomptés* et *Les sentiers de la gloire*. Leur attitude était pour le moins arrogante. Je ne leur parlai plus jamais. Ils avaient écrit un livre intéressant, j'en fis un film meilleur encore.

Plus tard, Fletcher Knebel écrivit un livre intitulé *A Night at Camp David,* racontant l'histoire d'un président des Etats-Unis qui ne semble pas jouir de toute sa raison, et d'un loyal conseiller qui redoute qu'il n'appuie sur le bouton et ne déclenche la troisième guerre mondiale. Une grande vedette de Hollywood avait décidé d'en tirer un film, et le contrat était presque signé, lorsque le bruit courut dans les milieux du cinéma que le sujet (et le portrait qui était fait du président) déplaisait au président Lyndon Johnson. Le film ne vit jamais le jour.

Rod Serling écrivit le scénario à partir du livre. Je pouvais jouer deux rôles : celui du général James Matton Scott, le mauvais qui organise le complot; et celui du colonel Jiggs Casey, le bon qui va prévenir le président. J'envoyai le scénario à Burt Lancaster : « Je veux bien jouer l'un ou l'autre rôle. A toi de choisir. »

Burt choisit le rôle du général, ce qui ne me déplut pas, parce que c'était le rôle que je jouais d'ordinaire, celui du méchant. J'aime bien, aussi, jouer le rôle du bon.

Nous avions une distribution extraordinaire. Fredric March jouait le rôle de Lyman Jordan, le président des Etats-Unis. Fredric March était un excellent acteur. Un homme de la classe de Laurence Olivier.

Edmund O'Brien, un de mes acteurs favoris, incarnait un sénateur du Sud porté sur la bouteille. Sous-estimé, Edmund O'Brien était pourtant l'un des meilleurs acteurs du répertoire shakespearien. Je me souviens encore du film *Jules César* dans lequel il jouait Cassius, face à un Marc Antoine incarné par Marlon Brando. Avec son accent américain, Edmund avait l'air de prononcer les mots de Shakespeare comme s'ils lui venaient spontanément aux lèvres. C'était un acteur d'un talent immense.

Tout le monde était bon. Martin Balsam jouait le rôle du conseiller du président, John Houseman celui de l'amiral Barnswell, l'officier félon, et l'affiche comportait également George Macready, Hugh Marlowe et Andrew Duggan.

Je voulais John Frankenheimer comme réalisateur, et il accepta... jusqu'au moment où il s'aperçut que Burt Lancaster devait jouer dans le film. Il venait de terminer avec Burt le tournage de *Birdman of Alcatraz,* et s'était juré de ne plus jamais travailler avec lui.

J'étais surpris.

« Pourquoi? Que s'est-il passé? »

John et Burt s'étaient disputés à propos du tournage d'une scène. Finalement, John donna des ordres aux opérateurs.

« Qu'est-ce que tu fais? s'exclama Burt.
– La caméra sera ici! » répondit John.

Burt prit alors Frankenheimer dans ses bras, lui fit traverser la pièce et le planta sur le sol.

« C'est là que sera la caméra! »

J'étais choqué.

« Mais enfin, John, comment as-tu pu supporter une telle humiliation ?

— Voilà pourquoi je ne veux plus jamais travailler avec lui.

— John, je te promets que tu n'auras aucun problème avec Burt sur le tournage de *Sept jours en mai*. »

J'étais le patron, et je comprenais Burt. J'avais travaillé avec lui auparavant, et je pensais pouvoir éviter toute situation déplaisante.

Non sans une certaine inquiétude, John accepta de réaliser le film. Son agent insista pour que fût mentionné : « Un film de John Frankenheimer ». Cela me fit sourire. J'ai toujours été étonné par cette théorie de *l'auteur* qui nous est venue d'Europe, et qui a fini par contaminer notre système cinématographique. La théorie de *l'auteur* postule que le réalisateur est le créateur du film. Mais un film est le résultat d'une collaboration. Il est rare qu'un film soit l'œuvre d'une seule personne. Peut-être est-ce le cas pour certains, Charlie Chaplin, Orson Welles, Woody Allen, Barbra Streisand, qui écrivent le scénario, mettent en scène et jouent tout à la fois. Mais même dans ce cas, ils ont besoin d'aide : de producteurs, directeurs de la distribution, monteurs, techniciens, régisseurs, d'autres acteurs. Mais il semble injuste de revendiquer comme « son œuvre » un film qui comme *Sept jours en mai* est présenté à son réalisateur avec un scénario déjà écrit, le financement et la distribution déjà organisés, et la distribution déjà prévue. Et quelle distribution ! Néanmoins je capitulai, et au générique figure la mention : « Un film de John Frankenheimer ».

John n'eut aucun problème avec Burt, mais il en eut avec Ava Gardner. Un soir, après le tournage, alors que John et moi discutons du film dans ma loge, l'assistant-réalisateur passa la tête par l'entrebâillement de la porte :

« Monsieur Frankenheimer, madame Gardner voudrait que vous alliez la voir dans sa loge. »

John leva les yeux au ciel.

« Que se passe-t-il? demandai-je.

— Tous les soirs c'est la même chose.

— Et que se passe-t-il, tous les soirs?

— Elle boit quelques verres, puis il faut que j'aille la voir et elle me pompe l'air. Elle se plaint de tout ce qui se passe. Personne ne fait jamais rien comme il faut. Elle nous accuse même, toi et moi, d'avoir une relation homosexuelle.

— Ecoute, je connais Ava depuis des années. Elle doit simplement être un peu partie.

— Bon, allez, dit-il en se levant, il faut que j'aille la voir.

— Mais non, John. »

Il s'immobilisa, l'air interrogateur.

« C'est un film de la Bryna. Tu n'as pas à aller la voir. J'en prends la responsabilité.

— Mais elle risque de ne pas venir...

— Elle viendra travailler demain parce qu'on la paye pour venir travailler! Je ne veux pas que tu subisses ça, John, c'est humiliant. »

Il alla quand même la voir.

Le tournage se fit principalement à Hollywood. La cachette du président dans le Maine fut le lac Arrowhead; le porte-avions en Méditerranée se trouvait à San Diego; la base secrète de l'armée au Texas fut reconstituée dans les environs de Yuma. Quant aux scènes de Washington, elles furent tournées sur les lieux mêmes : à l'aéroport Dulles et devant la Maison Blanche.

Mais il nous fallait un plan extrêmement important pour ajouter à l'authenticité : le Pentagone. Malheureusement, toute espèce de tournage y était interdite. Pourtant, il le fallait. Nous dûmes voler le plan. La caméra fut dissimulée dans une remorque garée dans la rue en face du Pentagone. Je m'avançai à grands pas vers l'entrée, vêtu de mon uniforme de colonel. Le garde de faction me salua. Je le saluai aussi. J'entrai dans le Pentagone, attendis un peu puis ressortis. Le garde me jeta bien un regard étrange, mais c'était un soldat discipliné, et il n'allait pas poser de questions à un officier supérieur. Le plan figure dans le film. Il est tout ce qu'il y a d'authentique.

Nous tournâmes aussi une fin qui me plaisait beaucoup, mais qui ne fut pas utilisée. Burt Lancaster, le félon général Scott, s'éloigne dans sa voiture de sport et meurt dans un accident. Accident? suicide? De la voiture écrasée par l'accident monte le son de l'autoradio : on entend le président Lyman Jordan évoquer le caractère sacré de la Constitution. Mais dans le film, la dernière fois que l'on voit Burt, c'est au cours de sa confrontation avec moi. Il considère que je l'ai trahi, et moi je considère qu'il a trahi le pays. Il me dit : « Savez-vous qui était Judas? » et moi, je réponds : « Oui. Un homme pour qui je travaillais et pour qui j'avais du respect, mais il a déshonoré ses trois étoiles de général. »

Après *Sept jours en mai,* Burt se rendit en France pour tourner *The Train,* l'histoire d'un train spécial qui, au cours de la deuxième guerre mondiale, emportait en Allemagne les œuvres d'art volées à la France. Mais il se disputa avec le réalisateur, et demanda à Frankenheimer de le remplacer. Ce dernier, qui n'avait même pas terminé le montage de *Sept jours en mai,* laissa tout en l'état, trop heureux d'aller travailler à nouveau avec Burt.

L'histoire ne manque pas de sel. C'est moi qui arrange les affaires de Frankenheimer et de Burt, puis ils s'en vont tous les deux, les meilleurs amis du monde.

Lors d'interviews ultérieures, Frankenheimer joua le rôle du grand auteur : moi, je n'étais plus qu'un acteur parmi d'autres, ravi de travailler sous sa tutélaire direction. Voilà une manière bien curieuse de tordre la réalité. Frankenheimer n'était plus l'homme effrayé avec qui je parlais en privé... « Comment vais-je faire avec Burt Lancaster? » « Oh, mon Dieu, comment vais-je m'en sortir avec Ava Gardner? »

Pourquoi faut-il que les gens à qui l'on rend le plus de services soient précisément ceux qui vous en veulent le plus? Peut-être leur rappelle-t-on ainsi leur faiblesse. Qu'ils aillent au diable!

Moi, j'allais vivre en Afrique une grande aventure.

29

DOUGLAS LE TUEUR

TRUE, le magazine d'aventures, m'invita à un safari au gros gibier. L'Afrique! Le gros gibier! Je n'allais tout de même pas rater ça. Je partis donc en Afrique orientale (qui forme à présent le Kenya et la Tanzanie) pour trois semaines.

D'abord, on dut m'apprendre à tirer. Au cinéma, mes armes étaient chargées à blanc, et si je devais jongler avec, elles n'étaient pas chargées du tout. Je découvris rapidement que j'étais assez doué pour le tir. Au premier coup tiré avec un fusil de gros calibre, je fis mouche en plein milieu de la cible. Je me fis aussi un œil au beurre noir : j'avais oublié le recul. Résultat : un œil au beurre noir et un saignement de nez. Mais rapidement, j'appris à me servir de fusils de calibre 264, 375 et 468. Ce n'était pas si difficile que ça. Il suffisait de bien viser, d'appuyer sur la détente et de ne pas être nerveux.

J'ai tiré toutes sortes d'animaux : des pintades, des gazelles, des impalas, des oryx, des zèbres, un léopard, et un élan du Cap (la plus grande des antilopes) de 600 kilos. J'ai suivi leur piste, les ai tirés, dépouillés. Dès que j'eus commencé, il fut impossible de m'arrêter. J'éprouvais un sentiment de pouvoir. Apercevais-je un animal? Je tirais aussitôt. Puissance et jouissance. Parce que j'étais soi-disant un guerrier sans peur, nos guides massaïs, ces gens de haute taille qui se tiennent sur une jambe, comme des flamants, me conduisirent dans leur tribu. Ils me donnèrent une lance et un bouclier et firent de moi leur frère de sang. Ils m'appelèrent « Douglas le Tueur ».

Pour certains, le fait de tuer agit comme un aphrodisiaque. Les chasseurs blancs me parlaient de ces femmes riches qui voulaient faire l'amour avec eux sur le corps d'animaux morts ou en train de mourir. Pour ces femmes, il y avait là quelque chose d'excitant. Je songeais à Nina Foch et à Joanna Barnes jouant les Romaines assoiffées de sang dans *Spartacus* : elles choisissent deux gladiateurs bien musclés et savourent le spectacle de ces deux hommes qui s'entre-tuent. Impossible d'imaginer, dans ses rêves les plus sauvages, quelque chose qui n'aurait pas déjà été fait ou rêvé.

On me raconta aussi l'histoire d'un « macho » parti à la chasse au lion. Lorsqu'ils furent arrivés devant l'animal, l'homme donna son appareil photo au chasseur professionnel : « Lorsque le lion chargera, vous nous prendrez en photo tous les deux au moment où je tirerai. » Stupidement, le chasseur professionnel troqua son fusil contre l'appareil photo. Le lion chargea; l'homme tira, le manqua et fut tué. Le chasseur professionnel, lui, n'eut pas sa photo.

Une nuit, nous dressâmes notre camp non loin d'une tribu de magnifiques Borans. Les hommes semblaient vivre dans l'oisiveté, tandis que les femmes, aux muscles souples et luisants, accomplissaient toutes les tâches, y compris la construction des huttes. Je voulus essayer de piler le maïs comme elles le faisaient, à l'aide d'un lourd pilon. C'était un travail fort pénible. Les hommes de la tribu riaient tout leur soûl en voyant ce Blanc insensé occupé à une tâche de femme.

Il y avait dans cette tribu une fille qui aurait fait tourner la tête à n'importe quel homme au monde. Elle marchait la poitrine découverte, avec une grande dignité, ses seins magnifiques pointant vers le ciel. Je m'imaginais la ramenant à Londres ou à Paris, la baignant dans un bain de mousse, la revêtant des robes les plus fines pour la conduire dans les salons. Mais ces rêveries de Pygmalion furent de courte durée.

Un jour, fasciné, j'observai un de nos guides indigènes ramasser par terre deux pierres plates et s'en servir pour tenir son pénis tandis qu'il se soulageait. J'appris alors que les Borans, quoique illettrés, suivaient scrupuleusement la religion musulmane; on était en plein mois de Ramadan, et outre le jeûne du lever au coucher du soleil, ils ne pouvaient avoir d'activité sexuelle. Notre guide ne se touchait jamais le sexe.

Notre safari était des plus luxueux, compte tenu des conditions de vie en brousse. Il y avait toujours plein de vivres, soit de la viande de boucherie soit du gibier que nous avions tué, et un large assortiment de boissons : vodka, bourbon, scotch, bière. De la nourriture de Blancs. Mais moi, je voulais manger ce que mangeaient les indigènes, et je les observai après que nous eûmes tué un gnou en pleine savane. Ils cassaient les os et en suçaient la moelle. Je dis à nos guides blancs que je voulais moi aussi essayer. On se moqua de moi. Pourquoi manger de ces *machins* alors que nous avions de l'excellente nourriture? Mais parce que j'étais curieux! Je m'agenouillai au milieu des indigènes et suçai à mon tour la moelle des os. C'était chaud, un peu salé, mais probablement plus nourrissant que ce que nous mangions, nous. En outre, dans les meilleurs restaurants du monde, les gens payent très cher l'osso buco, fait d'os de veau dont ils dégustent la moelle avec des cuillers en argent. Là, sans frais, je dégustai sur le pouce un osso buco à la tartare.

Je passai du bon temps. Et j'apprenais beaucoup de choses. J'adorais notamment pister les éléphants. Nous en suivions un dont les défenses devaient faire environ 62 ou 63 kilos. Une belle bête. Je devins un bon pisteur. En se frottant aux arbres, les éléphants indiquent leur taille par les traces qu'ils laissent. La taille des fumées renseigne sur leur poids. Enfin, en plongeant un doigt dans ces fumées, on peut déterminer l'heure de leur passage.

Une fois, nous tombâmes sur une harde entière. « Faites-moi voir comment vous visez », me dit le chasseur professionnel. Il m'expliqua où toucher l'éléphant, environ trente centimètres sous le haut du crâne : « C'est là que se trouve le cerveau. Il en coule alors un liquide noir. »

Je choisis alors un éléphant dans la harde, mis en joue, prêt à tirer, lorsqu'il abaissa brusquement le canon de mon fusil.

« Hé, qu'est-ce qui vous prend? m'écriai-je.

— Mais vous êtes fou? Vous n'allez tout de même pas tirer cet éléphant?

— Pourquoi m'avez-vous dit de viser, alors?

— Je voulais seulement voir comment vous vous débrouillez. Quand je leur demande ça, la plupart des gens tremblent, ou vomissent. Si vous aviez tiré sur cet éléphant, on aurait pu être piétinés par la harde tout entière. »

J'étais heureux de ne pas avoir tiré...

Mais à part cela, je tirais sur tout ce qui se présentait. En cette occasion, je découvris que j'ai beau être un type plutôt nerveux, je sais conserver mon sang-froid en cas d'urgence, garder tout mon calme.

Je m'imaginais que je serais un vrai mâle si je parvenais à tuer un fauve pour offrir un manteau à ma femme. Le léopard est un gibier de toute beauté, car c'est la bête la plus dangereuse qui soit. Les léopards sont rusés, et il faut leur tendre un piège bien conçu. On tue d'abord un gnou qui servira d'appât, puis on le hisse dans les branches d'un arbre de façon à ce qu'il soit hors de portée des hyènes. Le léopard est obligé de grimper dans l'arbre et de ramper sur les branches pour atteindre la carcasse. Dissimulé dans un abri, on attend le fauve qui doit être affamé après sa sieste de l'après-midi. J'étais donc assis dans l'abri, lisant le livre de Louis Nizer, *My Day in Court,* que l'on voulait me voir jouer à Broadway. Il faisait de plus en plus sombre. Soudain, je levai les yeux. Le léopard était là, et il me regardait depuis sa branche. Je ne l'avais ni vu ni entendu grimper sur l'arbre. Il s'était matérialisé sous mes yeux comme par enchantement. La situation était délicate. Il fallait attendre que le léopard se présente de la bonne façon, de façon à lui tirer une balle dans le cœur. Et l'on n'a droit qu'à un seul coup : mieux vaut éviter de se trouver face à un léopard blessé.

Je le tuai du premier coup. J'étais un vrai mâle! Ma femme pourrait parader dans un manteau taillé dans le léopard que j'avais tué! Je me rendis compte, alors, qu'une peau de léopard fait un manteau parfait pour... un léopard. Pour habiller un être humain, il faut compter *cinq* peaux de léopard. Qu'à cela ne tienne! Je tuerais cinq autres léopards! Mais attention, cinq léopards possédant la même peau... « Comment cela, la même peau? Les léopards n'ont pas tous la même peau? » Eh bien non... il y a de nombreuses espèces de léopards, tous tachés différemment. Il faut trouver des peaux qui s'assortissent, ce qui est à la fois difficile et cher. Exaspéré, je finis par acheter cinq peaux assorties, les envoyai chez Maximilian, le fourreur new-yorkais, Anne dut se rendre de nombreuses fois chez lui pour les mesures et les essayages. Elle eut enfin le plus beau manteau de léopard qu'on pût imaginer. Et le plus cher.

A Nairobi, j'assistai à la première de *Spartacus*. La recette fut offerte à Albert Schweitzer.

De retour de mon safari, je disposai la peau du léopard que j'avais tué sur le sol de mon bureau; il y avait encore la tête, les crocs bien visibles, des billes de verre à la place des yeux. Mais au cours des années, mes chiens finirent par en avoir raison. Quant à tous mes autres trophées, je les accrochai aux murs de ma salle de projection. Un an après, environ, alors que je contemplais toutes ces têtes d'animaux, j'entendis une voix que je n'avais pas entendue depuis longtemps.

« Qu'est-ce que tu fabriques, avec tous ces animaux morts autour de toi? demandait Issur. Ils étaient si beaux quand ils étaient vivants.

– Ça fait viril. C'est comme ça que fait l'homme : il chasse et ramène les trophées chez lui.

– Il n'y avait même pas de danger.

– Et le léopard?

– Allez, raconte tes salades à d'autres, mais pas à moi... »

Je décrochai tous les trophées et en fis don – y compris le manteau d'Anne – au Muséum d'histoire naturelle de New York.

Je ne suis pas végétarien. Je tuerais n'importe quel animal si c'était pour le manger. Ou pour éviter d'être moi-même mangé. Mais pendant le safari, la nuit, bien à l'abri dans sa tente, on entend les animaux se déplacer, vivre leurs vies d'animaux, vaquer à leurs occupations. Ils ne cherchent pas à attaquer l'homme. Ils ne sont pas idiots. A moins qu'il ne soit acculé ou enragé, un animal qui sent l'odeur de l'homme préfère s'éloigner. Les animaux ne nous chassent pas, c'est l'inverse qui est vrai.

Tous les ans, Anne et moi partons pêcher en Alaska. A une demi-heure d'hydravion de Ketchikan, il y a des kilomètres carrés d'îles désertes, et de mers intérieures alimentées par la fonte des glaciers. Quelle splendeur, quelle paix! Nous nous installons à Yes Bay Lodge, dans une petite maison rustique au bord de la baie.

Tous les jours, nous partons pêcher dans un petit bateau. Je suis toujours aussi étonné de voir à quel point Anne, la Parisienne, prend du plaisir à ces séjours. Et cela m'agace aussi de voir qu'elle prend plus de poissons que moi. Sous la pluie, enveloppés dans nos imperméables, nous contemplons, hypnotisés, les bouchons de nos lignes qui se balancent au rythme de l'eau. Une fois nettoyés et congelés, nos poissons sont envoyés à nos amis, chez nous, et ainsi, tout au long de l'année, nous dégustons des saumons de toute sorte.

Une fois au moins, au cours de ces séjours d'une semaine, nous nous rendons aux chutes de San Ann, là où la rivière se brise sur les rochers et se déverse dans la mer. C'est un véritable miracle de la nature.

Les saumons, qui viennent parfois du Japon, accomplissent leur pèlerinage dans la rivière où ils sont nés. Après avoir échappé aux poissons plus gros qu'eux, aux pêcheurs professionnels avec leurs filets, aux pêcheurs amateurs comme nous, avec leurs cannes, aux ours qui les guettent sur leurs lieux de rassemblement, ils regagnent en masse les chutes qui barrent l'entrée de leur rivière natale.

Anne et moi, en compagnie d'un guide, parcourons près de deux kilomètres dans la forêt. Le guide est armé d'un fusil, car nous risquons toujours de rencontrer un ours un peu curieux. C'est alors l'arrivée sur une plate-forme surplombant les chutes. L'eau tourbillonne en rugissant, et les saumons doivent lutter contre la force du courant. Ils sont des centaines; ils sautent en l'air, se jettent contre les rochers, échouent, recommencent leur tentative.

Un peu plus loin en aval, dans un bassin aux eaux tranquilles, on aperçoit une masse sombre : ce sont des centaines de saumons rassemblés là, qui se reposent avant d'entreprendre leur terrible remontée.

Un jour, nous avons vu huit ours noirs, au bord de l'eau, occupés à pêcher des saumons.

Le saumon qui a réussi à franchir les chutes remonte la rivière. Dans un endroit tranquille, la femelle dépose des œufs que le mâle viendra ensuite féconder. Lorsque les œufs ont éclos, les saumons adultes meurent; leurs carcasses nourriront les aigles pêcheurs, les mouettes et les autres poissons. Alors, avec la descente des saumons nouveau-nés, un nouveau cycle commence.

En cette époque d'ordinateurs hautement spécialisés, quelle machine pourrait prétendre égaler le cerveau de ces saumons qui franchissent 5 000 km à travers les océans pour retrouver la rivière où ils sont nés? Quel mécanisme les force ainsi à surmonter tous les obstacles pour accomplir leur mission : féconder les œufs et puis mourir?

Nul ne peut contempler ces chutes d'eau bouillonnantes, ni voir ces saumons se déchirer aux arêtes vives des rochers pour accomplir leur destinée, et se proclamer athée.

Je ne retournai chasser qu'une seule fois, bien des années plus tard. Dans un bureau. Mon fils Peter produisait un film, *Something Wicked This Way Comes,* dont le réalisateur était Jack Clayton. Ce dernier avait des côtés un peu macho. Sur le mur du fond de son bureau, tout en longueur, il avait disposé une cible, et tandis qu'il parlait avec les gens, il décochait une flèche, avec un arc, d'un air négligent.

Un jour, je lui demandai à quoi servait cet arc.

« Essaye », me répondit-il.

Je bandai l'arc... et la flèche vint se ficher en plein milieu de la cible. J'étais encore plus étonné que lui, mais, acteur de profession, je parvins à dissimuler ma surprise. Je reposai l'arc tranquillement et continuai de parler comme si rien ne s'était passé. Il me regardait, bouche bée.

Mais je ne lui avouai pas que j'étais frère de sang des Massaïs. Il était suffisamment vexé comme ça.

30

VOL AU-DESSUS D'UN NID DE COUCOU

Après avoir lu *A Case of Libel,* je décidai de ne pas jouer le rôle qu'on m'y proposait. Le personnage n'était aucunement développé. A l'acte I, c'était un brillant avocat juif, un brillant avocat juif à l'acte II, et un avocat juif brillant à l'acte III. Puis l'on m'offrit un million et demi de dollars pour jouer dans *La chute de l'empire romain.* Cela représentait beaucoup d'argent. L'équivalent de sept millions de dollars de nos jours. Jamais l'on n'avait proposé une telle somme à un acteur, mais le groupe Bronston, en Espagne, cherchait désespérément une grande vedette.

Je voulus négocier. « Pour un million de dollars, je vous fais *Montezuma.* » Il s'agissait d'un scénario de Dalton Trumbo, dont je possédais les droits. C'était l'histoire de la conquête du Mexique par Cortez, puis des doutes qui assaillent le grand conquistador à l'heure de sa mort. John Huston était d'accord pour réaliser le film, mais *eux,* ne voulaient pas de *Montezuma* : ils tenaient absolument à tourner *La chute de l'empire romain.* Je ne comprenais pas leur obstination; mon scénario était bien meilleur. Finalement, Sophia Loren accepta d'y tenir un rôle, pour un million de dollars.

« J'ai envie de te donner des claques, me dit

Harold Mirisch. Comment as-tu osé refuser autant d'argent? » Il n'avait pas tort, je n'avais nulle raison de me vanter. Cet argent m'aurait permis de faire beaucoup de choses. Mais j'avais décidé de retourner à Broadway.

Mes agents s'arrachaient les cheveux : pourquoi refuser des millions de dollars au cinéma et aller jouer au théâtre pour rien du tout? Parce que j'étais resté sur un échec. Je voulais être une vedette de théâtre, une vedette de chair et de sang, pas une ombre sur un écran. L'objectif de la caméra est un mauvais œil. Lorsque l'on joue sous son regard, ce cyclope vous vide jusqu'à ce qu'il ne reste rien. Sur scène, on donne quelque chose au public, et on reçoit plus encore. Lorsque le rideau se ferme au théâtre, on éprouve un sentiment de joie profonde... On a accompli quelque chose, complètement. Tel n'est pas le sentiment après une épuisante journée de tournage. On revient chez soi fatigué, vidé. Un film c'est comme une mosaïque : on assemble laborieusement de petits morceaux, les uns après les autres, on saute d'un moment du film à un autre, sans jamais voir l'ensemble. Alors que dans une pièce on est emporté par le mouvement, par la continuité. Jouer au théâtre, c'est comme danser sur de la musique; jouer au cinéma, c'est comme danser sur du ciment frais. En outre, je n'avais jamais connu de véritables succès au théâtre dans un rôle créé par moi.

J'abandonnai *Sept jours en mai* entre les mains d'Eddie Lewis et des monteurs, et partis pour New York monter une pièce à partir d'un livre que j'adorais, *One Flew Over the Cuckoo's Nest*. J'achetai les droits du livre à l'écrivain, Ken Kesey, le fils d'un fermier de l'Oregon, un type cinglé et bourré de talent. C'était son premier roman. S'il l'avait publié dans l'Est, son livre aurait été accueilli avec le respect qu'il méritait; au lieu de cela, il lui fallut attendre des années sa reconnaissance.

Je me rendis compte alors que Dale Wasserman, qui avait écrit la première version des *Vikings* et le scénario initial de *Cléopâtre,* avait lui aussi cherché à acquérir les droits de *One Flew Over the Cuckoo's Nest.* J'eus le sentiment qu'il envisageait l'adaptation de la même manière que moi, et bien qu'il n'eût jamais rien produit pour Broadway, je lui demandai d'écrire une pièce à partir du roman. En échange, je lui abandonnais tous les droits sur la pièce, me réservant ceux de l'adaptation cinématographique.

Wasserman écrivit une bonne pièce, et nous commençâmes les répétitions. J'étais très excité. Nous avions une excellente distribution : Gene Wilder dans le rôle de l'innocent Bill Bibbit, et William Daniels dans celui du mari timide doutant de ses capacités sexuelles. Moi, je jouais le rôle de Randle P. McMurphy, et ne prenais aucun cachet. Nous rodâmes la pièce à New Haven et Boston; les critiques furent excellentes. Un vrai succès! Inutile d'attendre : il fallait commencer à Broadway.

C'est alors que je faillis m'écarter de ma route : je reçus une lettre d'un professeur à l'université d'Harvard, Timothy Leary, m'invitant à participer à une expérience de développement mental au cours de laquelle devait être utilisée une substance dont je n'avais jamais entendu parler, le LSD. J'étais intrigué. Si je n'avais pas été occupé par cette pièce à succès, je me serais joint à cette expérience. J'aurais bien aimé développer mon esprit.

Dans le passé, j'avais souvent goûté à la marijuana. A cette époque, on ne la considérait pas comme une drogue susceptible d'entraîner d'accoutumance, et je la jugeais moins dangereuse que l'alcool. Si l'on boit d'une seule traite une bouteille de scotch, on peut en mourir.

J'ai même découvert dans mon jardin des plants de marijuana plantés par mes fils. Je les obligeai à les arracher, mais je ne leur en tins pas rigueur outre mesure. De toute façon, tôt ou tard ils auraient à apprendre l'usage de l'herbe, illégal, comme ils apprendraient celui de l'alcool, légal celui-là.

Un soir, au cours d'une fête à Malibu, je vis une grande vedette de cinéma renifler de la cocaïne. Je n'avais jamais essayé, et j'étais curieux.

« Essaye donc », me dit-elle.

Ce que je fis.

Elle m'apprit à utiliser une paille ou un billet d'un dollar roulé pour inspirer une ligne de poudre blanche. J'éprouvai une sensation de douce euphorie qui ne dura pas longtemps. Il me fallut renifler à nouveau. Je le fis plusieurs fois, puis décidai que le jeu n'en valait pas la chandelle. Visiblement, d'autres que moi ne sont pas du même avis. Mais la came n'a jamais joué de grand rôle dans ma vie.

Si je me permets d'évoquer tout cela, c'est, bien entendu, que je n'ai nullement l'intention de briguer la présidence des Etats-Unis ou celle de la Cour suprême.

Pendant ce temps-là, la troupe entière était grisée par le succès de la pièce. Ces premières représentations avaient remporté un tel succès que nous annulâmes celles qui étaient prévues à Buffalo pour nous rendre plus tôt à New York. J'étais de retour chez moi... à Broadway.

14 novembre 1963 : première de la pièce à New York. Excitation. Espoir. J'avais invité Ken Kesey, qui vivait dans l'Oregon, à cette première. C'était notre première rencontre. Il avait les yeux curieusement brillants. Mais ce n'était ni l'excitation de voir son œuvre portée à la scène, ni même la gêne occasionnée par le smoking qu'il avait acheté tout spécialement pour la soirée. C'était le début de son aventure avec les drogues, aventure qui allait inspirer Tom Wolfe pour *The Electric Kool-Aid Acid Test*.

Le théâtre était plein. Le public fut subjugué.

Mais les critiques furent meurtrières. Dans le

Herald Tribune, Walter Kerr écrivit : « Il était ridicule de monter *Vol au-dessus d'un nid de coucou* au théâtre, et seul mérite qu'on s'y arrête l'incroyable manque de goût qui a présidé à l'entreprise. » Il déclarait également que le rôle de McMurphy, mon rôle, était écrit « au niveau du bas-ventre », et que « la pièce était tirée d'un roman de Ken Kesey, un homme malheureux ». Howard Taubman, du *New York Times,* écrivait, lui : « Trouvez-vous amusants les jeux de mots, les frasques et les bons tours des pensionnaires des hôpitaux psychiatriques? Si oui, vous passerez un bon moment en allant voir *Vol au-dessus d'un nid de coucou* (...). Journaliste objectif, je dois vous prévenir qu'une grande partie du public riait beaucoup hier soir, à certains de ces gags. Je dois dire que pour ma part, je les ai trouvés soit gênants soit franchement de mauvais goût. » Et enfin la conclusion : « Comment éprouver le moindre sentiment de compassion face à un tel tissu de vannes, de gaudriole, de violence et d'infamie histrionesque? »

J'aurais souhaité me trouver à Boston, à développer mon esprit grâce au LSD. Ces deux critiques signaient l'arrêt de mort de la pièce. Il eût suffi qu'une des deux fût bonne pour nous laisser une chance. Elles réduisaient à néant les critiques seulement tièdes, et même un éloge vibrant à la télévision. Les critiques ne comprirent pas la pièce. Ils encensaient des comédies légères comme celles de Jean Kerr, *Mary, Mary,* ou *Never Too Late,* l'histoire d'une femme entre deux âges qui se retrouve enceinte. Mais pire encore que leur cruauté envers la pièce, fut leur indifférence à mon égard. De l'amour ou de la haine, mais pas d'indifférence!

Van Heflin, qui remportait un grand succès dans la pièce que j'avais refusée, m'avait prévenu : « Kirk, il faut que tu saches que la première fois que tu retourneras à New York, ils ne te louperont pas. Ils pourront peut-être te pardonner la deuxième fois, mais pas la première. » Jack Lemmon est l'un des seuls acteurs qui ait su résister à un tel traitement. Il s'est fait étriller un certain nombre de fois, mais il continue de revenir.

Non que les critiques devraient forcément s'incliner lorsqu'une vedette de cinéma vient à New York, mais ils devraient au moins encourager ces vedettes à venir jouer au théâtre dans leur ville. Je puisai un certain réconfort dans ces mots de Teddy Roosevelt :

« Ce n'est pas le critique qui importe. Il faut rendre justice à celui qui descend dans l'arène; à celui qui connaît l'enthousiasme et la dévotion; à celui qui à la fin soit connaît le triomphe de la tâche menée à bien, soit l'échec dans la grandeur. On voit qu'il n'est pas de ces âmes timides qui ne connaissent ni la victoire ni la défaite. »

La même chose est arrivée à mon fils qui avait produit *The China Syndrome* (Le syndrome chinois) et joué dans le film. George Will avait publié dans *Newsweek* un article cinglant, dans lequel il expliquait qu'un accident dans une centrale nucléaire était chose impossible. Quelques jours plus tard, ce fut la catastrophe de Three Mile Island. George Will ne publia aucune rétractation, aucun article d'excuse. Michael aurait pu se servir de Three Mile Island pour la publicité du film, mais il ne le fit pas. Le procédé aurait été macabre.

Lee Strasberg, le grand gourou de l'Actor's Studio, vient assister un soir à la pièce. Gene Wilder et William Daniels, membres du Studio, étaient au comble de l'excitation. Strasberg qui venait les voir, c'était comme Jelly faisant la même chose pour moi quelques années auparavant. Strasberg se montra très gentil. Il me dit qu'il y avait en moi une qualité rare : lorsque j'étais sur scène, il y avait un espace autour de moi. Il me demanda de monter une pièce pour l'Actor's Studio. Mais le théâtre, c'était bien la dernière chose dont j'avais envie à ce moment-là! En dépit de la bonne opinion de Strasberg, la presse avait accompli son travail : la pièce ne marchait pas bien. Mais au lieu de demander aux acteurs d'accepter une diminution de salaire – procédure habituelle lorsque la pièce ne rassemble qu'une faible audience –, je m'entêtai à garder tout le monde à plein salaire.

Maureen O'Sullivan, dans *Never Too Late,* qui se jouait au Playhouse Theatre, en face du Cort, où nous jouions nous-mêmes, se débrouillait beaucoup mieux que nous. Sa fille de dix-sept ans, Mia Farrow, assista plusieurs fois à nos représentations en attendant sa mère. Et plusieurs fois, après le spectacle, je les emmenai toutes les deux dîner. Je ne savais où donner de la tête : elles étaient toutes les deux si belles.

Mia est une fille véritablement brillante. Cela ne m'étonnerait pas d'apprendre qu'elle possède le QI le plus élevé de toutes les actrices que je connais. Alors qu'elle était mariée avec Frank Sinatra, nous assistâmes à un dîner que donnaient Edie et Bill Goetz, le patron d'Universal. Il y avait une vingtaine de personnes à ce dîner, et j'étais assis aux côtés de Mia. « Que penses-tu de tous ces gens? » lui demandai-je. Elle me brossa alors un portrait hallucinant de chacun des convives. J'étais sidéré. Elle avait l'air si naïf, si angélique, mais elle avait la pointe acérée et juste. Je suis un grand admirateur de Mia Farrow. Elle vient d'avoir un garçon avec Woody Allen, le petit Satchel.

Le 22 novembre 1963, au cours de l'après-midi, je pris un taxi. Alors que je m'installais à l'intérieur, le chauffeur me dit : « C'est terrible, hein, pour le président Kennedy?

– Pourquoi, qu'est-ce qu'il se passe?
– Il a été assassiné. »

J'étais effondré. Le monde entier était effondré. Au théâtre, le public comme les acteurs semblaient frappés d'hébétude. Pendant un certain temps, le monde entier sembla frappé d'hébétude.

Quelques années plus tard, j'en parlai avec Evgueni Evtouchenko, le poète russe :

« Comment la Russie a-t-elle réagi à l'assassinat du président Kennedy?

— Les gens pleuraient dans la rue. Ils pleuraient peut-être plus pour sa jeunesse que pour autre chose. Mais ils sentaient qu'avec lui, il y avait une chance de rapprochement entre nos deux pays. »

J'avais rencontré John Fitzgerald Kennedy pour la première fois vers le milieu des années cinquante, lors d'une réception chez Charlie Feldman. Charlie m'avait montré un beau garçon, mince, d'à peine trente ans : « Tu vois ce type? » Les filles semblaient en adoration devant lui. « Un jour il sera président des Etats-Unis. »

En 1963, Gene Kelly et moi étions maîtres de cérémonie lors de la célébration de ses deux années de présidence. Ce fut une soirée merveilleuse. Tout le monde était en grande forme. Le président et son épouse étaient plus beaux que jamais. Puis le temps se gâta : aucun avion ne pouvait plus décoller. Anne et moi étions coincés à Washington pour la fin de semaine. Il en allait de même pour le président et Jacqueline Kennedy qui ne pouvaient rejoindre Camp David, comme ils l'avaient prévu.

Le ministre de la Justice, Bobby Kennedy, nous invita à dîner chez lui, à McLean, en Virginie. Après le dîner, Bobby déclara : « Allons voir mon frère... » Il dit cela de façon tout à fait naturelle, comme si nous allions rendre visite à un voisin. J'étais très excité... et un peu inquiet.

« Mais... euh... est-ce que nous ne devrions pas...

— Mais non, mais non, c'est parfait comme ça. »

Nous grimpâmes dans nos gros breaks, et en route pour la Maison Blanche!

Le président venait de terminer de dîner en compagnie de l'ambassadeur de Grande-Bretagne, Olgivie, et de la femme de ce dernier, qui étaient de grands amis des Kennedy. L'ambassadeur fut plus tard créé Lord Harlech. Dans le salon, nous nous assîmes tous par terre. Tout le monde dut faire quelque chose. Teddy Kennedy chantait fort bien, accompagné par sa femme Joan au piano. Le président lui-même et Bobby se levèrent ensemble et chantèrent presque à l'unisson une chanson qu'ils chantaient étant enfants. La plupart du temps, au cours de cette soirée, le président demeura dans son célèbre fauteuil à bascule, la tête en arrière, savourant les prestations de chacun. George Burns fit un petit numéro et Carol Channing chanta *Diamonds Are a Girl's Best Friend*.

Certains, dont Anne, refusèrent de jouer ou de chanter. Je tentai de faire oublier ce refus en jouant le trop rebattu *I'm Red Hot Henry Brown, the Hottest Man in town*. J'y mis tout mon cœur. Les choses ne sont pas faciles pour un acteur. Si l'on est pianiste et que quelqu'un vous demande de jouer du piano, on s'exécute. Mais pour un acteur, il n'est pas aussi facile de jouer comme ça, à la demande. Nous nous étions déjà rendus à la Maison Blanche à l'occasion de réceptions officielles, mais cette soirée reste pour moi un moment extraordinaire.

Au cours de la soirée, quelqu'un exprima le souhait de voir la célèbre chambre à coucher de Lincoln. Jackie Kennedy conduisit donc un groupe d'invités, dont Anne, à la chambre. Après leur départ, le président me dit : « Jackie ne sait pas que ma mère dort en ce moment dans cette chambre. » Jackie Kennedy pénétra donc dans la chambre de Lincoln à la tête de son petit groupe de visiteurs; Rose Kennedy était déjà couchée, et lisait. Les choses se passèrent le plus courtoisement du monde. A leur retour, Jackie et le président éclatèrent de rire. Ce fut une soirée joyeuse, jeune, on eût dit une bande d'adolescents rassemblés autour d'un feu de camp; nous buvions de la bière et tout le monde, à tour de rôle, se levait pour amuser la compagnie. Anne et moi étions stupéfaits de tant de joyeuse simplicité.

Tous ces instants me revinrent en mémoire lorsque j'appris l'assassinat du président. Quelle tragédie! Mes sentiments n'auraient pas été les mêmes si je m'étais souvenu d'un infirme. Mais c'était un homme beau, plein de vie et de santé. Ils étaient si beaux tous les deux. Le prince et la princesse.

Dix-sept ans plus tard, en 1980, je tournais *The Man from Snowy River* (L'homme de la rivière d'argent) et j'étais le seul Américain au milieu d'une équipe australienne. J'étais à cheval dans les collines au-dessus de Melbourne, à 5 000 km de chez moi, lorsqu'un Australien, tout excité, se précipita vers moi : « Le président Reagan vient d'être assassiné! » Je partis au galop, et descendis de cheval plus loin, sous un arbre. Puis je me mis à pleurer. J'étais démocrate, mais quelqu'un venait de tuer mon président. Ce n'est qu'à la fin de la journée que j'appris que la nouvelle était fausse. Ce jour-là, aussi, je compris de quelle nature était la fonction présidentielle. Il est le président de tout le monde, de ceux qui ont voté pour lui, contre lui, et de ceux qui n'ont pas voté du tout.

Les représentations de *Vol au-dessus d'un nid de coucou* se poursuivirent tant bien que mal pendant cinq mois. Mes fils Michael et Joel firent leurs débuts au théâtre un soir au cours de leurs vacances dans le rôle de garçons de salle d'hôpital. Mon autre fils Eric, âgé de cinq ans, assistait à la représentation dans la salle, et en voyant ses frères m'emmener sur une table roulante, il crut que j'étais vraiment mort et il éclata en sanglots.

Mais je ne pouvais plus tenir ainsi cette pièce à bout de bras du point de vue financier. Je proposai alors ce que je repoussais depuis si longtemps : une diminution de salaire pour la troupe. Ils se réunirent et refusèrent la diminution de salaire : « La vedette de cinéma est riche, qu'elle paye ! » Blessé, je fis aussitôt apposer en coulisses une note annonçant la fin des représentations. La troupe voulut alors me rencontrer, mais je me rappelai la grève sur le tournage des *Vikings,* et je refusai de les écouter.

Le 25 janvier 1964, le soir même de la dernière de *Vol au-dessus d'un nid de coucou,* et dans le même théâtre, à minuit, j'organisai en avant-première, pour tous les acteurs de Broadway, une projection de *Sept jours en mai.* Ce théâtre que je n'avais pu remplir comme acteur de théâtre, je le remplis aisément comme vedette de cinéma.

Je pris le chemin de Los Angeles comme un animal blessé : je venais de perdre ma dernière bataille pour devenir une vedette de Broadway. « J'ai donné à New York une pièce classique, et ils ne s'en sont même pas rendu compte », dis-je à Anne. Anne me consola.

J'aimais le rôle de Randle P. McMurphy, et j'étais décidé à porter la pièce à l'écran. Je savais que le livre ne s'était pas bien vendu, et je savais aussi combien il est difficile de faire un film d'une pièce qui n'a pas eu de succès à Broadway.

Mais je ne savais pas que cela me prendrait plus de dix ans.

31
MONSIEUR L'AMBASSADEUR KIRK DOUGLAS

Le président Kennedy m'encouragea à me rendre à l'étranger pour parler des Etats-Unis. En vingt-cinq ans, j'ai visité des dizaines de pays pour le compte de gouvernements démocrates ou républicains, en payant toujours ces déplacements de ma poche. Je parlais de l'Amérique. J'étais parfois d'accord avec les critiques que l'on faisait, mais j'essayais de démontrer, à travers l'exemple de ma vie, ce qu'étaient réellement les Etats-Unis.

Après ma première expérience en Colombie, j'étais prêt à passer à l'étape supérieure : un voyage autour du monde pour les Etats-Unis (à nos frais, bien entendu) Anne et moi passâmes une grande partie de l'année 1964 à parcourir la planète pour le compte du gouvernement américain.

20 février 1964, l'Allemagne au cœur de l'hiver. Mais Berlin Ouest, bruissant d'activités, fiévreusement occupé à sa reconstruction, ne semblait pas connaître l'hiver. Nous visitâmes l'immeuble d'Axel Springer, le magnat de la presse ouest-allemande; on nous conduisit sur le toit, d'où l'on apercevait le mur de Berlin, une épaisse et hideuse cicatrice qui partageait la ville. On apercevait aussi Berlin-Est, et j'avais hâte de connaître cette partie de la ville.

Nous franchîmes le mur à Checkpoint Charlie. L'ambiance, déjà, était différente. Des gardes grossiers arrêtèrent la voiture. On nous fit aligner dehors, puis après avoir inspecté l'intérieur de la voiture et le coffre, ils disposèrent un miroir sous la voiture pour voir si nous ne dissimulions rien.

A Berlin-Est, c'était l'hiver. Gris. Uniformément gris. L'hiver de l'âme, privations, oppression. Dans les vitrines des magasins on apercevait des machines à laver à manivelle. Tout était hors d'âge. Un manque total de joie.

Nous avions tellement hâte de retrouver Berlin-Ouest que nous ne nous arrêtâmes même pas à Checkpoint Charlie pour changer notre argent. Plutôt leur donner à la frontière tout ce que nous avions et fuir cet endroit.

Puis nous nous rendîmes en Inde. L'Inde et ses palais immenses où les administrateurs anglais, dont Lord Mountbatten, vivaient leurs amours. Et il n'y avait pas que les Anglais... Nehru aussi était grand amateur de femmes.

Nous prîmes le thé avec Mme Gandhi. Visiblement, notre visite représentait pour elle une obligation mondaine : elle ne cessait de regarder son bracelet-montre. Combien de temps allait-elle devoir supporter ces Américains ?

Je suis toujours surpris de voir à quel point les grands de ce monde ne se rendent pas compte de la façon dont ils se trahissent. Peut-être est-ce mon métier d'acteur qui m'a donné l'habitude d'observer les gens et de relever les moindres indices. Bien des années plus tard, nous assistâmes à un dîner officiel donné à la Maison Blanche en l'honneur de Margaret Thatcher. Je faisais partie de la haie d'invités qui la recevaient, et je n'oubliai jamais sa poignée de main : elle faillit me faire sortir du rang. La main de fer dans le gant de velours. J'eus envie de lui saisir le bras et de pousser dans l'autre sens, mais je préférai ne pas courir de risque : et si elle avait été plus forte que moi ?

Je retournai en Inde en janvier 1987 pour le tournage de la série télévisée d'ABC, *Queenie,* tirée du livre à succès de Michael Korda. Les choses n'avaient guère changé : il y avait toujours les palais et la pauvreté. Nous nous rendîmes à Jaipur, dans le désert, au sud-ouest de New Delhi. On appelle cette ville la ville rose, parce qu'elle est bâtie en magnifiques briques roses. Je dînai avec le maharaja de Jaipur, que l'on appelle Bubbles (bulles), car des flots de champagne ont coulé à l'occasion de sa naissance. Je le saluai par un très classique : « Enchanté de vous rencontrer, Votre Altesse. » Mais il me mit à l'aise : « Oh, appelez-moi Bubbles. » Tout le monde l'appelle Bubbles. Il a la cinquantaine.

J'appris toutes sortes d'histoires concernant les affaires de Bubbles et de sa belle-mère, la maharani, affaires de cœur et de vengeance. Ils jouaient à leur façon les scénarios de *Dynasty* et de *Dallas.* Leurs richesses, bien que moins grandes que par le passé, sont toujours considérables. Ils vivent dans un ou deux anciens palais, magnifiques, tout de verre et de pierre, bâtis au sommet de collines. Construits par des esclaves. Et, comme si la vue n'avait pas été suffisamment belle, ils avaient fait creuser un grand lac artificiel.

En Thaïlande, nous fûmes accueillis par un fonctionnaire de l'USIA (United States Information Agency). En comparaison de ce que nous avions fait dans d'autres pays, notre programme semblait bien peu rempli, outre le fait que nous étions des ambassadeurs bénévoles. Il devait quand même bien y avoir quelque chose à faire.

« N'y a-t-il pas quelque événement auquel nous puissions participer ? demandai-je à cet homme.

– Oh, non. »

Le soir même, au cours d'une réception chez des

amis thaïlandais, nous fûmes invités par une suivante de la reine à l'inauguration d'un hôpital. Nous en parlâmes à notre correspondant de l'USIA. Il ne savait même pas où se trouvait cet hôpital. Il nous fallut demander notre chemin. De nombreux employés de l'USIA ne sont que des ronds-de-cuir sans imagination. Ils vivent enfermés dans leur petit cercle de relations, leurs petits clubs de Blancs, ne se mêlent pas aux gens du pays où ils se trouvent en poste, ne parlent pas la langue, se fichent éperdument de tout.

Lorsque nous arrivâmes, le roi et la reine étaient déjà là. Les services du protocole nous placèrent à une place d'honneur, sous le dais, un peu en arrière des souverains. Il y eut des discours, et l'on cita les noms de ceux qui avaient contribué à cette noble cause. Au nom de notre pays et de notre président, je fis alors don d'une chambre à l'hôpital. Sans me soucier du prix. Tout le monde était très content. Puis j'échangeai un regard avec ma femme. Je n'avais aucune idée de la somme que j'avais ainsi versée. Finalement, il s'agissait d'une somme avoisinant onze mille dollars. J'avais peur de leur en avoir donné cent mille.

Je fus étonné par les Philippines. Les universités étaient ouvertes vingt-quatre heures par jour; les étudiants faisaient les 3 × 8. Partout on voyait des Jeeps américaines datant de la deuxième guerre mondiale. La circulation était hallucinante : bicyclettes, voitures, taxis-jeeps. Une activité constante, nuit et jour.

Je fis une conférence à Manille devant un groupe d'étudiants. Ensuite, un micro circula dans l'assistance pour qu'on puisse me poser des questions. Un garçon se leva; visiblement c'était un jeune communiste parfaitement entraîné : « Mais qu'êtes-vous venu faire dans notre pays? De toute façon, vous n'en savez rien. Personne n'a besoin de vous, ici! » A quoi je répondis : « Ecoutez, en Amérique nous connaissons bien votre pays. Nous savons que vous avez été dominés pendant trois cent cinquante ans par l'Espagne. Puis, pendant cinquante ans, vous êtes passés dans l'orbite américaine. Et nous sommes fiers que vous en soyez dégagés et que vous soyez tout à fait indépendants. » Je sortis toutes les informations que je connaissais, puis je conclus ainsi : « Mais il y a aussi une chose que je sais. Même si je n'ai passé ici qu'une seule journée, c'est suffisant pour affirmer que vous n'êtes pas représentatif des Philippins, car les Philippins sont des gens courtois et hospitaliers. Et ils m'ont accueilli avec une grande..., etc. » Déjà, l'assistance lui jetait des regards hostiles.

Je préparais mes voyages. Avant de visiter un pays, je m'informais soigneusement, ce qui participait aussi du plaisir de ces voyages. On ne sait jamais ce qui vous attend, et en outre il aurait été grossier de se rendre quelque part et de ne rien savoir des gens auxquels je m'adressais.

De nombreux jeunes gens auxquels j'ai parlé dans les universités doivent à présent être des dirigeants dans leurs pays. Ai-je exercé sur eux une quelconque influence en leur donnant mon point de vue sur les Etats-Unis ? Je l'espère.

Nous nous rendîmes à Hong Kong pour inaugurer, au nom du président Kennedy, une cantine où l'on distribuait des repas aux pauvres. C'était mon premier voyage à Hong Kong, et je découvris avec étonnement les gigantesques restaurants. Les plats arrivaient sur des chariots, répartis dans des paniers d'osier de différentes formes. On prenait ce que l'on voulait. A la fin, au moment de régler l'addition, un coup d'œil aux paniers suffisait : chaque taille de panier représentait un prix différent.

Le 30 avril 1964, peu de temps après notre retour, je fus cité à l'ordre du Congrès pour « services rendus au pays en qualité d'ambassadeur bénévole, pour le compte du ministère des Affaires étrangères et de la United States Information Agency ».

A l'automne, nous reprenions l'avion, cette fois-ci en direction de la Méditerranée orientale. Ces voyages étaient durs pour Anne. La décision, déjà, était difficile à prendre : devait-elle m'accompagner ou rester à la maison avec les enfants? Comment diviser son temps, son amour, entre un mari globe-trotter et deux fils? Et que restait-il pour elle?

Le 4 novembre 1964, la Yougoslavie. On me conduisit chez un fonctionnaire de l'USIA. Entre le café et le gâteau, je m'entretins avec une dizaine d'étudiants en cinéma. Après le départ des étudiants, en fin de soirée, je me tournai avec colère vers le représentant de l'USIA : « Je ne suis pas venu ici pour discuter de cinéma avec une poignée d'étudiants. D'habitude, j'encourage les gens à ne pas se tourner vers le cinéma. Je voudrais plutôt m'adresser à une audience plus importante, et à des étudiants de toutes spécialités.

– Oh non, me répondit mon hôte. Dans un pays communiste, on ne peut pas réunir un large public. »

J'avais peine à y croire. Le lendemain matin, j'appelai l'université de Belgrade, et le soir même je donnais une conférence devant plusieurs milliers d'étudiants. Ce fut merveilleux. Ils adoraient les films américains, et ils étaient ravis de pouvoir entendre un acteur américain.

Le lendemain, au cours d'un déjeuner à l'ambassade des Etats-Unis, je demandai si ma femme et moi pourrions rencontrer le président Tito. Ce fut l'ambassadeur de Grande-Bretagne qui me répondit : « Mon garçon, j'ai attendu six semaines les dix minutes nécessaires à la présentation de mes lettres de créance au président Tito. Le président n'est pas un homme que l'on peut voir facilement. »

Ah bon? J'appelai donc les bureaux de la présidence.

Le lendemain, le président Tito m'envoyait son avion personnel pour nous conduire, Anne et moi, à sa villa de Ljubljana. Nous passâmes trois heures en sa compagnie, à boire et à discuter. Tito était grand amateur de cinéma, notamment de westerns. Il avait vu tous les westerns dans lesquels j'avais joué, et aimait particulièrement *Règlement de comptes à OK Corral*. Toute la presse publia des photos de nous deux ensemble.

Lorsque je retournai à l'ambassade américaine à Belgrade, l'ambassadeur britannique s'y trouvait à nouveau. « Mon garçon, j'avoue ne pas comprendre. Vous avez passé trois heures avec le président Tito, alors que moi j'ai dû attendre je ne sais combien de temps de pouvoir passer dix minutes en sa compagnie. Comment diable avez-vous fait?

– Dites-moi, monsieur l'ambassadeur, combien de films avez-vous tournés? »

La reine de Grèce était également une cinéphile. Petite, mignonne, une allure de minette, elle ne ressemblait en rien à une reine. Elle ne devait pas avoir plus de dix-huit ans lorsqu'elle épousa le roi. Le roi de Grèce était un homme absolument charmant. Il aimait la voile. Anne et moi fûmes conviés au palais à un déjeuner intime ne rassemblant pas plus de cinq ou six personnes. J'eus l'occasion d'y exercer mes talents de diplomate. Le roi voulait s'entretenir avec Jacob Javits, le sénateur de New York, et je savais que ce dernier se trouvait alors en Turquie. Je l'appelai et arrangeai une entrevue. Je ne sais pas quel fut l'objet de leurs discussions.

Je revis quelquefois le roi et la reine de Grèce à Londres et aux Etats-Unis, après qu'ils eurent été déposés. Ils ne semblaient pas mourir de faim, mais il n'y avait guère d'emplois disponibles pour d'anciens souverains.

Lors de mon séjour en Turquie, on me donna une interprète, une jeune femme. Bien qu'elle parlât relativement bien l'anglais, je ne laissais pas de m'interroger sur l'exactitude de ses traductions. Mes craintes se confirmèrent à l'occasion d'une visite d'école. Après qu'elle eut traduit certains de mes propos, un jeune garçon se leva dans l'assistance : « Hé! attendez! Ça n'est pas ce que vous avez dit! » Lui, parlait un anglais parfait.

Je me tournai vers mon interprète :

« Alors...? »

Elle esquiva mes questions. Je commençais de devenir fort soupçonneux. J'avais l'impression qu'elle tordait tous mes propos, les traduisant suivant ses propres convictions, qui visiblement n'étaient pas pro-américaines.

Lors de la conférence suivante, devant des milliers d'étudiants, un étudiant se leva et lut un document, en anglais, sur les péchés d'Hollywood. Je n'étais tout de même pas venu jusqu'en Turquie pour entendre ce gamin me débiter ce qu'il avait appris en lisant les magazines de cinéma.

« Combien de temps avez-vous passé à Hollywood? demandai-je d'un ton sarcastique.

— Je n'y suis jamais allé.

— Ah bon? Comme c'est étrange. Vous n'êtes jamais allé à Hollywood? Eh bien moi, figurez-vous que j'y suis allé. Voulez-vous écouter mon point de vue, que vous soyez d'accord ou non, et nous en discuterons ensuite? »

Mon interprète traduisit mes propos. Soudain, une bande d'étudiants, franchissant une barrière, se précipita sur moi. Trois costauds des services secrets turcs me firent sortir prestement, me poussèrent dans une voiture et me reconduisirent à mon hôtel. Heureusement, Anne n'était pas avec moi.

J'appelai l'ambassade des Etats-Unis, furieux qu'ils m'aient fourni une interprète incompétente.

« Mais qui est donc cette bonne femme? »

C'était l'interprète officielle de l'ambassadeur des Etats-Unis. Et elle était communiste. Je ne sais pas si des mesures ont été prises, mais je signalai la chose à Washington dans mon rapport.

Tout au fond de moi, Issur prit la parole. « Je suis fier que toi et Anne vous ayez accompli tous ces voyages autour du monde pour défendre la cause de votre pays.

— Oh, je ne sais pas, grommelai-je. Tu crois que ça sert à quelque chose?

— Bien sûr. Si tu continues à en faire, d'autres t'imiteront, et les effets s'additionneront.

— J'espère que tu as raison.

— Mais je sais que j'ai raison, dit Issur, d'un ton convaincu que je ne lui connaissais pas. Souviens-toi de ce que disait maman : "L'Amérique, quel pays merveilleux!"

— Ouais... et regarde pourtant tout ce qu'on y a enduré.

— Ça n'est rien comparé à ce que papa et maman ont vécu en Russie.

— Mouais... je crois que tu as raison.

C'était l'une des rares fois où Issur et moi étions d'accord.

32

LE GÉNÉRAL DOUGLAS

J'ÉTAIS un militaire beaucoup plus efficace sur l'écran que dans la réalité. *Sept jours en mai, Première victoire, Les héros de Telemark, L'ombre d'un géant, Paris brûle-t-il?, Nimitz, retour vers l'enfer!* autant de films où j'ai sauvé la plupart des pays du monde libre.

Dans *In Harm's Way* (Première victoire), je jouais le rôle d'un officier de l'aéronavale, placé sous les ordres de John Wayne. Après avoir violé Jill Haworth, la petite amie du fils de John Wayne, joué par Brandon de Wilde, je me sacrifie au cours d'une mission aérienne.

Le plus intéressant, ce fut de tourner à bord du croiseur *Saint Paul*, qui se rendait de Seattle à Hawaii. Otto Preminger, le réalisateur, traitait l'équipage comme si c'était son équipe de tournage, et considérait le bateau comme sa propriété personnelle. Avec son accent allemand, il hurlait à l'adresse du capitaine : « Tournez le pateau de ce gôté-là, pour afoir la lumière du soleil! »

Je partageais une cabine avec un officier, Josh Nelson, et j'eus la surprise d'apprendre qu'il était juif. Je n'aurais jamais cru qu'il pût y avoir un officier de marine juif, parce que lorsque je l'avais moi-même été, pendant la guerre, je n'en avais rencontré aucun. Je demandai à Josh s'il y avait beaucoup de marins ou d'officiers juifs.

« Quelques-uns.
– Célébrez-vous parfois des offices religieux?
– J'ai essayé, me répondit-il, mais c'est difficile de les intéresser.
– Et si c'était moi qui célébrais le service?
– Vous? Vous sauriez le faire?
– Mais oui. Prévenez donc vos amis que demain, vendredi soir, c'est moi qui célébrerai le service religieux. »

Le vendredi soir, John Wayne, Burgess Meredith, Otto Preminger et moi dînions à la table du capitaine, lorsque retentit un appel au haut-parleur :

« ECOUTEZ BIEN. A VINGT HEURES, CE SOIR, LE SERVICE RELIGIEUX JUIF SERA CÉLÉBRÉ PAR KIRK DOUGLAS. »

Cela créa une certaine émotion : toutes les têtes se tournaient vers moi. Très digne, je me levai de table :

« Vous voudrez bien m'excuser, capitaine? Il faut que j'aille célébrer ce service religieux. »

John Wayne et Burgess Meredith, curieux, se joignirent à nous un peu plus tard. Mais Otto Preminger, qui était juif, ne vint pas. Revêtu d'un yarmulke et d'un châle de prières d'emprunt, je récitai les prières que j'avais apprises autrefois. Les gens de la synagogue voulaient qu'Issur, l'enfant pauvre d'Amsterdam, devienne rabbin, mais moi je voulais être acteur, et je ne savais pas comment le leur dire. Cette nuit-là, sur le croiseur *Saint Paul*, j'eus le sentiment d'acquitter ma dette envers eux.

Première victoire fut le premier film que je tournai en compagnie de John Wayne. C'était un type étrange. Je n'oublierai jamais la discussion que nous avions eue à propos de mon rôle dans *La vie passionnée de Vincent Van Gogh*. Bien qu'affectivement nous ne fussions pas proches et qu'en matière de politique nous nous situions aux antipodes, il me demanda plusieurs fois de travailler avec lui. Au cours d'un tournage, nous ne dînions qu'une fois ou deux ensemble, et pourtant nous nous entendions à merveille. Nous étions complètement différents tous les deux, mais il existait entre nous une manière de respect mutuel. John Wayne aimait passer la soirée avec les cascadeurs et l'équipe des effets spéciaux. Moi, j'étais plus solitaire. La journée de travail terminée, je rentrais chez moi. Je ne passais la soirée avec personne, sauf quelques amis, s'ils étaient là, ou bien ma femme et mes enfants.

Anne, Peter et Eric se trouvaient avec moi à Hawaii. Nous avions une maison sur Diamond Head Road, au bord de l'océan, et les enfants passaient leurs journées dans les vagues; Peter attrapa même un terrible coup de soleil. Lorsque je tournais pendant les vacances d'été, mes quatre fils venaient avec moi. Enfants, ils ont ainsi connu de nombreux pays.

Michael devait nous rejoindre à Hawaii, mais j'étais furieux contre lui. Il n'était pas loin de se faire renvoyer de l'université de Californie, à Santa Barbara, et je ne le laissai pas venir. Il finit par se ressaisir, trouva même un petit boulot dans une station-service, et devint l'« étudiant le plus assidu du mois ».

Première victoire fut aussi mon premier film avec Otto Preminger. Otto était un producteur brillant, très au fait de la publicité. Après que j'eus décidé d'utiliser le véritable nom de Dalton Trumbo pour *Spartacus*, il eut l'intelligence de convoquer une conférence de presse pour annoncer que *lui*, allait faire travailler ouvertement Dalton Trumbo sur *Exodus*, alors que c'était déjà un fait accompli.

Je n'avais rencontré Otto Preminger que lors de mondanités, et c'était un homme exquis. Mais professionnellement, c'était un tyran. Il se comportait comme le sadique commandant nazi dont il jouait le rôle dans *Stalag 17*. Chauve comme un œuf, il fanfaronnait : « Je suis chauve, mais c'est moi qui tonds les autres! » Otto se montrait sans pitié pour Tom Tryon, qui jouait le rôle d'un des officiers. Une fois, Otto se montra si féroce et si insultant envers Tom que je quittai le plateau.

« Comment est-ce que tu peux supporter ça, Tom? lui demandai-je.

– Justement. Je ne supporte pas. »

Otto hurlait. Il fonçait sur Tom, l'écume à la bouche, éructant. Je n'ai jamais vu personne traité de la sorte. Tom était effondré. J'étais navré pour lui. Je voyais venir le moment où Otto allait le tuer. Au sens propre du terme. Tom n'était pas loin de la crise cardiaque.

« Tom, accepterais-tu mon aide? demandai-je.

– Oh, oui. S'il te plaît. N'importe quoi.

– Alors écoute-moi. La prochaine fois qu'Otto se met à hurler, hurle plus fort : " Otto, va te faire enculer! " et quitte le plateau.

– Je ne pourrais pas faire une chose pareille.

– Laisse-moi te dire que si tu agis comme ça, il te fichera la paix. C'est un tyran, mais il a besoin de terminer son film. Et alors? S'il veut te remplacer, dis-lui qu'il n'a qu'à te remplacer. »

Je ne parvins pas à convaincre Tom. Il continua de se faire insulter jusqu'à la fin du film. Par contrat, il devait tourner trois films avec Preminger, mais il ne retravailla plus jamais avec lui, Tom devint un auteur à succès avec *The Other*, *Harvest Home*, *Lady* et *Crowned Heads*.

Je n'éprouvais plus aucune sympathie pour Otto Preminger. Une fois, il s'adressa à moi en élevant un peu trop la voix. Je marchai sur lui, presque à le toucher, et d'une voix sourde je lui dis : « C'est à moi que vous parlez? » Cela lui suffit. Jamais plus il ne m'insulta.

Outre cette manière infâme de traiter les acteurs, je ne pense pas qu'Otto Preminger ait été un très bon réalisateur, bien qu'il ait été sélectionné pour les Oscars, à l'occasion de la sortie de *Laura* et de *The Cardinal*. C'était tout de même un homme intéressant. Né à Vienne, fils d'un riche avocat juif, il avait un fils illégitime de Gypsy Rose Lee. Il réalisa de nombreux films provocateurs, *The Moon Is Blue*, *The Man With The Golden Arm*, mais je n'ai jamais trouvé que la réalisation fût son point fort. Dans *Première victoire*, les effets spéciaux étaient ridicules. « Otto, lui dis-je, on voit tout de suite que ces bateaux sont des jouets. Il n'y a personne sur le pont. Vous n'auriez pas pu mettre au moins quelques soldats en plastique ? »

La fin d'Otto fut des plus tristes. Il vendit un grand nombre de tableaux et d'œuvres d'art qu'il possédait pour financer son dernier film, *The Human Factor*, qui fut un échec terrible. Il perdit tout son argent, fit une crise cardiaque peu de temps après et en mourut.

Soudain, alors que je ne m'y attendais pas, je reçus un coup de téléphone d'Anthony Mann, le réalisateur que j'avais renvoyé de *Spartacus*. Il préparait un film.

Avant qu'il ait eu le temps de m'expliquer de quoi il s'agissait, j'acceptai.

« Mais laisse-moi d'abord t'en parler...

— Tony, je t'avais dit à l'époque que je te devais un film. Eh bien voilà, j'accepte de jouer le rôle que tu veux me confier. »

Le rôle était celui du Dr Rolf Pederson, un scientifique norvégien qui hésite à rejoindre Richard Harris et la Résistance luttant contre les nazis, dans *The Heroes of Telemark* (Les Héros de Télémark). Ce film m'intéressait car il était basé sur une histoire vraie : la destruction par des partisans d'une usine d'eau lourde en Norvège, usine d'une importance capitale pour l'Allemagne qui cherchait à fabriquer la bombe atomique. Le tournage eut lieu sur les lieux mêmes de l'événement, dans une petite ville située dans une vallée proche de Rjukan, au nord d'Oslo. Des Norvégiens qui avaient participé à l'action jouèrent même dans le film.

Le scénario est signé par Ivan Moffat et Ben Barzman, mais Harold Pinter y a également travaillé. Il a par exemple écrit une excellente scène d'affrontement homme-femme, au cours de laquelle je tente de séduire mon ex-épouse. Malheureusement, comme le film dure un peu plus de deux heures (131 minutes, pour être précis), cette scène est parfois coupée lors des passages à la télévision.

Le clou du film est l'explosion du navire transportant l'eau lourde en Allemagne. Dans le film, le capitaine du navire est celui-là même qui commandait le navire coulé pendant la guerre. Comme de nombreux marins, il était parvenu à gagner le rivage à la nage.

J'ai été heureux de tourner ce film pour Tony Mann; ce fut le dernier film qu'il réalisa jusqu'au bout. Il mourut au milieu du tournage de *A Dandy in Aspic*, où les vedettes étaient Laurence Harvey et Mia Farrow. Ce fut Harvey qui termina la réalisation.

Je mettais la dernière main aux *Héros de Telemark*, à Londres, lorsque je reçus un nouvel appel de John Wayne. Il avait un projet de film, *Cast a Giant Shadow*, sur la vie de Mickey Marcus, un avocat, diplômé de l'académie militaire de West Point, qui avait aidé les Israéliens à remporter leur guerre d'indépendance. « Kirk, me dit-il, si tu acceptes de jouer le rôle principal, celui de Mickey Marcus, je jouerai l'autre général américain, et nous aurons une affiche superbe. » Ce fut le cas. Il y avait également Yul Brynner, et Frank Sinatra dans un rôle secondaire. Angie Dickinson jouait le rôle de mon épouse américaine, et Senta Berger celui de ma maîtresse israélienne. Il y avait également James Donald, Luther Adler, Gary Merrill et Chaim Topol. En fait, il y avait trop de vedettes. Cela détournait l'attention du sens qu'avait le film.

En Israël les gens se mettaient en quatre pour moi. J'étais persuadé d'avoir le plus grand appartement de l'hôtel. Lorsque Yul Brynner arriva, il me dit :

« Viens donc prendre un verre dans mon appartement.

– Non, non, pourquoi ne viens-tu pas chez moi? »

Il insista tellement que je me rendis chez lui. Quelle ne fut pas ma stupéfaction : sa suite était exactement deux fois plus grande que la mienne. Yul avait envoyé son assistant en reconnaissance, et avait fait abattre un mur de façon à réunir deux appartements de l'hôtel.

La réalisation était l'œuvre d'un très brillant scénariste-réalisateur, Melville Shavelson. Mais bien que Mel fût Juif, il ne l'était pas suffisamment. Ce film aurait dû être réalisé par quelqu'un animé de convictions profondes, mais Mel considérait sa judéité avec un certain cynisme. En eût-il été autrement que le film aurait été plus fort. Son cynisme éclate dans le livre qu'il écrivit à propos du tournage, *How to Make a Jewish Movie*.

Le thème qui sous-tend *Cast a Giant Shadow* (L'ombre d'un géant) est la prise de conscience juive d'un homme qui au départ ne se sent pas Juif. En aidant les Israéliens, Mickey Marcus découvre sa judéité, se confronte avec elle, et finit par admettre qu'il est Juif. Sa mort, la veille même de l'indépendance, fut une tragédie. Mickey Marcus fut tué par une sentinelle israélienne parce qu'il n'avait pas compris les sommations : il ne parlait pas hébreu.

La confrontation avec sa propre judéité était également le thème du *Jongleur*, dans lequel j'avais joué en 1953, et de *Remembrance of Love (Holocaust Survivors)* que j'ai tourné en 1982 avec mon fils Eric.

Cela a également été le thème de ma vie. Autrefois, je cherchais à oublier que j'étais Juif. Je me souviens que je disais : « Oh non, je ne suis qu'à moitié Juif », pour minimiser le stigmate d'être Juif à cent pour cent. Mes enfants, strictement parlant, ne sont pas Juifs, puisqu'aucune de mes femmes ne l'était. Mais culturellement, mes fils connaissaient mes convictions. Je n'ai jamais cherché à les influencer; je les ai laissés faire leur choix, car j'estime que la religion est affaire de décision personnelle. Il y a quelque temps, j'ai posé la question à Michael :

« Qu'est-ce que tu es?
– Je suis Juif.
– Pourquoi? »

Il a réfléchi un long moment avant de répondre :

« Parce que c'est ce que je ressens. »

Michael et Joel se trouvaient en Israël avec moi pour le tournage de *L'ombre d'un géant*. Joel, un grand et solide gaillard d'un mètre quatre-vingt-dix, me servait souvent de garde du corps. Un jour, alors que je me rendais chez un coiffeur, une foule importante se rassembla pour me voir, et ce fut Joel qui me fraya un chemin. Il adorait jouer ce rôle.

Dans une scène de ce film, un soldat israélien conduit une Jeep à tombeau ouvert à flanc de montagne, et s'arrête à un endroit précis pour la caméra. L'Israélien jouant le rôle du soldat trouvait la scène trop dangereuse et refusait de la faire. Mais les enfants américains grandissent avec un volant dans les mains. Rapidement, je dis à mon fils : « Michael, prends un uniforme, conduis la Jeep à flanc de montagne et arrête-toi à l'endroit indiqué. » Michael enfila l'uniforme, sauta dans la Jeep, escalada la montagne et s'arrêta exactement à l'endroit prévu.

Michael était un excellent conducteur. Il prit plus tard des cours à l'école de course Bondurant de Riverside, en Californie, et battit tous les records de vitesse. Ses qualités de conducteur lui servirent beaucoup dans son feuilleton télévisé *The Streets of San Francisco*, mais elles terrifiaient Karl Malden. Un jour, après avoir tourné une scène au cours de laquelle ils introduisaient un nom dans un ordinateur pour vérifier une plaque d'immatriculation, Karl voulut voir comment il en allait dans la réalité. Après avoir programmé son nom, il tomba sur une amende de stationnement vieille de douze ans. Il introduisit alors le nom de Michael dans l'ordinateur. L'imprimante en sortit des pages entières.

Mes fils ont été à mes côtés pendant toutes ces années où je faisais des films. Maintenant, ils créent eux aussi des films. Autrefois, je faisais trois films par an. La plupart des acteurs maintenant, les vedettes, tournent une fois par an ou une fois tous les deux ans.

Le 1er octobre dernier, j'étais couché et je regardais à la télévision une interview de mon fils Michael qui évoquait le grand succès de *Fatal Attraction* (Liaison fatale). Vinrent alors les questions inévitables sur son père, et les comparaisons. Sur l'écran apparurent des images de moi dans *Spartacus*. J'avais alors l'âge de Michael.

Soudain, la maison se mit à trembler violemment. Un tremblement de terre. Je serrai ma femme contre moi. Banshee, notre labrador, sauta sur le lit à côté de nous. Lui aussi avait besoin d'être rassuré.

Le tremblement de terre prit fin. Bien entendu, l'interview télévisée fut interrompue pour laisser place aux informations sur le tremblement de terre.

« Et maintenant nous reprenons notre programme. »

Le visage de Michael réapparut sur l'écran.

« On vous compare toujours à votre père; quel effet cela vous fait-il? »

Il sembla réfléchir un instant, puis répondit :

« Cela ne me fait rien de regarder dans le miroir et d'y voir mon père. »

J'étais touché.

Michael vint me voir tandis que *Liaison fatale* se jouait partout, avec un succès immense. Il se trouvait à Los Angeles pour la publicité de *Wall Street*, qu'il venait de terminer, et pour la préproduction de la suite de *Jewel of the Nile* (Le diamant du Nil). Il était également en négociations financières pour sa société de production. Après le dîner, nous discutâmes.

« Tu as fait de l'excellent travail dans *Liaison fatale*, mais j'aimerais te voir jouer un rôle de salaud. Souviens-toi que la vertu n'est pas très photogénique. »

Michael me regarda en souriant.

« Attends de voir *Wall Street*. »

Nous demeurâmes silencieux pendant un moment.

« Michael, comment est-ce que j'ai été, comme père?

– Oh, là, là, papa, tu étais cinglé, sans arrêt à courir d'un film à l'autre. Tu étais tellement tendu. »

Je regardai Michael... les yeux cernés par la fatigue, les mâchoires crispées. Je me mis à rire.

« Je devais avoir la tête que tu as en ce moment. »

Un sourire éclaira le visage de Michael et il m'embrassa. On ne se connaît jamais soi-même!

Entre deux films, je ne cessais de faire la tournée des sociétés de production pour présenter *Vol au-*

dessus d'un nid de coucou. Toutes refusaient. Plusieurs fois, si j'avais trouvé preneur, j'aurais été prêt à vendre les droits purement et simplement, mais Michael s'y opposait : « Ne vends jamais ce film, papa. C'est un rôle taillé sur mesure pour toi. » Sur mesure ou pas, la vie quotidienne avec moi n'était guère facile alors que je cherchais par tous les moyens à réaliser ce film. J'en devenais fou. Et bien sûr ce n'était pas facile pour Anne. Comment peut-on être mariée à une vedette de cinéma? Elle devait être à la fois la sainte et l'allumeuse. Elle y réussissait fort bien. Et même au-delà.

A cette époque, Ray Stark produisait *Is Paris Burning?* (Paris brûle-t-il?), l'épopée de la libération de Paris, au moment où Hitler avait donné l'ordre insensé d'incendier la ville. Ray me demanda comme une faveur une journée de tournage : je devais jouer le rôle du général Patton. Il me demanda combien je voulais. « Ray, lui répondis-je, tu es mon ami, et si tu ne te sers pas de mon nom, je le ferai pour rien. Mais si tu t'en sers, alors je demande cinquante mille dollars. »

Mes agents trouvaient la somme disproportionnée : à leurs yeux, vingt-cinq mille dollars auraient suffi. D'un autre côté, à la différence de moi, ils ne jugeaient pas bon que je joue pour rien. Le problème, c'était de savoir s'ils me voulaient pour jouer un rôle, ou seulement pour utiliser mon nom. « Ray, lui dis-je, je te laisse le choix. » Il me donna les cinquante mille dollars.

D'une certaine façon, je trouvais que mon attitude manquait d'élégance, et pour tout dire, que j'avais même tort. Mais si je dois me prostituer, il faut que je sois payé. Ça rappelle la vieille blague : *We know what you are, we're just talking price.* (On sait ce que vous êtes, on discute simplement le prix.)

C'était la Paramount qui produisait *Paris brûle-t-il?*. La compagnie venait d'être rachetée par Gulf & Western; c'était le début des consortiums. (Ils possédaient également Simon and Schuster, l'éditeur du livre.) Charles Bluhdorn, le directeur de la Gulf & Western, qui ne connaissait rien au cinéma, supervisait personnellement le montage du film. Lorsque j'appris que l'on sabrait dans les scènes où je jouais, j'allai me plaindre à lui.

« Mais qu'est-ce que ça veut dire? Qui a procédé à ces coupures?

– C'est moi, dit Charlie Bluhdorn.

– Comment osez-vous? Comment osez-vous massacrer un film sous prétexte que vous avez suffisamment d'argent pour acheter la compagnie? »

Il me regarda d'un air étrange, mais j'admirai la façon dont il accueillit mon intervention. Il aurait pu me jeter dehors.

Bien que cette première prise de contact eût été fraîche, nous devînmes amis. Charles Bluhdorn était fasciné par le cinéma, et je crois qu'au début il était également fasciné par moi, en ma qualité de vedette. Il débutait dans le métier et ne connaissait guère de vedettes. Un jour que nous dînions ensemble à New York, je lui parlai d'une pièce dont j'avais très envie de tirer un film, *The Man of La Mancha*, une adaptation de *Don Quichotte*, une œuvre que j'ai toujours beaucoup aimée. C'était une pièce excellente, dont l'adaptation était due à Dale Wasserman, qui avait déjà adapté *Vol au-dessus d'un nid de coucou*. Je lui fis donc une proposition.

« Pourquoi ne pas acheter les droits de cette pièce, et réaliser le film en coproduction?

– Ils en veulent deux millions de dollars.

– Je veux bien mettre un million. »

Il me regarda, étonné.

« Vous avez un million de dollars?

– Oui. On fonce. »

Je savais que si nous achetions les droits, cela garantissait que le film se ferait. Après tout, c'était lui le propriétaire de la compagnie cinématographique. Ce serait probablement l'investissement le plus sûr que j'avais jamais réalisé. Nous allâmes ensemble voir la pièce, remarquablement mise en scène, avec Richard Kiley. Charlie décida de ne pas donner suite au projet.

Vers 1979, mon fils Peter m'amena *The Final Countdown,* le synopsis d'un scénario dont il possédait les droits; il s'agissait de l'histoire d'un bateau de guerre moderne pris dans une distorsion temporelle, et qui se retrouve au beau milieu de la première guerre mondiale. Mais Peter, perspicace, savait qu'il fallait plutôt choisir une période historique plus familière au public actuel, et suggérait de remplacer la première guerre mondiale par Pearl Harbor. Imaginez le porte-avions nucléaire *Nimitz*, chargé d'avions à réactions et de missiles, surprenant la flotte japonaise en route vers Pearl Harbor ? Que faire ? Changer le cours de l'Histoire ? J'acceptai de jouer le capitaine du navire.

Pearl Harbor me touche encore, même aujourd'hui. Je suis allé visiter le monument aux morts de l'*Arizona*. C'est toujours un navire de guerre, le drapeau flottant dans le vent, mais coulé, et dont seule la tourelle apparaît au-dessus de l'eau. A l'intérieur se trouvent les corps de plus d'un millier de marins que l'on n'a pas dégagés, par peur que l'ensemble ne se désagrège. Cela donne une impression bien étrange, surtout lorsque l'on voit tous ces Japonais qui prennent des photos.

The Final Countdown (Nimitz, retour vers l'enfer) bénéficiait d'une bonne distribution : Charles Durning dans le rôle du sénateur américain qui songe à la présidence, Katharine Ross dans celui de son assistante, James Farentino dans celui d'un marin qui disparaît mystérieusement, et Martin Sheen en observateur moderne.

Il y avait des effets spéciaux pour la distorsion temporelle dans laquelle est prise le porte-avions, mais le plus intéressant, ce fut le tournage sur le *Nimitz*, qui dura environ trois semaines. Lorsque le *Nimitz* se trouvait dans le port de Newport, dans le Rhode Island, on n'apercevait aucun avion. Une fois en mer, ils apparurent. C'était captivant : je les observais pendant des heures atterrir sur le pont, la crosse d'appontage tendant le câble d'acier jusqu'à l'extrême limite.

Moi, j'avais envie de connaître un décollage à partir d'un porte-avions. Je harcelai le capitaine, un type merveilleux, et il finit par céder. On me fit un rapide topo sur ce qu'il fallait faire en cas d'urgence, mais je n'en retins rien. Puis on m'enfila une combinaison de vol, un casque et on me fixa un parachute. En un clin d'œil, je me retrouvai assis derrière le pilote, les écouteurs ajustés. Tandis que les réacteurs commençaient à vrombir, le pilote, un jeune gars du Midwest, se tourna vers moi :

« Ma femme et moi on vous admire beaucoup, vous savez. On est allés voir tous vos films.

– Merci, dis-je, nerveusement.

– Pourquoi ne donnez-vous pas le signal ?

– Quel signal ?

– Faites un signe au marin, là, et on part. »

Je fis un signe de la main. Nous jaillîmes du pont dans un bruit de tonnerre. Droit sur l'océan. Mes yeux étaient fermés, mais pas ma vessie. L'avion se redressa en direction du ciel. Je commençai à me détendre. Au moment où je commençais à m'habituer, le pilote me dit :

« Prêt à rentrer ?

– Oui, bien sûr, mais rentrer où ? »

Le navire qui semblait gigantesque quand nous y

étions n'était plus qu'un tout petit point sur une vague, une petite ardoise semblable à une pierre tombale.

Manœuvre d'approche... nous heurtâmes le pont et rebondîmes vers le ciel dans un rugissement de réacteurs. D'un air dégagé, le pilote déclara : « Oh, j'ai oublié de sortir la crosse d'appontage. Il va falloir que je paie la tournée. »

A part moi, je pensais : « Qu'on en finisse, nom de Dieu ! »

Nouveau passage. La crosse s'agrippa dans le filin, j'ouvris précipitamment la porte de l'avion et descendis : je savais que jamais je ne serais pilote de chasse.

En dépit du *Nimitz,* des chasseurs et des effets spéciaux (insuffisamment spéciaux et sans grand effet), le film ne marcha pas. Mais Peter, à l'âge de vingt-trois ans, avait produit son premier film. J'ai une grande admiration pour mes quatre fils. Ils ont été élevés dans la richesse, mais ils ont tous un grand désir de travailler. Ils sont différents de moi et différents les uns des autres, mais ils possèdent en commun le talent et le goût de l'indépendance. Mon rêve de patriarche, voir mes enfants travailler ensemble à mes côtés, un rêve bien juif, ne se réalisera jamais. Jamais je ne les verrai rassemblés autour de la table familiale une fois par semaine. J'avais toujours souhaité cela avec mon père. Evidemment, le jour où cela s'est produit, je lui ai jeté une cuiller de thé chaud au visage. Mes fils m'ont exprimé beaucoup d'amour et beaucoup de ressentiment, mais au fur et à mesure qu'ils avancent en âge, je sens que l'amour l'emporte sur le ressentiment. Ou bien est-ce parce que c'est moi qui avance en âge ? Et puis... mes quatre fils, Michael, Joel, Peter et Eric, ne sont jamais insignifiants.

33

CAMARADE DOUGLAS

Avril 1966. Anne et moi faisions à nouveau nos valises. Toujours pour le compte du ministère des Affaires étrangères. Cette fois-ci, direction les pays de derrière le rideau de fer.

Première étape, la Pologne. Je devais donner une conférence à Lodz, à la célèbre école de cinéma qu'avait fréquentée Roman Polanski. Je m'attendais à une ambiance semblable à celle de l'Académie américaine d'Art dramatique... une ambiance intellectuelle, studieuse. A mon arrivée, il y avait des affiches de moi partout, et des étudiants déguisés en cowboys qui tiraient des coups de pistolet pour me souhaiter la bienvenue. C'était ainsi qu'ils voyaient Kirk Douglas : le roi des cowboys. Pour eux, j'étais le plus célèbre cowboy de la planète. Apparemment ils n'avaient guère envie d'apprendre qui j'étais. Ils le savaient déjà : une vedette de cinéma.

A l'arrière de l'école, ils disposaient d'une rue d'une bourgade de l'Ouest américain, avec son saloon. Ils m'amenèrent alors un gigantesque et magnifique cheval blanc, qu'ils voulaient me voir enfourcher. J'approchai cette immense créature caracolante avec circonspection... quel genre de cheval était-ce donc? Mais je ne pouvais quand même pas perdre la face, et j'escaladai l'animal. Dans ce scénario que je n'avais pas lu, cela semblait être un signal : les étudiants déguisés en cowboys foncèrent sur moi de toutes parts, comme au cinéma. Mais il n'y avait pas de scénario, pas de chorégraphie... seulement une foule hystérique. On se ruait sur « le grand Kirk Douglas, l'Invincible ». Avant tout, garder son sang-froid. Un des cowboys polonais, les yeux injectés de sang, se jetait sur moi. Je le cueillis d'un coup de pied en plein visage : assommé. Un autre type s'approchait, et tout en faisant semblant de m'amuser, je lui expédiai un bon coup de coude dans la gorge. Je dus en assommer ainsi quelques-uns, sinon ils m'auraient jeté à bas de mon cheval et piétiné. Et auraient du même coup piétiné ma réputation. Je ne sais pas ce qu'ils auraient fait si John Wayne s'était trouvé à ma place. La foule c'est la foule, que ce soit en Pologne, où les fans m'adorent, ou en Turquie, où les gens me haïssent.

J'étais sidéré. Voilà des gens qui étudiaient la fiction. Ils savent que c'est de la fiction, savent comment cela fonctionne, mais ils se précipitent comme des fous sur une vedette de cinéma. Ils filmèrent mes moindres gestes au cours de ma visite et en tirèrent un film qui remporta un prix. Telle fut la Pologne.

Ensuite la Tchécoslovaquie. Je fus impressionné par Prague. C'est une ville magnifique, plus empreinte de culture que nulle part ailleurs derrière le rideau de fer. Il y avait aussi plus de gens de talent. J'allai voir de nombreuses pièces. Ils avaient une manière tout à fait intéressante de réaliser des films, et je fus particulièrement impressionné par le travail de réalisateur de Milos Forman, et par son sens très particulier de l'humour. Lors de notre rencontre, je lui dis que je lui enverrais un livre dont je possédais les droits d'adaptation cinématographique, et qui à mon avis ferait un film extraordinaire. Il accepta volontiers de le lire. De retour aux Etats-

Unis, je lui envoyai *Vol au-dessus d'un nid de coucou*. Je n'entendis plus jamais parler de Milos Forman, que je tins désormais pour un grossier personnage.

Puis la Roumanie. Nous fûmes accueillis à l'aéroport de Bucarest par M. Davis, l'ambassadeur américain, et quelques diplomates, mais il y avait aussi un groupe de Roumains pour nous souhaiter la bienvenue. Les Roumains m'enlevèrent sous le nez des Américains; cela prenait des allures de kidnapping. Je fis un geste d'étonnement en direction de l'ambassadeur, qui me répondit par un autre geste qui semblait vouloir dire : « Allez-y ». Alors nous partîmes en compagnie des Roumains. La première chose qu'ils firent, ce fut de me fourrer une poignée de billets dans la main.

« Mais pourquoi? demandai-je.

– Ce sera pour vos frais. Vous êtes l'hôte de la Roumanie.

– Hé, pas question! »

Je dus alors leur expliquer que je tenais à payer moi-même mes dépenses, et que je ne l'acceptais même pas de mon propre gouvernement. Il ne serait pas dit que je voyageais aux frais de la princesse. Mais c'était quelque chose qu'ils ne comprenaient pas. Ils se montrèrent très déçus que je n'accepte pas leur argent.

Cela me rappelait une situation semblable lors d'un séjour à Moscou. Après une interview à la télévision, ils me donnèrent une liasse de billets de banque. Des roubles. Devant mon étonnement, ils m'expliquèrent que je devais être payé pour mon interview. Je refusai. Ils insistèrent. Ils me forcèrent à accepter. Ce n'était pas une très grosse somme, mais suffisante quand même pour acheter du caviar et de la vodka. Les Russes sont plus persuasifs que les Roumains.

En Roumanie, il y avait des espions un peu partout. Dans les bureaux de l'USIA, on me montra dehors un homme installé dans une voiture, qui prenait des photos de tous les gens qui entraient et sortaient du bâtiment. On nous conseilla de surveiller nos conversations téléphoniques, car tout était enregistré. Chaque fois que nous pénétrions dans une pièce, nous faisions comme s'il y avait un micro dans le lustre. Le premier jour, à Bucarest, nous commandâmes un petit déjeuner tout à fait ordinaire. La note était faramineuse. Aucun hôtel de Londres ou de New York n'aurait servi de petit déjeuner aussi cher. Je levai les yeux et m'adressai d'une voix forte au lustre : « Hé, dites donc, on est censé être dans un pays communiste, non ? Vous ne voulez pas jeter un œil à cette note ? C'est ridicule. C'est deux fois plus cher que tout ce qu'on pourrait payer aux Etats-Unis. » Le lendemain, nous commandâmes le même petit déjeuner, et la note était deux fois moins élevée.

Nous visitâmes quelques châteaux magnifiques, mais ne pûmes voir celui de Dracula, Vlad l'Empaleur pour ses amis. Puis l'ambassade américaine donna un dîner en notre honneur. C'est une manière merveilleuse de susciter la communication. L'ambassadeur et sa femme étaient ravis parce que ce soir-là devait venir un directeur de journal qu'ils invitaient en vain depuis deux ans. L'ambassadeur, qui n'en revenait pas, me demanda ce que j'en pensais.

« Sa femme adore le cinéma, lui dis-je, et c'est elle qui a décidé de venir ce soir à l'ambassade. »

Il se mit à rire, mais c'était à peu près ce qui s'était passé.

Cela arriva souvent : des gens venaient dîner à l'ambassade qui autrement ne se seraient jamais dérangés. Bien avant, alors que je tournais dans des pays étrangers, je me demandais pourquoi les ambassades américaines ne faisaient pas appel aux vedettes de cinéma. Les vedettes sont des institutions internationales, pourquoi ne pas les utiliser comme appât pour leurs dîners officiels ? Les films américains eux-mêmes sont une autre forme d'appât. A l'étranger, projetez un film américain, même en l'absence de la vedette, et les gens viendront assister au dîner. Une fois que les gens sont réunis, il y a moyen de parler. Et il peut en sortir quelque chose.

Il y a quelques années, j'assistai à un dîner officiel à l'ambassade des Etats-Unis à Rome. Après le dîner, on projeta *Sept jours en mai*. Mais ils ne possédaient qu'un projecteur 16 mm ; gêné, je préférai ne pas assister à la projection. J'offris à l'ambassade une salle de projection avec un projecteur 35 mm. Je ne vis la salle qu'en mars 1987, pour la première de *Tough Guys* (Coup double). Il y eut un dîner à l'ambassade. L'ambassadeur M. Rapf, et sa femme, étaient enchantés par le nombre de gens qui avaient répondu à leur invitation. Mais cette fois-là, nous pûmes voir le film de façon convenable.

Lorsque nous arrivâmes à Budapest, dernière étape de notre voyage, nous étions déprimés par la grisaille des pays de l'Est, et cela malgré la beauté de cette ville. C'était d'autant plus attristant que nous aimions bien ces gens et que nous ne pouvions que nous désoler de l'existence qu'on leur faisait mener. Lorsque je parle de grisaille, je ne pense pas au temps.

Il y avait deux choses immuables derrière le rideau de fer : on vous prenait votre passeport, et chaque fois c'était l'occasion de développer une paranoïa aiguë. Et s'ils s'avisaient de vous inculper de quelque délit ridicule ? Et si un cinglé quelconque s'amusait à vous accuser de n'importe quoi ?

A Budapest, on nous invita à assister au défilé du 1er mai. Je devais être assis à la place d'honneur, près de Kadar, le secrétaire général du Parti communiste hongrois, venu au pouvoir en 1956, alors que les Russes écrasaient les combattants de la liberté dans les rues de Budapest. Anne et moi, consternés, imaginions des millions de gens aux Etats-Unis découvrant sur leur écran de télévision Kirk Douglas et sa femme dans la tribune officielle d'une capitale communiste, assistant au défilé militaire du 1er mai. Nous quittâmes rapidement Budapest.

Notre voyage avait duré moins de deux semaines, mais en arrivant à Vienne, nous avions l'impression d'avoir échappé à une condamnation à la réclusion à perpétuité.

Baragavoi est ce célèbre cosmonaute russe qui vint en visite aux Etats-Unis en compagnie de Feotistov, le scientifique. Le directeur du MPAA nous demanda, à Anne et à moi, si nous accepterions de donner un cocktail en leur honneur. Baragavoi était un Russe typique et chaleureux. Nous nous parlions par le truchement d'un interprète car il ne parlait pas l'anglais. A un moment, lors de l'entrée d'une fort jolie fille, je lui dis : « Et si on l'emmenait pour notre prochain voyage dans l'espace ? » Il me répondit : « Da, da, da. » Il savait apprécier les jolies femmes.

Ce fut une réception gigantesque : il n'y avait pas loin de trois cents personnes. La plupart des gens de Hollywood étaient présents. A la fin, je prononçai une petite allocution sur le thème de *Soyouz*, le nom d'un de leurs spoutniks, qui signifie « union » en russe. L'idée était que le symbole de *Soyouz* devrait unir nos deux pays. Tout le monde semblait ravi et Baragavoi passait une excellente soirée.

Quelques semaines plus tard, à New York, j'appris que Baragavoi se trouvait au Waldorf-Astoria et qu'il devait rentrer le jour même en Russie. Je l'appelai, et toujours par l'intermédiaire d'un interprète, expliquai que j'aurais aimé le saluer avant son départ. « Venez tout de suite, dit l'interprète. Il veut vous voir. » Lorsque j'arrivai à l'hôtel, sa voiture était déjà en bas, prête à l'emmener à l'aéroport. Il descendit; il y avait beaucoup de monde, et des caméras de télévision. Il se précipita vers moi et me souleva de terre : « Tovaritch! »

En 1977, alors que je me trouvais en Russie pour négocier des échanges de films, je demandai à voir Baragavoi. On ne me répondit ni oui, ni non, ni même peut-être.

Et puis, alors que Jack Valenti et moi sirotions une bière au bar de l'hôtel, nous vîmes arriver un Russe en compagnie de deux jolies filles. Les larmes aux yeux, il se jeta à mon cou en bredouillant des mots en russe. Une des filles qui parlait un peu l'anglais m'expliqua que cet homme était un de mes grands admirateurs. Il avait vu *Spartacus*, qui avait eu beaucoup de succès en Russie. Je souris. Tandis que nous « discutions », un employé de l'hôtel vint m'avertir qu'il s'était passé quelque chose et que je devais me rendre sur-le-champ dans les étages. Je n'avais pas la moindre idée de ce qui avait bien pu se passer.

L'hôtel Rossia occupe à lui tout seul un pâté de maisons. C'est un bâtiment gigantesque, conçu pour accueillir le Politburo dans sa totalité. On me conduisit dans une autre partie de l'hôtel, qui à ma grande surprise était bien plus luxueuse que celle où nous vivions. On ouvrit une porte donnant sur une chambre somptueuse et on me fit signe d'entrer. Tout seul.

Je me retrouvai en présence de Baragavoi. Mais un Baragavoi infiniment plus réservé. La différence d'attitude était saisissante, comme celle de McMurphy après sa lobotomie dans *Vol au-dessus d'un nid de coucou*. Il avait amené sa fille, un peu timide et effacée, qui voulait rencontrer la grande vedette de cinéma américaine. Il avait un cadeau pour moi, une bouteille de vodka d'une marque particulière, que nous avions autrefois bue ensemble. Il se montrait très chaleureux, mais toujours un peu sur la réserve. La rencontre ne dura pas longtemps, et l'ambiance, très polie, manquait d'exubérance. Voilà ce qui se passe lorsqu'une pièce est truffée de micros.

Ce soir-là, Jack et moi assistâmes à un grand dîner en présence de hauts fonctionnaires soviétiques. La vodka coulait à flots. On me demanda alors comment je trouvais le pays.

Par l'intermédiaire d'un interprète, je répondis :

« Le problème avec votre pays, c'est qu'il n'y a pas assez de communisme. »

Tout le monde me regarda, interloqué. Et j'ajoutai :

« Dans mon pays, il y a plus de communisme.
— Hein...?
— Lénine, poursuivis-je, a dit que le communisme était basé sur une société sans classes. Mais ici, à Moscou, je vois des classes sociales. Une classe possède des datchas, une autre possède... »

Valenti me donnait des coups de pied sous la table. Je n'en continuai pas moins :

« Chez nous, il n'y a pas ça. Nous ne le permettrions pas. Vos limousines sortent du Kremlin comme des bolides et tout le monde doit s'écarter sur leur passage. Vous ne vous en tireriez pas comme ça dans notre pays. Les gamins des rues jetteraient des pierres dans les vitres. »

Il y eut un brouhaha en russe, et quelqu'un lança la discussion sur un autre sujet.

Mais je crois que c'est la vérité. Le communisme n'existe pas là-bas. Une blague circule en Russie : si quelqu'un demande quand telle ou telle chose va arriver, au lieu de répondre « jamais », ou « quand les poules auront des dents », on dit : « Quand il y aura le communisme en Russie. » Ils ont le sens de l'humour. Ils en ont bien besoin.

Il y a une synagogue à Moscou, et elle n'était pas très éloignée de mon hôtel. Je demandai s'il était possible de la visiter. Pas de problème, ils allaient s'en occuper. Je demandai à m'y rendre un samedi matin, à l'heure du service religieux. Au jour et à l'heure dite je me rendis à la synagogue, et y vis effectivement de nombreux Juifs âgés venus prier. Il n'y avait aucun jeune. De retour à l'hôtel, je dis à Jack :

« C'est bien. Au moins il y a un endroit où les Juifs peuvent venir prier.

– Tu veux rire, Kirk ? On leur a simplement fait part de ta demande : Kirk Douglas, l'acteur américain, veut visiter une synagogue le samedi. Cette demande a été transmise au bureau des figurants : " Il nous faut soixante Juifs âgés. Qu'ils soient là samedi matin, en costume, et qu'ils prient. " »

Plaisantait-il ?

34

FILMS

J'abandonnai un instant mon dictaphone pour regarder par la fenêtre. Les ombres s'allongeaient. Dans ma maison de Beverly Hills tout était tranquille. Ma femme passe beaucoup plus de temps que moi au bureau. Je décrochai le téléphone en ligne directe avec le bureau.

« Oui?
— Ma femme est là?
— Oui. »
Silence...
« Cela vous ennuie de me la passer? »
Un moment de gêne.. un déclic. Ma femme décroche.
« Oui?
— Chérie, reviens à la maison.
— Je croyais que tu travaillais à ton livre.
— C'est vrai. Mais je me sens seul.
— Si je comprends bien, tu as besoin de sentir ma présence dans la pièce à côté.
— Exactement.
— D'accord. J'arrive. »
Les acteurs sont des gens solitaires. Parfois, les acteurs ont d'autres acteurs pour amis. Je les envie. Mais très souvent, ce n'est pas le cas. Ils vivent dans

leur monde à eux. Peut-être ont-ils honte d'être acteurs. C'est une profession étrange.

Un jour, John Wayne m'appela. Il produisait un western, *The War Wagon*, sur un scénario de Clare Huffaker, basé sur son propre livre, *Badman*, et il me proposait un rôle.

Bien que John Wayne eût tourné dans de très nombreux films, il avait aussi réalisé de mauvais investissements financiers; il était sans un sou. Il lui fallut attendre les années soixante pour gagner à nouveau de l'argent. Le tournage de *War Wagon* (La caravane de feu) eut lieu à Durango, au Mexique, où John Wayne possédait beaucoup de terres. Le pays était très rude. Dans l'avion qui nous amenait à Durango, il eut des difficultés respiratoires et il fallut lui donner un masque à oxygène. C'était le début de ses problèmes pulmonaires.

Bien que je lui eusse dit que nous vivions dans des conditions difficiles, dans un motel des plus modestes, Anne tint à venir me voir à Durango. L'endroit favori de ma femme est l'hôtel du Cap, dans le Midi de la France. Cet ancien château a été transformé en hôtel luxueux, avec des chambres spacieuses et une longue et large allée conduisant à la piscine, au bord même de la Méditerranée. Sur la droite se trouve un adorable restaurant, et sur la gauche des cabanes de bambou entourées de hautes barrières. Pendant quinze jours, j'ai travaillé à ce livre dans l'un de ces bungalows. Il y a une pièce où se déshabiller, une douche et des toilettes. Un sentier mène à la mer. On est isolé. On peut passer la journée avec quelques amis, à lire et à se dorer au soleil. On peut prendre ses bains de soleil tout nu. Et le soir, il y a quantité d'excellents restaurants dans les alentours. L'endroit est cher. C'est un peu l'idée qu'Anne se fait du paradis.

Durango était un peu l'idée qu'elle se faisait de l'enfer. Dans la salle de bain de ma chambre, elle avisa l'écriteau apposé au-dessus du miroir : N'oubliez pas de secouer vos bottes avant de les enfiler.

« Qu'est-ce que ça veut dire ? demanda-t-elle.
— C'est pour le cas où il y aurait des scorpions.
— Des scorpions ?
— Oui, ils aiment se nicher dans les endroits chauds. Et il vaut mieux ne pas poser son pied dessus : leur piqûre peut être effroyable. »

Le lendemain, après avoir soigneusement secoué ses bottes, Anne reprit l'avion pour Beverly Hills.

Il fallait faire très attention : il y avait beaucoup de scorpions dans les rochers. Pendant le tournage dans la nature, il était prudent de porter des bottes hautes, mais les scorpions n'attaquent pas délibérément.

Visiblement, John Wayne avait des problèmes de santé, mais jamais il ne les laissa prendre le dessus. J'ai toujours admiré son professionnalisme. Il était toujours le premier sur les lieux du tournage, généralement pour voir ce que préparait l'équipe des effets spéciaux. Il se mêlait de tout. On m'a souvent reproché la même chose, mais lui me battait largement sur ce terrain-là.

Il harcelait les réalisateurs. Après avoir formé sa propre société de production et s'être émancipé de réalisateurs à la forte personnalité, comme John Ford, qui le dirigeaient, ce fut lui, qui grâce à son tempérament exceptionnel, se mit à diriger les réalisateurs. « Mais enfin, qu'est-ce que ça veut dire de placer la caméra ici ? Mettez-la ici ! » C'était en extérieur, en pleine nature, et le paysage était magnifique, quelle que fût la position de la caméra.

Les plans étaient souvent constitués d'une ligne de personnages : John Wayne au milieu entouré de cowboys de part et d'autre. Il se tournait vers la droite, prononçait quelques mots, se tournait vers la gauche, prononçait à nouveau quelques mots, puis tout le monde se mettait en marche.

Un jour, je me retrouvai dans cette chorégraphie,

placé à sa droite. Tandis que John Wayne se tournait vers le type à sa gauche, je me penchai vers le feu pour me servir une tasse de café. Je n'oublierai jamais l'expression qui se peignit sur les traits de John Wayne lorsqu'il se retourna, prêt pour son numéro, et qu'il me découvrit, penché en avant.

« Mais enfin...!
— Ecoute, John, on était là, alignés comme des danseuses de revue. Je pensais que ça briserait un peu l'alignement. »

Il accepta, mais à regret.

Le réalisateur, Burt Kennedy, avait des problèmes avec John Wayne; c'était un réalisateur de talent, mais trop gentil. John Wayne était un réalisateur bien moins talentueux et loin d'être gentil. J'essayai de convaincre Burt de lui tenir tête. Ce n'était pas facile. Je pensais aux relations de Tom Tryon avec Otto Preminger; là, c'était l'inverse : l'acteur brimait le réalisateur. John Wayne ne se montrait jamais aussi grossier que Preminger, mais il était dur. La situation était tout de même déplaisante.

Je ne savais pas bien comment jouer le rôle de Lomax, le cowboy prétentieux, lorsque mon fils Joel me donna une idée. Lomax allait porter un gant noir avec une bague voyante *sur* le gant. La première fois que j'arrivai costumé, avec cette grosse bague sur le gant, John Wayne me dit d'un air méprisant :

« Tu vas jouer comme une pédale?
— Mais non, John, je vais essayer de ne pas laisser ressortir mon côté efféminé. »

Tout le monde l'appelait « Duke », mais moi je l'appelais « John ». Je n'aime pas les surnoms, à moins qu'ils n'aient une signification bien précise. Lorsque je travaillais avec Elia Kazan, tout le monde l'appelait « Gadge ». Je lui demandai ce que cela voulait dire, et il m'expliqua que « Gadge » était un diminutif de « gadget », parce qu'il était de petite taille. Comme cela était blessant! Je n'ai jamais pu l'appeler de cette façon. Comme je ne savais pas ce que signifiait Duke, j'ai toujours appelé John Wayne par son prénom.

Il y avait entre nous deux une rivalité certaine, objet d'interminables plaisanteries sur le tournage. Nous cherchions toujours à nous supplanter l'un l'autre. Il y a une scène merveilleuse où John Wayne et moi descendons deux mauvais garçons en même temps. Je le regarde très froidement, et je dis : « Le mien est tombé le premier. » John Wayne, alors, me regarde, et après un instant de silence, déclare : « Mais le mien était plus grand. »

Nous avions une étrange relation, faite de respect mutuel, en dépit de nos personnalités et de nos opinions politiques radicalement différentes. Au cours du tournage, je fis des déclarations de soutien pour les candidats démocrates, et lui pour les républicains.

Mon personnage, Lomax, ne montait jamais à cheval de façon normale, mais toujours de façon excentrique. Il y avait là des cascadeurs pour le faire à ma place. Ils pensaient faire un plan éloigné du cascadeur, puis me prendre en plan rapproché, une fois en selle. A mon avis, cela n'aurait guère été efficace et n'aurait trompé personne. J'étudiai donc leurs différentes façons de monter en selle : de côté, en ciseaux, ou par la croupe, et finis par déclarer que j'étais tout à fait capable de le faire moi-même.

Le cascadeur, Hal Needham, me considéra d'un air sceptique. Je connaissais bien ce regard-là : c'était celui des producteurs d'*Un acte d'amour* lorsque je leur avais dit que j'allais apprendre le français. C'était l'expression qui s'était peinte sur le visage des réalisateurs lorsque j'avais dit que je ferais moi-même mes numéros de trapèze ou que je courrais sur les avirons.

Je lui dis de me trouver un petit trampoline. Cet engin nécessite un apprentissage, mais je possède une excellente coordination musculaire. Pour monter en selle, quelle que soit la façon, l'important est de lever suffisamment les fesses pour pouvoir passer la jambe par-dessus la croupe ou la selle du cheval. Rapidement, je devins tout à fait à l'aise sur le trampoline et pus monter en selle de toutes les façons possibles et imaginables.

Tout cela agaçait John Wayne. A un journaliste qui lui demandait :

« J'ai entendu dire que Kirk Douglas montait très bien à cheval... »

Il répondit en grommelant :

« S'il monte bien à cheval? Pfff! Il lui faut un trampoline pour se mettre en selle! »

C'était là une façon fort spirituelle de me rabaisser. Mais il avait quelque raison d'être jaloux, et Needham avait quelque raison d'être sceptique : j'avais cinquante ans.

J'abandonnai l'Ouest et les Productions Batjac de John Wayne pour me rendre en Sicile, où je produisais *The Brotherhood* (Les frères siciliens), un film traitant de la mafia. Il aurait été plus commercial s'il y avait eu plus de violence et de meurtres, mais j'étais surtout attiré par cette idée de montrer la dichotomie entre la vie de famille des mafiosi et la brutalité des affaires qu'ils traitent. Le scénario, fort bien conçu, avait été écrit par Lewis John Carlino, qui avait de la famille dans la mafia. Je trouvais que c'était une excellente étude sur la mafia, mais c'était avant la sortie de *The Godfather* (Le parrain). Pour jouer mon personnage, je me teignis les cheveux en noir et me laissai pousser la moustache. J'incarnais Don Francesco, un mafioso de la vieille école, dont la franchise et la violence gênent la « nouvelle mafia », représentée par Alex Cord, mon plus jeune frère, qui traite ses activités dans l'esprit des véritables hommes d'affaires. Lui et moi comprenons petit à petit qu'il va falloir que je laisse la place, et que pour survivre dans la nouvelle organisation, il faudra que ce soit lui qui me tue.

Marty Ritt fut le réalisateur des *Frères siciliens*. Il avait d'abord refusé, mais avait fini par accepter après que j'eus en partie réécrit le scénario. Nous n'eûmes jamais une relation très chaleureuse; peut-être cela remontait-il à *Spartacus*.

Au cours du tournage, il y avait une scène avec Irène Papas, l'actrice grecque qui jouait le rôle de ma femme, qui ne sortait pas bien. Le rythme n'y était pas, tout semblait faux. Je dis alors à Marty Ritt : « Laisse-moi travailler avec Irène. » Nous nous éloignâmes alors pour travailler la scène, une scène de lit. Je rentre chez moi tard le soir, je suis soûl et je chante. J'ôte mes vêtements, et elle, en bonne épouse italienne, les ramasse derrière moi. Je deviens très tendre, je lui promets une folle nuit d'amour, mais je m'écroule de sommeil sans qu'il se soit rien passé. D'après l'expression qui se peint sur le visage de l'épouse, on devine que ce genre de scène est habituel, et que tout cela se termine pour elle par le linge sale de son homme. Toute cette scène est parfaite. Nous la répétâmes plusieurs fois jusqu'à ce que nous fussions au point. Marty ne changea rien, et filma exactement comme nous l'avions répété.

Tout au long de ce tournage, je sentais qu'il m'en voulait. Sentiment habituel chez moi, je me sentais rejeté. Tout au fond de moi, Issur se cachait derrière une poubelle pour que personne ne vît qu'il était blessé. D'une certaine façon, c'est moi que je blâme. Cela m'ennuyait que lui et moi n'ayons pas eu de relations plus chaleureuses sur le tournage des *Frères siciliens*. Par la suite, Marty ne montra jamais aucun désir de tourner de nouveau avec moi.

Une bonne partie du tournage des *Frères siciliens* eut lieu à Palerme, en Sicile. On ne peut pas dire que l'endroit respirait la gaieté, et l'équipe américaine était plutôt déprimée.

Un de mes amis, Ralph Stolkin, devait descendre à Capri à bord de son luxueux yacht. Je savais qu'il y aurait à bord caviar et champagne. Je l'appelai et lui décrivis Palerme comme l'une des sept merveilles du monde : il fallait absolument qu'il fasse un détour. Il n'en avait guère envie : il attendait Bea Korshak, la femme de l'avocat Sidney Korshak, et Dinah Shore, qui se trouvaient à Dubrovnik, en Yougoslavie. Je lui promis de m'occuper de tout. Je parvins à joindre Dinah et Bea en Yougoslavie, et leur suggérai de se rendre à Palerme au lieu de Capri. Elles ne voulaient pas. Elles ne connaissaient pas Capri et avaient une folle envie d'y aller. « Capri? m'exclamai-je. Mais Capri, ça n'est rien du tout! On peut voir ça quand on veut. Mais Palerme... ah, Palerme! Venez donc en Sicile. » Puis je recontactai Ralph et mis au point les questions de logistique. Tout le monde devait finalement se retrouver à Palerme.

Cela faisait des semaines que j'en parlais à mon équipe. « Vous allez avoir des cigares, des havanes. Du Dom Pérignon! Du caviar! » Visiblement, l'idée ne déplaisait à personne. Enfin, le grand jour arriva. Le yacht magnifique entra lentement dans les eaux glauques du port de Palerme, au milieu des étrons qui flottaient un peu partout. Il y avait aussi des préservatifs. Bea et Dinah étaient « un peu déçues »; Palerme n'était pas exactement « comme elles l'avaient imaginé ». Pendant deux jours, les acteurs firent à bord du yacht une orgie de caviar, de champagne et de havanes. J'encourageais Ralph à rester quatre ou cinq jours, voire une semaine, mais le lendemain matin, je m'aperçus que le yacht avait disparu. Sans rien dire, ils avaient levé l'ancre pendant la nuit. Après la sortie du film, Sidney Korshak, dont de nombreux journaux disaient qu'il était lié à la mafia, me dit que les grands capos avaient été très impressionnés par le film. Ils avaient le sentiment qu'il rendait bien l'esprit de leur organisation, et appréciaient particulièrement le portrait que je donnais d'un *don* de la mafia. Ils voulaient me rencontrer.

Ces hommes excitaient ma curiosité, mais Korshak ne parvint jamais à organiser un rendez-vous. Je crois qu'il avait beaucoup de considération pour moi, qu'il se sentait même un peu protecteur, et qu'il voulait m'éviter une telle rencontre. Il savait aussi que ses moindres gestes étaient observés. S'il me faisait rencontrer certains de ces hommes (à l'époque, ils étaient nombreux à vivre à Palm Springs), la police aurait été immanquablement au courant.

Korshak m'annonça alors que pour m'être agréable, il acceptait de me vendre, à un prix très raisonnable, 4 pour 100 de ses parts dans un hôtel de Las Vegas, le Riviera. Plusieurs personnes me dirent alors que c'était un placement extraordinaire : je pouvais gagner beaucoup, beaucoup d'argent. Après en avoir discuté, Anne et moi déclinâmes la proposition. Nous ne voulions pas participer à une affaire sans connaître nos partenaires. Nous avons raté une chance de gagner beaucoup d'argent, mais nous ne l'avons jamais regretté.

Un jour, après un barbecue chez Sidney Korshak, j'eus la surprise de trouver George Raft qui faisait la vaisselle dans la cuisine. Je racontai la chose à Sidney, qui me dit : « Oh, George aime bien faire ça. » George avait été l'un des durs de Hollywood, mais aussi l'un de ses excentriques. Au cours de sa carrière, il a pris un nombre incroyable de mauvaises décisions. Il annonça par exemple à Jack Warner qu'il voulait dénoncer son contrat parce que la Warner ne cessait de lui proposer de mauvais scénarios, qu'il refusait d'ailleurs invariablement. Des scénarios comme *Le faucon maltais, High Sierra, Casablanca*.

The Arrangement était un roman à succès, essentiellement autobiographique, d'Elia Kazan, qui avait déjà réalisé au cinéma *A Tree Grows in Brooklyn, Viva Zapata, East of Eden* et *A Streetcar Named Desire,* et avait reçu des Oscars pour *Gentleman's Agreement* et *On the Waterfront.* Il comptait tirer un film de ce livre que j'aimais énormément. Mais je ne connaissais pas très bien Kazan et je ne savais comment lui faire savoir que j'aurais bien aimé jouer dans ce film. Warren Beatty, qui avait travaillé avec Kazan dans *Splendor in the Grass,* la sombre romance où jouait également Natalie Wood, me tira d'embarras : « Si tu as tellement envie de jouer ce rôle, pourquoi ne pas tout simplement appeler Kazan et le lui dire? Même s'il ne veut pas de toi, il se sentira flatté. » J'appelai donc Kazan à New York et lui dis combien j'avais aimé son livre, et combien j'aimerais qu'il pense à moi pour le rôle. Il me le donna.

Au début, Kazan songeait à faire jouer à sa femme son propre rôle dans le film. C'est-à-dire que celle qui était à présent sa femme devait jouer le rôle de sa petite amie de l'époque. Cela m'ennuyait. Il est déjà difficile de jouer le rôle d'un homme qui non seulement a écrit le scénario mais encore produit et réalisé le film, sans en plus faire l'amour avec sa femme sous ses yeux!

Grâce au ciel, il abandonna l'idée. Deborah Kerr joua le rôle de l'épouse, et Faye Dunaway celui de la petite amie. Elles firent toutes deux un travail merveilleux.

Dans une scène, Faye et moi devions être assis dans le lit, nus, après avoir fait l'amour. Elle vint avec des sortes d'autocollants qui dissimulaient la pointe de ses seins. « Faye, lui dis-je, enlève donc ça. Franchement c'est ridicule. – Bon, comme tu voudras! » Et elle les arracha. J'ai beaucoup aimé travailler avec Faye; c'était une fille très spontanée, pleine de talent. Je la trouvais aussi fort attirante, mais elle était follement amoureuse de Marcello Mastroianni.

J'ai aussi beaucoup aimé travailler avec Kazan. Il aimait les acteurs et savait tirer le meilleur de ce qu'ils portaient en eux. Il y a peu de réalisateurs de cette trempe. J'aurais aimé descendre à Palm Springs pour les fins de semaine, mais presque chaque fois, il me gardait en ville pour discuter du scénario et du film. Il se servait de moi pour tester ses idées, et j'en étais flatté.

J'ai beaucoup aimé ce tournage. Kazan essayait de faire un film différent, hardi, de plonger au plus profond de mon personnage, de sonder ses contradictions par rapport à sa carrière, ses femmes, son père, sa vie. Lors des premières projections, les réactions furent mitigées. Au montage, Kazan changea la fin. J'avais le sentiment qu'il n'avait pas réalisé le film qu'il se proposait de tirer de son livre, le film qu'en définitive il avait bel et bien tourné. Je trouvais qu'il restait trop près de son sujet. Comme d'habitude, je lui fis part de mon opinion de façon très véhémente.

Exaspéré, il me dit : « D'accord, allez-y, vous n'avez qu'à faire vous-même le montage. »

Je le pris au mot et refis le montage en compagnie du monteur, Stefan Arnstein. Après avoir travaillé avec le grand Elia Kazan, le monteur se trouvait désormais aux prises avec l'acteur.

Je repris les chutes tournées par Kazan, et restructurai le film comme l'était le livre. Dans la version définitive de Kazan, le film se termine avec la mort de son père (joué par Richard Boone). La dernière image était un gros plan sur mon visage, tandis que je songe à mon père. Mais le livre possédait une fin merveilleuse, qu'il avait tournée mais avait décidé de ne pas utiliser : une scène en compagnie de la femme que j'aime. Faye Dunaway et moi exprimons ce que nous ressentons; c'était comme si chacun était interrogé par quelqu'un d'invisible derrière la caméra. D'après nos paroles, il est évident que nous ne vivrons pas de façon heureuse par la suite. Pour le nouveau montage, j'utilisai ces scènes.

Ted Ashley, le directeur de la Warner, trouvait que mon montage améliorait grandement le film. Puis Kazan se ravisa, ce que je comprends parfaitement. Mais d'un autre côté, cela me gênait aussi, car il avait dû se cabrer devant cette intrusion de ma part dans la réalisation, et cela je m'en rendais compte. Il revint à son montage originel, avec le gros plan sur moi. Nous n'avons jamais évoqué ces événements, mais j'ai toujours eu le sentiment que cela avait interdit toute amitié entre nous. Je ne l'ai pas revu depuis lors. J'avais l'impression de m'être fait voler un ami... ou un père. J'ai une grande admiration et un grand respect pour Elia Kazan. Travailler avec lui fut pour moi une expérience à la fois agréable et passionnante.

La première de *L'arrangement* eut lieu au Strasberg Theatre de New York; elle fut suivie d'un dîner. Ce fut un échec. Rien de pire que la chape de plomb qui s'abat sur une assistance déçue dans ses espérances. Personne ne savait quoi dire.

Kazan s'en tira de façon à la fois drôle et charmeuse; je l'admirai fort à cette occasion. Mais en même temps j'étais déçu; non pour moi mais pour le film. Je considère toujours que certains passages sont extrêmement brillants, notamment le début. Je pense encore que s'il pouvait revenir et monter le film tel qu'il l'avait tourné, il en ferait un chef-d'œuvre.

Récemment, je suis tombé sur une photo de nous deux que j'aimais bien. Nous sommes en train de discuter et semblons très heureux. Je lui envoyai la photo en lui demandant s'il voulait bien me la signer. Il me la renvoya, signée, avec cette lettre :

Mon cher Kirk,

Je connais les côtés les plus sombres de votre personnage comme vous connaissez les miens. Aucun artiste n'en est dépourvu et cela n'a pas réellement d'importance. Un homme doit être jugé sur ce qu'il y a de meilleur en lui, sur l'ardeur qu'il met à son travail, sur l'attachement à ses opinions, et sur l'amour qu'il porte à ses enfants. A cet égard, je n'ai que des compliments à vous faire. Vos enfants sont admirables et ils vous ressemblent.

Je ne m'appesantirai pas sur *L'arrangement*. Ce fut une déception pour moi comme cela a dû l'être pour vous. Je dis ce que j'en pense dans mon livre.

J'éprouve pour vous une grande affection et une immense admiration.

Affectueusement,

Elia

Pendant tout ce temps, je n'avais cessé de penser à *Vol au-dessus d'un nid de coucou*. J'essayai de trouver un financement du côté d'un homme d'affaires nommé Max Palevski. Il avait fait fortune (près d'un milliard de dollars) grâce à un ordinateur mis au point par sa société et revendu ensuite à Xerox. Un jour, il me dit qu'il voulait faire des films.

« Ah bon?

— Oui. Mais je ne veux pas faire de choses ordinaires. Je veux quelque chose d'original, qui vaille la peine.

— Max, si on déjeunait ensemble... »

Nous déjeunâmes chez moi et je lui donnai le scénario de *Vol au-dessus d'un nid de coucou*.

« Max, je crois que c'est quelque chose d'original, et qui vaut la peine. »

Il me le rendit après l'avoir lu.

« Ouais. Mais je ne crois pas que ce soit commercial. »

Voilà donc un milliardaire qui voulait faire quelque chose d'original, mais son sens des affaires lui disait de ne pas produire le scénario, pourtant fort original, que je lui proposais! Evidemment, *Vol au-dessus d'un nid de coucou* se révéla être un succès non seulement artistique mais encore commercial.

Max Palevski fit affaire avec Peter Hart et produisit plusieurs films. Tous des fours, comme *The Savage Is Loose*. Déçu par l'industrie du cinéma, il finit par se retirer. Parfois, on rate l'occasion en or qui se trouve à portée de la main! Cette occasion-là, Max, vous l'avez eue et vous l'avez laissée passer.

Dans mon film suivant, *There Was a Crooked Man* (Le reptile), je passai de l'avant-garde au western. Le réalisateur était Joe Mankiewicz. Vingt-deux ans auparavant, j'avais tourné avec lui *Chaînes conjugales*. Depuis lors, Joe avait réalisé et/ou écrit plusieurs films magnifiques : *All About Eve* (Oscars pour le scénario et la réalisation); *Julius Caesar,* avec Marlon Brando; l'histoire des coulisses d'Hollywood, *The Barefoot Contessa,* avec Humphrey Bogart et Ava Gardner; la comédie musicale *Guys and Dolls,* avec Brando et Sinatra; et bien sûr le spectaculaire *Cleopatra,* avec Elizabeth Taylor et Richard Burton.

Je crois que Joe n'était pas à l'aise dans le désert pour tourner *Le reptile*; il était plus à son affaire pour tourner une scène dans une bibliothèque. Le scénario, dû à David Newman et Robert Benton, était fort intelligent; c'était leur première œuvre depuis *Bonnie and Clyde*.

Je jouais le rôle d'un hors-la-loi, voleur et tueur, qui finit par casser des cailloux au bagne. Henry Fonda, lui, joue le rôle du gardien, qui semble un brave homme, très humain. Mais lorsque l'occasion se présentera, il s'enfuira avec le magot, prouvant qu'il est aussi pourri que les autres. Le film était parfaitement cynique et fut un échec commercial... Pour le coup, tout le monde était floué.

Henry Fonda était un merveilleux acteur, mais je ne pouvais oublier cette réception, bien des années auparavant, au cours de laquelle je l'avais vu se gausser de moi en compagnie de sa femme, et suggérer à la fille qui m'accompagnait de me laisser tomber pour s'éclipser en douce avec James Stewart. Je n'en parlai ensuite ni avec Jimmy Stewart ni avec Henry Fonda. Pourtant, Henry s'était montré bien cruel. D'un autre côté, je me montrais bien pusillanime en remâchant cette vieille histoire. J'avais envie de lui dire : « Tu sais, Henry, tu aurais dû conseiller à cette fille de simuler une migraine et de demander au " plouc " (moi, Kirk Douglas) de la raccompagner chez elle; au moment de monter en voiture vous seriez tombés sur nous et vous pouviez alors l'emmener. » Je ne m'étais jamais encore rendu compte à quel point cet incident m'avait blessé, mais je n'avais rien oublié.

Une grande partie du tournage se déroula dans un grand pénitencier que la Warner Brothers avait fait construire en plein désert, près du Joshua Tree National Monument, pour 300 000 dollars. Moi, je continuais à vivre dans ma maison de Palm Springs et Henry Fonda dans la sienne. Un hélicoptère nous amenait sur les lieux du tournage et nous ramenait ensuite chez nous.

Un jour, en revenant du tournage, nous fûmes pris dans une terrible tempête de sable. On n'y voyait plus rien. Henry Fonda et moi échangeâmes un regard inquiet.

Soudain, j'entendis le pilote murmurer :

« Je n'aime pas ça.

— Hein? m'exclamai-je, qu'est-ce que vous avez dit?

— J'ai dit : " Je n'aime pas ça. "

– Posez-vous tout de suite! »

Nous aperçûmes à temps un carré de pelouse sur lequel le pilote posa l'hélicoptère. C'était un terrain de golf. Nous rentrâmes chez nous en taxi.

En hélicoptère, on est complètement à la merci du pilote. Tout ce sable qui giflait la carlingue nous déplaisait fort, à Henry et à moi, mais j'imagine que le pilote savait ce qu'il faisait. Et si tel n'avait pas été le cas?

1971. Des représentants de la tribu des Apaches Jicarilla vinrent me faire une proposition : ils avaient de l'argent tiré des concessions pétrolières sur leurs réserves, et voulaient produire un film. Simplement un film commercial, sans aucun rapport avec des Indiens. Moi, je possédais un scénario qui pouvait faire un film à succès : l'histoire de deux anciens tueurs qui se trouvent face à face, par hasard. La ville est en ébullition et les paris vont bon train : quel est le meilleur joueur de pistolet, et s'ils s'étaient trouvés face à face autrefois, lequel des deux l'aurait emporté?

Mon personnage déclare : « Ecoute, on a tous les deux risqué notre vie pour un verre ou une parole d'amitié. Et si pour une fois on risquait notre vie pour quelque chose, et que le vainqueur empoche toutes les mises? »

Le duel aura donc lieu. C'est un événement capital dans cette petite ville, et il se déroulera dans une arène près de la frontière mexicaine.

Johnny Cash avait beaucoup de succès à l'époque et je lui proposai de jouer le rôle du deuxième duelliste. Il accepta. Jane Alexander jouait le rôle de ma femme. Quant à mon fils dans le film, il fut joué par mon propre fils, Eric, qui fit ainsi ses débuts à l'écran et s'en tira fort bien. Mais mes sentiments étaient mitigés : je ne voulais pas qu'Eric – ni aucun de mes fils – devienne acteur.

Les Apaches finirent par rentrer dans leurs frais, mais moi je ne retirai aucun bénéfice de ce film.

Tandis qu'Anne et moi nous nous reposions au cap d'Antibes, je reçus un coup de téléphone de Paris : c'était Alexander Salkind, le producteur, qui me proposait de tourner une adaptation d'un roman de Jules Verne, *Le phare du bout du monde* (The Light at the Edge of the World). Je n'étais guère enthousiaste, mais il insista. Un jour, en rentrant à la villa, nous découvrîmes, installé à côté de la piscine, un monsieur d'un certain âge : M. Salkind. Cet homme ne prenait pas l'avion : il était descendu de Paris en train avec le scénario.

J'admirai la ténacité de Salkind et conservais en outre un bon souvenir de *20 000 lieues sous les mers*, également tiré d'un roman de Jules Verne. Je lus donc le scénario.

« La phare du bout du monde », c'est ainsi que les marins ont baptisé ce phare construit en 1865 au cap Horn, à l'extrême pointe de l'Amérique du Sud. Les eaux sont traîtresses, et les récifs redoutables. Dans l'histoire, un pirate veut s'emparer du phare de façon à attirer sur les écueils des navires dont il pourra ensuite piller la cargaison. Je joue le rôle d'un mercenaire américain qui vit dans le phare en compagnie de Fernando Rey et Massimo Ranieri. Le scénario de Tom Rowe était bon; j'acceptai.

Nous décidâmes de tourner en Espagne, à Cadaqués, non loin de la frontière française. Un endroit très pittoresque, avec des rochers noirs et pointus qui se dressent sur le rivage comme des stalagmites.

C'était l'été. Je décidai d'emmener avec moi mon fils Peter, âgé de quatorze ans, que cette perspective ne semblait guère enthousiasmer. Peter et moi nous installâmes dans une petite maison, dans une toute petite rue.

Il était à cette époque de la vie où l'adolescent ne va pas tarder à laisser la place à l'homme. Dans le film, nous utilisions un vieux voilier, propriété de son équipage anglais. Peter passait le plus clair de son temps avec eux. La journée, il les aidait à la manœuvre, et le soir il allait dîner avec eux.

Il me demandait toujours d'y aller avec lui. « Papa, tu voudrais pas venir dîner avec nous? » Mais je crois qu'en fait il était soulagé lorsque je lui répondais : « Non, je crois que je vais rentrer à la maison, étudier mon texte et me coucher. » Ce fut la première fois qu'il se soûla. Un matin, tôt levé, je découvris deux jeunes garçons, qui avaient visiblement trop bu, endormis sur le canapé. Ils l'emmenèrent aussi pour la première fois au bordel. Je n'y participais guère, mais j'aimais voir les transformations qui s'opéraient en lui.

Peter ne pouvait rester que quelques semaines, et le moment venu, je l'accompagnai à l'aéroport. Il avait les larmes aux yeux : je ne l'oublierai jamais. Il regrettait de partir; fini les réticences des premiers jours. Comme il avait changé! Il était devenu un homme. Cet équipage de jeunes Anglais, tous plus âgés que lui (les plus jeunes devaient avoir dix-huit et vingt et un ans), l'avait accepté, et il avait passé des moments merveilleux. J'en étais heureux.

Yul Brynner jouait le rôle du brutal capitaine des pirates. En dépit de *Spartacus,* je lui avais donné le rôle. Comme lors du tournage de *L'ombre d'un géant,* en Israël, il fallait à Yul tout ce qu'il y avait de plus grand. Il trouva la plus grande maison de la ville, en haut d'une colline, et la loua. Il avait la plus grande caravane; elle était même démesurée, et cela créait des problèmes lorsqu'il fallait l'amener sur les lieux du tournage, des endroits souvent difficiles d'accès. La caravane était équipée de façon ultra-moderne, et il emmenait même avec lui un majordome pour préparer ses repas. En pleine nature, Yul nous invitait à sa caravane : apéritifs, hors-d'œuvre variés, huîtres, crevettes frites... Yul Brynner savait recevoir !

Le meilleur souvenir que j'aie conservé de ce tournage fut ma relation avec mon voisin, Salvador Dali. Sa maison se trouvait juste au-dessus de la mienne, surplombant la mer. Cet homme était véritablement fou. Dali nous invita un jour tous à un cocktail, dans sa maison curieuse sur la plage. En retour, je l'invitai sur le tournage. Il vint plusieurs fois assister à notre travail et finit par être captivé. Puis, un soir, il nous invita, Jean-Claude Drouot, un jeune et bel acteur français qui jouait dans le film, et moi-même, à dîner chez lui. J'étais ravi de cette invitation, car j'avais toujours eu envie de voir ses tableaux.

Ce fut un dîner intime : il n'y avait là que Jean-Claude, une jeune femme ravissante, Dali et moi. Après le dîner, Dali nous montra certaines de ses œuvres. Il était alors occupé à peindre l'un de ses *Christ en croix,* et celui-ci était représenté comme vu d'hélicoptère. Quel talent extraordinaire pour la forme ! Sa maison, pleine d'œuvres d'art, était passionnante.

Il nous proposa alors de regarder un petit film, qui, nous dit-il, nous amuserait. Je m'installai, impatient de voir de quoi il s'agissait : avec Dali, on n'est jamais sûr de ce qui va se passer. Les lumières s'éteignirent et le film commença. Il s'agissait d'une histoire très simple à propos d'une femme et d'une banane. Ce que faisait la femme avec cette banane, après l'avoir pelée, ne laissait plus rien à l'imagination. Puis il nous emmena dans une pièce remplie d'objets en terre cuite : des morceaux de corps humain. Visiblement, il étudiait avec soin l'anatomie. Un petit verre de Cointreau à la main, il se mit à disserter sur l'anatomie.

Puis il prit dans ses mains quelques-uns de ces

objets. Etait-ce donc... mais oui! Il tenait un vagin en plâtre et deux pénis, au moyen desquels il nous montra qu'il était possible de faire pénétrer deux de ces organes dans un seul sexe féminin.

Tandis que Dali discourait, je jetai un regard au jeune acteur français puis à la souriante jeune femme. Rapidement, je lançai : « Ne nous en veuillez pas, mais nous allons devoir vous quitter. Nous devons nous lever très tôt demain matin pour le tournage. » Nous laissâmes un Salvador Dali passablement déçu, comme semblait déçue, me semblait-il, la jeune femme qui avait partagé notre soirée. En riant, Jean-Claude et moi évoquâmes la proposition qui venait de nous être faite.

Une fois couché, j'y songeai à nouveau. Etait-ce possible? Cette pensée m'occupa jusqu'au moment où je sombrai dans le sommeil.

Je faillis perdre la vie sur les noirs rochers pointus de Cadaqués. Dans une scène, je devais tomber du toit d'une hutte. On construisit donc une plate-forme garnie d'un matelas sur lequel je devais tomber. Quelqu'un suggéra alors de disposer un rail métallique, en guise de barrière, autour de la plate-forme.

« Inutile, dis-je, il y a un cascadeur sur la plate-forme pour m'accueillir. »

On tourna donc la scène. Je roulai sur le toit de la cabane et tombai sur le cascadeur, mais je tombai avec plus de violence que prévu, et j'entraînai l'homme dans ma chute sur les rochers. Il retomba sur moi. Ma tête heurta un rocher; plat, heureusement. Eût-il été pointu que ma tête aurait éclaté comme un melon. Je saignais abondamment. Tout le monde était inquiet, mais moi, bredouillant, je demandais : « La prise. Est-ce qu'on a eu cette putain de prise?

– Non.

Je voulus à toute force recommencer la scène. On tenta de m'en empêcher, mais je refusais d'écouter.

Leur inquiétude me rendait furieux. On nettoya le sang et je tournai la scène à nouveau.

Alors je m'évanouis. On dut me ramener chez moi. Pendant une semaine, je pus à peine bouger. Plus question de tournage! J'avais une commotion cérébrale. D'étranges pensées ne cessaient de tourbillonner dans ma tête.

Issur ne voulait pas rester caché derrière sa poubelle. « Pourquoi es-tu si dur avec les gens? demandait-il. Pourquoi est-ce que tu les engueules? Pourquoi est-ce que tu leur dis des choses aussi horribles? Pourquoi?
— Parce que c'est vrai.
— Mais ça s'est passé il y a des années. Pourquoi es-tu si fâché maintenant?
— Je ne sais pas, mais je suis trop vieux pour arrêter. »

Entre-temps, je pensais avoir trouvé un financement pour *Vol au-dessus d'un nid de coucou*. Mais chaque fois que j'étais sur le point d'aboutir, Dale Wasserman engageait une action judiciaire contre moi. J'ignorais pour quelles raisons. Je l'avais payé pour écrire la pièce, puis lui avais abandonné les droits. Il s'en tirait fort bien : la pièce est toujours jouée aux quatre coins du monde. « Je sais que vous voudriez avoir les droits d'adaptation cinématographique, Dale, mais ça, c'est mon projet à moi. Je vous ai payé. C'est moi qui possède les droits d'adaptation pour le cinéma. » Deux fois, l'affaire fut soumise à arbitrage. Deux fois, une décision fut rendue en ma faveur.

Mais le projet de financement échoua une fois encore. J'avais perdu un nouveau *round*. J'étais sonné mais pas hors de combat.

35

JEUX OLYMPIQUES

Mike Frankovich, producteur indépendant et directeur de la Columbia, m'appela un jour de 1967. J'étais l'actionnaire principal d'une société propriétaire d'un immeuble de rapport sur Beverly Glen, où il y avait un certain nombre de chambres. De très belles chambres. Une association d'anciens élèves de l'UCLA cherchait un endroit où loger un jeune joueur de basket-ball, un garçon très prometteur.

Je répondis à Mike Frankovich que je serais heureux de lui laisser une chambre, gratuitement. Je savais ce que cela voulait dire de travailler et de suivre des cours à l'université en même temps qu'un entraînement sportif de haut niveau. Mais l'association refusa : il fallait payer quelque chose, sinon cela serait considéré comme un versement à l'athlète, et serait incompatible avec son statut de sportif amateur. Je louai donc l'appartement pendant deux ans à un faible loyer, de façon à laisser une trace comptable de cette location. Mais je n'ai jamais voulu qu'il pût se sentir redevable de quoi que ce soit. Un ancien élève m'offrit des entrées pour tous les matches de basket-ball, mais je n'y suis jamais allé.

Cette distinction entre athlètes amateurs et professionnels est parfaitement hypocrite. Les amateurs sont censés ne pas être payés. Mais les matches de basket-ball, de base-ball ou de football américain opposant l'UCLA à l'USC sont-ils des matches amateurs? Ils sont retransmis à la télévision. Il y a de la publicité. Ils rapportent des sommes colossales, mais on conserve la fiction des athlètes amateurs. On cherche absolument à savoir si ces sportifs ont touché quelque chose. La plupart d'entre eux viennent de familles pauvres; le sport serait-il donc réservé aux riches? Si un étudiant obtient une bourse pour aller à l'université, cela fait-il de lui un étudiant professionnel? Et si cette bourse sert à lui payer le gîte et le couvert?

A l'université, j'ai été champion de lutte, invaincu, et on m'a proposé de m'entraîner en vue des Jeux olympiques. Je devais aller m'entraîner en Oklahoma. Je n'avais pas l'argent pour le faire, et ne pouvais pas y consacrer suffisamment de temps en raison de mon travail. Personne ne m'a dit : « Nous payerons toutes vos dépenses. »

Les bourses sont données pour que les étudiants réussissent leurs études, et de la même façon il n'y aurait rien de mal à ce que les sportifs soient payés, car ils rapportent beaucoup d'argent à leurs universités. Peut-être devrait-on leur donner des voitures, des vêtements, leurs repas. Et ne pas tout glisser sous la table. Les sports dans lesquels ils excellent les détournent de leurs études et sont une source considérable de publicité et d'argent pour ces universités. Mais il y a des gens qui surveillent : « Ah, ah! Vous avez fourni gratuitement une chambre à cet homme! » J'estime que payer les sportifs en dessous-de-table, puis les sanctionner si la fraude est découverte est une pratique hypocrite. Et idiote.

Je n'ai jamais rencontré le joueur de basket-ball que je subventionnais, Lew Alcindor, pas même lorsqu'il est devenu Karim Abdul Jabar. Je ne lui ai parlé qu'une fois, au téléphone. J'avais entendu dire que deux athlètes comptaient saluer à la manière du Black Power aux Jeux olympiques de Mexico, en 1968, et qu'il les connaissait. Je l'avais donc appelé pour lui dire qu'ils devraient reconsidérer cette décision. Il me répondit qu'il ne pouvait rien faire. Ils firent comme ils l'avaient décidé et furent exclus. Je pense toujours que c'était une erreur.

Tous les athlètes russes sont des professionnels. L'Etat les prend en charge, leur assure salaire, gîte et couvert. On voit des boxeurs, année après année, participer à l'équipe olympique : c'est leur travail. Lorsqu'une nouvelle équipe américaine monte sur le ring, elle afronte un type qui boxait déjà quatre ans auparavant et qui a peut-être derrière lui des centaines de matches.

En 1971, je fus nommé directeur des relations publiques du comité olympique des Etats-Unis. J'aidais à trouver de l'argent, j'assistais à des banquets, je faisais des passages à la télévision, tout cela pour permettre à nos athlètes de se rendre à Munich en 1972. Je me rendis aussi dans le Colorado pour y rencontrer les athlètes à l'entraînement.

Au milieu de toutes ces activités, mon fils Michael vint me voir; il jouait alors dans *The Streets of San Francisco*. « Papa, me dit-il, laisse-moi essayer de monter *Vol au-dessus d'un nid de coucou*. » Dix ans auparavant, Michael avait fait ses débuts sur scène en jouant pour un soir le rôle d'un garçon de salle dans l'hôpital de *Vol au-dessus d'un nid de coucou*. J'avais exploré toutes les solutions possibles pour monter ce film : Michael et moi nous associâmes donc pour la production. J'espérais le voir réussir là où moi j'avais échoué. J'aurais fait n'importe quoi pour jouer le rôle de McMurphy.

Comme je rassemblais de l'argent pour les équipes américaines, je me dis qu'il serait agréable d'assister aux Jeux, en Allemagne. A Munich, je me rendis dans les bureaux du Comité olympique américain pour avoir des places, que j'étais bien entendu disposé à payer. Impossible de les approcher ni même de leur parler au téléphone. Je n'en revenais pas. C'était sidérant. Au Comité olympique allemand, on m'accueillit à bras ouverts. Je me retrouvai donc au premier rang, pour les épreuves de natation, juste à côté des parents de Mark Spitz. Derrière moi se trouvaient quelques officiels du Comité olympique américain. Je les regardai, mais ils m'ignorèrent. Ils avaient leur petit groupe, leur petite clique. Je me retrouvais dans la même situation qu'à l'université de Saint Lawrence, lorsque je m'étais retrouvé tout seul à attendre qu'on m'amène à un dîner d'une fraternité.

Mais les Allemands, eux, me traitèrent royalement et j'eus droit à une excellente place. Aux côtés de son père, je vis Mark Spitz remporter sa septième médaille. M. Spitz était un homme charmant. Il me demanda de l'aider à trouver un agent pour son fils, et me téléphona plusieurs fois. Je l'aidai à prendre contact avec l'Agence William Morris.

Je m'entretins avec Mark Spitz, et il me parla des Jeux olympiques de Mexico, qui s'étaient déroulés quatre ans auparavant. Il pensait être aussi bon qu'à l'époque, mais ses adversaires américains étaient durs avec lui et l'appelaient : « le Juif ». On voit que ce genre de pratiques n'a pas disparu.

L'entraîneur de Spitz était un salopard. Le soir où Mark remporta sa septième médaille et devint un héros pour tous les Etats-Unis, nous allâmes dîner ensemble. Après quelques verres, l'entraîneur me dit : « Vous trouvez que Spitz est bon? Détrompez-vous, c'est un rien du tout. J'ai sous la main un gamin de quatorze ans qui va le laisser loin derrière. » C'était bien le moment de dire ça à un garçon qui venait de rafler sept médailles aux Jeux olympiques! Comme s'il ne pouvait pas le laisser savourer sa victoire!

En compagnie de mes hôtes allemands, je visitai le village olympique. Je visitai la résidence israélienne et fis la connaissance de quelques athlètes. Le lendemain, Anne et moi étions en train de boucler nos valises; la télévision était allumée dans la chambre. J'entendis alors que onze athlètes israéliens avaient été massacrés dans le village que nous venions de visiter. Plus question d'aller à l'aéroport. Nous étions bouleversés. Le monde entier devait l'être aussi.

Avery Brundage, le chef du Comité olympique américain, décida alors qu'il ne fallait pas capituler, que les Jeux devaient se poursuivre. C'était horrible. Aujourd'hui encore je ne comprends pas. Que se serait-il passé si les onze athlètes avaient été américains? Quels auraient été nos sentiments si le reste du monde avait continué de jouer comme si rien ne s'était passé, tandis que nous, nous enterrions les fleurons de notre jeunesse?

Mais ce n'étaient pas de jeunes Américains. C'étaient des Juifs. Alors le monde ne s'est pas inquiété, comme le monde ne s'est pas inquiété lors des tentatives de détournement d'avions israéliens. Ce que le monde oublie, et que n'oublient pas les Israéliens, c'est que la prochaine fois ce seront vos avions. Des avions américains, russes, allemands, ont été détournés. Alors les gens se sont inquiétés. Le piquant de l'histoire, c'est que les détournements d'avions israéliens n'ont jamais réussi.

En 1984, Anne et moi nous rendîmes aux Jeux olympiques d'hiver à Sarajevo, en Yougoslavie, avec nos amis de Floride Jay et Renée Weiss. Les Yougoslaves se montrèrent extrêmement gentils, courtois et hospitaliers. Il n'y eut qu'un seul incident.

Un soir, nous nous rendîmes tous au restaurant. Là, on se montra charmant : le propriétaire voulut absolument être pris en photo avec moi, ses enfants, sa grand-mère, ses cousins et son chien. Ça mitraillait de partout. Avec force rires et sourires, on nous servit un délicieux dîner. Puis vint l'addition, griffonnée sur un morceau de papier d'emballage : l'équivalent de six cents dollars. Pour huit personnes! C'était un prix exorbitant, et bien sûr je protestai : « Même un grand restaurant de New York ne serait pas aussi cher! Et nous n'avons pas pris de vins très chers. Qu'est-ce qui coûte donc autant? » On me répondit en haussant les épaules. Je demandai une note détaillée : impossible d'en obtenir une. Je demandai alors à voir le patron : impossible, il était rentré chez lui. Je voyais bien qu'il fallait payer, sans cela nous allions y passer la nuit. Je dis à mon interprète : « Je suis furieux. Et je veux que vous disiez aux autorités que nous avons été escroqués. » Je dois dire que le lendemain il y eut une enquête de police. Notre addition n'aurait pas dû se monter à plus de cent dix dollars. Il semblait même que cet aimable restaurateur s'était comporté souvent de cette façon. Le restaurant fut fermé pour neuf mois par mesure administrative.

En dehors de cet incident, tout le monde se montra amical et hospitalier. J'aurais bien aimé que les habitants de Los Angeles se comportent de la même façon pour les Jeux olympiques d'été de la même année. J'écrivis alors un article, qui parut dans le *Los Angeles Times* du 21 mai 1984, sur le thème du *Kinderstube,* un mot allemand qui signifie « éducation des enfants », et que l'on réserve d'ordinaire au résultat constaté chez l'adulte. Les bonnes manières que l'on a ou que l'on n'a pas résultent du *Kinderstube.* L'article se terminait ainsi :

« Je crois que ni le bouclier nucléaire américain, ni la flotte de guerre présente sur tous les océans, ni ses immenses réserves d'or ne suffiront aux étrangers qui viendront à Los Angeles; ils ne pourront éprouver d'affection pour notre pays que si les habitants de Los Angeles savent pratiquer, quotidiennement, le *Kinderstube*. Il est temps de commencer. »

36

KIRK DOUGLAS RÉALISATEUR

Comme on m'accusait souvent de vouloir mettre en scène les films dans lesquels je jouais, je me dis qu'il serait bon qu'enfin je m'essaye à la réalisation. Je réalisai donc deux films, qui furent deux échecs.

Le premier fut *Scalawag*. Sur mes soixante-quinze films, je n'ai jamais accumulé autant de désastres. Je croyais avoir choisi un sujet très simple, qui avait de bonnes chances de succès. Le film était basé sur le roman de Robert Louis Stevenson, *L'île au trésor*, mais au lieu que l'action se déroule sur un navire, elle se passait à terre.

Je demandai à Albert Maltz d'écrire le scénario. Il avait fait partie des « Dix d'Hollywood » portés sur la liste noire, les célèbres *Unfriendly Ten*, mais à présent il pouvait signer ouvertement de son nom. Maltz me prouva à nouveau que ce que l'on disait de ces « Unfriendly Ten » n'était pas faux : deux avaient du talent. Les autres étaient seulement « *unfriendly* » (hostiles). Je le payai pour écrire le scénario, mais à la lecture, il se révéla prétentieux et rempli de messages. J'engageai un autre scénariste, Sid Fleishman, et réécrivis le scénario avec lui. A la fin, le texte portait les deux signatures d'Albert Maltz et de Sid Fleishman. Maltz se montra indigné. Il m'écrivit que ce scénario n'avait plus rien à voir avec ce qu'il avait écrit, et me demandait de retirer son nom. Je regrettais qu'il prenne la chose ainsi, mais je retirai sa signature.

J'avais désormais le scénario que je voulais et j'étais persuadé de pouvoir gagner beaucoup d'argent avec un film à la fois commercial et à petit budget. Je décidai de trouver un financement indépendant. Je pensais réaliser sans problèmes, et pour peu d'argent, *Scalawag* en Yougoslavie.

De son côté, Michael avait réussi à trouver un financement pour *Vol au-dessus d'un nid de coucou*. Aucune compagnie ne voulait mettre d'argent dans ce film, mais il était parvenu à convaincre Saul Zaentz.

J'allais enfin jouer le rôle de McMurphy!

Et au générique serait indiqué : « En association avec la Bryna Company. » Mon rêve allait se réaliser : j'allais jouer le rôle de ma vie et travailler avec mon fils pour une société de production portant le nom de ma mère.

J'avais rencontré un homme d'affaires avisé, Dan Lufkin, de la société d'investissements Donaldson, Lukfin & Jenrette. C'était ma première expérience avec des financiers de ce gabarit et j'appris beaucoup. Quels drôles de gens! Dan Lufkin lui-même semblait quelqu'un d'agréable. Nous discutâmes d'investissements et il me dit qu'il m'aiderait à gagner de l'argent. Je m'étais plusieurs fois trompé dans mes placements, et je lui étais reconnaissant de ses conseils. Il dirigeait une société qui s'occupait de la carrière des athlètes, et il me demanda si je pouvais lui ménager une entrevue avec O.J. Simpson. J'arrangeai donc les choses, et Simpson signa un contrat avec eux. Je n'ai jamais su si c'était un service que j'avais rendu à O.J. Simpson.

Puis je lui parlai d'une idée que j'avais depuis un

certain temps, des grands parcs que j'avais vus en Afrique, avec des animaux vivants. « Aux Etats-Unis, lui dis-je, tout est en toc. Vous ne croyez pas que les gens aimeraient voir des animaux *vivants* dans un grand parc? » Par l'intermédiaire d'Elia Kazan, j'avais fait la connaissance d'un homme qui connaissait tout du commerce des animaux sauvages. Je le présentai à Dan Lufkin.

Ils montèrent alors une société, la Lion Country Safari. Tout le monde possédait des actions, moi y compris. Une fois le parc construit, les actions passèrent de deux à vingt dollars.

Je fis alors une découverte. On peut vous dire quand acheter des actions, on peut même vous en donner. Mais le plus important, c'est d'avoir quelqu'un qui vous dise quand les vendre.

Dan vendit ses actions quand elles étaient à vingt dollars et gagna beaucoup d'argent.

« Dan, pourquoi ne m'avoir pas dit qu'il fallait vendre? dis-je, choqué par le procédé.
– Ce n'est pas à moi de le faire. Vous avez un conseiller juridique et financier. »

Je compris alors que l'émission de mes actions n'avait pas été faite dans les règles : je ne pouvais pas les vendre. Le temps que les régularisations soient faites, le cours de l'action avait chuté de vingt à deux dollars.

Avant ces événements, j'avais parlé à Dan de *Scalawag*. Je voulais produire, diriger et jouer. Je ne prendrais pas de cachet. Nous avions un scénario très commercial, un faible budget, et le tournage devait avoir lieu en Yougoslavie.

Dan se montra charmant.

« Entendu, je suis partant. Je fournis l'argent, vous vous débrouillez. »

Le budget était très faible : environ cinq cent mille dollars.

Nous nous rendîmes en Italie pour monter l'affaire. Anne, Eric et Peter m'accompagnaient. Peter, âgé de seize ans, devait être le photographe de plateau. Casse-pieds, il tint absolument à emmener son chien, Shaft, un labrador noir de six mois. Je devais par la suite me féliciter de son entêtement; le chien « dressé » qui était prévu pour le tournage se révéla être un véritable fauve. Mais Shaft disparut après une journée de tournage. Nous étions follement inquiets, lorsqu'on vint frapper à notre porte. C'étaient deux garçons du pays.

« C'est à vous ce chien noir?
– Oui.
– Il y a une récompense? »

Peter leur donna de bonne grâce de l'argent, puis retrouva avec joie son Shaft qui bondissait partout. Puis le chien disparut une deuxième et une troisième fois : nous avions affaire à une bande de voleurs de chiens. Comme Shaft ne semblait pas en souffrir, nous continuâmes de payer.

Je me rendis donc en Italie, notre base arrière. La pellicule serait transportée par bateau le long de la côte yougoslave jusqu'à Starigrad, une petite ville au nord de Dubrovnik, puis nous l'emmènerions en voiture jusqu'à Split; elle serait ensuite envoyée dans un laboratoire de Rome.

Je commençai les préparatifs du film, mais pendant ce temps-là, mon cher ami Dan Lufkin ne lâchait pas son argent. Cela nous mettait dans une situation embarrassante et gênait tous nos mouvements. Je payai de ma poche le voyage des acteurs sur le lieu du tournage, de façon qu'ils pussent recommencer les répétitions. Lorsque l'équipe commença à murmurer, j'annonçai que je payerais les heures supplémentaires. Si j'avais eu l'argent d'avance, j'aurais vendu le film à l'avance et conclu un arrangement garantissant que nous ne perdrions rien. Je rappelai alors à Dan sa proposition : « Vas-y, Kirk, tu te débrouilles. » Mais ce n'était pas encore assez : pour être sûr que je dépense l'argent à bon escient, Dan envoya pour me contrôler un homme qui ne connaissait rien au tournage d'un film.

Nous engageâmes alors le producteur associé de David Lean, qui semblait compétent dans tous ces domaines. Il se révéla un incapable total, habitué qu'il était aux grosses productions où l'on dispose de tout son temps et où l'on obtient tout ce qu'on veut d'un claquement de doigts. Il se montrait incapable de prendre des raccourcis. Alors que je m'apprêtais à tourner, il me dit :

« Vous ne pouvez pas commencer le tournage. Vous n'êtes pas prêt.

– Si, nous allons commencer ce tournage », répliquai-je.

Il partit.

Anne dut s'improviser productrice. Mon respect pour elle s'en trouva accru; elle parlait italien, et apprit suffisamment de serbo-croate pour se débrouiller avec les Yougoslaves. Elle résolut un nombre incalculable de problèmes.

Les acteurs étaient américains, yougoslaves et italiens. Je jouais le rôle principal, le scalawag, et je décidai de le jouer unijambiste. Très souple, je parvins à replier ma jambe et à m'attacher le pied derrière les fesses. Bob Schiffer, un excellent artiste maquilleur des studios Disney, me fit un plâtre qui me couvrait la cuisse, et où je glissais la partie de ma jambe pliée. Il dut calculer l'angle avec soin pour figurer le moignon. Je mis beaucoup de temps à apprendre à marcher ainsi, et à garder mon équilibre. Mais monter à cheval et se mettre en selle, avec le bout de bois fixé à l'extrémité du moignon, voilà une des choses les plus difficiles que j'aie faites dans ma vie. Et cette épreuve, je me l'étais moi-même imposée. Il faut dire que le résultat était excellent.

C'était même l'une des choses qui fonctionnaient

le mieux dans ce film. Les gens se demandaient toujours où était passée ma jambe. En général, lorsqu'il manque un bras ou une jambe à son personnage, l'acteur porte un manteau ou une longue veste de façon à dissimuler le membre glissé derrière lui. C'était le cas pour Gregory Peck qui jouait le rôle du capitaine Achab dans *Moby Dick*. Moi, je portais seulement une chemise et un pantalon, mais je fis tailler un peu plus large la jambe de pantalon du côté de la jambe manquante. Je pouvais marcher le dos à la caméra, tourner autour. Les gens s'interrogeaient : où était passée ma jambe ? Elle était sur mes fesses !

Ce fut un des premiers films où apparut Danny DeVito, autre diplômé de l'Académie américaine d'Art dramatique. Il joua excellemment et de façon très drôle le rôle du dénommé Flyspeck. Michael me raconta que Danny imite encore avec beaucoup de drôlerie la façon que j'avais de diriger les acteurs, de jouer et de produire le film, à cheval, la jambe liée derrière les fesses.

Après la fin du tournage, je reçus une lettre charmante postée dans le New Jersey.

Chers Monsieur et Madame Douglas

Je suis la mère de Danny DeVito, et je vous écris pour vous remercier d'avoir donné à mon fils un rôle dans votre film, *Scallywag*. Toute ma famille est allée le voir au Paramount à New York, et c'était un grand film. Des amis et de la famille à moi l'ont vu en Floride et ils m'ont appelée le jour même pour me dire combien ils l'avaient aimé, et aussi que Danny était très bon et qu'ils avaient aimé sa façon de jouer, alors j'en ai été très fière. Ma fille a un institut de beauté à Neptune, dans le New Jersey, et elle a mis une affiche dans la vitrine : « *Scallywag* arrive bientôt. » Vous voyez que votre film a beaucoup de publicité par ici.

Transmettez toutes mes amitiés à votre fils Michael : il a passé une semaine dans notre maison et nous l'aimons tous; nous regardons aussi *The Streets of San Francisco* les jeudis soir.

Je vous remercie encore tous les deux d'avoir donné à mon fils un rôle dans votre film. C'est extraordinaire d'avoir un rôle à côté d'une grande vedette comme vous.

Meilleures salutations,

Mme Dan DeVito.

Danny devint une grande vedette : *Taxi, Romancing the Stone, Ruthless People, The Jewel of the Nile, Tin Men.* Et il a réalisé son premier grand film, *Throw Momma from the Train.*

En recherchant des acteurs en Angleterre, Anne et moi découvrîmes une jeune fille d'environ dix-sept ans, Lesley-Anne Downe. Elle était ravissante. Ce fut son premier film.

Peter, lui, travaillait pour son propre compte. Il fit signer à Lesley-Anne Downe un contrat l'autorisant à prendre quelques photos d'elle nue, dans la mer. Il fit ainsi quelques photos magnifiques. Il se débrouilla beaucoup mieux que tout le monde, puisqu'il vendit les photos à *Playboy*. Lorsque Lesley-Anne commença à avoir du succès, elle voulut dénoncer le contrat, mais il était trop tard : les photos étaient déjà vendues, elles n'appartenaient plus à Peter. Elle était furieuse, mais apparemment cela ne porta pas trop à conséquence : lorsque Peter eut dix-sept ans, il quitta la maison pour aller vivre avec elle.

Puis Neville Brand, qui jouait le rôle de Brimstone et était par ailleurs le soldat le plus décoré de la deuxième guerre mondiale (après Audie Murphy), tomba amoureux d'une jeune fille de la ville. Les parents, alors, voulurent la soustraire à son soupirant. Neville arriva un jour dans ma chambre, ivre, titubant, et s'appuyant contre la porte se mit à beugler :

« Où est-elle? Où est-elle, nom de Dieu? Si je ne la trouve pas, je t'assure que le sang va couler! »

Mais il se hâta d'ajouter :

« Euh... pas ton sang à toi, Kirk. »

Il devenait une grosse brute. Un jour que nous tournions une scène à bord d'un bateau, il se déchaîna. C'était plus que je n'en pouvais supporter. Je l'attrapai par le col.

« Si je t'entends encore faire le moindre bruit, je te tue! »

On eût dit un ballon qui se dégonflait. J'en étais triste pour lui : ce héros de guerre qui s'effondrait comme ça, tout d'un coup, offrait un spectacle pitoyable. J'en aurais pleuré. Après cela, je n'eus plus jamais le moindre problème avec lui. Ce n'était pas un mauvais bougre. A jeun, c'était un homme charmant et un excellent acteur.

Je déteste la violence physique. Peut-être parce que mon père, un des durs de la ville, s'y livrait sans retenue. Je suis pourtant devenu champion de lutte, mais ce n'était pas la même chose; il s'agissait d'un sport, d'une discipline athlétique. Je déteste les brutes, les gens qui imposent leurs points de vue à coups de poing, ou de façon macho. Parfois cela me rend fou, comme lors de cet incident avec Neville Brand. J'étais furieux contre moi, ensuite, parce qu'il m'avait forcé à faire ce que je déteste le plus. Je n'étais pas loin de lui balancer mon poing dans la figure. Je joue le rôle de types qui agissent ainsi, mais ce n'est pas comme cela que je me conduis dans la vie.

La production voyait les problèmes s'accumuler. Nous demandâmes une ligne privée à notre hôtel, et on nous donna une ligne commune avec quelqu'un d'autre. Le téléphone sonnait à toute heure du jour et de la nuit. Lorsque nous décrochions, nous entendions des conversations incompréhensibles en serbo-croate. Et c'était nous qui devions payer les notes! Nous demandions quarante poulets, on nous en amenait huit. Le premier rôle italien et sa femme en vinrent aux mains. Mon fils Eric devint leur confident et leur arbitre. Le jour où nous tournions des scènes avec des dialogues, on ne retrouvait plus la caméra sonore synchrone.

Chaque jour amenait son cortège d'horreurs. En témoigne ce document, le journal tenu quotidiennement par un directeur de production yougoslave.

Jeudi 22 juin 1972 : premier jour de tournage.

Vendredi 23 juin 1972
7 h 15 : Le réalisateur, M. Douglas, veut faire installer la caméra sur rails, mais elle n'est pas là car le directeur de la photo a envoyé la voiture apportant la caméra vers un autre endroit, ainsi que le camion avec les accessoires. Ainsi, les deux véhicules ne sont pas sur les lieux du tournage.

Samedi 24 juin 1972
Le temps ne se prête pas aux prises de vues en extérieurs. M. Douglas propose alors de tourner en intérieurs dans l'écurie, mais on ne trouve pas le chien.

Lundi 26 juin 1972
21 chevaux avec leurs cavaliers. Un âne. Trois lézards. Deux perroquets vivants. Trois serpents. Trois tortues. Trois policiers et leur voiture.

Mardi 27 juin 1972
7 h-8 h
Caméra installée. Quelques malentendus entre les

assistants à propos de l'endroit où poser la caméra.

11 h 30-11 h 35

Perroquet n'est pas sur le plateau.

Mercredi 28 juin 1972

39 chevaux avec cavaliers. 1 cheval blanc. 2 chiens de berger avec leur maître. 155 moutons. 2 perroquets. 1 âne. 3 chevaux de trait.

12 h

M. Douglas veut que l'on fasse la pause, mais les repas ne sont pas arrivés sur le plateau. M. Douglas veut que la production aille voir pourquoi les repas ne sont pas arrivés à 11 h 30 comme il était prévu depuis le premier jour.

On attend la voiture avec la caméra. Fabrizzio Castellani, l'assistant-réalisateur, veut faire passer une note de service pour que le chauffeur de la voiture transportant la caméra soit en permanence sur le plateau.

12 h 20.

Arrivée de la voiture avec la caméra.

12 h 40

La voiture de la caméra est prête.

1 h

Arrivée des repas. La production décide de faire la pause-déjeuner.

Note : un chien de berger a mordu Radomir Spasojevic à la jambe.

Jeudi 29 juin 1972

6 h 45

M. Douglas a dû attendre car son chauffeur ne s'est pas réveillé et est arrivé en retard. M. Douglas proteste et demande que les chauffeurs soient prêts avant l'heure du départ, les voitures déjà tournées dans le sens de la route.

10 h 35
Avons besoin du perroquet vivant qui n'est pas sur le plateau.
11 h 40
Arrivée du perroquet.
11 h 25-11 h 50
Installation des caméras. Répétitions; on attend le perroquet.
1 h 15-1 h 45
Pause-déjeuner (une demi-heure seulement); il manque 15 repas. Le technicien italien chargé du générateur, M. Dante, insiste pour avoir une heure de pause et refuse de faire démarrer son générateur avant l'expiration de son heure de pause.

Samedi 1er juillet 1972
10 h
M. Douglas veut savoir pourquoi sa doublure n'est pas encore arrivée sur le tournage.
3 h 10
M. Bunjak, la doublure de M. Douglas, est arrivé.

Lundi 3 juillet 1972
11 h
On amène un berger allemand de Belgrade.
11 h 40
Le berger allemand est inutilisable. M. Peter Douglas amène son chien pour le remplacer.

Mercredi 5 juillet 1972
12 h 20
M. Douglas se plaint de ne pas avoir les vautours sur le plateau, et de ne pas pouvoir tourner la scène. M. Douglas rappelle que depuis trois mois la production savait que les vautours étaient indispensables pour cette scène.

5 h 05
Tournage de la scène a. 325 – 1re prise. Après cette prise, le vautour s'envole, mais il est repris.
5 h 20
Tournage de la scène a. 325 – 2e prise. Le vautour s'envole à nouveau et disparaît pour de bon.

Jeudi 6 juillet 1972
8 h 20
Les vautours sont amenés sans leurs dresseurs; on essaie d'en attacher au moins un à l'arbre.
9 h 10
On a fait trois prises sans vautour, car on a des problèmes pour le mettre sur l'arbre.
9 h 35
Comme il n'y a personne pour installer le vautour sur l'arbre, on prépare à la place une autre scène.

Vendredi 7 juillet 1972
Note
Par erreur, M. Neville Brand s'apprêtait à partir; on l'a appelé à sa chambre et on l'a fait venir sur le plateau.
Le dresseur de vautours n'est toujours pas arrivé; on a tourné la scène sans lui. Un vautour s'est échappé pendant la nuit.

Samedi 8 juillet 1972
Note
Lors d'une navette depuis le lieu du tournage, un âne s'est jeté sur une Volvo de la production et a endommagé la voiture. L'âne est mort.
Le dresseur de vautours est arrivé hier soir et il était ce matin sur le tournage, mais aujourd'hui on n'a pas tourné de scène avec des vautours.
M. Douglas a offert, sur son compte personnel, de la bière à toute l'équipe présente sur le plateau.

Lundi 10 juillet 1972
M. Douglas se plaint de l'incompétence de l'assistant-opérateur.

Mardi 11 juillet 1972
Le vautour qui s'était échappé il y a quelques jours a été attrapé.
Le bateau prévu pour l'après-midi n'est pas arrivé en raison du mauvais temps.
Mlle Lesley-Anne Downe a attendu une demi-heure qu'une voiture l'emmène de l'hôtel sur le tournage. Elle était en costume, et avec des chaussures avec lesquelles il est très difficile de marcher. Elle a dû trouver quelqu'un pour la conduire.

Jeudi 13 juillet 1972
Vent très violent et pluies sporadiques. M. Douglas se plaint de l'apparition de bateaux à moteur à l'arrière-plan; la production lui avait assuré que l'on contrôlerait le trafic maritime.

Lundi 17 juillet 1972
M. Douglas se plaint de n'avoir sur le plateau que 80 moutons au lieu de 130 nécessaires. Il se plaint aussi d'avoir plus d'agneaux maigrichons que de moutons adultes.

Vendredi 28 juillet 1972
Neville Brand (Brimstone) a été hospitalisé, et la 3e équipe de tournage ne peut pas travailler sans M. Brand, qui est indispensable pour les scènes autour de « l'arbre aux vautours ».
Note
Zvonko Bunjak, doublure de M. Douglas, a quitté le tournage sans permission.

Samedi 29 juillet 1972
Un dresseur pour huit vautours. Un vautour s'est échappé de l'arbre en cassant les fils de fer avec lesquels il était attaché.

Samedi 5 août 1972
11 h 20
Le réalisateur renvoie à l'hôtel Lesley-Anne Downe et Phil Brown qui devaient, selon la feuille de présence, attendre à l'hôtel, et que l'on avait amenés par erreur sur le plateau.

Lundi 7 août
Repas : 102. Nombre insuffisant. Une partie de l'équipe a déjeuné au restaurant aux frais de la production.
Note
L'ingénieur du son, M. Cyrill Collick, proteste contre la mauvaise qualité des repas servis; il demande si les personnes chargées des repas savent ce qu'ils vont apporter sur le tournage, et leur suggère d'essayer d'avaler cette nourriture. Les repas sont plus mauvais de jour en jour, et aujourd'hui ils sont carrément immangeables.

Vendredi 11 août 1972
M. Douglas veut savoir quand arrivera la caméra sous-marine qu'il a commandée voilà trois semaines; elle est indispensable pour les prises de vues sous-marines.

Vendredi 25 août 1972
M. Douglas veut que l'on prépare le décor du camp avec le chariot, les moutons, etc. Ce n'est plus possible. Le réalisateur est furieux que l'on ait renvoyé les moutons et demande qui en a donné l'autorisation.

M. Cardiff rassemble les électriciens et proteste contre le fait qu'ils ne soient pas tous là; il ne leur a pas donné l'autorisation de se rendre à l'hôtel pour préparer leurs bagages. Le réalisateur est mécontent de ne pas disposer de soie et de satin sur le plateau; cette scène très importante était prévue depuis des mois.

M. Sovagovic (Beanbelly) n'est pas présent pour le tournage de la scène suivante. On l'attend et on en profite pour aller chercher d'autres chevaux au village. Le réalisateur est mécontent : aujourd'hui, les choses vont plus mal que lors du premier jour du tournage. Le réalisateur ordonne une pause.

Lorsque le film fut terminé, Albert Maltz changea d'avis et exigea que son nom figure à nouveau au générique. Cela m'agaça. Quelqu'un avait dû lui souffler que le film allait avoir beaucoup de succès (ce qui se révéla faux). Je refusai. Il porta alors l'affaire devant la Guilde des scénaristes, pour arbitrage. La Guilde rendit son arrêt; j'étais stupéfait : son nom devait figurer au générique. Je n'en revenais pas. Je dois dire que j'ai commencé à avoir des doutes sur la procédure d'arbitrage. J'eus beau exhiber la lettre de Maltz, rien n'y fit : son nom devait figurer comme auteur du scénario.

Nous ne parvînmes pas à obtenir une bonne diffusion pour ce film. J'enrage en songeant au temps et à l'énergie que j'ai dépensés pour réaliser *Scalawag*, et à tout l'argent que j'aurais pu gagner en tournant dans le film de quelqu'un d'autre. Récemment, j'ai vu le film à la télévision. J'ai songé alors à tous ces plans artistiques tournés... dans ma tête. J'aurais dû m'en tenir à ce que j'avais proclamé sur le tournage de *Spartacus* : les équipes américaines sont les meilleures, il n'y a pas besoin de quitter les

Etats-Unis. On n'économise pas d'argent en faisant travailler des gens sans expérience.

On aurait pu croire que cette expérience malheureuse m'avait définitivement guéri de mes ambitions de réalisateur.

Nullement.

« Qui vas-tu prendre comme réalisateur pour *Vol au-dessus d'un nid de coucou*? demandai-je à Michael.

— Je ne crois pas que tu le connaisses, papa. C'est un Tchécoslovaque nommé Milos Forman. »

C'est ainsi que j'appris que Milos n'avait jamais reçu l'exemplaire de *Vol au-dessus d'un nid de coucou* que je lui avais envoyé huit ans auparavant. Je l'avais jugé grossier de ne pas m'avoir répondu, et lui m'avait trouvé grossier de ne pas l'avoir envoyé. Voilà ce qui arrive dans un pays communiste : il suffit qu'un livre déplaise à un fonctionnaire subalterne pour qu'il n'arrive jamais à destination.

J'étais stupéfait par la coïncidence. Michael avait choisi le même réalisateur que moi alors que nous n'en avions jamais parlé. Etait-ce de bon augure?

Le 9 août 1974, Richard Milhous Nixon abandonna ses fonctions de président des Etats-Unis. J'avais rencontré une fois le président Nixon lors d'une réception officielle à la Maison Blanche. Devant moi, dans la file des invités, se trouvaient Gregory Peck et Sylvia Fine (Mme Danny Kaye). Greg se présenta : « Bonjour, je suis Gregory Peck. » Nixon lui serra la main et lui dit combien il l'avait apprécié dans *The Friendly Persuasion,* un film avec Gary Cooper. Puis le président salua Sylvia : « Bonjour, madame Kaye », et me serra la main : « Bonjour, Danny.

— Je m'appelle Kirk Douglas.

— Oh, oui, oui. Bien sûr, bien sûr. »

M. Nixon n'était pas un grand amateur de cinéma.

La dernière fois que je me suis rendu à Las Vegas, Frank Sinatra et Dean Martin se produisaient dans cette ville. L'après-midi, ils me proposèrent d'utiliser le nouveau sauna du Sands.

Après avoir ôté mes vêtements, je pénétrai donc dans la pièce envahie de vapeur. Assise à côté de moi, dans la vapeur, je découvris une fille magnifique et nue. Nous discutâmes pendant quelques minutes, puis je sortis. Dehors, les deux compères m'attendaient. « Il y a un type très sympa, là-dedans », leur dis-je.

Cette fois-là, je me rendais à Las Vegas pour d'autres raisons.

Frank Sinatra nous avait demandé, à Gregory Peck et à moi, de bien vouloir lui servir de témoins de moralité de façon à ce qu'il puisse acquérir des parts dans un casino de la ville. Quelle moralité faut-il avoir pour posséder un casino? Qui sont donc les propriétaires de casinos? Et quelle est leur moralité?

Frank était sur les charbons ardents. Prêt à exploser. Cette situation était humiliante pour lui. Greg apporta un témoignage très sérieux sur la moralité de Frank.

Moi, je ne pus résister. Je me levai et déclarai : « Je ne sais pas quelles sont les qualités requises pour devenir propriétaire d'un casino, et je tiens à rester prudent dans ma description de la personnalité de monsieur Sinatra. Je dois pourtant avouer qu'il s'est rendu coupable de jalousie professionnelle. »

Tout le monde tendit l'oreille.

« Oui, poursuivis-je. Il y a quelques années, j'ai fait un disque avec la chanson que je chantais dans le film *20 000 lieues sous les mers,* "A Whale of a Tale". Et j'ai senti à cette occasion une jalousie professionnelle de sa part. »

Tout le monde éclata de rire. Plus tard, Barbara, la femme de Frank, me dit : « Mille mercis. Vous avez fini par arracher un sourire à Frank et il s'est un peu détendu. » Voilà à quoi se réduisit l'enquête de moralité à son sujet.

Vol au-dessus d'un nid de coucou et le personnage de McMurphy occupaient toutes mes pensées. Il y eut alors un véritable coup de tonnerre : ils voulaient quelqu'un d'autre pour le rôle de McMurphy. Mais ce rôle, c'était le mien! C'était *mon* personnage! C'était moi qui l'avais découvert, je pouvais le créer, lui donner vie. Après avoir répété à l'envi pendant dix ans que c'était un grand rôle, on était enfin d'accord avec moi. Oui, Kirk, vous avez raison, mais à présent vous êtes trop vieux. J'étais peut-être trop vieux à l'époque, mais je ne suis pas trop vieux à présent. Je pourrais encore jouer ce rôle.

Le tournage débuta sans moi. C'était mon fils, mon idée, mon rôle. Je me sentais seul. Heureusement, j'avais la consolation d'avoir à mes côtés, à Tucson, mon fils Joel. J'allais produire et réaliser un film, *Posse* (La brigade du Texas), dans lequel je devais également jouer.

Je jouais le rôle d'un shérif ambitieux, fort bien organisé, et qui possédait une petite troupe, une sorte de petite armée privée. Il se rendait en train, avec hommes et chevaux, partout où on lui signalait du grabuge. Mais il nourrissait aussi des ambitions politiques : d'abord le Sénat, puis la présidence des Etats-Unis.

Il poursuivait un « méchant », joué par Bruce Dern. J'avais toujours admiré les qualités de Bruce Dern, et pensais que ce film allait en faire une grande vedette. Ce ne fut pas le cas. Je me rendis compte, alors, qu'il serait toujours un acteur de ce genre, parce que c'était ainsi qu'il se voyait. Dans la scène qui ouvre le film, il sort d'une écurie et jette un regard autour de lui. Lors de la première prise, il sortit de l'écurie, promena le regard autour de lui, le visage tordu par une grimace.

« Retourne dans l'écurie, lui dis-je. Imagine que tu es Gary Cooper et ouvre la porte. Marche droit devant et ne fais rien. Regarde simplement autour de toi. »

Il fut superbe!

J'engageai aussi un acteur, Jim Stacy, qui avait joué dans le feuilleton télévisé *Lancer,* et avait eu aussi le rôle principal dans un film de Disney, *Summer Magic.* Un an avant *La brigade du Texas,* une nuit de septembre 1973, Jim roulait en moto dans Benedict Canyon avec une fille derrière lui, lorsqu'ils furent fauchés par un ivrogne en voiture. La fille fut tuée. Jim survécut, mais il perdit son bras gauche, réduit à un moignon de quinze centimètres, et sa jambe gauche, amputée à hauteur de la hanche. Je n'avais jamais rencontré Jim, mais Stan Kamen, mon agent chez William Morris, me dit : « Kirk, Jim vit une épreuve terrible et en plus il n'a plus d'argent. Si vous pouviez faire quelque chose pour lui... » Je compatissais au sort terrible de ce jeune acteur bien bâti qui avait été ainsi happé au seuil d'une brillante carrière. Je créai donc pour lui le rôle d'un directeur de journal, un homme qui a perdu un bras et une jambe.

Jim se révéla un emmerdeur. Il ne cessait de se plaindre. Il se montrait désagréable avec moi. Je fus plus désagréable encore. « Ecoute, Jim, je n'ai pas l'intention de te traiter comme un invalide. Apparemment, tu ne m'aimes guère, mais sache que c'est réciproque. Cela dit, nous sommes forcés de travailler ensemble. Je suis le réalisateur, et c'est moi qui produis le film. » Nous vécûmes des moments très durs. Je comprenais. Il avait besoin de s'affirmer. Mais ce n'était pas facile à supporter.

Puis Joel m'annonça qu'il me quittait pour aller rejoindre Michael sur le tournage de *Vol au-dessus d'un nid de coucou.* Ça aussi, je le comprenais. Il m'a fallu longtemps pour comprendre que la plupart des fils, surtout des garçons indépendants comme les miens, ne désirent pas travailler avec leur père. Mes sentiments à cet égard sont partagés : d'une part je tiens à ce qu'ils soient indépendants, et j'admire cette indépendance, et d'autre part, je voudrais bien qu'ils restent avec moi.

J'étais seul. A qui parler quand on est à la fois le patron, le producteur, le réalisateur et la vedette? C'est un rôle solitaire. Qui aime le patron? C'est déjà dur d'être la vedette. C'est déjà dur d'être le réalisateur. C'était si agréable d'avoir Joel avec moi, de dîner avec lui de temps à autre. Joel n'a jamais su à quel point il m'a manqué.

Le tournage eut lieu de septembre à novembre 1974, la plupart du temps à Old Tucson, tandis que les scènes de chemin de fer étaient tournées dans les environs de Florence, également dans l'Arizona. La Paramount m'avait confié un si petit budget pour la réalisation de *La brigade du Texas* que j'étais obligé de rogner sur toutes les dépenses. J'économisai par exemple sur les transports. C'est ainsi que je pris l'avion en classe touriste pour Tucson avec mon équipe. Je leur payai à boire, tout le monde semblait passer du bon temps. Je découvris alors qu'on allait me poursuivre, ou au moins me mettre à l'amende, parce que, d'après les accords syndicaux, l'équipe doit voyager en première classe. C'est une des raisons pour lesquelles les producteurs fuient Hollywood.

La brigade du Texas ne fut pas un succès, mais la compagnie ne perdit pas d'argent. Peut-être suis-je meilleur pour deviner les intentions des réalisateurs, mais comme l'aurait dit le McMurphy de *Vol au-*

dessus d'un nid de coucou : « J'ai essayé. Nom de Dieu, j'ai essayé! »

La revue britannique *Monthly Film Bulletin* écrivit : « *La brigade du Texas,* un des films les plus curieux de ces dernières années, est un western bien fait qui délivre son message à propos des dangers des machines politiques et des ambitions qui les animent, avec une absence de rhétorique verbale ou visuelle fort bien venue. On est amené à s'interroger sur les récents développements de l'histoire américaine – du Vietnam au Watergate – mais, et c'est tout à son honneur, le film ne prétend pas apporter de réponses. »

On dit que les films à thèse ne m'intéressent pas. C'est de la blague. Ils m'intéressent beaucoup. Il y a une thèse manifeste dans *La brigade du Texas*. On y voit les deux faces de la médaille : comment les défenseurs de la loi peuvent se pervertir pour finalement ressembler à ceux qu'ils combattent. Comment il est facile de devenir un mauvais quand on est persuadé de bien agir. Au sein même de l'appareil d'Etat, des gens ont subitement tourné casaque et ont utilisé leurs connaissances contre nous, comme Wilson, l'agent de la CIA, qui a vendu des armes à la Libye. Ou les zélés participants au Watergate. Au moment où j'écris ces lignes, ont lieu des auditions parlementaires dans l'affaire Iran/Contra, et Ollie North a réussi à s'attirer la sympathie de l'opinion publique avec ses allures de gamin et la chaleur de sa voix. On en a fait un héros, mais n'était-il pas aussi un scélérat qui a menti, trafiqué et dissimulé des documents et acheté sa secrétaire? Il était persuadé d'agir pour la bonne cause. C'est un film encore meilleur que *La brigade du Texas*.

Après le tournage de *La brigade du Texas,* la plainte de Jim Stacy relative à son accident vint devant le tribunal. L'homme qui avait renversé Jim n'avait pas d'assurance, et Jim poursuivait le Melting

Pot Restaurant, propriétaire du bar qui avait continué de servir de l'alcool à cet homme manifestement soûl. L'avocat de Jim me demanda si j'accepterais de l'aider. Après une seconde d'hésitation, j'acceptai.

Jim pénétra dans la salle d'audience en chaise roulante; c'était là une forme de manipulation, car j'avais vu Jim se débrouiller très bien sur une seule jambe avec une béquille.

J'étais le témoin clé. L'objectif essentiel des avocats de Jim était de prouver le préjudice. Selon eux, Jim aurait pu devenir une grande vedette et gagner des millions de dollars s'il n'y avait pas eu cet accident.

Les avocats de l'assurance me firent venir à la barre.

« Est-il vrai que Jim Stacy jouait dans des feuilletons télévisés?

– Oui, répondis-je.

– Et n'est-il pas vrai, aussi, que pendant les deux ans précédant l'accident, il n'avait pas beaucoup de travail?

– Oui, c'est vrai.

– Est-ce que cela ne veut pas dire que, finalement, il n'avait pas une carrière aussi extraordinaire devant lui?

– Pas du tout, dis-je. Il faut au moins deux ans pour faire la transition. Par exemple, il a fallu deux ans à Steve McQueen pour passer de la télévision au cinéma, et il est devenu une immense vedette. Il a aussi fallu deux ans à mon fils Michael pour faire la transition après le feuilleton de télévision *The Streets of San Francisco*, et à présent c'est une grande vedette. Jim Stacy aurait pu lui aussi devenir une grande vedette. »

Ils me demandèrent combien d'argent il aurait pu alors gagner par année.

« Environ deux à trois millions de dollars. »

Je vis alors les avocats de l'assurance se concerter

et murmurer : « Il faut que ce type quitte la barre tout de suite. »

Dans le couloir, l'avocat de Jim Stacy m'embrassa. Ils gagnèrent leur procès : Jim reçut une somme de 1,9 million de dollars.

J'ai toujours beaucoup aimé Jim. Chaque fois que je pense à lui, je me dis qu'avec de la volonté on peut s'adapter aux pires situations. A présent, Jim fait des publicités d'intérêt général : « L'alcool au volant, ça peut vous coûter un bras et une jambe. » Ces annonces sont très efficaces.

Depuis lors, Jim et moi sommes devenus amis. Nous ne nous voyons pas très souvent, mais il sait que j'ai beaucoup d'affection pour lui.

Vol au-dessus d'un nid de coucou était terminé, mais personne n'en voulait. Michael avait autant de mal à trouver un distributeur que nous en avions eu à trouver le financement. Les unes après les autres, les compagnies cinématographiques le refusaient. Finalement, la United Artists, qui n'avait pas voulu risquer d'argent pour produire le film, acceptait de le distribuer. Ils firent plus de trente millions de dollars.

Après une tournée mondiale, Michael et Jack Nicholson revinrent aux Etats-Unis pour recevoir cinq Oscars; le film faisait plus de 200 millions de dollars au box-office. C'était un succès phénoménal. Michael a produit le film, mais je ne suis toujours pas d'accord avec certains partis qui ont été pris. L'agression contre la surveillante, par exemple. Dans le livre, McMurphy lui arrache le haut de sa blouse. Dans le film, Jack Nicholson l'étrangle, et elle revient avec une minerve autour du cou. Qu'est-ce que ça prouve? Qu'il est plus fort qu'elle? Il doit y avoir une attirance sexuelle latente entre McMurphy et la surveillante. Au théâtre, j'avais suggéré ce qui à mon avis aurait dû être fait au cinéma : un viol. Et montrer qu'elle aussi était attirée par lui. Quand les pensionnaires regardent la surveillante, ils la voient nue, au propre, comme au figuré. « Michael, ai-je dit à mon fils, si tu avais fait comme je l'avais dit, tu n'aurais peut-être pas gagné deux cents millions de dollars. Mais le film aurait été *juste*. »

Jack Nicholson a joué McMurphy, mon rôle, avec un brio extraordinaire. Mais il l'a fait d'une manière différente de ce que j'aurais fait. Il a joué un personnage extravagant. Pour moi, McMurphy est un escroc charmant et astucieux qui se retrouve interné dans un asile de fous. Tous les autres pensionnaires sont là en placement volontaire, et il est le seul à y être interné d'office. « Vous, les gars, vous pouvez sortir d'ici, moi pas. » Il pense y passer quelques mois, purger sa peine, puis sortir. Mais il se rend compte alors qu'il est tombé amoureux de ces gens, et il se sacrifie pour eux... Un nouveau Jésus-Christ, en quelque sorte. Peut-être est-ce une erreur. Après tout, Nicholson a remporté un Oscar. Mais Ken Kesey a déclaré à la presse que c'est moi qui aurais dû jouer le rôle. Ainsi, nous sommes deux à le penser.

Vol au-dessus d'un nid de coucou a été l'une des plus grandes déceptions de ma vie. J'ai gagné plus d'argent avec ce film qu'avec n'importe lequel de ceux dans lesquels j'ai joué, mais j'aurais remboursé avec plaisir jusqu'au dernier *cent* si j'avais pu jouer le rôle.

37

LES FANS

Les fans ne cessent de m'étonner. Je reçois constamment des lettres du monde entier, contenant des photographies qu'ils me demandent de leur renvoyer signées. Je les signe toujours moi-même. Je songe à tous ces jeunes – et ces vieux – qui ont dans leur chambre une photo signée de leur idole.

Je suis toujours stupéfait de voir des fans attendre parfois pendant des heures à la porte des théâtres, des hôtels, des restaurants, une photo à la main, dans l'espoir d'un autographe. Tous ont quelque vide à remplir dans leur vie. Tous nous avons nos rêves.

Le dixième anniversaire de la mort d'Elvis Presley prit des allures de canonisation. Les gens faisaient la queue pour visiter Graceland. Des femmes entre deux âges, mais aussi des hommes, les larmes aux yeux. Stupéfait, j'entendis une femme déclarer : « La mort d'Elvis a été plus importante pour moi que la mort de quelqu'un de ma famille. »

Les fans peuvent vous considérer avec amour et admiration, mais parfois aussi de manière complètement folle. John Lennon a été tué par un fan. Les acteurs sont des cibles vivantes. Des millions de gens les voient sur des écrans et projettent sur eux leurs rêves. Certains essaient de faire passer leurs rêves dans la réalité. Ainsi, pendant des années, un homme a cherché à entrer en contact avec moi. Il faisait les cent pas devant ma maison. Comme il ne restait pas sur place, la police ne pouvait rien faire. Aux Etats-Unis, si on ne stationne pas quelque part, on ne peut pas être arrêté. Parfois, il laissait sa voiture garée devant la maison pendant des heures. Si la police arrivait, il ouvrait le capot et se plongeait dans le moteur. Impossible de l'arrêter. Il téléphonait, écrivait des lettres. J'avais l'impression que le moindre contact avec lui ne ferait que compliquer la situation. J'étais effrayé par cette insistance, autant pour moi que pour ma famille.

Un matin, je me réveillai vers sept heures et entendis un plongeon dans la piscine. En regardant par la fenêtre, j'aperçus mon « ami » dans l'eau. Là, c'était de la violation de domicile. La police arriva sur les lieux. Ils voulurent le faire sortir, mais l'homme restait au milieu de la piscine. C'était comique. Les policiers voulaient éviter de sauter à leur tour dans l'eau pour aller le chercher.

Il finit pourtant par sortir, et ils l'arrêtèrent. Il fut conduit dans un hôpital psychiatrique. Pendant un certain temps il m'écrivit encore des lettres étranges, puis je n'entendis plus parler de lui.

Un après-midi, la sonnette de la porte d'entrée retentit. Concha, ma gouvernante, ouvrit la porte, et une femme entra dans la maison. Elle était bien habillée et parlait avec un accent. Elle se présenta comme ma femme et insista pour me voir, parce qu'elle savait que j'étais malade.

J'entendis tout cela du haut de l'escalier, et j'appelai la police. Ils arrivèrent, mais pour m'annoncer qu'ils ne pouvaient rien faire parce qu'elle n'était pas entrée par effraction. Elle avait dans son sac de l'argent et un passeport italien. Ils finirent pourtant par la persuader de s'en aller.

Puis la police reçut un appel d'une boutique de

Rodeo Drive : la femme achetait des marchandises et voulait faire envoyer la note à son mari... c'est-à-dire à moi. Elle fut arrêtée et conduite à l'hôpital psychiatrique de Camarillo.

Un mois plus tard, environ, je reçus une note d'honoraires d'un médecin pour des soins psychiatriques prodigués à Mme Kirk Douglas. Qui est fou?

Mais il m'est arrivé des choses encore plus folles. Alors que je tournais *La femme aux chimères,* je passai une fin de semaine à Palm Springs avec Evelyn Keyes. Nous étions assis au bord de la piscine à lire les journaux du matin, lorsque Evelyn, surprise, me dit : « Regarde ça! » On voyait la photo d'une starlette sculpturale qui avait mystérieusement disparu. On avait retrouvé son sac dans Griffith Park; à l'intérieur se trouvait un bout de papier : « Cher Kirk... ma mère est au courant... je ne peux pas attendre... Jean. » J'attrapai le journal. « L'acteur Kirk Douglas doit être entendu dans le cadre de l'enquête sur la disparition de l'actrice Jean Spangler. »

Nous évoquâmes le sujet en plaisantant, jusqu'au moment où nous apprîmes à la télévision que l'on venait de retrouver le corps de la fille près de la frontière mexicaine. Elle avait été assassinée.

Je rentrai précipitamment à Beverly Hills où je reçus un appel de Thad Brown, le chef de la Brigade criminelle. Il envoyait deux inspecteurs pour m'interroger. Il y avait des photographes devant le commissariat qui attendaient qu'on m'y conduise, mais il voulait m'éviter cette publicité tant qu'il ne disposait pas de plus d'informations.

Inutile de dire que je commençais à m'inquiéter. J'appelai ma doublure.

« Larry, est-ce que je connais une dénommée Jean Spangler?
– Oui.
– Ah bon? Et d'où ça?

— Tu ne te souviens pas de cet après-midi où tu as tourné une scène avec une fille superbe, une figurante, et où tu lui as donné rendez-vous?

— Oui, c'est vrai, mais tu m'as convaincu d'y renoncer.

— C'est ça. Je t'avais dit que c'était une baiseuse de vedettes et une emmerdeuse. »

Je m'en souvenais. Je lui avais téléphoné; c'était sa mère qui avait répondu. Jean n'était pas là. J'avais donc laissé un message : il s'était passé quelque chose, et je ne pourrais pas la voir ce soir-là. Je ne l'avais plus revue et je ne lui avais même pas téléphoné.

Je racontai tout cela aux inspecteurs. Ils consultèrent leurs notes.

« Madame Spangler dit que vous avez appelé plusieurs fois.

— C'est ridicule. Je n'ai appelé qu'une fois. »

L'inspecteur regarda à nouveau ses papiers.

« Certains de ses amis disent qu'elle vous voyait souvent. »

Je n'en croyais pas mes oreilles. Il tourna une page.

« Une de ses amies affirme qu'elle se trouvait à une fête avec vous deux. »

J'étais sidéré.

« Vous avez la date exacte de cette fête? »

Ils avaient la date, et je pus prouver où et avec qui je me trouvais ce soir-là.

Entre-temps, les journaux avaient découvert que Jean avait joué un bout de rôle dans *La femme aux chimères,* et mon nom commençait d'être abondamment cité dans les articles relatifs au meurtre.

Finalement, Thad Brown me déclara qu'ils savaient que la fille était une mythomane et que je n'étais pas impliqué dans l'affaire. Je fus reconnaissant à Thad Brown de la protection respectueuse dont il sut m'entourer. L'affaire ne fut jamais élucidée.

Parfois je me dis que ma vie est un scénario de série B. Voilà un film que je ne tournerai jamais.

Un jour, au cours d'une tournée promotionnelle pour *Les Vikings,* je me retrouvai à Cleveland, dans l'Ohio. Un congrès important se tenait à l'hôtel. Ce soir-là, en montant dans l'ascenseur de l'hôtel, plein à craquer, un participant au congrès, légèrement soûl, me remarqua. Au revers de son veston était accroché un large badge, où était inscrit : « Tom Kennedy, Minneapolis ». Il pointa le doigt dans ma direction et me dit : « Kirk Douglas. »

Je tendis le doigt à mon tour.

« Tom Kennedy. »

Il ouvrit de grands yeux.

« Vous me connaissez?
– Vous n'êtes pas de Minneapolis?
– Mais oui! » répondit-il, d'un ton incrédule.

En arrivant à mon étage, je lui dis :

« Ah là, là, Tom, comme vous avez la mémoire courte. »

Comme je descendais, je l'entendis s'exclamer :

« Il me connaît! Il me connaît! »

Et voici ce que j'appellerais un triplé : Burt Lancaster et moi étions assis dans une loge du restaurant Ruby's, à Palm Springs. Un ivrogne vint s'asseoir à côté de moi, et, ignorant Burt, il me dit : « Monsieur Mitchum, je voulais vous dire que vous avez été magnifique dans *Trapèze*! » C'était un film où jouait Burt!

Un jour à New York, alors que je me hâtais vers un rendez-vous à déjeuner, un homme me héla. Je traversai la rue, mais il en fit autant, dans le hurlement de pneus des voitures qui freinaient.

« Comme je suis ému... mon acteur préféré!
– Merci! », dis-je en pressant le pas.

Il ne me lâcha pas.

« Ecoutez... je suis un peu nerveux, votre nom vient de me sortir de la tête...
– Douglas.
– C'est ça! Melvyn Douglas, mon acteur préféré! »

Les lettres d'admirateurs vont des lettres d'amour aux demandes d'argent. Parfois, elles proposent de l'argent. Récemment, j'ai reçu d'Allemagne la lettre suivante :

Je suis une vieille dame et je vis seule, mais je ne suis pas seulement tournée vers mon passé, je pense aussi aux autres. En un mot, je possède une fortune considérable et je n'ai pas d'héritier.

Voilà des années que j'admire votre talent d'artiste, et je voudrais vous porter sur mon testament comme mon seul héritier.

C'est un grand honneur pour moi, car de cette façon je tiens à exprimer mon attachement à votre peuple. Je me souviendrai toujours de ce que votre pays a fait pour nous dans les années qui ont suivi la guerre.

Ce serait pour moi un grand plaisir si vous acceptiez cet héritage après mon décès. J'ai l'espoir que cela vous aidera à mieux vous consacrer à votre art.

Veuillez agréer, monsieur, l'expression de mes sincères salutations.

Gerda von Nussink.

La réponse devait être adressée au Fillerschloss, son château vieux de trois siècles. Un tampon à l'image du château était apposé sur l'enveloppe.

Je relus la lettre, y réfléchis, et fis répondre ce qui suit par ma secrétaire :

Chère Madame von Nussink,

J'accuse réception de votre lettre du 14 avril 1987 adressée à M. Kirk Douglas.

M. Douglas a lu votre lettre et m'a demandé de vous répondre. Il a le sentiment qu'il s'agit d'un canular, ou bien que cette lettre a été écrite par quelqu'un qui a besoin d'aide. S'il s'agit d'un canular, il estime que ses auteurs devraient consacrer leur énergie à des entreprises plus productives. Si ce n'est pas le cas, il vous suggère de vous adresser à quelqu'un en mesure de vous aider.

Il doit exister en Allemagne – un pays qu'il admire – des causes humanitaires auxquelles pourrait être consacré l'héritage considérable que vous évoquez. Ce serait, à son avis, plus utile que de verser cet argent à un acteur de cinéma américain.

Veuillez agréer, madame, l'expression de mes sincères salutations.

Karen McKinnon,
Secrétaire de Kirk Douglas.

Quelques mois plus tard, les médias révélèrent qu'il s'agissait bien d'un canular, monté par un Allemand qui avait envoyé la même lettre à une centaine de célébrités. Il voulait prouver que les gens riches et célèbres sont également cupides. Dans son numéro du 3 novembre 1987, *Woman's World* publia les réponses de Meryl Streep, Richard Nixon, Tony Curtis, la princesse Anne, Sean Connery, Donna Sommer, etc. Ils n'étaient pas tous cupides, mais tous étaient crédules. Ma lettre ne fut pas reproduite dans l'article.

« Frau von Nussink » espère à présent écrire un livre à succès.

Les admirateurs fanatiques qui se pressent autour de l'hôtel Kempinski de Berlin sont incroyables! Ils attendent là pendant des heures, à n'importe quel moment de la journée, jusque tard dans la nuit, dans l'espoir d'un autographe. Il y en a de tous les âges, tenant à la main des photos qu'ils ont achetées ou découpées dans des magazines ou des journaux.

Si l'on est pressé et que l'on demande au chauffeur d'attendre devant l'entrée de service, ils sont là quand même.

Je me trouvais à Berlin où l'on devait me remettre la prestigieuse Caméra d'Or pour l'ensemble de ma carrière cinématographique.

Je prononçai mon allocution de remerciement en allemand, ce qui plut énormément au public.

38
LA MÉDAILLE DE LA LIBERTÉ

INGMAR BERGMAN ayant décliné l'offre de présider le jury du Festival de Cannes, on me proposa de le remplacer. Je n'en avais guère envie. Ma femme, qui avait travaillé longtemps pour le Festival, me pressait d'accepter. Je finis par céder. Françoise Sagan, présidente du jury en 1979, avait déclaré que l'on avait excercé des pressions sur les membres du jury. Moi qui avais été juré en 1970, j'avais déclaré à l'époque : « Je ne sais pas ce que je fais ici. On peut donner des prix aux vaches parce qu'il y en a qui donnent plus de lait que d'autres, et ça on peut le mesurer. Mais je ne crois pas que l'on puisse donner des prix à des œuvres d'art. » J'aurais dû m'écouter.

Au début, tout se passa bien. Tout le monde donna son opinion sur les films, et nous décidâmes finalement d'attribuer la Palme d'Or ex-aequo à deux films : *All That Jazz,* la comédie musicale à moitié autobiographique de Bob Fosse, dans laquelle jouaient Roy Scheider, Gwen Verdon, Ann Reinking, et Jessica Lange dans le rôle de l'Ange de la Mort; et *Kagemusha* d'Akira Kurosawa. A onze heures du soir, la décision était prise et l'on se sépara.

Les résultats devaient être proclamés le lendemain

à midi. Je demandai à M. Favre Le Bret, directeur du Festival, si ma présence était nécessaire pour la lecture du palmarès. « Non, non, me répondit-il, ça n'est pas important. » Le lendemain matin, à l'hôtel du Cap, je signai les papiers officiels.

Quelques heures plus tard, le directeur du Festival voulut me faire signer une déclaration selon laquelle *Mon oncle d'Amérique,* un film français que nous, jury, avions placé en deuxième position, était en fait l'égal des deux films primés.

« Nous avons déjà voté et j'ai signé les papiers », répondis-je.

Favre Le Bret insista pour que je signe ce nouveau papier qui instituait trois vainqueurs ex-aequo.

« C'est malhonnête. Je ne signerai pas ça. »

Ce fut pourtant bien ce qu'il annonça lors de la conférence de presse où il m'avait dit que ma présence n'était pas nécessaire. Pour expliquer l'absence de Kirk Douglas, président du jury, il déclara à tout le monde que j'étais malade. J'étais furieux.

Je m'étais battu pour que *All That Jazz* remporte la palme parce que j'aimais ce film. Mais les gens qui avaient travaillé sur *All That Jazz*, estimant qu'ils n'avaient aucune chance de gagner, avaient quitté le Festival. Il n'y avait personne pour recevoir le prix. Si l'on présente un film dans une compétition, il vaut mieux attendre la proclamation des résultats.

Peter Sellers et sa femme, eux, attendaient patiemment. On lui avait assuré qu'il allait remporter le prix du meilleur acteur pour *Being There*. En fait, on n'avait jamais envisagé de lui attribuer ce prix.

La proclamation du palmarès eut lieu l'après-midi, et bien sûr il ne remporta aucun prix. J'en étais désolé pour lui. Il était seul. Il n'y avait personne de l'équipe de *Being There*. Il avait l'air perdu. Je les invitai à dîner, lui et sa femme, ce qui eut l'air de lui faire plaisir.

Le bronzage de Peter ressemblait à un mauvais

maquillage appliqué pour masquer sa pâleur. Il avait l'air malade. Mais s'il était déçu de ne pas avoir gagné, il n'en laissa rien paraître. Dans la conversation, Peter était ennuyeux... jusqu'à ce qu'il se mette à parler des autres. Imitateur parfait, il *devenait* littéralement celui qu'il imitait. Il avait le génie du pastiche. Autrement, il ressemblait à Chauncey le jardinier, le personnage qu'il incarnait dans *Being There*.

Je fus heureux de ce dîner passé en sa compagnie. Quelques mois plus tard, Peter mourut.

La presse me critiqua. Le rôle de président du Festival de Cannes est des plus inconfortables. On me reprochait de ne pas m'être laissé manipuler.

En 1987, c'était Yves Montand qui présidait le jury. Lorsqu'il annonça la Palme d'Or, un film français, toute la salle le hua.

Je n'aurais pas dû enfreindre la règle que je m'étais fixée depuis mes années d'université : ne jamais présider quoi que ce soit.

Ce voyage en France, comme ceux que je faisais pour l'USIA, n'avait rien à voir avec la politique. Je n'aime pas le mot « politique », parce que je ne rends pas de service à tel ou tel parti, mais à mon pays. Ces voyages, je les ai faits sous des gouvernements démocrates aussi bien que républicains. J'attends seulement d'un président, quel qu'il soit, qu'il serve son pays et le monde entier.

En tant qu'Américain, je me suis toujours efforcé de communiquer avec les gens d'autres pays. En 1980, j'ai voyagé dans le premier avion privé à relier Jérusalem au Caire, et j'ai rencontré le président Anouar el-Sadate. Nous avons discuté pendant trois heures à Ismaïlia, sur les rives du canal de Suez. C'était un homme charmant. Dans ma chambre, je conserve un magnifique miroir d'argent (dont le manche figure un paon) qu'il m'a offert. S'il n'avait pas été assassiné, l'histoire du Moyen-Orient en eût été changée.

Le 16 janvier 1981, mes voyages autour du monde me valurent de recevoir, en ma qualité d'ambassadeur « bénévole », la médaille de la liberté, la plus haute distinction civile aux Etats-Unis. Le président Carter me passa lui-même la médaille autour du cou, lors d'une cérémonie à la Maison Blanche. Je n'en revenais pas. J'étais donc récompensé pour avoir accompli des missions que je considérais comme des privilèges? Que je considérais comme de mon devoir d'accomplir? J'avais besoin de me convaincre que ce n'était pas du cinéma.

Ce soir-là, Anne et moi, en compagnie du président et de son épouse, nous assistâmes de la véranda de la Maison Blanche à des manœuvres impeccablement exécutées, musique en tête, par la fanfare des marines. Cette nuit-là, nous la passâmes dans la chambre à coucher de Lincoln! Je me rappelai alors cette précédente visite à la Maison Blanche, où la mère du président Kennedy occupait cette même chambre.

Le lendemain matin, en avalant mes œufs brouillés au bacon comme des millions d'Américains, je promenai le regard autour de la table : il y avait là Anne, née en Europe et naturalisée américaine; un couple de fermiers de Plains, en Georgie... le président et la First Lady des Etats-Unis, et moi, le fils d'immigrants juifs de Russie. Un petit déjeuner américain tout ce qu'il y a d'ordinaire. A la Maison Blanche.

Mon fils Peter, qui admire beaucoup l'imagination de Ray Bradbury, me fit connaître le roman de cet auteur *Something Wicked This Way Comes*. Peter avait un contrat pour la production d'un film avec Universal, en sorte qu'il ne pouvait s'en occuper. Je décidai donc de produire ce rêve surréaliste d'enfant, cette histoire de bien et de mal. Deux petits garçons se glissent hors de chez eux, par une nuit d'été, et rencontrent la vie et les cauchemars sous la forme du carnaval et de son menaçant Monsieur Loyal. Je devais jouer le rôle de Monsieur Loyal, et Steven Spielberg devait réaliser le film.

J'attendis – un an! – mais Spielberg ne me donnait jamais une date pour le début du tournage.

Je reçus alors une offre ferme de Disney pour réaliser le film, et j'acceptai. Mais à ce moment-là, je partais en Australie tourner *The Man from Snowy River* (L'homme de la rivière d'argent), et ne pouvais donc être le producteur. J'allai voir Peter, qui de son côté voyait son film avec Universal retardé, et ce fut lui qui produisit *Something Wicked*.

La fierté nationale des Australiens était fort chatouilleuse dès lors qu'il s'agissait de leur célèbre poème, *The Man from Snowy River*, écrit par Banjo Paterson, qui avait également écrit *Waltzing Matilda*. Ce film devait être le plus cher jamais tourné en Australie : cinq millions de dollars, contre un million aux productions habituelles. Les producteurs savaient que pour gagner de l'argent, ils devaient tabler sur un public international, aussi firent-ils appel à moi, seul étranger à jouer dans ce film. Les Australiens étaient furieux de voir un Américain figurer dans ce film, et qui plus est jouer deux rôles : un éleveur collet monté et dominateur; et son frère, un fou unijambiste (je me retrouvais à nouveau avec la jambe attachée aux fesses) qui vit dans la montagne. On chercha à m'interdire l'entrée dans le pays pour des raisons juridiques : les règlements syndicaux n'interdisaient-ils pas que je joue dans ce film?

En lisant les articles qui traînaient le Yankee dans la boue, je me dis que ces gens-là avaient besoin d'une bonne leçon. À mon arrivée en Australie, après dix-huit heures de vol, je fus accueilli par une presse sur le pied de guerre. Je déclarai alors que Banjo Paterson n'était pas seulement Australien; comme tout grand artiste, il appartenait au monde entier. Je récitai alors la première strophe de leur célèbre poème :

> *There was movement at the station*
> *For the word had passed around*
> *That the colt from Old Regret*
> *Had got away...*

> *Il y eut de l'agitation au ranch*
> *Car le mot était passé*
> *Que le poulain d'Old Regret*
> *S'était sauvé...*

Je m'interrompis et promenai un regard autour de moi. « Quel est le mot suivant? » Personne ne le connaissait. C'est comme pour *The Star-Spangled Banner*, l'hymne national américain, qui en connaît le deuxième vers? Il y en a déjà beaucoup qui ne connaissent pas le premier. Et j'ajoutai alors : « Vous devriez lire ce magnifique poème de Banjo Paterson. » A partir de ce jour-là, la presse australienne me traita avec plus de considération.

A mon retour d'Australie, le réalisateur Ted Kotcheff me présenta un scénario intéressant. Ce scénario circulait dans le milieu depuis une dizaine d'années, et il avait subi pas moins de dix-huit révisions. A un moment ou à un autre, toutes les vedettes masculines de Hollywood avaient été pressenties : Al Pacino, Robert De Niro, mon fils Michael, Nick Nolte, George C. Scott, Gene Hackman, et tant d'autres. Le réalisateur devait être Marty Ritt, puis John Frankenheimer. Il passait d'une compagnie cinématographique à une autre. A présent, il semblait bien que ce film allait enfin voir le jour. L'idée me plaisait, mais le scénario n'était pas très bon. Je refusai donc *First Blood*.

Kotcheff insistait : il voulait que je joue le colonel des marines qui fait de l'ancien béret vert Sylvester Stallone une machine à tuer qui deviendra Rambo. Je fis un certain nombre de suggestions sur les personnages interprétés par Stallone et moi. Kotcheff apprécia ces suggestions, et j'acceptai de tourner le film.

En décembre 1981, Anne et moi nous rendîmes sur les lieux du tournage, à Hope, au Canada, près de Vancouver. Je n'avais pas encore revu le scénario transformé selon ce qui avait été convenu entre Kotcheff et moi. Il y eut des retards. Lorsque finalement j'eus le scénario en main, je fus sidéré : c'était exactement la version que j'avais refusé de tourner.

J'allai voir Kotcheff : « Mais enfin qu'est-ce qu'il se passe? Vous ne croyez tout de même pas que je vais tourner un scénario que j'ai déjà refusé! »

Mais je ne m'étais pas adressé là où il fallait. Kotcheff n'avait pas la direction artistique du film; c'était Stallone qui avait le dernier mot. Stallone aimait la première version du scénario, voulait le tourner tel qu'il était écrit, et avait la légalité pour lui. Cela faillit se terminer par un procès, mais nous arrivâmes finalement à un accord : Stallone tourna le film qu'il voulait, et moi je n'eus pas à y figurer. Ce fut Richard Crenna qui joua le rôle du colonel Trautman.

Quelles étaient les divergences entre Stallone et moi? Je pensais que le film serait meilleur, d'un point de vue dramatique, si mon personnage se rendait compte qu'il avait créé un monstre à la Frankenstein, un tueur amoral, une menace pour la société, et s'il tuait Stallone.

Si l'on m'avait écouté, il n'y aurait pas eu tous ces

Rambos. Ils auraient perdu un milliard de dollars, mais le film aurait été *juste*.

Rambo : First Blood III évoque l'invasion de l'Afghanistan par les Russes en 1982. Moi, j'ai fait un documentaire sur le même sujet. Après l'invasion, l'USIA me demanda si j'accepterais de réaliser un documentaire sur les trois millions d'Afghans réfugiés au Pakistan. Anne et moi étions allés à Tokyo, en Chine et à Hong Kong quelques mois plus tôt; pourtant, je n'hésitai pas : je pris ma valise et partis. Seul. Voici quelques extraits de mon journal.

Novembre 1982. Me voilà à Islamabad, capitale du Pakistan. Il m'a fallu vingt-huit heures de voyage d'une seule traite depuis Los Angeles. Le voyage a été long et fatigant. A Los Angeles, nous avons attendu une heure et demie dans l'avion avant de partir pour San Francisco. J'ai dormi un peu dans les fauteuils. J'ai été surpris de voir qu'il fallait dix heures de Hawaii à Manille. De Manille nous nous sommes envolés pour Karachi.

Karachi est une ville pauvre qui a l'air abandonnée. J'ai été stupéfait d'apprendre qu'il y avait plus de cinq millions d'habitants.

De Karachi nous avons pris l'avion personnel du chef d'état-major de l'armée de l'air pour gagner Islamabad. Entre Karachi et Islamabad, la région est principalement désertique, mais elle est traversée par un fleuve magnifique, l'Indus. On se demande pourquoi avec tant d'eau il n'y a pas plus de végétation. C'est un désert où coule un grand fleuve. Que n'en auraient pas fait les Israéliens s'ils avaient vécu ici!

Atterrissage à Rawalpindi et trajet en voiture jusqu'à l'hôtel à Islamabad. J'ai parlé au téléphone avec ma femme et Eric, et à présent je ne me sens pas fatigué et je n'ai pas sommeil. Je vais lire un peu et tâcher de me reposer, parce que le voyage commence véritablement demain. Je vais essayer de tenir ce journal au jour le jour. Bonne nuit.

Sous la direction de Charles Wick, l'USIA est certainement mieux organisée qu'autrefois. Par exemple, dans ma chambre, ce soir, j'ai découvert un appareil de télévision, un magnétoscope et plusieurs cassettes vidéo sur la situation en Afghanistan. En ce moment, je regarde un documentaire français. Je me demande si les Américains en ont déjà tourné, ou si le mien sera le premier.

La Russie était un voisin amical de l'Afghanistan. Elle l'aidait. Les Russes construisaient des routes qui menaient droit à leur frontière. Et puis, soudain, ces voisins amicaux se sont servis de ces routes pour acheminer des chars d'assaut et du matériel militaire. Leur but? Faire de l'Afghanistan un pays communiste, un autre satellite de l'Union soviétique.
Les Moudjahidin (les combattants de la guerre sainte) se battent pour leur pays. Leur religion leur enseigne que s'ils meurent au combat, ils iront au paradis, alors ils se battent sans peur. Ils sont aidés par la configuration du terrain, fort escarpé, où même les ânes ont du mal à passer.
Les Afghans doivent faire face aux hélicoptères russes, qui foncent sur eux à près de cinq cents kilomètres-heure, et sont équipés d'armements ultra-modernes, y compris de roquettes guidées par laser.

Ce matin, à Islamabad, en regardant par la fenêtre, j'ai vu de la verdure pour la première fois : des arbres, des collines vertes. Le paysage est infiniment plus coloré qu'entre Karachi et Islamabad. Aujourd'hui, je dois rencontrer le président Zia.

Mon journal se termine ici; il était trop difficile à tenir. Je devais donc rencontrer le président Zia. On me fit alors savoir que j'étais convié à dîner, mais pouvais-je arriver une demi-heure en avance? L'événement était de taille : il avait invité le personnel de l'ambassade américaine, qu'il n'avait encore jamais invité dans sa résidence. Le président Zia avait des cartes, des photos, des documents. Avant l'arrivée de mes compatriotes, il m'expliqua les plans des Soviétiques pour la région : une fois l'Afghanistan conquis, ce serait le tour du Pakistan, qui leur ouvrirait le golfe Persique. Leur but : la mainmise sur le détroit d'Ormuz. Le Pakistan leur permettrait d'y avoir accès. Il fallait absolument barrer la route aux Russes.

Alors que nous allions passer à table, je me sentis soudain très mal : des frissons, des vertiges. Je m'appuyai au mur. Le président Zia, très prévenant, me conduisit à sa chambre et m'ôta lui-même mes chaussures pour m'installer plus confortablement. Après quoi il envoya chercher son médecin. Je ne sais pas quel fut le diagnostic, mais le médecin me dit de me reposer et de rester dans la chambre. Lorsque je me sentirais mieux, je pourrais rentrer à mon hôtel. Le président Zia, pourtant, m'ordonna de rester au lit.

Le lendemain, je me sentais encore malade, mais je partis voir des réfugiés près de la passe de Khyber; de l'autre côté de la frontière afghane, on entendait le bruit de la canonnade. Je m'assis sur le sol, au milieu des anciens d'une tribu afghane. Nous nous mîmes à manger avec les doigts, tous dans le même plat. Par le truchement d'un interprète, je leur dis : « Dans mon pays, aujourd'hui c'est Thanksgiving : une fois par an nous rendons grâces à Dieu pour tout ce que la vie nous apporte. »

Le chef des anciens, un homme à la longue barbe

blanche, hocha la tête. Par l'intermédiaire de l'interprète, il me répondit : « Dans mon pays, nous rendons grâces tous les jours. »

Je me fis plus humble. Il y a là une leçon pour nous tous.

De retour à l'hôtel, je fus accueilli par le président Zia, furieux, au milieu de son entourage. La scène était inouïe. Comment avais-je osé désobéir au médecin? Qu'est-ce que cela voulait dire d'agir ainsi alors que je ne me sentais pas bien?

Cette attitude me toucha. Il avait raison. Je gagnai Karachi, au bord de l'océan, mais je ne me sentis pas mieux : l'altitude n'était pour rien dans mes malaises. Je devais m'arrêter aux Philippines pour un dîner avec le président Marcos et son épouse Imelda, mais je fus obligé d'y renoncer. J'étais trop malade. Je dus prendre l'avion pour Washington.

J'apportais avec moi le documentaire qui a été vu dans le monde entier. Je rends visite à des enfants mutilés pour avoir ramassé des jouets dans lesquels étaient dissimulées des bombes (jouets lancés par les Russes, bien sûr). Certains de ces enfants ont perdu une main, d'autres leurs jambes.

On me voit m'adresser à d'innombrables réfugiés afghans. Ils ne demandent pas des vivres. Ils veulent se battre, et ils réclament des armes pour abattre les hélicoptères. (Il semble que par la suite ils les aient reçues.)

Dans ce documentaire, on assiste à une rencontre que j'ai avec un groupe de collégiennes. Conduites par l'une d'entre elles, elles chantent à l'unisson : « Quand je serai grande, je n'épouserai qu'un homme qui tue les Russes. »

Notre gouvernement est loin d'avoir l'habileté des gens de la publicité, mais Charlie Wick a toutefois utilisé mieux que quiconque les vedettes de cinéma. Pourtant, je ne suis pas d'accord avec tout ce que fait Charlie Wick. Le *New York Times* m'appela un jour : ils enquêtaient sur l'habitude qu'il avait d'enregistrer les conversations téléphoniques. « M. Wick vous a-t-il dit telle et telle chose? » Et ils me répétèrent mot pour mot ce que je lui avais répondu au téléphone. Pour lui, c'était une façon commode de garder la trace de ses coups de téléphone. Si seulement il m'avait prévenu qu'il enregistrait, j'aurais été d'accord. Je ne crois pas qu'il m'espionnait. Et d'ailleurs, quoi espionner?

Je laissai là les documentaires et revins à la fiction. Je retournai pour la troisième fois en Israël pour y tourner *Remembrance of Love*. C'est l'histoire d'un Juif qui vit en Amérique et se rend à un congrès de survivants de l'Holocauste dans l'espoir d'y retrouver la fille qu'il aimait et dont il a été séparé par la guerre. Mon fils Eric jouait le rôle de mon personnage jeune homme, avec beaucoup de retenue et de profondeur. Nous n'avions pas de scènes ensemble, mais j'ai trouvé bien agréable de jouer dans le même film que lui.

Eric est mon plus jeune fils; c'est un garçon très nerveux, ce qu'il a hérité de moi, selon lui. C'est aussi un garçon extrêmement brillant... trop brillant. Il y a des années, j'ai appris à ne pas polémiquer avec lui. Il a l'esprit trop aiguisé. Après des études à l'université de Claremont, Eric a suivi les cours de la Royal Academy of dramatic Arts et de la London Academy of dramatic Arts. Il a une grande facilité pour les langues. Il vient de terminer un film à Paris, dans lequel il a joué en français. Eric s'adapte rapidement. Il se sentait très bien en Israël, s'est fait beaucoup d'amis et a commencé d'apprendre l'hébreu.

On m'avait déconseillé de me rendre en Israël pour y tourner un film. Le pays était dangereux. Il y avait la guerre au Liban. D'une certaine façon, on se sentait trop sûr en Israël... mais un peu triste. Tous les jours, à Tel-Aviv, on voyait arriver des hélicoptères transportant des soldats israéliens blessés.

J'allai leur rendre visite à l'hôpital Tel Hashomer. Il y avait aussi des soldats syriens et libanais, soignés de la même façon, mais avec un garde à la porte. L'Israélienne chargée de nous guider était charmante et prévenante avec les blessés. Son fils unique avait été tué au cours de la première semaine de guerre.

Les marines américains firent alors leur arrivée à Beyrouth. Après de nombreuses démarches, je réussis à convaincre les Israéliens de m'emmener là-bas en avion. Nous gagnâmes alors le port; les marines étaient confinés dans une partie du port. Je réussis finalement à les joindre et je pris plaisir à me retrouver au milieu d'eux; eux aussi semblaient contents de voir un Américain.

A la fin de la semaine suivante, on nous conduisit, Anne et moi, dans la plaine de la Bekaa; ce fut un voyage long et pénible. Nous allâmes rendre visite à une unité de blindés israéliens dissimulés dans un bosquet d'oliviers. Ils m'emmenèrent faire un tour dans un de leurs chars, le Mercava, qui se révélait extrêmement efficace dans leurs combats contre les Syriens. Ils me laissèrent même le conduire pendant quelques minutes. Nous gagnâmes une ville à flanc de montagne, d'où l'on dominait la magnifique vallée de la Bekaa.

Ils me passèrent alors des jumelles et me montrèrent diverses installations :

« C'est le quartier général de l'OLP.
– Ah bon, de l'OLP?
– Oui, ils ont lancé une attaque contre cette ville la nuit dernière. »

Je fus heureux de rentrer à Tel-Aviv, et plus heureux encore de retrouver les Etats-Unis.

A mon retour, Peter me donna un livre :

« Tiens, papa, voilà un rôle que tu es trop jeune pour jouer. »

Il sait toujours comment s'y prendre avec le vieux bonhomme que je suis. Ce livre, de Stanley West, s'intitulait *Amos*. Amos est un personnage de plus de quatre-vingts ans, qui finit dans une maison de retraite à la suite d'un accident de voiture au cours duquel il a été blessé, et où sa femme a trouvé la mort. Il se remet peu à peu de ses blessures, et se rend compte que la maison de retraite est dirigée par une infirmière avide qui tue ses patients pour toucher l'assurance. Après que l'infirmière a battu une patiente pour qui il s'était pris d'amitié, Amos décide de faire quelque chose. Sachant qu'il entre dans la phase terminale de son cancer, il s'arrange pour que sa mort fasse éclater la culpabilité de l'infirmière.

Je m'attachai les services de chercheurs pour savoir ce qui se passait réellement dans les maisons de retraite. Je reçus un rapport détaillé. Et terrifiant. Les maisons de retraite avaient beaucoup changé depuis l'époque où ma mère y avait passé les sept dernières années de sa vie. Il fallait que j'en parle à quelqu'un. J'écrivis un article qui parut dans le *New York Times* du samedi 28 septembre 1985. Puis, payant le voyage de ma poche, mon équipe et moi prîmes l'avion pour Washington; là-bas, je témoignai devant la commission d'enquête parlementaire sur les maisons de retraite, présidée par Claude Pepper.

Amos sortit le samedi 28 septembre 1985 sur la chaîne de télévision CBS. C'était le jour de la rentrée : les grandes chaînes de télévision sortaient la grosse artillerie. NBC programmait *Tootsie*, le film qui avait remporté un Oscar, avec Dustin Hoffman en travesti et Jessica Lange amoureuse de lui. Ironie de la programmation, ABC présentait *Rambo : First Blood*. Si j'avais joué dans ce film, je me serais retrouvé en concurrence avec moi-même. Nous savions qu'*Amos* ne ferait pas le poids, mais nous espérions tout de même que les différences d'audience ne seraient pas trop importantes.

Les différences d'audience furent extrêmement importantes, mais *Amos* se trouvait en tête! Grant Tinker déclara qu'avec *Amos*, les chaînes de télévision avaient changé leur manière d'envisager les films. Pourquoi payer 17 millions de dollars les droits de retransmission de *Tootsie*, alors qu'ils pouvaient avoir *Amos* pour 2,5 millions de dollars?

Le film, l'article dans le *New York Times* et mon audition par la commission d'enquête parlementaire avaient fait mouche. Je reçus une montagne de lettres. Certaines venaient de maisons de retraite qui me reprochaient de ne pas savoir de quoi je parlais, qui me disaient qu'il y avait plus de bonnes maisons de retraite que de mauvaises. J'aurais aimé leur montrer les autres lettres que je recevais : des histoires effroyables rapportées par les familles de gens placés en maisons de retraite. Je renvoyai certaines de ces lettres à l'administration ou à la police. Cette correspondance était navrante. Je m'efforçai de répondre à chacun de mes correspondants; j'avais l'impression de rédiger des centaines de lettres de condoléances. Souvent, les gens avaient l'impression que j'avais le pouvoir d'arranger les choses. Moi aussi j'aurais aimé avoir une baguette magique. Je suis peut-être Spartacus, mais je ne suis pas Superman.

39

COUP DOUBLE

TOUTE ma vie, j'ai désiré devenir une vedette au théâtre. Je n'y suis jamais parvenu, et j'ai ressenti cela comme un échec. Toujours à la recherche d'une bonne pièce, j'ai fini par en trouver une : *The Boys in Autumn*, une pièce pour deux personnages, de Bernard Sabbath. Je jouais le rôle de Tom Sawyer, et Burt Lancaster celui de Huck Finn, cinquante ans après que Mark Twain les a abandonnés. Tous deux, nous avons connu des tragédies dans notre vie : Huck, pris de pitié, a tué sa femme avant l'issue d'une longue maladie; Tom n'a jamais pu oublier Becky Thatcher, au point que chaque fois qu'il voit une petite fille qui lui rappelle Becky, il faut absolument qu'il aille la toucher. Je jouais du banjo et chantais une chanson, *Oh Tell Me, Pretty Maiden*. J'ai pris beaucoup de plaisir à jouer cette pièce qui a tenu l'affiche six semaines à San Francisco; mais je ne pensais pas que nous fussions prêts pour Broadway. Deux ans plus tard, George C. Scott l'a pourtant jouée à Broadway, mais ce fut un échec.

Burt et moi fîmes à nouveau équipe pour la remise des Oscars en 1985. Mon fils Michael, l'un des animateurs, nous présenta. On projeta alors un film du numéro de danse et de chansons que Burt et moi avions donné à l'occasion de la remise des Oscars de

1958. Dans la salle (en 1985) se trouvaient deux jeunes scénaristes, James Orr et James Cruikshank, qui eurent au même moment la même idée : faire à nouveau tourner ensemble ces deux gaillards. C'est ainsi que naquit le scénario de *Tough Guys* (Coup double).

L'histoire était parfaite pour Burt et moi : après avoir partagé pendant trente ans une même cellule minuscule, deux voleurs, à leur sortie, décident de remettre ça, « mais cette fois-ci, comme il faut ». Ils vont refaire le coup manqué qui les a envoyés en prison. La compagnie Disney était d'accord pour produire le film.

Les difficultés habituelles ne tardèrent pas à se présenter : problèmes d'emploi du temps et différences de point de vue. Tandis que l'on procédait à une réécriture du scénario, Burt partit tourner au Mexique. Moi, de mon côté, je me rendis à Washington pour témoigner devant la commission d'enquête sur les maisons de retraite. Puis Burt voulait aller tourner un autre film en Europe.

Le projet risquait fort de ne jamais voir le jour. La compagnie Disney était mécontente : ils avaient déjà consacré près d'un million de dollars à ce film. Mais les choses finirent par s'arranger.

Le tournage fut amusant. Il était bien agréable de travailler avec Eli Wallach, Alexis Smith (époustouflante), Charles Durning; et deux nouveaux venus : la ravissante Darlanne Fleugel, qui jouait le rôle de ma petite amie, et le très talentueux Dana Carvey, dans le rôle de notre officier de probation. Après *Coup double*, Dana joua dans *Saturday Night Live*, où il créa le rôle de « Church lady ».

Nous tournâmes une scène dans une boîte de nuit où l'on dansait sur de la musique disco. Beaucoup de gens furent surpris : « Comment avez-vous appris à danser comme ça? » Mais je ne comprenais pas leur étonnement. Je n'avais pas répété. J'ai écouté la musique, regardé comment les gens faisaient et je me suis lancé... les bras qui s'agitent, les corps qui se tortillent, on donne des coups de pied, des coups de poing.

La seule scène difficile à tourner fut celle où je cours sur le toit du train pour échapper à Charles Durning, le flic qui me poursuit en hélicoptère. Physiquement, ce n'était pas difficile pour moi : je m'étais déjà retrouvé sur le toit de trains en marche. Le problème, c'était que la compagnie d'assurances refusait d'assurer cette scène. Et la compagnie refusait d'en prendre la responsabilité. Quelle folie! Après tout, je n'avais que soixante-neuf ans.

Jeff Kanew, peut-être le réalisateur le plus dévoué que j'aie jamais connu, assuma lui-même la responsabilité de cette scène. Il ne me le dit qu'après qu'elle fut tournée. « Jeff, dis-je, tu te rends compte du risque que tu as pris? » Il acquiesça. S'il y avait eu un accident, il aurait été ruiné. Comme j'aurais été moi-même ruiné, vingt-huit ans auparavant, lorsque j'avais garanti personnellement l'achèvement des *Vikings*.

Mais le point culminant du film, ce fut le générique. Un cadeau-surprise, un geste d'amitié de la part de Jeff Kanew, inscrit sur l'écran. Je n'en croyais pas mes yeux :

Conseiller artistique : *Issur Danielovitch*

C'était la première fois qu'Issur recevait une reconnaissance publique.

40

LA BOÎTE A MUSIQUE

DIMANCHE 3 août 1986. Je n'ai pas fait grand-chose de la journée, j'ai pris mon temps. J'ai pensé à *Coup double*. J'ai joué un peu au tennis, j'ai regardé la télévision, j'ai traîné. Je prends une douche, je me rase, et me voilà prêt pour notre dîner chez Chasen's.

Anne et moi arrivâmes devant le restaurant un peu après sept heures et demie; le petit groupe habituel d'admirateurs nous attendait. Un petit garçon qui ne devait pas avoir plus de dix ans vint me demander un autographe. Un peu plus loin, j'avisai un homme et une femme qui semblaient être ses parents. L'enfant savait-il qui j'étais, ou étaient-ce ses parents qui voulaient un autographe? Je signai deux autres autographes et nous entrâmes dans le restaurant.

Ronnie, le maître d'hôtel, nous conduisit à la table où nous attendaient Mark Goodson et son ancienne femme Suzanne. Je serrai la main de Mark pendant qu'Anne saluait Suzanne, puis je me penchai vers Suzanne pour l'embrasser sur la joue.

Je reçus alors comme un coup violent sur la tête. Autour de moi, la pièce tourbillonnait. Vertiges. Sueurs. Nausée. Etais-je debout? Couché? Mes genoux se dérobaient sous moi. Dans le lointain, j'entendis la voix de Suzanne : « Là, doucement, appuie-toi sur moi et détends-toi, Kirk. » Je voyais vaguement Mark, pétrifié. Anne se précipita à mes côtés. J'ai alors murmuré : « Emmène-moi à la maison. Emmène-moi à la maison. »

On me transporta dans le vestibule et on m'allongea sur un canapé. Les curieux commençaient à se rassembler. C'était le coup de feu chez Chasen's, plus encore que d'habitude.

Je me sentais épuisé. Un homme se pencha sur moi... « Je suis médecin. » Quelqu'un était allé le chercher dans une réception qui se donnait dans une salle voisine. Il me prit le pouls et murmura : « Mon Dieu, ça descend en dessous de quarante, ça approche les trente. » Puis il me regarda d'un air étrange et me dit : « Allez, n'ayez pas peur. »

Je levai les yeux vers lui.

« Non, je n'ai pas peur. »

Quelque chose en moi me forçait à garder mon calme.

Soudain, j'entendis les sirènes : une voiture de pompiers avec des infirmiers, suivie d'une ambulance. Ils se précipitèrent à l'intérieur et se mirent au travail : on prit ma pression artérielle, mon pouls, on me glissa des aiguilles dans les veines.

« Non, non, je veux qu'on m'emmène chez moi.
– Impossible. Il faut vous conduire à l'hôpital. »

Les gens qui venaient dîner était accueillis par des policiers, des infirmiers, des pompiers, tous rassemblés autour d'un canapé dans le vestibule.

Il y avait tellement de gens qui s'occupaient de moi que je ne sentais plus ce que l'on me faisait. On me hissa ensuite sur un brancard et on me porta dehors; j'ai dû passer devant les gens à qui j'avais signé des autographes quelques minutes auparavant. « Que vont-ils penser de Spartacus, maintenant ? » me dis-je, et je me couvris le visage d'une serviette. Si je ne les voyais pas, peut-être ne me verraient-ils pas non plus. Sirène et gyrophare, l'ambulance prit le chemin de l'hôpital.

Dans l'ambulance, j'étais sous perfusion, et les ambulanciers s'entretenaient par téléphone avec l'hôpital. Une pensée ne cessait de tourner dans mon esprit : « J'ai déjà vu ça avant. J'ai joué cette scène. Mais ça, ça n'est pas mon film. Je veux en sortir. »

J'entendis quelqu'un dire : « Il est mort? »

Les urgences de l'hôpital Cedars-Sinai n'étaient qu'à quelques minutes de là. J'étais trempé de sueur. Des infirmières m'ôtèrent prestement chaussures, chaussettes et pantalon. Un jeune médecin :

« Vous ressentez des douleurs dans la poitrine?
– Non.
– Une paralysie du bras gauche?
– Non. »

Une infirmière :

« Puis-je découper votre chemise? »

J'acquiesçai.

Elle découpa aux ciseaux ma chemise Turnbull & Asser, et épongea la sueur sur ma poitrine. Je levai les yeux et découvris mon médecin, le Dr Rex Kennamer. Comment était-il arrivé ici aussi rapidement? Depuis combien de temps tout cela durait-il? Voilà aussi son assistant, le Dr Jeff Helfenstein.

Rex :

« Adrenaline. »

Puis...

« Pulsations cardiaques, trente. »

Rex :

« Faites-lui une autre piqûre d'adrénaline. »

Trois piqûres en tout. Et derrière tout cela, les yeux bleus d'Anne fixés sur moi.

Les choses se calmaient. On me poussa le long d'un couloir sur mon lit roulant. Je regardais le plafond blanc, les lumières qui défilaient. « Hé, attendez, j'ai déjà vu cette scène. Mais ça n'est pas mon film. Enlevez-moi de là. »

Puis je me retrouvai dans une petite salle du service des soins intensifs, à côté d'un électrocardiogramme qui se déroulait sur un écran. Drôle d'endroit pour un homme en parfaite santé. C'était du moins ce que l'on m'avait dit deux jours plus tôt à l'issue d'une semaine d'examens approfondis : électrocardiogramme, analyses de sang et d'urine. J'étais très fier. Les résultats avaient été meilleurs que ceux que j'avais obtenus huit ans auparavant. J'ai toujours fait de la gymnastique tous les matins pendant un quart d'heure, avec Mike Abrums, mon entraîneur depuis vingt ans; je ne fumais pas, n'avais pas bu une goutte d'alcool depuis plusieurs mois. Je me rengorgeais lorsqu'on me disait : « Kirk, vous ne faites pas plus de cinquante ans. » Et puis voilà, je me retrouvais, à soixante-neuf ans, à observer sur un écran de télévision le tracé de mon rythme cardiaque, me demandant ce qui avait bien pu m'arriver.

Un mois auparavant, il m'était arrivé la même chose à New York. Invités par Frank et Barbara Sinatra, nous étions allés dîner au 21. J'étais assis entre Barbara Sinatra et Gregory Peck. Au cours du dîner, Barbara fut prise d'un malaise et dut rentrer chez elle. Peu de temps après, Gregory disparut. Le lendemain, il expliqua qu'il avait probablement trop bu. Moi, je me sentais bien; j'étais resté.

Les gens se moquent souvent de moi parce que j'ai l'habitude de me coucher tôt. Si des invités s'attardent chez moi, j'enfile mon pyjama. Une fois, lors d'une réception, des invités sont montés dans ma chambre et m'ont sorti du lit. Un soir, nous avons donné un dîner en l'honneur d'Henry Kissinger, qui revenait de sa première visite secrète en Chine. Il venait de faire son rapport au président Nixon à San Clemente. Les invités étaient captivés par le récit que faisait Henry de son voyage. Minuit était déjà passé.

J'éteignis et rallumai plusieurs fois les lumières. « Euh, oui, peut-être se fait-il tard », dit Henry Kissinger. La réception se termina, à la grande déception d'Anne.

Mais ce soir-là, à New York, Frank se mit à rire lorsque je déclarai : « Ce soir, on reste dehors après dix heures et demie. » Après le dîner, nous nous rendîmes ensemble chez Jimmy's, une boîte de nuit où l'on jouait de la belle musique, des vieux standards de Gershwin ou le *Night And Day* de Cole Porter. Voilà qui ramenait des souvenirs lointains. Je me tournai vers Anne : « On danse? » Elle me regarda comme si j'étais devenu fou : nous n'avions pas dansé depuis des années. Nous gagnâmes la piste. Au moment où nous commencions à danser, j'eus un vertige et un violent mal de tête. Je ne tenais plus sur mes jambes. Un serveur vint au secours d'Anne et l'aida à me ramener à ma place. Frank croyait que j'avais trop bu, mais en fait, je n'avais pas bu une goutte d'alcool.

On m'aida à monter dans un taxi. Le chauffeur me reconnut : « Oh, le champion! Eh bien, quand je raconterai à ma femme qui j'ai pris dans mon taxi! » Je vomis dans une serviette que j'avais prise au night-club. Le chauffeur poursuivait : « Dites donc, qu'est-ce que j'ai adoré *Spartacus*! » Et moi je vomissais dans sa voiture.

Arrivé à l'hôtel, je me couchai; je me sentais très faible. Le lendemain, nous en arrivâmes à la conclusion qu'il devait s'agir d'une intoxication alimentaire. Je me sentais mieux, et assurai la présentation du concert du Liberty Weekend à Central Park, avec Angela Lansbury et Zubin Mehta.

La douleur au Chasen's avait été beaucoup plus vive, et cette fois, il ne pouvait s'agir d'intoxication alimentaire : je n'avais encore rien bu ni mangé. Que se passait-il?

Dans mon lit de l'unité de soins intensifs, le regard

tourné vers l'écran de télévision où s'inscrivaient les pulsations cardiaques, je m'efforçai de comprendre. Deux incidents similaires. Qu'est-ce que cela pouvait bien dire? Anne était partie. Les médecins l'avaient convaincue de rentrer chez elle : j'étais en bonnes mains.

A onze heures et demie du soir, la porte de ma chambre s'ouvrit : c'était Anne. Elle s'inquiétait et était venue voir si tout allait bien. Elle avait demandé à Fifi, notre gouvernante, de la conduire à l'hôpital. Elle me demanda comment je me sentais. « J'ai faim. » Comme elle semblait étonnée, je lui dis : « Je n'ai pris qu'une demi-salade Cobb au club de tennis de Beverly Hills pour le déjeuner, et nous n'avons pas dîné, ensuite. » Anne et Fifi s'en allèrent me chercher quelque chose à manger.

Elles revinrent avec un grand bol de soupe aux boulettes matzoh de chez Greenblatt's Delicatessen. J'avalai presque tout. Après quoi elles rentrèrent à la maison. Je réfléchissais à la façon dont on peut s'illusionner; puis la vie vous rattrape, et on se retrouve à l'hôpital. Anne me disait toujours : « Regarde comme tu as de la chance, Kirk, tu n'as jamais eu la moindre opération sérieuse. Quand tu vas à l'hôpital, c'est pour rendre visite à quelqu'un. »

Le lendemain matin, j'étais toujours aussi étonné par ce qui m'était arrivé; je me sentais toujours mal, dans un état bien différent du lendemain qui avait suivi l'incident de New York. Heureusement, le tracé régulier sur l'écran de télévision me rassurait.

Anne revint tôt, en compagnie de Peter. Elle avait appelé les garçons dans la soirée, avant qu'ils ne l'apprennent d'une autre façon. La nouvelle serait certainement dans les journaux. Il est difficile de quitter Chasen's un dimanche soir en ambulance sans que quelqu'un au moins s'en rende compte.

Peter passa quelque temps avec moi en essayant de me remonter le moral. Il devait se rendre à une réunion pour *A Tiger's Tale*, le premier film qu'il allait réaliser, une histoire d'amour entre un vieil homme et une jeune fille, avec Ann Margret et C. Thomas Howell. Il avait également écrit le scénario et produisait le film. Il m'annonça qu'il reviendrait dans l'après-midi.

Puis le Dr Kennamer fit son entrée en compagnie du Dr Peterson, un médecin hindou fort distingué, spécialiste de l'arythmie cardiaque. Le Dr Kennamer m'expliqua que quelque chose s'était produit soudainement qui avait entraîné l'arrêt des pulsations cardiaques ou les avait fortement ralenties. La circulation coupée, le sang ne parvenait plus au cerveau, ce qui avait entraîné les sensations de vertige, les maux de tête et la faiblesse dans les jambes. Rex Kennamer me confirma que les pulsations cardiaques étaient passées de soixante-douze (mon rythme normal) à trente, et ajouta : « Je n'ai jamais vu un rythme plus lent. » J'en fus effrayé.

Le Dr Peterson se mit alors à me frotter au niveau du cou l'artère carotide, celle qui amène le sang au cerveau. Puis il appuya dessus. Anne et le Dr Kennamer avaient les yeux rivés sur l'écran de télévision. Il maintint sa pression, et je me sentis à nouveau enveloppé dans le brouillard. « Toussez, toussez », me dit-il. Je toussai.

« Vous voyez? C'est exactement ce que je pensais. »

Il me montra le tracé imprimé de mon rythme cardiaque, régulier jusqu'à ce qu'il eût pressé sur l'artère. Alors, les battements s'interrompaient. Sur le papier, n'apparaissait plus qu'une ligne continue. Le problème, c'était que lorsqu'il avait relâché la pression, le cœur avait été lent à pomper à nouveau du sang. Voilà pourquoi il m'avait demandé de tousser.

Soudain, j'entendis le mot « stimulateur cardiaque ». Mon sang, cette fois-ci, ne fit qu'un tour. Un stimulateur cardiaque! Mais de quoi parlaient-ils? C'est bon pour les autres, pour les vieux! Pas pour moi! Ils m'expliquèrent alors que le stimulateur naturel que nous avons tous dans notre cœur fonctionnait chez moi très paresseusement, ne répondant pas suffisamment vite pour que le cœur pompe le sang lorsqu'il venait à ralentir, et que mon rythme cardiaque était toujours trop lent.

« Bon, attendez un peu! Vous voulez dire que vous voulez m'ouvrir la poitrine et installer dans mon cœur un petit bout de métal? »

Ils se mirent à rire.

« Non, non, pas du tout. Le stimulateur cardiaque est une merveille de la technologie. Il est plus petit qu'un demi-paquet de cigarettes, et à peu près de l'épaisseur de trois demi-dollars. On le place sous la peau, avec des fils qui rejoignent le cœur en suivant une veine. Ça fait seulement une petite bosse en haut des muscles pectoraux, soit du côté droit soit du côté gauche. On peut le régler à la vitesse qu'on veut. Si les pulsations descendent en dessous d'un seuil donné, le stimulateur envoie une impulsion électrique au cœur pour le forcer à repartir. »

J'étais parfaitement déprimé.

« Pourquoi êtes-vous si malheureux? demanda le Dr Peterson. Vous devriez être heureux, au contraire. »

Je le regardai comme s'il était subitement devenu fou.

« Heureux?

— Mais oui. Vous auriez pu avoir quelque chose d'infiniment plus grave.

— Je croyais que j'avais peut-être un problème artériel et que vous alliez m'arranger ça.

— Ça, en revanche, ça serait terrible. Ça voudrait dire que vous avez un cœur mal en point et qu'on ne pourrait rien faire. Mais votre cœur va très bien.

Toutes les veines qui y conduisent sont en parfait état.

— Vous êtes absolument sûr que c'est ce qu'il me faut ?

— Oui, absolument. »

Je regardai ma femme. Qui implorer, Jésus ? Jehovah ? Mon corps m'avait trahi. Quelle impression terrible ! J'allais devoir porter un objet en métal, étranger à mon corps, dans ma poitrine, avec des fils électriques qui couraient dans une veine jusqu'au cœur.

« Je n'en veux pas !

— Alors quelle est la solution ? Vous voulez que ça vous arrive encore ?

— Qu'il m'arrive quoi ?

— Ce qui s'est passé au Chasen's. Ce qui s'est passé à New York. »

Je ne savais quoi répondre.

« Monsieur Douglas, imaginez que ça vous prenne quand vous êtes au volant. Votre femme aurait peur de vous laisser partir seul en voiture. Ou pire encore, supposez que ça vous arrive avec des passagers dans la voiture. On ne sait jamais quand ça peut vous reprendre. »

J'étais ébranlé.

« Il n'y a pas le choix ? »

Il se mit à rire.

« C'est ça, il n'y a pas le choix.

— D'accord. Quand est-ce qu'on peut le faire ?

— Quand vous voudrez.

— Aujourd'hui. »

On était lundi après-midi.

« Impossible.

— Demain ?

— Laissez-moi voir ce que je peux faire. »

Ils sortirent, me laissant seul avec Anne. Je lui pris la main. Je la plaignais. Parfois, il est plus facile de supporter soi-même une épreuve que de voir l'être que l'on aime la subir.

Un certain Dr Webber entra alors dans la chambre : c'était lui qui allait pratiquer l'opération; il avait réservé une salle pour le lendemain matin à onze heures. Il avait l'air charmant.

« Vous êtes sûr que c'est bien ça qu'il me faut? » demandai-je à nouveau.

Comme les autres médecins, il m'assura que le stimulateur cardiaque était une petite merveille, et que je me porterais beaucoup mieux après l'opération. Encore un militant de la Société de propagande pour le stimulateur cardiaque! Je commençais à plaindre les gens qui n'en portaient pas.

Au moment où il s'en allait, je lui dis :

« Docteur, je vous en prie, prenez bien garde à vous, ce soir.

– Oh, ne vous inquiétez pas, demain est un jour très important pour moi... »

Je lui lançai un regard de gratitude.

« ... oui, c'est mon trente-deuxième anniversaire de mariage. »

Peter revint, tout excité par ce que l'on allait me faire. Peter s'était toujours beaucoup intéressé aux ordinateurs.

« Tu sais, papa, c'est un ordinateur tout à fait étonnant. C'est une des merveilles de la science moderne. Toutes les modifications que l'on doit faire au petit ordinateur du stimulateur cardiaque sont faites de l'extérieur grâce à un aimant qui peut abaisser le rythme des...

– Parfait! Sublime! Quel veinard je suis! Tu sais, Peter, si je veux un ordinateur, je n'ai qu'à en acheter un et le mettre sur mon bureau. »

Mais nous nous efforçâmes de prendre la chose à la légère, et la journée se passa dans la bonne humeur. Ma femme était merveilleuse. Je touchais les dividendes de trente-deux ans de mariage! Comme ce doit être horrible de se retrouver sans personne qui vous aime vraiment, qui partage votre douleur, qui vous accompagne réellement. Je disais à Anne de ne pas venir trop tôt à l'hôpital, mais rien n'y faisait. Je lui disais de ne pas rester déjeuner avec moi, mais elle ne m'écoutait pas. Finalement, je réussis à la mettre dehors en lui disant : « Ecoute, j'aimerais bien être seul et pouvoir lire un peu. » Je savais qu'elle avait beaucoup de choses à faire. Mais elle revint ensuite, ramenant le repas que Fifi et Concha avaient préparé pour nous. Nous avons parlé; j'aurais aimé que l'opération eût lieu avant onze heures du matin, car depuis la veille à minuit je n'avais le droit ni de boire ni de manger.

Anne finit par me souhaiter la bonne nuit. J'essayai de faire comme si je trouvais que tout allait bien, mais comme ma femme le dit toujours, je suis un très mauvais acteur. On voit tout de suite ce que je ressens. Elle partit le cœur serré. Je l'appelai un peu plus tard à la maison, pour tenter de la rassurer. Comme ce devait être affreux pour elle cette attente, toute cette épreuve. Je demandai des somnifères, m'efforçai de ne plus penser à rien et m'assoupis.

J'entendis alors Issur qui murmurait tout au fond de moi : « Tu te souviens de ce qu'a dit maman au moment de mourir ? " N'aie pas peur. Cela nous arrive à tous. " »

A trois heures du matin, je fus réveillé en sursaut. Quelqu'un était entré dans ma chambre pour remplir ma carafe d'eau. Même l'esprit embrumé, je trouvai cela étrange : on remplissait ma carafe d'eau alors que je n'avais pas le droit de boire avant l'opération. Evidemment il s'agissait d'un curieux venu m'observer. Plusieurs fois depuis mon arrivée, des membres du personnel soignant avaient trouvé les prétextes les plus divers pour pénétrer dans ma chambre, y apportant ou en retirant quelque objet. La femme qui m'avait fait ma prise de sang était russe. Elle avait vu *Spartacus* à Leningrad, et sa fille allait devenir actrice.

Mais le jour finit par se lever, et avec lui apparut Anne. Le moment le plus éprouvant commençait : l'attente; l'attente de l'inconnu. Vers dix heures et demie, on poussa mon lit hors de la chambre. Un ami de Peter, le Dr Rothman, anesthésiste à l'hôpital, était présent. Je lui demandai d'emmener Anne à la cafétéria, sinon elle était capable de rester dans la chambre à m'attendre. Il accepta, et je lui en fus reconnaissant. Ils m'accompagnèrent jusqu'à l'ascenseur, mais une fois là ils durent me quitter. Dans l'ascenseur, j'eus à nouveau l'impression de me trouver dans un film. Je n'arrive pas à oublier cette pensée qui tourbillonnait dans mon esprit, lancinante : « Je n'aime pas ce film. Je ne l'aime pas du tout. »

J'arrivai sur la table d'opération. Derrière moi, j'apercevais l'anesthésiste, les instruments avec leurs lumières et leurs cadrans. Je sentais ces gens qui s'affairaient sur moi, qui s'efforçaient de m'introduire quelque chose dans la poitrine, qui poussaient dessus. Mon Dieu, me disais-je, ils n'y arrivent pas. Plus tard, on m'expliqua qu'il s'agissait seulement de la réaction des muscles à la pression du stimulateur.

Terminé. On roula mon lit dans la salle de réanimation, une grande pièce remplie d'instruments, et occupée déjà par quatre personnes dans un état semi-comateux, qui venaient elles aussi d'être opérées. Chacun de nous était surveillé par une infirmière. Je demandai à la mienne si elle pouvait me rendre un service : appeler ma chambre et dire à ma femme que je me trouvais en salle de réanimation, et que j'avais faim. En apprenant cela, Anne comprendrait que tout s'était bien passé. Peu de temps après, on me ramena en bas. Anne m'attendait avec un sandwich que j'avalai avec un plaisir immense.

J'avais l'impression d'être à l'hôpital depuis deux semaines; en fait, j'y avais passé deux jours. Je voulais rentrer tout de suite chez moi, mais je devais encore rester en observation pendant deux jours. Je me levai et marchai un peu, mais j'avais l'impression d'avoir le côté gauche paralysé. J'avais également peur de bouger, car le médecin m'avait dit de ne faire aucun mouvement brusque avant que tout soit parfaitement mis en place et cicatrisé. Peter et Anne m'aidèrent à garder un bon moral. Anne était sans arrêt à mes côtés. Quel doux sentiment! Lorsqu'on se retrouve en soins intensifs, c'est de sa femme qu'on a besoin. Je plaignais les gens qui en de telles circonstances se retrouvaient sans personne à leurs côtés. Je crois que c'est ça l'amour et le mariage : on s'épanouit, on vit quantité de choses au fil des ans. Je songeai à tout ce que ma femme avait enduré, avec toujours une telle grâce et une telle force de caractère. Et puis soudain, l'épreuve. Peut-être était-ce cela la raison du mariage, savoir qu'à un certain moment, dans sa vie, on n'est plus seul. Quel sentiment merveilleux j'éprouvais!

On me remit un petit opuscule sur les stimulateurs cardiaques. Je me demandai si ma couverture électrique ne risquait pas de faire un court-circuit. Risquais-je la mort au cours de mon séjour annuel en Alaska, si je m'approchais tôt d'une aurore boréale? Le médecin me rassura. Il me dit de revenir le lundi suivant pour enlever les agrafes et vérifier s'il n'y avait pas de modifications à apporter. Un vrai tailleur!

Je demeurai à l'hôpital une journée de plus. Je quittai la salle de soins intensifs pour une autre pièce, toujours flanqué de mon système de surveillance, mais cette fois-ci avec un équipement radio que je conservais dans ma poche. Je me mis à me déplacer dans l'hôpital. Une fois, je me levai et arrachai les fils. L'électrocardiogramme devint plat, ce qui arrive en cas de décès du patient. Un bataillon d'infirmières se rua dans ma chambre et me trouva en excellente santé, mais... débranché. On me rebrancha. Ou bien alors je me promenais trop loin dans le couloir, et quelqu'un se précipitait derrière moi parce qu'une fois encore, les signaux avaient disparu.

Le lendemain matin, ma femme nous raccompagna à la maison, mon stimulateur cardiaque et moi. J'avais un instant caressé l'espoir de le laisser derrière moi, à l'hôpital. Mais il fallait m'y résoudre : il me suivait partout. Pour le restant de mes jours, j'allais porter en moi ce petit ordinateur qui envoie des impulsions au cœur dès que le rythme descend en dessous de cinquante. Puis une pensée affreuse me traversa l'esprit : que se passe-t-il après la mort? J'étais heureux d'avoir demandé à être incinéré : je ne supportais pas l'idée de mon corps enseveli sous la terre, tandis que cette machine continuerait à envoyer ses impulsions électriques à mon cœur mort, pendant des années, jusqu'à l'épuisement de sa batterie.

Quelques semaines plus tard, je dus subir un nouveau contrôle. J'arrivai au cabinet du médecin à quatre heures, et dans la salle d'attente j'aperçus mon ami Burt Lancaster. Nous échangeâmes un sourire. Ils avaient l'air malin, les deux durs! Burt avait subi une opération du cœur quelques années auparavant, une dérivation d'artère. On nous appela en même temps; Burt pénétra dans une cabine et moi dans une autre. Sur une table, j'aperçus le volumineux dossier médical de Burt, et me demandai ce qui arrivait à mon ami.

Ces sentiments sont nouveaux pour moi, et difficiles à assumer. Tout ce qui nous rappelle ainsi que nous sommes mortels m'irrite. Tout le monde vieillit. Pas moi. Je suis ce Ponce de Leon qui a découvert la fontaine de jouvence. Et puis soudain on se rend compte que ce n'est pas vrai. Tout le monde est vulnérable. On s'adapte. Mais c'est difficile. Je ne peux même pas prononcer le mot « stimulateur cardiaque ». Lorsque je dois en parler, je l'appelle ma boîte à musique.

41

SOIXANTE-DIX

9 DÉCEMBRE 1986. Mon soixante-dixième anniversaire. Terrible journée. Le soixante-neuvième ne s'est pas trop mal passé, mais celui-ci... J'avais le sentiment d'avoir atteint le sommet d'une colline et de galoper à présent dans le soleil couchant. Déprimant.

Je me trouvais à Londres avec Anne, à l'hôtel Berkeley. Je tournais un feuilleton télévisé, *Queenie*. Il me semblait que tous les journaux, tous les magazines de télévision proclamaient : « ANNIVERSAIRE DE KIRK DOUGLAS. IL FÊTE AUJOURD'HUI SES SOIXANTE-DIX ANS. » Je frissonnais. Impossible de se cacher dans l'alcool : je ne bois jamais pendant les tournages.

A la fin de la journée, je revins directement à l'hôtel. Beaucoup de gens avaient proposé de donner une fête pour mon anniversaire. « Chérie, je crois qu'on va rester dans notre suite. On n'a qu'à dire qu'on est déjà pris. Je veux passer cet anniversaire le plus tranquillement du monde. » J'enfilai mon pyjama et ma robe de chambre et me mis en devoir d'allumer un feu dans la cheminée. Nous allions prendre un petit dîner et attendre tranquillement la fin de cette journée.

Un petit coup à la porte. J'allai ouvrir. Personne.

Mais sur le paillasson, j'avisai un paquet. A l'intérieur, une bouteille de vodka et du caviar. C'était mon fils Eric, qui tournait un film à Paris, qui me l'avait envoyé. Quelle délicate attention!

Une minute plus tard, un autre coup à la porte. On avait glissé un message sous la porte. Le langage était codé : il était question de propos qu'Eric et moi avions échangés. Le message se terminait ainsi : « As-tu l'intention de manger ça tout seul? Ouvre donc la porte? »

J'ouvris la porte. Eric se tenait là, un citron à la main. Il me le tendit en disant : « On a toujours besoin d'un peu de citron avec le caviar. »

J'étais enchanté. Quelle bonne surprise! C'était la première chose agréable qui me fût arrivée au cours de cette journée désastreuse. Eric allait pouvoir se joindre à nous et partager caviar et saumon fumé devant le feu de bois. Pas du tout! Eric avait réservé une table dans un restaurant français, le Suguet, pour neuf heures et demie. Je ne pouvais pas le décevoir, alors j'ôtai mon pyjama, enfilai un complet, nouai une cravate, et en route au cœur de la nuit!

Au restaurant, nous retrouvâmes un couple, des amis d'Eric. Au dessert, nous vîmes arriver un gâteau orné d'une bougie, tandis que tous les serveurs entonnaient *Happy Birthday* avec l'accent français.

« Bon, voilà qui est fait, me dis-je, Eric a été adorable. Maintenant on va rentrer à l'hôtel. » Pas du tout! Eric avait encore réservé une table chez Tramps. Il balaya mes protestations : « Papa, si tu ne viens pas, ils vont être affreusement déçus. La table est réservée. »

En route pour Tramps! Nous y retrouvâmes Michael Caine et sa femme Shakira, et un autre couple. Michael nous présenta la ravissante jeune fille et le beau jeune homme. Ils se levèrent. « Je vous en prie, restez assis », dis-je. Ils me semblaient étrangement familiers. C'était le prince Andrew et sa toute jeune femme, Sarah Ferguson. Tom Jones vint aussi, en compagnie de son fils, me souhaiter bon anniversaire. Puis, surgi de nulle part, un autre gâteau fit son apparition, surmonté lui aussi d'une bougie, et le club tout entier entonna à pleins poumons *Happy Birthday to You.*

Cette journée semblait ne jamais devoir finir. Je retrouvai mon lit avec plaisir et serrai ma femme contre moi : « Mon Dieu, c'est fini. Il est plus de minuit. C'est fini. »

Mais avoir soixante-dix ans présente aussi des avantages. J'avais déjà mon franc-parler autrefois, mais désormais plus rien ne pouvait me retenir. Au cours de mon séjour à Londres, je prononçai une allocution devant un groupe d'officiers supérieurs américains. En voici le texte :

SEMBLANT CONTRE RÉALITÉ

Je me sens un peu intimidé de parler devant un public aussi prestigieux. Si je me dissimulais derrière le personnage de Spartacus, ou d'un Viking, avec un metteur en scène pour me diriger, ce serait facile. Mais à présent, je fais la chose la plus difficile qu'un acteur puisse faire : être soi-même. Je me sens nu.

Car ayant vécu dans le monde du rêve, j'ai une claire conscience de la différence entre le semblant et la réalité. La démarcation entre les deux doit être clairement tracée. Ce qui me préoccupe lorsque je regarde autour de moi, c'est le flou. Partout, le monde du semblant s'insinue dans celui de la réalité. Allumez votre téléviseur : les auditions sur l'affaire Iran-Contra ressemblent à un mauvais mélodrame, mais en réalité, nous savons bien que nous assistons à une tragédie. Prenez les journaux : il y a plus de drame dans les pages économie que dans les pages spectacles.

Dans les divertissements, le semblant joue un rôle utile : il nous offre un répit au milieu des tensions et des problèmes de toutes sortes. Dans le film *Coup double* que j'ai tourné avec Burt Lancaster, je courais sur le toit d'un train, et Burt et moi faisions toutes sortes de choses. Mais pour nous, il était clair que nous étions en train de créer du semblant, avec pour seul but de divertir. Nous allions permettre à des millions et des millions de gens à travers le monde d'oublier pendant deux heures leurs problèmes, de se plonger dans le semblant de l'écran avant de retourner au monde de la réalité; l'entreprise n'est pas vaine.

Les acteurs aussi doivent retourner au monde de la réalité. Après avoir tourné une scène, je ne vais pas aller rouler des mécaniques un peu partout en disant : « Attention, je suis un dur! » Il se peut fort bien que j'avoue avoir mal au dos. Nous ne sommes pas aussi durs que nous en avons l'air. C'est vrai, nous avons eu des existences mouvementées. Mais Burt aime l'opéra. Et moi j'aime la poésie. Vais-je détruire notre image en l'avouant?

Une fois, sur la route de Palm Springs, j'ai pris un marin qui faisait de l'auto-stop. En montant dans la voiture, il s'est exclamé : « Oh! Vous savez qui vous êtes? » C'est une excellente question. Une question que nous devons tous nous poser.

Mais lorsque ces jeunes gens des célèbres maisons de courtage se donnent des noms de code, se retrouvent à des rendez-vous secrets pour échanger des sacs d'argent liquide, savent-ils qui ils sont, ou bien ont-ils trop regardé la télévision? Si on m'avait présenté un tel scénario, je l'aurais refusé. Trop rebattu.

Les acteurs ne devraient jamais croire à la publicité qui leur est faite, bonne ou mauvaise. Et nous ne devons jamais croire que nous sommes les personnages que nous représentons. Après une projection de *La vie passionnée de Vincent Van Gogh*, mon ami John Wayne me prit à part et me dit : « Comment as-tu osé jouer une mauviette, un artiste qui se suicide? »

Je me suis mis à rire. Je croyais qu'il plaisantait. Et puis je me suis rendu compte qu'il était sérieux. « Allez, John, lui ai-je dit, tout ça c'est du semblant.

– Non, m'a-t-il répondu, les durs dans notre genre ont *l'obligation* de maintenir cette image pour le public. »

Il se prenait réellement pour John Wayne. Il pouvait s'en sortir parce qu'il travaillait dans le monde du semblant, mais lorsque les gens du monde *réel* commencent à se comporter comme John Wayne ou comme Rambo, les problèmes commencent.

Maintenant, nous avons le cinéma, la télévision, le câble, les cassettes. Au temps de mon enfance, il y avait les livres. L'événement, c'était quand ma sœur me lisait *The Bobbsey Twins* ou un livre de Frank Merriwell avant d'aller au lit. Je m'intéressais aux histoires d'Horatio Alger. Si on travaillait bien, le patron vous donnait une récompense. Ça pouvait être une montre en or. Je me souviens qu'à l'école, l'histoire de George Washington m'avait beaucoup impressionné : « Je ne peux pas dire un mensonge. Je deviens rouge comme une pivoine. » Il devint président des Etats-Unis, alors qu'enfant il pensait que s'il disait un mensonge, son père lui donnerait une fessée. Cela eut beaucoup d'influence sur moi. Je me souviens des mots de Patrick Henry : « Donnez-moi la liberté ou donnez-moi la mort! » Et ceux de Nathan Hale : « Mon seul regret est de n'avoir qu'une seule vie à offrir à mon pays. »

A présent, les enfants rient quand on leur raconte

de telles histoires. Pour eux, c'est du semblant. Pour eux, la réalité, c'est regarder à la télévision en couleurs des héros proclamer : « Je connais mes droits! » Inutile de se demander d'où vient la confusion d'esprit de nos enfants.

J'ai conseillé à tous mes enfants de ne pas se lancer dans le monde du spectacle. Le pari est difficile, les chances de succès sont infimes. Vous voulez une définition de l'acteur? Quelqu'un qui aime être rejeté.

Vous voyez comment mes enfants m'ont écouté. Ils sont tous dans le monde du spectacle, et ils se débrouillent bien en dépit du fait qu'ils n'ont jamais bénéficié des avantages que moi j'ai eus. Je suis venu au monde dans la pauvreté la plus totale. Mes parents étaient des immigrés russes, analphabètes. Je ne pouvais faire autrement que m'élever. Si mon père avait été Kirk Douglas, je ne sais pas ce que je serais devenu. Probablement un joueur de polo. Mais j'ai vécu une enfance pauvre dans le nord de l'Etat de New York. Mes fils, eux, sont nés à Beverly Hills. Pourtant, j'admire la façon dont ils se débrouillent. Il est difficile de s'en sortir malgré la richesse.

Michael a produit plusieurs superproductions à la suite, *Vol au-dessus d'un nid de coucou*, *Le syndrome chinois*, *A la poursuite du diamant vert*, *Le diamant du Nil*. Je lui ai écrit une petite lettre, et il m'a dit que c'était la seule de moi qu'il avait conservée; ce n'est pas un compliment : je lui ai souvent écrit. Je n'ai rien d'un homme taciturne. Mais la lettre que je lui avais envoyée disait simplement ceci : « Michael, je suis plus fier de la façon dont tu vis ton succès que de ton succès lui-même. » Parce qu'il me prouvait que dans un monde de semblant, il avait conservé le sens de la réalité.

Bien sûr, si j'avais su que Michael allait si bien réussir, j'aurais été beaucoup plus gentil avec lui pendant qu'il était jeune. Soyez gentils avec vos enfants. Vous ne savez jamais ce qu'ils deviendront à l'âge adulte.

Il est difficile de vivre avec le succès, de le maîtriser. Vous le savez tous. Mais si l'on sait qui l'on est, et ce que l'on est, cela devient possible. Rappelez-vous Popeye; quoi qu'il fît, son seul commentaire était : « Je suis ce que je suis. » Quelle profonde philosophie dans ces quelques mots. Cela n'est guère différent du « Connais-toi toi-même » de Socrate.

Mais à présent, tout le monde se fuit soi-même. Tout le monde se précipite dans le monde du spectacle. Le pape a écrit une pièce qui va être adaptée au cinéma. Tout le monde a compris le pouvoir de ce bout de celluloïd. Pour être élu, un homme politique doit surmonter l'épreuve de la télévision. Pour être président, il faut être mince et avoir un beau sourire. Les cheveux noirs sont d'un grand secours. Impossible d'avoir les cheveux gris. Imaginez-vous un seul instant William Howard Taft, avec ses cent cinquante kilos, être candidat à la présidence des Etats-Unis, de nos jours? Impensable.

Lors de l'élection de 1960, le visage mal rasé de Nixon l'a beaucoup desservi face au visage jeune et sain de John Kennedy. Lorsque Nixon s'est représenté, il était maquillé par des professionnels et sa barbe de fin de journée avait disparu. Il remporta tous les suffrages. La télévision présente l'image du semblant comme si c'était la réalité. Et nous avalons la pilule.

N'avez-vous pas l'impression, parfois, que les journalistes ne rapportent pas les événements, mais les créent? Il y a quelques années, je me trouvais au Pakistan, et à l'invitation du gouvernement pakistanais je visitais des camps de réfugiés afghans. Je réalisais un documentaire sur la condition de ces réfugiés. Je vis alors un journaliste américain fort connu réaliser son reportage. Pourquoi ne nous expliquait-il pas clairement, rationnellement, assis derrière son bureau, ce qui se passait là-bas? Non. Il fallait du spectacle. Il fallait réaliser le reportage sur le terrain, accroupi derrière un gros rocher, face à la caméra, un micro en main, tandis qu'on entendait derrière le bruit de la fusillade.

Foutaises! Les seuls qui couraient un danger, c'étaient l'opérateur et le preneur de son, qui eux étaient à découvert et filmaient notre homme à l'abri derrière son rocher.

Ne trouvez-vous pas cela insultant? Les journalistes doivent avoir une certaine apparence, se faire un brushing tous les jours. Pourquoi un chauve ne pourrait-il pas présenter un journal télévisé? Dans le domaine du spectacle, Telly Savalas et Yul Brynner ont glorifié la calvitie. Mais au journal télévisé, le chauve c'est l'ennemi. Pas de cheveux, pas crédible!

Dans le monde des affaires également, les gens peuvent être éloignés de la réalité. On peut gagner des sommes colossales avec des chiffres sur un écran d'ordinateur et des voix au téléphone, sans créer le moindre emploi ni produire le moindre bien. Dans le monde de la production (et même dans l'industrie du cinéma), si le produit ou le film est un échec, les bénéfices s'effondrent, ils ne sont que la réponse à la réalité de l'offre et de la demande. Cela vous maintient les pieds sur terre.

J'ai rencontré des garçons gentils, brillants, qui ont vingt ans, trente ans, et qui gagnent deux, trois millions de dollars. Ce sont des sommes irréelles. Mais ce n'est pas assez! Il en faut plus! Encore plus! Pourquoi une telle avidité? Pourquoi ces jeunes gens qui gagnent déjà tant d'argent ont-ils besoin d'en gagner plus encore? Et pourquoi doivent-ils tricher? Ce serait comme un enfant en classe qui a reçu un B + et qui triche pour obtenir un A. Ou un autre qui a un A et triche pour obtenir un A+. Ou peut-être a-t-il un A+ et triche pour obtenir... quoi? Quel est son but?

Je comprends le dynamisme. Croyez-moi. Mais je ne comprends pas où les mène ce dynamisme-là. Qu'est-ce qui a poussé Dennis Levine, Ivan Boesky ou Martin Siegel à agir comme ils l'ont fait? Avec tout leur talent, leur intelligence, leur personnalité; alors que tous les choix pour eux étaient possibles, ils ont choisi le boyau le plus étroit. L'avidité de ces parvenus s'est étalée au grand jour.

Leur manque d'imagination est stupéfiant. Tout l'argent qu'ils gagnent, ils le dépensent pour vivre comme des personnages de *Dallas* ou de *Dynasty*. Et ils n'ont même pas le sens de l'honneur en usage dans la mafia. Le ministère de la Justice coince Dennis Levine : il se met à table sans rechigner et dénonce tout le monde.

A présent, il va faire deux ans de prison. S'il avait été pris pour un vol à la tire, ce n'est pas deux ans qu'il aurait fait, c'est vingt ans! Il aurait été condamné à une peine réelle, pas à une peine pour faire semblant. Mais qui est plus dangereux pour la société? Un junkie qui vole pour se procurer de la drogue, ou un banquier qui vole pour se procurer des complets à mille dollars? Le junkie ne peut voler qu'une quantité limitée d'argent.

Quel message transmettons-nous à nos enfants? Si vous voulez voler, alors volez beaucoup, car plus on vole et moins la peine est forte? Si vous voulez voler, portez un complet? Si vous voulez avoir du succès, habillez-vous en conséquence?

Ne croyez pas que je condamne le monde des affaires, ou qu'à mon avis le monde du spectacle échappe à la corruption. Pas du tout. Il est même probable que c'est ma profession qui l'a inventée.

Je faisais autrefois trois films par an. Cela voulait dire que j'étais constamment plongé dans le monde du semblant, que j'avais peu de temps à consacrer à ma propre réalité en tant qu'être humain, parent, mari, citoyen. Je me suis efforcé de corriger cela, et je poursuis mes efforts. L'une de mes citations favorites était la suivante : « Quel ennui de s'arrêter, de toucher à la fin/De rouiller inutile, au lieu de briller dans l'action. » C'est ainsi que j'ai vécu. Mais à présent je sais qu'il faut ménager une pause. Faire l'inventaire. Evaluer.

Qu'est-ce que l'apparence? Qu'est-ce que la réalité? Des choses qui autrefois appartenaient au royaume du semblant – la télévision, les ordinateurs, les lasers – font partie maintenant de notre réalité quotidienne. Notre technique nous accule dans des situations où nous n'avons pas encore déterminé ce qui était bon et ce qui était mauvais.

Ce n'est pas notre technique qui est en cause, mais nous-mêmes. Il faut revoir notre système d'éducation. Les enfants doivent comprendre le passé pour avoir une vision de l'avenir. Ils doivent être élevés de façon à pouvoir discerner clairement le bien du mal. Les municipalités devraient faire figurer dans leurs programmes des cours de morale. Il faut revenir à la règle d'or : « Conduis-toi avec les autres comme tu voudrais que l'on se conduise avec toi. »

Il n'y a pas longtemps, ma femme m'a surpris en me disant : « Je suis heureuse de voir, Kirk, que tu commences à penser un peu à la religion. » La religion? Moi? Mais je suis un type blasé, et même un peu cynique. Dieu m'a abandonné voilà des années, à l'école du dimanche, lorsque j'ai lu l'histoire d'Isaac et d'Abraham. Jehovah ordonne à Abraham de monter au sommet de la montagne et de sacrifier son fils unique, Isaac. Dieu le mettait à l'épreuve. Je me souviens de l'image dans mon livre : Abraham, avec sa longue barbe, tient un couteau, le bras tendu; de son autre main, il retient un petit garçon terrorisé. Cet enfant me ressemblait terriblement. Un ange qui volait autour de lui avait toutes les peines du monde à retenir le bras d'Abraham. Comment le convaincre que Jehovah ne faisait que le mettre à l'épreuve ? Quelle épreuve ? Cette image est restée longtemps gravée dans mon esprit.

Mais le petit garçon a grandi. Maintenant j'arrive à un âge de ma vie où je commence à me dire que peut-être il existe un être supérieur.

Je ne parle pas de cette religion-spectacle qui nous est infligée à la télévision tous les dimanches soir. Je ne parle pas de Jim et Tammy Baker, ou de Jimmy Swaggart – revenus confortables, demeures somptueuses et escapades amoureuses. Je ne parle pas de cet évangéliste qui a réussi à extorquer huit millions de dollars à un public de gogos pour que Dieu ne le foudroie pas. Non, je ne parle pas de cupidité, de trahison et de bigoterie.

Je parle de cette tranquille certitude intérieure qui nous dit qu'il doit exister une puissance supérieure responsable de l'univers dans lequel nous vivons, de cet endroit merveilleux. Maintenant plus que jamais il y a besoin de croire. Est-ce de l'affectation de ma part ? Suis-je en train de jouer un rôle ? Nullement. Je commence seulement à découvrir des choses auxquelles je n'avais jamais pensé auparavant.

Regardez autour de vous. Nous avons du succès. Peut-être avons-nous travaillé plus dur que les autres, peut-être avions-nous plus de talent. Mais nous avons eu aussi de la chance, nous avons reçu la bénédiction de quelque chose qui nous échappe. En vieillissant, je ressens la nécessité de rendre grâce à une force supérieure. Peut-être est-ce dans ce poème de John G. Neihardt, que j'ai appris il y a quelques années, que ce sentiment est le mieux exprimé :

Vivre mes années dans la chaleur du sang !
Mourir enivré par le vin du rêveur !
Ne pas voir cette âme, maison de boue,
Retourner en poussière, châsse vide.

M'en aller vite comme une chandelle
Mouchée au plus vif de sa brillance!
Donnez-moi le plein midi – et que la nuit soit faite!
Ainsi voudrais-je partir.

Et accordez-moi, face à l'effroyable Chose
Un cri d'arrogance pour percer le gris Peut-Être!
O être la corde du violon qui joue
La mélodie du maître – et se rompt!

42

NOUVELLE ANNÉE

Beverly hills est un endroit magnifique. Chaque fois que j'y reviens je suis frappé par la palette des verts. Les palmiers jaillissent vers les nuages. Des maisons magnifiques de chaque côté des rues, des pelouses soigneusement entretenues, des arbres en saillie, des fleurs exotiques.

Les plus exotiques et les plus voyantes sont les jacarandas. A la mi-mai, les jacarandas offrent au monde des fleurs pourpres en forme de cloche. Deux semaines plus tard – quatre au plus – les pétales jonchent les routes et les trottoirs comme des gouttes de pluie pourpres. Le jacaranda est la fleur typique d'Hollywood : elle a l'air spectaculaire, mais ne dure que l'instant de la prise de vues.

En remontant Beverly Hills vers le nord, après Sunset Boulevard, les maisons deviennent plus grandes. Les murs plus hauts. Et les hauts portails sont surveillés par des caméras de télévision, des gardes, des chiens. Tout cela protège ceux qui ont « réussi » à Hollywood. Des gens d'origine modeste : venus de petites villes du Sud et du Midwest; du Bronx; du nord de l'Etat de New York. Des gens qui ont été catapultés dans un monde dont ils n'osaient même pas rêver. Nulle part à l'école on n'apprend à vivre avec cette réussite-là.

Dans ces maisons, des directeurs se lèvent tôt le matin, vont faire un petit jogging rapide, foncent aux studios en Rolls ou en Jaguar, et espèrent sortir le grand succès, le film magique qui rapportera cent millions de dollars. S'ils ont de la chance, ils le décrochent. Cela leur permet de maintenir leur niveau de vie, et pendant quelques années encore ils foncent, jusqu'à ce que le surmenage ait raison d'eux : crises cardiaques, congestions cérébrales, SIDA. Le taux de mortalité des directeurs de compagnies cinématographiques est voisin de celui des sous-lieutenants au Vietnam.

Dans ces maisons vivent de belles vedettes de cinéma qui commencent à perdre leur beauté. Elles ont des problèmes de poids. Les engagements ne sont plus aussi fréquents que par le passé. Elles se sentent moins sûres d'elles, boivent plus. Mais on ne le dirait pas, à voir les bougainvillées, les azalées et les gardénias qui fleurissent autour du portail, sous le chaud soleil de la Californie.

Dans ces maisons vivent de jeunes acteurs qui n'avaient jamais imaginé qu'un jour ils posséderaient des demeures aussi vastes, avec des pelouses en terrasses, des courts de tennis. Ils quittent leurs maisons pour les studios de cinéma, pleins d'espoir, adulés. Et peut-être pleins de cocaïne, ce qui, croient-ils, leur donnera l'énergie nécessaire pour affronter la concurrence incessante... jusqu'à ce que la drogue ronge leurs revenus et leurs sinus. Mais les touristes, leur nez à eux pressé contre la vitre des autocars, jugent admirables ces demeures et cherchent à apercevoir les dieux de leur Olympe.

Et dans ces maisons, au milieu des tensions de toutes sortes et de l'insécurité, on fait des tentatives désespérées pour rejoindre la normalité. Les enfants sont nés dans un environnement totalement différent de celui qu'ont connu leurs parents. Les mères conduisent leurs enfants dans les meilleures écoles, au volant de breaks Mercedes. Les écoles du voisinage et de Beverly Hills High ne conviennent pas. Pas du tout. Les enfants doivent aller à la Thomas Dye School, où la tante Catherine veille sur sa nichée. Ensuite, les garçons suivront les cours de la très dispendieuse Harvard School, et les filles de la très chic Westlake. Pourtant, leurs parents ont réussi en fréquentant les écoles publiques ordinaires.

Dans cet environnement, les enfants ne s'épanouissent pas. Ces enfants, gavés de tout, qui voient des vedettes à toute heure du jour, assistent au ballet des limousines et des Rolls Royce, ont une enfance misérable.

Là-bas, le secteur de la psychiatrie pour enfants est en plein essor. Dans leurs luxueuses voitures, les parents amènent leur progéniture à des traitements qui doivent les aider. Mais les aider à quoi? A supporter les tensions entre leurs parents? Il y a tant de familles éclatées. Maris et femmes se séparent. Les enfants sont partagés entre deux foyers.

La fille d'une vedette de la télévision saute par la fenêtre. Le fils d'une vedette de cinéma se tire une balle dans la tête. Le fils d'une autre vedette se fait une surdose de drogue et se noie. Le fils d'un grand producteur se jette par la fenêtre. Les filles se font avorter. Garçons et filles sont arrêtés en état d'ivresse. Pourquoi? Aux yeux du monde, ces jeunes gens ont tout pour être heureux.

C'est dans cet environnement qu'ont grandi Peter et Eric. Anne est devenue membre d'un « réseau de voitures ». Ainsi, la femme d'un agent artistique, la femme d'un producteur et la femme d'un autre acteur se regroupèrent-elles pour conduire à tour de rôle leur progéniture à l'école Thomas Dye.

Dans cette école, Eric devint l'ami de Ronnie Reagan Junior. Les fins de semaine, ils se rendaient visite chez l'un ou chez l'autre. Parfois, la gouvernante déposait Eric chez les Reagan, et il allait passer deux jours dans leur ranch.

Il y a des années de cela, peu de temps après mon arrivée à Los Angeles, j'eus une entrevue avec la direction de la General Electric. Des types en chemise et cravate voulurent me convaincre de devenir le porte-parole de la General Electric. L'idée était nouvelle à l'époque, et les idées nouvelles m'ont toujours intéressé. Je n'avais pas vraiment l'intention d'accepter, mais je voulais entendre leurs arguments. Avec beaucoup de persuasion, ils me proposèrent de devenir membre de la grande famille General Electric.

Je déclinai la proposition, Ronald Reagan, lui, accepta, et devint le porte-parole de la société, ce qui l'amena à prononcer des allocutions dans d'autres domaines. Il prononça ainsi à la télévision un discours fort éloquent en faveur de Goldwater. Ronald Reagan était devenu un homme de communication.

Un jour, Eric fut chassé de chez les Reagan. En entrant dans la maison en compagnie de Nancy, il avisa leur break, dans l'allée, qui arborait un autocollant de Goldwater. « Bèèè, Goldwater », s'exclama Eric, en se faisant ainsi l'écho de propos qu'il avait entendus chez nous.

Nancy fut outrée. Elle nous appela immédiatement. « Venez tout de suite et ramenez ce garçon! » Eric pleurait. Il ne comprenait pas ce qu'il avait pu dire de mal. Nous envoyâmes quelqu'un le chercher.

Les Douglas eurent une explication avec les Reagan, mais les relations devinrent tendues, car les deux familles savaient à quoi s'en tenir sur leurs opinions politiques respectives.

Un jour, lors d'une réception chez David May, des grands magasins May Company, je dansais avec Nancy Reagan, qui était une merveilleuse danseuse. Elle l'est toujours. La discussion finit par arriver sur le terrain politique. Me rappelant l'incident d'Eric, je voulus prendre les choses à la légère. « Nancy, lui dis-je, je ne fais pas de politique. Bien que je sois inscrit chez les démocrates, je vote pour celui qui me paraît le meilleur. Si je pensais qu'un républicain était le meilleur, je voterais pour lui. Par exemple, à l'élection présidentielle, je voterais pour Rockefeller. » Un éclair passa dans les yeux de Nancy. Elle tourna les talons et s'en alla. J'étais sidéré. Je comprenais ce qu'avait pu ressentir Eric. Encore une rupture à Beverly Hills. Mais on s'efforce de glisser sur ces incidents, et la vie continue.

Les enfants grandirent. Tous les ans, l'école Thomas Dye organisait une fête pour gagner de l'argent. Ils faisaient faire des promenades à dos d'éléphant. Ils vendaient des lots. Et tous les parents, surtout les mères, venaient s'occuper de différents stands. Celui qui remportait le plus de succès était le stand des hot dogs, où officiaient ensemble, Anne, ma femme, et Nancy Reagan.

Les maris, en général, venaient un peu plus tard pour donner un coup de main. C'était une véritable corvée, qui ne m'enthousiasmait guère. Je vins pourtant au stand des hot dogs et me mis à distribuer au public saucisses et moutarde. Peu de temps après, Ronald Reagan fit son entrée dans le stand. Au bout de quelque temps, je me rendis compte qu'il se plaçait systématiquement devant moi pour tendre les hot dogs au public. Qu'est-ce qu'il cherchait ? A battre le record de la vente de hot dogs ? Cela m'agaçait : j'avais travaillé comme serveur et je savais servir des hot dogs. Mais lui, quelle expérience avait-il ? Mais je préférai rester en arrière ; je continuai d'enduire les saucisses de moutarde, et lui de les vendre au public.

Tandis que nous rentrions de la fête en voiture, avec Peter et Eric assis derrière, une pensée me traversa soudain l'esprit. « Chérie, je crois que

Ronnie Reagan va se lancer dans la politique. » Peu de temps après, il se présenta aux élections et devint gouverneur de la Californie.

Mais lorsqu'il se présenta à la présidence des Etats-Unis, j'eus du mal à le croire. Difficile de croire que quelqu'un qu'on a connu, un acteur, va devenir président des Etats-Unis. Je ne pensais pas qu'il allait réussir. Bien entendu, je me trompais. Il savait indéniablement communiquer avec les gens. Carter n'avait pas cette qualité. J'estime que Reagan a fait preuve d'un état d'esprit semblable à celui de Kennedy : il a su inspirer aux gens l'amour de leur pays, leur donner des raisons d'espérer. Cela ne fait aucun doute.

Lorsque Ronald Reagan fut victime d'une tentative d'assassinat, je songeai à la difficulté de sa tâche. Et à celle de la Première Dame. A partir de ce jour, je commençai à les considérer tous deux d'une autre façon, d'un point de vue humain.

Chaque fois que je me suis rendu à la Maison Blanche, j'avais les paumes un peu moites. Ce bâtiment, c'est notre pays, et son histoire se confond avec celle des Etats-Unis, depuis leur naissance... Il y a de cela deux siècles seulement.

J'éprouve le même sentiment en présence du président... quel qu'il soit. C'est une tâche terrible que celle de président des Etats-Unis. Une tâche solitaire. Même lorsqu'il ne sera plus président, je ne pourrai jamais l'appeler Ronnie. Il est le président des Etats-Unis. Et même s'il me dit : « Appelez-moi Ronnie », je répondrai : « Je regrette, monsieur. Peut-être jugerez-vous que c'est une malédiction, mais vous serez toujours " monsieur le président ". » Le président des Etats-Unis. C'est la plus haute charge du pays, et peut-être du monde. Une fois qu'on y a accédé, nul moyen de faire demi-tour. On est le président.

La Nancy Reagan que j'avais connue autrefois

avait changé. Un jour que je me trouvais à la Maison Blanche à l'occasion d'une cérémonie pour une société américaine de lutte contre le cancer, Nancy me demanda de rester prendre le café avec elle; pourtant, elle savait que lors des élections, je n'avais pas fait campagne pour son mari mais pour Jimmy Carter.

Nous discutâmes. Je lui demandai ce qu'elle avait éprouvé lors de la tentative d'assassinat du président. Je n'oublierai jamais son regard. Elle me dit : « Oh, Kirk, c'est quelque chose avec quoi on ne cesse de vivre. » Les gens changent, me dis-je. Nancy était devenue beaucoup plus chaleureuse. C'est avec sincérité qu'elle s'est lancée dans sa campagne contre la drogue. Je n'aime pas les critiques qu'on lui fait. Ma femme m'aide dans toutes les situations de la vie; elle fera tout ce qu'elle pourra pour m'aider, et c'est normal, elle est ma femme. Pourquoi la femme du président n'agirait-elle pas de la même façon? Elle m'envoya une photo sur laquelle elle avait écrit : « La boucle est bouclée. » C'était vrai.

Tous les ans, à l'occasion de la Nouvelle Année, une fête est donnée en l'honneur du président Reagan et de son épouse à Sunnylands; la propriété de Walter et Lee Annenberg, à Palm Springs; s'y retrouve un nombre restreint de ses amis républicains. Quelle ne fut pas notre surprise lorsque, en 1986, Lee Annenberg nous invita. Nous étions curieux d'assister à cette réception; nous acceptâmes.

Nous étions également invités à une réception donnée en l'honneur du couple présidentiel, l'avant-veille, par les Jorgenson et les Wilson. La réception avait lieu à l'El Dorado Country Club, loin de chez nous. Anne n'aime pas conduire la nuit et déteste me voir conduire. Je me trouve excellent conducteur, mais elle ne partage pas mon avis. Nous décidâmes donc que ce serait un chauffeur qui conduirait notre break.

Direction El Dorado. Notre chauffeur, qui prétendait habiter Palm Springs, se retrouva rapidement perdu du côté de Rancho Mirage. J'aperçus alors des voitures de police qui filaient devant nous, avec sirènes et gyrophares. « Suivez ce cortège de voitures », dis-je au chauffeur.

Il me considéra d'un œil éteint.

« Suivez ces voitures, répétai-je. Où qu'elles aillent. »

Dubitatif, il s'engagea à leur suite. Bien sûr, elles s'engagèrent toutes dans l'allée menant à l'El Dorado Country Club.

Il y avait là soixante à soixante-dix personnes qui piétinaient, un cocktail à la main, en attendant le dîner. Quelqu'un s'avança vers moi, surpris.

« Kirk Douglas ! Mais qu'est-ce que vous faites ici ? Vous avez changé de camp ?

– J'ai toujours cru que le président des Etats-Unis était le président des démocrates aussi bien que des républicains. »

Il fut mortifié, et je m'éloignai.

Nancy Reagan avait l'air radieuse. Elle me salua avec affection, et le président et moi nous serrâmes la main. Il est difficile de croire qu'on lui a tiré dessus et qu'il a été opéré trois fois d'un cancer : il a l'air en meilleure santé à la fin de son mandat qu'au début.

Le président Reagan était charmant. Tandis que nous discutions, il tira de sa poche une enveloppe blanche dans laquelle se trouvait une sorte de paquet. « Qui m'a fourré ça dans la poche ? » demanda-t-il. Et il commença à l'ouvrir.

« Croyez-vous qu'il faut l'ouvrir, monsieur le président ? »

Mais il ne m'écouta pas et sortit de l'enveloppe

une boîte de Suponeral. Il regarda la boîte, prononça le mot de travers et demanda :

« Qu'est-ce que c'est que ça ?

— Monsieur le président, dis-je, ce sont des suppositoires français, des somnifères.

— Je ne vois pas qui a pu me donner ça.

— Vous savez, monsieur le président, ça me rappelle ce qui est arrivé à George Burns. Il avait du mal à dormir, et Jack Benny lui dit : " J'ai quelque chose pour toi " et il lui donna une boîte de ces mêmes Suponeral que vous tenez à la main en ce moment. A deux heures du matin, Jack Benny a été soudain réveillé par la sonnerie du téléphone. C'était George Burns. " Bon, Jack, qu'est-ce que je fais, maintenant ? J'ai le cul endormi, mais le reste est éveillé ! " »

Je ne sais pas si c'est une histoire bien convenable à raconter à un président, mais elle l'a amusé.

31 décembre 1986. Réveillon de Nouvel An chez les Annenberg. Nous décidâmes de nous passer de chauffeur : nous pouvions parfaitement nous perdre tout seuls. Des agents des services de sécurité nous arrêtèrent aux portes de la propriété et examinèrent nos invitations. Ils nous annoncèrent que nous devrions leur laisser tous nos paquets, mais qu'ils seraient sans faute remis à leurs destinataires. Sur mes genoux se trouvait une boîte de chocolats pour les Annenberg.

Quel merveilleux domaine ! Je m'y étais déjà rendu plusieurs fois auparavant, et une fois notamment pour jouer au golf sur un magnifique parcours de neuf trous, qui peut être transformé en dix-huit trous grâce à une disposition ingénieuse des tees. Je fus très impressionné par la prairie longue de quatre cents mètres. On me demanda si je voulais taper quelques balles avant de jouer, et j'acceptai. On me donna un magnifique sac de golf flambant neuf, et un plein sac de balles toutes neuves. Elles n'avaient jamais servi. Cela aussi m'impressionna beaucoup. Je frappai ma première balle sur la surface tondue, puis voulus remettre en place la motte de gazon. « Non, je vous en prie. Les garçons vont s'en occuper », me dit l'ambassadeur qui m'accompagnait. Je jetai un regard en arrière et aperçus des jardiniers qui nous suivaient discrètement; ils replaçaient les mottes de gazon et conservaient au terrain son aspect impeccable.

Nous suivîmes la longue et sinueuse allée, éclairée par des projecteurs dissimulés dans les buissons, et arrivâmes enfin devant la magnifique demeure. Chose rare dans la région de Palm Springs, si plate, la maison est bâtie sur une hauteur, d'où l'on a une vue magnifique sur la vallée de Coachella.

Le salon est immense, et aux murs sont accrochés d'extraordinaires tableaux impressionnistes. Partout où l'œil se pose, il découvre un chef-d'œuvre : un Van Gogh, un Gauguin, un Renoir. De somptueux nénuphars de Monet. Walter et Lee y prennent un immense plaisir.

La réception se révéla plus décontractée que ce que j'avais attendu. Avec toute cette affaire du scandale iranien, j'imaginais qu'il allait y avoir plus de tensions. Le ministre des Affaires étrangères, Shultz, était là, ainsi que Weinberger. Donald Regan, le maître d'œuvre, brillait par son absence.

Pour la plupart, les gens étaient de bonne humeur et se montraient agréables. Nancy, avec sa robe de Galanos rouge, sa couleur préférée, était ravissante. Ce soir-là, c'était l'orchestre de Tony Rose qui jouait. Tout le monde dansait, et le président ne rata pratiquement pas une danse. Il avait bonne allure pour un homme qui faisait face à l'un des plus grands revers de sa carrière, et qui en outre, devait subir quatre jours plus tard une très grave opération.

La Première Dame dansait avec notre hôte, Walter

Annenberg. Lorsqu'il eut dansé avec elle pour la deuxième ou troisième fois, je m'avançai vers lui et le pris fermement par le bras : « Vous ne partagez pas vos richesses. » Il eut l'air passablement surpris, mais finit par m'abandonner de bonne grâce sa partenaire. Nancy et moi dansâmes donc ensemble.

Bien des années auparavant, au cours des fêtes, Nancy était l'une de mes cavalières préférées. Elle possède une grâce stupéfiante.

Je la ramenai ensuite à sa table et l'embrassai en lui disant que je voulais être sûr de pouvoir l'embrasser avant les derniers moments de l'année.

Puis Walter Annenberg porta un toast à la Nouvelle Année. On joua *Hail to the Chief*; le président se leva alors et déclara : « Cela fait six ans que j'occupe ces fonctions, et chaque fois que j'entends cette musique, je me demande pour qui est-ce qu'on la joue. » Il porta un autre toast à l'année 1987, on échangea des baisers tout autour de lui puis l'on recommença à danser.

Peu après, Anne et moi prîmes congé. Sur le chemin du retour, nous passâmes devant la maison de Frank Sinatra. Il nous avait invités, mais il était près d'une heure du matin, c'était un peu trop tard (pour nous, pas pour lui). En outre, Anne, Eric et moi devions assister chez lui au dîner du 1er janvier.

« Peut-être Frank va-t-il nous préparer un de ses merveilleux plats de pâtes, dit Anne.

— Est-ce que je t'ai raconté cette bagarre que Frank avait eue à Las Vegas?

— Tu veux dire le procès?

— Non, non, une bagarre à coups de poing.

— Non, jamais.

— C'était à l'époque où Frank était jeune et exubérant. Il chantait à Las Vegas et, après la représentation, il alla jouer au casino, et joua trop, au-delà de ses possibilités. On lui annonça alors qu'il lui faudrait, pour continuer à jouer, l'autorisation du propriétaire du casino, Carl Cohen. " Allez le chercher ", déclara Frank. Ils refusèrent; on était en pleine nuit, M. Cohen dormait. Frank insista, se mit à faire un scandale. On alla donc réveiller Carl Cohen. Il descendit, et Frank se mit à l'engueuler. Cohen lui donna un coup de poing sur la figure et lui cassa deux dents.

– Ne lui rappelle jamais cette histoire, dit Anne.
– C'est déjà fait. »
Anne me regarda.
« Et tu sais ce que Frank m'a répondu? " J'ai appris quelque chose, Kirk, ne t'attaque jamais à un Juif en plein désert " ».

43
THANKSGIVING

Aujourd'hui, c'est Thanksgiving, et je rends surtout grâce à cette journée de repos. J'ai consacré la plus grande partie de l'année 1987 à mon autobiographie. Il est six heures; il est encore tôt. Tout est tranquille. Ma femme est endormie. Je suis allongé dans mon lit, et je regarde la bibliothèque : tous les livres m'ont été dédicacés par leur auteur. Ces livres, je les ai tous lus. Mon père et ma mère n'ont jamais appris à lire. Quelle tristesse! Oh, ils avaient appris à lire les prières juives phonétiquement, mais ils n'ont jamais compris les mots. Tu as raison, maman : « L'Amérique est un pays merveilleux. » Ici, on a sa chance. En cette journée, je vous rends grâce à tous les deux de ne pas avoir manqué le bateau.

Je regarde les trois étagères remplies de livres reliés de noir, aux titres frappés à l'or : les scénarios de mes films. Ils débordent sur une quatrième étagère; il y a là tous les films que j'ai faits, bons et mauvais, par ordre chronologique. Chacun est une partie de moi, j'y ai exprimé quelque chose de très profond. Qu'en restera-t-il? Les films que j'ai préférés n'ont jamais été des succès financiers : *Seuls sont les indomptés, Les Sentiers de la gloire, La Vie passionnée de Vincent Van Gogh*.

Je regarde ces scénarios. Combien de millions de

gens à travers le monde ont vu ces films? Combien les ont-ils aimés? Ont-ils vraiment aidé certains à oublier quelque temps leurs problèmes? Se sont-ils perdus dans ce qui se passait sur l'écran? Est-ce important? Le monde en a-t-il été changé? Est-il à présent plus agréable d'y vivre? En tout cas, ces films existent, c'est l'œuvre de ma vie.

Pourquoi n'éprouvé-je pas plus de joie à regarder ces volumes noirs? Ils m'ont rendu millionnaire. Et ils ont rapporté plus, infiniment plus, aux compagnies de cinéma. Où est le bonheur? Où est la joie que j'ai éprouvée lorsque j'ai décroché ce travail au Tamarack Playhouse, où j'ai joué un petit rôle, et où nous travaillions tous ensemble?

Les volumes noirs, soigneusement alignés, les titres dorés, et, en dessous, l'année de réalisation. Combien d'années de ma vie y ai-je consacrées? Cela valait-il la peine? Il faut se méfier de ses rêves : ils peuvent se réaliser. Et pourtant, on fait ce que l'on doit faire. Je me demande ce qui, dans notre vie, tient à la volonté, et ce qui tient à quelque chose qui nous dépasse et conduit notre destinée.

Tant de personnages dans ces livres noirs qui semblent plus réels que moi. Midge Kelly, dans *Le Champion*, qui se bat avec l'énergie du désespoir : « Je ne veux pas que toute ma vie on me dise : " Hé, vous ! " Je veux qu'on m'appelle " monsieur ". »

Van Gogh, qui s'épanche auprès de Gauguin : « Paul, quand on regarde en arrière, on a gâché tellement de temps dans la solitude. Tout le monde a besoin d'amis. » Pauvre Van Gogh, qui ne savait pas s'il était homme ou femme, ballotté, peignant sans cesse sous le soleil de plomb, produisant chef-d'œuvre après chef-d'œuvre. Où étaient les critiques, alors? Il ne s'est pas trouvé un seul critique, de son vivant, pour dire : « Vous avez du talent, vous êtes un maître. » Rien. Il n'y avait plus que le pauvre Vincent, debout dans les blés murs, hanté par les corbeaux qui tournoyaient autour de lui et finiraient par devenir les démons de son esprit. Et puis le coup de feu. Il rata son suicide et retrouva la mort lente.

Dans la faible lumière, je distingue le premier volume sur l'étagère. Ce doit être *L'Emprise du crime*. Je me souviens des phrases que je dis à Barbara Stanwyck à la fin du film, avant de la tuer et de me suicider. Nous nous tenons dans l'encadrement de la fenêtre : elle pleure. L'homme qu'elle me préfère s'éloigne dans l'allée. J'essaie de la rassurer : « Ce n'est pas ta faute; ce n'est la faute de personne. C'est comme ça que ça se passe. Ça dépend de ce qu'on attend de la vie et de la difficulté à l'obtenir. »

Je continue d'observer ces volumes. Sur l'un d'eux, il doit y avoir marqué *Gunfight at The OK Corral*, et à l'intérieur il doit y avoir des photos de Burt Lancaster et de moi descendant courageusement la rue qui mène à OK Corral. « Si je dois mourir, au moins que ça soit avec le seul ami que j'aie jamais eu. »

Et puis « Jack for short », dans *Seuls sont les indomptés*. De tous les personnages que j'ai joués, c'est John W. Burns que je préfère. C'est lui le plus proche d'Issur. « Je suis un solitaire jusqu'au fond des tripes. » Pauvre inadapté. Comme il est dur d'être un individu! Il voulait seulement aider son ami. C'est une chose difficile. Il faut plier l'échine, sinon les forces de la société fondent sur vous sous la forme d'un camion chargé de cuvettes de toilettes.

Je vois Spartacus combattant les Romains; Einar ferraillant avec les Vikings; tant de westerns où les balles sifflaient. Mon Dieu, combien de gens ai-je tués dans mes films? Des fleuves de sang! C'est donc ça que les gens veulent voir? En regardant les reportages télévisés sur le Viêt-nam, j'étais souvent épouvanté par certaines scènes. Ça, ça n'était pas du cinéma, c'était pour de vrai. Je crois que la violence est une partie essentielle de l'animal humain.

Plus tard, dans bien des années, peut-être mon petit-fils Cameron regardera-t-il ces films. Qu'en pensera-t-il? Cela le fera-t-il rire? Appréciera-t-il mes bouffonneries dans *20 000 lieues sous les mers?* Sera-t-il touché par le pauvre détective d'*Histoire de détective*, qui ne parvenait pas à affronter ses problèmes? Peut-être regardera-t-il le film quelques instants, puis, ennuyé, tournera-t-il un bouton qui fera disparaître l'image.

Ce livre figurera-t-il un jour sur cette étagère? Peut-être ce livre rassemblera-t-il les morceaux épars et présentera-t-il une image complète.

Et puis je dois une telle reconnaissance à Fifi et à Concha.

Fifi est avec nous depuis vingt-huit ans. Elle venait d'Allemagne, de la campagne, elle était jeune et s'appelait Elfriede. Eric n'arrivait pas à prononcer son nom et l'appelait quelque chose comme « Fifi ». Le nom lui est resté.

Elle fait à présent partie de la famille. Souvent, à mon réveil, le matin, je cherche tel ou tel pantalon que je n'arrive pas à retrouver.

« Fifi, où est mon pantalon brun?
– Je l'ai jeté.
– Hein, quoi? Jeté? Mais enfin c'est mon pantalon préféré!
– Monsieur Douglas, vous ne pouvez pas porter un vieux pantalon comme ça. »

Et bien sûr, Anne est d'accord avec elle.

Concha, la Mexicaine, est la nouvelle venue : elle est avec nous depuis près de vingt ans.

Je me lève, le matin, et il fait froid. Je rentre dans le salon.

« Concha, *mucho frío*. Mettez donc le chauffage!
– Il ne fait pas froid, monsieur Douglas. La chaleur tue les plantes. »

Il continue à faire froid. Elle s'occupe des fleurs et des plantes vertes comme si c'étaient ses enfants.

J'aime ces deux membres de notre famille.

Ma maison de Palm Springs me plaît infiniment. La cuisine est la dernière pièce que nous ayons refaite. Cela devenait une obsession pour moi. J'étais sans cesse sur le dos des plombiers, des charpentiers, des peintres, des ébénistes... plus vite, plus vite! A présent, la pièce est terminée.

En cette matinée de Thanksgiving, je me suis rendu très tôt dans la cuisine et me suis assis tout seul au comptoir. Ma femme dormait. Peter, qui était venu nous voir pour la fête, dormait aussi. Eric répétait une pièce à Los Angeles. Joel était à Nice avec sa femme. Michael à New York, pour le tournage d'un film. Notre labrador beige, Banshee, était allongé dans un coin, le regard levé vers moi, la queue battant le sol. Je m'assis tranquillement et bus un café en regardant par la fenêtre.

Dans le jardin, il y a plusieurs statues réalisées avec de la ferraille. Tout à fait ce qu'il faut pour le fils d'un chiffonnier. Elles ont été faites en Israël, dans un kibboutz. Il y a le petit David avec sa fronde, face au géant Goliath, une chaîne de vélo en travers de la poitrine, comme un bandit de grand chemin. Don Quichotte est sur un cheval qui se cabre. Ma statue préférée représente une cigogne perchée sur une patte, les ailes déployées.

Je l'ai mise en haut de la maison de tennis. Je dis toujours que le jour de ma mort, cet oiseau s'envolera du toit.

Hier, nous avons amené un cheval de bronze, les jambes repliées, que nous avons placé sous un arbre; il est paisiblement allongé dans l'herbe. Je l'ai appelé Bill, du nom du cheval de mon père. Je me sens bien.

Ce sentiment de bonheur remonte à plus de soixante ans, à l'époque du premier cercle de ma vie, lorsqu'enfant je vivais au 46 Eagle Street. Ma plus jeune sœur, Ruth, n'était pas encore née, et les jumelles, Ida et Frieda, dormaient encore. J'étais seul dans la cuisine avec ma mère. Je me sentais tellement en sécurité, tellement heureux. Par la fenêtre, elle avait vu la boîte en or dans laquelle j'étais né. Je veux revenir en arrière. Voilà pourquoi j'étais tellement impatient de terminer les travaux dans la cuisine... mon nid de bonheur.

Je me souviens d'autres Thanksgivings : celui où l'Armée du Salut est venue apporter un panier de victuailles à Harry Denton, au lieu de Harry Demsky, au 46 Eagle Street, et qui a été finalement remis à nos voisins du dessus, celui où il n'y avait plus de déjeuners à l'Armée du Salut de Bowery, quand le Centre Grenwich était fermé; le somptueux dîner, l'année suivante, chez Guthrie McClintic et Katharine Cornell, avec Tallulah Bankhead : c'était ma première saison à Broadway; ce repas pris, bien des années plus tard, par terre, avec des réfugiés afghans au Pakistan, pour qui chaque jour était une journée d'actions de grâce.

Thanksgiving est ma fête préférée, parce qu'elle n'a rien à voir avec la couleur de la peau ou de la religion. C'est un jour où l'on rend grâce pour ce que l'on a reçu.

Je suis reconnaissant à tous mes amis. Comme ils sont peu nombreux, les amis véritables, et quelle importance ils prennent au fur et à mesure que l'on avance en âge. Lorsque j'étais enfant, seul garçon au milieu de mes six sœurs, je rêvais souvent, le soir avant d'aller au lit, que j'avais un grand frère. Parfois, il me donnait un peu d'argent, ou un conseil. Ou il m'encourageait. Quelle merveille d'avoir un frère. Merci, Jack V. et Jack. T., Noel B., Gary H. et Ray S.

J'entendis un gloussement tout au fond de moi.

« *Bon, Issur, qu'est-ce qu'il y a, maintenant?* grommelai-je.

— *Kirk baby, comme on dit à Hollywood, tu en as fait du chemin.*

— *Ouais. Eagle Street semble aussi éloignée que la lune.*

— *Et pourtant aussi proche que les battements de ton cœur.*

— *Tu es toujours là pour me le rappeler.*

— *Allez, ne sois pas si triste, Kirk baby.*

— *Arrête de m'appeler comme ça!*

— *D'accord. Je vais t'appeler comme tu le devrais : le fils du chiffonnier; celui à qui son père n'a jamais fait de compliment.* »

Je réfléchis longtemps à ce qu'avait dit Issur.

« *Ouais. Je crois que tu as raison. J'avais besoin de compliments, d'encouragements. C'était comme si on m'avait refusé le droit d'être né.*

— *Et alors?* dit Issur. *Tu as fait beaucoup de choses dans ta vie. Et tous tes enfants, tu les as encouragés. Allez, félicite-toi.*

— *Qu'est-ce que tu racontes?*

— *Tu ne te souviens pas de cette chanson que nous chantions en neuvième?* »

Si, je m'en souvenais.

Issur se mit à chantonner. « Félicite-toi, félicite-toi... »

Il gloussa : « Tous ensemble... »

Et nous nous mîmes tous deux à chanter doucement : « Félicite-toi, félicite-toi... »

Je sentais que ça allait être une bonne fête de Thanksgiving.

J'ai soixante-dix ans, et je me rends d'un pas alerte à mon bureau de Beverly Hills; c'est une journée magnifique et je me sens plein d'énergie après mon entraînement matinal avec Mike Abrums, qui vient justement de me dire que j'ai l'air en meilleure forme maintenant que quarante ans auparavant lorsque je tournais *Le champion*. Le soleil de la Californie est chaud sur ma peau, et les trompettes pourpres des jacarandas me jouent leur musique. J'attends avec impatience la réponse d'un autre directeur de compagnie de cinéma ; il s'agit d'un scénario qui m'appartient, un film que j'essaie de monter depuis des années, avec un rôle que j'ai très envie de jouer.

Je traverse en courant Wilshire Boulevard, rends leur salut à des ouvriers du bâtiment coiffés de leurs casques, réponds à l'interpellation d'un chauffeur de taxi : « Salut, Spartacus! », puis il me semble entendre une voix timide : « Monsieur Douglas », mais je poursuis mon chemin. La voix timide se fait un peu plus forte : « Monsieur Douglas! » Je m'immobilise et découvre alors une grande fille blonde, très jolie, qui porte un short.

Ce doit être une admiratrice qui veut un autographe... je peux lui consacrer une minute; ou bien une fille qui veut devenir actrice et demande un conseil. Après tout, cela fait plus de quarante ans que je vis à Hollywood au milieu des vedettes. Ce n'est pas mal pour le fils du chiffonnier. Toute ma vie, j'ai su que je serais quelqu'un. Ne suis-je pas né dans une boîte en or? Et maintenant, le monde entier aussi sait qui je suis.

Elle me couve d'un regard d'adoration; ses yeux ont la couleur des jacarandas en fleur.

Je rentre le ventre, sors la poitrine, gonfle un biceps.

D'une voix de velours, elle dit : « Ouah! Le père de Michael Douglas! »

Index

Abréviations

f	film
l	livre
n	nouvelle
p	pièce
r	roman
t	tableau
TV	film ou série de télévision

ABBEY, Edward, 413, 415, 416.
ABBOTT, George, 150.
ABRUMS, Mike, 571, 613.
Académie américaine d'Art dramatique (American Academy of Dramatic Arts), 87-88, 95-97, 98, 105-108, 110, 112, 113, 332, 523.
Act of Love (Un acte d'amour), 239, 255, 259, 260, 262, 276, 284, 290, 494.
Actor's Studio, 451-452.

ADAMS, Nick, 425.
ADLER, Luther, 319, 472.
Afrique, 436, 437.
Alaska, 443, 580.
Albany (New York), 200, 202, 367.
ALBERT (premier mari d'Anne Douglas), 269, 270.
ALDRICH, Robert, 406.
ALEXANDER, Jane, 505.
ALEXANDRE III (tsar de Russie), 276.
ALGER, Horatio, 587.
ALI KHAN, 206.

All about Eve (Eve), 503.
Allemagne, 334, 342, 343, 414, 457, 513, 548.
ALLEN, Woody, 433, 452.
Alliance internationale des employés de la scène et du théâtre (IATSE), 163.
All That Jazz (Que le spectacle commence), 550, 551.
Along the Great Divide (Le désert de la peur), 221-223.
ALPERT, Hollis, 345.
Ambre (r), 188.
American Legion, 408.
Amos (f), 563, 564.
Amos (r), 563.
Amsterdam (New York), 15, 17, 20, 24, 39, 40, 41, 42, 46, 60, 62, 82, 89, 92, 125, 187, 200.
Amsterdam Evening Recorder, 40.
ANDERSON, Judith, 120, 121.
Andersonville Trial, The (p), 426.
ANDREW, prince, 585.
ANGELI, Pier (Anna Maria Pierangeli), 237-240, 254, 255, 257, 258, 302, 413; fiançailles de K.D. avec –, 251, 254, 273, 274, 277, 280, 281, 283, 290, 292, 294, 295, 296.
Angleterre, 524.
ANNENBERG, Lee, 601, 604.
ANNENBERG, Walter, 601, 604, 605.

ANN-MARGRET, 574.
Apaches, 506.
Armée du Salut, 28, 96, 612.
armes à feu, 223, 251.
ARNSTEIN, Stefan, 500.
Arrangement, The (L'arrangement, f), 499, 501, 502.
Arrangement, The (L'arrangement, r), 499.
ASHLEY, Ted, 501.
athlètes amateurs et professionnels, 511, 512.
ATTERBURY, Ellen, 86.
ATTERBURY, Malcolm, 86.
AURTHUR, Robert Allan, 318.
Australie, 455, 554-555.
auteur, théorie de l', 433.
auto-stop, 60, 62, 402, 403, 586.

BABBAS, Ramon, 270, 271, 274, 275, 305, 306.
BACALL, Lauren (Betty), 109, 110, 117, 142, 155, 205, 406.
Bachelor Born (p), 104.
Bad and the Beautiful, The (Les ensorcelés), 235-236, 284, 321, 322, 336, 422.
Badman (r), 491.
BAILEY, Charles, 430.
BAKER, Dorothy, 204.
BALSAM, Martin, 432.
BANCROFT, Anne, 104.
bandes, 29, 39.
BANKHEAD, Tallulah, 118, 183, 612.
Banshee (chien), 611.

BARAGAVOI (cosmonaute russe), 486, 487.
BARDOT, Brigitte, 285.
Barefoot Contessa, The (La comtesse aux pieds nus), 503.
BARKER, Lex, 184, 423.
bar-mitzvah, 38, 41, 44, 61.
BARNES, Joanna, 438.
Barretts of Wimpole Street, The (p), 54, 144.
BARRYMORE, Ethel, 176.
BARRYMORE, John, 61, 114.
BARZMAN, Ben, 471.
BATTLES, John, 151.
BAUTZER, Greg, 353.
BEATTY, Warren, 155, 179, 312, 421, 499.
BEAUCHAMP, D.D., 310.
BEGELMAN, David, 183.
BEIDERBECKE, Bix, 204.
Being There (Bienvenue, Mister Chance), 552.
BELLAMY, Ralph, 214, 225.
BELUSHI, John, 184.
BEN GOURION, David, 247.
Ben Hur (1927), 235.
Ben Hur (1959), 371.
BENNY, Jack, 603.
BENTON, Robert, 503.
BERGER, Senta, 472.
BERGMAN, Ingmar, 550.
BERGMAN, Ingrid, 286, 386.
BERNSTEIN, Leonard, 150, 151.
BERRY, Joe, 415.

BETHMANN, Sabina, 387, 390.
Beverly Hills (Californie), 302, 595, 596, 597, 599.
Big Carnival, ou *The Ace in the Hole* (Le gouffre aux chimères), 215, 217, 218, 236, 418.
Big Parade, The (La grande parade), 311.
Big Sky, The (La captive aux yeux clairs/Les hommes de l'Ouest), 232-233.
Big Trees, The (La vallée des géants), 229.
Birdman of Alcatraz (Le prisonnier d'Alcatraz), 432, 433.
Bird's Nest, The (n), 319.
Black Widow, The (La veuve noire), 331.
BLAU, Louis, 410.
BLUHDORN, Charles, 477.
Bobbsey Twins, The (l), 31, 587.
BOESKY, Ivan, 591.
BOGART, Humphrey, 142, 205, 212, 299, 328, 331, 503.
Bonnie and Clyde, 421, 503.
BOONE, Richard, 311, 500.
BOOTH, Margaret, 424.
Borans, 438-439.
BORGNINE, Ernest, 346, 347.
bouts d'essai, 158.
boxe, 177, 178, 179.
Boys in Autumn, The (p), 565.
BRADBURY, Ray, 553.

BRAND, Neville, 524, 525, 529-530.
BRANDO, Marlon, 152, 217, 389, 432, 503.
Brave Cowboy, The (r), 413, 415.
Brave One, The (Les clameurs se sont tues), 377, 397
Breakfast at Tiffany's (Diamants sur canapé), 420.
BRECHT, Bertolt, 391.
BRENNAN, Walter, 223.
Brésil, 427-429.
Bridge on the River Kwai, The (Le pont de la rivière Kwaï), 358, 375.
BRITT, Mai, 279.
Broadway (p), 115.
Brotherhood, The (Les frères siciliens), 495-496.
BROWN, Ann, 55, 68.
BROWN, Phil, 531.
BROWN, Thad, 544, 545.
BROWNING, Elizabeth Barrett, 55.
BROWNING, Robert, 55.
BRUANT, Aristide, 169, 204, 303.
BRUNDAGE, Avery, 515.
Bryna Company, 312, 335, 343-350, 359, 365, 367, 399, 519; *Spartacus et* –, voir *Spartacus*.
BRYNNER, Yul, 337, 373, 374, 384, 471, 472, 507-508, 590.
BUNJAK, Zvonko, 528, 530.
BURNS, George, 454, 603.
BURTON, Richard, 423, 503.
BUS-FEKETE, Laci, 149.
BUSHMAN, Francis X., 235.
BUYDENS, Anne, voir Douglas, Anne Buydens.
BYRON, Lord, 49.

CAESAR, Sid, 357.
CAHN, Sammy, 93.
CAINE, Michael, 584.
CAINE, Shakira, 584.
CALHOUN, Rory, 423.
CALLAHAN, Mushy, 177.
CANTOR-FITZGERALD, 384.
CAPA, Bob, 263.
CARDIFF, M., 532.
Cardinal, The (Le cardinal), 470.
CARLINO, Lewis John, 495.
CARTER, Jimmy, 553, 600, 601.
CARVEY, Dana, 566.
Casablanca, 498.
cascadeurs, 315, 494.
Case of Libel, A (p), 446.
CASH, Johnny, 505.
CASSINI, Charlene, 219.
CASSINI, Ghighi (Cholly Knickerbocker), 219.
CASSINI, Oleg, 215, 316.
Cast a Giant Shadow (L'ombre d'un géant), 466, 471-473, 507.
CASTELLANI, Fabrizzio, 527.
censure, 393-396.
CHAGALL, Marc, 303, 324.
Champion (Le champion), 176-177, 179, 180, 193, 202, 236, 336, 608, 613;

avant-première de –, 190.
CHANNING, Carol, 454.
CHAPLIN, Charlie, 230, 433.
CHAPLIN, Sydney, 230.
CHARISSE, Cyd, 422.
Charly, 153.
CHASE, Borden, 310.
chasse, 437-442, 444-445.
China Syndrome, The (Le syndrome chinois), 451, 588.
CHOPIN, Frédéric, 338, 339.
CHURCHETT, Wilfred (« Wolfie »), 29-30.
Cinémascope, 282.
CLARKSON, Roy, 87.
CLAYTON, Jack, 444.
Cleopatra (Cléopâtre), 423, 448, 503.
CLIFT, Montgomery, 158, 420.
Clockwork Orange, A (Orange mécanique), 409.
COBB, Humphrey, 333.
COCA, Imogene, 357.
COHEN, Carl, 605.
COHN, Harry, 166, 209-210, 236.
COLLICK, Cyril, 531.
COLLINS, Floyd, 218.
COLLINS, Joan, 423.
Colombie, 429, 457.
Columbia, 166, 209, 511.
COMDEN, Betty, 150, 151.
comédies musicales, 150-151.
Commission des activités antiaméricaines (HUAC), 189, 377, 422.
communisme, 189-190, 250, 371, 377-378, 422, 460, 462, 465, 485-489.
COMO, Perry, 324.
CONCHA (gouvernante), 543, 578, 610.
CONNERY, Sean, 548.
COOPER, Gary, 206, 377, 533, 536.
Corbeaux dans le champ de blé (t), 323.
CORD, Alex, 495.
COREY, Alice, 154.
COREY, Jeff, 387.
COREY, Wendell, 153, 154, 158.
Coriolan (p), 382.
CORNELL, Katharine, 54-55, 115-117, 121, 124-125, 144, 612.
CORWIN, Norman, 321.
COTTEN, Joseph, 407.
Country Club de Los Angeles, 184-185.
COWAN, Ronnie, 181, 189, 304.
COWAN, Warren, 180-181, 304.
CRAKOWER, Arnold, 188.
CRAVAT, Nick, 330.
CRAWFORD, Joan, 196-197.
CRENNA, Richard, 556.
Crimes of the Heart (Crimes du cœur), 331.
Crimson Pirate, The (Le corsaire rouge), 330.
Cristobal, 132-133.
CRONYN, Hume, 423.

619

Crossfire (Feux croisés), 184.
Crowd, The (La foule), 311.
Crowned Heads (Fédora, 1), 469.
CRUIKSHANK, James, 566.
CURTIS, Tony, 217, 346, 347, 348, 384, 391, 392, 393, 396, 426, 548.
CURTIZ, Michael, 205.

Dachau, 342.
DAHL, Roald, 206.
DALI, Salvador, 195, 228, 508-509.
Dallas (TV), 459, 591.
Dandy in Aspic, A (Maldonne pour un espion), 471.
D'ANGELO, M., 97.
DANIELS, William, 448, 451.
DANTE, 528.
DARIN, Bobby, 184, 414.
DARNELL, Linda, 174-175, 207.
DARRID, Bill, 191, 426.
DARVI, Bella, 310.
David Copperfield (r), 48.
DAVIS, M. (ambassadeur), 483.
DAVIS, Bette, 145.
DAVIS, Frank, 314.
DAY, Doris, 205, 363.
DAY, Laraine, 175.
DAYAN, Moshé, 252-253.
DAYAN, Ya'el, 253.
DEAN, James, 184.
Defiant Ones, The (La chaîne), 217, 384.

DE HAVILLAND, Olivia, 198.
DE LAURENTIIS, Dino, 239, 242, 243, 282.
DEMSKY, Avram (oncle de K.D.), 17.
DEMSKY, Bertha (Bryna Sanglel Danielovitch, mère de K.D.), 13-19, 25, 31-32, 40, 41, 43-46, 54, 84, 122, 203, 366-370, 465.
DEMSKY, Betty (Pesha Danielovitch, sœur de K.D.), 17, 19, 31, 45, 60, 62, 200, 202, 292, 369.
DEMSKY, Fritzi (Frieda Danielovitch, sœur de K.D.), 19, 26, 62, 612.
DEMSKY Harry (Herschel Danielovitch, père de K.D.), 15-27, 30-32, 42-46, 126, 148, 162, 200-203, 292-293, 465, 612.
DEMSKY, Ida (Danielovitch, sœur de K.D.), 19, 26, 62, 612.
DEMSKY, Kay (Kaleh Danielovitch, sœur de K.D.), 17, 19, 27, 45, 53, 62, 66.
DEMSKY, Marion (Tamara Danielovitch, sœur de K.D.), 17, 19, 28, 62.
DEMSKY, Ruth (Rachel Danielovitch, sœur de K.D.), 17, 19, 62, 611.
DE NIRO, Robert, 555.
dépression, 44-45, 57, 79.
DERN, Bruce, 535.
DE SICA, Vittorio, 238.
Detective Story (Histoire de

détective), 224-227, 236, 371, 398, 610.
DE TOTH, André, 314.
DEUKMEJIAN, M. (gouverneur), 423.
Devil's Disciple, The (Au fil de l'épée), 354, 356, 380.
DEVITO, Danny, 312, 523-524.
DEVITO, Mme Dan (mère), 523-524.
DE WILDE, Brandon, 466.
DICKENS, Charles, 48.
DICKINSON, Angie, 471.
DIETRICH, Marlene, 235, 240-241, 303.
DIGGINS, Peggy, 98, 103, 109, 112, 229.
DILL, Diana (première épouse de K.D.), 105-106, 108, 112, 125-129, 141-144, 146-149, 154, 156, 168, 172-176, 186, 199, 207, 240, 274-276, 314, 359.
DILL, Fanny, 176.
DISNEY, Walt, 282, 298, 308-309, 522, 536, 566.
DMYTRYK, Eddie (Edward), 249, 250, 253.
Dolce Vita, La (La douceur de vivre), 256, 422.
Domani è troppo tardi (Demain il sera trop tard), 237.
DONALD, James, 346, 472.
Don Quichotte (r), 477.
Double Indemnity (Assurance sur la mort), 155.
DOUGLAS, Anne Buydens (seconde épouse de K.D.), 207, 262-297, 301-306, 314, 316, 324, 325, 342, 346, 412, 414, 422, 426, 427, 456, 457, 460, 462-465, 476, 490, 491, 557, 597, 601, 605-606.
DOUGLAS, Cameron (petit-fils de K.D.), 610.
DOUGLAS, Eric (fils de K.D.), 29, 72, 202, 365, 455, 468, 473, 480, 505, 521, 526, 557, 561, 584, 597, 598, 599, 610, 611.
DOUGLAS, Joel (fils de K.D.), 174, 180, 191, 199, 225, 227, 239, 240, 308, 309, 314, 429, 455, 473, 480, 535, 537, 611.
DOUGLAS, Michael K. (fils de K.D.), 86, 92, 148, 154, 156, 164, 165, 168, 173, 182, 191, 199, 225, 227, 233, 239, 276, 308, 309, 314, 429, 455, 468, 473-476, 480, 523, 537, 539, 540, 555, 565, 611, 614; financement de *Vol au-dessus d'un nid de coucou* et –, 513, 519, 533.
DOUGLAS, Melvyn, 547.
DOUGLAS, Peter Vincent (fils de K.D.), 18, 337, 342, 349, 354, 365, 368, 444, 468, 478, 480, 507, 521, 528, 553, 562, 573, 577, 580, 599, 611.
DOWNE, Lesley-Anne, 524.
DROUOT, Jean-Claude, 508-509.
DROWN, Joe, 184-185, 277, 303.
Duel in the Sun (Duel au soleil), 311.

DUGGAN, Andrew, 432.
DUNAWAY, Faye, 54, 499-500.
DURNING, Charles, 478, 566.
DUROCHER, Leo, 175.
Dynasty (TV), 405, 459, 591.

EARP, Wyatt, 328.
East of Eden (A l'est d'Eden), 329, 499.
échotières, 182.
Eglise catholique romaine, 40.
EISENHOWER, Dwight D., 185.
El Dorado Country Club, 601, 602.
Electric Kool-Aid Acid Test, The (Acid test, l), 449.
Ellis, île d', 16.
EPSTEIN, Julius, 397.
EPSTEIN, Phil, 397.
équitation, 126-127, 222-223, 315, 316, 494-495, 522-523.
Espagne, 506-510.
EVANS, Linda, 405.
EVTOUCHENKO, Evgueni, 453.
Exodus, 398, 413, 468.

Fall of the Roman Empire, The (La chute de l'empire romain) 446.
Famous Artists (agence), 156, 157, 164, 190.
fans, 542-549, 568, 614.
FARENTINO, James, 478.

FARRELL, Charles, 214.
FARROW, Mia, 452, 471.
FAST, Howard, 371, 374, 376, 378, 379, 380.
Fatal Attraction (Liaison fatale), 474-475.
FAULKNER, William, 374.
FAVRE LE BRET, Robert, 551.
FELDMAN, Charlie, 156, 166, 167, 194-198, 204, 229, 414, 453.
FEOTISTOV, 486.
FERGUSON, Sarah, 585.
festivals de cinéma, 429, 550-552.
Festival de Cannes, 550-552.
fêtes foraines, 43, 85.
FIFI (gouvernante), 573, 578, 610.
Final Countdown, The (Nimitz, retour vers l'enfer), 466, 478-480.
FINE, Sylvia, 533.
FISHER, Eddie, 423.
Flame and the Arrow, The (La flèche et le flambeau), 330.
FLEISCHER, Richard, 346, 347.
FLEISHMAN, Sid, 518.
FLEMING, Rhonda, 331.
FLEUGEL, Darlanne, 566.
FLYNN, Errol, 214, 216.
FOCH, Nina, 438.
FONDA, Frances, 159, 160.
FONDA, Henry, 159, 160, 503, 504, 505.
FONDA, Jane, 429-430.
FORD, Gerald, 185.
FORD, John, 492.

FOREMAN, Carl, 176, 177.
FORMAN, Milos, 482-483, 533.
FORSYTHE, John, 102.
FOSSE, Bob, 550.
Fountainhead, The (Le rebelle), 206.
Fourth Ward School (« Fort Wart »), 19.
France, 259-264, 267-278, 292, 294-295, 345, 346, 435, 491, 550-552.
FRANCIOSA, Anthony, 423.
FRANKENHEIMER, John, 432-436.
FRANKLIN, Sidney, 237.
FRANKOVICH, Mike, 511.
fraternités, 67, 68, 71, 72.
FRED (professeur associé à l'université Saint Lawrence), 84.
Freud (Freud, passions secrètes), 420.
Friendly Persuasion (La loi du Seigneur), 533.

GABLE, Clark, 214, 235, 331.
GANDHI, Indira, 458.
GARBO, Greta, 390.
GARDNER, Ava, 176, 226, 433, 434, 436, 503.
GARFIELD, John, 190.
GAUGUIN, Paul, 608.
Geiselgasteig Studios, 343, 346, 348.
GELLHORN, Martha, 286.
General Electric, 598.
Gentleman's Agreement (Le mur invisible), 499.
GEORGE, Grace, 116, 117.

GERSHWIN, George, 572.
GILBERT, John, 390.
GILKEY, Stanley, 116.
Girl on the Via Flaminia, The (r), 239, 259.
Gladiators, The (r), 373-374.
Gladiators, The (projet de film), 373-374, 381, 384.
Glass Menagerie, The (La ménagerie de verre, p), 208.
Glenn Miller Story, The (Romance inachevée), 388.
GODDARD, Dick, 131.
Godfather, The (Le parrain), 495.
GOETZ, Bill, 452.
GOLDMEER, M., 53, 113.
GOLDWATER, Barry, 598.
GOODSON, Mark, 568, 569.
GOODSON, Suzanne, 568.
GORDON, Ruth, 113, 120, 121.
GRAHAM, Sheilah, 182.
GRANT, Cary, 399.
GRANT, Lee, 225.
Great Sinner, The (Passion fatale), 176.
Grèce, 463.
GREEN, Adolph, 150-151.
GREENWALD, M., 17.
GREENWICH, Centre, 88, 92-101, 612.
GREER, Jane, 169.
grèves, 161, 163-164, 349, 456.
GRIFFITH, Andy, 425.
GROSSMAN, Milt, 158, 164.

Guerre mondiale, Seconde, 89, 95, 108-109, 122-142, 144, 221, 266-269, 342-344; Pearl Harbor et la –, 118, 478; dans les pièces de l'époque, 153.

Guilde des acteurs de cinéma, 164, 222.

Guilde des scénaristes, 532.

Gulf & Western, 476.

Gunfight at the OK Corral (Règlement de comptes à OK Corral), 328-332, 463, 609.

GUTERMAN, Mortie, 210-211.

Guy Named Joe, A (Un certain Joe), 376.

Guys and Dolls (Blanches colombes et vilains messieurs), 503.

GWENN, Edmund, 120, 121.

HACKMAN, Gene, 555.
HAIGH, Kenneth, 423.
HALE, Nathan, 587.
Hallelujah Trail, The (Sur la piste de la grande caravane), 315.
Hampshire House, 112, 199, 226.
HARGREAVES, John, 102.
HARRIS, James, 334, 335.
HARRIS, Richard, 470.
HARRIS-KUBRICK, 335, 399.
HART, Moss, 118.
HART, Peter, 503.

Harvest Home (La fête du maïs, r), 469.
HARVEY, Laurence, 471.
HASKIN, Byron, 163.
Hasty Heart, The (p), 176.
Hawaii, 466, 468.
HAWKS, Howard, 232, 234, 237.
HAWORTH, Jill, 466.
HAYES, Alfred, 239.
HAYWORTH, Rita, 205.
HEARST, William Randolph, 392.
Heaven Can Wait (Le Ciel peut attendre), 155.
HECHT, Ben, 314.
Hecht-Hill-Lancaster, 354.
HEFLIN, Van, 157, 160, 162, 450.
HELFENSTEIN, Jeff, 570.
HELLINGER, Mark, 170.
HEMINGWAY, Ernest, 286.
HENDERSON, Bill, 94-95, 99, 100.
HENRY, Patrick, 587.
HEPBURN, Audrey, 420.
HEPBURN, Katharine, 104, 208, 420.
Herald Tribune, 146, 450.
Here Comes Mr. Jordan (Le défunt récalcitrant), 155.
Heroes of Telemark, The (Les héros de Telemark), 466, 470.
HESTON, Charlton, 371, 423.
HEWLITT, M. (doyen de l'université Saint Lawrence), 65, 69.
HEXUM, John Eric, 224.
High Sierra (La grande évasion), 498.

HITLER, Adolf, 41, 59, 89, 109, 118, 266, 277, 345, 476.
HOFFMAN, Dustin, 312, 563.
HOLDEN, William, 219.
Hollywood, 50, 72, 100, 156-200, 301-335, 371-404, 537.
Hollywood Reporter, 405.
Holocauste, 342-343.
HOMÈRE, 308.
Hong Kong, 461.
Hongrie, 485-486.
Hook, The (Un homme doit mourir), 424.
HOPE, Bob, 178, 185, 309.
HOPPER, Hedda, 182, 236, 408.
HOUSEMAN, John, 235, 321, 336, 422, 424, 432.
HOWELL, Thomas C., 574.
How to Make a Jewish Movie (l), 472.
How to Marry a Millionaire (Comment épouser un millionnaire), 321.
HUDSON, Rock, 404-405.
HUFFAKER, Clare, 491.
Human Factor, The, 470.
Hunchback of Notre Dame, The (Quasimodo), 382.
HUSTON, John, 209, 262, 272, 426, 446.
HUTTON, Betty, 319.

identification des avions, 123, 124, 136.
Ile au trésor, L' (r), 518.
immigrants, 16, 28, 88, 93, 247.
impôts, 239, 282, 319, 359, 365.
Inde, 458, 459.
Indes galantes, Les, 276.
Indian Fighter, The (La rivière de nos amours / L'or des Sioux), 314-316, 318, 320, 359.
In Harm's Way (Première victoire), 466-470.
isolation thermique des maisons, 32, 33, 34.
interprètes, 464-465, 486, 559.
IRWIN, Robert, 78.
Ishtar, 312.
Is Paris Burning? (Paris brûle-t-il?), 466, 476.
Israël, 239, 245-254.
Italie, 239, 242-244, 255-258, 279-287, 422-423, 485, 495-498, 520.
I Walk Alone (L'homme aux abois), 154, 170-171, 175, 330.

JABAR, Karim Abdul, 512.
JACKSON, Shirley, 319.
JAIPUR, maharaja de (Bubbles), 459.
JAMES, Harry, 204.
Japon, pendant la Seconde Guerre mondiale, 118, 137-140.
JAVITS, Jacob, 463.
JEHLINGER, Charles (Jelly), 96, 104-108, 110, 117, 451.
jeux, 27-28, 29-30, 34-36.
Jeux olympiques, 94, 511-517.

Jewel of the Nile, The (Le diamant du Nil), 475, 524, 588.
Johnny Belinda, 208.
JOHNSON, Lyndon B., 431.
JOHNSON, Ruth (belle-sœur de K.D.), 144, 148.
JOHNSON, Seward, 144.
JONES, Jennifer, 104.
JONES, Tom, 585.
Juggler, The (Le jongleur), 239, 249-253, 472.
Juifs allemands, 41, 109, 252.
Julius Caesar (Jules César), 432, 503.

KADAR, Janos, 485.
KADISH, Ben, 314.
Kagemusha, 550.
KAMEN, Stan, 536.
KANEW, Jeff, 567.
KANIN, Garson, 121.
KARLWEISS, Oskar, 252.
KAUFMANN, Christine, 413.
KAYE, Danny, 301, 533.
KAZAN, Elia, 237, 493, 499-502, 520.
KEATS, John, 49.
KELLY, Grace, 104.
KELLY, Gene, 151, 425, 453.
KENNAMER, Rex, 570, 574.
KENNEDY, Arthur, 208.
KENNEDY, Burt, 493.
KENNEDY, Edward (Ted), 454.
KENNEDY, Jacqueline, 453, 454.
KENNEDY, Joan, 454.
KENNEDY, John Fitzgerald, 411, 430, 452-455, 457, 461, 589, 600.
KENNEDY, Robert F., 411, 429, 453, 454.
KENNEDY, Rose, 454, 553.
KENNEDY, Tom, 546.
KENT, Atwater, 158.
Kentuckian, The (L'homme du Kentucky), 314.
KERR, Deborah, 499.
KERR, Jean, 450.
KERR, Walter, 450.
KESEY, Ken, 447, 449, 541.
KEYES, Evelyn, 209-210, 286, 300, 301, 426, 544.
KILEY, Richard, 478.
Killers, The (Les tueurs), 170.
Killing, The (L'ultime razzia), 333.
KING, Alain, 93.
KING, Dennis, 120.
King and I, The (Le roi et moi), 337.
Kiss and Tell (p), 126, 146, 147, 149, 150, 152, 168.
KISSINGER, Henry, 571.
Kitty Foyle, 376.
KNEBEL, Fletcher, 430-431.
KNOX, Alexander, 120.
KOESTLER, Arthur, 373.
KORDA, Michael, 459.
KORSHAK, Bea, 497.
KORSHAK, Sidney, 497-498.
KOTCHEFF, Ted, 555-556.
KRAMER, Stanley, 176, 177, 190, 239, 249.

KRIM, Arthur, 372-374, 384.
KROHN, « Red », 326.
KUBRICK, Stanley, 228, 333-336, 389, 392, 397, 398, 399, 400, 401, 409-410.
KUROSAWA, Akira, 550.

Lady (l), 469.
Lady Gangster, 104.
LAFEUILLE, Mme, 260, 262.
La Guardia, 89.
LAKE, Stuart, 328.
LAMAS, Fernando, 235.
LANCASTER, Burt, 24, 54, 93, 170-171, 237, 314, 315, 328-332, 354-358, 417, 426, 431-436, 546, 565, 566, 581, 586, 609.
Lancer (TV), 536.
LANGE, Jessica, 550, 563.
LANSBURY, Angela, 572.
LARDNER, Ring, 176.
LASKER, Eddie, 234.
Last Sunset, The (El Perdido), 404-407.
LAUGHTON, Charles, 380-383, 385, 391, 392, 409.
Laura, 470.
LAWRENCE, Gertrude, 208.
LEAH (amie de K.D.), 251.
LEAN, David, 375, 522.
LEARY, Timothy, 448.
LEE, Gypsy Rose, 470.
LEIGH, Janet, 346, 347, 348, 425.
LEIGH, Vivien, 356-357.
LEMMON, Jack, 423, 451.
LENNON, John, 542.

Letter to Three Wives, A (Chaînes conjugales), 175, 177, 503.
LEVENE, Sam, 93, 104.
LEVINE, Dennis, 591.
LÉVY, Raoul, 386.
LEWIS, Eddie, 406, 418, 421, 447; *Spartacus* et –, 371-375, 378, 380, 384, 387, 388, 397, 398, 399, 400, 401, 402, 403.
LEWIS, Jerry, 331.
Life, 125, 317.
Light at the Edge of the World, The (Le phare du bout du monde), 506-510.
Lilies of the Field (Les lis des champs), 153.
LINCOLN, Abraham, 553.
Lion Country Safari, 520-521.
List of Adrian Messenger, The (Le dernier de la liste), 425-426.
liste noire, 189-190, 249-250, 371, 376-377, 381, 422-423; rupture de la –, 398.
Little Foxes, The (La vipère), 219.
LITVAK, Anatole (Tola), 239, 259, 262, 263, 288, 290.
LIVINGSTON, Louise, 47-51, 57, 60, 69, 85, 89, 92, 260, 355.
LIZ (amie de collège de K.D.), 73.
Lizzie, 319.
LOEW, Arthur, 425.
LOLLOBRIGIDA, Gina, 423.

Long Day's Journey Into Night, 420.
Lonely Are the Brave (Seuls sont les indomptés), 415-421, 609.
Look, 333.
LOREN, Sophia, 446.
LORRE, Peter, 300.
Los Angeles Times, 312, 516.
LUFKIN, Dan, 519-522.
LUND, John, 158.
Lust for Life (La vie passionnée de Vincent van Gogh), 111, 250, 321-327, 336, 346, 376, 422, 467, 587, 607.
Lust for life (l), 321, 376.
lutte, 69-71, 77-78, 85-87, 167, 285, 512, 525.
LYNCH, Wilbur H., 57, 60.
LYNLEY, Carol, 406.
LYTELL, Honest John, 304

MACLAINE, Shirley, 179.
MACREADY, George, 432.
MACY, Gertrude, 118.
mafia, 495-496, 497, 498, 591.
Magnificent Seven, The (Les sept mercenaires), 384.
maisons de retraite, 563-564.
Major Barbara (p), 186.
MALDEN Karl, 86, 152, 474.
MALONE, Dorothy, 406, 423.
Maltese Falcon, The (Le faucon maltais), 498.

MALTZ, Albert, 518, 532.
Man from Snowy River, The (L'homme de la rivière d'argent) 455, 554-555.
« *Man from Snowy River, The* » (poème), 555.
MANGANO, Silvana, 282, 284.
MANKIEWICZ, Joe (Joseph Leo), 175, 237, 503.
MANN, Anthony, 388-389, 470-471.
Man of La Mancha (L'homme de la Manche, p), 477.
MANSON, Charles, 387.
Man Without a Star (L'homme qui n'a pas d'étoile), 310-311.
Man With The Golden Arm, The (L'homme au bras d'or), 470.
Manzanilla, 139.
MARCH, Fredric, 432.
MARCOS, Ferdinand, 560.
MARCOS, Imelda, 560.
MARCUS, Mickey, 471, 472.
MARGULIES, Stan, 320.
marine américaine, 118, 121, 122, 123-142.
MARLOWE, Hugh, 432.
MARTIN, Dean, 295, 331, 403, 534.
MARTINELLI, Elsa, 316-318, 386.
Mary, Mary (p), 450.
MASTROIANNI, Marcello, 500.
MATHIS, Johnny, 320.
MATTHAU, Walter, 314, 417.

Ma vie (Chagall), 324.
MAXWELL, Marilyn, 178-179, 181, 199.
MAY, David, 598.
MAY, Elaine, 312.
MAYER, Louis B., 235.
MCA (Musical Corporation of America), 375, 401.
MCCAMBRIDGE, Mercedes, 168.
MCCARTHY, Joseph, 189, 377.
MCCLINTIC, Guthrie, 115-120, 144, 612.
MCCLURE, Jessica, 218.
MCDOWELL, Malcolm, 409.
MCEVOY, Freddy, 216-217.
MCKINNON, Karen, 548.
MCQUEEN, Steve, 539.
MEADOWS, Jayne, 120.
MEHTA, Zubin, 572.
MENJOU, Adolphe, 377.
MEREDITH, Burgess, 99, 467.
MERRICK, David, 154, 157.
MERRILL, Gary, 472.
MERRIWELL, Frank, 31, 587.
Mexique, 75-76, 300, 404-407, 491-495.
MGM, 176, 235, 250, 321, 334, 371, 376, 424, 425.
Miami (Floride), 126, 129-131.
MIDLER, Bette, 312.
MILESTONE, Lewis, 158, 163, 237.
MILLER David, 418-419.
MINNELLI, Vincente, 235, 321-322, 336, 422-424.
MIRISCH, Harold, 447.
Mirisch Company, 413.
MITCHUM, Robert, 169, 217, 426, 546.
Moby Dick, 523.
MOFFAT, Ivan, 471.
Mon oncle d'Amérique, 551.
MONROE, Marilyn, 184, 206.
MONTALBAN, Ricardo, 237.
MONTAND, Yves, 552.
Montezuma (projet de film), 446.
MONTGOMERY, Robert, 155.
Monthly Film Bulletin, 538.
Moon Is Blue, The (La lune était bleue), 470.
MOREAU, Jeanne, 386.
Moulin-Rouge, 262, 272, 426.
MOUNTBATTEN, Lord, 458.
MOZART, 275.
MURPHY, Audie, 223, 524.
MURPHY, George, 164, 377.
MURROW, Edward R., 377.
musulmans, 439.
Mutiny on the Bounty (Les révoltés du Bounty), 382.
My Darling Clementine (La poursuite infernale), 207.
My Day in Court (1), 441.
My Dear Children (p), 114.

My Dear Secretary (Ma chère secrétaire), 175.

Navy Blue Sextet, 99.
NEAL, Patricia, 206.
NEEDHAM, Hal, 494.
NEGULESCO, Jean, 321.
NEIHARDT, John G., 593.
NELSON, Josh, 466-467.
NELSON, Ralph, 153.
NELSON, Willie, 341.
Never Too Late (p), 450, 452.
NEWMAN, David, 503.
NEWMAN, Paul, 209, 331.
Newsweek, 421, 451.
New York (New York), 78, 81, 87-90, 91-122, 125-128, 148-156, 199, 225, 239, 501.
New York Times, 146, 331, 346, 450, 561, 563, 564.
NICHOLSON, Jack, 541.
NIEDERMEYER, George, 342, 344.
NIEDERMEYER, Mme, 342, 344.
Night at Camp David, A (r), 431-432.
Night of a Thousand Stars, The, 357.
NIXON, Richard M., 533-534, 548, 571, 589.
NIZER, Louis, 441.
Noël, 33, 131.
NOLTE, Nick, 555.
NORTH, Alex, 408.
NORTH, Ollie, 430, 538.
NORTON, Bea, 304.
NORTON, Sam, 188, 286, 301, 304, 309; finances de K.D. et –, 239, 281-282, 313, 319, 351-354, 358-364; amitié de K.D. avec –, 167, 351, 353.
Norvège, 346-349, 470.
No Time for Sergeants (Deux farfelus au régiment), 425.
Notre-Dame, école navale, 122-125.
Nouvelle-Orléans, La, 126, 128.
NOVAK, Kim, 399-400, 408.
NOVARRO, Ramon, 235.
Nuangola, théâtre de, 114-115.
NUSSINK, Gerda von, 547-548.

OBERON, Merle, 326.
O'BRIEN, Edmund, 432.
O'CONNOR, Caroll, 417.
Odyssée, L', 308.
OLIVIER, Laurence, 111, 354, 356-357, 380-383, 385, 390-396, 409, 432.
One Flew Over the Cuckoo's Nest (Vol au-dessus d'un nid de coucou), roman de Ken Kesey, 427, 447, 456, 483; pièce de Dale Wasserman, 427, 447, 456, 483; film, 447, 456, 475, 483, 533, 535, 537, 540-541, 588; financement du film, 503, 510, 513, 519.
O'NEILL, Eugene, 420.
On the Town (p), 150.

On the Waterfront (Sur les quais), 499.
One-Eyed Jacks (Vengeance aux deux visages), 389.
Opéra de quat'sous, L' (p), 414.
Operation Petticoat (Opération jupons), 385.
Orchard House, 58-59.
ORR, James, 566.
Oscars, 377, 388, 420, 499, 540, 565-566; sélections de K.D. aux –, 236, 336, 337, 373, 422.
O'SULLIVAN, Maureen, 452.
Other, The (L'autre, r), 469.
Out of the Past (La griffe du passé/Pendez-moi haut et court), 169.
Outrageous Fortune, 331.

PACINO, Al, 555.
PAINE, Tom, 372.
Pakistan, 557-560, 589.
PALANCE, Jack, 423.
PALEVSKI, Max, 502-503.
Palm Springs (Californie), 202, 212-215, 362, 401-403, 500, 546, 586, 604, 611.
PAPAS, Irène, 496.
Paramount, 163, 476.
PARKER, Eleanor, 319.
PARKS, Larry, 190.
PARSONS, Louella, 182.
PATERSON, Banjo, 554, 555.
Paths of Glory (Les sentiers de la gloire), 333-336, 343-346, 389, 410, 431, 607.
PATTON, George, 476.
PEARMAN, Michael, 157.
pêche, 443-444.
PECK, Gregory, 176, 340, 420, 523, 533, 534, 571.
PEGGY (amie de collège de K.D.), 79-82.
PEPPER, Claude, 563.
PETERSON, Dr, 574-576.
Petit Prince, Le, 278.
PHELPS, Isabella, 73-74, 83, 84, 89.
Philippines, 460.
PIERANGELI, Maria Luisa (Marisa), 237, 238, 244, 255, 296.
PIERANGELI, Patrizia, 238.
PIERANGELI, Mme (mère), 238, 244, 255, 258, 277, 294.
PINTER, Harold, 471.
PINZA, Ezio, 319.
Playboy, 524.
PLUMADORE, Pinky (Prodige masqué), 85-86.
Plymouth Adventure (Capitaine sans loi), 207.
PODESTÁ, Rossana, 282.
poésie, 47-51, 74, 122, 355, 391, 555, 593-594.
POITIER, Sidney, 217, 384.
POLANSKI, Roman, 387, 481.
Pologne, 481, 482.
POLONSKY, Abe (Abraham), 381.
PONTI, Carlo, 239, 242, 243, 279.
PORTER, Cole, 572.

Posse (La brigade du Texas), 535-538.
PREMINGER, Otto, 398, 413, 466-470, 493.
PRESLEY, Elvis, 542.
PRICE, Peyton, 101.
Price Waterhouse, 336, 358.
PRINZ, Freddie, 184.
Private Life of Henry VIII, The (La vie privée de Henry VIII), 382.
Production Code Administration, 420.
Prohibition, 22.

Queenie (TV), 459, 583.
QUINE, Richard, 399-400.
QUINN, Anthony, 283, 383, 423.

Racers, The (Le cercle infernal), 303, 310.
RAFT, George, 498.
Raincheck for Joe, 154.
RAISCH, Bill, 417.
Rambo, 556-557, 563, 587.
RANIERI, Massimo, 506.
RAPF, M., 485.
READE, Walter, Jr., 420.
REAGAN, Nancy, 598-605.
REAGAN, Ronald, 185, 208, 310, 377, 455, 598-605.
REAGAN, Ronald, Jr., 597.
réalisateurs, 518-541; opinions de K.D. sur –, 335, 392, 398-400, 406-407, 470.
Rebel, The (TV), 425.
REDFORD, Robert, 331.

réfugiés afghans, 557-560.
REINHARDT, Gottfried, 238, 413.
REINKING, Ann, 550.
Remembrance of Love (Holocaust Survivors), 473, 561.
REY, Fernando, 506.
RICCIO, Pete, 51, 57, 85; à l'université, 60, 61-62, 64-65, 67.
RIGSBY, Howard, 404.
RIMKUNAS, Stan, 22, 82, 83.
RITT, Marty (Martin), 373, 374, 496, 555.
Riz amer, 282.
RKO, 163, 169.
ROBARDS, Jason, 104.
ROBBINS, Jerome, 151.
Robe, The (La tunique), 281.
ROBERTSON, Cliff, 183.
ROBINSON, Edward G., 108, 190, 422.
ROBSON, Mark, 176.
Rochester (New York), 78-82, 89.
Romancing the Stone (A la poursuite du diamant vert), 588.
ROMANOFF, prince, 194-195.
ROMANOFF (restaurant d'Hollywood), 165-166, 194.
ROOSEVELT, Eleanor, 155.
ROOSEVELT, Franklin Delano, 155.
ROOSEVELT, Theodore, 451.
ROSE, Tony, 604.

ROSENTHAL, Jerry, 188, 361-362.
ROSS, Katharine, 478.
ROTHMAN, Dr., 579.
Roumanie, 483-484.
ROWAN, Carl, 185.
ROWE, Tom, 506.
ROWLANDS, Gena, 417.
Royal Family, The (p), 61.
RUSH, Barbara, 423.
RUSSELL, Rosalind, 104.
Russie tsariste, 15, 16, 38.
Ruthless People, 312, 524.

sabbat, 36, 149, 369, 467.
SABBATH, Bernard, 565.
SADATE, Anouar-el, 552.
SAGAN, Françoise, 550.
SAINT-EXUPÉRY, Antoine de 278.
Saint Lawrence, université (SLU), 60-90, 150, 514; fraternités à, 67, 71-73; sports à, 64, 68-71, 77-78, 85, 87.
SALKIND, Alexander, 506.
SAMUELIAN, Karl, 363.
San Diego (Californie), 143-144.
Santa Barbara (Californie), 184, 468.
Saturday Night Live (TV), 566.
Savage is Loose, The, 503.
SAVALAS, Telly, 590.
Savetier et les lutins, Le (p), 42.
Scalawag, 518-533; journal de tournage de –, 526-531.
SCHALLERT, Bill, 417.
SCHEIDER, Roy, 550.
Schenectady (New York), 41, 42, 82, 83, 92, 366.
SCHIFFER, Bob, 522.
SCHNEE, Charles, 422.
SCHORR, Willy, 239.
Schrafft, restaurants, 102, 108, 111, 115.
SCHUYLER, Mme, 55.
SCHWEITZER, Albert, 442.
SCOTT, George C., 426, 555, 565.
SCOTT, Lizabeth, 170, 171.
SCOTT, Randolph, 185.
SEBRING, Jay, 387.
SELLERS, Peter, 551, 552.
SELTZER, Mickey, 172-174.
SELTZER, Walter, 172.
SELZNICK, Irene, 286.
« Semblant contre réalité », 585-594.
SERLING, Rod, 431.
Seven Days in May (Sept jours en mai), 430-433, 435, 430.
Seven Days in May (r), 427, 430.
Shaft (chien), 521.
SHAKESPEARE, William, 355, 432.
SHAVELSON, Mel (Melville), 472.
SHAW, Artie, 188, 421.
SHAW, George Bernard, 354.
SHAW, Irwin, 239, 296, 422.
SHEEN, Martin, 478.
SHELDON, Sidney, 149.
SHELLEY, P.B., 49.
Shim, 263.
SHORE, Dinah, 497.

SHULL, Leo, 115.
SHULTZ, M., 604.
SIDA, 405.
SIEGEL, Martin, 591.
SILVESTRI, Umberto, 285.
SIMKOVICH, Dr, 94, 98.
SIMKOVICH, Mme, 94, 98.
SIMMONS, Jean, 386, 390, 391, 410.
SIMPSON, O.J., 519.
SINATRA, Barbara, 535, 571.
SINATRA, Frank, 226, 227, 426, 452, 471, 503, 534, 571, 605-606.
SMITH, Alexis, 566.
SMITH, C. Aubrey, 116-117.
SOCRATE, 589.
Soldier in the Rain (La dernière bagarre), 153.
Some Like It Hot (Certains l'aiment chaud), 385.
Something Wicked This Way Comes (La foire des ténèbres), roman, 553; film, 444.
SOMMER, Donna, 548.
SONYA (amie d'école), 51.
SORAYA, princesse, 286.
SOTHERN, Ann, 175.
Sound and the Fury, The (Le bruit et la fureur), 374.
South Pacific (p), 319.
SOVAGOVIC, M., 532.
SPANGLER, Jean, 544.
Spartacus (f), 318, 371-403, 408-412, 413, 431, 438, 442, 468, 470, 474, 496, 507, 532, 572, 579; scénario de, 374-384, 391-401; et la censure, 393-396; musique pour, 407-408, 410; première hollywoodienne de, 411; premier anniversaire de, 423; vues soviétiques sur, 411, 487.
Spartacus (roman), 371, 380, 384.
SPASOJEVIC, Radomir, 527.
SPEWAK, Bella, 168.
SPEWAK, Sam, 168.
SPIELBERG, Steven, 554.
SPITZ, Mark, 514.
Splendor in the Grass (La fièvre dans le sang), 499.
Spring Again (p), 116, 119-120.
Spring Reunion, 319, 359.
STACY, Jim, 536-540.
Stalag 17, 219, 469.
STALLONE, Sylvester, 556.
STANWYCK, Barbara, 155, 157, 161, 162, 164, 609.
Star in the Window (p), 149.
STARK, Fran, 301, 303.
STARK, Peter, 233.
STARK, Ray, 233, 277, 282, 310, 414, 424, 476.
STERLING, Jan, 217.
STEVENSON, Robert Louis, 518.
STEWART, Jimmy (James), 159-160, 504.
STOLKIN, Ralph, 497.
STONE, Irving, 321, 376.
Story of Three Loves, The (Histoire de trois amours), 237, 244, 413.
STOUT, Royal, 115.
Strange Love of Martha Ivers, The (L'emprise du

crime), 155, 157-166, 177, 609.
Strangers When We Meet (Liaisons secrètes), 399-400, 408.
STRASBERG, Lee, 451-452.
Strategic Air Command, 388.
STREEP, Meryl, 548.
Streetcar Named Desire, A (Un tramway nommé Désir), 357, 499.
Streets of San Francisco, The (Les rues de San Francisco, TV), 86, 474, 513, 524, 539.
STREISAND, Barbra, 433.
STRITCH, Elaine, 168.
STRONG, Michael, 225.
SULLIVAN, Barry, 226.
Summer Magic, 536.
Sundown at Crazy Horse (r), 404.
SUSSKIND, David, 318.
SUTTON, Willie, 399.

TAFT, Howard William, 589.
Tamarack, théâtre, 86, 91, 96, 100, 608.
TARZI, princesse Safia, 340.
TATE, Sharon, 387.
TAUBMAN, Howard, 450.
Taxi, 524.
TAYLOR, Elizabeth, 375, 423, 426, 503.
Tchécoslovaquie, 482.
télévision, 198, 199, 593.
TERRAIL, Claude, 263.

Thanksgiving, 28, 96, 117, 186, 559, 607-613.
THATCHER, Margaret, 458.
There Was a Crooked Man (Le reptile), 503-506.
This is the Army (p), 118.
Thomas Dye, école, 597.
THOMPSON, Jim, 333, 334.
THOMPSON, Wally, 77, 89, 109.
Three Coins in the Fountain (La fontaine des amours), 321.
Three Mile Island, 451.
Throw Momma from the Train (Balance maman hors du train), 524.
TIERNEY, Gene, 207-208, 215, 316.
Tigre (chien de K.D.), 34, 187.
Tiger's Tale, A, 574.
Time, 121, 231, 421.
TINKER, Grant, 564.
Tin Men (Les filous), 524.
TITO, maréchal (Josip Broz), 462-463.
TODD, Mike, 285, 300, 301, 336, 374, 375.
To Have and Have Not (Le port de l'angoisse), 142.
To Kill a Mockingbird (Du silence et des ombres), 420.
TOPOL, Chaim, 472.
Tootsie, 563.
Tough Guys (Coup double), 409, 485, 566, 568, 586.
Tournesols, Les (t), 322.
Town Without Pity (Ville sans pitié), 413-414.

635

TRACY, Spencer, 104, 207, 208, 214, 321, 331.
Train, The (Le train), 435.
Trapèze, 237, 546.
TRAVOLTA, John, 184.
Tree Grows in Brooklyn, A (Le lys de Brooklyn), 499.
Trio (p), 152, 204.
Trois Sœurs, Les (p), 119-121, 124.
Truckline Cafe (p), 151.
True, 437.
TRUMBO, Dalton, 409, 413, 416, 422, 446, 468; *Spartacus* et –, 376-381, 392, 397, 398, 400, 408-409.
TRYON, Tom, 469, 493.
Turquie, 463-465.
TURNER, Lana, 235.
TWAIN, Mark, 565.
Twentieth Century-Fox, 166, 281, 309, 310, 374.
20 000 Leagues Under the Sea (20 000 lieues sous les mers), 282, 296, 297, 298-300, 307, 309, 317, 346, 506, 534, 610.
Twilight Zone (La quatrième dimension), 419.
Two Weeks in Another Town (Quinze jours ailleurs), 422-424.

UGGAMS, Leslie, 423.
Ulysse, 239, 242, 255, 277, 279-287, 308.
Union soviétique, 308, 411, 453, 483, 485-489, 557, 558-559.
United Artists, 334, 365, 372-376, 381-384, 386, 540.
United States Information Agency (USIA), 459, 462, 557, 558.
Universal, 163, 310, 312, 383, 384, 388-389, 398, 400, 401, 404, 553; *Seuls sont les indomptés* et –, 415-416, 420-421.
USTINOV, Peter, 380-383, 385, 388, 409.

VALENTI, Jack, 487-489.
VALLEE, Rudy, 169.
VAN FLEET, Jo, 329-330.
VAN GOGH, Theo, 322.
VAN GOGH, Vincent, 24, 78, 111, 321-327, 608.
VAN SLEET, Barbara, 149.
VAN SLEET, Bill, 101-102, 108, 112.
Variety, 165, 173, 373, 405.
VERDON, Gwen, 550.
VERNE, Jules, 282, 506.
Very Special Baby, A (p), 318-319.
VIDOR, King, 311.
Vienne, 414, 486.
Vietnam, guerre du, 429.
Vikings, The (Les Vikings), 343, 346-349, 360, 361, 365, 366, 367, 371, 372, 384-386, 418, 431, 448, 567.
Villain, The (Cactus Jack), 417.
VITALE, Milly, 250, 253-254.
Viva Zapata, 499.

VOGEL, Joseph, 424.
Vogue, 316.

WAGNER, Robert, 423.
WALD, Jerry, 396-397.
Waldorf, amendement (1947), 376.
Waldorf-Astoria, 103.
WALKER, Robert, 424.
WALLACH, Eli, 566.
WALLIS, Hal, 155-156, 162, 166, 170-172, 328, 330.
Walls of Jericho, The, 174.
Wall Street, 475.
WALSH, Raoul, 221-222.
War and Peace (Guerre et paix), 311.
WARHOL, Andy, 310.
WARNER, Ann, 195.
WARNER, Jack, 166, 195-199, 236, 498.
Warner Bros, 104, 163, 198, 205, 208, 221-223, 229, 232, 359, 421, 501, 504.
War Wagon, The (La caravane de feu), 491-495.
WASHINGTON, George, 372, 587.
WASSERMAN, Dale, 448, 477, 510.
WASSERMAN, Edie, 214-215, 414.
WASSERMAN, Lew, 214, 375, 381, 382, 401, 414.
WAYNE, John, 24, 326, 466-469, 471, 482, 491-495, 587.
WEBBER, Dr, 577.
WEINBERGER, 604.
WEISS, Jay, 515.
WEISS, Renée, 515.

WELLES, Orson, 433.
WEST, Mae, 145.
WEST, Stanley, 563.
WHITEMAN, Paul, 204.
WICK, Charles, 558, 560-561.
WIDMARK, Richard, 146, 152, 158, 168.
WILDE, Cornel, 174.
WILDER, Billy, 215-219, 235, 237.
WILDER, Gene, 448, 451.
WILDING, Michael, 281.
WILL, George, 451.
WILLIAMS, Bill, 315.
WILLINGHAM, Calder, 333.
WILSON, Paul, 97, 100.
Winchester 73, 388.
Wind is Ninety, The (p), 153-154, 157.
WINDSOR, duc et duchesse de, 220.
WINSOR, Kathleen, 188.
WISEMAN, Joe, 224-225.
WOLF, Paul, 71, 78, 89.
WOLFE, Tom, 449.
WOLFERT, Ira, 381.
Woman Bites Dog (p), 168, 338.
Woman's World, 548.
WOOD, Natalie, 209, 499.
WOODWARD, Joanne, 209.
WRIGHTSMAN, Charles B., 215, 220, 231.
WRIGHTSMAN, Irene, 215-216, 219-220, 225-231, 316.
WYLER, William, 224-227, 371, 398.
WYMAN, Jane, 208.
WYMORE, Pat, 216.

yachts, 425, 497.
yiddish, 19, 25, 44, 62, 83, 248.
Yom Kippour, 54.
Yougoslavie, 462-463, 515-516.
YOUNG, Terence, 357.
Young Man with a Horn (La femme aux chimères), 204, 406, 544, 545.

ZAENTZ, Paul, 519.
ZANUCK, Darryl, 166, 207, 236, 281, 309-310.
ZIA UL-HAQ, Mohammad, 458, 459, 460.

Table

Remerciements 9
Avant-propos 11
La boîte en or 13

  1. 46 Eagle Street 15
  2. Au lycée 47
  3. La vedette du campus 64
  4. New York, New York 91
  5. L'enseigne Douglas 123
  6. Civil 143
  7. Hollywood 157
  8. Star 194
  9. Obsession 214
10. Le contrecoup 232
11. A la poursuite de Pier 242
12. Israël 245
13. A la poursuite de Pier (deuxième partie) 255
14. Monsieur Douglas 259
15. Anne 265
16. Histoires d'amour 274
17. Signor Douglas 279
18. A la poursuite de Pier (troisième partie) 288
19. Au pays 298
20. La société Bryna 308

21. *La vie passionnée de Vincent Van Gogh*	321
22. *Règlement de comptes à OK Corral*	328
23. Herr Douglas	333
24. Mon ami Sam	351
25. Bryna	365
26. Les guerres de *Spartacus*	371
27. *Seuls sont les indomptés*	413
28. *Sept jours en mai*	428
29. Douglas le tueur	437
30. *Vol au-dessus d'un nid de coucou*	446
31. Monsieur l'ambassadeur Kirk Douglas	457
32. Le général Douglas	466
33. Camarade Douglas	481
34. Films	490
35. Jeux olympiques	511
36. Kirk Douglas réalisateur	518
37. Les fans	542
38. La médaille de la liberté	550
39. *Coup double*	565
40. La boîte à musique	568
41. Soixante-dix	583
42. Nouvelle année	595
43. Thanksgiving	607
INDEX	615